"浪漫星云"题解

当我在夜晚繁星如织的面庞

看到巨大的云符乃浪漫的表征

想到我永远无法用命运的神掌

趁有生之年追寻它们的踪影

（济慈，《当我害怕人生将尽》）

浪漫主义并不浪漫。这是后人的命名。"浪漫星云"之说偶然得之，倒也十分贴切。因为，以英国浪漫主义文学为例，这一时期恰是群星闪耀时，大诗人们共同造就了英国诗歌史上的巅峰。他们不仅拥有超越地心引力的璀璨壮美，更有一双始终凝视尘世的眼睛，既超然物外，又时常感到生存的"秘密重压"，听到"那沉静而永在的人性悲曲"。

这些诗人并不知道自己被称为"浪漫主义诗人"。虽然他们的作品中偶尔出现"浪漫"一词，但到底何为浪漫，亚瑟·拉夫乔伊教授列出的定义至少有二十多种。一言难尽。简单来说，首先，浪漫主义作家们不仅具有瑰丽的想象、创新的诗论、独特的审美，而且也是"自我书写"的先锋，华兹华斯的《序曲，或一位诗人心灵的成长》即是一部诗歌体自传。柯尔律治的《文学生涯》侧重梳理诗学思想。拜伦的《恰尔德·哈洛尔德游记》则记录了诗人壮游中的见闻和思考。这些带有自传色彩的作品与后人为他们所写的传记相互映照，值得探索。其次，法国大革命作为"时代的精神"是英国浪漫主义的宏大背景。两代诗人或亲历了这一历史事件，或诞生于它的历史余波，他们的经历也由此丰富、厚重。别的作家编织梦想，他们本身就是传奇，最终认识到无论世事的体系经历了多少风云变幻，人类的心灵有着"更神妙的材质与织体"，"比其居住的大地美妙千百倍"。此外，这些作家的生活方式与艺术创作高度融合，比如隐居湖畔思索自然与人性的华兹华斯，游历四方、投身希腊独立战争的拜伦，等等。研读他们的传记，我们感佩他们将生活与理想合而为一的勇气；吟诵他们的诗歌，我们珍惜这诗语与诗思表里如一的真诚。

浪漫主义的许多思想传统至今值得我们借鉴。他们热爱自然，但更关注与自然交流的心灵。他们重视生态，但深知生态实乃心态的反映。他们往往被贴上"自我"的标签，但对自我的反省与探索最终引向对人类的普遍同情。他们被称为叛逆者、反动派，但没有谁比他们更敬畏习俗与传统。他们对想象力的重视，对精神完美的追求，对唯理性主义的担忧，对视觉中心文化的反思，对"进步"与"速度"的怀疑，对"朴素生活，高贵思考"的信念……都拥有恒星般久远光明的价值。

第一代浪漫主义诗人的两大巨匠都曾为我们的心灵状态忧虑。华兹华斯认为，"在我们的时代里，众多因素正以一股联合之势钝化着心智的鉴赏力，使心灵不能发挥任何主动性，乃至陷入愚钝"。这股使心灵钝化的合力包括工业的发展、城市人口的激增和信息的高速传播——如今，有过之而无不及。他的好友柯尔律治也警示我们，在忙忙碌碌的世界里，"由于熟视无睹或者私心牵掣，我们视而不见，听而不闻，有心灵，却既不善感受，也不能理解"。他们认为，在任何时期，作家最重要的职责都是要提高人们心灵的灵敏度——"啊，灵魂自身必须焕发出 / 光芒、辉煌和美妙明亮的云章"。

艾布拉姆斯教授曾通过镜与灯的对比来阐明浪漫主义的特征。我们看到，这些伟大的诗人不是灯盏，是星辰。

浪漫主义的细腻文思和作家们的忧患意识，使得"浪漫星云"子系列绵延着"文学纪念碑"丛书的深厚关切。同时，作为一个欧洲现象，浪漫主义跨越文学、美术和音乐等多重领域，也让未来搭建更多的丰碑成为可能。我们希冀"浪漫星云"系列以一碑一契汇聚为一座巨石阵，浪漫之中不乏沉重，星云之下脚踏实地、悯念苍生。

《拜伦》，雕版印刷品，亨利·麦耶临摹自乔治·桑德斯作品

Byron

Life and Legend

by Fiona MacCarthy

拜伦传

传记与传奇

（英）菲奥娜·麦卡锡 著 董 伊 译

广西师范大学出版社
·桂林·

目 录

少年时代和东方旅行

传奇背后

流亡名人

拜伦崇拜

前　言

假如你回到一八一六年的欧洲,你可能会碰巧遇到拜伦的车队:黑色马车庄严肃穆,从布鲁塞尔出发,途经日内瓦,向着意大利的方向徐徐驶去。乘着这辆车,拜伦将自己流放。四十余年前,拿破仑大帝曾有一辆著名的座驾在热纳普被英军截获。拜伦的马车仿自这辆座驾,但改造得比后者还要奢华:车上有床、书柜、橱柜和各种炊具,需要四至六匹马牵引,可谓是装上轮子的宫殿。整车造价五百英镑,由马车制造商巴克斯特设计建造。一八二三年,可怜的制造商还在催促付款,拜伦却轻描淡写地回道:"巴克斯特要再等一等。至少再等一年。"[1]据推测,当拜伦于一八二四年四月在希腊去世时,这笔账仍没有付上。

拿破仑长长的影子笼罩着拜伦的一生,鼓舞他,刺激他。拜伦出生于一七八八年,也就是法国大革命爆发的前一年,他意识到自己生活在一个前所未有的时期:"我们生活在一个巨大而夸张的时代,这让高格和马戈的一切都显得渺小。"[2]拿破仑比他大近二十岁,他的幽魂激发了拜伦的野心、异见、傲慢和随之而来的魅力,以及弥漫在他作品中的纵横交错的历史感。拿破仑的华丽,他的耐力,他的衣着,他的姿态,他用来修饰自己形象的勤奋的样子,滋养了拜伦一边嘲讽、一边创新的思维习惯。正如他对布莱辛顿夫人所说的："拿破仑说得对，我离崇高和荒谬都只有一步之遥。"[3]

viii

比起情人，拜伦与拿破仑的关系要近得多。他对拿破仑吹毛求疵，眼尖的布莱辛顿夫人说，只有"情人之间才会如此挑剔"。[4]他对拿破仑是真动了感情。一八〇三年当拿破仑已成为英格兰的国家公敌的时候，这位义愤填膺的小学生却在为他的拿破仑半身像辩护，大骂那些"无耻的守旧派"。[5]几年后，他对摩根创作的拿破仑肖像越看越爱，干脆请匠人为画包上了镀金的边框。他个人对皇帝的认同感如此强烈，以至于拿破仑的失败引起了他的具身反应。在一八一三年莱比锡之行之后，拜伦绝望得四肢乏力，消化不良，并在日记中呻吟："哦，我的头！好疼！消化不良真恐怖！我想知道波拿巴是如何一口口地咽下饭菜的？"[6]

第二年，在拿破仑退位并被流放到厄尔巴岛后，拜伦记录道："今天我打了一个小时的拳击。为拿破仑·波拿巴写了一首颂歌，抄了一遍，吃了六块饼干，喝了四瓶苏打水。把剩下的时间都消磨掉了。"[7]这首颂歌悲愤交加，拜伦不允许英雄人物卑躬屈膝，觉得他理应像战败的罗马人一样死在自己剑下，或者像莎士比亚的"麦克白"或"理查三世"那样毅然死在叛军刀下。尽管他的幻想破灭，但拿破仑的光辉仍然令他折服。对于拜伦来说，拿破仑是他的第二天性，是他思想活动的一部分，深深地镌刻在他生活的点点滴滴中。

拿破仑去世后，拜伦收藏了一些纪念品：一缕头发，印着拿破仑的鼻烟盒，印着拿破仑的金币。还有一枚印着拿破仑的胸针，拜伦在热那亚送给了布莱辛顿夫人，他用一个潇洒的手势将它从胸前取下，但第二天还是要了回去。他说"带针的纪念物"[8]不吉利，这个借口颇为可疑。在一八一六年离开英国之前，也就是分居丑闻发生的时候，拜伦预订了拿破仑加冕时的一套礼服，一直保存在皮卡迪利的一个经销商手中，但其实拜伦从未去取。虽说如此，启航前不久，他确实用从马尔迈森的帝国局抢来的盖有拿破仑之鹰的信纸给默瑟·埃尔芬斯通写了一封深情的告别信：他附上了几张备用信纸作为临别礼物。当他的岳母诺埃尔夫人去世后，拜伦终于可以把 NB 作为自己名字的首字母缩写①，他欣喜若狂地告诉利·亨特："波拿巴和我是唯一的名字缩写相同的公众人物。"[9] 要知道，记录这一幕的亨特为拜伦立传时没少说他的坏话。

从一八一六年到一八二三年，拜伦在意大利流浪，脑海中充满了对拿破仑的怀念。他注意到，在米兰附近，原本为拿破仑设计的圆顶拱门遗骸"美到让人后悔它没有完工"[10]；在伊索拉·贝拉岛，他发现了一棵巨大的月桂树，在马伦戈战役前不久，拿破仑曾在这棵树上刻下了"不胜不归"的字样。拜伦本人不喜欢在树上刻画，他仔细检查了这几个字母，发现字样已"近乎磨损殆尽，像是有人故意将其擦去"[11]。

在意大利，拜伦眼里的拿破仑比以往任何时候都更像维苏威火山，在最终被推翻的那一刹那，迸发出一股强大的力量，其后，政治侏儒遍布欧洲大地："从那以后，我们就成了傻瓜的奴隶。"[12] 毫无疑问，他看到了涉足欧洲政治的自己——先是作为意大利革命运动的一名游击队员，然后是希腊独立战争的吹号手。但就算是把自己与拿破仑联系到一起，他也不忘自嘲一番。

一八二三年，他形容自己为希腊军舰中队提供的二十万毕阿士特的资助"规模不是很大，但比皇帝拿破仑进攻意大利时的金额多了一倍"[13] 他喜欢并熟谙军队的装束：头盔，制服，隆重的敬礼仪式和阅兵式。在拜伦精心安排的迈索隆吉翁入城式中，可以看出一种对拿破仑的致敬。当时围观的人中有一位叫作西奥多罗斯·弗里扎基斯的画家将这一幕刻画得像神话或史诗一样，拜伦在画上被塑造成一位军事英雄、民族救星。这幅画现收藏于希腊国家美术馆。拜伦的拿破仑主义，以及

_____

① 诺埃尔·拜伦，同时也是拿破仑全名的首字母缩写。

他积极参与同时代政治事件的态度,都是他与其他英国浪漫派诗人之间最明显的区别。

早在拜伦去世之前,他和拿破仑皇帝就成了英国报纸嘲笑的对象。拜伦在一八二一年写给他的出版商约翰·默里的一封信中提到了这一现象:"我认为'人类虚荣心在当代有两个最伟大的例子',首先是'前皇帝拿破仑',其次是'尊贵的诗人阁下'——意思是您卑微的仆人——即'可怜的无辜的我'。可怜的拿破仑!他怎么也想不到,历史的车轮会拿他与'如此卑微的人'作比。"[14]言语间明显有一丝自鸣得意。从今天的视角看,他们之间有更多的联系。麦考利在一八三一年写道,二人都年轻有为:

在我们这一代人的记忆中,已经有两个人去世了,他们在一生中完成了常人难以企及的学养,他们在各自的领域里都把自己提升到了巅峰。其中一个死在朗伍德,另一个死在迈索隆吉翁。[15]

两年后,卡莱尔在《衣裳哲学》的一篇文章中将他们放在了一起,认为二者的生平都极具戏剧性,这可谓一语中的:

你笔下的拜伦发表了《乔治勋爵之伤》,有诗歌、散文等文类,内容丰富。你笔下的波拿巴发表了歌剧《拿破仑之伤》,气势恢宏壮阔,剧中可以听到火炮的轰鸣和杀戮的惨叫;舞台灯光是熊熊的火焰;节奏是守城士兵列阵的步伐,宣叙调取自沦陷城池的哀鸣。[16]

在集体想象中,二人坚定不移地并肩站立:身材健硕的拿破仑和英俊绝伦的拜伦是那个时代极为奇特的一对形象。年迈的花花公子乔治·"花花公子"·布鲁梅尔在加莱度过了他流浪的日子,他正在为约克公爵夫人制作一幅装饰性的屏风,这是一幅由版画和素描拼贴而成的作品。屏风的第六扇也是最后一扇再现了拿破仑和拜伦,布鲁梅尔对后者记忆犹新,怀念他在伦敦的宁静日子。拜伦的身影镶嵌在鲜花中,但喉咙处却卡着一只黄蜂。

　　这到底是怎么发生的?这位默默无闻、穷困潦倒的英国贵族是如何将自己提升到与拿破仑平起平坐的历史地位的呢?这位早期"三句一叹"的情诗写手是如何让自己转变为欧洲言辞之王的呢?这个来自南井镇的"胖乎乎羞答答的男孩"[17],这个"留直刘海",即使在英格兰郊区也是招人怜爱的对象,其挑逗性的"**俯视**"[18]会让最老练的上流女士心悸的男人,究竟是如何牵动各国民众的心弦的呢?"这幅美丽苍白的脸就是孽缘的开始"[19]:卡罗琳·兰姆夫人在与拜伦勋爵会面后在日记中写下这句话剧腔十足的话,代表了那个时代所有痴恋他的女人的心声。

　　拜伦是欧洲第一位现代文化名人。一八一二年三月,第一部长诗《恰尔德·哈洛尔德游记》的前两章一经发表,就在伦敦大获好评,拜伦一夜成名,用他自己的话说:"一觉醒来,我竟然出名了!"[20]当然,事情并非像他说的这样简单。这本传记花去了我五年时间,为此我前往威尼斯、罗马、拉文纳、比萨、热那亚、雅典和迈索隆吉翁,以及他度过童年的城市阿伯丁,我要去看看是什么原因在背后驱动着他,这件事情十分有趣。在布莱辛顿夫人看来,当她在一八二三年第一次见到拜伦时,"拜伦渴望成名,为此他无所不用其极:这经常导致他表达的观点与他的行为和真实情感完全相左。有时候,他甚至不惜脏了羽毛,沽名钓誉,为达到目的不择手段"。[21]

　　这本书与拜伦出名的前前后后有关——他那"最叫人兴奋"[22]的野心;他对自己人设的维护和管理,对肖像的细节和副版的把控;他在自己的作品和自己的名声之间搭的那座桥;声名狼藉后他和家人、随从吃的苦、遭的难。拜伦三十六岁便英年早逝,但他的影响留存了下来,且在许多方面方兴未艾。因此,本书不仅讲述他的一生,还讲述他身后的名声。

拜伦的成名当然离不开他的出版商约翰·默里二世,是他们家族的后代约翰·默里七世委托我撰写了这本新传记。我很享受这种延续。我追随拜伦一生的足迹,皮卡迪利的阿尔贝马尔街 50 号是这一程的起点和终点,这座官邸是约翰·默里二世用畅销的《恰尔德·哈洛尔德游记》赚来的钱买下来的,现在仍然庄严肃穆。同代人戏谑道:购置了这座宅邸,曾经的书商摇身一变成了绅士。诚然,约翰·默里的文学圈地位和社会地位的迅速上升与一夜成名的拜伦不无关系。

被拜伦迷到癫狂的卡罗琳·兰姆夫人对约翰·默里说:"你的房间里每一处都有他的身影。"[23]拜伦的回响依然存在。在阿尔贝马尔街 50 号的客厅里,我坐在菲利普斯为拜伦画的肖像下面,研究世界上最大的拜伦档案,这笔财富让我两眼放光。默里家族与拜伦同父异母的姐姐奥古斯塔·利和他的朋友兼遗嘱执行人约翰·卡姆·霍布豪斯(后来的布劳顿勋爵)交情很深,档案馆里不仅有手稿和信件,还有肖像、模型、衣服、奖章、纪念品,以及各种阶层女性写的求爱信,其中许多拜伦不认识。这些女人写的话要死要活,有些要地址,有些求见面。此外,还有一堆阴森森的头发,都是各种女人送的,每个人的头发都包得整整齐齐,成熟后的拜伦分别做了标记,看来他也是个惜物的人。还有一只小拖鞋,有说是拜伦和克莱尔·克莱蒙特生的女儿艾蕾歌的,她五岁时死在巴格纳卡瓦洛镇的一家修道院里。这样的小物件可以带来一种既视感,把我带到了特定的时刻、场景、人群中。可以说,默里档案馆的资源像一处宝藏,等待像我这样的传记作者仔细辨察,找回过去。

约翰·默里出版的最后一本拜伦传记是莱斯利·马钱德开创性的三卷本传记,出版于一九五七年,是后来所有拜伦学者的起点。从那时起,出现了大量新的材料,例如,拜伦与权势强大、"徐娘半老的牛津夫人"(她只有四十岁)的亲密关系;他与安娜贝拉·米尔班克灾难般的婚姻;他与特蕾莎·圭乔利伯爵夫人最后一次在意大利的同居。一九七六 xii
年,在巴克莱银行的一个保险库里,人们偶然发现了拜伦的朋友斯克罗普·戴维斯一八二〇年一月匆忙离开伦敦以躲避债权人时遗弃的手稿和信件箱,这些新的传记素材让我们重新认识拜伦与男性朋友的关系。学者开始孜孜不倦地研究前人忽视的那部分拜伦的生活,比如服侍拜伦的那些纪律松散但忠于职守的仆人;他饲养的那些咆哮、尖叫、抓人的动物;他家庭富裕与贫穷时的经济情况;他的跛脚、厌食症和抑郁问题。

在过去的几十年里,人们对传记的态度发生了变化。马钱德在立传的时候,同性恋行为仍然违反英国法律,因此在写到拜伦与同父异母的姐姐奥古斯塔的乱伦关系以及他对少男的偏好时,马钱德不得不收笔。他回忆起一九九五年时任出版社负责人的约翰·默里爵士的规定:"不允许从这些事件和证据中得出任何直接明了的断言。"[24]在他写较短的传记《拜伦肖像》(1971)时,管控放宽了,此时约翰·默里爵士已去世,英国修改了有关同性恋的法律。但马钱德自己心里明白,他在这方面介绍得不足,当然,这不是他的错。

今天,不会有人再质疑性是人乃至时代、地方传记中的重要部分,我始终没有受到这方面的限制。拜伦是双性恋,这在他自己的密友圈子里是公开的秘密,知道了这一点,我们就能更好地了解他的生活模式。多丽丝·兰利·摩尔在其著作《众人眼中的拜伦勋爵》里的一篇文章中坚称,拜伦与女性的恋情是他情感的主要对象,他与男孩的关系不过是消遣而已。我相信事实恰恰相反。拜伦喜欢追逐女人,可以从中得到一种征服的满足感。但总体而言,拜伦对女性的喜好无法长久。拜伦自己半开玩笑地给了她们三个月的时限——这个时间段相当准确,例外是他同父异母的姐姐奥古斯塔和他末年的意大利情妇特蕾莎·圭乔利,虽然后者风情万种,但拜伦对她的感觉最终还是变淡了。

拜伦招女人喜欢，但这种喜欢很容易转化成从内到外的反感。他不喜欢看到女人吃饭，这成了他生活中反复出现的主题之一，极具喜感。相比之下，即使双方长时间不见面，拜伦对男性的爱情似乎仍会随着岁月的流逝而变得汹涌澎湃。他的性幻想最终落到了理想化的男孩形象上。且去品一品他末年见到衰老的哈罗公学时的最爱克莱尔勋爵时的一怀愁绪，以及他在希腊最后几个月里对随从卢卡斯·查兰德里萨诺斯单相思时的惆怅吧。

在公开场合，他小心翼翼地从著述中剔除那些他自己认为在接下来的三百年内不应该被披露的东西。他开玩笑说，在撰写准备发表的日记的时候，要是"泄露一些秘密或其他东西，子孙后代将永不能翻身"。[25]但私下里，比如给他的密友写信时，他对待自己双重情感生活中"真正重要的那一半"[26]则更为坦率。

拜伦天生就喜欢男孩，知道这一点，有助于我们解开很多有关他的谜团。他私下承认玩过鸡奸，这在当时易可判处死刑的罪行，也是他一八一六年的流亡唯一令人信服的理由，这是因为，围绕拜伦与妻子分居的传言最初只集中于乱伦，后来便扩大到对他的鸡奸的指控。

长期掩饰他的性取向，导致他的写作风格凌乱，少有章法可言。在他的文笔中看不到贵为勋爵的他。拜伦在现实中"生活在夹缝中"[27]，导致他的文字闪烁其词。这种各方面的不安全感让他沦落到了社会的边缘，这反而方便了他直抒胸臆。他无处不在，却无影无踪：英国贵族和欧洲流浪汉；失去了土地的地主；上议院心怀不满的演说家；放弃了英格兰，自认为是无国籍的游民，穿着拉德克利夫夫人的斗篷在威尼斯这儿住两天、那儿住两天；盘算着去南美种地，虽说这是对新生活的向往，但不切实际。在"国际主义者"[28]这个词出现之前，拜伦就是一个国际主义者，正是他自相矛盾的天性、游离不定的思绪、作品中的多声部，将他与今天种种错乱的生活观念联系在一起。

　　我在这本书里故意塞满了引语。十九世纪初是一个文学繁盛、笔酣墨饱的时期。拜伦的名声成于社会的赞扬和鼓励，毁于同代各阶层的流言蜚语和含沙射影。在嘈杂的社会舆论中，拜伦有女性的自信和男性的脾气，他会用简洁的文风自嘲，这在那个时代不可多得。有人指控他从修道院抢走一个女孩，他则自嘲道：

　　　　到底是谁被抢走了？不就是我嘛，真可怜。在特洛伊战争以后，还有谁像我这样受众人抢夺？[29]

　　就是这样的言语让拜伦成了英国上层文风的鼻祖，这种文风的继承者包括奥斯卡·王尔德、罗纳德·菲尔班克、诺埃尔·科沃德。

　　在重估拜伦勋爵的过程中，我有幸接触到了默里档案馆的新材料。　xiv
这是约翰·默里与拜伦完整的通信，最近由著名拜伦学者安德鲁·尼科尔森誊抄了下来。此前，这里只提供零星的材料。翻阅一八一一至一八二二年底的通信，我发现出版商和作者之间的裂痕越来越大，保守的默里指责拜伦的诗歌写得越来越出格，认为作品引发的争议会损害出版社的声誉。约翰·默里出版了《唐璜》的前五章，这首诗通常被认为是拜伦的杰作，但随后的诗章和拜伦的大部分后期作品都是由约翰·亨特出版的。

　　对于拜伦本人来说，与默里断绝关系是一个原则问题，这彰显了他对自由的热爱，亮出了他敢于抵抗到底的立场，抵抗着我们现在称为"思想警察"的东西："世上所有的恶霸都不应阻止我写我喜欢的东西，出版我写的东西，为此我不惜一切代价。"[30]我们可以将拜伦对言论自由的主张等同于他支持希腊独立的英雄主义行为。但对于约翰·默里来说，对作者的投资远远超出了单纯的商业领域，更多是出于多年的交情，因此，失去拜伦对他而言相当于一场人生悲剧。

拜伦在今天还重要吗？经历了相当于五年的朝圣之旅之后,我相信他仍然重要。他的诗歌质量可能参差不齐,他的思维粗糙草率。歌德的判断是正确的,他认为拜伦作为一个思想家几乎是一个孩子的水平。但即使他不是一位伟大的思想家,他也是一位伟大的发声者,一位情感的传递者。他有一种同理心,一种穿越几个世纪的、几代人的同情心。他一八一六年写于日内瓦的灾难诗《黑暗》像一场噩梦,以晦黯的笔触预示了今天荒芜、血腥的世界。拜伦虽然英年早逝,但比其他活到老的人要重要,这位饱经风霜的人看到了世界最糟糕的一面,在革命暴力的时代过着光怪陆离、荒淫无度的生活。但他拒绝失败。他总有一句话保底:"给我一叶希望之舟。"[31]

在写这本传记的这几年里,我的一位密友因癌症而去世了。他们邀请我在葬礼上朗诵一段文字,她的丈夫最希望我诵读的那一句是:"就这样吧,我们别四处流浪。"我第一次读到这句诗,还是在诺特列伯兰山坡上的一座灰色的小教堂里,那是一个初夏。拜伦道出了我们的心声。

注释

[1] 拜伦致道格拉斯·金奈尔德的信,1823 年 2 月 27 日。

[2] 拜伦致沃尔特·司各特爵士的信,1822 年 5 月 4 日。

[3] M.加德纳(布莱辛顿伯爵夫人),《拜伦勋爵对谈录》(1834)。

[4] 同上。

[5] 莱斯利·A.马钱德编辑,《拜伦书信与日记》(十三卷本;1973-1994),1813 年 1 月 17 日。

[6] 同上。

[7] 同上,1814 年 4 月 10 日。

[8] 拜伦致布莱辛顿夫人的信,1823 年 6 月 2 日。

［9］利·亨特勋爵，《拜伦勋爵及其同代人》（两卷本；1828）。

［10］拜伦致奥古斯塔·利的信，1816 年 10 月 13 日。

［11］拜伦致托马斯·摩尔的信，1816 年 11 月 6 日。

［12］同上，1821 年 8 月 2 日。

［13］《拜伦书信与日记》，1823 年 12 月 17 日。

［14］拜伦致约翰·默里的信，1821 年 12 月 4 日。

［15］托马斯·巴宾顿·麦考利，评托马斯·摩尔《拜伦传》，载《爱丁堡评论》，1813 年 6 月。

［16］托马斯·卡莱尔，《衣裳哲学》，载《弗雷泽杂志》，1833–1834 年。

［17］伊丽莎白·皮戈特，转引自托马斯·摩尔，《拜伦传》（两卷本；1830），第一卷。

［18］威尔弗雷德·S. 道登编辑，《托马斯·摩尔日记》（六卷本；1983–1991），1821 年 7 月 2 日。

［19］卡罗琳·兰姆夫人，"日记节选"，1812 年 3 月。（大英图书馆）

［20］托马斯·摩尔，《拜伦传》，第一卷。

［21］M. 加德纳（布莱辛顿伯爵夫人），《拜伦勋爵对谈录》。

［22］《恰尔德·哈洛尔德游记》，第一章和第二章附加前言，1813 年。

［23］卡罗琳·兰姆夫人致约翰·默里的信，1816 年。

［24］莱斯利·马钱德致约翰·默里的信，1995 年 10 月 26 日。

［25］《一些不切实际的思考》（1821–1822），第 76 条。

［26］同上，第 74 条。

［27］拜伦致托马斯·摩尔的信，1816 年 2 月 29 日。

［28］拜伦致阿尔弗雷德·多尔赛伯爵的信，1823 年 4 月 22 日。

［29］拜伦致理查德·贝尔格雷夫·霍普纳的信，1819 年 10 月 29 日。

［30］拜伦致道格拉斯·金奈尔德的信，1823 年 3 月 31 日。

［31］《恰尔德·哈洛尔德游记》，第四章，第 105 节，第 938 行。

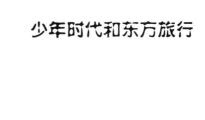

少年时代和东方旅行

第一章　阿伯丁（1788-1798）

伦敦的牛津街与卡文迪什街之间曾有一条霍尔斯街，街上曾有一栋宅邸，编号16，后来改为24号。一七八八年一月二十二日，租借这所房屋的一家添了丁，这一天对大多数人来说平淡无奇。在此之前，身怀六甲的房屋主人拜伦夫人刚来伦敦不久，结识了一位律师，叫约翰·汉森。汉森的妻子为拜伦夫人推荐了一位男助产士。那一天，这位男助产士，连同医生和护士，在二楼的会客厅帮助女主人诞下一个男童——拜伦，整个过程漫长且痛苦。

新生婴儿被胎膜包裹得严严实实。旧时有种迷信的说法，说胎膜具有防溺水的奇效。护士米尔斯女士将拜伦的胎膜卖给了律师汉森的兄弟，即服役于皇家海军的詹姆斯·汉森船长。拜伦的很多遗物都被卖给了这种迷信的人，詹姆斯绝不是第一个。十二年后，詹姆斯船长的"无畏"号战舰在纽黑文市附近的海域沉没，全船仅一名水手生还，其他人都葬身于大海之中。

拜伦刚出生不久，家人就发现他的一只脚畸形，两条腿一长一短。有人请来皇家外科学院博物馆的创始人、知名外科医生约翰·亨特前来会诊。从那以后，医学界对拜伦跛脚的病因众说纷纭。这种畸形在当时叫作内翻足。拜伦的父亲约翰·拜伦上尉写信给姊妹时说道："我很高兴,我儿身体健康,但他以后可能走不了路,他长了内翻足。"[1]今天人们普遍认为,拜伦患的不是"内翻足"。若真是这样,他的脚会萎缩并向内上翻,在小腿处形成一个畸形的鼓包。但拜伦的脚疾并非如此。[2]

当代一些医学专家认为,拜伦是罹患小儿麻痹症,导致小腿肌肉萎缩,才造成的脚疾。拜伦的出版人默里收藏了大诗人的皮靴,皮靴内的两个厚垫清晰可见。一些人由此认为他的腿疾是发育不良的后果。拜伦的小腿干瘪如枯枝,为了遮丑,他需要在正常的鞋履里再套一双内靴,靴腰内侧还要加上厚垫。他的脚内翻,且异常小,他需要在鞋的内围加一圈衬垫才能走稳。时人回忆,拜伦总是拖着一条腿走路,今天的人一看便知是小时候发育不良造成的,但在当时的人眼里,他却像一头恶兽。

拜伦究竟是哪条腿不正常?答案至今扑朔迷离。有时候,为了分散人们的注意力,拜伦自己也会放出烟雾弹,有意不往明了说。拜伦病逝几年后,好友托马斯·摩尔计划为他作传。摩尔收集了大量相关信息,但还是弄不清答案。来自南井镇的老友伊莉莎白·皮戈特、同父异母的姐姐兼情人奥古斯塔·利、来自诺丁汉郡的为他做特制鞋履的老鞋匠都说是右腿。但是利·亨特和玛丽·雪莱说是左腿。跟拜伦练拳的拳师杰克逊回忆大诗人的站姿后,也认为是左腿;临终前在他身侧的外科医生米林根也说是左腿。一向爱吹牛的爱德华·特里劳尼甚至大言不惭地说出左右两条腿都是残疾的荒谬言论。"朝觐者的遗体要涂上油膏"[3]这种天花乱坠的话就出自他之口。众说纷纭中,可能还是拜伦母亲的说法最可信,她曾告诉嫂子弗朗西丝·利夫人:"乔治的右脚内翻,走路只能让脚的侧面着地。"[4]可以肯定的是,因脚疾的缘故,拜伦吃尽了苦头。他的母亲脾气火爆,母子俩时常吵架。母亲骂儿子残疾。儿子指责母亲怀孕的时候,为了"所谓的完美身材"[5],裹束腰,穿紧身衣,伤害了腹中的他。这个时候,跛足成了母子俩互相攻击的武器。他时刻都明白,因为跛足,别人都会嘲笑他,当他是怪物。当然,他也明白,畸足让他看起来多了几分怪异的魅力。跟拜伦分居的妻子回忆道："他总觉得畸足是烙在他身上的印，我劝他别这么想，怎么说他都听不进去。有什么好事他都高兴不起来，他觉得赐给他的福不论是什么，早晚都会变成祸。"[6]

此后，拜伦常常思索人类的繁衍过程，觉得人类的繁衍很奇特，充满了偶然性："一颗洒在娼妓大腿根的'种子'，或一场极致的春梦后，就可能孕育出恺撒或拿破仑这样的大人物，没人在意他们的父亲是谁。"[7]

拜伦是独生子。母亲凯瑟琳·戈登是苏格兰人，盖特城堡的第十三任继承人，每年可以从土地收租、股份分红以及鲑鱼捕捞中获利两万五千英镑。父亲约翰·拜伦是拜伦上将的儿子，外貌英俊，与美丽的阿米莉亚也有过一段婚史。阿米莉亚是康耶斯的女男爵，卡马森勋爵的妻子。两人传出私奔的丑闻后，阿米莉亚与丈夫离婚，之后两人结婚，生下了奥古斯塔。不久后，约翰还升为冷溪卫队的上校。拜伦父母结合得十分草率，母亲为此后悔了一辈子。

拜伦的父亲被军队的狐朋狗友称作"疯子杰克"不是没有道理的。拜伦自己也说，父亲表面风度翩翩，背地里却是个彻头彻尾的混蛋。不仅败光了第一任妻子的钱，还在妻子去世后迅速找了接替者，拜伦自己都看不过去。约翰·拜伦是个混蛋不假，但也是个可怜的人物，害怕孤独，又不善社交，但又喜欢拈花惹草。很不幸，拜伦这点也随了他。

一七八五年前后，老拜伦来到巴斯，当时巴斯还是名闻遐迩的休闲洗浴之都。他在这里遇到相貌平平但积极主动的凯瑟琳·戈登，两人于一七八五年五月完婚。婚后，根据女方父母要求签署的婚姻协议，约翰·拜伦入赘戈登家族，冠上戈登的姓氏，拜伦出生后曾叫乔治·拜伦·戈登，母亲为拜伦·戈登夫人。婚后不久，约翰·拜伦就获得妻子的嫁妆——盖特城堡的终身所有权，但转手就将其出售给阿伯丁公爵,获得了一万八千六百九十英镑,这在当时是一笔可观的数字。但好景不长,因挥霍无度,他又遭遇了财务危机,为了躲债,不得不与妻子搬去法国。凯瑟琳怀孕后期独自一人回到了伦敦,直到拜伦马上就要出生了,约翰·拜伦才从法国回来。自此,拜伦对父亲的记忆时有时无,只记得他每次出现都紧盯母亲的口袋,想方设法地从母亲那里拿钱。经过这些事情后,凯瑟琳看清了丈夫的德性,但仍深爱着他,只好让他得逞。

一七八八年二月十九日,在父亲缺席的情况下,拜伦在圣马里波恩教堂接受了洗礼。拜伦夫人将自己的两位亲戚指认为孩子的教父,负责用宗教培养孩子的道德品质,一位是戈登公爵,另一位是菲特莱索郊区的迪夫上校,但这两位也没能到场。谁都没料到,在接下来的一个世纪,这个孩子会在英国国教信仰体系中掀起轩然大波。

一七八九年夏,拜伦和母亲北上游玩到了阿伯丁,听闻七月十四日法国发生了大革命,法国人攻占了巴士底狱。凯瑟琳对此事很感兴趣,虽然是贵族,她的思想却很前卫。她跟嫂子弗朗西丝·利说:"我对法国的那些事很感兴趣,我一直站在民主这边,咱俩的观点可能不一样。"[8]当时整个政治局势动荡,人们绷紧了心弦,加上家里一团糟,这或多或少也影响到了拜伦。

母子俩初到阿伯丁,先在弗吉尼亚街租了一间房间,随后,从香水商詹姆斯·安德森那里租了新的房子,搬去了皇后街。说起来可能难以置信,与之前的巨额财产收入相比,娘俩现在唯一的收入来源是凯瑟琳三千英镑终身年金的利息——每年一百五十英镑。为了生活方便,拜伦夫人还雇了一位保姆,叫艾格尼斯·格雷,与母子俩住在一起。他们的生活一团糟,家里的氛围总是让人异常烦躁。特别是老拜伦一声不吭回来后,更是令人窒息。一开始,老拜伦和他们生活在一起,后来他在皇后街的另一头租了间房子,住了进去。拜伦到那儿住过一晚,但那一晚对他来说简直是噩梦。从那之后,拜伦再也没有去过。

多年后,拜伦跟友人说,他不相信婚姻。记忆中父母的婚姻并不幸福,他们吵架的场景一直在自己脑海里[9],这可信吗?父子俩最后一次见面,拜伦才两岁半。那会儿老拜伦因寻欢作乐,大肆挥霍,欠了很多情债,走到哪儿都被人嫌弃,后来穷困潦倒,只好灰溜溜地逃回了法国。托拜伦那敏感性格的福,这些场景他可能真的记得。因此,生命最后的那几年,狭小的屋子,面红耳赤的夫妇,无休止的争吵声,一直在他的脑海里循环播放,关不掉,也甩不掉。

一七九一年八月,老拜伦在法国北部的瓦朗谢讷市去世了,死因不明。有说是死于肺结核的,也有说是服毒自杀的。据他朋友说,老拜伦像"疯子"一样,说话行为一直很夸张,一直说自己身无分文,一贫如洗。这一点在他留下的遗嘱里,体现得淋漓尽致。他在遗嘱中任命小儿子乔治·戈登为继承人,继承根本就不存在的遗产。这可苦了拜伦,顶着这个名头啥也得不到,还得倒贴,帮忙收拾他的烂摊子,偿还他欠下的一屁股债,支付他的丧葬费。拜伦长大后,会在一些无伤大雅的场合拿老拜伦消遣,夸大老拜伦的阴暗,把老拜伦搞成了"恶霸"似的人物。拜伦的一个朋友说,自己早些年去纽斯特德拜访拜伦,两人吃喝玩乐,很是开心,连洗手的时候,都哼着那不勒斯的歌谣。[10]但拜伦的话题说转就转,突然就来一句"我父亲就是个疯子,还割过我的喉咙"。

虽然对老拜伦颇有微词,但拜伦对父亲的爱和夸赞也是毋庸置疑的。不仅如此,拜伦还曾试图找出自己与老拜伦的相似点,比如父子俩认为拜伦家族的人都极具魅力。父子俩貌若潘安,魅力十足,但性情不稳,喜欢玩弄感情。这一大家子因为乱伦的事情,尽人皆知。拿老拜伦来说,他待在法国的时候跟姐姐弗朗西丝·利住在一起,两人的关系在外人看来,就有点说不清道不明了,最有力的证据就是两人的来往书信。不过说来也怪,拜伦与奥古斯塔没有坠入爱河前,对父亲这些事一无所知。奥古斯塔成为情人后,他却总能听到老拜伦与姑姑的"事迹"。

而且姐弟俩相爱前，奥古斯塔就已为人妇，丈夫乔治·利上校还是弗朗西丝·利的儿子。这一家子的关系真够复杂。老拜伦虽然总是拈花惹草，还没有责任心，却促成了儿子与女儿的"情缘"。拜伦曾说他和奥古斯塔都深爱着自己的父亲，就像他们互相爱着对方一样。[11]不得不感叹，这两个人也没能逃脱拜伦家族被诅咒的命运，就像一个王朝总是无法逃脱兴亡。

接到老拜伦去世的消息，凯瑟琳伤心欲绝，她曾真心爱过他，但现在一切都成了过往云烟。[12]不久后，母子俩便搬到了阿伯丁，住进了布罗德街64号。当时的阿伯丁虽不是个发达城市，但已成为苏格兰重要的造船中心，这里充满生活气息，人文荟萃。但凯瑟琳出生于名门望族，父亲是亨利二世伯爵，母亲是苏格兰国王詹姆斯一世的女儿安娜贝拉·斯图尔特公主，对凯瑟琳来说，阿伯丁郡就是个穷乡僻壤。现在住的房子比之前租的要宽敞，但仍然无法满足傲慢自大的她。[13]她在给友人的信中抱怨"这儿流行的帽子，伦敦早就没人戴了"。[14]后来，一位亲戚在阿伯丁郡看到她的时候，惊呼她与以前相比"胖若两人"，年轻时的凯瑟琳长得漂亮，说话风趣幽默，虽然她那时候也容易发胖，但也没有像现在这样。[15]这难以置信但也情有可原，凯瑟琳成为寡妇的时候才二十六岁，从那之后她就需要为生活中大大小小的事情操劳，与之前的娇生惯养相比或许落差太大，她积郁成疾，破罐子破摔开始暴饮暴食，把对未来的希望全部押在拜伦身上。

拜伦常将自己的不幸怪罪到喜怒无常的母亲头上，是那无休止的辱骂，没完没了的体罚，让他身心俱疲。母亲的所作所为蚕食着他善良的天性，让他逐渐变得冷漠，也磨掉了他的暴脾气。[16]现在回想起来，拜伦根本就不理解凯瑟琳。当时凯瑟琳的生活经历着巨变，从富有的贵族变成了为生活发愁的寡妇，这巨大的落差她无法接受，因而性情大变。虽然后来拜伦把凯瑟琳妖魔化，对凯瑟琳不公平，但是小小年纪，天天跟脾气反复无常的母亲待在一起,他心理压力巨大。大诗人从小偏头疼的毛病,一紧张就咬指甲的习惯,也与这个脱不了干系。

娘家亲戚优渥的生活条件让住在附近的母亲和孩子显得尤为寒酸。凯瑟琳的亲戚有住在祖宅费维塔的,有住在阿伯丁的哈多庄园。哈多庄园里还挂满了她亲戚在欧洲旅游时请意大利画家庞培奥·巴托尼画的画像。画中人穿着苏格兰方格呢子裙,在庞培奥的画笔下显得尤为贵气。说起来还有凯瑟琳的嫁妆——盖特城堡。凯瑟琳作为城堡的十三代继承人,婚后曾与丈夫在这里住过一段时间,但现在盖特城堡成了阿伯丁庄园的一部分。当年,阿伯丁伯爵三世买下了盖特城堡和周边的土地,把它送给儿子哈多勋爵。但世事无常,一七九一年哈多从马上摔下来去世了,盖特城堡自那之后便荒废了下来。我们无法证实拜伦是否去过盖特城堡。但拜伦诗中无数个在狂风中破败不堪的城堡形象都隐约透出盖特城堡的影子。事实上,拜伦也曾为母亲失去遗产而忧心。一八二一年拜伦曾想过,即使少赚点钱也要把盖特买回来。[17]但遗憾的是直到二〇〇一年,盖特城堡仍然荒废着,城墙上爬满了常春藤和牛芹,破落地矗立在伊森河旁边宽阔的山谷中,这下真的成了拜伦笔下的废墟。

不知不觉,小拜伦学会了走路,但走得很费力。凯瑟琳为了给他找到合适的鞋子,跑遍了当地的鞋铺,但结果很不如意,当地的定制鞋根本达不到要求,她很绝望,最后不得不托人从伦敦寄来一双鞋。这双鞋经过加固,能掩盖男孩内翻的脚,让他能像正常人那样走路。拜伦最受不了别人把自己和另一个跛脚的孩子放到一起来取笑:"瞧这俩小屁孩,瘸个腿还逛大街。"[18](这句话自带拜伦浓重的苏格兰口音。)因此,常常传来这个"坏小子"[19]因为恼羞成怒而惹祸,这听来竟有些传奇的味道,比如前天撞毁了磨坊轮子,昨天打了阿伯克伦比夫人的脸,今天又用小鞭子打了一位对他表示同情的好心人。

在关于拜伦的诸多传言中,有一个听起来颇为可信。拜伦小的时候,有一次陪母亲在圣保罗圣公会教堂的长椅上祷告。他闲得没事做,带着儿童手套,拿出小别针来扎母亲胖胖的手臂,据说还扎了不止一次。

一七九四年,第五代拜伦勋爵的孙子威廉·拜伦在科西嘉岛的卡尔维围城之战中被炮弹炸死,乔治·戈登继承了拜伦家族的头衔和遗产。这个意外拜伦后来不愿提及,谁要是当着他的面提了,他就变得异常敏感。成为贵族后的拜伦,留下了自己的第一幅肖像水彩画,由威廉·凯绘制,画中的他大概七岁的样子,手里拿着当时的流行玩具弓箭,神情刻画得惟妙惟肖。这幅画是为了纪念拜伦身份地位转变,画中只他一人,孤零零地站着,身穿开领白衬衫、紧身马裤、整洁蓝外套,草丛掩盖住他的跛足。看上去,小拜伦似乎已经准备好迎接他在伦敦被当作"卷发宠儿"[20]的岁月。画中只有他一人,这样的构图在当时不算主流。大部分苏格兰贵族的肖像画,尤其是那些大卫·艾伦创作的,都是以家庭为单位出现的,有骄傲的父亲、活泼爱玩的继承人、兄弟姐妹以及娴静的母亲和她们腿上脸带酒窝的婴儿,一大家子人其乐融融。这就是拜伦早期的成长环境。

拜伦阅读速度快,什么样的书都喜欢读,理解能力好,记忆力超群,几乎任何段落都能调动起他的某种感情,这为他的写作打下了良好的基础。一七九四年,经过一段时间的在校学习和家教辅导,拜伦上了阿伯丁的文法学校。他已经把《旧约》读得滚瓜烂熟,对《新约》却提不起兴趣。[21]拜伦进入文法学校学习时是一年级,也可能是二年级(该时期的记录已丢失),这所学校强调"拉丁语,拉丁语,拉丁语",所有课程都围绕着拉丁语,拜伦在此的表现并不出众。此时,他的兴趣开始转向历史,用拿破仑的话说就是"奔涌向前的历史之河"。[22]他着迷于古代政权的钩心斗角和冤冤相报,不得不说拜伦那时相当早熟。这种兴趣渗透到了他的写作中,这也是为什么他后来执意投身复杂的欧洲政治纷争。此外，他发现自己很会讲故事，能让人听得如痴如醉。有个故事说，有一天暴风雪突至，拜伦和一群年纪小一点的学生在阿伯丁的一家服装店的后厨里躲雪，拜伦给他们讲"天方夜谭"，故事接故事，孩子们听得津津有味。

慢慢地，他开始四处走动，走得越来越远，出行方式也从走路变成了骑马。骑着同学的设得兰小矮马，从老阿伯丁郡的鹅卵石街，伴着嘎达嘎达的马蹄声，来到了布里格·奥巴尔古尼。这是一座古老的石桥，横跨在顿河上。顿河的水又深又黑，让拜伦着迷。也因为这个，他学会了游泳，练就了一身高超的游泳本领，还战胜了跛足给他带来的耻辱感。他就这样走着，走到了阿伯丁海湾，走过那绵延的沙滩和热闹的港口，除了定期往返的渔船和外贸船只，他对这周边越来越熟悉，走得也越来越远。或许拜伦就是在这里爱上了大海，旋涡、风暴、巨浪让他感受到了海洋的力量和壮美。

看得多，走得远，拜伦的眼界越来越开阔。有时候凯瑟琳会带着拜伦与她的祖母，即玛格丽特·达夫·戈登夫人或者称盖特夫人，一起去班夫小镇度假。那是个优雅的海滨小镇，位于阿伯丁西北方向二十英里的海边，戈登家族每年都会来这里避暑。这个小镇历史悠久，十八世纪末还有繁华的渔业贸易。在这里，拜伦第一次见到了上流社会社交的样子，但他对这个群体似乎兴趣不大，甚至有些反感。当地流传着另一则拜伦的轶事："拜小伦那个坏小子"[23]给一个枕头穿上自己的衣服，从楼上的窗户扔到亲戚们聚集的花园——拜伦恶作剧的天赋初见端倪。

一七九五年，也可能是一七九六年，拜伦患上了严重的猩红热。当时阿伯丁杂志上说，喝山羊奶有利于康复。于是凯瑟琳把拜伦送到了阿伯丁附近的迪赛德镇的巴拉特井村，在阿伯丁以西的高地。母子俩住在用糙石头盖的房子里，屋顶仍用茅草铺盖。屋子里摆着两张折叠床，晚上摊开就是卧室，白天折叠就是客厅。十九世纪二十年代末，拜伦的出

10

版商约翰·默里为了帮摩尔给拜伦作传而前往高地采风,旅行中发现这座小屋,并把它画了下来。如此简陋的小屋着实让他吃了一惊。

"一看到苏格兰花格图案或一切关于那儿的东西,心里就有一阵暖流。它们让我想起阿伯丁,想起那些离高地不远的地方。"[24]巴拉特、因弗内斯和布雷马附近那些风景如画的村庄,高地上遇到的人们,就这样印在了拜伦对童年的追忆中。他在描写高地的湖泊、杂碎肚、薄雾以及许多叫"玛丽"的女孩时毫不吝惜溢美之词,后人常把这些辞令称作"诗化的苏格兰格纹图案"。[25]莫尔文山和洛赫纳加山对于少年拜伦乃至恰尔德·哈洛尔德来说几乎成为丈量异域山地的标尺,当他旅行来到葡萄牙、阿尔巴尼亚和希腊,他都要拿来和嶙峋的苏格兰山貌作比。

回忆苏格兰的时候,记忆最深的是他的初恋。拜伦自己说,七岁时他就对远房表妹玛丽·达夫起了好感。玛丽·达夫有着一头深棕色头发,一双栗色的眼睛,她家人住在阿伯丁郡的普莱斯顿附近。拜伦永远也忘不了他的初恋,那是"大多数人还未点燃的爱情之火"。[26]他记得极为翔实:"体肤之情,精致的五官,躁动难眠的我折磨我母亲的女仆,让她为我代笔写信。"[27]这些话写在了一八一三年的笔记里,此时的拜伦已成了大众情人。从中我们可以得知,虽然出了名,他反而更加孤独,因此,原本因为孤独而产生的心理寄托才被他包装成了一个完美女孩的形象。

这些日记还说明他非常善于隐藏自己同性恋的行为。早期的交往并非田园诗一般美好,不久拜伦开始对同性起了性欲,这些心理活动都被隐藏在他精心营造的童年爱情叙事中。拜伦的密友约翰·卡姆·霍布豪斯是个直率的人。拜伦真诚地袒露爱情萌发的过程,他却一语道破拜伦的秘密:"说起拜伦早期那种爱好产生的过程,我可是知道一件事,但不能说,这与他和玛丽·达夫的恋情相比没那么浪漫,但很能说明问题。"[28]

拜伦的苏格兰听起来温润祥和，这样的描述却遮蔽了现实中的苏格兰冷峻残酷的一面。他的家族有暴力倾向，如动不动就要刎颈的父亲，热衷于溺刑的岳父一家，还有三番五次要自杀的盖特城堡的主人。[29]暴力和世仇现象在苏格兰社会原本就屡见不鲜，卡洛登战役过去不到五十年，贵族之间自相残杀的战争仍残存在苏格兰人的集体记忆中。拜伦沉迷于这种暴力，某种程度上可以说是陶醉于此。一八二二年，他跟沃尔特·司各特爵士说："我喜欢他们，从小时候就喜欢。"[30]

整个童年，拜伦都生活在一种阿伯丁特有的充满苏格兰加尔文主义思想的环境里，深受其害。一到十岁，他是在棍棒的敲打下上教堂的，家庭老师和学校老师让他深信自己天生就是个逆种。[31]加尔文主义强调宿命论，这塑造了拜伦的悲观主义世界观，他自认为一无是处，怎么努力都无济于事，一切全是安排好的戏。最具说服力的是，拜伦夫人觉得他一辈子吃了那么多的苦，都是早期受加尔文主义荼毒太深，说他自己也像是撞上了一堵"宿命论之墙"。[32]的确，身边所有人怎么劝他都无济于事。

可能不止是加尔文主义的错，天气也是部分原因。由于纬度高，阿伯丁的冬夜漫长而阴沉，住在那里很容易患上抑郁症。一九九九年的一项居民调查显示，季节性情感障碍的患病率很高，也就是我们熟知的"冬季忧郁症"。[33]阿伯丁的天气是否让那里的人一生下来就容易抑郁？让拜伦自己来说就是"缺爱忧郁症"。[34]拜伦是否患上了季节性情感障碍？拜伦对苏格兰的爱时起时落。有一年在拉文纳，一月，他抱怨说这天气太熟悉了——"薄雾弥漫，细雨蒙蒙，连空气中弥漫的都是苏格兰的味道，虽然阿伯丁被传说中的爱尔兰诗人莪相说得很好，但实际上乏味透顶"。[35]难道正是他在苏格兰的九年让他一生都在追求阳光？

一七九八年五月，叔祖父威廉五世去世，十岁的乔治·戈登继承了"拜伦勋爵"的头衔。阿伯丁文法学校注册表信息立即做了相应的修改：乔治·多米尼斯·德·B.戈登改成了乔治·多姆·德·拜伦。之后的第一次点名，拜伦的新头衔"乔治亚斯·多米尼斯·德·拜伦"[36]被大声念了出来，在场的同学欢呼雀跃，他自己也情不自禁地流下了眼泪。这个场景最早出现在汤姆·摩尔的传记中，拜伦是个泪点不高的人，这个场景没有理由不被相信。话说男儿有泪不轻弹，但拜伦很容易落泪，泪腺禁不住任何变故。校长对他颇为殷勤，先是派人把他叫来，又给他送蛋糕和葡萄酒，这让拜伦感到了些许安慰。从这件事上，拜伦收获了第一个重要的经验：贵族的头衔、地位可以改变别人对自己的态度。

注释

［1］托马斯·摩尔，《拜伦传》，第一卷。

［2］有关拜伦的跛足，见丹尼斯·布朗（Denis Browne），《拜伦的跛足问题》（'The Problem of Byron's Lameness'），载《皇家医药学会通讯》（Proceedings of the Royal Society of Medicine），1960 年 6 月；A. B. 莫里森（A. B. Morrison），《拜伦的跛足》（'Byron's Lameness'），载《拜伦研究》（Byron Journal），第 3 期，1975 年。布朗的观点被雷蒙德·米尔斯（Raymond Mills）博士证实，见《拜伦勋爵的医学死因》（'The Last Illness of Lord Byron'），载《拜伦研究》，第 28 期，2000 年。

［3］爱德华·约翰·特里劳尼，《雪莱和拜伦最后的日子》（1858）。

［4］凯瑟琳·戈登·拜伦致弗朗西丝·利的信，1791 年 5 月 31 日。

［5］《托马斯·摩尔日记》，1828 年 2 月 19 日。

［6］拜伦夫人致亨利·克拉布·罗宾逊的信，1855 年 3 月 5 日。见《亨利·克拉布·罗宾逊日记、回忆与书信》（Diary, Reminiscences and Correspondence of Henry Crabb Robinson），托马斯·萨德勒（Thomas Sadler）编辑（1872），第二卷。

［7］《一些不切实际的思考》，第 102 条。

［8］凯瑟琳·戈登·拜伦致弗朗西丝·利的信，1792 年 11 月 29 日。（大英图书馆）

［9］托马斯·梅德温，《拜伦勋爵比萨谈话录》（1824）。

［10］ A. G. 莱斯特朗牧师(Rev. A. G. L'Estrange)，《威廉·哈尼斯牧师的文学生涯》(*The Liternry Life of the Rev. William Harness*，1871)。

［11］ 拜伦致 J. J. 库尔曼(J. J. Coulmann)的信，1823 年 7 月。

［12］ 凯瑟琳·戈登·拜伦致弗朗西丝·利的信，1791 年 8 月 23 日。

［13］ 拜伦致约翰·默里的信，1820 年 10 月 16 日。

［14］ 凯瑟琳·戈登·拜伦致弗朗西丝·利的信，1791 年 8 月 23 日。

［15］ 普莱斯·洛克哈特·戈登，《回忆录》(*Personal Memoirs*)，第二卷(1830)。

［16］ M. 加德纳(布莱辛顿伯爵夫人)，《拜伦勋爵对谈录》。

［17］ 拜伦致道格拉斯·金奈尔德的信，1821 年 2 月 2 日。

［18］ 托马斯·摩尔，《拜伦传》，第一卷。

［19］ 史蒂芬先生，来自苏格兰因奇马诺克岛的厨子，转引自 R. E. 普罗瑟罗，《拜伦的童年和学生时代》('The Childhood and School Days of Byron')，载《十九世纪》(*Nineteenth Century*)，第 43 期，1898 年。

［20］ 拜伦致托马斯·摩尔的信，1821 年 10 月 28 日。

［21］ 拜伦致约翰·默里的信，1821 年 10 月 9 日。

［22］ 同上，1821 年 8 月 16 日。

［23］ W. 罗杰森牧师(Rev. W. Rogerson)，《拜伦勋爵在阿伯丁的关系》('Lord Byron's connection with Aberdeen')，载《邦阿科德》(*Bon-Accord*)，1902 年 6 月 19 日。

［24］ 拜伦致沃尔特·司各特爵士的信，1822 年 1 月 12 日。

［25］ 安格斯·考尔德(Angus Colder)，《岛屿叙事：苏格兰、希腊和浪漫派蛮荒想象》，载《拜伦和苏格兰：激进者还是花花公子?》(*Byron and Scotland: Radical or Dandy?*，1989)。

［26］《拜伦书信与日记》，1813 年 11 月 17 日。

［27］ 同上，1813 年 11 月 26 日。

［28］ 约翰·卡姆·霍布豪斯，霍布豪斯在托马斯·摩尔的《拜伦的书信和

日记》(1830)中的批注。该批注本原属于哈罗德·尼科尔森爵士,现存于已故哈里·奥本海默的拜伦藏品中,由约翰内斯堡的布伦瑟斯特图书馆保管。

［29］拜伦致弗朗西斯·霍奇森的信,1810 年 11 月 14 日。

［30］拜伦致沃尔特·司各特爵士的信,1822 年 1 月 12 日。

［31］拜伦致威廉·吉福德的信,1813 年 6 月 18 日。

［32］拜伦夫人致亨利·克拉布·罗宾逊的信,1855 年 3 月 5 日。见《亨利·克拉布·罗宾逊日记、回忆与书信》,第二卷。

［33］《阿伯丁初级保健护理人群季节性情绪紊乱》('Seasonal affective disorder among primary care attenders and a community sample in Aberdeen'),载《英国精神病学期刊》(*British Journal of Psychiatry*),第 175 期,1999 年。

［34］拜伦致约翰·卡姆·霍布豪斯的信,1811 年 11 月 2 日。

［35］"在拉文纳写下的日记",1821 年 1 月 16 日。

［36］匿名,《拜伦勋爵轶事》(*Anecdotes of Lord Byron, from Authentic Sources*, 1825)。有关拜伦的学生时代的细节,见 H. F. 莫兰德·辛普森(H. F. Morland Simpson)编辑,《阿伯丁文法学校回忆录》(*Bon Record. Records and Reminiscences of Aberdeen*, 1906)。

第二章　纽斯特德庄园（1798-1799）

　　拜伦在英格兰的祖先大概可以追溯到厄尼吉斯和拉尔夫·德·布伦,他们拥有诺曼血统,诺曼王朝威廉一世统治期间,他们在英格兰北部享有大量地产,一○八六年的《土地志》中都可以找到后者的名字。宗教改革后,许多庄园被解散,财产被洗劫一空,约翰·拜伦爵士从庇护人亨利八世手中以极低的价格收购了舍伍德森林中的纽斯特德庄园及其周围的土地。内战时,拜伦的一位叫作约翰·拜伦的先辈做了当时保皇党军队的将领,因此获赐查理一世授予的"洛奇代尔男爵"的头衔,我们年轻的拜伦所继承的就是这一爵位。

　　拜伦喜欢历史自带的古韵,有时甚至吹毛求疵。一般情况下,他会把自己的名字写成"Byron",偶尔也会写成"Biron",并解释说:"这是老拼法,有时我会顺手拼出来。"[1]他的口音有时也变幻无常。在哈罗读书时,他称自己为"Birron"(发音时"i"发短音)。在伦敦成名以后,他又自称为"Byron"(发音时"y"发长音),这也是现在使用最多的叫法。一八一六年之后,他在欧洲自我流放期间,又重新使用了"Biron"的读音。虽说如此,在意大利的时候,他还是执意让他的意大利朋友管他叫"Byron",汤姆·摩尔都看不过去了,因为意大利人读"Biron"更顺口。

　　伯克编的《贵族姓名录》中用密语描述了拜伦家族的纹章:"Arg.,

three bendlets enhanced gu. Crest"。纹章下有两匹栗色的骏马，马鬃飞扬，上面骑着一位美人鱼，手拿镜子和梳子。后来，拜伦欣喜若狂地发现沃尔特·司各特爵士的纹章上也印有美人鱼的图案，就连尾巴的卷曲程度都完全相同，"看来我们还是亲戚"。[2] 美人鱼图案再一次出现是在《唐璜》中，他把英国女性比作了美人鱼：

14

> 善良的美人鱼，她们
> 有着美丽的脸庞，鱼的尾巴，
> 和一种奇特的魅力。[3]

纹章上写着"相信拜伦"的座右铭，显得傲慢而自信，拜伦在多个场合都要拿出来炫耀一下，还为此和讥笑他的校友打了一架。拜伦在意大利居住的那几年，不论在哪所豪宅，都要把钉有纹章的招牌悬挂在他的大床上方，上面的话迷惑了一个个上门和他勾搭的情妇，这一招让友人利·亨特拍案叫绝。拜伦奔赴希腊参加独立战争时，戴的头盔上也印有这一字样。当然，这句座右铭很容易被理解成相反的意思：卡罗琳·兰姆被他无情地抛弃后，专门准备了一个金匣子，里面藏着拜伦的肖像画，上面愤然刻着"千万不要相信拜伦"。她还威胁说，总有那么一天，她要安排人把这句话刻在仆人制服的纽扣上。

一七九八年八月，小拜伦和母亲从阿伯丁南下，请求继承遗产。儿时的拜伦成熟又慷慨，临走前，把一块金表送给了与他同名的乔治·戈登·梅尔文。乔治·戈登·梅尔文是拜伦以前的保姆艾格尼斯·格雷的儿子，她现在已经结婚了。艾格尼斯的妹妹梅接替了她的工作，陪着拜伦一家坐长途汽车去诺丁汉郡的纽斯特德庄园，途经莱文湖，凯瑟琳·拜伦在这里给他们讲了一些关于她祖先的故事——"老戈登，不属于塞顿·戈登家族,她轻蔑地称之为旁系公爵"。[4]一八二〇年,拜伦在意大利拉文纳写信,称自己对那次穿越苏格兰和福斯湾的旅程记忆犹新。拜伦和母亲有时会想再回高地一趟,但从未回去过。

马车接近纽斯特德,在关卡停了下来,凯瑟琳神秘兮兮地问他附近是否有一座贵族的庄园;如果有,会是谁的。凯瑟琳这种故弄玄虚的天赋肯定遗传给了拜伦。

"是拜伦勋爵的,但他已经去世了。"

"那继承人是谁呢?"

"他们说是一个住在阿伯丁的小男孩。"

"继承人就在这儿,愿上帝保佑他。"保姆梅·格雷心里清楚,说着吻了一下小拜伦。[5]

摩尔所著的《拜伦传》中讲述了这次重要的"身份转变",但难免有可疑的地方。例如,摩尔说拜伦坐在保姆的腿上,但当时拜伦已经十岁了,坐在别人腿上难免有些太重。但这个故事真正让人伤感之处在于,拜伦还没准备好迎接自己新的角色。他小小年纪就来到一个人生地不熟的地方,而且在此之前与叔祖父没有任何联系,也没有亲戚牵线搭桥。

乍一看,纽斯特德庄园气势恢宏,至今未减。早在几十年前,哥特风小说的创始人霍勒斯·沃波尔就曾感叹道:"纽斯特德称得上是真正的庄园。"[6]主体原本是十三世纪时修建的一座奥古斯丁教派的小庄园,之后用几个世纪扩建为一幢民用建筑,可谓是宗教精神和世俗用途的奇妙结合。实际上,这是一座嫁接在教堂的废墟上的房子,东面的大窗户、大厅、餐厅和回廊都是原先的教堂的,历久弥新。教堂门面上方的神龛里仍保留着坐着的圣母玛利亚和怀里的圣子。这座古老的建筑深深地吸引着沃波尔和拜伦,它像一扇门,将过去和现在连接起来。

拜伦的祖先威廉四世勋爵是一位鉴赏家、作曲家和水彩画家。早在十八世纪初,他就以法式风格重新为花园布景,修建了一条运河,后来运河变成了一个方形的湖,取名"鹰湖",湖畔还修建了一个壮观的花台。不幸的是,威廉五世勋爵竟然将哥特风格的设计元素胡乱掺入了花园的布景。他在湖的远端盖了两个碉堡模型,但配的火炮却是真的。他把装有二十门大炮的帆船放到湖面上,周围搭配了各种各样的船只。看来,这位前海军军官要在这里重现他在其中英勇战斗过的海战场景。

纽斯特德庄园虽然杂糅了各代继承人迥异的风格,但无论怎么样衡量,它都称得上壮观。一九〇九年,拜伦的姻亲威尔弗里德·布伦特访问纽斯特德,在日记中这样写道:"看一眼,你就知道这笔突如其来的遗产是如何冲昏拜伦母子两人的头脑,如何让他学会吹嘘自己的身世,给他添了一个弱点。"[7]从那以后,拜伦养成了住大房子的习惯,最好是宫殿式的。纽斯特德的格局和魅力塑造了他对世界和自己的期许。

迎接拜伦母子的是曾服侍过第五代勋爵的老仆乔·默里,还有从伦敦赶过来的家庭律师约翰·汉森和他的妻子。除了为拜伦打官司,他现在又添了一项新角色——拜伦的监护人。拜伦虽然还未成年,却继承了一笔还有外债的遗产,自然就受到了衡平法法院的监护。拜伦有三个官方监护人,其余两位是拜伦的母亲和他的堂兄五世卡莱尔伯爵弗雷德里克,但约翰·汉森对他的事务最有话语权,成了拜伦早年生活中的准父亲。

拜伦表现得很乖,谈吐像一个大人,汉森印象深刻。被问及离开苏格兰后最怀念的是什么,拜伦回答说,最想念阿伯丁的风景和他喜欢的小女孩;然后他写了一首油嘴滑舌的诗:

> 她戴着帽子很漂亮,
> 我渴望亲吻她的唇
> 难道上面抹了蜜吗?[8]

相比之下，拜伦不怎么招人喜欢的一面汉森也记得。他养过一条狗狼杂交的大型犬，名叫伍利。孩子孤独，对狗百般疼爱。但人狗关系不好的时候，拜伦的反应很暴躁。一天，在花园里玩耍，狗咬了拜伦。他冲进了室内，一把抓起猎场看守人的手枪，上膛，把狗推倒，让它腹部朝上，用枪指着它，模仿话剧口吻大声说道："伍利，你的死期到了。"

为了更好地了解新一代勋爵的情况，约翰·汉森在纽斯特德住了三个星期。拜伦家族的地产面积很大，位置偏僻，设计复杂。在诺丁汉郡，除了纽斯特德庄园、周围的空地以及其附近的森林和磨坊，拜伦还继承了哈克纳尔庄园、布尔韦尔森林、周围的空地和铁匠作坊，以及一片村庄农舍，总面积为三千二百英亩。从约翰·汉森的账簿中可以清楚地了解到纽斯特德经济收入的细枝末节，账簿现在保存在大英图书馆，其中详细记录了：十五个承租人的交租情况，包括磨坊和采石场的；当地牧师支付的房租、花园和围场的租金；向击剑手、木匠、铁匠支付的房地产维护费，以及为了治疗拉货的马而向兽医支付的费用；砍伐树木、脱粒、割庄稼、排水和割草的情况。庄园经济随季节的变化有进有出，每个部门各司其职，俨然是一个国中之国。[9]

拜伦接手的时候，纽斯特德破败不堪。在五世勋爵在位的最后二十年里，由于经济困难，勋爵无心理事，庄园运营得很差。汉森调查发现，庄园"杂草丛生"[10]，农场几乎成了荒地。森林原本是庄园的重要资产，却被砍伐、贱卖。现在，纽斯特德荒凉贫瘠，庄园连同花园、湖泊、瀑布和城垛都年久失修，破败颓唐。五世勋爵生前喜欢收藏艺术品，是个古董爱好者。以前生活还滋润的时候，他购入了鲁本斯、提香、霍尔拜因、卡纳莱托等人的画作。后来债主逼上门来，逼他把这些画作贱价卖了出去。老勋爵的大部分家具都被法警没收了，院子后面的那幢楼连屋顶都没有。庄园前厅和餐厅现在被改成了仓库，里面堆满了牛草，而大厅和会客厅现在成了牛圈。

17

庄园的气氛阴森森的。据说，五世勋爵生前最后几年里，曾在伦敦蓓尔美尔街的星嘉德酒馆杀害了亲戚威廉·查沃斯，他因此偏执、沮丧，附近的人从此叫他"恶霸勋爵"。这个恶毒的老人自知时日不多，躺在庄园里奄奄一息，只剩年迈的乔和仆人兼情妇哈德斯塔夫女士照料，邻居们称她为"贝蒂夫人"。老勋爵养了一群蟋蟀娱乐，驯得还很听话，让它们在自己身上跳来跳去，但当虫子变得没大没小的时候，就用草鞭狠抽它们，很是吓人。五世勋爵郁郁而终，看来抑郁症不仅是戈登家族里的遗传病，也是拜伦家族的遗传病。

除了纽斯特德，拜伦家族在诺福克郡的威蒙德汉姆村和兰开夏郡的罗奇代尔村还有地产。其中，罗奇代尔庄园的问题尤其严重，因为该地的采煤权被那位"恶霸勋爵"非法卖掉了。这些潜在财产利润丰富，为了收回煤矿的所有权，诉讼一直持续到了一八二三年，那时拜伦正前往希腊的迈索隆吉翁城，这笔遗产似乎没有那么容易弄回来。

一七九八年，拜伦在纽斯特德的第一个秋天到来了。由于没有意识到问题的严重性，拜伦和母亲制订了一个颇为乐观的计划。拜伦种下了一棵具有象征意义的橡树，后来，这棵树成了一首诗的主题，这首诗有个大气的题目——《年仅九岁的作者致纽斯特德庄园花园里的一棵橡树》。

凯瑟琳·拜伦曾希望在纽斯特德把儿子抚养成人，但汉森催她搬到伦敦的房子或寄宿处，待到他弄清楚家里的财务状况再搬回来。庄园尽管不像传言的那样债务累累，但收入的确一年不如一年，在五世勋爵最后那几年，每年的收益下降到八百英镑，连日常维护都困难。约翰·默里的档案室保留着拜伦母亲的棕皮小账本，上面有一项揪心的条目——一七九八年九月一日至一七九九年六月一日期间的资金支出：修理纽斯特德花去九十九英镑六先令一便士。汉森认为当务之急是指派一名代理人来整顿庄园，对其进行更严格的管理，将土地出租出去让别人打猎,等到拜伦成年后再另做决定。

　　凯瑟琳坚决不愿意去伦敦,也许是因为拜伦出生的那几个星期的痛　　18
仍然萦绕在她心头。她宁愿带拜伦去离纽斯特德十二英里的诺丁汉。
母子俩和弗朗西丝·拜伦以及她丧偶的妹妹安·帕金斯夫人在格里迪
斯米特街(后来改名为佩勒姆街)住了一段时间。弗朗西丝·拜伦是五
世拜伦勋爵的弟弟乔治的遗孀,凯瑟琳最近才和他们联系上。不久,凯
瑟琳把拜伦留在了诺丁汉,让保姆梅·格雷看管,自己回到了纽斯特德。
从一七九九年到一八〇〇年,她断断续续地待在庄园,拜伦有时回来度
假。一八〇九年至一八一一年,拜伦在欧洲旅行期间,凯瑟琳·拜伦接
管了房子的管理权,但从未在这里久住。

　　拜伦在纽斯特德断断续续住过,最长的一次是从一八一一年住到
一八一二年的冬天。这位六世拜伦勋爵虽然是纽斯特德真正的主人,却
经常缺位。如果拜伦像五世德文希尔公爵的儿子(即与他同时代的哈
丁顿侯爵)一样尽职尽责,有主人翁意识,毫无疑问,他便可以带领纽斯
特德庄园走上正轨。但是,他天生叛逆,偏偏就喜欢残损的贵族庄园,以
浪漫的名义保留了这份负资产。被凯瑟琳遗弃的盖特城堡更是连房顶
都塌了。

　　没过多久,拜伦为庄园虚构出来的形象开始广为流传。当他第一次
瞥见庄园时,它就好像海市蜃楼。后来,这里也成了他流放自我的起点。
他在诗歌中极力美化庄园,这与真实的情况相差甚远。美化始于他出版
的第一本诗集《闲暇时光》(1807),其中三首诗《离别纽斯特德庄园》
《片段》《纽斯特德挽歌》都是三四年前写的,诗中满是离别的惆怅和惋
惜的长叹。

　　　　穿过你的城垛,纽斯特德,空旷的风呼啸而过;
　　　　你,我祖先的殿堂,已经衰败了。[11]

在早期有关纽斯特德的诗歌中,拜伦颂扬身披铠甲的男爵和他们的英雄事迹,把人和事都说得出神入化,远比史诗精彩。有些先辈随黑太子爱德华远征耶路撒冷,死于英法战争中的克雷西会战;有些在英国内战中的马斯顿摩尔战役中为保卫查理一世而牺牲。拜伦心里清楚他的再现略显夸张,但他坚信自己继承了先辈英勇果敢的品质,并以此激励自己,不许别人质疑。

19　　拜伦在诗中哀叹祖先遗留下来的宅邸已是残垣断壁:坟墓被盗,唱诗班闹鬼,地窖昏暗,塔楼凋敝,蝙蝠绕顶,修道士蒙头,破败中透着邪气。拜伦惋惜没能继承到一份完好的遗产,他已经察觉,英格兰从十九世纪初已开始衰落。

　　拜伦怀念"平凡"的祖辈[12]和那简单美好的日子,庄园俨然被拟人化为一个浪漫派的英雄——恰尔德·哈洛尔德的原型:

> 你的拱形大厅骄傲地皱起了眉头,
> 对命运的狂暴怒目而视。[13]

不仅如此,在他的想象中,纽斯特德庄园的形象还延展到其他作品中。在《恰尔德·哈洛尔德游记》中,年轻的哈洛尔德离开庄园,开启了朝圣之旅,这里的庄园是"巨大而庄严的断壁残垣"。[14]在《劳拉》中,浓眉大眼、神秘莫测的海盗头子劳拉突然决定返乡,他历尽重重危情,最终到达的那个哥特风格的城堡——家族肖像、阴沉的墙饰、冰冷的石板地、发出沙沙怪声的挂毯和吱呀的门——是庄园的另一种再现,只不过增添了额外的邪气。

　　纽斯特德在《唐璜》中的再现最成熟,最具魅力。它出现在《英格兰诗篇》的最后几段,当时拜伦三十多岁。他把这首诗当作自己的绝笔,诗中的诺曼庄园便是现实中的纽斯特德。主人公刚回到英格兰不久,看

到庄园,回想起自己的一生,也知晓了英国贵族在乡下生活时的钩心斗角和尔虞我诈。诺曼庄园和纽斯特德一样:

> 曾经古老的庄园,
> 现在成了更为古老的宅邸
> 杂乱但特别,透出哥特风格。[15]

这正是拜伦在纽斯特德看到的景观:

> 豪宅前的湖泊,
> 清如明镜,深邃无比
> 涌入涓涓细流。[16]

人们经常指责拜伦缺乏审美能力。但他在《唐璜》中对庄园的描绘却尽显一种强烈的建筑美学意识:树和水环绕着豪宅,不同时期的建筑元素聚集在一起,创造出了英国乡村别墅特有的流动美与随意美。

曾几何时,纽斯特德庄园还是相当气派的。从十八世纪中叶的版画中可以看到,古色古香的建筑伫立在花园、树林、湖泊和瀑布、带有圆孔的城垛之间,可谓是英国乡间风景的完美典范。过去的庄园成为英国哥特式小说的灵感来源。安·拉德克利夫在切斯特菲尔德和曼斯菲尔德附近有亲戚,她很可能直接将纽斯特德庄园作为她恐怖小说《森林罗曼史》的背景。[17]她写这部作品的时候,正是五世勋爵管理着庄园。此外,托马斯·洛夫皮科克的《庄园噩梦》很明显是在暗示纽斯特德,拜伦也在其中作为懒洋洋的塞普拉斯先生亮相。埃德加·艾伦·坡在恐怖小说中所描绘的乌鸦出没、电闪雷鸣的楼阁也有这座庄园的影子。

拜伦本人很喜欢古怪阴森的元素,但他眼中的纽斯特德不仅是哥特

20

恐怖元素的缩影,还是一个存储过去文化的破仓库,拜伦将它塑造成整个浪漫派运动的核心象征物。从他对庄园的看法中还能看出他对法国大革命矛盾而复杂的态度:他渴望颠覆旧秩序,但又惧怕暴力。他在《唐璜》中描绘了惨无人道的画面:深秋,英国贵族在乡间聚在一起打鹌鹑取乐,他将这一幕比作一七九二年九月巴黎恐怖统治初期雅各宾派屠杀一千多名囚犯的景象。[18]

　　英国人喜欢的纽斯特德庄园,是英国贵族被迫接受变革的标志,拜伦赋予其阴郁的色彩,创造了一个颓败、美丽、命运多舛的纽斯特德。二十世纪中叶,伊夫林·沃虚构的故园(Brideshead)①引起了世人的共鸣。

注释

　　[1]　拜伦致詹姆斯·韦德伯恩·韦伯斯特的信,1813 年 9 月 15 日。

　　[2]　拜伦致沃尔特·司各特爵士的信,1822 年 1 月 12 日。

　　[3]　《唐璜》,第十二章,第 73 节,第 577 行。

　　[4]　拜伦致约翰·默里的信,1820 年 10 月 16 日。

　　[5]　托马斯·摩尔,《拜伦传》,第一卷。

　　[6]　报纸剪贴,未标注日期。(默里档案)

　　[7]　威尔弗里德·布伦特日记,1909 年 6 月 3 日。见威尔弗里德·斯考恩·布伦特,《我的日记》(*My Diaries*),第二卷(1921)。

　　[8]　牛顿·汉森,"少年拜伦:约翰·汉森回忆录手稿"。

　　[9]　关于拜伦的遗产细节,见约翰·贝克特,《拜伦和纽斯特德庄园:那个贵族和他的庄园》(2000)。

　　[10]　牛顿·汉森,"少年拜伦:约翰·汉森回忆录手稿"。

---

　　①　出自其小说《故园风雨后》(*Brideshead Revisited*)。

［11］《离别纽斯特德庄园》,1803 年,第 1–2 行。

［12］《纽斯特德挽歌》,1804 年(日期存疑),第 130 行。

［13］同上,第 7–8 行。

［14］《恰尔德·哈洛尔德游记》,第一章,第 7 节,第 56 行。

［15］《唐璜》,第十三章,第 55 节,第 434–436 行。

［16］同上,第 57 节,第 449–451 行。

［17］约翰·卡姆·霍布豪斯(布劳顿勋爵),"日记手稿",1824 年 7 月 15 日。(大英图书馆)

［18］《唐璜》,第十六章,第 80 节,第 685 行。

第三章　诺丁汉 (1799–1800)

　　一七九八年十一月到一七九九年七月,拜伦在诺丁汉生活了八个月。[1]那年一月,他满十一岁,生活发生了巨大变化,离开偏僻但宏伟的纽斯特德庄园,来到格里德尔史密斯大街,住进了舒适的房子。同住的还有两位寡妇——一位是他姑姥弗朗西丝·拜伦夫人,另一位是姑姥的妹妹帕金斯夫人。在诺丁汉的这几年,拜伦变得颇有名气,有许多女人慕名来信,帕金斯夫人的两个女儿也不例外,他最早收到的表爱之信便来自她们俩。

　　当时拜伦混迹在诺丁汉郡的上流社会,圈里都是一些年轻贵族、银行家、商人、司法长官和市议员,这些人都住在砖房里,园内的大花园蔓延到了诺丁汉城堡。十八世纪末的诺丁汉有很多现代化的设施,如交易所大楼、会议室、剧院和赛马场,空气清爽,适宜居住,人人过着自给自足的日子。一七八二年,日耳曼旅行家卡尔·莫里茨曾一度将诺丁汉描述为"除伦敦外最迷人、最整洁的城镇",还称赞它的"现代化面貌"。[2]

　　拜伦很早就在纽斯特德的上流社会玩开了。我们可以在当地的一位女士的日记中略知一二。日记中提到,拜伦勋爵和母亲去诺丁汉的朋友家喝过茶,茶后母子俩还去了保龄球馆。帕金斯夫人的两位小姐喜欢参加各种聚会,可以推测,拜伦一家搬到格里德尔史密斯步行街居住以后,参加的聚会就更多了。当时约翰·汉森形容拜伦是个"机敏而有点被惯坏了的男孩"。[3]下面这首描写姑姥弗朗西丝·拜伦的讽刺诗就体现了拜伦这种尖酸刻薄的性格:

> 在诺丁汉郡的猪场,
>
> 住着位看起来魔怔了的老妇女;
>
> 在死神来临之际,
>
> 她仍坚信自己会上月球。[4]

格里德尔史密斯大街通向了猪场。拜伦早已练就写讽刺诗的本领,他用自己的笔,一遍又一遍地嘲弄辱骂身边人。 22

　一七九九年在诺丁汉,拜伦写信给母亲,称自己要主宰自己的生活。自从离开阿伯丁后,拜伦就没再上过学。来到诺丁汉以后,家里请了一位叫耶利米·"傻子"·罗杰斯的家庭教师。这位老师曾教过帕金斯夫人的两位小姐。当时拜伦母亲已经回到纽斯特德,因担心费用,起初并不赞成请家庭教师。但拜伦知道母亲疼爱自己,跟母亲软磨硬泡,肯定能说服母亲:"在家里学能够方便我温习知识,我不明白你为什么会反对请家庭教师。""我之所以会想在家里学习,是因为如果不继续学习下去,就会变成笨蛋,一辈子被人打上笨蛋的称号。你知道我最受不了这个。"[5]最终,母亲同意他跟着"傻子"罗杰斯一起在家里学习("法语、英语、拉丁语和数学"),并在老师的指导下,读些维吉尔和西塞罗的作品。

　饱受跛足之苦的拜伦接受了医生拉文德的治疗。拉文德大夫来自诺丁汉综合医院,他医技不算出众,但擅长制造桁架。他采取的治疗方法是先在拜伦的脚上涂油,然后把脚放入木制矫正框内,每次固定几个小时。上课的时候也是这样,一边上着课,一边把脚放在矫正框里治疗。一天,老师心疼地对他说:"少爷,您现在肯定很痛苦吧,看到您那么痛苦地坐在那儿,我心里也不是滋味。""不要紧的,"拜伦回答说,"我尽量忍着,不表现出来。"[6]

现在拜伦和保姆梅·格雷搬到了圣詹姆斯巷(后来改为圣詹姆斯街76号)的公寓里。公寓靠近医院,由吉尔先生管理。三月十三日,拜伦在给母亲的一封信中写道:"梅一直尽职尽责,把我照顾得很好。"[7]但是,由于在诺丁汉没有人时时刻刻盯着梅,偷懒是常有的事。这一年晚些时候,梅偷懒的事情败露了。格雷不仅疏于对拜伦的照顾,甚至还虐待他。安·帕金斯告诉约翰·汉森她怀疑梅·格雷没有照顾好拜伦,毕竟梅放荡成性的事在诺丁汉尽人皆知。

约翰·汉森从拜伦口中套出了真相,愤愤地给拜伦的母亲写信:

> 拜伦告诉我,他老是受梅的毒打,有时打到骨头都生疼。梅还将形形色色的人都带来公寓;有时晚上都不回家,经常让拜伦自己上床睡觉;还把那些马夫带上车,每遇到一家小旅店都要停下来一起喝酒。不过,夫人,事情还不止这些,她甚至还给您头上添了绿。[8]

23 后来汉森向拜伦的朋友约翰·卡姆·霍布豪斯详细讲述了这个故事。霍布豪斯回忆道:"拜伦九岁的时候,家里有个女孩,能够自由出入他家,常常在床上糟蹋拜伦。汉森知道后,跟当事人拜伦了解整件事的来龙去脉,最后把那个女孩赶走了。"[9]

拜伦的日记中记录着这样一段话:"我很早就有了性的渴望。我跟人说起我的第一次,几乎都没有人相信我。"[10]因为这些经历,他从来没有过过正常的少年生活。他认为这是导致他总是早衰的原因之一。霍布豪斯知道梅·格雷勾引还糟蹋了少年拜伦之后,也开始怀疑他童年时和玛丽·达夫的恋情。

　　这些事让拜伦害怕起梅·格雷。如果约翰·汉森讲的是真的，那可以断定在苏格兰时，格雷就已经开始虐待拜伦了。这种虐待至少持续了两年。直到拜伦来到伦敦，再也不用面对格雷时，他才点点滴滴讲出这些故事。他惧怕见到格雷，怕到如果母亲和自己见面时身边带着格雷，他连母亲的面也不见。这些都是拜伦托汉森告诉母亲的。然而拜伦夫人却不以为然，她对格雷印象还不错，并没有解雇她的念头。一七九九年秋天的某一天，拜伦写信恳求汉森赶走格雷，对他来说梅已经成了魔鬼。信中他说道："如果你去纽斯特德遇见了格雷，我恳求你，尽快让她拿行李走人。"[11] 他在信的最后附上署名"你的小朋友"。

　　梅·格雷的事对拜伦的一生产生了重要影响。拜伦的保姆名义上是个教徒。她虽虔诚地学习圣经，但会做出悖德之事。她的行为严重影响了拜伦的宗教观，让他尤其憎恨宗教的虚伪性和狂热的加尔文主义。拜伦年少时，格雷就迫使他和自己发生性关系。这段奇怪而隐秘的记忆也影响了他对性的认识：尽管乐在其中，但他对性的肉体性一直持否定的态度。在一八一三年十二月的一篇日记中，有些话影射了梅·格雷：

　　　　一个真正的好色之徒绝不会过度沉溺于肉欲之中。满足了自己世俗的、物质的、身体上的快乐之后，隐藏或忘掉这些事，或在别人面前尽量不提起，这样，他们的行为才不会变得那么令人厌恶。[12]

他最后的情妇意大利伯爵夫人特蕾莎·圭乔利谈起拜伦，总是热情地回忆起拜伦的点滴。在她的记忆中，拜伦是个"性冷淡"。[13] 他永远忘不了格雷巨大的身体占据着他的小床，自己被女性掌控，这些记忆影响了他的性口味。拜伦喜欢年轻、柔韧、结实的女性身体。他发现成熟女性的身体结构复杂，松弛的肉体让他提不起兴致。早在伦敦时，拜伦就喜欢有少男气的女孩,这成了他日后的癖好。

约翰·汉森律师善于交际,是他发现拜伦有某种天赋。他写道:"拜伦思维敏捷,辨别力强,这些特质在年轻人身上很少见。他很会和别人做朋友,因此要留心他和谁作伴。"[14]一七九九年七月,汉森和拜伦一起坐着马车南下去伯爵宫。这所宅子是最近从约翰·亨特的遗嘱执行人手中买来的。大名鼎鼎的解剖学家亨特当时也被请来参加拜伦出生后的会诊。这所房子很大,原本是亨特的解剖室和动物馆,馆里的动物都是用来做解剖实验的。汉森家的长子哈格里夫斯和拜伦一样大,大儿子下面还有两个妹妹和小儿子牛顿。牛顿比拜伦小三岁。四个孩子经常从父母口中听到这位小少爷的名字,对他充满了好奇,凑在一起想一睹真容。

就像牛顿后来描述的那样,第一次见面是精心安排的:

> 我清楚地记得父亲带拜伦来家里的那一天,我父亲牵着拜伦勋爵的手进来,他站在我父亲后面,所有眼睛都盯着他看。因为我父亲在他身边,所以他并没有很害羞。[15]

牛顿最小的妹妹大约七岁,她从头到脚打量着这个男孩,转过身来郑重地说:"不管怎么说,他长得很帅。"对拜伦来说,这不是第一次受到女性如此仔细的审视和打量。

在接下来的几年里,他经常在圣诞节和假期去拜访汉森一家。汉森的伯爵宫几乎成了他的家,汉森一家就像他的亲人,让他有了家的感觉。据小儿子牛顿回忆,拜伦大部分时间都在读书,但"有时他也会生气地扔掉书,冲出去玩"。外面的花园里有一座仿制金字塔,是爱好古董的亨特建造的。拜伦和男孩们在花园里玩耍时,总想爬上那座金字塔。

拜伦在这里差点儿变成野孩子。他戏弄厨师，害得厨师拿着擀面杖出来追着他打。约翰·汉森的病人、先天愚钝的跟班朴茨茅斯勋爵开玩笑地打了他一耳光。拜伦就恶狠狠地拿一个工艺大贝壳砸他，说要教这个笨蛋勋爵去拽其他贵族的耳朵。但总的来说，拜伦在汉森家体验了一把正常的少年生活。不论他后来的生活是多么起伏多变，汉森在他心里永远都有一席之地，任何支持过他的人，只要他认可，他都心怀感恩。

卡莱尔伯爵是汉森为拜伦新请来的监护人，起初卡莱尔不情愿，后来被汉森说服了。当时卡莱尔伯爵五世五十出头，曾经沉迷赌博，穿衣打扮十分讲究，现在主要拉拉关系，尝尝美食。他自己也写诗，因为家境富裕，常赞助各种艺术活动。他们家与拜伦的关系并不是特别密切：卡莱尔的父亲第四代公爵娶了第四代拜伦勋爵的女儿，也就是拜伦祖父的妹妹伊莎贝拉·拜伦小姐。虽然汉森设法说服拜伦夫人将每年三百英镑的民事抚恤金转给卡莱尔，但卡莱尔的监护工作总是不到位。

汉森早年在伦敦时就带拜伦去见卡莱尔勋爵，想讨论一下孩子将来的教育问题。但那次见面不是很顺利。和拜伦交谈的是约翰·亨特的侄子马修·贝利大夫，他是一位解剖学家，后来专门负责拜伦跛脚的治疗。交谈中，卡莱尔本想友善地和拜伦说话，想讲一些笑话化解尴尬，但他性情傲慢，讲的笑话也有些深奥，加上拜伦性格敏感害羞，因此交谈并不是很自然。拜伦有些认生，在那里待了几分钟后，就转身对汉森说，"我们回去吧"。第一次见面就让拜伦对卡莱尔勋爵产生了反感，此后也从未好转。

一七九九年秋天，拜伦到格伦尼博士的书馆上学，这是一个小型男子寄宿学校，位于伦敦南郊的达利奇村。汉森靠自己在苏格兰的人脉把拜伦弄了进去。这是他的朋友詹姆斯·法夸尔推荐的；汉森在给拜伦夫人的信中写到，校长格伦尼博士也是苏格兰人，他"游历过许多地方"。他为了宽慰拜伦夫人，说拜伦的二十个同学都是"非常优秀的年轻人，做了不少为学校增光的事。我还成功地给他弄到了一个单人间"。[16]

　　一八〇一年,拜伦离开学校去哈罗公学不久,在写给年轻的表弟(也是继承人)乔治·拜伦的信中,他傲慢地骂格伦尼书馆是"遭天谴的破地儿"。[17]尽管如此,他似乎在那里过得挺快乐的,我们不应该把这样的抱怨太当真。尽管在诺丁汉"傻子"罗杰斯教过拜伦一阵子,但他在古典文学的学习上并没有取得什么进步。不过他仍如饥似渴地阅读,学到了感兴趣的知识,并结识了一位名叫洛斯的朋友。洛斯是个聪明人,但与拜伦的许多校友和在剑桥结识的好友一样,英年早逝。就是在格伦尼书馆,拜伦获得了"老英格兰男爵"的称号,称号取自克拉拉·里夫的同名哥特小说《老英格兰男爵》,当然也是因为他经常吹嘘老英国贵族比近代这些无能之人更优越。后来,拜伦承认自己这样做的确有些傲慢,但他辩称如此自吹自擂是为了自卫。

　　待在这里有两点让拜伦不喜欢。在这里,贝利大夫和他的帮手莫里斯·劳里大夫商量治疗拜伦的跛脚,让他穿上了外科器械制造商谢尔德雷克先生制造的矫正腿的支架,制造商老板亲自上门安装。这种支架紧扣脚踝,贴着腿的外侧,跟鞋面捆绑在一起。拜伦像忍受之前拉文德的木制"刑具"一样忍受着脚镣带来的疼痛,而格伦尼夫妇丝毫没有察觉。拜伦可怜巴巴地写信给约翰·汉森:"我感觉不到任何变化,走起来还是和以前一样疼,也没有人过问。"[18]霍布豪斯记得:"他非常不喜欢戴腿部支架,终于有一天把它丢进了池塘。"[19]

　　拜伦母亲在伦敦南郊的斯隆排房租了一间房,离书馆很近。她总对拜伦提没完没了的要求,打扰他,因此拜伦没有办法在书馆安心学习。未经格伦尼博士允许,母亲周末把拜伦从学校接走,这一走就是一个星期。这期间,她总是带形形色色的人回家,拜伦的注意力更集中不了了,也无心学习。那些人和母亲不是一个阶层的,而且也配不上她,也许梅·格雷就是在此时和那些人私通,给女主人戴绿帽的。

据说拜伦母亲就此开始酗酒。母亲不安分，拜伦自然也缺乏安全感。根据霍布豪斯的说法，拜伦夫人现在"爱上了一位在布朗普顿的法国舞蹈大师，并计划带拜伦去法国。这位法国人是达利奇村的，打算把拜伦带走，但校长不允许"。[20] 这个法国人很可能就是汉森日记中提到的"圣路易先生"。在汉森的督促下，卡莱尔伯爵出手干预了。现在社会动乱，英法交战，两国关系紧张，威胁绑架的做法是不靠谱的，计划因此没有得逞。从那以后，学校不再允许拜伦夫人周末带走拜伦。格莱尼博士无意中听到一个同学对拜伦说，"你妈妈真傻"，拜伦回答说，"我知道"。[21] 对于十二岁的男孩来说，这太丢脸了。

一八〇〇年暑假，拜伦和母亲回到诺丁汉，期间还回了纽斯特庄园。在诺丁汉他再次坠入爱河。晚年时，他将这段恋情写成了充满怀旧之情的青春田园诗，写进了日记，打算最终发表在回忆录中。这样做是为了遮蔽他的同性恋行为，因此他对他喜欢男孩的事只字未提。这次的新欢是玛格丽特·帕克，她是"转瞬即逝的事物中最美的那一个"。[22] 拜伦后来扬言说，玛格丽特是海军上将帕克的女儿，也是某位海军上将的孙女。更重要的是，她的母亲夏洛特·奥古斯塔·帕克是拜伦父亲的妹妹，也就是他的姑姑。玛格丽特和玛丽·达夫一样，也是拜伦的堂妹，这进一步说明拜伦偏爱和自己有血缘关系的人，他原本也容易招亲戚喜欢，对此他很自信。他曾向墨尔本夫人坦白："只要她们稍有表示，我就会坠入爱河。"[23] 他的心像一只鸟，只落在离他最近的枝丫上。

玛格丽特·帕克是一个十三岁左右的漂亮女孩，比玛丽·达夫大，有一双黑色的眼睛和长长的睫毛。一八二一年，拜伦曾一度沉迷于地中海古典艺术，在他的回忆里，玛格丽特"有着典型的希腊面孔和身材"。[24] 她总是很轻易地就能在各种情绪之间变来变去，是她激发了拜伦的创作灵感，在强大的情感压力下，创作反而要容易得多。第一首

诗已经不见了,但我们找到了他在一八〇二年写给玛格丽特及其妹妹的挽歌,二人均死于痨病:

> 静静的夜晚依旧阴森森,
> 凛凛西风也没吹入树林,
> 我去拜访亲爱的玛格丽特的墓,
> 把鲜花撒在心爱的尘土之上。[25]

当诗歌发表在《杂诗集》里时,拜伦还特意加了一段题记来介绍背景。尽管这首诗不起眼,但它让我们认识到拜伦年纪轻轻就失去了亲人,他的反应是多么强烈。

无论是由于个人原因还是政治立场,诺丁汉对拜伦来说都至关重要。他刚知道有诺丁汉这个地方的时候,本地的针织品贸易发展迅速,诺丁汉的人口激增。当时,纺织工人不必去工厂做工,只需要在家里准备一个模具,在上面编织长筒袜和手套。工匠大都居住在城市的外缘,形成了新的住宅区。拜伦一家除了与饮茶谈天的上流社会打交道之外,与其他社会阶层也有来往。诺丁汉发展迅速,人口从一七五〇年的一万一千人增加到了一八〇一年的两万八千八百六十一人。市民变得激进,都期待议会改革,盼望政治革命。民众的意愿得不到满足,大家的怨气越积越重,最终爆发了卢德派运动,拜伦也牵连其中。母亲强烈支持辉格党,他自己年纪轻轻就混迹在能言善辩的精英中,因此很小的时候就感受到日益紧张的民间情绪,诺丁汉在他口中变成了"**政治魔窟**"。[26]这里应该是拜伦开启政治教育的地方。

十八世纪末,政治风波波及了拜伦。他关注到爱尔兰的各种叛乱。莱因斯特(公爵的儿子爱德华·菲茨杰拉德)勋爵支持革命,这激发了拜伦的想象力。菲茨杰拉德后来成为爱尔兰人联合会的主要军事战略家,该社团策略极端,在一七九八年策划了反抗英国占领军的起义。他们想象法国军队将趁机进攻苏格兰,以此借力。然而,菲茨杰拉德在都柏林背叛同胞,随后被捕,导致革命失败。一七九八年六月他在狱中因伤去世。

十六年后,拿破仑战败。拜伦及同代其他青年理想主义者非常沮丧,觉得再也没有什么伟大的事业留给他们干了。他怀念起童年时崇拜的英雄,他们都是英勇的贵族,戴着象征革命的绿领巾。可惜的是,爱尔兰发生起义时,拜伦还是个孩子。他后来在日记中写道:"如果当时我是个顶天立地的男子汉,早就成为英格兰的爱德华·菲茨杰拉德勋爵了。"[27]

注释

[1] 有关诺丁汉的背景,见约翰·贝克特,《拜伦的诺丁汉》('Byron's Nottingham'),载《纽斯特德评论》(Newstead Review),2000 年夏;又见格温·博蒙特(Gwen Beaumont),《拜伦的诺丁汉》('Byron's Nottingham'),载《拜伦研究》,第 12 期,1884 年。

[2] C. P. 莫里茨,《一七八二年日耳曼人在英格兰的旅程》(Journeys of a German in England in 1782,1965)。

[3] 约翰·汉森致詹姆斯·法夸尔的信,1789 年 8 月 30 日。

[4] 《一位老太太对灵魂的奇怪想法》('Epigram or an Old Lady Who Had Some Curious Notions Respecting the Soul'),1798 年,第 1–4 行。

[5] 拜伦致凯瑟琳·戈登·拜伦的信,1799 年 3 月 13 日。

[6] 托马斯·摩尔,《拜伦传》,第一卷。

[7] 拜伦致凯瑟琳·戈登·拜伦的信,1799 年 3 月 13 日。

[8] 约翰·汉森致凯瑟琳·戈登·拜伦的信,1799 年 9 月 1 日。

[9] 约翰·卡姆·霍布豪斯,霍布豪斯在托马斯·摩尔的《拜伦的书信和

日记》(1830)中的批注。

[10]《一些不切实际的思考》,第 80 条。

[11] 拜伦致约翰·汉森的信,1799 年 11 月(日期存疑)。

[12]《拜伦书信与日记》,1813 年 12 月 13 日。

[13] 马姆斯伯里伯爵,《一位前大臣的回忆录》(*Memoirs of an ex-Minister*),第一卷(1884)。

[14] 约翰·汉森致凯瑟琳·戈登·拜伦的信,1799 年 9 月 1 日。(哈罗公学档案)

[15] 牛顿·汉森,"少年拜伦:约翰·汉森回忆录手稿"。

[16] 约翰·汉森致凯瑟琳·戈登·拜伦的信,1799 年 9 月 1 日。(哈罗公学档案)

[17] 拜伦致乔治·拜伦的信,1801 年 2 月 24 日。

[18] 拜伦致约翰·汉森的信,1799 年 11 月(日期存疑)。

[19] 约翰·卡姆·霍布豪斯,霍布豪斯在托马斯·摩尔的《拜伦的书信和日记》(1830)中的批注。

[20] 约翰·卡姆·霍布豪斯,"拜伦勋爵",1824 年夏天的某篇日记。(大英图书馆)

[21] 托马斯·摩尔,《拜伦传》,第一卷。

[22]《一些不切实际的思考》,第 79 条。

[23] 拜伦致墨尔本夫人的信,1812 年 11 月 26 日。

[24]《一些不切实际的思考》,第 79 条。

[25]《痛失我亲爱的表姐》('On the Death of a Young Lady, Cousin to the Author and Very Dear to Him'),1802 年,第 1-4 行。

[26] 拜伦致约翰·皮戈特的信,1806 年 8 月 18 日。

[27]《拜伦书信与日记》,1814 年 3 月 10 日。

第四章　哈罗公学（1801-1805）

一八〇一年四月，拜伦就读于哈罗公学。[1]这一年，拿破仑就任法兰　
西终身执政官。在这里，拜伦渐渐培养起了自信：

> 要么我将在这个世界开辟出一条道路；要么就在这过程中消
> 亡。很多人赤条条地来到这个世界，最后却能死得伟大。我虽然没
> 有万贯家财，却也是一位有能力的人，难道会这样碌碌无为下去吗？
> 不，我会开辟一条通向辉煌的道路，光荣地走向终点。[2]

一八〇四年左右，拜伦多次受到三位老师的批评，其中一位是校长。
十六岁的拜伦带着满腔怒火给母亲写下了这封信，说这些人骂自己是
"小流氓"。这些侮辱可能是真的，可能是想象出来的，但的确激起了他
的野心，造就了他那种傲慢的诗歌风格。

哈罗公学办学历史悠久，可追溯到十六世纪中叶。学校位于伦敦西
北部哈罗山的山顶，那里别有一番风景。从这里望去，温莎古堡尽收眼
底，甚至可以看到小城温彻斯特和牛津。正因如此，哈罗的学生感觉世
界就在脚下。拜伦入学时，学校进入了全盛时期。当时学校有两百五十
名学生，年龄在六到十八岁不等。一八〇五年，拜伦离开学校时，学生人

数增加到三百五十人。从一件事中可以看出哈罗公学的地位：当时拜伦曾求母亲转学，拜伦夫人经过一番比较后，只选择了伊顿公学作为备选，而威斯敏斯特公学甚至没有纳入她考虑的范围。

哈罗公学的贵族学生占比非常高。一八〇三年，学校的招收名单上赫然写着一位现任公爵和三位准公爵，其中的多塞特公爵还是拜伦的男伴。学校还有一位未来的侯爵，两位实际的伯爵和五位未来的伯爵和子爵，四位其他等级的男爵（包括拜伦），二十一位荣誉爵士和四个从男爵。可以说，哈罗遍地都是贵族。美国驻伦敦公使鲁弗斯·金将自己两个儿子送到哈罗公学，称哈罗公学是"英国唯一一所不在乎社会等级的学校"。[3]历史上哈罗诞生了七位英国首相，其中帕默斯顿勋爵和罗伯特·皮尔基本与拜伦同代。拜伦来到的是一个众人瞩目的地方。

校长的儿子亨利·德鲁里最近刚刚升职，负责管理学校的寄宿公寓。拜伦认识公学是从跟他打交道开始的。年轻的亨利·德鲁里是拜伦的导师，负责拜伦的日常起居和学习情况，可想而知，二人的关系好不到哪里去。这时候的拜伦是一个再普通不过的男孩了。同学们注意到他那双灰蓝色眼睛一大一小，一个像六便士那么大，另一个像一先令那般小，"因此他们随即给拜伦起名为'十八便士'"。[4]除此之外，拜伦似乎只是个普通的"卷发男孩，举止粗鲁"[5]，性情不定，时而害羞，时而好斗。

拜伦并不比其他同学聪明：事实上，他学得也不快。为了让他赶上同龄人，校长约瑟夫·德鲁里牧师特意给他安排了私人教师，以免他被嘲笑。虽然学校知道拜伦家庭经济条件不好，但与其他学生相比，拜伦看起来也不穷，所以同学们也没有注意。拜伦夫人虽然手头拮据，但给儿子零花钱的时候却很大方。她的账簿不仅记有修补大衣和袖子的次数，还记录着一些奢侈品，如"精致条纹硬面裤一条""精致橄榄色外套一件""鹿皮马裤一条"等。拜伦起码可以装出一副自信的样子：我有的是钱,也不愁吃穿,方方面面都不比同学差。[6]尽管如此,拜伦的学生时代可谓是一场战役,他一开始便对哈罗公学恨之入骨。

"拜伦一个人吃力地爬上坡,如同一艘在暴风雨中迷失方向的船,没有舵,也没有指南针。"校长妻子德鲁里夫人写道。[7]她向我们呈现出同学们是如何疏远这个跛足男孩的。哈罗公学的山坡没有给拜伦留下什么好印象。拜伦刚入校的时候,穿着宽松的灯芯绒裤子,底下藏着铁质矫正器,可想有多笨重。后来,外科医学器械制造商谢尔德雷克在医生的指导下为他定制了一双靴子,能够给脚踝额外的支撑。一八〇三年五月,拜伦写信给他母亲:"我希望您能够给谢尔德雷克写封信,让他赶紧把那双鞋做出来。"[8]都到了六月,什么动静都没有。他抱怨道:"我催您写信好多次了。"[9]拜伦自己也给谢尔德雷克写过信,但没有得到音讯。"母亲,您能写信给谢尔德雷克,或者请汉森先生上门去催一催他吗?我就要那双靴子。"拜伦等不及了。

拜伦要想去洗澡,去那个被叫作"水鸭塘"的地方,就必须租一头小马驹,否则步行到达很困难。医生专门来学校给拜伦治脚,弄得大伙都知道他畸足的事,之前在格伦尼博士的书馆也是这样。没办法,遭同学讥笑是难免的事。几年后,拜伦因一首《献给一位哭泣的女士》而受到抨击,他回应道:"《朝日邮报》报道说我和暴君理查三世是同一类人,身心扭曲。后半句不假,毕竟我也是念过五年公学的人。"[10]

拜伦对治疗很不上心。有一次他去劳里大夫那里看病,医生惊愕地发现他的"鞋子完全湿透了,脚踝周围的支架也松了"。[11]这种不负责任的逞能行为让拜伦的脚疾加重,让他性格暴躁,喜怒无常。[12]他就像一个战士,但也像恐怖分子,动不动就挥拳舞臂。英国警力的创建者皮尔与拜伦是同代人。他称拜伦在操场上打架并非为了自卫,而是向那位谋杀了威廉·查沃斯的祖父致敬。皮尔一想到"拜伦",就想到"决斗"两个字。[13]无奈,效仿祖先可以避免当下的痛苦。

31

拜伦是如何走出这段痛苦时期的？在拜伦心中,哈罗公学是如何从一八○七年之后成为让拜伦魂牵梦绕的"福地"？[14]他用一系列诗歌怀念哈罗公学,怀念他在田园般的校园里欢度的童年,他的笔触饱含深情,英格兰没有哪所公共机构能获此殊荣。对于学校,他之所以从恨转向爱,首先是因为他和校长的关系日益密切,之后是因为从一八○四年起,他开始了一段段浪漫的感情经历,给他的情感找到了释放的空间,让他渐渐对同性起了兴趣。

约瑟夫·德鲁里无论在哪个年代都是一位杰出的校长。大学毕业后,他就一直在这所学校任教,一七八五至一八○五年在公学做了整整二十年的校长。拜伦入学时,五十一岁的德鲁里第一次见到这位年轻人,认为他是"一匹野马",很有能耐,但只能用"一根丝线引导,而不是一根麻绳"。[15]德鲁里的教育目标是深入了解每个孩子的头脑,采用平和、有说服力的教育方法。他从不打骂高年级男生,而是对学生口头训诫,拜伦称之为"德鲁里式的冗长训诫"。德鲁里很会跟家长打交道,有时候还会有意讨好家庭优渥的孩子,拜伦后来在《唐璜》里讽刺他的时候可一点没留情面。虽说如此,校长还是一眼就看出了拜伦的潜质。"一看到拜伦勋爵的文笔,我就能想象他是个养尊处优的孩子。"[16]这么说也不无道理。

拜伦确实有才,但经常惹事。一八○三年初,德鲁里的儿子亨利抱怨拜伦学习不认真,老喜欢逗人笑,不尊重教师的工作。[17]后来德鲁里博士只得同意拜伦从儿子家搬去埃文斯先生家。到一八○四年底,大家都反映拜伦"性情狂野,缺乏判断力"[18],校长建议拜伦请一位私人家教,最后一年不用回学校,而拜伦却不理。

但德鲁里本人对拜伦有信心。有一回,卡莱尔勋爵罕见地拜访学校,向德鲁里询问拜伦的情况时,德鲁里毫不吝啬地赞扬了拜伦,说他很有才华,为自己的爵位增光添彩,这让卡莱尔很是吃惊。[19]拜伦待他也不薄。他在《童年回忆》中称德鲁里是"早年的导师,他的训诫弥足珍贵"。[20]拜伦留恋公学,更留恋这位和蔼可亲、不拘礼节的博士,他是拜伦最敬重的朋友。

最让德鲁里犯难的是一八○三年秋季学期拜伦长期不来上学。拜伦的母亲当时住在南井镇的伯吉奇庄园,十月三十日,她写信给约翰·汉森,说自己心烦意乱:"实话实说,这六个星期以来,我一直尽我所能说服他回学校上课,但他一点也听不进去。他的身体没有任何不适,就是相思病闹的。这可是最闹心的病啊。"[21]这场"孤注一掷的爱情戏"的女主角叫玛丽·查沃斯。她是拜伦的远房表妹,威廉·查沃斯的女儿,查沃斯家族的后裔,住在毗邻纽斯特德庄园的安纳斯利庄园。拜伦的心再次落到最近的枝丫上。众所周知,威廉·查沃斯家族是被五世拜伦勋爵谋杀的,为此,拜伦家族和玛丽家族的关系不好。一七九八年,年少的拜伦到达纽斯特德,那是他第一次见到玛丽。当时汉森开了一个娃娃亲的玩笑,拜伦却一本正经地答道:"怎么,汉森先生,卡布利特家和蒙太古家可以通婚了?"[22]那时拜伦已经十五岁,玛丽正值十八岁,异族通婚原本是离经叛道的事,在他听来却异常刺激。

如今纽斯特德庄园租给了一位爱运动的年轻单身汉亨利·爱德华,即格雷·德·鲁辛男爵。那年夏天,格雷勋爵外出旅行,邀请拜伦骑马,只要拜伦有时间,随时都可以从南井镇过来。但从八月起,拜伦就回到了纽斯特德庄园再也没出来。现任遗产管家欧文·米利对约翰·汉森抱怨说:"他在我的屋里又吃又睡,还说要寄宿一个月。"[23]不久,拜伦就开始频繁上门拜访安纳斯利庄园,刚开始只是白天来,后来就留下来过夜,还跟玛丽·查沃斯示好。那个女孩身材苗条,看着"羞答答的、单身惯了"[24],留着浅棕色的头发,实际上老是向拜伦抛媚眼。人们常说,她对于拜伦相当于一个完美女人的化身,可遇不可求,拜伦自己也这么

33

认为。[25]

拜伦在回忆录中将玛丽·查沃斯描写成他成年后第一个性幻想的对象。他在十九世纪二十年代初写的一篇文章里描述了一次与玛丽和其他朋友一起前往卡斯尔顿山顶洞穴探险的经历。卡斯尔顿山顶洞穴是一个人气很旺的旅游景点,被称为"德比郡的奇观之一"。[26]他们通过山顶洞口进入洞穴,这是岩石上的一个巨大的天然孔洞,从那里眺望,远处的山顶上坐落着荒废的佩维尔城堡。借着蜡烛的光,他们缓慢地穿过一个类似仙境的地方,那里有石块、萤石、钟乳石、结晶等。整个过程就像是一开始进入了一座大会议厅,踩着短小的台阶,穿过逼仄的通道,进入更小的房间。

有一次,他们要穿过一条地下小溪,但一艘船一次只能容纳两人。拜伦回忆这段经历时话里有话:

> 岩石离水面如此之近,只能让船夫(像那个冥河的摆渡人卡戎)涉水推舟,他还要经常弯腰。与我同行的是玛丽·查沃斯,我对她爱慕已久,但从未表白,她心里也清楚。我记得当时的感觉,但无法形容,这倒也是好事。[27]

山顶之旅后,一行人前往素有"小巴斯"之称的温泉小镇马特洛克巴斯,参加老巴斯酒店的一个舞会。让拜伦嫉恨的是,玛丽和一个仰慕自己的陌生人跳舞,把自己晾到墙根。后来拜伦对华尔兹的厌恶达到了病态的地步,也许就是因为这件事情。

拜伦只要一用情,就爱得死去活来。他的情感过于丰富,很容易坠入爱河。有目击者记得,他在安纳斯利庄园经历了初恋的痛苦,闷闷不乐,愤怒之时,还用手枪朝露台开枪。多年来,拜伦忘不了对玛丽的爱与恨,用一首首的失恋情歌怀念她,甚至在 1809 年发表的《离开英格兰》

一诗中说,他离开祖国的原因就是玛丽。当然,这样的话不太可信:

> 我必须离开这片土地,
>
> 因为此生我只爱一人。[28]

34

拜伦在写给未来妻子安娜贝拉·米尔班克的一封信中津津有味地回忆起和玛丽·查沃斯度过的时光,认为玛丽是他见过的唯一值得托付半生的女人。[29]

　　说来蹊跷,玛丽·查沃斯和拜伦没有丝毫般配之处。拜伦那时才十五岁,而玛丽·查沃斯早已与诺丁汉郡知名运动爱好者杰克·马斯特斯订婚了。杰克虽有些粗糙,但男人味十足。在他的巅峰时期,他"可以迎战任何一个欧洲人,跳跃、蹦跶、骑马、打架、跳舞、打板球、钓鱼、游泳、射击、打网球和滑冰样样精通"。[30]即便把他撇在一旁,拜伦家族与查沃斯家族也积怨已久,两人怎么着也过不长。正如拜伦夫人所说的那样:"就算我的儿子到了适婚年龄,那位姑娘也解除了婚约,我一样不同意他们两人的婚事。"[31]

　　玛丽·查沃斯曾轻蔑地对女仆说:"你认为我能对那个跛脚的男孩上心?"[32]这句话对拜伦刺激很大,许多传记中都曾提到一二。有一个说法是,拜伦无意中听到这句话,另一个版本是这话传到了拜伦耳朵里。接着,大晚上的,拜伦冲出房子,揣着一股怨气,一瘸一拐地回到了纽斯特德。这一情节听来的确辛酸。后来玛丽本人也纳闷自己为什么会说出这样的话,因此这话颇为可信。然而,拜伦的密友约翰·卡姆·霍布豪斯却不这么认为。他不相信拜伦和玛丽·达夫、玛格丽特·帕克的两段往日恋情。他在摩尔的《拜伦传》中评论道:一看到故事的构架就知道是拜伦自己编的。[33]拜伦为了掩盖自己特殊的性偏好,故意把一些情节做了夸张化、悲情化处理,真是煞费苦心。

一八一六年夏,拜伦经历婚姻的不幸后,在日内瓦创作了一首悲伤而优美的诗歌——《梦》。诗中,他用语言还原了最真实的玛丽·查沃斯:

> 我看到了两个年轻人
> 站在一座低矮的山上,
> 山坡翠绿、平缓。[34]

这个"拜伦独爱"的玛丽多次拉扯着拜伦的回忆,最终化为一个虚幻的形象,好似女妖喀迈拉。拜伦已经不会像在早期的失恋情歌中那样,简单地把她描绘成一个爱着别人的女孩。现如今她被赋予更复杂的身份,拜伦希望和她组建家庭,传宗接代,以解孤枕难眠之苦:拜伦第一次见到玛丽·查沃斯时,就已隐约意识到这个梦想是不可能实现的。

根据同代人描述,拜伦的长相和性格让人难辨雌雄。他脖子长而优雅,皮肤雪白透亮,一双大眼睛可以"将万物化作春水"。这些特征"只有女人才有,由此说明他是个极度敏感的人"。[35]雕塑家弗朗西斯·钱特里爵士说拜伦下半截脸"温柔性感",与上半截"坚挺刚毅"的脸对比鲜明。[36]画家托马斯·劳伦斯爵士说拜伦"下唇丰满"。[37]布莱辛顿夫人说,拜伦的声音和腔调都"特别讨人喜欢,就是有点娘娘腔"。[38]一八二三年,詹姆斯·汉密尔顿·布朗和拜伦一起从海上前往希腊的凯法利尼亚岛。他和许多人一样惊叹于拜伦"笑容甜美,但很快,你再看的时候就变成嘟起的小嘴,这表情就像一个漂亮爱撒娇的女子,或是被宠坏了的孩子"。[39]

拜伦的长相让道格拉斯·金奈尔德想起了自己的情妇;根据霍布豪斯记录,他的一位女性朋友"在阿克曼时尚店里挑选了一张穿着时髦的、长得漂亮的女人照片,这张照片与拜伦勋爵非常相似"。[40]拜伦的朋友一致认为,他非常女人气,"温柔、小性子多、任性且虚荣"。[41]拜伦的传记作者汤姆·摩尔很了解拜伦,他说拜伦连思维方式都很像女人,受不了一连串的推理论证。[42]很久以后,同性恋传记作家哈罗德·尼科尔森爵士细心地将拜伦的这些行为归为"一系列错位的结果":他的大脑是男性向的,但他的性格是女性向的。[43]

拜伦有两种不同的气质,的确让人着迷。希腊历史学家乔治·芬利为这种怪相给出了最好的解释:

> 他的身体似乎由两个不同的灵魂轮流掌控。一个是女性化的,富有同情心;另一个是阳刚的,具有清晰的判断力,可以为了做决定而只关注需要关注的事物。这种能力极为罕见,但这两种特性无法共存。与人交往时,拜伦是个富有同情心的暴君。无论是独处还是身边有伴,他都能一直保持着男性特有的审时度势的态度。没有人能像他那样归纳事物、追究原因和分析结果,他的逻辑推理严密,同时做事也脚踏实地,无人能比。但是,在他最睿智的时刻,有第三人闯入,他的思绪就会被打乱。此时,他的判断力全然消失,取而代之的是同情心,他就笑嘻嘻的。别人觉得他反复无常,但他觉得自己定力十足。他像女孩子一样喜欢在小事上撒小谎,也像女孩子一样坦诚率真。这让他常常鄙夷自己,觉得自己同整个英格兰的上流社会一样厚颜无耻。[44]

拜伦的这种双重人格在一八〇三至一八〇四年的夏天表现得淋漓尽致。他将这个夏天叫作"玛丽·查沃斯之夏"。但我们可以肯定的是,当时的租客格雷·德·鲁辛勋爵在这个夏天勾引了拜伦。

格雷勋爵从一八〇三年一月起开始租用纽斯特德庄园,那时他二十三岁。五年内他每年须支付租金五十英镑,直到拜伦成年。拜伦夫人起初很鄙视格雷勋爵的血统:"我在英格兰、爱尔兰、苏格兰的贵族爵位中没找到格雷·德·鲁辛勋爵的头衔。我猜他是个新贵族吧?"[45]事实上,他的祖先很有名。十九世格雷·德·鲁辛男爵从母亲即第三代苏塞克斯伯爵的女儿那里继承了这个头衔。他属于辉格党,在上议院占有一席之地,但相比政治,他对射击更感兴趣。我们从他的文章和纽斯特德管家欧文·米利的评论中可以看出,他是一个好斗的人,且缺乏想象力。

一八〇三年十一月,本该去哈罗公学念书的拜伦却一直留在纽斯特德陪着格雷勋爵偷偷摸摸地打猎。管家米利为此抱怨道:"他们常常夜里借着月光出去打野鸡。打的时候就像坐在野鸡窝里一样,一打一个准。"[46]这样看,他俩的关系确实不错,但拜伦突然提出要离开纽斯特德。随后他给奥古斯塔写了一封信,信中揭露了二人关系中复杂的暗面。一八〇四年三月,拜伦告诉奥古斯塔:"我不会和格雷勋爵和好,永远不会。他曾是我最好的朋友,但我俩现在闹掰了,具体原因我不能说,即使是对你,我亲爱的姐姐。"[47]同年十一月,拜伦依然回避别人提起格雷勋爵:"我恨他……我不喜欢他是有特别的原因的。"[48]拜伦现在离诺丁汉郡远远的,以避免碰巧遇到他。

这可能是拜伦第一次被求欢,显然他拒绝了。然而,这同其他文献的叙述略有偏差。从拜伦和格雷勋爵的通信中可以看出,后者一直弄不清为什么拜伦要狠心绝交,而拜伦提及这段往事时,语气中略带羞愧。真相可能是,拜伦任由格雷勋爵诱惑自己,东窗事发后故作惊慌。托马斯·摩尔在传记中对拜伦和贵族租客之间"日渐亲密的关系"[49]一笔带过,而霍布豪斯在评论时坚持认为,这种亲密关系"不一般","这肯定会对他之后的道德观影响深远"[50]。这只是拜伦性成熟路上的一个节点,还不算是唯一。

拜伦后来为何对格雷求欢的事遮遮掩掩?回答这个问题,我们要了解十八世纪末、十九世纪初英国的社会文化，那时男同性恋被视为贱民。拜伦还在读小学时就知道犯了鸡奸罪会被判死刑。英国自一五三三年以来，男同性恋一旦坐实就是死罪。但直到十八世纪，这项罪名频繁出现，大众才真正知道鸡奸罪到底指什么。不幸的是，拜伦意识到自己是双性恋的时候恰逢公众反同性恋情绪最为极端的时代。

判定鸡奸罪很麻烦，需要检举方出具肛检和体内遗液证明。由此出现了一项新的规定：只要表现出鸡奸的企图，也可治罪。犯人被绑在耻辱柱上，恐同的围观者朝他扔石块、泥巴、粪便，恶语相加，更有甚者直接动手残杀犯人。在这种氛围下，财智双全的同性恋者都纷纷逃离，以免受刑事指控。威廉·贝克福德就是其中之一。他著有小说《瓦特克：一个阿拉伯故事》，讲的就是一场有关鸡奸的梦。拜伦对他又喜欢又惧怕，这也是他早期对待同性恋的态度。

一八〇四年一月底，拜伦终于回到哈罗公学。在那里的最后一年半，拜伦过得相对安定。和他走得很近的男同学越来越多，每一个他都会动情，后来回忆起来依然让他激动："我和同学都情真意切（因为我总是主动的那一方）。"[51]当时男生们热衷通信，这些信都保留了下来，从中可以看出他们的种种关系。拜伦和挚友的通信写得很感人，虽然文笔孩子气，拼写不规范，但我们至少可以从中一瞥十九世纪的哈罗公学。那个时候，学生形成了一个紧密的小社会，有自己特有的语言和行为方式。

拜伦曾介绍过这套体系，言语间不乏自豪感：

> 在每一所公校，低年级孩子要完全服从高年级，不论你是什么贵族等级。但等到低年级的孩子上了高年级，就轮到他们当头头了。[52]

现在轮到拜伦当头头了,他把自己当作苏格兰高地的部落酋长,下面的族人唯命是从,对他毕恭毕敬。他给这个小群体起名叫"底比斯兄弟会"。

他煞费苦心地列出等级关系图,还细致地分类:"P. 亨特、柯松、朗和塔特索尔是我玩得最好的朋友。克莱尔、多塞特、Cˢ. 戈登、德·巴斯、克拉里奇和小温菲尔德是我的小弟和看得上的朋友,我对他们过于好了,都把他们惯坏了。"[53]在这些大类别里又生出许多小类别。拜伦在写给爱德华·诺埃尔·朗的一封信中,否认多塞特公爵曾经是自己的"朋友":"我虽然挺**宠这孩子**的,但没把他当**朋友**。"[54]

哈罗男校所有受过良好教育的男孩都争相吸引他的注意。这里头谁是他的挚友?是约翰·温菲尔德阁下吗?还是多愁善感的约翰·克拉里奇爵士?他至今仍记得拜伦怎么背着他游泳。还有拜伦离校的前一晚,他们一起坐在校景皮奇墓碑上,在墓地里久久不忍告别。

拜伦最爱的难道不是那个一表人才的德拉瓦尔伯爵吗?尽管他没有入围挚友名单,但拜伦对外却说他是"世上最温润、随和、聪明的人……要是没有他,哈罗将是一片荒芜"。[55]此话一出,校园里就炸开了锅,一部争风吃醋、钩心斗角的宫斗剧在公学拉开了序幕,足足上演了两年。拜伦喜欢的另一个男孩是威廉·哈尼斯。拜伦曾向他许诺:"你是我在哈罗认识的第一个朋友,当然也是最好的朋友。"[56]哈尼斯也有跛足,这成了维系双方友情的一条特殊纽带。拜伦关心他,保护他,不让别的孩子欺负他,两人的关系看起来就像监护人与被监护人。

山外有山,天外有天,同学们对拜伦的新鲜劲儿也因嫉妒和厌怠起起伏伏,最终消散殆尽。情谊最长的要数约翰·菲茨吉本,他十岁那年就继承了父亲的爵位,成为克莱尔伯爵二世。他比拜伦小四岁,拜伦称"他是我认识最早、处得最久的朋友之一"。[57]一八二一年,在意大利拉文纳,连拜伦都觉得惊讶:回忆起克莱尔的过往,自己仍忍不住动容。

"我一听到'克莱尔',心脏就怦怦跳。甚至是现在,我一写他的名字,那份情就会涌上心头。"拜伦把克莱尔勋爵视为唯一的"男性友人"。他很少与别人交心,其他的人都不过是"酒肉朋友"。[58]由于克莱尔留下的信件很少,而且看得出他戒备心很强,因此他是如何回馈拜伦的情的我们很难知晓。认识他们俩的亨利·德鲁里老师风趣地评论道:"他和克莱尔勋爵在哪方面都不像是同路人。"[59]

　　拜伦和同学之间到底有多少肉体关系?真相一直扑朔迷离。究其原因,一方面,历届学生对于此事都闭口不谈;另一方面,他们中形成了一套保密守则,大家都不追问过去的事,毕业后仍需缄口。时间一长,毕业生中逐渐形成了一个校友会,专门负责保护校友声誉,剧作家朱利安·米切尔一九八〇年的戏剧《另一个国度》讲的正是这个团体的故事。哈罗公学被一层又一层地包裹起来,外人无论如何也无法探知内情,同性恋行为的蛛丝马迹都被小心翼翼地擦拭干净,不留一丝痕迹。[60]

　　古希腊、古罗马研究类的课程从一个侧面加强了孩子对男性的崇拜。拜伦和同僚们通过阅读贺拉斯、卡图卢斯、维吉尔、彼得罗尼乌斯的著作,了解那些半人半神的主人公所谓的"希腊式的爱情":实际上,拜伦的剑桥校友都用"贺拉斯式的男子"暗指同性恋者。他们学会了欣赏那些受众神追捧的美少年形象,如伽倪墨得斯或雅辛托斯,这些美少年舞蹈的样子[61]被一代代的诗人传颂,包括拜伦从哈罗公学毕业后翻译的阿那克里翁的《颂歌》第 47 篇:

> 我爱老者,乐观的圣人,
> 年龄没能冰封住他的灵魂,
> 我爱少年,跃动的男孩
> 舞蹈与爱情占据着他的世界。

实际情况是,由于十九世纪初英国公立学校长时间无人看管,单人床又通常要额外加钱,因此大家都习惯同睡一张床,这方便了男孩之间的性行为。拜伦的学长约翰·塔特索尔比他毕业得早,读一读他写给拜伦的信,你会感觉他们亲密得都喘不过气来:"你说你会很想我的。我走了之后,谁能在你受伤的时候安慰你,谁能在你上床睡觉的时候(诗意突然锐减)帮你脱衣服……谁能和你一起洗澡,总之,谁能跟你一起做每件事?"[62]

尽管拜伦总喜欢把读者耍得团团转,但他会津津有味地细数自己的性爱史。他后来确实向卡罗琳·兰姆夫人一五一十地坦白,说自己从小就和同性恋搞在一起,还改变了三个同学的性取向。据卡罗琳说,拜伦用火烧那几个心上人的照片时,几乎把什么都说了出来。当时妻子在一边,听到这些话都吓坏了,说"烧两张肖像画时,他说了些奇奇怪怪的话"。[63]好友约翰·卡姆·霍布豪斯对这些事情一清二楚。他在日记中写道:"可以肯定的是,拜伦在哈罗没学什么正经东西。"[64]霍布豪斯还批评托马斯·摩尔在为拜伦立传时装糊涂:"这些男孩子之间的关系,关系背后真实的动机,摩尔可能一无所知,也可能不愿意说。"[65]一八二九年的一次餐会上,查尔斯·富尔克·格雷维尔听一位相当机灵的传记家说:"摩尔说他不相信拜伦喜欢男孩子,但从他叙述时的口吻听来,他内心又好像是相信的。"[66]

拜伦在毕业前后就已经开始怀念过往的时光,创作了一些伤感的诗歌,以怀念他的最爱。口吻像是献给女性的,但都有意隐匿了对方的具体身份。其中最有分量的要数他在一八〇六年创作的《童年回忆》,当时他因病卧床,这首诗首先发表在他的诗集《杂诗集》里。诗中,他用假名"戴维斯"替代"疯子塔特索尔",用"尤里亚勒斯"替代德拉瓦尔,用"莱库斯"替代詹姆斯·韦恩·德巴斯,用"阿隆佐"替代约翰·温菲尔德,用"克拉鲁斯"这个很容易识破的假名字指代克莱尔。[67]他一个接一个地想起与自己交好的风云人物,分不清过往和现在。这种迹象表明拜伦当时病得很重,意识有些模糊。这些诗之所以读来伤感,是因为他知道率真的童年即将离去,迎接他的将是尔虞我诈、装模作样、道貌岸然的成人世界。在那里,他要永远压抑自己的性倾向。离开哈罗意味着"告别真实的自己"。[68]这些诗歌中充斥着厌世情绪,生活尚未起步就过不下去了。他明白自己在性方面与别人不同,他将为此而被迫离乡。他似乎有先见之明:

啊！某个更强的欲望颤动,它低声说道

一个人若要寻找知己,

寻找家庭不能给予的爱,

他就必须四处流荡,此时,

友谊对他就倍加珍贵。[69]

在哈罗读书时拜伦迷上了文字,感受到了语言的力量,第一次产生了当作家的念头。即使他自己觉得正儿八经的课很没劲,但他的确也学习了不少古文。他承认:"我知道的古典文学知识不比那些读了十三年书的专业生少。"[70]文学潜移默化地让拜伦爱上了希腊,他对宏伟的希腊悲剧情有独钟,最终奔赴希腊,支持独立战争。他特别欣赏埃斯库罗斯的《普罗米修斯》,在校每年会反复读上三遍。还有欧里庇得斯的《美狄亚》,他从中首次见到报复心重的女人的形象,还在后来的现实生活中遇到了好几个类似的人物。

　　在哈罗上学时,拜伦什么书都读。但是他怕别人看到自己在读书会毁了他一贯叛逆、游手好闲的形象,所以总是在吃饭或者夜深人静的时候读会儿书。拜伦偷偷读书读上瘾了,头脑里装满了知识,语言能力突飞猛进。他自吹自擂道："从希罗多德到吉本,历史学里没有我不知道的。"[71]他匆匆读完了王侯将相、恺撒大帝、克伦威尔、马尔伯勒以及尽人皆知的波拿巴的传记;研读了哲学家洛克、培根、休谟和贝克莱的著作,对霍布斯越来越反感。

十九岁的拜伦声称已经阅读了"大约四千部小说,包括塞万提斯、菲尔丁、斯莫列特、理查森、麦肯齐、斯特恩、拉伯雷和卢梭的作品"。他知晓所有的英国古典诗人和大多数当代诗人。霍布豪斯觉得拜伦在吹牛皮。沃尔特·司各特认为拜伦只知道一点皮毛。但的确,他可以自如地引用名作中的金句,尤其是莎士比亚。他可以将莎翁的词句融入自己的写作,化成自己的语言。

年轻时的拜伦诵读了许多诗人的作品,激发了他无限的创作潜力。他意识到好措辞可以令人兴奋,学会了如何把诗行筑成节,掌握了在结尾处怎样做才可以"扣人心弦"。他已经知道如何把握叙事结构。他常视自己为一个小男孩,为了保护自己而表现出轻视他人的态度,据此他发现讽刺诗最对他的口味。亚历山大·蒲柏是拜伦最钦佩、最常效仿的诗人。在哈罗上学期间他还得了一套蒲柏的作品集。在第二卷的扉页上,他写道:"朋友博尔德罗赠予我——一八〇三年——米德尔塞克斯郡,山丘上的哈罗公学。"[72]

42　　　　　语言的政治力量对他同样重要

文字虽无灵,只是一小滴墨水,
却像露珠一样滴落在思想上,
引众人思考。[73]

这是《唐璜》中广为流传的名句:语言影响思想,可以改变社会的进程。拜伦在哈罗念书时就认识到这一点,并将其付诸实践:乔治·巴特勒博士于一八〇五年四月接替德鲁里成为哈罗新任校长,拜伦对他一直怀恨在心。

事实上,拜伦并不是打心眼里讨厌巴特勒博士。只是他喜欢德鲁里博士,内心反对换校长,所以他带头支持德鲁里博士的弟弟马克·德鲁里(哈罗副校长),希望他成为校长。但巴特勒的背后可是坎特伯雷大主教。拜伦觉得他是外乡人,何德何能当上校长。所以他一上台,拜伦就唱反调,但并不像现在传的那样,恨他恨到要放炸弹炸死巴特勒博士。不过他确实在学校里到处张贴"滚回你的以色列老窝去"的"大字报"。[74]拜伦还带头把巴特勒博士的办公桌拖到校舍中央,一把火烧了。拜伦住在巴特勒博士书房窗户正对的房间,他故意把人家书房的百叶窗帘拉下来,有人问原因,他说:"放下他的窗帘,我们的屋子会明亮许多。"巴特勒博士一骂拜伦,他就"像小孩子一样哭哭啼啼",像是受了多大的委屈。

这些都是小事,最让巴特勒难以忍受的是拜伦写的讽刺诗:

> 头脑简单心眼小
> 浮夸修斯看你牢
> 巧语花言人品糟
> 哪里露脸哪里胖。[75]

一八〇五年的夏天,拜伦的这首小诗《公学来了新校长》在学校广为流传。诗歌引发了广泛的舆论,加剧了他对巴特勒的逆反心理,他又提笔写下口气更大、笔锋更利的《浮夸修斯写照》,收录进了《童年回忆》,并出版在《闲暇时光》中。拜伦故作无辜地说,他还特意不让哈罗学生看这本书;不过他们还是照样读到了。

他抨击校长做作、谄媚、专横、浮夸、迂腐、低贱,认为不应该将贵族学生托付给他管教。这不单是对巴特勒进行人身攻击,还质疑了其收入来源。自十九世纪初以来,公学校长一直靠学费敛财。拜伦小试牛刀,发现一首诗原来有如此大的杀伤力,这让他兴奋。

　　因为这件事,拜伦在哈罗获得了一种集体感。他也渴望被集体接受。他拥有局内人和局外人双重身份,可以从内外双重视野看清社会、批判社会。拜伦最后几个学期在哈罗过得还算安逸。这得益于他生活中突然出现了一个神秘贵客——拜伦同父异母的姐姐奥古斯塔·拜伦。她是父亲和第一任妻子阿米莉亚·达西·科尼尔斯男爵夫人生下的女儿。母亲去世后,奥古斯塔由祖母霍尔德内斯夫人抚养长大。祖母一八〇一年去世,留下奥古斯塔一人,过着孤苦伶仃的生活,这对于她那个阶级的女性而言颇为常见。打那时起,奥古斯塔就不断讨好各种亲戚,包括拜伦的监护人卡莱尔伯爵。

　　奥古斯塔和拜伦走得很近,亲情和爱情正好满足了拜伦对家庭的渴望,奥古斯塔成了拜伦最舍不得的人。[76] 一八〇三年春天,他们在哈考特将军(后来的三世伯爵)的波特兰地公馆相识。当时拜伦十五岁,奥古斯塔二十岁,高挑苗条,嘴唇丰满,脸庞娇小,下巴微收,留着一头棕色的卷发。奥古斯塔和拜伦一样有口齿不清的小毛病,这是他们的家族病。尽管她表面上显得镇定,其实内心慌乱。拜伦称之为"小鹿乱撞",他最喜欢这一类女孩。此后,奥古斯塔既是拜伦失散已久的姐姐,又承担起了母亲的角色。每当拜伦抱怨他的亲生母亲时,她就是暖心的倾听者。拜伦即将从哈罗毕业,两人之间的通信愈加频繁,言语也愈加温柔,这让拜伦愈加自信。一八〇五年毕业前的最后一学期,他邀请奥古斯塔参加哈罗演讲日:"你要是能来,你就能坐在最时髦的马车上风风光光地到场。在哈罗,只有在盛大的节日才能享受到这种待遇。衷心期盼你来。"[77] 尽管听起来很诱人,但奥古斯塔从未去过。

　　到了最后一学期,他对哈罗彻底改观了,不再像刚进校时那样有敌意,甚至有些留恋,细数着剩下的每一天,他害怕离开。他在校友纪念册的衬页上写下"光阴似箭,岁月如梭:乔治·戈登·拜伦,一八〇〇年六月二十六日星期三下午三点三刻,3 号教学楼——班长卡尔弗特、汤姆·怀尔德曼在我的左边,朗恩在我的右边,而哈罗则永远伫立在山丘的顶端"。[78]他当时要是知道左边的汤姆·怀尔德曼后来会买下纽斯特德庄园,他定会感慨命运的安排是多么让人捉摸不透。根据校录,拜伦在一八〇五年之前就当过班长,他的成绩曾在全校排名第三。

敏锐的德鲁里博士发现拜伦天生就是一个好演员,鼓励他钻研戏剧。他"预感,有朝一日我会成为一个演讲家",拜伦写道,"我说话流利,有滔滔不绝的气势,我的嗓门够大,而且我也不是光说不干的人"。[79]一八〇五年和一八〇四年两年,他都是学校公开演讲日上的明星。他的拿手好戏是李尔王在暴风雨里仰天长啸的那一段独白。按照哈罗公学的惯例,他留下了一张正面齐肩肖像,旁边是他的"大恩人"前校长德鲁里博士,没有任何背景,看起来很空灵。他还把自己的名字刻在了学校大礼堂的木制墙板上,毕业生都要把名字刻在这里,这间大教室他们再熟悉不过了,每天都要待上几小时。有一次,他在楼梯处遇到了朋友爱德华·朗以及他的父亲和弟弟。拜伦在谈话中傲慢地"说了一句脏话",小弟弟好奇地问哥哥:"哈罗公学让骂人了?"[80]

最后一个学期结束后不久,拜伦参加了一个非正式的伊顿公学和哈罗公学的板球比赛,这项活动后来成为英国社会生活中一项重要的年度盛事。板球是跛足的拜伦可以参与的为数不多的体育项目之一,他自己击球,再雇一名跑腿的后捕手即可。他曾雇过一个叫亨利·佩奇的小伙子,他是学校的车匠,他还写过一个对子纪念此事:

少爷雇我打板球,
为他把三柱门儿守。[81]

一八〇五年八月二日的那次比赛在伦敦举行,伊顿公学轻松击败了哈罗公学。拜伦在给同学查尔斯·大卫·戈登写信时兴奋地描述道,他自己在第一次击球局中得了十一分,第二局得了七分,"我们队谁也没我挣的分多,布罗克曼和伊普斯维奇好好打的话或许能跟我追平"。[82]

但官方的记分簿却不给拜伦面子:实际上,他第一局实际得的是七分,第二局两次阻止对方得分,获得四分,一共十一分。[83]球队队长后来毫不客气地说,拜伦打得很糟,如果不是听了他的建议,连这十一分都拿不上。但在拜伦的记忆中,这是胜利的一天,从某种意义上说的确如此,就连对手斯特拉特福德·坎宁都对拜伦印象深刻。一八一〇年,他在君士坦丁堡再次见到拜伦,他后来写道:"拜伦勋爵身穿法兰绒外衣,挥臂击球的样子让我难忘。"[84]见面的时候,拜伦已是一位发表过诗集的诗人;而坎宁,也就是后来的斯特拉特福德·德·雷德克利夫子爵,也成了一名有抱负的年轻外交官。

注释

[1] 有关哈罗公学的背景,见克里斯多夫·泰尔曼(Christopher Tyerman),《哈罗公学史》(*A History of Harrow School*, 2001)。

[2] 拜伦致凯瑟琳·戈登·拜伦的信,1804 年 5 月 1 日-10 日(日期存疑)。

[3] 珀西·M. 桑顿(Percy M. Thornton),《哈罗公学和其周围环境》(*Harrow School and its Surroundings*, 1885)。

[4] 牛顿·汉森,"少年拜伦:约翰·汉森回忆录手稿"。

[5] 布莱恩·沃勒·普罗克特(Bryan Waller Procter,即巴里·康沃尔〔Barry Cornwall〕),《自传片段与随笔》(*An Autobiographical Fragment and Autobiographical Notes*, 1877)。

[6] 拜伦致凯瑟琳·戈登·拜伦的信,1804 年 5 月 1 日-10 日(日期存疑)。

[7] 珀西·M. 桑顿,《哈罗学校及其周围环境》。

[8] 拜伦致凯瑟琳·戈登·拜伦的信,1803 年 5 月 1 日。

[9] 同上,1803 年 6 月。

[10] 拜伦致约翰·默里的信,1814 年 2 月 7 日。

[11] 劳里大夫致凯瑟琳·戈登·拜伦的信,1807 年 12 月 7 日。

[12] 拜伦致威廉·哈尼斯的信,1808 年 2 月 16 日。

[13] 罗伯特·皮尔爵士,转引自《托马斯·摩尔日记》,1829 年 2 月 20 日。

[14] 拜伦致爱德华·诺埃尔·朗的信,1807 年 5 月 14 日。

[15] 约瑟夫·德鲁里博士,转引自托马斯·摩尔,《拜伦传》,第一卷。

[16] 约瑟夫·德鲁里博士致约翰·汉森的信,1803 年 5 月 15 日。

[17] 同上,1803 年 2 月 3 日。

[18] 同上,1804 年 12 月 29 日。

[19] 托马斯·摩尔,《拜伦传》,第一卷。

[20] 《童年回忆》,1806 年,第 108 行。

[21] 凯瑟琳·戈登·拜伦致约翰·汉森的信,1803 年 10 月 30 日。

[22] 牛顿·汉森,"少年拜伦:约翰·汉森回忆录手稿"。

[23] 欧文·米利致约翰·汉森的信,1803 年 8 月 5 日。

[24] 拜伦致墨尔本夫人的信,1814 年 1 月 29 日。

[25] 托马斯·梅德温,《拜伦勋爵比萨谈话录》。

[26] 《德比郡旅游指南和旅行指南》(*The Derbyshire Tourist's Guide and Travelling Companion*, 1837)。

[27] 《一些不切实际的思考》,第 65 条。

[28] 《离开英格兰之前献给 [马斯特斯女士] 的诗》('Stanzas to [Mrs. Musters] On Leaving England'),1809 年,第 5 行。

[29] 拜伦致安娜贝拉·米尔班克的信,1813 年 11 月 29 日。

[30] 尼姆罗德(Nimrod),《朝花夕拾》(*Hunting Reminiscences*, 1843)。

[31] 凯瑟琳·戈登·拜伦致约翰·汉森的信,1803 年 10 月 30 日。

[32] 托马斯·摩尔,《拜伦传》,第一卷。

［33］约翰·卡姆·霍布豪斯,霍布豪斯在托马斯·摩尔的《拜伦的书信和日记》(1830)中的批注。

［34］《梦》,1816 年,第 2 节,第 27 行。

［35］詹姆斯·汉密尔顿·布朗,《一八二三年与拜伦勋爵从里窝那乘船至凯法利尼亚岛》,载《布莱克伍德爱丁堡杂志》,1834 年 1 月。

［36］《托马斯·摩尔日记》,1827 年 7 月 7 日。

［37］D. E. 威廉姆斯(D. E. Williams),《托马斯·劳伦斯爵士的生平》(*The Life of Sir Thomas Lawrence*),第二卷(1831)。

［38］M. 加德纳(布莱辛顿伯爵夫人),《拜伦勋爵对谈录》。

［39］詹姆斯·汉密尔顿·布朗,《一八二三年与拜伦勋爵从里窝那乘船至凯法利尼亚岛》,载《布莱克伍德爱丁堡杂志》,1834 年 1 月。

［40］约翰·卡姆·霍布豪斯致拜伦的信,1810 年 7 月。

［41］道格拉斯·金奈尔德,转引自《托马斯·摩尔日记》,1827 年 7 月 7 日。

［42］托马斯·摩尔,《拜伦传》,第二卷。

［43］哈罗德·尼科尔森,《拜伦:最后的旅程》(1924)。

［44］乔治·芬利,《希腊史》(*A History of Greece*),第六卷(1877)。

［45］凯瑟琳·戈登·拜伦致约翰·汉森的信,1803 年 3 月 10 日。

［46］欧文·米利致约翰·汉森的信,1803 年 11 月 29 日。(大英图书馆)

［47］拜伦致奥古斯塔·拜伦的信,1804 年 3 月 26 日。

［48］同上,1804 年 11 月 21 日。

［49］托马斯·摩尔,《拜伦传》,第一卷。

［50］约翰·卡姆·霍布豪斯,霍布豪斯在托马斯·摩尔的《拜伦的书信和日记》(1830)中的批注。

［51］《一些不切实际的思考》,第 91 条。

［52］《致多[尔赛]公爵》('To the Duke of D［orset］')诗句注释,1805 年。

［53］托马斯·摩尔,《拜伦传》,第一卷。

［54］拜伦致爱德华·诺埃尔·朗的信,1807 年 3 月 30 日。

［55］ 拜伦致奥古斯塔·拜伦的信,1804 年 11 月 2 日。

［56］ 拜伦致威廉·哈尼斯的信,1808 年 2 月 16 日。

［57］《一些不切实际的思考》,第 91 条。

［58］ 拜伦致玛丽·雪莱的信,1822 年 11 月 16 日(日期存疑)。

［59］《托马斯·摩尔日记》,1827 年 7 月 3 日。

［60］ 有关十九世纪英国公学里的同性恋行为,见《魔鬼萦绕》('A Demon Hovering')一章,载约翰·钱多斯(John Chandos),《男孩子在一起》(*Boys Together*, 1984)。

［61］ 翻译自阿那克里翁颂歌第 47 篇,1806 年。

［62］ 约翰·塔特索尔致拜伦的信,1805 年 8 月 20 日。

［63］ 拜伦夫人接受卡罗琳·兰姆夫人采访的纪要,1816 年 3 月 27 日。

［64］ 约翰·卡姆·霍布豪斯(布劳顿勋爵),"日记手稿",1829 年 1 月 15 日。

［65］ 约翰·卡姆·霍布豪斯,霍布豪斯在托马斯·摩尔的《拜伦的书信和日记》(1830)中的批注。

［66］《格雷维尔回忆录,1814–1860》(*The Greville Memoirs 1814-60*),利顿·斯特雷奇和罗杰·富尔福德(Roger Fulford)编辑,第一卷(1938)。见 1829 年 11 月 9 日这一天的记录。

［67］ 拜伦致爱德华·诺埃尔·朗的信,1807 年 2 月 23 日。

［68］《致一位年少的朋友》('To a Youthful Friend'),1808 年,第 27 行。

［69］《童年回忆》,1806 年,第 213 行。

［70］ 拜伦致罗伯特·查尔斯·达拉斯的信,1808 年 1 月 21 日。

［71］ 拜伦早期的读书笔记,1807 年 11 月 30 日,转引自托马斯·摩尔,《拜伦传》,第一卷。

［72］ 莱斯利·马钱德,《拜伦传》(1957),第一卷。

［73］《唐璜》,第三章,第 88 节,第 793 行。

［74］《托马斯·摩尔日记》,1827 年 7 月 3 日。

［75］《公学来了新校长》,1805 年 7 月,第 7 行。

［76］拜伦致奥古斯塔·拜伦的信,1804 年 3 月 22 日。

［77］同上,1805 年 7 月 2 日。

［78］托马斯·摩尔,《拜伦传》,第一卷。

［79］《一些不切实际的思考》,第 88 条。

［80］亨利·朗,"回忆手稿"。(伯格藏品,纽约公共图书馆)

［81］哈罗公学档案馆。

［82］拜伦致查尔斯·大卫·戈登的信,1805 年 8 月 4 日。

［83］伊顿公学与哈罗公学的比分,见《泰晤士报》,1952 年 7 月 7 日。

［84］斯坦利·莱恩-普尔(Stanley Lane-Poole),《斯特拉特福德·德·雷德克利夫子爵斯特拉特福德·坎宁阁下传》(*The Life of the Rt. Hon. Stratford Canning, Viscount Stratford de Redcliffe*),第一卷(1888)。

第五章　南井镇（1803–1805）

正是因为其大起大落的一生，拜伦才能成为作家中的多面手，不论题材贵贱，风格明暗，都能把握得游刃有余。他的大起大落之一就发生在南井镇（索斯维尔），这是位于英国诺丁汉郡的一个小镇，人口只有大约三千人。拜伦刚到这里，看到满街不是牧师就是阿姨，顿觉沮丧。[1]南井镇不似阿伯丁，没有繁荣的街市，当然也没有流言蜚语，闭塞程度和纽斯特德庄园有得一比。镇上的人日出而作，日落而息，肃穆的宗教气息笼罩着小镇。如果说哈罗公学具有阳刚之美，那么南井镇则具有阴柔之美。在拜伦的青年时代，南井镇是最像家的地方。

从一八〇三年夏天到一八〇八年冬天，也就是从他十五岁那年到他临时搬回纽斯特德庄园期间，拜伦住在伯吉奇庄园，这是他母亲在南井镇租住的房子。他在庄园里生活了六年，期间，他从哈罗毕业，又到剑桥求学。纽斯特德的房地产经纪人欧文·米利对这座庄园赞不绝口："这栋新房子真漂亮，位置便利。房子和花园的租金是每年三十五英镑。"[2]房子建于一七八〇年左右，是典型的乔治三世时代的建筑风格，采用山形墙立面，面前有一大片绿地，从这里步行几分钟就可以到达（正如一位参观过镇大教堂的游客所言）"精心维护的教堂和辉煌典雅的教士礼拜堂，您可以欣赏到线条细腻、气度非凡的浮雕"。[3]小镇处处是景,环境优美,对于一个"冷清、困窘的家庭"而言是理想的退隐之处。

有人担心拜伦的母亲不喜欢小镇,会觉得小镇生活太沉闷。他们有
所不知,曾几何时,母亲为了找回当初在温泉小镇的快乐时光,趁着学校
放假,带着跛脚的儿子从大诺丁汉搬到马尔文镇,从大伦敦搬到切尔滕
纳姆镇和巴斯古城,拜伦跟着她不停地换住处。她喜欢住在邻里和睦、
宗教氛围浓厚的小镇上。当时一些如简·奥斯丁的激进作家常在小说
中用细腻的笔触暗讽它传统、古板。拜伦觉得这个小镇无聊透顶,就像
一个"沉闷的火山口","阴曹地府"。[4]左邻右舍唯一的乐趣就是野外运
动。让他失望的是,当地的莫霍克人住在牛棚一样的茅草房里,龌龊不
堪,他们一生像牛马一样劳作。[5]他一来就满腹牢骚,诅咒它在地震中覆
灭,说活在这里就像一场"乏味的梦",如白纸一样无聊。[6]但这话有多
少可信度呢?他对南井镇的抗拒源自他对母亲的怨恨。有迹象表明,他
只是假装讨厌。

拜伦在南井镇结识了第一位女性朋友,他们的友谊维系了很久。她
就是伊丽莎白·皮戈特,大拜伦五岁,父亲是医生,很早就去世了,现在
和母亲还有三个兄弟住在一起。他们一家住在伯吉奇庄园对面,中间隔
着镇中心的草坪。一八二二年,他在说下面一番话时,还依稀记得伊丽
莎白:

> 只要异性之间没有发生过关系,或者不会发生关系,那么异性
> 之间的友谊要比同性之间的好得多。这句话是至理名言。[7]

拜伦之所以善于打这种交道,是因为他的朋友对他没有任何苛刻的要
求,无论是情感上的还是两性上的。他们的友谊基于相互的信任和相投
的志趣,坚固无比。就像拜伦后来和默瑟·埃尔芬斯通、哈代夫人之间
的友谊,没有男欢女爱,有的是情感上的默契,分享的快乐,相互的扶持。

一八〇四年四月,为了让拜伦结识镇上的名流,母亲举办了一个聚会。拜伦对这次活动期待很高,他故意操着一口深沉而老练的腔调对奥古斯塔说:

> 母亲今晚要举办一个聚会,南井镇的名流都会出席。很多人我都不认识。也好,我正好可以与一个我素未相识的人坠入爱河,打发时光,至少可以多接触些新鲜人和新鲜事。[8]

不出意外的话,他将会开启一段注定要失败的爱情。这段爱情又会作为素材,让他成就一段短暂美妙的爱情故事。"我会把这段罗曼史命名为《拜伦勋爵与无情善变的西吉斯蒙德·康妮甘达·布里吉蒂娜的爱情史》,抑或《拜伦勋爵与未知国公主》。我是不是很有写小说的天赋?"但是当天晚上,拜伦见到生人就害羞的老毛病又犯了,他一句话都说不出来。母亲三次进房间劝他,才把他揪出来,让他陪同镇上的年轻人在客厅规规矩矩地玩桌游。

晚会上,拜伦遇到了伊丽莎白·皮戈特。不幸的是,他留给伊丽莎白的第一印象很差。那天晚上,在女孩眼中,拜伦胖乎乎的,留着怎么看都不顺眼的刘海,扭扭捏捏。在拜伦改变个人形象之前,他在伊丽莎白眼里一直是一个笨嘴拙舌的半大小子。晚会结束后的第二天早上,母亲带他去拜访皮戈特一家,而他仍是一副害羞且拘谨的样子。[9] 相反,伊丽莎白这个女孩却见多识广、博览群书、聪明机智。她聊起了弗雷德里克·雷诺兹写的喜剧《生活》里面的一个叫加布里埃尔·拉克布莱恩的人物,一下子把拜伦吸引住了。拜伦和母亲之前住在切尔滕纳姆镇时看过这部剧。说来也巧,这位剧作家雷诺兹还改编了拜伦自己写的戏剧,后来在德鲁里巷剧院上演。"再见,傻瓜。"拜伦向她鞠躬告别时,伊丽莎白这样道别。拜伦听到只会傻笑。

从那时起,他经常从伯吉奇庄园跑出去,和皮戈特一家玩。伊丽莎白和她的母亲一样,擅长水彩画。少年时期,她表达友谊的方式之一就是描摹拜伦的族徽,送给他作藏书票用。他告诉她要特别注意族徽上美人鱼尾巴扭曲的细节。她后来还为他织了一条表带和一个钱包。他们有时一起唱歌,伊丽莎白来弹钢琴。他们都喜欢唱《洛迪女郎》。伊丽莎白手抄了一本卢梭的《一位意大利修女和英国绅士的来往书信》的英译本,上面有两人互赠的诗句。

就这样,伊丽莎白成了他的知己。不论是在剑桥还是在伦敦,他都给伊丽莎白写过信。他情绪不稳定,而伊丽莎白一向沉稳,拜伦需要她的安抚。为了测试她到底有多沉稳,他甚至故意给她讲自己的风流韵事。她的信与其他女性的来信相比别具一格。其他女性一边撒娇,一边打趣:"没有你,家里变得闷闷的。"[10]只有伊丽莎白以老友的口吻写道:"我坐在扶手椅上,希望能把它填得更满,我可没说你比我胖。再会!"拜伦的母亲担心两人日久生情。伊丽莎白的母亲向拜伦母亲保证,伊丽莎白只是把他当朋友,女儿清楚拜伦所有的缺点,两人间不可能有任何男女之爱。其实伊丽莎白的母亲说得也不完全对。这是一种特殊的爱,建立在深入了解对方的基础上。的确,拜伦也曾期待过婚姻,但一想到如果和她结婚,曾经互为知己的好朋友最终会堕落成一对相互牵绊、胸无大志的教徒夫妇,便最终放弃了这种期待。

拜伦还与伊丽莎白的弟弟约翰·皮戈特交上了朋友,后者当时是爱丁堡的一名医学生。他们是放假回家时认识的。约翰·皮戈特比拜伦还要内向,能帮拜伦稳定情绪。[11]一八〇六年夏天,他们一起乘马车来到哈罗盖特温泉小镇,拜伦的男仆弗朗西斯·博伊斯(也就是弗兰克)为他们执缰。他们还带上了拜伦的两条狗,一只是叫纳尔逊的马斯提夫犬,另一只是叫"水手长"的纽芬兰犬,一路上卧在车厢顶上。下榻在皇冠客栈时,纳尔逊攻击了院里的一匹马,这只狗非常凶恶,大家决定将它射杀。拜伦没能带纳尔逊回家,为此伤透了心。

去了一趟哈罗盖特,他们发现要在上流人士间混得如鱼得水并不容易。拜伦和皮戈特在公共餐厅用餐,但吃完后就退到了各自的房间,两个腼腆的年轻人黏在一起,不敢走进舞厅。约翰·皮戈特像他姐姐一样,时刻护着拜伦,觉得少有人能理解拜伦,"但我知道他心地善良,通情达理,没什么坏毛病"。[12]皮戈特简直是拜伦的反面,他有的特点拜伦都摘得干干净净:一个正常的、体面的、主流的、有一份正经工作的英国绅士该有的德行。

拜伦在南井镇待得最长的一次是从一八〇六年夏天到一八〇七年。这里可谓是他长大的地方,有简单的快乐,也有失望后的痛苦。一八〇七年二月,他给"最亲爱的"朋友克莱尔勋爵寄去了一封短笺:

> 我的一个仆人因偷东西被判流放罪了,真丧气。我找到一家私人剧院演了几次戏,应朋友的要求出了一本诗集,做爱,嗑药。我玩了太多女孩,嗑了太多种药,我无法专注于一件事。我夹在女神维纳斯和医神埃斯库拉皮斯之间,感觉要被他们撕碎了。[13]

他说的被赶走的人就是贴身男仆弗兰克。起初拜伦太太指控他偷儿子的东西,但拜伦很信任他的仆人,不相信他会偷。但事实证明,弗兰克偷了他母亲四双价值四十二先令的黑色丝质长筒袜,为此他被南井镇法院判处流放七年。

拜伦口中的两部戏是理查德·坎伯兰的喜剧《命运之轮》和阿林哈姆的《风向标》,在利克罗夫特家的客厅里上演。这家人的女儿朱莉娅·利克罗夫特是当地的大美女,拜伦曾高调追求过她。《命运之轮》的开场白是他和约翰·皮戈特一起在乘马车从哈罗盖特回家的路上创作的。拜伦对戏剧已经产生浓厚的兴趣。当时,天才男孩威廉·亨利·

49

韦斯特·贝蒂被称为"年轻的罗西厄斯"(法国优秀戏剧演员),拜伦去伦敦多次看过他的表演。除了执导《命运之轮》,拜伦还在南井镇剧院的两部戏剧中饰演主角。

当地一位神职人员的女儿布里斯托小姐记下了拜伦演戏的经过。从中可以看出,拜伦演戏是为了过一把做别人的瘾,这样做多少可以排解部分性压抑,这一点很像简·奥斯丁的曼斯菲尔德庄园中的戏中戏情节的效果。排练的时候,不管身边谁在,拜伦都要勾搭女孩。就算还在服丧的福尔摩斯小姐(另一位神职人员的女儿)一脸阴沉地在一边排戏,拜伦也不停地跟布里斯托小姐打情骂俏。当时布里斯托小姐正在扮演《命运之轮》中的伍德维尔夫人,拜伦扮演彭鲁多克。布里斯托小姐兴致勃勃地写道:"拜伦勋爵要求和我单独排练,我不知道是什么原因,但他张了口我就很开心,这样排下去,他早晚会和我好上,至少我现在有个心理准备。"[14]

看来,那时拜伦是一头扎进女人堆里了,绝非像他告诉奥古斯塔的那样,说自己过得像一个隐士。[15]拜伦又开始高调追求朱莉娅·利克罗夫特,后者在自己家里扮演艾米莉·坦普斯特,和拜伦饰演的彭鲁多克对戏。朱莉娅的哥哥利克罗夫特上校担心妹妹的名誉受损,拉下脸来斥责了拜伦。但拜伦认为这是诱使他与下等人结婚的诡计,便将计就计,利利索索地驳了回去:"我是个刚刚踏入社会的年轻人,我可以毫不客气地说,我不会让任何人玷污我的名誉。"[16]

之后,他又迷上另一个牧师的女儿安妮·豪森,她对拜伦百依百顺。拜伦偷偷告诉约翰·皮戈特:"这个女孩**很漂亮**,我喜欢她,不出意外,我稍微花些心思就能把她追到手。亲爱的皮戈特先生,只要你能为我**保守秘密**,我会告诉你更多。"[17]与此同时,拜伦还偷偷跟另一个女孩有一腿——哈里特·马尔比。她外向、单纯,但为了引起他的兴趣,经常装出一副含蓄的样子。这个办法灵验了。拜伦在镇上引得丑闻频发,他还沾沾自喜,大言不惭地告诉他在哈罗的老同学爱德华·朗,说自己被指控勾引了"不少于十四名女子(包括母亲的女佣),此外还有各种各样的主妇和寡妇"。[18]霍布豪斯后来评论说,正是在南井镇,拜伦学到了"与女性发生性关系的第一课"[19],他坚信:他在南井镇的娱乐活动"绝不像托马斯·摩尔所著传记里描述的那样天真烂漫"[20]。

拜伦在这个时期很可能有了一个私生子。他的《杂诗集》里有一首感伤的六节诗《致我的儿子!》。这首诗写于一八〇七年,在诗中,他赞美一个劳动阶级女孩所生的孩子,女孩显然已经不在人世。这首小诗多少挑战了公序良俗,但他承认自己有一个孩子,并承诺会养他一辈子:

50

> 这个世界为何无情地皱起眉头,
> 我不能接受我自然应得的?
> 不。虽然道德家谴责我,
> 我向你致敬,我最亲爱的孩子,
> 美丽的小天使,你是青春与欢乐的誓言
> 有一位父亲时刻守护着你,我的孩子![21]

这个孩子是谁的? 就连那个总想着为拜伦遮丑的、拜伦说什么他都信的托马斯·摩尔也承认这首诗是自传式的:"这首诗情真意切,不太可能仅出于作者的想象。"[22]他回忆,拜伦曾让母亲为他照顾一个怀孕的女人,他告诉母亲,这个女孩曾是哈罗校友乔治·柯松的情妇,现在被抛弃了。摩尔认为这个孩子很可能是拜伦的。不管是否相信这么扭曲的故事,拜伦夫人最终同意抚养婴儿。然而,母亲的慷慨没有机会表现,因为婴儿出生后不久就夭折了。

拜伦笔下的这个男孩到底是在南井镇有的,还是拜伦在伦敦一夜风流时有的? 据传,拜伦有不少这类神秘的孩子,这位"美丽的小天使"只是其中之一。塞缪尔·罗杰斯在比萨,也就是在拜伦家族的兰弗朗契公馆的时候,看到旁边的房子里有个孩子。他告诉克莱尔·克莱蒙特,这个孩子是热娜所生,热娜是他去东方之前先诱骗后抛弃的一个女孩,出生卑微。后来,女孩自杀,"埋在十字路口(基督教文化里的邪恶之地),这就是不能为她立碑的原因"。[23]他的父性本能总是随性的,有时极想占有孩子,有时又搬出贵族的身份对孩子漠不关心。

在南井镇,拜伦的文学才华已初现端倪。一八〇六年七月,他正在准备第一本诗集——《杂诗集》。这本集子是十一月中下旬由他自己出钱出版的,当地人抗议书的内容淫秽,他又无奈销毁了近乎所有成品书,只有四本保留了下来。后来,他继续修改,去除了出格的言语,最终书在一八〇七年一月由他自费出版,改名为《即景诗》。第三部诗集《闲暇时光》经过修改、补充,于一八〇七年六月问世,这是他第一本公开出售并受到专业评论的作品集。

出诗集这件事从一开始就是拜伦依靠当地关系办成的。出版商是纽瓦克镇的印刷厂和书商塞缪尔、约翰·里奇。伊丽莎白·皮戈特帮助他抄写了誊清稿本,拜伦后来的抄写员大都是女性,伊丽莎白算是第一位。当拜伦在伦敦和母亲吵得不可开交时,也就是母亲火到拿大火钳砸他的那一次,约翰·皮戈特和伊丽莎白正在为他校稿。拜伦诗歌里的人物一看就知道都是像安妮·豪森、朱莉娅·利克罗夫特之类和拜伦有过一腿的当地女人,一个个花枝招展的,"那一群人"就算按上了假名字也不难识破。[24]南井镇的老处女们觉着他太过分了,给他起了一个名字**"年轻的摩尔"**,认为他拈花惹草,跟情色诗集《已故托马斯·利特尔的诗作》(1801)的作者汤姆·摩尔不相上下。她们没看错,拜伦在哈罗公学念书的时候,就很崇拜托马斯·利特尔。

批评《杂诗集》最狠的是约翰·托马斯·比彻牧师。他三十出头,是皮戈特家的亲戚,在诺丁汉郡伦普顿和米德索默·诺顿教区当牧师,前途无量,备受敬重。当然,比彻也是拜伦笔下道貌岸然的牧师之一。拜伦常讽刺英国国教体系里的伪善现象,比彻就是活生生的例子。比彻倒不反对拜伦私下吐露自己在两性关系方面比别人狂野,但在公开场合谴责他的诗歌宣扬了不道德的思想。他评论道,拜伦写得"太露骨了"。[25]

拜伦用一句诗回击了比彻:"我不指望让俗人佩服我。"这句话后来成了他的战斗口号。尽管如此,他还是顺从了众人的意见,删去了他早期一些生动的语言,例如写给伊丽莎白的关于婚姻之苦的诗句:

> 世间最让人恼火的莫过于
> 妻子不断地给你添乱;
> 福音这样写道:"但在天堂我们不受婚姻所困。"
> 从这一点我们可以推测,
> 圣徒死后,若把他们的配偶也带上天堂,
> 妻子们万一也要像在世间那样掌控一切,
> 夫妻定会吵来吵去,整个天堂恐怕要乱作一团。[26]

一个年仅十八岁的男孩能写出这样的诗歌,确实令人赞叹:韵脚大胆,文笔幽默,措辞不畏陈规俗套,表现出对十九世纪早期两性关系的深刻认识,这种认识程度与他的年龄是不符的。这个主题也是他成年后的杰作《贝波》和《唐璜》要探讨的话题。

在南井镇,拜伦经常和他的母亲吵架怄气。严重的程度我们可以从 52 拜伦写给奥古斯塔的一封信中略知一二:

> 此时此刻,我正与那位"和蔼可亲"的女人面对面地交谈,我们的
> 关系已经势同水火,她在我写这封信的时候,不胜其烦地抱怨你忘恩

负义,不断暗示我不该和你通信……你可以想象一下,我此刻板着脸,这位夫人举止如羊羔般顺从,与我圣洁的面容形成了鲜明的对比,活像一幅家族的肖像画,是不是很有意思? 这幅画的背景是祖父和祖母的肖像,好像他们两个被画框圈在墙上,无奈且怜悯地看着我这个不幸的孙儿。难道我注定平淡一生,毫无才华和作为可言?[27]

家族肖像是他们从纽斯特德搬到南井镇时带来的,给伯吉奇庄园增添了一抹勋贵之家的厚重感。在另一封信中,拜伦讽刺了他"聪明而善良的母亲(当时,她正在餐厅里对着某个下人大发雷霆)"。[28]他们之间的敌意有多深,我们无法了解,但关系确实紧张。

长大后,拜伦越来越意识到他母亲不堪的一面:她不够体面,喜欢谈论别人的丑闻,对"那个可恶的"格雷·德·鲁辛勋爵明目张胆地抛媚眼。[29]她渴望嫁给一个贵族老爷,他向奥古斯塔吐露说:"但我相信他不会拒绝她的示爱,因为他就算不喜欢她……"她对自己的魅力盲目自信,对外透露的年龄比事实上低了六岁,并称儿子出生的时候她只有十八岁。母亲在外勾引别的男人,让拜伦又羞又怒。格雷勋爵还想引诱拜伦,让母亲去劝拜伦与他和好。每当她生气时,她骂的话也非常难听。她骂儿子和他父亲一样都是烂人,说他将变成"真正的拜'龙'",这是她对拜伦说过的最恶毒的话。"我该叫她母亲吗?"他向奥古斯塔抱怨道。

但两人相处也并非没有温情的时刻。就连拜伦也承认,狂风暴雨之间是有平静的时刻的。心情好的时候,拜伦给她起绰号"基蒂·戈登",她还会答应;在镇剧院,有人看到他推开客厅的门,大声说"尊敬的基蒂,进来吧",这时他母亲庄严地走了进来。[30]他在哈罗公学结识的朋友威廉·哈尼斯曾说,拜伦母亲收藏了一本拜伦早期的诗歌评论集,精心装订,并在页边空白处仔细写上注释。哈尼斯知道拜伦和母亲的内情。约翰·皮戈特住在拜伦家庄园对面,也知道母子虽然经常争吵,但谁也离不开谁。他们还防范着对方,据说两人都秘密拜访过药剂师,确保他不给对方卖毒药。

拜伦在写给奥古斯塔的信中充满了对母亲的抱怨,奥古斯塔深表同情,这却刺激他说出更刻薄的话。他带着报复的快感,骂她"寡妇""家庭暴君拜伦夫人"[31],称她是"希腊神话中复仇三女神之一提西芬尼"[32],说她"生来就是来折磨他的",人品"像恶魔"[33]。他的笔好似不受控制,写了许多不实、不公的话,只是为表达对母亲习惯性的敌意。拜伦对他母亲的描述有真有假,他把她当作现实生活中的恶魔写进了故事里。也许我们应该把"拜伦·弗瑞奥萨夫人"看作拜伦笔下最伟大的悲喜剧人物之一。[34]

在与母亲争斗期间,最让拜伦感动的是伊丽莎白画的十二幅水彩画,这些画如今收藏在得克萨斯大学。这些画充满童趣,是伊丽莎白为叙事诗《拜伦勋爵和狗狗的奇妙历险》所配的插图。[35]拜伦最喜欢一条叫"水手长"的狗,它是故事的主角,故事的箴言是"每只狗都有自己的一天"。伊丽莎白观察细致,鉴赏能力强,她笔下的拜伦是一个留着可爱的卷发、值得信赖的少年。画中,拜伦衣着时尚考究,头戴一顶高礼帽,穿着褶边衬衫配一条亮黄色裤子和一双尖头鞋。拜伦依然有些胖,但明显瘦了很多。在另一幅画里,他按照当地医生本杰明·哈钦森的建议,洗热水盆浴,导致汗流浃背。拜伦的体重对他的畸形腿造成的压力太大了。

他给约翰·汉森介绍了他的减肥方式:

> 我要穿七件背心、一件大衣,然后去跑步、打板球,直到筋疲力尽,汗流浃背,之后洗热水澡,每天如此。[36]

母亲只允许他每天吃一次肉,不让他喝"麦芽酒",但可以喝一点点葡萄酒。经过三个月的运动和节食,他狠狠减掉了十八磅,他信誓旦旦地向汉森保证,他的衣服得让裁缝收进去"半码"。其效果就是,他突然变得

他走进屋子,坐下来写字,写完后,发现"水手长"在跟别的狗咬架。

苗条了,脸蛋俊秀、白皙。在出名的那些年里,他一直控制饮食,服用泻药,这个习惯坚持了很久。

　　这是叙事诗《拜伦勋爵和狗狗的奇妙历险》中一段温暖的诗行,由伊丽莎白·皮戈特于一八〇七年创作并配图,拜伦当年十九岁。

　　总之,南井镇对他而言是一个遥远但值得怀念的地方。他给亲戚罗伯特·查尔斯·达拉斯说起这个地方,描述这是个"大村子"或"小镇",是一个"温文尔雅的乡贤社会,没有太多铜臭气"。[37]他告诉达拉斯,在这个避风港,"你可以遇到见多识广、思想独立的人"。他在南井镇有不少朋友,"能介绍你们认识是我的幸事"。然而,达拉斯已加入英国国教,平时一本正经,热衷传教,拜伦给出这样的建议可能带有些讽刺。当然,拜伦偶尔也会向往一下这位书生气十足的乡村牧师的生活,但不会向往太久。他那时已认识到,教堂的钟声,怡人的花园,虽然很美,但"三步一猪圈,两步一群鸡,三餐离不开豌豆和土豆"的南井镇毕竟太小了。[38]他需要更大的舞台。

注释

　　[1]　拜伦致奥古斯塔·拜伦的信,1804 年 4 月 2 日。

　　[2]　欧文·米利致约翰·汉森的信,1803 年。(大英图书馆)

　　[3]　托灵顿勋爵(Lord Torrington),《托灵顿日记》(*Torrington Diaries*,1787)。

　　[4]　拜伦致约翰·汉森的信,1807 年 4 月 2 日。

　　[5]　拜伦致伊丽莎白·皮戈特的信,1807 年 7 月 13 日。

　　[6]　同上,1807 年 6 月 30 日。

　　[7]　拜伦致哈代夫人的信,1822 年 12 月 1 日。

　　[8]　拜伦致奥古斯塔·拜伦的信,1804 年 4 月 9 日。

　　[9]　托马斯·摩尔,《拜伦传》,第一卷。

［10］伊丽莎白·皮戈特致拜伦的信,1807 年 7 月 3 日。

［11］约翰·皮戈特致伊丽莎白·皮戈特的信,1806 年 9 月。见托马斯·摩尔,《拜伦传》,第一卷。

［12］托马斯·摩尔,《拜伦传》,第一卷。

［13］拜伦致克莱尔勋爵的信,1807 年 2 月 6 日。

［14］布里斯托小姐,"索斯韦尔戏剧记录手稿",1806 年。

［15］拜伦致奥古斯塔·拜伦的信,1804 年 4 月 2 日。

［16］拜伦致约翰·利克罗夫特上尉的信,1807 年 1 月 31 日。

［17］拜伦致约翰·皮戈特的信,1807 年 1 月 13 日。

［18］拜伦致爱德华·诺埃尔·朗的信,1807 年 3 月 30 日。

［19］约翰·卡姆·霍布豪斯,霍布豪斯在托马斯·摩尔的《拜伦的书信和日记》(1830)中的批注。

［20］约翰·卡姆·霍布豪斯(布劳顿勋爵),"日记手稿",1829 年 1 月 15 日。

［21］《致我的儿子!》,1807 年,第 4 节,第 18 行。

［22］托马斯·摩尔,《拜伦传》,第一卷。

［23］克莱尔·克莱蒙特致爱德华·约翰·特里劳尼的信,约 1870 年。见马里昂·金斯顿·斯道金编辑,《克莱蒙特书信集,1808−1879》(两卷本;1995),第二卷。

［24］拜伦致伊丽莎白·皮戈特的信,1807 年 8 月 2 日。

［25］《答一位抱怨我的描述过于热烈的朋友的诗信》('Answer to Some Elegant Verses Sent by a Friend to the Author, complaining that one of his descriptions was rather too warmly drawn'),1806 年 11 月 26 日,第 41 行。

［26］《致 E P 小姐》('To Miss E P'),1806 年 10 月 9 日,第 121 行。

［27］拜伦致奥古斯塔·拜伦的信,1805 年 8 月 6 日。

［28］同上,1805 年 4 月 25 日。

［29］同上,1804 年 11 月 11 日。

[30] 托马斯·摩尔,《拜伦传》,第一卷。

[31] 拜伦致奥古斯塔·拜伦的信,1805 年 12 月 26 日。

[32] 同上,1805 年 8 月 10 日。

[33] 同上,1805 年 8 月 18 日。

[34] 拜伦致约翰·皮戈特的信,1806 年 8 月 9 日。

[35] 伊丽莎白·皮戈特,1807 年。("哈里·兰塞姆人文研究中心手稿", 得克萨斯大学奥斯汀分校)

[36] 拜伦致约翰·汉森的信,1807 年 4 月 2 日。

[37] 拜伦致罗伯特·查尔斯·达拉斯的信,1811 年 10 月 11 日。

[38] 拜伦致哈格里夫斯·汉森的信,1805 年 4 月 15 日。

第六章　剑桥(1805-1807)

一八〇五年七月一日,拜伦被剑桥大学三一学院录取,并于同年十月二十四日入住剑桥。[1]剑桥小镇被拜伦誉为"赫利孔"[2],诗歌创作的灵感之泉,但是他在这里居住的时间很短:秋季的时候住过一个学期,一八〇六年四月到七月和一八〇七年六月到十二月底断断续续住过一段时间。然而,剑桥对拜伦的意义却不能用他短暂的居住时间衡量。他刚到剑桥才十七岁,举止稍显笨拙,有失成熟。他的朋友霍布豪斯说得很直白:"他当时可没什么名声,根本谈不上什么成就和才华。"[3]待到拜伦近二十岁即将毕业离校之际,他已是身材颀然、相貌英俊、颇有名气的诗人模样。在剑桥求学期间,拜伦交了许多朋友,后来也一直维持着较为亲密的关系(只有一位除外)。也是从这时候开始,拜伦会把自己和同龄人做比较。总的来说,他觉得自己比他们都强,这种傲气正是拜伦为后人所知的特有的气质。

拜伦到新地方会认生,尤其爱往坏处想,到了剑桥大学也不例外。他原本是打算去牛津大学的,因为哈罗公学的好几个同学都去了那里。但是牛津基督教堂学院没有多余的空房间,而且他的监护人约翰·汉森和卡莱尔伯爵都坚持让他去剑桥。拜伦非常憎恶这种强行过渡到成年的方式,回忆起这段经历时说"我已不再是一个男孩,这是我一生中最沉重、最致命的认识之一"。[4]

但至少可以逃离南井镇和母亲了,他不由得振奋了起来,入校那一天把自己打扮得光鲜亮丽。他告诉汉森,"昨天在大厅的时候穿的那身朝服,虽说感觉确实非常好,但是我脸皮薄,容易害臊,多少有点不自在"。[5]身穿一袭硬面深绿色长袍,饰面缀满金色旋涡纹刺绣的拜伦是那个学期里招收的唯一一个贵族出身的学生,而在当时,学生中主要是些补助学生、公费学生和没有经济独立能力的学生,这更是把拜伦衬得与众不同,引人注目。

拜伦被分配到了"超级豪华套间"[6],他很兴奋,还特意给奥古斯塔(同父异母的姐姐)写了封信。这个房间哪儿都好,就只邻居们不太好,他的导师托马斯·琼斯牧师就住在隔壁,另一边住着的则是学院学会的一位老成员,他很可能会扫拜伦的兴,甚至阻拦他举办活动。拜伦房间的具体位置尚无定论,极有可能是纳维尔院北面的一号楼梯旁的那间房。拜伦为他的房间置办了不少家具,并计划请人在圣诞节放假时把房间粉刷一下,贴上墙纸。拜伦离校期间,房间是他的朋友查尔斯·斯金纳·马修斯在使用。他们的导师琼斯还特意警告马修斯:"千万不要损坏房间里的任何东西,拜伦勋爵性子急,他要是发起脾气来……"[7]那个时候拜伦已经意识到了财产的价值——家具陈设、装饰细软、珠宝衣服等都可用来表达个性。

在剑桥就读期间,拜伦每年有五百英镑的零用钱,支付给仆人和马匹的费用不包括在内,这些钱都是他的监护人汉森一次性给他的,由此拜伦开始过上了奢靡的生活。他告诉奥古斯塔,他觉得自己富有得就像一个"日耳曼贵族的公子",可以随心所欲造金币来买乐子。或者像切诺基酋长,压根不需要所谓的货币,他可以做一切想做的事情。[8]他让汉森从伦敦给他送来四十多瓶普通葡萄酒,波尔多葡萄酒、雪利酒、干红葡萄酒和马德拉酒各一打。他还给他的马"燕麦食客"配了一副好鞍子。

他在三一学院第一个学期的账单记录如下：比如，木匠那里花了七十五英镑；锁匠，两英镑；杂货的支出，十英镑；煤炭的支出，四英镑；拜伦买书的开销一年下来为二十英镑十七先令六便士，相当奢侈。

　　他的账单里有两几尼（值二十一先令）用来支付给首席讲师的课时费。但是拜伦究竟有没有去听过讲座呢？在当时，贵族学生是可以不用参加大学考试的，因而他没有太多学业压力，而且拜伦很快就发现三一学院学风懒惰轻浮。他曾告诉汉森："在剑桥大学，学习似乎不怎么重要，校长除了吃喝就是睡觉，教师们喝酒斗嘴，插科打诨没正经话，不用我过多描述，你完全可以猜到学生都在干些什么。"[9] 很快拜伦也加入了衣食无忧、活泼富有、市侩庸俗的年轻人的行列，行为越来越放荡不羁。他的书桌上总是堆满了各种邀函请柬。他在外面狂欢似的摆酒赴宴，用"花天酒地"来形容他在剑桥的生活完全不过分。夜夜狂欢，大醉而归，第二天起来，他的头脑里都是"乌七八糟的东西"。

　　在剑桥的第一个学期，拜伦习惯性地依靠旧关系，因此跟哈罗的同学爱德华·朗处成了好朋友。在哈罗的时候，朗一向温和，"沉稳而优雅"[10]，正好与笨嘴拙舌、焦躁易怒的拜伦搭成一对。而到了剑桥，拜伦的举止越发绅士有礼，朗反而变得硬朗起来，形成了一种新的兼容互补的相处模式。在校园里，他们一起打发闲适恬淡的时光，静静流淌着的康河见证了他们的学生时代。他们俩在河里潜水，找盘子、鸡蛋和硬币之类的东西，这些东西都是他们之前从上游的格兰切斯特村的河堤上扔进水里的。朗很有音乐天赋，而拜伦的音乐悟性也绝非他本人想象的那么差劲。在剑桥的那些个夜晚，朗有时吹长笛，有时拉大提琴，拜伦就在他身旁静静听着。和朗在一起的时候，拜伦也不喝马德拉酒，只在一旁啜饮苏打水。他们一起读托马斯·摩尔的《书信、颂歌和其他诗歌》。他们也时常怀念在哈罗中学的时光。凭着天生敏锐的洞察力，他暗暗发现朗竟然与自己非常相似，天生多愁善感，把自己伪装成无忧无虑、放荡潇洒的样子,实则忧郁得时刻想自杀。拜伦与朗这段纯洁的友谊在他所有对剑桥的追思中留下了浓墨重彩的一笔,往后回忆起这段时光,他觉得那"也许是我一生中最幸福的日子"。

剑桥同时也让拜伦想起过去那些不便公开的事,有些让他懊悔,有些让他兴奋,这就是他和唱诗班男孩约翰·埃德斯顿之间那一段意犹未尽的同性之恋。在剑桥,拜伦发现了一个成熟的鸡奸亚文化,这个圈里有独特的一套仪式和规矩。在威廉·班克斯的劝诱下,拜伦融入其中。拜伦称威廉·班克斯为他的"大学时期的牧师和主子"[11],贵为"万恶之师"[12],这个年轻人主导了拜伦在剑桥这些年所有的嬉娱生活。

班克斯比拜伦长两岁,很多方面都与朗相反。他既健谈又敏感,聪敏绝伦而又颇为傲慢。他的父亲亨利·班克斯是名极端保守的托利党成员,长期担任政府议员,曾经管理过拿破仑战争期间政府的财务开支,并在其中起到过重要作用。他在英格兰拥有一幢叫"金斯顿莱西"的大豪宅,威廉·班克斯就是在那里出生并长大成人的。威廉·班克斯也曾因为同性恋的事而自我流放,后来还成为著名的旅行家和收藏家。还在剑桥上学时他就养成了这个令人费解的爱好。他把学院里的几间房布置成了天主教教堂的模样,还招来剑桥唱诗班的歌手为他唱小曲。一位知情者曾说:"人们常纳闷'班克斯先生雇那些唱歌的男孩到底要做什么'。"[13]拜伦曾回味他与唱诗班歌手约翰·埃德斯顿初见时的情形,最让他欲罢不能的就是他的歌声:"他的歌声吸引我,他的容貌荡我心魂,他的风度让我永世迷醉。"[14]人们一直认为拜伦是在教堂里首次听到了他的歌声。但也很可能他们是在班克斯布置奇特的房间里初次相见的。班克斯可是拜伦的良师益友,拜伦对他信任有加,习惯性地向他吐露自己做过的所有的恶事。[15]

拜伦终于见到了埃德斯顿。这位十五岁的唱诗班歌手温柔似少女,他皮肤白皙、眼睛深邃、头发棕栗。拜伦初来剑桥的前几周,曾疯狂饮酒狎妓，但一见到埃德斯顿，他似乎找回了那份迷失在酒池肉林中的理想。"整个大学期间，我对所有的恶事都来者不拒，"他日后悻悻地说，"其实我并不是真心喜欢——我早年的感情虽然强烈，但没有明确固定的对象，国内国外，从不挑食。"[16] 相比之下，埃德斯顿则是拜伦唯一爱的人，虽然这种爱也不那么忠诚。拜伦后来回忆这种两难："我非常想专注地爱一个人，但时间一长，这份专注就会分散到其他人身上，这个毛病反而会伤害我。后来一想起这个毛病我就会恶心。因为它，我受的伤要比我得的乐子多得多。"

　　这种痴迷激发了拜伦想做恩主的本能，他对同为单亲出身的人倍加同情。约翰·埃德斯顿是个孤儿，十岁时就父母双亡。他出生在伦敦，童年在剑桥度过，他的父亲似乎在这儿做过生意。拜伦对埃德斯顿的爱与他对哈罗的男孩的感情相比多了一层阶级差别的新鲜感，这可是一种赤裸裸的性刺激。如果这么论的话，约翰·埃德斯顿很可能只是拜伦的第二任跨阶级对象。在他之前，拜伦很可能爱过一个下层阶级的男孩，要么是一个乡下男孩，要么是英年早逝的纽斯特德佃农，总之他早期写过两首色情诗歌，读来总有一种屈尊降贵的味道。

　　拜伦既喜欢坦率，也喜欢神秘。毫无疑问，在与埃德斯顿相恋的过程中，保持神秘的习惯让他的爱意更加浓烈。

> 我们目光相交，旁人无从领会；
> 　我们相对浅笑，他人岂可解；
> 耳语低念，唤心与心相连。
> 　手心微汗，教指与指扣紧。[17]

他们的暗恋让他们联合起来对抗这个世界。与他同代同龄的少男都喜欢这种细腻、伤感的关系。拜伦还在南井镇的时候，曾写信给伊丽莎白·皮戈特，向她吐露这种关系多么刺激。拜伦和他的"音乐天才"[18]天天见面，一起游泳、读书、唱歌、在河堤散步，从不厌倦彼此；剑桥柔美的微风，灰色的石头建筑，康河闪动的微光，将这种隐秘的亲密关系衬托得格外动人。他们之间的柔情记录在《红玉髓》一诗中。诗中描述了一枚镶嵌着一颗闪闪发光的心形淡粉色宝石的金戒指，送戒指的人用它试探对方的态度："他低着头不敢看我，将一枚戒指递给我。"[19]诗歌中的男孩可能接受了这种表白。这枚戒指是拜伦在第一学期临别的时候送出去的，现在收藏在约翰·默里那里。现在看来，戒指小得让人心酸。

接下来的几个月，拜伦在伦敦度过。第一个学期还没结束，他就已经用完了生活费，还欠了近一千英镑的债。他写信恳求奥古斯塔："和其他刚得到解放、可以纵情嬉闹的年轻人一样，尤其是作为一个刚从母爱的禁锢中解脱出来的人，我的确过了一段恣意放纵、挥霍无度的日子，现在负债累累。"[20]他求她从一个犹太放债人那里贷一笔款。他还未成年，要有人为他担保。听到他要借犹太人的钱，奥古斯塔吓了一跳，主动提出自己借钱给他。他拉不下这个脸，便转身去找伦敦的女房东伊丽莎白·马辛伯德夫人和她的女儿。经过她们两人的介绍和一番复杂的操作，拜伦最终筹集了几笔贷款，每年都有一笔到账。拜伦筹集资金太容易了，因为他的财产总额还没有定数。一旦拜伦在二十一岁时继承了遗产，他将拥有房产的绝对所有权，并可以抵押房产来偿还债务。如遇不测，他大不了把房产卖了。在接下来的几年里，马辛伯德一家不知是出于善意还是某些更可疑的动机，主动为拜伦担保，帮他办理贷款协议。直到拜伦去世前几个月，这些协议的效应才终止。

一八〇七年六月，拜伦回到剑桥后，他的豪奢习气与日俱增。他买了一辆马车，自然也需要马匹、马具以及与之配套的身穿深红色制服的仆人；他还格外慷慨，捐了三十几尼去修建小威廉·皮特的雕像。皮特是当时英国的首相,于一八〇六年初去世,曾经捐助过三一学院。回到剑桥后,他继续和埃德斯顿交好。从他写给伊丽莎白·皮戈特的信中可以判断,在接下来的几周里,他们之间的浓情蜜意达到了顶峰。这个时候,埃德斯顿开始变声了,不得不退出唱诗班,不久便彻底离开剑桥。拜伦乐观地描述道,他将"驻留在大都会的一座相当显赫的商业豪宅里"。[21]而事实上,埃德斯顿后来去了伦敦隆巴德街的一个公司做初级职员,处理南太平洋的投资事务。

　　正因为随时都有可能被迫分离,他们的爱因此更加浓烈:"我爱他甚于任何人","我虽善变,但对他的爱则是超越时空的"。[22]让拜伦高兴的是,埃德斯顿对他的依恋甚于拜伦对他的,毕竟,谁都希望被人讨好。伊丽莎白·皮戈特会不会已经猜出来拜伦对埃德斯顿的喜欢是那种方面的? 她的家教很严,应该想不到这一点。拜伦对她说,他希望和埃德斯顿一直交往下去,一旦埃德斯顿成年,他就资助他晋升为公司的合伙人。他们甚至可以像情侣那样生活在一起:"简而言之,我们能让埃莉诺·巴特勒夫人和庞森比小姐那一对脸红吗?"这里,拜伦指的是埃莉诺·巴特勒夫人和贝斯伯勒伯爵的堂姐妹莎拉·庞森比这两位贵族变装者,她们就是大名鼎鼎的兰格伦女士,一起在威尔士的山区里生活,现在这里是一个比较小众的旅游景点。他梦想他们会成为传奇恋人被后人传颂,被载入史册,梦想他们会成为十九世纪的乔纳森和大卫、皮拉兹和俄瑞斯特斯、尼苏斯和欧利亚洛斯。然而,梦毕竟是梦。

　　在与埃德斯顿恋爱期间,拜伦抑郁的倾向愈加明显了。奥古斯塔觉得拜伦的性情已经完全改变,当面问他原因,他含糊其词:"以前的我轻松欢愉,这种心境的确让人显得出众。但现在这种心境没有了,我也不想装出还有的样子。我现在的性情……怎么说呢,你也帮不了我,总之挺痛苦的,我这么说也没跟你见外。"[23]十九世纪二十年代初,他在一篇日记中对这个问题谈得更坦率:

　　或许我能解释一下这一情况加重的**真实**原因,可能是我**本**性就是这样吧——我都快成"忧郁王子"了,但不会有人想到,我之所以忧郁是因为我做了太多恶事。我不知道其他像我这样的人是怎么过的,我觉得我年轻那段时期的心理状况的确有问题。[24]

　　值得注意的是,他在剑桥大学期间,英格兰公众越来越不能容忍同性恋,可能是这一点让他焦虑。一八〇三年,针对拿破仑的新一轮征战卷土重来,加剧了国内仇视同性恋的情绪。法军虎视眈眈,战争迫在眉睫,局势日益恶化,民众情绪趋于歇斯底里。从一八〇五年起,被当众绞死的鸡奸犯越来越多:一八〇六年一年就执行了六起。更多的嫌疑犯被拷上手枷;同性恋成了禁忌,国民谈之色变,气氛恐怖。英格兰给拜伦体验到的"自然冲动"贴上了堕落的标签。这种背离公序良俗的存在自觉不自觉地加剧了他的戾气。这一时期的信件显示,他的快乐越来越少,踽踽而往,与英格兰的心理距离渐渐疏远,因为待在这里意味着私人爱好的压制。拜伦觉得自己不属于这个国家,甚至不属于任何国家。在剑桥的拜伦开始计划出国。

　　几年后,拜伦回想起这段感情,他说:"尽管是纯粹的爱情,但还是过于激烈。"[25]这话可信吗?为了保护自己和朋友而撒谎?或者,他们的感情确是纯洁的,这么说是为了还埃德斯顿一个清白?或者,拜伦想把这段感情和之前与格雷·德·鲁辛勋爵以及哈罗公学的男生们那种更兽性的行为区分开来,以维持二人之间纯美的关系,不让它受到肉欲的沾染?的确,拜伦为埃德斯顿写的诗强调他们的吻是纯洁的。也许拜伦喜欢让他们的关系保持在更高的、精神的层面上。后来在给汤姆·摩尔的一封回信中,他说的肯定是埃德斯顿:"要说'友谊',我不知道说些什么。我只有一次友谊,那是在我十九岁的时候,但它给我带来的麻烦和爱情一样多。"[26]

　　一八〇七年七月五日,拜伦和他的"红玉髓"[27]男孩分手了。他和埃德斯顿一起度过了那天的傍晚。再晚些时候,他写信给伊丽莎白·皮戈特,头被一整瓶的红葡萄酒搞得昏昏沉沉,眼里含着泪水。

　　一八〇七年夏,拜伦在阔别剑桥一年后回来时,体格判若两人。一度重达十四点五英石的男孩现在居然通过严格的节食减到了十英石十三磅,这个数字还是穿着鞋子称的。在三一学院旁的人行道,就连他最亲密的朋友与他擦肩而过时都没有认出这个身影曼妙的男孩是谁。现在,他对自己的身材很满意,"减掉了足足一圈肉,现在我就能够蹬上鳗鱼皮靴和摩登而苗条的公子哥们比比谁帅了"。[28]唯一让他不快的是现在时尚又变了,绅士变帅的条件成了"多长点肉"。

　　一八〇七年六月,《闲暇时光》出版了。这是年轻的拜伦蜕变过程中的另一个重要节点。与之前的《杂诗集》和《随想集》相比,《闲暇时光》更成熟、更充实,他还细心地摘去令人难堪的诗句。

　　这本书还是托纽瓦克镇的书商约翰·里奇印制的,还没等广告出来,头两周就卖出了五十本,但这是拜伦的第一本在伦敦和时尚的酒吧都能买到的诗集。随着伦敦书商的反复订购,看着展出的那些匿去他姓名的新书,他在一旁窃喜,享受着"名虽匿,声在外"[29]的自豪感。这个时候,拜伦的一位苏格兰表亲亚历山大·戈登勋爵和他同住在伦敦的一家旅馆里,他告诉拜伦,他的母亲戈登公爵夫人非要认识一下这位"诗歌恩主",因为和在时尚界一样,买下喜欢的《闲暇时光》还不够满足虚荣,还得显出自己与作者有过交情。拜伦崭露头角了。

　　拜伦对待出版的态度总是矛盾的。他竞争意识强,不光要与同行诗人较劲儿,还与嘴下毫不留情的评论家较起了劲儿。为了保护自己,他表现出一个用写作打发"闲暇时光"的业余写手形象,让人觉得,这位才

华横溢的年轻勋爵只是在社交活动结束后的深夜里寥寥写了几笔。 63
拜伦收到了十七条评论,大多数都是鼓励的话。没想到,唯一怀有敌意
的竟然是当时最有影响力的文学季刊《爱丁堡评论》。

拜伦以一位青涩贵族的身份为这本诗集写了一篇序言,但这样做好
像惹怒了这篇文章的作者,被他无情地扒下了外衣:

> 标榜自我是诗人的特权,但他们应该利用它,而非滥用它;尤其
> 是那些怨自己太年轻的诗人,虽然已年满十九岁,但还觉得自己是
> 一个"写诗的婴儿"("我唯一仰仗的赫利孔就是我的年轻,它是如
> 此朴实无华"),看来他应该是不知道,或者假装不知道他祖先的历
> 史吧。[30]

批评给拜伦造成了双重伤害:作为辉格党的支持者,他以为辉格党的期
刊对他会嘴下留情,而且,身为苏格兰人的他,听到《爱丁堡评论》这么
讽刺他,他无法接受。据霍布豪斯说,当他读到这篇评论时,他反应过
度,晚饭后喝下了三瓶红葡萄酒,还想自杀。

拜伦以他最熟练的方法回击。一写完这首报复性的讽刺诗的前二
十行,他就解了不少气,这首诗就是《英格兰诗人和苏格兰评论家》。他
羞辱的主要对象是《爱丁堡评论》的编辑弗朗西斯·杰弗里,拜伦以为
是他写了这篇评论。拜伦从来不知道匿名作者是苏格兰律师亨利·布
劳厄姆,他在拜伦的分居事件中拉偏架,支持拜伦夫人。

一八○七年秋天,拜伦正在大幅修改《闲暇时光》,他准备发表第二
版。这下把出版商约翰·里奇弄得焦头烂额,后来和他合作的出版商都
得受这个罪。离交稿还剩一分钟了,他也会改主意,随心所欲地大段大
段地增删。诗集第二版于一八○八年三月出版,诗集题目改为《诗歌原
创和翻译》,其中本有一首回忆哈罗公学时光的长诗《童年回忆》,但由

于拜伦与之前讨厌的校长巴特勒博士突然和解,他便在最后一刻把稿子撤了回来,始终没有发表。从偏见转为好感只有一念之差,让这诗集遭了殃。

拜伦一直对他的书的纸张、印刷和装订等外观方面的事宜有着自己强烈的主张,现在他提出应该把他自己的肖像画作为封面。他提出要在伦敦订购一块可以雕刻图像的盘子。尽管该计划因生产匆忙而被放弃,但它清楚地表明了拜伦在出售自己的作品时已经意识到自己的形象的价值。

最有趣的新内容是被称为"Stanzas"的诗句,这是为这本书写的最后一首诗,创作于一八〇七年末或一八〇八年初。将在《恰尔德·哈洛尔德游记》中出现的几个主题在这首关于逝去的纯真的美妙且流畅的哀叹诗中已经展现得很明显了:

> 我愿做无忧无虑的小孩,
>> 仍然居住在高原的洞穴,
> 或是在微曛旷野里徘徊,
>> 或是在暗蓝海波上腾跃。[31]

在这首诗中,还不到二十岁的拜伦表达了十九世纪浪漫主义的核心所在,即对个体悲伤和疏离感的崇拜。

> 告别这熙来攘往的去处,
>> 我不恨人类,只是想避开,
> 我痴心寻觅阴沉崖谷,
>> 那暝色契合这晦暗胸怀。

在这五十六行戏剧性的、自命不凡的悲观主义诗作中，拜伦式的英雄登场了。

拜伦原本并没有计划一八〇七年秋季继续留在剑桥。约翰·埃德斯顿走了。内德·朗，就是拜伦口中的那个"我亲爱的**护旗手**"[32]，加入了冷溪卫队，现在正身穿深红色礼服在查塔姆公馆保卫首相的安全；不久，他将会在哥本哈根的军事远征中脱颖而出。威廉·班克斯也要离开了。很多事情都已经改变，有点物是人非的感觉。回来后，拜伦本来也只打算搬走家具、说声再见后离开，但他不自觉地还在徘徊。"这个地方已经够糟糕的了；"他告诉伊丽莎白，"这里一片狼藉，骰子、酒瓶、打猎的器具、演算工具、纽马克特纸牌，还有打架和赛马的记忆。"[33]但他渐渐适应了这个地方，就像他在哈罗公学最后一年那样。

拜伦最终改变了主意，决定留在剑桥，为了他的学位再读一个学期，这一定程度上要缘于他的新名气。《闲暇时光》一经出版，院长和学院的老师又是尊敬他，又是关心他，他们担心要是伺候不好拜伦，还不得成了他下一个嘲讽对象。拜伦是由新一代三一学院的贵族培养出来的。一八〇七年秋天，包括拜伦在内，有四位三一学院的贵族都是哈罗公学毕业的。德文希尔公爵的继承人哈廷顿侯爵就是其中之一。拜伦叫他"哈特"，早在哈罗时，就一直把他当小孩子看。"他的性格像牛奶一般柔和，从不发脾气甩性子。"[34]这位懦弱的男孩现在已经长大成人，成为剑桥辉格俱乐部的一员，拜伦也应塔维斯托克勋爵的邀请加入了该俱乐部。

当然，他还是那些更广、更热闹的社交圈里备受关注的人，曾多次组织大型的社团活动，让骑手、拳击手、作家、教士和诗人聚在一起："这样的组合的确难得，但他们在一起相处得很好，对我来说，我是所有活动的**必备调味料**，哦，对了，除了骑马，顺便说一句，几天前我又被甩下马

65

了。"[35]他对社会各个阶层都感兴趣,尤其喜欢那些游走于黑道白道之间的人物,他要从纽马克特请职业骑师,要从伦敦请拳击手。在哈罗时,拜伦就拜师击剑高手亨利·安杰洛,亨利·安杰洛是那个时代引领时尚的人物,在伦敦的花街柳巷当然也有不少流氓朋友。为了继续学习击剑,拜伦建议镇长莫达克在剑桥的市政大厅里开设击剑课,不出意料地遭到了拒绝。拜伦怒气冲冲地写信给安杰洛:"我们得**给这个无礼的中产阶级点颜色看看**。"[36]

也正是这位安杰洛为我们描绘了拜伦在这个时期最生动的图像——坐着他的四轮马车抵达纽马克特赛马场,载着一车狂欢的朋友,可谓是那个年代的纨绔子弟。赛后,他们在剑桥的一家客栈共进晚餐,"欢声笑语,觥筹交错,转眼就到了深夜;拜伦有说有笑,热情大方,有他在,大家多了一份快乐"。[37]安杰洛和拜伦在伦敦的朋友西奥多·胡克坐在当晚的邮车顶部,等着邮车送他们去伦敦。拜伦遣人去圣约翰学院打啤酒,据说那里的啤酒很有名。他打了满满两啤酒杯,递给胡克和安杰洛,"转身冲那些还在纳闷他为何要伺候门外过客的人笑了一笑"。这一场景永远留在安杰洛的脑海中,它展现了拜伦最迷人、最珍贵的一面:"他屈尊俯就,亲切体贴。我们离开时,马车渐渐驶离,他高声道别,还脱帽向我们致敬。"

谁也不知道,这将是拜伦在剑桥的最后一个学期。在这一阶段,他结识了多位男性挚友——约翰·卡姆·霍布豪斯、斯克罗普·戴维斯和查尔斯·斯金纳·马修斯。这群年轻人才学相当,趣味相投,还逐渐让拜伦培养出一种幽默感,爱笑的习惯算是他为数不多的好习惯了。三人中,只有马修斯公开了自己的同性恋性取向,但他们仍可以相互宽容、体谅,任何形式的性话题都不是禁忌。这个圈子是排他性的,他们在一起几乎可以预谋些大事:拜伦谈到马修斯时说,"他、霍布豪斯、戴维斯和我,一直是个圈子,不论是在剑桥还是在哪里"。[38]

Two Authors of the Satirical Miscellany

Ld. B. as an Amatory Writer.

The Satirist

拜伦(左下)和他的三位剑桥好友。拜伦的肖像下注有"一位爱情作家",他的旁边是一位讽刺作家,身份不明。左上是查尔斯·斯金纳·马修斯,右上是约翰·卡姆·霍布豪斯。该素描是他的剑桥朋友斯克罗普·伯德莫尔·戴维斯所作。

67　　约翰·卡姆·霍布豪斯是辉格党议员本杰明·霍布豪斯的儿子,于一八一二年获得了从男爵的爵位。他起初看不惯拜伦造作的打扮,不喜欢他"骑着灰马,头戴白帽子,身着灰外套"在剑桥悠闲地四处游荡。[39]但在发现拜伦写诗后,霍布豪斯顿时对他产生了好感;霍布豪斯也有文学抱负。拜伦喜怒无常但颇具个人魅力,霍布豪斯有韧劲儿,对朋友死心塌地,二人经常吵架,政见也不统一,各自家里也出了不少事,但二人关系一直很好。拜伦死后,霍布豪斯诚恳地写道:"我比任何人都了解拜伦,有些事只有我知道,我也不想让别人知道。"[40]

　　画家斯克罗普·伯德莫尔·戴维斯比拜伦大六岁,是一位令人钦佩的人物,他对拜伦有着重要的影响,不过直到最近才为人所知。[41]他是格洛斯特郡一位牧师的儿子,曾在伊顿公学念书,一八〇五年成为剑桥国王学院的教职人员。那是一个非常看重攀谈能力的年代,霍布豪斯和戴维斯本就健谈。拜伦回忆起他们的对话:"斯克罗普反应很快,而且机智。霍布豪斯一样机智,但反应没那么快,是因为胆小吗?戴维斯回嘴的时候比较无趣,而且还结巴。"[42]斯克罗普好赌好色,经常能把日子过得像一出荒诞剧,但拜伦欣赏他,并在某种程度上极力效仿他。拜伦曾让人为他作了一幅画,画中"诗人平躺在床上,头发被纸包裹着,正在做**蝴蝶烫**"。[43]机敏的戴维斯看到这幅画后大呼:"哈哈!拜伦啊拜伦,我终于抓到你扮演睡美人的样子了!"故事很可能是虚构的。拜伦的头发是自来卷,不需要做头发。但从这个故事中可以看出,异想天开的斯克罗普的确招拜伦喜欢。

　　三个朋友中,查尔斯·斯金纳·马修斯是最神秘的,被拜伦描述为"一个古怪而幽默的家伙"。[44]他的脾气难以捉摸。在学习上,他远远领先于同龄人,曾是三一学院的优等生,后来在唐宁学院获得教职。霍布豪斯很崇拜他,班克斯也和他玩得很近,但拜伦对这位"知识巨人"有些敬畏,也许他不喜欢竞争,所以拜伦说他性情冷漠。但在鸡奸这档子事上,他仍将马修斯尊为"向导、哲学家和朋友"。[45]

马修斯在他的密友圈子里被称为"有法子的人"[46],暗指他的同性恋身份。事实上,他对同性恋感兴趣,主要是理论上的,而非实际上的。打破陈规的马修斯也被戏称为法国大革命时期的"公民"[47]:一位会用小推车把你送上断头台的革命者。即使在怀疑主义和自由思想盛行的大学城里,他的无神论也可谓异常极端。拜伦得知马修斯甚至对上帝、拯救和来世都表示怀疑后,非常振奋。这更加坚定了他的无神论。

剑桥大学的拜伦还有第四个朋友,让他说来这是"世上最好的"。[48] 这位朋友是一只温顺的熊。拜伦喜欢养动物,依赖动物,有时候觉得动物比人好。由于大学章程禁止狗入校园,他想了个法子,搞来一只熊。这只熊并没有像传言所说的养在他的房间或三一学院大厅顶上的角楼里,而是养在拉姆圈场的马厩里,给它喂的是面包和牛奶,此外他在那里还养了几匹马。内德·朗听到拜伦"带了只熊来格兰切斯特村"[49],他写信问拜伦,这是不是像"往纽卡斯尔煤场送煤"一样多此一举,还说:"我相信,大熊布鲁因会成为三一学院的教职人员,颁发仪式的时候会得到一个友好的拥抱。"

朗明白拜伦的处事方式,他很快就明白,拜伦养熊不是为了炫耀,而是为了向社会抗议。拜伦吹嘘他的熊坐着就可以获得一份奖学金,这实际上是在抨击大学的学术标准过低,研究员的聘任存在腐败现象,而且校方迟迟不愿改革制度。他已经在《闲暇时光》里用多首讽刺诗明确地表达了他对剑桥的厌恶。其中一首叫《格兰塔谣曲》,诗人被恶魔带到圣玛丽教堂的尖顶上,从那里俯视大学的内部运作机制:

> 那样的话,老格兰塔楼的大厅好似没了屋顶
> 囚徒的迂腐一览无余;
> 教师们则在草坪上或马房里做梦,

他们在算计贿选的费用。[50]

在另一首名为《大学考试发凡》的诗中,他对剑桥精英们狭隘的虚荣心大加嘲讽,说他们沉迷于脚注,害怕拥有更广阔的视野。他说教师们个个"举止粗鲁"[51],这话主要瞄准的是理查德·波尔森。波尔森是三一学院一名希腊语教授,酗酒成性,还爱动粗,据说曾拿着火钩子打过一名本科生。霍布豪斯后来说被打的就是拜伦。短暂的三个学期转瞬即逝,到了一八〇八年七月毕业的时候,拜伦发现自己毫无学术成就却获得了学士学位,他最担心的事成为现实:剑桥大学的确学风松垮。

拜伦的熊有多大?布鲁因与拜伦的几只狗不同,没有留下肖像。但几乎可以肯定地认为,这是一只小熊,可能以前是一只在马戏团学过跳舞的熊。拜伦反感一切形式的胁迫行为,所以,英国议会通过威尔伯福斯废除人类奴隶制的法案的那一年正是拜伦养熊的那一年,这绝非巧合。拜伦是在用养熊这件事表达动物应该获得自由、应该被善待的意思。

69　　拜伦养熊这件事吸引了褒贬不一的评论,伊曼纽尔学院一位贫苦的学生休森·克拉克在伦敦月刊《讽刺家》上发表了一些讽刺诗抨击此事,他说,贵族如此豢养熊只会贬低熊的地位。

可怜的布鲁因,你不再在树林里跳舞,
　却忍受着"爱"所给予你的一切快乐;
你的伴侣不在身边蹦蹦跳跳,
　你将永远成为主子的奴隶!

当我疲惫的时候,躺在沙发上,
　你的嬉闹让我不再生气;

你能逗我开心，

　　让我不瞌睡。

但当我欲火中烧时，

　　我感受到你的折磨，感受到你的关怀；

　为你的束缚哭泣，如此真实敏锐，

　　领主能感受到的，熊也可能感受到！[52]

这几句诗明显不怀好意，他在暗示这只熊是性玩具，这很可能又在影射拜伦和埃德斯顿的同性恋关系。

拜伦可不示弱，随即在《英格兰诗人和苏格兰评论家》的一个大段脚注里攻击克拉克，说他就是"一条可怜虫，要不是他嫉妒我养的那只坐等剑桥奖学金的熊熊同学，非说我家熊熊挡了他成才的路，非要挑他个不是，我是永远不会知道学校里还有他这个人的"。[53]皮戈特夫人读到这个之后马上写信给拜伦妈妈："衷心希望可怜的熊熊一切安康，衷心希望他能知道，他已名扬大英，算是得了一个流芳百世的名号。总之，要是这只**四脚的熊**好面子的话，他一定会笑到半夜醒来。"[54]这只熊活到了一八一〇年，死在了纽斯特德庄园。

如果拜伦去了牛津而不是剑桥，历史会有多大的不同？如果把养熊这件事看成一种高水平的笑话，他的确秉持着"一不做二不休"的剑桥人特有的做事逻辑。同样，拜伦对科学和新发现的事物感兴趣也要拜赐于剑桥的学术传统，早在南井镇，他就被后来学医的约翰·皮戈特耳濡目染了。他和皮戈特常就最新的科学进展交换看法。他们讨论天文学家威廉·赫歇尔爵士的新发现，赫歇尔自己设计和制造了反射望远镜，由此建立了一套新的宇宙观；此外他们还讨论过瑞士神秘主义者、颅相

70 学发明人约翰·卡斯帕·拉瓦特的实验;还有阿方索·加尔瓦尼和他在生物磁疗术和电学方面的新发现。拜伦对生物电和其起死回生的能力很是着迷。伊拉斯谟·达尔文在《植物园》中猜想植物也有性生活,他们也拿这个话题开玩笑。拜伦自己接受过非常严格的观测训练。他的长诗《唐璜》可谓是对人性的准科学的分析结果,从不煽情,也不讲大道理,这两种写法他认为是讲不了实话的。

尽管拜伦对世界越来越失望,越来越看不惯,但他依然尊重真理,依然对新鲜事物保持着好奇心。一八二二年,在比萨的时候,剑桥毕业生拜伦仍怀揣一颗牛顿式的探索的心,写下一段讨论技术进步和道德之间的冲突的话,回头读来,颇具预言性:

> 我想我们很快就会乘飞船旅行,在空中而不是海上航行,最终会到达月球……蒸汽力的界限应该划在哪里呢?谁来说"你只能走到这一步,不许再往前走"? 我们现在正处于科学的萌芽阶段。[55]

十九世纪四十年代初,拜伦的女儿艾达与查尔斯·巴贝奇合作研发了一种发条式的"思考机器"。她也是计算机技术的先驱之一。

注释

[1] 关于剑桥三一学院的背景,见安妮·巴顿(Anne Barton),《拜伦勋爵与三一学院:百年肖像》('Lord Byron and Trinity, a bicentenary portrait'),《三一学院评论》(*Trinity Review*, 1988)。

[2] 拜伦致爱德华·诺埃尔·朗的信,1807 年 3 月 30 日。

[3] 约翰·卡姆·霍布豪斯,霍布豪斯在托马斯·摩尔的《拜伦的书信和日记》(1830)中的批注。

[4] 《一些不切实际的思考》,第 72 条。

［5］拜伦致约翰·汉森的信，1805 年 10 月 26 日。

［6］拜伦致奥古斯塔·拜伦的信，1805 年 11 月 6 日。

［7］拜伦致约翰·默里的信，1820 年 11 月 19 日。

［8］拜伦致奥古斯塔·拜伦的信，1805 年 11 月 6 日。

［9］拜伦致约翰·汉森的信，1805 年 11 月 23 日。

［10］"在拉文纳写下的日记"，1821 年 1 月 12 日。

［11］拜伦致约翰·默里的信，1820 年 11 月 19 日。

［12］同上；这里一般认读为 rules the roast，但我觉得结合上下文，这里很可能是 ruled the roost。

［13］劳斯牧师先生（Rev. Mr. Rowse），转引自《托马斯·摩尔日记》，1833 年 6 月 29 日。

［14］拜伦致伊丽莎白·皮戈特的信，1807 年 7 月 5 日。

［15］威廉·班克斯致阿勃斯诺夫人的信，1824 年 7 月 13 日。见弗朗西斯·班福德（Francis Bamford）和惠灵顿公爵，《阿勃斯诺夫人日记》（ *The Journal of Mrs. Arbuthnot* ），第一卷（1950）。

［16］《一些不切实际的思考》，第 72 条，1821–1822 年。

［17］《热娜挽歌》（'To Thyrza'），1811 年，第 29 行。

［18］拜伦致伊丽莎白·皮戈特的信，1807 年 6 月 30 日。

［19］《红玉髓》，1806 年，第 9 行。

［20］拜伦致奥古斯塔·拜伦的信，1805 年 12 月 27 日。

［21］拜伦致伊丽莎白·皮戈特的信，1807 年 6 月 30 日。

［22］同上，1807 年 7 月 5 日。

［23］拜伦致奥古斯塔·拜伦的信，1806 年 1 月 7 日。

［24］《一些不切实际的思考》，第 74 条。

［25］"在拉文纳写下的日记"，1821 年 1 月 12 日。

［26］拜伦致托马斯·摩尔的信，1813 年 6 月 22 日。

［27］拜伦致伊丽莎白·皮戈特的信，1807 年 7 月 5 日。

［28］同上，1807 年 7 月 13 日。

［29］同上，1807 年 8 月 2 日。

［30］亨利·布劳厄姆，《爱丁堡评论》，1808 年 1 月 11 日。

［31］《诗节》，1807 年或 1808 年，第 1 行。

［32］拜伦致爱德华·诺埃尔·朗的信，1807 年 4 月 16 日。

［33］拜伦致伊丽莎白·皮戈特的信，1807 年 10 月 26 日。

［34］拜伦致奥古斯塔·拜伦的信，1804 年 11 月 2 日。

［35］拜伦致伊丽莎白·皮戈特的信，1807 年 10 月 26 日。

［36］拜伦致亨利·安杰洛的信，1806 年 5 月 16 日。

［37］亨利·安杰洛，《安杰洛的野餐》(*Angelo's Pic-Nic*, 1834)。

［38］拜伦致罗伯特·查尔斯·达拉斯的信，1811 年 9 月 7 日。

［39］拜伦致约翰·默里的信，1820 年 11 月 19 日。

［40］《托马斯·摩尔日记》，1822 年 5 月 29 日。

［41］有关斯克罗普·戴维斯的背景，见 T. A. J. 伯内特(T. A. J. Burnett)，《摄政时代花花公子的兴衰史》(*The Rise and Fall of a Regency Dandy*, 1981)。该书是在 1976 年重新发现斯克罗普·戴维斯一个丢弃的箱子后完成的，他重新评价了斯克罗普·戴维斯和拜伦的友谊。

［42］《一些不切实际的思考》，第 26 条。

［43］《格罗诺上尉回忆录，1810-1860》(*The Reminiscences and Recollections of Captain Gronow, 1810-1860*)，第一卷(1900)。

［44］拜伦致约翰·默里的信，1820 年 11 月 9 日。

［45］拜伦致罗伯特·查尔斯·达拉斯的信，1811 年 9 月 7 日。

［46］《请求告别 J. C. H. 阁下》('Farewell Petition to J. C. H. Esq.')，1810 年 6 月 7 日。

［47］拜伦致约翰·卡姆·霍布豪斯的信，1810 年 8 月 23 日。

［48］拜伦致伊丽莎白·皮戈特的信，1807 年 10 月 26 日。

［49］爱德华·诺埃尔·朗致拜伦的信，1807 年 11 月 18 日。

［50］《格兰塔谣曲》,1806 年 10 月 28 日,第 5 行。

［51］《大学考试发凡》,1806 年,第 55 行。

［52］《讽刺家》,第 2 期,1808 年 6 月。

［53］《英格兰诗人和苏格兰评论家》(1808)后记。

［54］玛格丽特·皮戈特致凯瑟琳·戈登·拜伦的信,未注明日期。

［55］托马斯·梅德温,《拜伦勋爵比萨谈话录》。

第七章　伦敦和布莱顿(1808-1809)

　　一直到一八〇八年一月,拜伦才最终离开剑桥,住到了皮卡迪利大街附近的多兰特旅馆。之后的这一年,他有时宿在杰明街的多兰特和巴特旅馆,时而又在阿尔贝马尔街的戈登旅社。他在圣詹姆斯街8号租了套公寓,但也有人说在这条街的雷迪什旅社见过他。他对旅馆情有独钟,那里不仅让他感到自由,还有一种别样的新鲜感。就好似他在《唐璜》第十一章所描述的异国贵族一样,为了执行一项秘密任务,他来到了此前从未来过的伦敦。进入伦敦市内,马车依次经过高耸的威斯敏斯特教堂、查令十字街和蓓尔美尔街,终于抵达了他当晚要歇脚的旅社。该旅社负有圣詹姆斯"最温馨的旅社之一"[1]的盛誉。一推门,店员们就鱼贯向他拥来,向他表示热烈的欢迎。对于拜伦来说,即使这是他人生中最像浮萍的一段时光,旅社也比家要温馨。

　　皮卡迪利大街及其周边是拜伦伦敦生活的主要活动场所。这片街区里聚集了贵族名流,也不乏各色为他们跑腿的小人物。他们或出卖点气力,或兜售点货物,挣点维持生计的小钱。圣詹姆斯街区旅馆林立,多的是咖啡馆和俱乐部,因而历来是男士流连之地。对于那些打扮讲究的阔人来说,它无疑也是购物天堂。那里衣服饰品样式齐全,款式新颖,鞋、帽、袜、手套甚至是雨伞、手杖和马鞭都应有具有。此外,干草市场上有专门售卖枪支的店铺,这里也可以买到制作精美的马鞍和各种马具。还有一众高明的手艺人、裁缝,甚至有些理发师能把假发做到以假乱真的地步。拜伦喜欢逛书店,也常光顾几家药店,与几位药剂师、配药师也有过不少接触。有好些书就专门写他购物的怪癖。他把钱花在各种奇奇怪怪的小玩意上,有人也猜测这是他缺乏安全感的体现。

拜伦与他剑桥的校友斯克罗普·戴维斯有过一段来往,也正是他带坏了拜伦,让他学会了赌博。"我和斯克罗普·戴维斯现在都是新可可树俱乐部的成员,等到下周我们准保可以在那里大展身手。"[2] 实际上拜伦对赌钱只是一时兴起,并没能坚持长久。他自知无那个财力支撑,而且他的朋友霍布豪斯也不时地善意规劝。霍布豪斯是真正为他着想的好友,他在意拜伦的名声,尤其当他知道拜伦深夜还与镇上一些三教九流的人物混迹赌场时,总担心他的名誉会因此受损。[3] 拜伦自己也没少去赌场,体会过犯赌瘾的感觉。他后来还写道:"赌徒的生活很快活,毕竟有太多兴奋的理由。"[4]

对拜伦来说,能找到一件让自己兴奋的事也是一种幸福,无论怎样都好过无所事事。每一次翻牌,每一次掷骰子,心都要悬一下,生活因此更有滋味。赌客无时无刻不盼着些什么。拜伦一提起斯克罗普·戴维斯从赌场下来上酒场的那些经历就兴奋,那夜斯克罗普输了不少钱,酒醉得不省人事,第二天下午两点他的朋友们来寻,看见他还在蒙头大睡,头上也没戴睡帽,床榻凌乱不堪,床边的夜壶里却塞满了钞票,看样子得有几千英镑,但斯克罗普自己却糊里糊涂的,说不清这钱的来历。

拜伦还曾跟教练约翰·杰克逊学习过一阵拳击,这一点在《唐璜》的注释里面也提到过。他写道:"致友人、教练、拳师约翰·杰克逊先生。"[5] 杰克逊是前拳击冠军,在摄政王时期颇受尊敬。从外表看,他的胸部健硕发达,腰身颀长,臀部"健而不硕"[6],小腿肚的肌肉如铁栏杆柱一般坚挺,踝骨线条优雅却不过度精致,双脚稳健。拜伦常去邦德街

13 号,杰克逊教练与拜伦的击剑教练亨利·安杰洛都在这个地方授课,这儿也可谓是当时拳击爱好者的俱乐部。此外,拜伦也常去些浪荡公子哥扎堆的社交场所,喜欢这些圈里的黑话,觉得听来很是得劲。

　　拳击离决斗只有一步之遥。决斗是贵族世家的古老遗风,虽屡次被教会和政府禁止,但其庄严的仪式感,包括古老的下战书仪式和应战仪式,还有与生俱来的危险性,深深地吸引着拜伦。生死之事最能调动他的肾上腺素。尽管霍布豪斯一直对外否认拜伦有决斗的癖好,但拜伦本人却承认曾参与过很多场决斗,多次是帮别人打架,只有两次他是主谋。[7]有一次,他帮华莱士上尉打过一架。这华莱士上尉也是个浪荡人,常跟着斯克罗普·戴维斯一块喝酒。一八〇八年秋天,他神秘兮兮地给拜伦来了一封信,只见上面字迹潦草地写道:"要是你还当我是朋友,就快点过来帮我揍一个上校。信上我不好说出他的名字,但是你肯定知道他,我多次在你跟前提过他。快来!"[8]

　　拜伦生活在一个"不坏不爱"的时代,那是一个"没有买不到,只有想不到"的时代,看上什么,就能得到什么。彪悍的杰克逊负责替拜伦取药,还乐意满世界地跑腿帮拜伦买马驹,发现小马有病又退了回去,又着手寻找拜伦要的灰色纯种狗。拜伦特意叮嘱:"不管花多少钱,总之一定要替我买到。只要是一个种的,不论公母,能买多少买多少。"[9]

　　拜伦去科文特花园参加完歌剧舞会以后,更是产生了一些近乎疯狂的占有欲。演出闭幕后,他同首席女演员卡塔拉尼女士一同在她房间享用晚餐。同来用餐的还有一个妓院老鸨,带着她手底下七个姑娘。芭蕾舞大师兼剧场导演詹姆斯·德·埃格维尔也在场。拜伦曾向好友霍布豪斯透露:"我甚至渴望买下德·埃格维尔手底下那些演员,她们都这么可爱迷人,组建个后宫没有问题!"[10]霍布豪斯对德·埃格维尔毫无好感,只说道:"这人做过些不光彩的勾当,人品存疑。"[11]

　　数年后,拜伦从意大利寄来一封信,提到了自己当年在伦敦做的一笔特殊的买卖。[12]

> 当时交际圈里有位颇有名的法国"女皮条客"(也许她现在还在世),她专门替年轻公子哥儿找乐子。那时候我认识她已经有一段时间了。好像她生意上出了些状况,她突然让我先挑货(无疑,她也找过其他人),可能是因为我有现钱。不久前才从犹太人那里弄来一大笔钱,现在还没花出去一半。咱们手头这笔生意谈的时候还是得当心。

邀请函里附着一句话:"记住,米洛尔,**事情要办得滴水不漏**。"我们现在已经无法知道他到底要买什么,男人、女人、性取向不明的人、大人又或者是小孩?也不知道是不是买来他自己用。拜伦那个时候的确在试验各色的性伙伴。

"知道什么叫**美若天仙**吗?"他跟向来艳羡自己的霍布豪斯说道,"谢天谢地,那伙好事精这次可算是嘴上积德。但我得告诉你,我弄来了两个。"[13]半个月后,他给牧师约翰·比彻写了封信,里面写着:"我手里现在有三个女人(算上拜伦的小女仆)。"[14]同时,他还呢称自己是那个法国女画家的"小可爱"[15],她住在有名的蓓尔美尔街,是个热情奔放的高卢女人。此外,他还勾搭着一个歌剧院的女孩。拜伦还参加过一次臭名昭著的一夜情派对,起初是十个人,后面又不断有其他人加入。作为拜伦生平的好友,罗伯特·达拉斯这一次并没有夸张:"说到一群女人,他倒不怎么擅长和她们打交道,一见面马上会恐惧、厌恶。但说到单个的女人,他既不害怕也不讨厌,更多是把她们当成玩物,而非伴侣。"[16]社会既然剥夺了拜伦与男孩交往的权利,就应该对他的后宫的规模睁一只眼闭一只眼。

此外,拜伦对自己好不容易积攒起来的形象是决不会不辜负的——

"放荡之徒,教门逆子"。[17]离经叛道的拜伦讥讽达拉斯道:"我认为所谓美德,或某种美德,只是性情之事,只是一个**感觉**,而不是一条条准则。我相信真理是神唯一的特质,死亡是一种长眠,至少是肉体的长眠。邪恶勋爵乔治·拜伦的道德观如是也。"[18]

74

一八〇八年夏,伦敦迎来了一个破纪录的酷暑,某个七月的星期三,气温高达华氏九十九度。这个夏天,拜伦大部分时间都在布莱顿避暑。他喜欢南边的海岸,两年前就带着他的狗"水手长"去过小汉普顿沙滩,随行的还有内德·朗一家,甚是愉悦。比起小汉普顿,布莱顿是一个规模更大也更受人们追捧的海滨胜地,它几乎是一个"海上的皮卡迪利大街"。威尔士亲王为扩建布莱顿花了一大笔钱,他的避暑行宫也在那里。亲王的宫宇气势磅礴,把拜伦的住所衬得逼仄如小儿游戏。只见它穹顶高耸,金碧辉煌,傲然俯视着拜伦在滨海大道上的小宅。拜伦当然不快,在《唐璜》里对它打了一杆擦边球:

> 财富创造奇迹——但创造不了品位;这种情况
>
> 多见于东方的宫殿,也见于
>
> 某些西方王侯那更加内敛的穹顶。[19]

等拜伦到布莱顿,他早已谋划起了自己的东方之旅。

随行的还有斯克罗普·戴维斯和霍布豪斯。闷热的天气让人打不起精神,三人也无事可干,有时互相斗斗嘴,有时去赌场玩上几把,经常喝得烂醉,麻烦可没少惹。去海边洗澡的时候,脱光全身衣服,一猛子扎进海里,回到住处时就只披件睡袍,就着一两瓶香槟或莱茵白葡萄酒聊天。[20]那一次,海面风狂雨暴,他们中一位叫林肯·斯坦霍普的绅士游泳的时候遇到了麻烦,性命垂危。当时海滩上站满了焦急围观的人群,只见拜伦二话不说,一个猛子跳进海里径直向他游去,还一边大喊着

"要坚持住"之类的话。后来一伙船夫搭救了他们,用绳子将他们拉上了岸。那年夏天,拜伦对航海的热情有增无减,过足了水手的瘾。看到拜伦从水里登上帆船那敏捷而优雅的身手,他的朋友詹姆斯·韦德伯恩·韦伯斯特一脸惊叹:"那一次我远远地站在海滩上,只见他俯身一跃,像是杂技表演一样一跃登上了甲板,一点看不出来他腿脚有什么毛病。"[21]

同样,拜伦还把他"蓝眼睛的卡罗琳"带去了布莱顿。在拜伦交好的几位女性里,卡罗琳·卡梅隆机灵可人,拜伦非常喜欢她。她是一名妓女,仅有十六岁,以前在一个叫作德维尔女士的鸨母手底下做过事。还是二月份的时候,拜伦得意扬扬地跟霍布豪斯说自己的卡罗琳近来"越来越迷人妖媚,虽然我和她身体状况极佳,但医生还是说我俩荒淫过度,必须得好好调养一段时间才行"。[22]说到细节,他更是露骨:"最近交媾过于频繁,身体有些虚,我现在正按照皮尔逊大夫开的方子调养身体。"[23]大夫说他近十日来性事过度,恐已伤到了身子。

拜伦租下布朗普顿皇后街的一套公寓,和卡罗琳住在了一起,他那些卫道士朋友为此颇感震惊。有一次,拜伦邀请汤姆·怀尔德曼共进早餐,不想拜伦却叫来卡罗琳小姐同桌用膳,惹得怀尔德曼不快。怀尔德曼好打听各种桃色新闻,他留意到,二人竟是分床而睡。他说这是因为拜伦一直不习惯和女人同床,而其中缘由与他的跛足脱不了关系。拜伦写信告诉霍布豪斯,他评价卡罗琳远远好过一般的妓女:"和我住在一起的简直是一个大利拉,身为一个女人,她只有两个不可饶恕的缺点:她既会写字,也会认字。"[24]

拜伦在布莱顿和卡罗琳做的出格事不止于此。拜伦让她穿上男装,假称是他的哥哥戈登。他解释说,是因为自己不想让他母亲知道他有这么一个"来历不正"的女友——一个妓女。[25]由此,拜伦开启了一系列复杂的性爱游戏,假小子、侍童和主人皆参与其中,后来他和兰姆夫人的婚外情更是延续了这种变装游戏,只不过层次更高。卡罗琳将计就计,开心地扮演着她该扮演的角色。有一次,珀西瓦尔夫人也来到布莱顿消夏,她用怀疑的眼光打量着女扮男装的卡罗琳,开口称赞了"他"骑的小马。[26]卡罗琳则对她说道:"这马是俺哥哥送我的!"

纸终究包不住火,这场游戏很快就因卡罗琳的怀孕而结束。据当时的小道消息,身怀六甲的卡罗琳只身回到伦敦,住在邦德街的一个家庭旅馆里,不幸流产。为"他"打扫房间的女仆看到这一幕吓得说不出话,这天底下竟然有这桩子怪事,男人还能怀孕流产![27]消息一出,旅馆上下都炸开了锅。让霍布豪斯警觉的是,拜伦甚至认真考虑过要娶她为妻。没听说过像拜伦这种身份的人会娶一个妓女为妻。到了七月份,他已同卡罗琳一别两宽。他在寄给远在伦敦的房东马辛伯德太太(也是他的债主)的信里写道:"我和卡梅伦小姐分手了,请帮我把她的衣服整理打包好。"[28]很明显,马辛伯德太太从方方面面都在帮他隐瞒这段关系。

拜伦八月份离开布莱顿,这个时候身边已没了卡罗琳的踪影。据说有一次斯克罗普·戴维斯在伦敦的一家剧院无意中撞见了卡罗琳,当天她在谁面前都要大骂一顿霍布豪斯,毫不留情。[29]卡罗琳在伦敦的社交圈里早已臭名远扬,很明显她是要让霍布豪斯来背锅,说是他挑拨二人分了手。

76　　时隔五年,伦敦的街头巷尾仍可以听到拜伦带了个女扮男装的假小子去布莱顿鬼混的故事。[30]起初人们只是越来越熟悉他的名字,而现在却知道他竟然有这种怪癖。

拜伦在布莱顿又认识了一个叫约翰·考威尔的男孩,他也算得上是卡罗琳的一个情敌,更确切地说,他顶了埃德斯顿的缺。这个小约翰与原先的那个约翰出身一样,是个商贩人家的孩子,或者像拜伦说考威尔父亲那样,是个"伦敦普通的中产阶级"。[31]拜伦认识约翰·考威尔的时候,后者只有十三岁。那还是在布莱顿海滩的时候,他当时特别喜欢拜伦的狗,经常和狗狗们在海滩玩耍,尤其疼爱那忠诚温顺的"水手长"。[32]能得到一个贵族的庇护,小约翰受宠若惊,他将写给拜伦的几封短信都刻成了铜板,从中我们可以看出二人的关系是如何一步步地进展的:"大人您在百忙之中还惦记着远在布莱顿的我,在下承蒙错爱。不知您近来身体是否安好? 身为一个无知少年,请允许我冒昧地向您恳求,近日可否许我陪一陪大人?"[33]这封信是考威尔十月份写的,他的家人十分看重这段关系,鼓励他多跟拜伦交往。

拜伦若是看上哪个少男,怜爱之余还会提供实惠的帮助,对约翰·考威尔也不例外。他让他哈罗公学的导师亨利·德鲁里(现在与他修复了关系)给约翰安排一个伊顿公学的入学名额,当时德鲁里的兄弟正好在伊顿公学管事。拜伦也十分关心约翰·考威尔在学校里的学业表现,考威尔的任何进步他都了然于心,还时常写信提点他作诗的格式和韵脚,见面时也总慷慨地给些零花钱。拜伦曾多次鼓励爱徒考他的母校三一学院,写信推荐时他毫不掩饰怜爱之情。"考威尔为人不错,我对别人一般都没有好感,但他确是一个例外。"[34]后来,传记家托马斯·摩尔在为拜伦传记搜集素材时见到了考威尔本人(那时他已经三十好几了),感到二人竟十分相似:"考威尔甚至在刻意模仿拜伦的穿衣打扮和言行举止。"[35]仿佛他更愿意做第二个拜伦,而不愿做自己。

一八〇八年秋天,拜伦搬回纽斯特德庄园住。庄园之前租给了格雷·德·鲁辛勋爵。这年六月租约期,他没再续租,房子就空下来了。拜伦张罗人翻修一遍,这里曾给他留下些暧昧的回忆,让他不安,他希望借此机会抹掉这些不好的记忆。他告诉母亲:"我打算用绿色装饰客房,卧室改用红色,楼上的房间全部改成卧室。"[36]装修期间他以工人施工为由不让母亲过来探访,也把汉森一家拒之门外,他们不得已搬去曼斯菲尔德寄居数日。他自己的卧室套间位于西北侧,紧挨着旧寺院正门,他这几间房装修成偏英格兰化的法兰西帝国式样,还在里面摆放了一张十八世纪中国风的四柱床,每根柱子顶了一个小冠冕,贵气十足,三一学院的同学们看到后都啧啧称赞。东南方向的几间客卧也翻修了一下,这几间客房离他的卧室有一段距离,看来房主是花了心思的。

拜伦极善于利用现有的资源。若不是他的巧思妙用,那些房间看不出有半点华贵的潜质。大厅里没几件摆设,以前被用来当射击场;餐厅则用来练习击剑和短棍。多年后,有记者进去参观,心生感慨,说纽斯特德不像是一栋住人的房子,而更像是一件诗人用来怡情寄兴的艺术品。他写道:房子其他地方

> 都装修得富丽堂皇,除了那个破屋顶他偏偏放着不管。也就是五六年的时间,雨水已多次拜访他引以为豪的官邸,墙纸腐烂,成片地脱落,落在了华美却不温馨的床单上,落在了色彩艳丽的地毯和床幔上,落在了一张张深红配金色的床榻上,黏在了金光闪闪的雄鹰的翅膀上,毁掉了床柱顶上那一个个精美的小冠冕。[37]

拜伦只知道在表面上下功夫,但纽斯特德刚装修出来不久的时候,的确算得上美轮美奂。

现在,拜伦开始组建他的侍从团队了,他需要那一张张熟悉的脸听他的话,给他安全感。他的贴身随从威廉·弗莱彻一开始只是纽斯特德庄园一个干农活的,后来被派去做了马夫,之前的随从弗兰克·博伊斯因做了丢人现眼的事被清退后,他才顶了缺。他忠厚老实,但也没少惹事,有时候还会耍性子,有点迷信,拜伦给他起了一个带有异域风情的绰号:"卡梅列罗"。[38]他操着一口浓重的诺丁汉口音,为人和善,看起来

总是一副无精打采的样子,和霍布豪斯一样,成了拜伦的心腹。拜伦说,埃克塞特珍奇动物交易市场里的树懒有他男仆的相貌。[39]实际上弗莱彻绝不像拜伦说的那么愚蠢。雪莱曾打过一个比方,说弗莱彻就像是拜伦的影子,随着主人伸屈自如。[40]自打拜伦十六岁起,也就是一八〇四年,他就一直陪在身边,直到主人去世,不曾间断。

老乔·默里自从被赶走后一直闷闷不乐,这次拜伦又请他回来当总管。"我这回请约瑟夫·默里当大管家,他这个人太老实,吃了不少苦头。"[41]这些同情默里的话是他写给姐姐奥古斯塔的,那时她已经嫁给她的堂兄乔治·利上校了。"我得顾念他一向于我的恩情,照顾他老人家的感受,尽可能地顺他的意,也算对得住我的良心,不然我跟牲畜无异了。"乔·默里当时已经七十好几了,拜伦家好几代的事情他都知道,从他身上可以看到与过去千丝万缕的联系。他早在一八六几年就开始伺候那个被称为"恶霸"的上一世拜伦了。"恶霸"总是一个人用餐,端上来的红酒瓶虽开了塞,但主子从不碰,每天如此,默里跟着主子深居简出,过了一段无聊透顶的日子。老乔·默里虽然表面严肃可敬,但私下里可是唱荤曲的好手。拜伦很会抚慰老乔:很多次,默里站在身后伺候拜伦用餐,拜伦扭过身子递一直身杯的马德拉白葡萄酒过去,面带笑容、热情大方地说道:"给你的,老伙计。"[42]拜伦疼起自家侍从来可一点都不假。

罗伯特·拉什顿是拜伦后面新招来的,他父亲是纽斯特德庄园的佃户。关于罗伯特和弗莱彻两人是如何成为拜伦的贴身侍从的,我们从当地一位妇女那里听到一个故事。当时拜伦路过田地,正好看到了弗莱彻和罗伯特在帮拉什顿的父亲犁地,拜伦看他们两个讨人喜欢,当即就叫他俩做侍从。如果真是这样,拜伦第一次见到罗伯特的时候,后者只是一个孩子。那是一八〇八年,他还是一个面容清秀、乳臭未干的孩童,年纪正好够做拜伦身边的小书童。拜伦对他和对埃德斯顿、考威尔无二样，总想保护他、教育他。拜伦曾经告诉母亲："他跟我竟有些相似，不怎么跟人交往，成天独来独往，所以我挺喜欢他的。"[43]

在纽斯特德，拉什顿就睡在拜伦卧室隔壁的小屋里。拜伦和这个拉什顿的关系更是耐人寻味。我们从他和霍布豪斯的通信中可以略见一二：二人说到画家乔治·桑德斯为拜伦画了一幅肖像，背景是一片沙滩乱石，画中拜伦和拉什顿两人一副即将乘风破浪的神情。霍布豪斯调侃一向饥不择食的拜伦，似乎是在暗示他不要轻举妄动，一旦被人发现他与这位年轻的水手私通，他会被枪毙。如果观众洞悉到深藏在画中的暗示，这画想必是进不了英国皇家珍藏系列的。

拜伦现在已是纽斯特德的主人，他有意让别人知道他的分量。秋天的时候，他开始分发邀请函。拜伦第一个请的是霍布豪斯，整个十月，他都在纽斯特德。当时拜伦对戏剧颇为着迷，亲自导演了戏剧《复仇》。霍布豪斯做客期间，两人还一起去诺丁汉参加了当地医院主办的舞会。霍布豪斯甚至陪拜伦见了后者的初恋对象——玛丽·查沃斯（即现在的马斯特斯夫人），她邀请他们两人前去安娜斯利庄园用晚膳。玛丽的丈夫热爱运动，他俩生了一个女儿，已满两岁。席间，她在拜伦面前把宝贝女儿抱来抱去，她是纯粹想让拜伦羡慕。

这顿晚餐让拜伦吃得不是滋味，眼前的一切唤醒了他脑海里对初恋的青涩回忆，让他害臊。"我失掉了自我，我平日的勇气和淡然全然失去，我只能抿住嘴，哪怕是笑，我也尽量不表露出来，话更是一句都不敢说，玛丽看样子也不自在！"[44]那晚的气氛非常尴尬，甚至有点诡异。过后，拜伦回顾他久不敢直视的过往情史，性欲的饥渴与无端的厌恶循环往复，似乎早早预示着自己灾难般的婚姻，一想到这些，他觉得自己无比凄凉："我们都是傻子，彻头彻尾的傻瓜，跟个孩子似的哭闹着要玩具，后来又无一例外地把玩具拆得七零八碎面目皆非，只不过，长大的我们玩的不是玩具,就算付之一炬,也无法忘记。"

十一月的一天,拜伦的纽芬兰犬"水手长"突然痉挛,不久便没了气息。拜伦悲恸的时候,霍布豪斯在身边陪着。

从爱犬去世前的症状判断,"水手长"应该是死于狂犬病。它最后一次发作的时候,拜伦给"水手长"擦拭嘴角的白沫。"啊,水手长死了!"拜伦像演话剧一样宣布道,"除了老默里,我什么都没有了。"[45]他打定主意自己死后要跟"水手长"合葬。起初拜伦想把"水手长"葬在修道院靠近祭坛的地下室里。后来他改了主意,决定葬在花园,还立了一块碑,碑上仿照亚历山大·蒲柏的风格写下一段墓志铭:

> 谨以此碑纪念一个朋友;
> 忠贞不渝的他长眠在此。[46]

拜伦希望自己的遗体平放在"水手长"身旁,只为不打乱它的尸骨。

霍布豪斯终于要走了,拜伦倒像是松了一口气。他渴望有人陪伴,却不知怎的,越渴望也就越想要挣脱。霍布豪斯那副时刻准备为他两肋插刀的样子更是让他烦躁。拜伦跟他姐姐奥古斯塔说:"他是我最好的朋友,这点没错,但我也受不了跟他待上一个多月。"[47]附近好几位绅士和贵族来家里找过拜伦,他并未回访。他的母亲把他比作雅克·卢梭,他不愿意:"我可丁点儿看不出我们俩哪里像。卢梭写散文,我写诗歌,他站在人民的一边,我站在贵族的一边。"[48]但是论及那份超脱的气质,那份敢于挑战陈规旧俗的勇气,拜伦确实有点像卢梭。

拜伦在庄园里闲逛,思考着死亡。有个园丁带回来一个人的头盖骨给他,他盯着看了许久,就像哈姆雷特见到了约里克的头骨一样:"这人原来应该是个心宽体胖的僧侣,要么就是修道院的修士,他应该赶上了宗教改革、拆毁寺院那场运动了。"[49]这头骨大得出奇,拜伦差人把它送

79

去伦敦,让那里的匠人给配上一个银座,做成了一个喝酒的杯子。做好了的骷髅头杯表面被磨得光滑无比,成色像玳瑁一样,斑驳透亮。拜伦兴奋得像个食尸鬼,兴致盎然地写下一首短诗——《写在头骨上》,他想象自己是这头骨,头骨对使用者说:

> 像你一样,我活过,爱过,畅饮过;
> 　我死了,尸骨入土。
> 把我斟满,你伤害不了我,
> 　蛆虫的嘴唇可比你的要臭。[50]

拜伦可会在自己的庄园里找乐子了。年初,他写信给霍布豪斯,说"露辛达(就是露西,他的女佣)怀孕了"。[51]他还说,"我的男仆罗伯特·拉什顿的牛痘已经好了",拜伦又心满意足地让罗伯特把牛痘传染给了自己。后来,他写了一封信,告诉约翰·汉森自己搬去伦敦后如何安排庄园的仆人,其中透露了更多他如何祸害身边人的细节:"把那个厨子和洗衣女工给辞了吧,剩下那两个留着,让她们照看房子,尤其那个最小的,她现在有孕在身(父亲名字暂时保密),我不方便带她来伦敦。"[52]

拜伦丝毫不避讳跟女佣发生性关系,这反映了那个时代人们对所有权的观点——下人仅是个玩物而已。这一观点在他给沃尔特·司各特爵士的信中表露无遗。他大言不惭地说道:"和同等身份的女人做爱,我总得顾忌自己的品德修养,给人家留下个好印象;但对待一个粉嫩的侍女,我们下手往往特别狠⋯⋯绝不会有任何道德负担,往往都是单刀直入。"[53]但拜伦又要比其他人开明得多,他不忍心就这样把露西扔下,看着她靠教区的救济过活。他在脑海中总是免不了联想起那幅悲惨的画面,我们在《唐璜》里可以看到:

> 一个乡下女孩，头裹得严严实实
>
> 身披深红色的斗篷(我看不下去，因为……
>
> 因为……因为……年少时，我和她犯过错……
>
> 但幸好我给当地教会多交了些费啊!)
>
> 她的斗篷系不严实，隐约可见
>
> 她有孕在身。[54]

拜伦向律师汉森透露了女仆的名字，甚至提议立一份遗嘱，给露西这个还没出世的孩子留一大笔遗产，但汉森觉得给得太多。最后，经过一番细心的计算，拜伦最终决定只给露西和她的孩子一年一百英镑的赡养费，虽然这与原先那个数额已经相去甚远，但在当时仍是一笔可观的数目。

　　这个孩子下落如何？我们连男女都不知道。有一点可以确定，当拜伦旅行两年后归来，提拔露西当女管家的时候，孩子不在她身边，很有可能被寄养在亲戚家。拜伦婚后无意中跟他妻子提到自己在外面有两个私生子。如果其中一个是克莱尔·克莱蒙特生的艾蕾歌，那另一个很有可能就是露西生的。关于露西，纽斯特德的一个老仆对她的事情稍微还有点印象，那时她眉清目秀，长得像个男孩子，"后来通过其他侍女才知道是个女孩子。拜伦大人最喜欢她了，总是想着她，后来她也增加了不少见识，懂的事也多了起来"。[55]看来，露西为了取悦拜伦，成天穿成男孩的样子。

　　一八〇九年的一月二十二日是拜伦成人的日子，自然免不了一番热闹：成人宴设在纽斯特德，"我要请庄园的佃户们喝酒，届时麦芽酒和潘趣酒无限供应。宰上一头牛、两只羊，让大伙自己用手撕着吃，大碗喝酒，大口吃肉，让大家乐呵乐呵"。[56]拜伦当晚不在，他叫约翰·汉森来

81

撑场,而自己却一个人待在雷迪什旅馆一整天。仆人罗伯特去旅馆找他,发现他"在那里兴致极高,甚至在宗教这样的严肃话题上也显得很轻佻,他以前从未这样过"。[57]

拜伦的轻佻,在别人看来是浮躁,实际上是他用来掩盖对未来的不安的面具。他觉得身边人对他期望太多、太高。他的母亲望子成龙:"这孩子心地善良,天资聪颖,将来必定能成就一番大业。"[58]其实不光别人这么想,拜伦自己也这么想,就凭他那份爱国的拳拳之心,他丝毫不怀疑自己以后能谋大业、成大事。他向奥古斯塔袒露了"雄心壮志":"在这样的时代,我们每一个人都应该尽一份力,对国家做出一番贡献。"[59]但是拜伦所说的责任是什么呢?

一八○三年,英法两国之间战火再起,拜伦弄来一个拿破仑的半身像,在哈罗公学当众与一爱国青年争辩,公然流露了自己对拿破仑的崇拜,一时惹来众怒。当时,虽然拿破仑在特拉法尔加海角输给了英国海军,但在陆地上却所向披靡:一八○五年,奥斯特利茨一战他击败了奥地利,俄国军队被迫撤退;一八○六年,普鲁士军队经过耶拿和奥斯塔特两次战役,也被法军消灭。到了一八○七年,拿破仑统一了整个欧洲大陆,建立起了一个自罗马时代以来最大的欧洲帝国。拿破仑激起了英国人的民族主义,不少人开始叫嚣开战。但拜伦对此的看法不同于他人,他的看法更复杂。他受到了拿破仑的宏图大略的鼓舞,也折服于他说一不二的魄力,但拿破仑为达目的而大开杀戒的残忍手段他却接受不了。而这种矛盾的态度也见于其他辉格党成员身上。拜伦的好友霍布豪斯跟他一样也是拿破仑的狂热崇拜者。

半岛战争期间,民众的情绪愈加倾向于军国主义。一八○九年初,拜伦在哈罗公学和剑桥大学的校友兼好友内德·朗应征前往里斯本,抗击拿破仑军队入侵,途中搭乘的运输船不幸失事,他溺水身亡。内德·朗的死让拜伦深刻认识到这场血腥杀戮是毫无意义的,他开始怀疑他的所作所为。他不认同这个国家的政治气候和道德面貌,他又如何将天赋才干和雄心壮志捐助给这个国家呢?

所谓的成年之喜并不能对拜伦的财务危机有丝毫助益。拜伦母亲说起这个话题时也总有一大套鞭辟入里的说辞:"我丝毫不怀疑他未来可能是一个家喻户晓的人物、了不起的演说家,或者是什么其他的家,他做什么都能够做得出彩,但是那些个什么家不会带给他一个子儿,反倒会让他花钱更大手大脚,干他这一行的人在这个国家是挣不了大钱的。"[60]旧账还没还,新账不停地借,拜伦的债务竟已垒到了一万两千英镑,而这些欠款又是用拜伦名下的所有财产做抵押的,拜伦成年后就要开始偿还了。

82

到了法定年龄之后,他可以做主卖掉名下的部分产业来还债,但诺福克郡的那块地卖不上好价钱,兰开夏郡的产业还存在产权争议,暂时拿不出手。纽斯特德庄园汉森多次劝他卖掉,但他是真心不想卖。如今,拜伦已经把纽斯特德看成自己的归宿,这庄园虽说不完美,但自有让人留恋的地方。"我决不离弃纽斯特德,我在,房子在,我不在,房子才能不在。我在这里长大,我的心属于这里。这是祖宗留下来的最后一点念想,无论将来发生什么,我都不会拿它抵债。"[61]

拜伦指望纽斯特德能套出更高的抵押金,这样一来他可以还清债务,同时手头还可以剩点余钱周转,但最后还是要用罗奇代尔镇的产业抵债。母亲老谋深算,她认为最好的办法就是让拜伦娶一个年收入有两三千英镑的妻子。[62]她对约翰·汉森说:"爱情啊什么的,统统都是靠不住的,老天既然赏了他吃这碗饭的本事,就绝不能这样白白浪费了,好歹他也是个贵族,特权还是有的。"这番设想却让拜伦听得心惊胆战:"让我为了钱去娶个金发洋娃娃,我还不如一枪把自个崩了,反正结局都一样。"[63]如达拉斯所说,拜伦对家庭生活确实毫无概念。

一八〇九年三月十三日,拜伦凭着自己世袭的爵位在上议院获得一个席位。自此,从政算得上是一条出路。他心底不喜欢气氛昏沉的上议院,他其实更喜欢下议院:"我们这个上议院不如下议院那样,他们有时候吵得像是一群猎狗在打猎。我们这里最热闹的时候也只不过像一群冷漠的猎人。"[64]授席仪式上,他表现得相当不情愿,脸色苍白得就像他在哈罗公学的那次演讲。达拉斯陪他出席了就职仪式,只见拜伦走过大厅中央时平视前方,路过议长也没看他一眼,径直来到宣誓台前宣誓。"一切流程都完毕后,财政大臣才起身,面带笑意地向拜伦握手示意,表示对拜伦的欢迎。"[65]但是拜伦不那么领情,他微微欠了下身,仅用指尖轻触了一下这位托利派大臣伸出的手。随后,他瘫坐在王座左侧的长椅上好一阵,这里可是反对党大佬们的坐席——一看就是一副目中无人、叛逆、不入流的样子。

拜伦的政治气质天然契合辉格派,该党的成员大多跟他一样是有革命气质的贵族。辉格党们生来就是反对派,他们在一六八八年的时候就坚定地赶走了天主教君主詹姆斯二世,推翻了旧政权。拜伦当年还在剑桥做学生的时候,就是该校辉格党俱乐部的成员,该俱乐部正是霍布豪斯建立的,他们都崇拜理查德·布林斯利·谢里丹和查尔斯·詹姆斯·福克斯这样的党内大红人。一八〇七年,他写道:"这些伟大的人物,我尽管模仿他们,但我深知,自己无论如何也不及他们半分。"[66]他对辉格党的传统尤其感兴趣,他如饥似渴地阅读从一六八八年到十八世纪中叶的辉格党的辩论记录。一八〇九年夏他出国之前,他总共出席了六次上议院会议。但是,拜伦从来不认为自己必须要忠实于什么党或者组织,哪怕是辉格党;他从来只觉得自己是个独立的人,应该怀抱世界,开阔国际视野,为全人类发声。他没有死心塌地地效忠某党派,这一点为他日后特立独行的政治生活埋下了伏笔。

拜伦入职上议院其实还发生了一个小插曲。拜伦曾写信给他的监护人卡莱尔勋爵,告诉他自己即将去上议院任职,希望勋爵能够亲自向上议院议员们介绍自己。但卡莱尔勋爵在回信里只给他说了一些注意事项,并未正面回复请求。二人的关系原本时好时坏,而这件事在拜伦看来无疑是奇耻大辱,他觉得自己受到了打击。他告诉母亲,说自己"在诗里面早已把他千刀万剐,骂了个狗血淋头。卡莱尔大人早晚要后悔没帮我这个忙的"。[67]而所谓的拜伦对卡莱尔勋爵的报复就是在自己即将完成的讽刺作品《英格兰诗人和苏格兰评论家》中加了几句言辞激烈的语句。

> 卡莱尔犯瘫痪时的呕吐物
>
> 谁见了都没了笑脸,没了灵感。
>
> 瞧这贵族为他自己揽的各色荣誉
>
> 大人,诗人,小管家,政治简论家![68]

不想拜伦一语成谶,作品一经面世,他的监护人卡莱尔勋爵真的瘫痪了。

纵观拜伦起伏的一生,唯有工作能鞭策他,让他不断突破、执着坚毅,让他静下心来,进入一种用文学衡量一切的心境。他说自己"字迹潦草又没有章法,但精力充沛"[69],这是在承认自己需要规范写作方法。长诗《英格兰诗人和苏格兰评论家》从他上剑桥大学的时候就开始谋划了,到了一八〇八年还在增加内容,调整结构。回到了纽斯特德,在那个天寒地冻的月份里,拜伦对诗歌做了彻头彻尾的修改。他傍晚起床,在万籁俱寂的晚上一坐就是一夜,凌晨才入睡。到一八〇九年一月,他已经完成六百二十四行,而且丝毫不见收笔的迹象。等到一八〇九年三月匿名出版时,全诗长达一千行,充满了憎恶和偏见。

The binding of this volume is considerably
too valuable for the Contents.

B. ———

Nothing but the consideration of it's being
the property of another prevents me from
consigning this miserable record of mis=
=placed anger — and indiscriminate acri=
=mony to the flames.

一八一一年，讽刺长诗《英格兰诗人和苏格兰评论家》第一版出版，
拜伦在第一页写下了充满怨气的题词。

《英格兰诗人和苏格兰评论家》无疑是一篇大胆的作品,拜伦勇敢 85
得近于狂妄,将整个英国文坛树成了敌人。他称自己写该诗"并非是为
了炫耀自己的文笔有多好,而是为了让其他人写得更好!"[70]谁都听得
出来拜伦这是铁了心要嘲讽别人,即使在那个动辄就要报私仇的年代,
拜伦的这种讽刺力度也是鲜见的。拜伦看到了人性丑恶的一面,就像讽
刺画家詹姆斯·吉利的政治漫画,专注于对手的生理或人格缺陷,猛击
他们道貌岸然的模样。尽管拜伦批判过的大多数人如今已经被历史忘
记,但是那些锋刀利刃般的诗句读起来依然有趣,尤其是他影射华兹华
斯和柯尔律治的那几段。众所周知,他们两个都是浪漫派诗歌举足轻重
的诗人,讽刺的是,往后拜伦被后人提起时,都避免不了与他们二人放在
一起介绍,英国浪漫派诗歌史把他们三人绑在了一起。不久,被拜伦无
情嘲讽为"民谣贩子"[71]的骚塞便被任命为桂冠诗人,二人反目终生。

整首诗读来让人感到拜伦就在身边,拜伦心头想到了什么,就写下
了什么。写到自己的好友——九世子爵福克兰那个片段时,笔锋哀婉可
泣。福克兰子爵在酒醉后与人发生争执,在伦敦戈尔德斯绿地区的一场
决斗中受伤,不治身亡,拜伦把对他的思念写入了脚注:

> 那是一个星期天晚上,他俨然一副主人的气派,立在桌边,极尽
> 热情地招待众宾客,从容大方的神态里洋溢着满满的自豪。直到星
> 期三的凌晨三点,那个一度勇敢、活泼、多情的大活人就平展地躺在
> 我眼前。[72]

拜伦剪下了死者的一缕头发留作纪念,此物如今依然被妥善保管在
拜伦的私人珍藏物品里。拜伦在脚注中感叹,假若福克兰拿出同等的勇
气,轰轰烈烈地牺牲在他掌舵的战舰上,他定会被奉为民族英雄受国人
敬仰,而不至于死得如此悄无声息。

　　《英格兰诗人和苏格兰评论家》让拜伦第一次品尝到成功的滋味。他表明了自己的文学主张和立场，愤慨地捍卫了以屈莱顿、蒲柏为代表的古典文学派，以及当代诗人托马斯·坎贝尔和塞缪尔·罗杰斯等人对文学所做的贡献，这对那些惯于哗众取宠、一知半解的文学评论家来说无疑是一记当头痛击，也为初出茅庐的拜伦博了一个满堂彩。该书出版时拜伦特意隐匿了作者身份，但没瞒多久，就尽人皆知了。事后，皮卡迪利大街上的哈恰尔德书店老板向拜伦无奈地说道："我们真的做了一切保密措施，但根本就瞒不住呀！谁都知道这是您写的书。"[73]南井镇的皮戈特夫人一向是拜伦的忠实读者，《英格兰诗人和苏格兰评论家》又一次让她狂喜，她称在诗中读出了"历代风流才子皆有的那种激情"。[74]不仅如此，在觥筹交错的场合也能听到对这首长诗的热赞。威尔士公主曾出席了一场在伦敦肯辛顿区举办的盛大的晚宴，她的侍女夏洛特·伯里夫人在当天的日记中写道："出席的宾客纷纷热议这首长诗，大家觉得这诗写得极为高明，没有得罪任何人，这是大家未曾想到的。他们还说，这首长诗写得妙是情理之中的事，毕竟上部诗集《闲暇时光》读来味同嚼蜡。"[75]

86　　评论家威廉·吉福德对这部诗集大加称赞，他也是拜伦敬佩的为数不多的几位评论家之一。短短数星期，初版的一千册就售罄了，出版商詹姆斯·考索恩正着手再版事宜，不过这一次他打算把拜伦的名字亮出来。当然，对诗集批判的声音也铺天盖地般涌来，拜伦却把这些批评声当作欢送他出国的礼炮。待到长诗击中了那些该打中的人，他估计自己差不多已经跨过博斯普鲁斯海峡了。

　　从拜伦变来变去的旅行计划中我们很难弄清楚他确切的行踪。他颇有规律地制订计划，推迟计划，再制订，再推迟。有些事好像只要写在计划里就算是做过了，因此他也没少放朋友鸽子。早在一八〇五年夏天,他就打算跟一群"志同道合"的朋友去一趟苏格兰高地和赫布里底群岛。[76]第二年,他即将从剑桥毕业,又计划同一位教师去一趟德国和俄罗斯,参观柏林、维也纳和圣彼得堡的宫殿。一八〇七年,火山奇景又一次勾起了他去苏格兰高地的兴趣,顺便还可以去冰岛探寻赫克拉的冰川秘境。[77]仅仅过去了两个月,拜伦就又改变了主意,他决定跟着他的堂兄乔治·埃德蒙·拜伦·贝特斯沃思船长一块出海,在海上待上四五个月。拜伦家族有着光辉的航海历史,贝特斯沃思船长完美地继承了这一光荣传统,他是一名出色的航海家,是有着"最佳护卫舰"[78]美称的"鞑靼"号的船长。据说他保存了海军上将纳尔逊亲笔写的一封信,该信可以证明他是所有英国海军中唯一一位身上伤口比上将多的军官。拜伦计划和堂兄贝特斯沃思船长去地中海,或者西印度群岛,"或者到一个鬼才去的地方"。这个想要体验航海生活的计划不出意料也泡汤了。

　　到了一八〇八年,他的旅行计划已远远超过传统的欧洲壮游的线路,他不想去年轻贵族常去的法国、意大利,一路上遇见的都是纨绔子弟和卖弄技艺的艺人。[79]话说回来,法国本来就在打仗,不太安全。拜伦想去希腊和土耳其,他说"一门心思想去调研一番",但主要原因还是东边对同性恋管得不严,不像国内把同性恋看成污点。但到了十月,他想去波斯。十一月,他又改成印度,并有自知之明地加了一句"如果不出意外的话"。[80]

　　一八〇九年四月八日,他已经确定要去马耳他,船票和定金都付好了,部分行李也已经遣人送上了船。四月十六日,拜伦突然给约翰·汉森写了一封短信:"这次无论如何我都要离开英格兰,哪怕后果比你形容的严重十倍。我别无选择,离开也是我唯一的出路,并且越快越好。"[81]拜伦为何如此慌张?拜伦明确解释过,虽然他已债台高筑,但他逃离英格兰不单单是因为经济窘境。他后来在另一封信中还说:"要是

87

可以,我这辈子都不想再回英格兰,至于原因,我无心细说。"[82]

拜伦为何说出这番话,我们至今不得而知。拜伦如此闪烁其词,可能是有人拿他同性恋的事威胁他,不少人进而推测,他和约翰·埃德斯顿的事瞒不住了,他这才逃之夭夭。但在我看来,这种说法不可靠,定是误读了霍布豪斯一八一〇年六月六日的日记手稿,该手稿现藏于大英图书馆。之所以会误读,是因为二十世纪的诠释者认错了霍布豪斯手书的一个单词——"Edleston(埃德斯顿)被指责有失大雅",这才生出了"想当然"的解释。实际上,这里说的是霍布豪斯当时发表的一本诗集,叫《杂文集(仿写与译作)》,有人指责这本"collection(诗集)有失大雅",而非什么有关性事的指涉。拜伦要是知道今天有人把"有伤大雅的诗集(collection)"看成了"有伤大雅的埃德斯顿",一定会觉得好笑。[83]

看来,他的旅行计划终于要实现了。他在纽斯特德举办了一次聚会,朋友们都去了。他和查尔斯·斯金纳·马修斯一起乘马车从伦敦赶回来,一路上只谈论一个话题——断袖余桃。[84]两位都好这一口。众人到齐,且看这时的"修道院",拜伦、马修斯、霍布豪斯、詹姆斯·韦德伯恩·韦伯斯特还有请来的邻居都身着从假面舞会道具店那里弄来的僧人长袍,在一个肃穆如陵墓般的环境里,拜伦开始用他的头盖骨酒杯大口喝下勃艮第葡萄酒、干红葡萄酒、香槟,就这样喝了一夜,期间拜伦被尊称为"道长"。大伙都穿着"僧袍"在"修道院"里跌跌撞撞。马修斯醒来的时候发现自己睡在长廊的石棺里,起身时还头戴僧袍的大兜帽,大半夜里把霍布豪斯吓了一大跳。这一晚的畅饮被添油加醋成了性派对,其疯狂程度被认为和弗朗西斯·达什伍德爵士在西威库姆村的那次性派对不相上下。拜伦在《恰尔德·哈洛尔德游记》中也描述过类似画面:满面带微笑的塔菲娅女郎浅唱低吟,惹得众僧心生涟漪。[85]霍布豪斯后来回忆说,他们当晚确实喝了很多酒,但行为不曾有逾矩之处。

拜伦与老哈罗的人走得越来越近。他对亨利·德鲁里的态度三百六十度大转弯，两人成了亲密无间的好朋友。亨利·德鲁里的父亲德鲁里博士曾是拜伦的宿管老师。亨利·德鲁里在一八〇八年十二月与安妮·卡罗琳·泰勒结了婚，后来他的妹妹又嫁给了拜伦的朋友弗朗西斯·霍奇森，他的寓所因此人气越来越旺，宾朋络绎不绝。一八〇九年夏，拜伦即将开始他的东方之旅，走之前他还两次出席了哈罗公学的演讲日。公学里不少高年级的男学生都拜读过《英格兰诗人和苏格兰评论家》，可见拜伦早已成了哈罗学生心目中的英雄。德鲁里半开玩笑地嗔怪拜伦，说他写的那些诗太具煽动性，只怕会助长男孩子们的叛逆情绪。学校方面选了内德·朗的弟弟小亨利来当拜伦故地重游的向导。在这种时刻，拜伦仍习惯性地用小费取悦他心仪的少男：亨利回忆道，当时去阿尔贝马尔街的一家旅店拜访拜伦，临别时拜伦"热情地和我握手道别，并递过来一张折皱的纸，我当时笨手笨脚的，差点没接住。跟大人一起下楼的时候我才定睛一看，认出是一张五英镑的大钞"。[86]还有一次，拜伦去了一趟哈罗公学，又偷偷往亨利手里掷了五个金币。

带着伤感怀旧的心情，拜伦开始请画师为自己的哈罗小伙伴"底比斯团"画肖像留念，也给他们赠送自己的画像。他在三月十八日写给威廉·哈尼斯的信中说："我现在在搜集当年几个玩得好的同学的画像，已经要到好几幅了，你能不能给我你的？现在就缺你的了。"[87]达拉斯注意到摆在拜伦家壁橱里的那些画像都镶上了精美的边框，皆各有顶饰，显然出自名匠之手。[88]临行的日子越来越近，拜伦愈加敏感。卡莱尔勋爵怕见到他掩不住情绪，拜伦临走的前一天竟然陪着母亲去买帽子，干脆没去道别，深深地伤了他的心。

这一段时间最富有内涵的画像要数乔治·桑德斯画的《拜伦和罗伯特·拉什顿》。这幅画本是拜伦给母亲准备的，打算离别前作为一个念想留给她。不过这幅画像很晚才送到拜伦母亲手中，他在家书中反复为此事而懊悔。画中年轻的拜伦面朝大海,双臂伸展,领结迎风飘扬,对未来充满期望,一个浪漫派流浪者的经典形象就这样得以永存。该画一出,马上就涌现出了许多复刻的雕版,流传了近一个世纪之久。

但对于拜伦那个时代的人来说,这幅画还隐含着更深的含义。画中的年轻人看起来像一个海战英雄,让人想起他的祖父约翰·拜伦船长。祖父曾探索过巴塔哥尼亚群岛,什么大风大浪都见过,因此被尊称为"海王杰克"。还有,画中拜伦的姿势像青年时的纳尔逊,自信满满,身旁的侍从投来崇拜的目光,这种组合酷似盖伊·海德的名画《尼罗河战役胜利,法国人献三色旗于纳尔逊将军》。拜伦本人钦佩纳尔逊,他曾写道:"纳尔逊是个大英雄。""跟他比起来,惠灵顿不过是一个下士!"[89]桑德斯画笔下的拜伦英姿飒爽,一个为拯救世界而战斗的勇士形象从此逐渐成形。不难看出,拜伦要攀比的不仅仅是纳尔逊,还有拿破仑。

画终于送到他母亲手里。母亲赞叹:"五官画得像天使一样漂亮,从没见过如此细腻的笔触。别说,画得还真像他。"[90]像是肯定的,这幅画真实地反映了一八〇九年那个夏天拜伦激动而狂傲的心情:"世界就在我眼前,离开英国我毫不后悔。"[91]

注释

[1]《唐璜》,第十一章,第 31 节,第 241 行。

[2] 拜伦致约翰·卡姆·霍布豪斯的信,1808 年 2 月(日期存疑)。

[3] 约翰·卡姆·霍布豪斯致拜伦的信,1808 年 3 月 12 日。

[4]《一些不切实际的思考》,第 33 条。

[5]《唐璜》注释,第十一章,第 19 节。

[6]《拳击术》(Pugilistica),第一卷,转引自罗兰·E. 普罗瑟罗编辑,《拜伦著作、书信和日记》(六卷本;1904),第一卷。

［7］ 托马斯·梅德温,《拜伦勋爵比萨谈话录》。

［8］ W. 华莱士上尉致拜伦的信,1808 年 9 月 6 日。

［9］ 拜伦致约翰·杰克逊的信,1808 年 12 月 12 日。

［10］ 拜伦致约翰·卡姆·霍布豪斯的信,1808 年 2 月 27 日。

［11］ 约翰·卡姆·霍布豪斯,霍布豪斯在托马斯·摩尔的《拜伦的书信和日记》(1830)中的批注。

［12］ 拜伦致约翰·默里的信,1821 年 3 月 25 日,该信夹在鲍尔斯(Bowles)/蒲柏富有争议的来往通信中。

［13］ 拜伦致约翰·卡姆·霍布豪斯的信,1808 年 3 月 14 日。

［14］ 拜伦致约翰·比彻牧师的信,1808 年 3 月 28 日。

［15］ 拜伦致约翰·卡姆·霍布豪斯的信,1808 年 4 月 15 日。

［16］ 罗伯特·查尔斯·达拉斯,《一八〇八至一八一四年底的拜伦勋爵》(1824)。

［17］ 拜伦致罗伯特·查尔斯·达拉斯的信,1808 年 1 月 20 日。

［18］ 同上,1808 年 1 月 21 日。

［19］《唐璜》,第四章,第 94 节,第 745 行。

［20］《一些不切实际的思考》,第 78 条。

［21］《格罗诺上尉回忆录,1810–1860》,第一卷。

［22］ 拜伦致约翰·比彻牧师的信,1808 年 2 月 26 日。

［23］ 拜伦致约翰·卡姆·霍布豪斯的信,1808 年 2 月 27 日。

［24］ 同上,1808 年 3 月 26 日。

［25］ 托马斯·梅德温,《拜伦勋爵比萨谈话录》。

［26］《托马斯·摩尔日记》,1828 年 2 月 19 日。

［27］《布莱克伍德爱丁堡杂志》,1824 年 11 月。

［28］ 拜伦致伊丽莎白·马辛伯德的信,1808 年 7 月 20 日。

［29］ 斯克罗普·戴维斯致拜伦的信,1808 年 11 月。

［30］ 肯尼斯·加里克(Kenneth Garlick)和安格斯·麦金太尔(Angus

MacIntyre）编辑，《约瑟夫·法林顿日记》（*The Diary of Joseph Farington*，1978–1984）。见 1813 年 6 月 20 日这一天的记录。

[31] 拜伦致弗朗西斯·霍奇森的信，1808 年 12 月 17 日。

[32] 约翰·考威尔致拜伦的信，1808 年。

[33] 同上，1808 年 10 月 25 日。

[34] 拜伦致弗朗西斯·霍奇森的信，1814 年 7 月 11 日。

[35] 《托马斯·摩尔日记》，1828 年 6 月 12 日。

[36] 拜伦致凯瑟琳·戈登·拜伦的信，1808 年 10 月 2 日。

[37] 《镜报》（*The Mirror*），1824 年 1 月 24 日。

[38] 拜伦致墨尔本夫人的信，1812 年 9 月 28 日。

[39] 《拜伦书信与日记》，1813 年 11 月 14 日。

[40] 珀西·比希·雪莱致玛丽·雪莱的信，1821 年 8 月 7 日。（牛津大学博德利图书馆，"雪莱手稿"，第一卷，第 440–442 号文件）

[41] 拜伦致奥古斯塔·利的信，1808 年 12 月 14 日。

[42] 托马斯·摩尔，《拜伦传》，第一卷。

[43] 拜伦致凯瑟琳·戈登·拜伦的信，1809 年 6 月 22 日。

[44] 拜伦致弗朗西斯·霍奇森的信，1808 年 11 月 3 日。

[45] 同上，1808 年 11 月 18 日。

[46] 《一只纽芬兰犬的墓志铭》（'Inscription on the Monument of a Newfoundland Dog'），1808 年。

[47] 拜伦致奥古斯塔·利的信，1808 年 12 月 14 日。

[48] 《一些不切实际的思考》，第 1 条，1821 年 10 月 15 日。

[49] 托马斯·梅德温，《拜伦勋爵比萨谈话录》。

[50] 《写在头骨上》，1808 年。

[51] 拜伦致约翰·卡姆·霍布豪斯的信，1809 年 1 月 16 日。

[52] 拜伦致约翰·汉森的信，1809 年 1 月 17 日。

[53] 拜伦致沃尔特·司各特爵士的信，1822 年 1 月 12 日。

［54］《唐璜》,第十六章,第61节,第531行。

［55］华盛顿·欧文,《纽斯特德庄园》('Newstead Abbey'),见《华盛顿·欧文作品集》(*The Works of Washington Irving*),第三卷(1885)。

［56］拜伦致约翰·汉森的信,1809年1月10日。

［57］罗伯特·查尔斯·达拉斯,《一八〇八至一八一四年底的拜伦勋爵》。

［58］凯瑟琳·戈登·拜伦致约翰·汉森的信,1809年1月30日。(大英图书馆)

［59］拜伦致奥古斯塔·利的信,1808年12月14日。

［60］凯瑟琳·戈登·拜伦致约翰·汉森的信,1809年1月30日。(大英图书馆)

［61］拜伦致凯瑟琳·戈登·拜伦的信,1809年3月6日。

［62］凯瑟琳·戈登·拜伦致约翰·汉森的信,1809年1月30日。(大英图书馆)

［63］拜伦致约翰·汉森的信,1808年12月17日。

［64］拜伦致约翰·卡姆·霍布豪斯的信,1820年10月17日。

［65］罗伯特·查尔斯·达拉斯,《一八〇八至一八一四年底的拜伦勋爵》。

［66］拜伦致约翰·汉森的信,1807年4月2日。

［67］拜伦致凯瑟琳·戈登·拜伦的信,1809年3月6日。

［68］《英格兰诗人和苏格兰评论家》,第725行。

［69］拜伦致奥古斯塔·利的信,1808年12月14日。

［70］《英格兰诗人和苏格兰评论家》前言,第2版(1809)。

［71］《英格兰诗人和苏格兰评论家》,第202行。

［72］《英格兰诗人和苏格兰评论家》注释,第686行。

［73］罗伯特·查尔斯·达拉斯,《一八〇八至一八一四年底的拜伦勋爵》。

［74］玛格丽特·皮戈特致凯瑟琳·戈登·拜伦的信,1809年。

［75］夏洛特·伯里,《侍女日记》(*The Diary of a Lady-in-Waiting by Lady Charlotte Bury*),A.弗朗西斯·斯图尔特(A. Francis Steuart)编辑,第一卷(1908)。

［76］拜伦致奥古斯塔·拜伦的信,1805 年 8 月 10 日。

［77］拜伦致伊丽莎白·皮戈特的信,1807 年 8 月 11 日。

［78］同上,1807 年 10 月 26 日。

［79］拜伦致爱德华·诺埃尔·朗的信,1807 年 5 月 1 日。

［80］拜伦致凯瑟琳·戈登·拜伦的信,1808 年 11 月 2 日。

［81］拜伦致约翰·汉森的信,1809 年 4 月 16 日。

［82］同上,1809 年 11 月 12 日。

［83］约翰·卡姆·霍布豪斯(布劳顿勋爵),"日记手稿",1810 年 6 月 6 日。

［84］拜伦致约翰·默里的信,1820 年 11 月 19 日。

［85］《恰尔德·哈洛尔德游记》,第一章,第 7 节,第 61 行。

［86］亨利·朗,"回忆录手稿"。(伯格藏品,纽约公共图书馆)

［87］拜伦致威廉·哈尼斯的信,1809 年 3 月 18 日。

［88］罗伯特·查尔斯·达拉斯,《一八〇八至一八一四年底的拜伦勋爵》。

［89］《一些不切实际的思考》,第 109 条。

［90］凯瑟琳·戈登·拜伦致拜伦的信,1810 年 10 月 26 日。(洛夫莱斯-拜伦档案)

［91］拜伦致凯瑟琳·戈登·拜伦的信,1809 年 6 月 22 日。

第八章　地中海之旅（1809）

为了欢送拜伦和旅伴霍布豪斯,查尔斯·斯金纳·马修斯在伦敦为他们举办了一场盛大的欢送宴,两位毫不客气,所有娱乐活动一个都没落下。[1]拜伦欠下了一屁股债,其中还包括斯克罗普·戴维斯出面为他借到的六千英镑高利贷。一八〇九年六月二十一日,他俩在法尔茅斯市的康沃尔港下船,寓居一家旅馆。虽然当时人还在康沃尔郡,但拜伦觉得自己已经到了异国他乡。法尔茅斯是个神奇的小城,当地的小伙姑娘相貌格外俊美,给拜伦留下深刻的印象……[2]"波尔多干红芳香淳郁,贵格会教徒数不胜数,这里的鲱鱼咸鲜味美。"他注意到当地的牡蛎吃起来有丝丝铜甜味,这是因为当地采矿业发达,土壤里富含金属元素;他发现驻扎在圣莫斯堡垒的士兵是由一名年逾古稀的壮汉指挥的。他聚精会神地看着满街的人拿着鞭子追打着一个女人,这个女人偷了一只小公鸡,还辱骂了当地官员:"挨了这么多鞭子,嘴怎么还这么硬?"

他把焦虑和责任抛到脑后,一阵愉悦感扑来。我们从他的信中可以感觉到,顾忌都消失了。拜伦打趣地给他昔日在哈罗读书时的舍监亨利·德鲁里写道,他打算在霍布豪斯准备写的旅行记录后增加一章,专门讨论道德问题,还要再续上一篇题为《古今共赏之断袖之癖》的简论。[3]拜伦情欲强烈,但霍布豪斯却对性事提不起兴趣,这种反差成了朋友们的笑谈：霍布豪斯该不会为了在土耳其守身如玉，让他的"金发男孩"出去招待一席客人吧？

90　　去了东方，他就能为所欲为了，这个想法在他从法尔茅斯寄给马修斯的一封信中说得更加露骨。这封信前半部分是霍布豪斯写的，后半部分是拜伦写的：

> 亲爱的马修，我的朋友刚放下笔，我现在拿起来，只是想表达一个徒劳的希望，希望你能和我们一起生活在这个秀色可餐的地方。我认为，要论 Plen and optabil-Coit 这件事，格鲁吉亚无论如何也比不上法尔茅斯和周边地区，这里机会多，刺激更多。我们周围盛开着风信子和芳香沁人的野花，我真想摘它几朵，扎成一束。[4]

Plen and Optabil-coif 是拜伦写信时管用的一句暗语，本是 cotium plenum et optabilem 的缩略体，取自古罗马的佩特罗尼乌斯的讽刺作品《萨蒂利孔》，意思是"想要多少性事，就能有多少"。这句话在原作里本是用来劝诱那些未尝过禁果的男孩放下矜持的。"风信子"这个词指的是阿波罗所钟爱的美丽的拉科尼亚青年，他有一次玩套环游戏出了事故，不幸夭折，后来化成了一朵花。接着，拜伦用植物学词语淘气地玩了一次双关。"我以后定要带走一件做标本。就写到这里了，再见，马修！"在雅典的时候，拜伦曾拿一个叫作"风信子神父"[5]的人和他后来带在身边的一个意大利男孩作比，说前者游泳不如后者快。看来这位"风信子神父"肯定是被他征服了。

马修斯兴致勃勃地回了信，他挑明了告诉霍布豪斯："他说他'只爱一个人'，我猜他的意思是一次只爱一个人，我一向觉得他是个不挑'食'的好情人，他现在可终于到了他梦寐以求的性爱圣地了。他上封来信可吊足了我的胃口。"[6]马修斯给拜伦回信的时候，鼓动他多分享

些故事,当然,使用的都是暗语:

> 若你在园艺学领域有什么新发现的话,请务必告诉我,我很想
> 知道你都收集到了哪些植物;倘若可以,请告诉我每件藏品的种类
> 和名称……作为寻"道"宗的创始人和大主教,我将降福于你的事
> 业,并衷心地祝愿拜占庭的拜伦和君士坦丁堡的霍布豪斯早日实现
> 你们的寻"道"之梦。[7]

这里又一次提到霍布豪斯,是要故意讽刺一下。尽管一位知情者坚
持说没有证据表明霍布豪斯参与其中,但霍布豪斯的日记里却有他频繁
招妓的记录。

除了霍布豪斯,拜伦在法尔茅斯还招来了四位随行的仆人,其中包
括老乔·默里,自从他们离开了纽斯特德庄园,母亲就成了那里的大管
家。老管家终于走了,她大松了一口气。还有在波斯做过佣人的日耳曼
人弗里斯,是哈罗校友巴特勒博士给他推荐的。贴身男仆威廉·弗莱彻
也在其中,他把妻儿留在了纽斯特德。还有他的小书童罗伯特·拉什
顿。后来,弗莱彻带着拉什顿一起去伦敦招妓,从那以后,拜伦就不再喜
欢他们了。拜伦批评弗莱切背叛妻子,跟别的女人通奸,还玷污了拉什
顿纯洁幼小的心灵。[8]实际上,拜伦是嫉妒他霸占了拉什顿。拜伦威胁
要开除他,直到快要出海时才放了他一马。

开往马耳他的船延误了几周,他们不得不另选路线。用那个诺丁汉
仆人的口音说,他们打算去"扑腾牙",乘坐"伊丽莎白公主"号去里斯
本。[9]加上拜伦一帮,船上共有十八个乘客:两个军官的妻子,三个孩
子,两名侍女,两名将加入驻葡英军的陆军下士,以及三个葡萄牙人。船
长是"英勇的"基德。一八〇九年七月二日,他们启程出发,拜伦给他们
的老朋友弗朗西斯·霍奇森寄了一些散诗。他的兴奋跃然纸上:

91

好哇！霍奇森，我们这就出发

　我们的禁运终于解除，

微风和煦

　吹弯了桅杆上的风帆……

弗莱彻，默里，鲍勃，你们在哪？

　像圆木一样沿着甲板摆开。

帮我一把，你这快乐的水狗！

　给你一条绳子来拴狗。

当霍布豪斯滚下舱来

　他嘴里骂骂咧咧

一口早饭，一口诗

　一边吐，一边咒我们的灵魂。[10]

拉什顿的形象则被暗藏在《恰尔德·哈洛尔德游记》里，就是那段有关"内疚的仆从"[11]的几句，只不过后来为了避嫌而被删去。拜伦用温情的笔调写道：

他只带了自己和一个自由民

向东行进到一个遥远的国度

尽管男孩为离家而悲伤

他从小就在美丽的湖畔长大

但不久，他那颗幼小的心又快乐地跳跃起来

他想看看异域的国度

还有许多神妙的事物。

四天半后,这些满怀期盼的旅者终于到达了塔古斯河的入海口。

　　拜伦将在异乡度过两年的时间。霍布豪斯第一年和他在一起,一八一〇年七月单独从希腊回国。要想知道他们在一起都干了什么、去了哪里,就得看霍布豪斯的游记,这方面的信息他记得更详细。霍布豪斯也是一位冉冉升起的文学新星,尽管他的名气不能与拜伦相提并论。这种差距有时会让他们关系紧张。霍布豪斯打算回来后写一本游记,这本书就是《阿尔巴尼亚之旅》,拜伦在一旁泼冷水,说霍布豪斯为这本书做了"冗长的准备":为了记录所见所想,他消耗了"一百支钢笔、两加仑的日本墨水和几卷最好的空白纸"。[12]拜伦的书信与霍布豪斯事无巨细的叙述形成鲜明的对比。他开始把写信看作一种表演,他后来在威尼斯的那段时间里完善了这种演技。

　　他从里斯本给霍奇森写了一封信,听起来就像一个欣喜若狂的孩子:

> 　　我在这里很开心,因为我喜欢橙子。我还可以跟僧侣们说拉丁语脏话,他们居然听得懂,他们也这样说。我还去了城里,带着我的手枪;我还能一口气游过塔古斯河;我刚下驴子就上骡子;我用葡萄牙语说脏话;我拉肚子,又被蚊子叮。但那又如何呢?想找乐子就舒服不了。[13]

　　要想看到这封信的原文,我们还要仰仗托马斯·摩尔,就是那个对拜伦的话随意阉割的立传人,他这样做只因为他觉得这些话不应该公之于众。所以,在传记的印刷版中,这整段是用星号代替的。

　　拿破仑战争时期,在欧洲旅行绝非易事。如果拜伦和霍布豪斯坚持他们最初的计划,途经马耳他前往东方,他们就不会那么清楚交战军队的动向了。自从纳尔逊在阿布基尔湾和特拉法尔加海角获胜以来,英国海军一直控制着地中海。但拜伦一行抵达目的地时,发现整个伊比利亚半岛正处于战乱之中;自一八〇七年法国入侵以来,西班牙民众揭竿而起,英国的远征军也赶来凑热闹。就在三个月前,也就是一八〇九年四月,亚瑟·韦尔斯利爵士(日后的惠灵顿公爵)抵达里斯本担任指挥官,并于五月在波尔图市附近击败了法国人。战斗向东蔓延到西班牙。气氛顿时变得危险起来,也正是这不测风云吸引了拜伦。

他们的目的地里斯本又脏又乱。一百五十艘英国运输船塞满了这里的港口。七月十日,他们观看了克劳夫布拉德将军检阅英军。亚瑟·韦尔斯利爵士已经率军打到了西班牙边境,正如拜伦在给汉森的信中所写的那样,"大战一触即发"。[14]这里说的"大战"就是七月二十七日和二十八日的塔拉维拉战役,韦尔斯利将军在这场战役中击败了法国元帅维克多。兵匪如潮水一般涌入城池,拜伦的袖珍手枪终于派上了用场。他和霍布豪斯打算坐着马车去伯爵街剧院欣赏当地特有的一种色情舞表演,不料在路上被四个歹徒恐吓。

里斯本所有旅馆都又脏又乱,他们选了一家最不脏乱的住下,旅馆名叫"布宜诺斯艾利斯",由一位名叫巴内韦尔的英国人经营,经常有英国游客光顾。霍布豪斯孜孜不倦地描述这座城市的景色,他认为里斯本在文明程度上比英国落后一百年:一个男人坐在大门口捉身上的虱子和跳蚤,然后在台阶上捏死一大片;三四个僧侣在教堂里公然调戏良家妇女,而在一旁,另一个女人熟视无睹地跪地祈祷。拜伦信步穿过两旁堆满人体排泄物的小巷,津津有味地欣赏这一幕幕。里斯本好就好在它是外国。

他们从市区来到辛特拉,这是一座位于里斯本以北约十五英里处的山村。这座村子让拜伦印象深刻,他认为"不论从哪个方向看,辛特拉都堪称欧洲绝景"。[15]其实,这只是他在欧洲大陆第一周的所见所闻。他为辛特拉天人之美的华丽结合所折服:宫殿和花园在岩石、瀑布和悬崖之间拔地而起，修道院矗立在高耸的悬崖上，令人目眩。在他的笔下，这里是苏格兰西部荒野的高原景色和郁郁葱葱的法国南部景色的结合；当然，他从没有去过法国南部。拜伦的游记有一种梦幻般的特征，他能把眼前的和想象的、读来的融汇在一起，把现在和过去融汇在一起。他在《恰尔德·哈洛尔德游记》中这样描写辛特拉的风景："可怕的峭壁头顶着摇摇欲坠的修道院。"[16] 这是一种拜伦特有的笔调，在歌颂景致宏伟壮丽的同时，也在暗暗捧杀一笔。

在辛特拉，最能引起拜伦共鸣的地方是就是塞拉特山间别墅，花园已杂草丛生，房屋年久失修，这里曾是威廉·贝克福德的流放地，这位贝克福德就是当地众人皆知的从英国来的鸡奸者。[17] 巧的是，一个月前，拜伦在去法尔茅斯的旅途中，在哈特福德桥附近的一家客栈换了马，而那位"伟大的鸡奸教教徒贝克福德"也下榻于此。他兴奋地告诉霍奇森："我们倒想见见这位备受偏见的寻'道'者，不是不行吧？"让拜伦佩服的是，现在已绯闻缠身的贝克福德仍无所顾忌地领着小情人威廉·库特奈子爵一起进进出出，只不过走路的时候子爵隔着一段距离跟着他。拜伦认为自己与贝克福德同命相连，塞拉特山间别墅的景象让他思考，英国有多少伟大的人士都毁于他们的偏见：

94

　　　　郁郁寡欢的瓦泰克啊！你一念之差
　　　违反了大自然的规律，行了遭天谴的事，
　　　命运女神曾眷顾你，而现在你只能受她摆布！
　　　愤怒女神的水瓶在你高傲的头顶喷洒，
　　　降下财富、智慧、天赋，
　　　鲜花盛开的早晨阳光明媚，
　　　但你却折服于羞于启齿的欲望
　　　落得个晚节不保

孤老终生——这难道不是最大的不幸吗？

　　这几句诗原本出现在《恰尔德·哈洛尔德游记》中，但后来被删去了，换上了几句哀叹，颇为平淡。

　　就因为来到了辛特拉村，拜伦还在《恰尔德·哈洛尔德游记》中对辛特拉·内戈公约嘲讽了一番，但后来也删去了。公约是英国指挥官休·达尔林普尔爵士和法国将军朱诺之间于一八〇八年达成的一项协议，以确保法国军队可以带着长枪大炮从葡萄牙全身而退。这里，拜伦犯了一个错误，协议不是在辛特拉签署的，而是在托雷斯·韦德拉斯签署，从辛特拉寄出的。他在《恰尔德·哈洛尔德游记》里说英国人背叛了葡萄牙人，没有履行约定的义务。拜伦这时候就表现出反政府的苗头了。

　　这个时候，拜伦就开始出风头了。约翰·威廉·沃德（就是后来的达德利和沃德第一世伯爵、坎宁政府外交公使）在里斯本见到了他，说他"绝非凡夫俗子"。[18] 话虽如此，卖给他英国产的马鞍时，沃德还是狠狠敲了他一笔。说白了，拜伦怎么看都是一副挨榔头的样子，为此他自己也很懊恼。拜伦仅用了两个小时就横渡塔古斯河，在贝伦堡一口气从南岸游到北岸，这下大家都知道他耐力非凡。从此以后，他多次在欧洲游泳，每次都要大张旗鼓。霍布豪斯说，当时风大浪险，要比他后来横渡希腊庞特河那次危险得多。

　　在里斯本待了两个星期后，他们骑马前往塞维利亚城和加的斯城，每天行进七十英里，足蒸暑土气，背灼炎天光。他俩乔装成英国士兵，戎装前进，自称这是穿越兵荒马乱的西葡边村的上上策。人靠衣装马靠鞍，拜伦领教到了这身行头带来的威望，他写信告诉母亲："一位身穿英军军服的英格兰贵族在西班牙是备受敬仰的。"[19] 路上遇到的一切都在提醒他们这是在穿越战区。在戒备森严的西班牙边境城镇埃尔瓦斯，他们须向当地的执政官出示护照，途中还要受到种种盘查，有个官员要查护照，却大字不识。路上还遇到一支西班牙卫国军，约两千人，装备精良。拜伦和霍布豪斯还成功回绝了官府的征马令。在穿越莫雷纳山脉的路上，他们亲眼看到硕大的炮兵阵地驻扎在山上，伺机击退法国的进攻。拜伦在《游记》中记载了这一防御工事：

> 莫峰处处扬尘烟
>
> 敢向炮火立云端。[20]

在塞维利亚附近，他们追上了一队法国战俘和一名在押犯人，据说这犯人曾是间谍，现在要押回城去处以绞刑。

为了对抗拿破仑军队，西班牙与英国结盟，成立了临时政府，政府设在塞维利亚城，这里的人口随即从七万暴增至十万。跟里斯本相比，塞维利亚很讨人喜欢，整座城市干净整洁，没有一丝喧嚣，狭长的街道两边是错落有致的屋宇，屋宇之间是幽深的庭院，在阳光明媚的日子里，庭院里会支起各色各样的帆布遮阳棚。拜伦和霍布豪斯在英国领事的推荐下，寄宿在两位未婚的西班牙贵妇家中，她们是唐娜·约瑟法·贝尔特伦和她的妹妹。令两人吃惊的是，四个人竟然挤在一间房里睡。

唐娜·约瑟法身材相貌俱佳，据说与一名西班牙军官订了婚。她向拜伦示好。他对母亲得意地说："当姐姐的对您这不肖子明显有意思，她柔情似水，临别时还抱住了我，而我在她家只住了三天。"[21]唐娜怨他不听话，没有半夜两点钻进她的被窝。临别时，唐娜对拜伦说："Adio tu hermoso! me gusto mucho."（"再见了，帅哥，你喂饱我了。"）随后剪下他的一缕头发，并给了他一缕自己的头发，足有三尺长。拜伦把这个战利品转交给了母亲，头发现存于约翰·默里的藏品中，浓密光滑、弹性十足，呈浓郁的深棕色。后来，拜伦在威尼斯写了一篇散文故事，讲的是一位叫唐娜·约瑟法的年轻安达卢西亚贵族做了他的情人,为他生下一子,始终没有放过他。托马斯·摩尔在传记里节选了这则故事的片段。霍布豪斯在他拿到的故事版本上注释道,本故事根据拜伦的亲身经历改编而来。

拜伦的女人缘在加的斯发挥得淋漓尽致。海军上将何塞·德·科尔多瓦带他去歌剧院。这位科尔多瓦正是皇家海军十年前在圣文森特战役中的手下败将。拜伦见到了将军的女儿:她是典型的西班牙美女,黑色的眼睛含情脉脉,橄榄色的肌肤细腻无瑕,举手投足中透着优雅,远胜于英国男人熟悉的女性同胞,看起来无精打采,随时都缺觉。科尔多瓦夫人向拜伦比了个手势,示意拜伦走进包厢,坐在她身旁本属于三姑六婆的位子上。拜伦喜欢有包厢的剧院,台上唱大戏,包厢里演小戏,寥寥几个人就构成一台争风吃醋、钩心斗角的戏。霍布豪斯写日记说他嫉妒拜伦尽走桃花运,为了不跌份,他选择去妓院挽回些颜面。

他们马不停蹄地从里斯本走了四百里地,于七月二十九日从里斯本抵达加的斯港。[22]第二天,他们去了海湾对岸的圣玛丽亚港,在那里观看了一场斗牛赛,这场斗牛赛让拜伦五味杂陈:跌宕起伏的情节确实令人兴奋,但被折磨得要死的牛儿却惨不忍睹。这群英国人又去了当地一家名叫"后宫"的青楼怡情娱乐。八月一日清晨,一阵礼炮将他们惊醒。礼炮是庆祝塔拉维拉一战大捷,新任英国大使——惠灵顿公爵的弟弟理查德·科利,即韦尔兹利侯爵驾临加的斯港。人群在胜利的喜悦中拉着他的马车穿过街道。第二天,霍布豪斯和拜伦在靠岸的"阿特拉斯"号战舰上用餐,和他们一起用餐的是珀维斯海军上将,他将在这里换乘"太阳神"号护卫舰前往直布罗陀。他们的欧洲旅行之所以顺利,全是仰仗这群身居高位的贵友相助。

他们经过特拉法尔加海角,看了一眼非洲的海岸,于一八〇九年八月四日抵达直布罗陀。这座岛又脏又臭,他们住在跳蚤肆虐的三锚英国大饭店。仆人们从里斯本出发,绕过特拉法尔加海角追上了他们。但拜伦决意将老乔·默里和罗伯特·拉什顿送回英国,送乔回国是念其年迈,送罗伯特回国则另有他因。[23]他告诉约翰·汉森:"我已经把拉什顿送回家了,因为土耳其太危险了,他还是个孩子。"他向拉什顿母亲解释道:"男孩子来土耳其很危险的,你懂的。"[24]

他告诉母亲"罗伯特是我最喜欢的佣人",要悉心照顾他,并交代说,要是拉什顿的父亲问起为什么把儿子送回来,一定要解释清楚,不要让他觉得儿子是犯了什么错才被送回来。离开英国前,拜伦就已拟好一份遗嘱,每年给拉什顿二十五英镑,若自己不幸罹难,这个男孩能独立生活。现在,他又像父亲一样,在原有基础上再给二十五英镑,资助孩子在国内念书。拉什顿不愿离开主子。好像那个叫弗里斯的日耳曼仆人也被送回去了。

在直布罗陀,一个名叫约翰·高尔特的苏格兰人注意到了拜伦。高尔特原先做生意,但经商失败,便弃商从文,后来写了部小说《教区故事》,大获成功。当时他正在执行一项秘密任务,研究怎样避开拿破仑针对英国的贸易禁令,将英国货物出口到欧洲大陆。高尔特的《拜伦勋爵传》发表于一八三〇年,篇幅冗长,而且多处记载不实。但是他笔下的这个时候的拜伦却相当真实。那天是个大热天,他在一个军事要塞的阅览室看书避暑:"我坐在那里看书的时候,一个年轻人走了进来,坐在我的桌子对面。他的外表吸引了我。看他穿的衣服,应该是个赶时髦的伦敦人,干净整洁,简约大方,个性突出得刚刚好,虽说一看就是个大城市的花花公子,但也绝非池中之物……他的面庞看着很舒服,透着聪明气,眉头还时不时地皱一下。我当时认为,这是一种习惯性的做作,可能他以为这个表情比较上相,看上去有精神气;后来我才发现,他这样横眉怒目是想起了什么不快的事情,他不喜欢的、没如他愿的事情。总的来说,眉清目秀,秀中带刚。"[25]

高尔特登上"汤森德"号邮轮,邮轮带拜伦去撒丁岛。他一路上仔细观察拜伦:工人们把他的行李搬上船,他在一旁监督,显得非常不耐烦,典型的贵族做派;路上,他避开其他人,在一片暮色中斜倚着船栏,凝望沧海;不久突然又变得谙于世故,和颜悦色,还给人发枪射瓶子。拜伦当然射得最好,说自己"还过得去吧"。船行驶到平静的水面,他们放下一艘快船,拜伦和船长乘着小船抓到两只海龟和一条鲨鱼,鲨鱼当早餐吃掉一些,吃的时候没有一丝兴奋。

船抵达撒丁岛南端的卡利亚城,拜伦和船长骑马登陆撒丁王国。撒丁岛和马耳他一样,由于英国海军控制了地中海,没有卷入战争。从信札看,除了三个钉在绞刑架上的人头外,好像没有什么吸引到拜伦。港市对外严防死守,但城内却是歌舞升平,让拜伦留恋。拜伦在直布罗陀花五十几尼给自己定制了一套华丽的官服,希望在见到国王维托里奥·伊曼纽尔一世的时候能派得上用场。[26]霍布豪斯也穿着他那件最体面的红色宴会服,等一会儿要和英国公使希尔先生共进晚餐。[27]宴席结束,他们移步剧院,希尔和拜伦坐在一间双人包厢里,十分显眼。希尔向王室和其他观众大方地介绍了拜伦和霍布豪斯。演出结束,拜伦发表了热情洋溢的演说,向希尔先生表示感谢。这种谄媚的举动遭到了霍布豪斯的讥笑。在回住处的路上,拜伦因为跛脚,路也不平,他挽着霍布豪斯的手臂,问他谢意表达得是否得当,指望得到几句安慰的话。[28]看来拜伦遭到别人嘲笑时也会心虚。

八月二十日,他们还是乘"汤森德"号前往马耳他,邮轮驶过西西里南岸;拜伦"兴高采烈,嘴里嘟囔着古怪的句子",和其他乘客一起开了瓶很棒的香槟喝了起来。他们望着彼岸青山,昔日庙宇林立的阿格里真托古城,如今只剩孤零零的柱子散落在山头。拜伦和霍布豪斯此时有些不讨其他乘客喜欢,便被送到一艘小船上,让他们去给港口负责人送信,这位负责人孤零零地住在岸边一间废弃的大房子里。他接待两人时,特意身着天蓝色制服,佩戴着金色肩章。两人算是玩了一趟,之后还得乘小船回"汤森德"号。

八月三十一日中午,他们抵达马耳他港,霍布豪斯赞叹这座海港"宏伟的程度超出想象"。[29]拜伦提前给总督亚历山大·鲍尔爵士送去了一封信,说他们已经上路。船靠岸后,其他人悉数上岸,只有拜伦和霍布豪斯留在船上,他们在等迎宾的礼炮。然而,没有人迎接他们。眼看太阳就要落山了,他们只好灰头土脸地进了城。

进城后,他们终于等到了总督的精心款待,他们被安排住在韦尔塔的一个叫斯特拉达·迪·福尔尼的大宅子里,房子还算精致,房主是一名叫蒙克里夫的医生。他们很快就与马耳他军方和商界人士打成了一片,吃酒赴宴,谈笑风生,品鹌鹑之鲜美,尝"贻贝"之细嫩。[30]他们在一座精美的浴场洗澡:旅途中,拜伦讲究卫生,程度几近苛刻,霍布豪斯则没他那么在意。去听歌剧的路上,拜伦花了一块钱买了一本阿拉伯语语法,他想着下一步去东方时能派得上用场。他还找了一位阿拉伯语家教给他上课。但他不能集中注意力。后来,他意识到这个缺点,挖苦自己说:"我本打算到了马耳他后猛学亚美尼亚语和阿拉伯语,不想却爱上一个疯癫的女人;终于到了马耳他和威尼斯,我却又在向往富饶的东方,也不知道向往什么,我就这个毛病。"[31]

所谓的马耳他的"疯癫的女人"就是霍布豪斯口中的"远近闻名的斯宾塞·史密斯夫人,一位身材高挑、双臂丰腴的美人儿"。[32]她叫康斯坦斯·斯宾塞·史密斯,当时二十四岁,在外交界已是声名狼藉。她是奥地利驻君士坦丁堡大使赫伯特男爵的女儿,英国驻斯图加特公使的妻子。一八〇六年,拿破仑设在威尼斯的政府逮捕了她,正要将她押送到西班牙瓦伦西亚市的监狱。她在意大利布雷西亚市的一家客栈歇脚的时候,不承想被一位对她垂涎已久的西西里贵族萨尔沃侯爵掠走。营救行动像一台好戏,乔装打扮的劫匪、云梯和租来横渡加尔达湖的渡船全

99

部到位。拜伦总结道："她从一出生就大事不断,传奇故事都没有这样讲的。"[33]

话说现在,康斯坦斯路过马耳他,在回英格兰见丈夫约翰·斯宾塞·史密斯的路上。拜伦与她结识在一家剧院,对她一见倾心。她的名气散发出的魅力吸引了拜伦,但也可能是,半夜她女扮男装逃出客栈的画面让拜伦动了心。让他放不下的是,拿破仑为此事"恼羞成怒",再捉到她,肯定要置她于死地。他告诉母亲,自从遇到这位"卓尔不群的女人"后,他们就形影不离。她风姿绰约,才华出众,简直惊世骇俗!有趣的是,跟拜伦有关系的女人都是那个时代标新立异的人。

拜伦对这位"卡里普索女神"的爱可谓是"恢宏壮丽":他在《恰尔德·哈洛尔德游记》中如此形容对她的感情。那首爱意甚浓的《致花神》也是写给她的。三年后的一八一二年,拜伦兴致勃勃地告诉墨尔本夫人当年在地中海这位斯宾塞夫人如何让他爱得死去活来:两人准备私奔,却又因目的地(威尼斯北部的弗留利山区)被法军占领而作罢。[34]

一八二一年,拜伦在拉文纳仍然忘不了斯宾塞·史密斯夫人:"那个名叫康斯坦斯的日耳曼女人,我愿为她放弃一切。"[35]但明眼人约翰·高尔特断定拜伦的这段马耳他之恋实际上只是一厢情愿,是他的精神恋爱罢了,实际上什么都没发生过。[36]拜伦次年写了一封信,信里说,他为了斯宾塞·史密斯夫人的荣誉与一位英军副官决斗,险些命丧马耳他。他告诉朋友斯克罗普·戴维斯:"上次我在马耳他的时候爱上了一位已婚女子,我向她的军官丈夫下了战书,但女士恪守贞操,先生也明事理,所以我也没有做出什么出格的事情。"[37]霍布豪斯也否认拜伦和康斯坦斯相爱过:"不过是做梦罢了。"[38]拜伦对她的感情肯定不如她对拜伦的持久,这是拜伦情史中司空见惯的事。

他们的行程即将结束。马耳他总督给他们推荐路线,霍布豪斯出面沟通,组织大家有序登上了英国皇家军舰"蜘蛛"号,这艘战舰当时正在护送英国商船前往当时属于阿尔巴尼亚省的普雷维萨港。船途经伯罗奔尼撒半岛北端的希腊城市帕特拉斯。指挥该舰的是奥利弗上校,他负责保护约五十余艘商船。拜伦在《恰尔德·哈洛尔德游记》中描述道:"鸿鹄展翅行如缀。"[39]一八〇九年九月二十三日早晨,拜伦和霍布豪斯一行人穿过凯法利尼亚岛和扎金索斯岛之间的海峡,他们第一次看到了梦寐以求的古希腊遗迹。

这次旅行可谓有惊无险。他们进入了一片战云密布的水域。爱奥尼亚群岛当时为法国人所有,但不久之后就会被英国人占领。英国联手奥斯曼帝国与俄罗斯为敌。奥斯曼人控制着希腊,自一四五三年君士坦丁堡陷落以来,他们一直在当地实行高压统治。多国军舰停靠在该水域。在科林斯湾附近"蜘蛛"号捕获了一艘装满葡萄干的民用船,经过一番改造,把它乔装成私掠船。拜霍二人,连同一名医生、一名候补少尉、十个水手,开着这艘临时炮艇,挂起米字旗,又捕获了其他两艘同类的船。有一艘七十吨级土耳其双桅帆船来势汹汹,竟然向英国船队开炮,也被他们征服了。后来才知道,土耳其人把他们的船当成法国船了。在随后的枪战中,一名男子不幸负伤,一颗子弹从霍布豪斯耳旁呼啸而过,离他不过一英寸。"蜘蛛"号后来在法国占领的伊萨卡岛又俘获两条船,一条也是奥斯曼帝国的。拜伦亲自上船搜捕猎物,却发现除了一些无用的武器外,什么都没有。霍布豪斯的日记中形容这些小插曲给人的感觉与其说是认认真真打仗,不如说是年轻人的一场不负责任的冒险。

九月二十六日,他们驶入海湾,向奥斯曼帝国的帕特拉斯城驶去。风起山林间,日出东方隈。当他们到达帕特拉斯城时,红日当空,碧野苒苒,英木苍苍,宣礼塔在灯光下闪闪发光。[40]他们停留了片刻,匆匆上岸。

101

初临希腊大地的几个小时，拜霍二人来到帕城北郊的醋栗田里打靶。他俩看到奥斯曼土耳其占领军站在登陆点，这群家伙个个腰里别着手枪、挂着匕首，着实让他俩畏惧。他们又掉头向西北方向驶向阿尔巴尼亚省的普雷维萨港，途中绕过迈索隆吉翁城，"青山下前后依偎着两段海滩，向上眺望，层峦叠嶂，上出云霄"。这就是那片令他魂牵梦绕的地方啊。

他们绕过伊萨卡岛南岸那块名叫"萨福之跃"的岩石，沿着希腊西海岸驶向阿尔巴尼亚，于九月二十九日登陆普雷维萨港。到目前为止，他们的旅途还算平稳，路过的都是英国人的地盘，享足了英国侨民都能享受到的待遇。相比其他地方，阿尔巴尼亚更像是真正意义上的异域：上有崇山峻岭，下有野蛮土著，政局动荡，波诡云谲。拜伦到那儿时，该地名义上归奥斯曼帝国管辖，实际首领为阿里帕夏，他曾是被奥斯曼朝廷招安的绿林头目，他把阿尔巴尼亚建成了自己的封国。在经历了一系列残酷的政治斗争之后，阿里掌握了一个庞大的帝国，其疆域从阿尔巴尼亚北部向南延伸到希腊，向东延伸到马其顿和塞萨利。他任命儿子韦力帕夏管理伯罗奔尼撒半岛。

拜伦后来说，除了常驻于此的英国人威廉·利克之外，哪个英国人都不如他了解贾尼纳城，这里是阿里帕夏为阿尔巴尼亚选定的首都。这种说法虽不全对，但他这一趟绝不乏新奇的发现。在普雷维萨港的第一天早晨，拜伦和霍布豪斯一身红色戎装，冒着倾盆大雨来到领事馆。领事馆室内摆着土耳其式矮沙发。领事为他们准备了鸡蓉稀饭、香料味很足的羊肉、烤鱼、鱼子酱和一些水果，配酒有味道过得去的本地葡萄酒和一瓶波尔多葡萄酒。[41]领事馆的厕所让他们惊愕：地板上开出个三角形的洞，洞上方放着一把长凳，长凳上面开出个半圆形。拜伦搞不懂怎么用，便直接蹲在地板的一个角上，用膝盖抵着鼻子，样子十分痛苦。[42]阿尔巴尼亚给他们留下的第一印象并不好。霍布豪斯后来写道："要是船长当时再多催催我们，估计我们会同意返回帕特拉斯的。"[43]

虽说如此，他们现在却在准备骑马去贾尼纳城。他们备了十匹马，马背上驮着沉重的行李，有七个大箱子、简易床、铺盖细软、锅碗瓢盆，都分别裹在驮包里。他们要在深山老林里走上三天才能到达。贾尼纳是一座山城，圆顶和宣礼塔倒映在一个明镜般澄澈的湖上，浪漫、美丽。抵近城市，他们看到树上挂着一条胳膊，这条胳膊是从一个造反的牧师身上活活扯下来的。眼前的惨象差点让两人吐出来。

马耳他总督亚历山大·鲍尔爵士向拜伦等人介绍过威廉·利克的情况。看起来利克已经告诉过阿里帕夏这些年轻人要来。阿里不在城里，他深表抱歉。他得上前线去打一场小仗。[44]当时他的军队正在更北边的贝拉特城堡围攻当地军阀易卜拉欣帕夏。他对这些英格兰客人格外重视，热情地邀请他们北上去贝拉特城堡以北的特佩雷尼城与他会面，他在那有一座行宫。在贾尼纳，他为他们安排了一处豪华的寓所，一切费用由他承担。这座城里杂居着土耳其人和希腊人。霍布豪斯调查了当地的婚俗："未婚女子从来不会在外面露面，新郎直到戴上戒指的那一刻才能见到他未来的妻子。所以，想要偷情，在这里只能和已婚女人。所以婚外情时有发生。当然，这为鸡奸盛行提供了借口，希腊人背地里搞，而土耳其人公开搞。"[45]

在贾尼纳，拜伦和霍布豪斯结识了阿里帕夏的两个孙子——侯赛因巴依和马哈茂特帕夏，听他们说话可知这些孩子早熟但轻佻，拜伦对母亲描述道："他们跟英国小孩完全不一样。"[46]这俩孩子的脸"红得像涂了胭脂的老贵妇，眼睛又黑又大，五官匀称。他们是我见过的最漂亮的小生物"。侯赛因巴依是阿里帕夏的长子木合塔尔帕夏的孙子，他带着他们参观了宫殿，期间不时向拜伦的佩剑投去赞许的目光。马哈茂特是韦力帕夏的儿子，侯赛因的堂兄，他的博学给拜伦留下了深刻的印象，他问二人是上议院还是下议院的议员："我纳闷同龄的英国男孩是否知道

102

奥斯曼会议厅和寺院的区别。"[47] 拜伦与马哈茂特很谈得来,马哈茂特希望再次见到他:"和世上的大人一样,我们尽管了解不深,也不是一路人,但仍是朋友。"[48]

他们顶着满头的乌云向北骑行,前往特佩雷尼城找阿里帕夏。十月十一日晚,霍布豪斯率领队伍先行抵达地势陡峭的山村齐扎。天一黑,暴雨如注。拜伦和其他几个跟着的侍者不见了踪影。霍布豪斯焦急万分,下令在村子上方的山顶上点火,并鸣枪让拜伦知道他们的位置。霍布豪斯穿着大衣席地而睡,但山野间暴雨倾盆,狗吠牧羊人叫,吵得他根本睡不着。

刚过午夜,来了一个人,脸色苍白,气喘吁吁,浑身湿透,他报告说拜伦一行人迷了路,驮行李的马绊倒在半山坡上,十分危险。大家手持松枝做成的火把,带着更多的马匹出发寻人。在一道道闪电的照射下,大家在土耳其墓碑间看到了拜伦,他和一名希腊牧师还有几个仆人在一起,旁边就是一条湍急的河流。他们终于在凌晨三点到达齐扎村,此时他们已经在暴风雨中待了九个小时。

第二天早上,他们起得很晚,吃了早饭后,在这座地势陡峭的山村里走了走,这儿的山羊就像他们在维吉尔的田园诗里读到的那样,平时待在峭壁上。现在的拜伦也算得上是旅行家,他称赞齐扎村是"我见过的最美丽的地方(葡萄牙的辛特拉除外)"。他们参观了小青山上的修道院,在那里,院长拿出手工压榨的白葡萄酒、核桃和一些咖啡招待他们。弗莱彻抱怨说,这位"慈眉善目的牧师"[49]一直在教他希腊语,一高兴还时不时地亲他一下。

经过九天的艰苦跋涉,穿过波涛汹涌的山洪,他们于十月十九日日落时刻到达特佩雷尼城,进入阿里帕夏的宫殿。虽然阿尔巴尼亚人的服饰和苏格兰人的方格呢裙不完全一样,这个场景还是让拜伦想起了沃尔特·司各特的一部苏格兰高地小说。他写道:

阿尔巴尼亚人的服饰(这可是世界上最华丽的服饰,下身一条
白色长褶裙,肩披金缕斗篷,身穿一袭红绒金丝绣罗袄,银枪匕首跨
双腰),鞑靼人头戴峨冠,土耳其人头缠白巾,上身是皮毛镶边披
风;从远处看,一条阔路直通宫殿,两旁士兵一字排开,宫殿下方的
回廊里,两百匹骏马盛装待发,黑奴在一旁司马候命,信使忙,军鼓
鸣,宣礼塔中颂声扬,初到者见到这新奇的场景无不兴奋。[50]

霍布豪斯和拜伦都喜欢这种精致且充满异域风格的东方服装。
霍布豪斯在日记中写道,有一天他十点起床,要试穿阿尔巴尼亚的服
饰。[51]拜伦写信给母亲,说他买了几件非常漂亮的阿尔巴尼亚衣服,每
件大概有五十英镑那么贵。

拜伦和霍布豪斯被安排在宫殿里一套不错的公寓里。他们注意到,
冬天使用的房间铺着英式地毯,而长长的走廊让他们想起了英式客栈的
顶楼的设计。他们到达后的第二天,阿里帕夏接待了他们,拜伦一身戎
装,腰佩一把华丽的军刀。[52]会客厅的地面用大理石铺设,中间有一个
喷泉。墙角有一排深红色的矮凳。阿里年过六旬,"非常胖,个子不高,
五官端正,眼睛呈浅蓝色,胡子花白"。他特意站起来迎接拜伦,然后请
他坐在自己右边。闲聊的一个问题是:为什么拜伦年纪轻轻就离开自
己的母国。

为什么这个有权势的暴君对拜伦勋爵如此殷勤?阿里帕夏是一个
狡猾、老练的君主,在英国人、法国人、土耳其人中间纵横捭阖。他可能
当拜伦是一个外交手腕,有朝一日能派上用场。在这个历史时刻,他的
意图和英国在爱奥尼亚群岛的政策不谋而合,而英国人的目的就是驱逐
岛上的法国人。利克上尉告诉阿里,拜伦出身于一个显赫的贵族家庭。
他可能高估拜伦的能力了。此外,拜伦的英俊对于这个年迈而放纵的暴

君来说显然是不可抗拒的。

霍布豪斯注意到阿里看拜伦的时候色眯眯的，还问他怎么会忍心离开他的母亲。阿里一边爱抚他，一边说他天生是个好坏子，"耳朵小，头发卷，小手白"，还说他耳朵小得几乎没有耳垂。阿里帕夏对拜伦的长相和衣着十分赞赏，告诉他在土耳其期间就把他当作义父。"真的，"拜伦告诉他的母亲，"他把我当孩子一样对待，每天派人给我送杏仁糖、果子露、水果和甜食有二十次。他求我傍晚多去看他，他那个时候有空。"第一次会面在咖啡和土耳其水烟中结束。

拜伦又见了阿里帕夏三次。有人认为阿里帕夏征服了拜伦。这不太可能。拜伦对年长的男人不感兴趣。但他肯定领教到了这样一个权势人物的殷勤，感受到了温文尔雅背后的凶恶："他是个暴君，犯下了最可怕的暴行却毫无悔改之心。他是有勇有谋的将军，以致他们称他为穆罕默德·波拿巴。"阿里最不像英国人的做法是将敌人刺穿，放在签子上边滚边烤，他乐此不疲。

拜伦刚开始旅行没几周就开始称自己是朝圣者了。他发现这次地中海之旅无论从内在价值的提升讲，还是从关于欧洲和东方的地理、历史、心理、政治的知识的增进讲，都堪称一场朝觐。在贾尼纳的时候，利克上尉就发现，拜伦很会"在不经意间放下手头的事，不顾旁人讲的话，抬头，用迷离的眼神眺望远山"。[53]这件事可能已经被后人浪漫化了。但有证据表明拜伦那首诗意的游记《恰尔德·哈洛尔德游记》已经开始构思了。

十月二十二日，他们还在特佩雷尼的阿里帕夏的宫殿里，霍布豪斯写道："拜伦一直在用斯宾塞诗节写一首长诗。"[54]拜伦自己给出的正式开始日期是十月三十一日，那时他们已经返回贾尼纳。霍布豪斯一直在写日记，而他要写一个更宏大的东西——叙事诗，把所见所闻都记录下来。[55]这些见闻沁透着这位年轻旅者的痛苦，主人公的名字最初叫

"伯伦公子"(Childe Burun)，这位公子所处的环境和他本人的有几分相似，但为了不让别人知道他做过的错事（不论是还没讲出去的，还是讲不出去的），这位公子还需要和他本人拉开一定距离；朝觐的主人必定是分裂的。

但在霍布豪斯的坚持下，拜伦还是从《恰尔德·哈洛尔德游记》中掩去了不少自己的成分。在阿尔巴尼亚的时候，他获得了许多留给后人的东西，也丢失了许多留给后人的东西。有一次在路上，一堆手稿从拜伦的衣箱中掉了出来。霍布豪斯得知这是关于拜伦早期生活的记录，很可能涉及他和埃德斯顿那段美好的记忆，便劝他烧掉。他说："如果发生意外，他们会出版这些稿件，你的回忆再再美好，也会被扭曲、玷污。"[56]后来，拜伦好像后悔了，他告诉托马斯·摩尔，那些手稿是"不可复得的"。

十一月初，拜伦和霍布豪斯再次南下前往希腊，随行人员有所增加。除了弗莱彻和他的希腊语翻译安德烈亚斯·赞塔奇以外，他现在还得到了一名阿尔巴尼亚仆人瓦斯利，他是阿里帕夏在特佩雷尼指派给他的；还有一名年轻的穆斯林托钵僧人拉西里，他是阿里帕夏派去保护他们免遭抢劫的四十多名阿尔巴尼亚士兵中的一员。拜伦对他们两人评价很高。整个东方之旅都有他俩陪同。

然而，弗莱彻渐渐成了一个负担。他不能适应新环境，不善远游。阿里帕夏派出一艘全副武装的平底小船，走海路将他们从普雷维萨送到帕特拉斯。船员的水平不专业，一场暴风雨就把他们吹偏航了。

　　弗莱彻吓得大喊妻子的名字，希腊人吓得大喊圣人的名字，穆斯林吓得大喊安拉的名字，船长失声痛哭，"跑到甲板下面叫我们向上帝祈祷。船帆撕裂，甲板颤抖，海风嗖嗖，夜幕降临，我们唯一的生机就是前往法国人控制的科孚岛，否则我们会葬身大海，让**悲情的**弗莱彻说，埋在这"**水上墓场**"。[57]

拜伦尽其所能安慰他的男仆,然后披上他的阿尔巴尼亚斗篷,若有所思地矗立在甲板上,等待最坏的情况。他写信告诉母亲,弗莱彻和他的性格格格不入,对东方的愉悦也毫无反应,还满腹牢骚。拜伦将他刻画成一个小丑,体现英格兰岛民的狭隘性:

> 他一会儿嫌**冷**,一会儿嫌热,还怕蚊虫。我们一起躺在山间野村的小屋里,谁没吃过这些苦? 谁又有一声怨言? 最让人受不了的是,他还胆小,连强盗和暴风雨都怕。

拜伦实际上是在说他自己的感受。弗莱彻和霍布豪斯一样,为拜伦扮演着那个裹足不前的自我。主仆两人的感情还是很深的。

船最终在小镇帕尔加的乱石海岸外落锚。他们步行穿过阿卡马尼亚森林,阿里帕夏派来的侍卫一路护送。十一月二十日,他们抵达迈索隆吉翁城,受到当地英国领事的热情接待,他以为拜伦是新来的大使,坚持用法语跟他交谈。第二天天气不好,他们耽搁了行程。后面几天的雨更大。十一月二十二日,他们雇了艘特里巴库罗船前往帕特拉斯,这种船需要十名橹手。到了帕特拉斯,他们又沿着科林斯湾的烂路向东前进。十二月五日,他们遥遥望见了冰雪皑皑的帕纳塞斯山。十二月十四日,他们横穿科林斯湾北岸,到达萨洛纳城的时候已是半夜。弗莱彻又是牙痛,又是头痛,打不起精神。第二天他们启程去圣地德尔斐,参观久闻大名的古希腊遗迹。路上,熟读古典著作的他们心潮澎湃。霍布豪斯之前一直在读修昔底德有关希腊人特征的文章,他倒要看看现在的阿尔巴尼亚人和更自由的希腊人同他们的祖先有何相似之处。[58] 他们做了做健体操,举办了一场现代版的奥林匹亚运动会。

在伯罗奔尼撒半岛北岸的小镇爱吉奥附近,拜伦误射下一只雏鹰。它只是受了点伤,还没有死。拜伦尽力抢救:"它的眼睛那么明亮,渐渐地,它没了精神,几天后就死了。"[59]他发誓从此再也不会杀鸟。一周后,他从克里索村骑马回德尔斐圣地,看到一大群鹰在空中飞翔:是六只还是十二只,他的说法前后不一。前一天他写了几句咏帕纳塞斯山的诗,收录在《恰尔德·哈洛尔德游记》中:

107

> 哦,帕纳塞斯山!我把你凝望,
> 不在朦胧的梦里,
> 也不在诗人的湖旁
> 我在云雪相接的碧空飞翔,
> 我在威严盖世的山巅飞翔![60]

　　看到鹰时,他期许那是预兆、神迹,表明阿波罗接受了他的敬意,会让他名扬诗坛。

　　他和霍布豪斯所去的并不是一个神秘的国度;到达雅典时,他们发现他们并不是唯一一对希腊感兴趣的英国人。英国人重新对希腊文化感兴趣是十八世纪中叶的事。德国艺术史学家约翰·约阿希姆·温克尔曼的作品由画家兼评论家亨利·富塞利翻译成英语,介绍到英国,引发了大规模的希腊艺术审美活动,特别是对雕塑艺术。当时,欧洲的大部分地区因为拿破仑战争不便通行,希腊则吸引了许多尚古的英国游客。科林斯湾附近的橄榄林中有一座修道院,拜伦和霍布豪斯在礼拜堂的一根柱子上刻下两个名字:"H. P.霍普,一七九九年"和"阿伯丁,一八〇三年"。亨利·菲利普·霍普是托马斯·霍普的弟弟,托马斯·霍普是东方学家,狄莱坦蒂学会的成员,这个学会为希腊考古学奠定了基础;阿伯丁,即第四代阿伯丁伯爵,也毕业于哈罗公学,是鉴赏家,他在《英格兰诗人和苏格兰评论家》中也是一个被讽刺的靶子。虽说如此,拜伦和霍布豪斯也把自己的名字刻在了柱子上。

　　伴随着希腊热,英国人开始明目张胆地抢夺历史文物。在马耳他时,霍布豪斯就记下了一种传言,说著名收藏家托马斯·布鲁斯,就是八世埃尔金伯爵,前英国驻君士坦丁堡大使,在雅典破坏了许多柱子,为的就是割下上面的浮雕。[61]在利瓦迪亚城附近的俄尔科墨诺斯古城遗址,他们发现了同胞干下的更多坏事。寺院里只剩几块古代铭文大理石。霍布豪斯写道,埃尔金伯爵和其他英国人用骡子把铭文碑运走了。[62]

　　他们现在向东南方进发,前往底比斯城,途中在一个叫马齐的小山村停了下来。住所条件差到骇人,拜伦灵机一动,用他的马刀砍下了一只肥鹅的脑袋,为通行者解了一顿馋。在这穷乡僻壤,妇女把硬币都串在小辫上,追求者就知道能得到多少嫁妆了。十二月二十日,霍布豪斯和拜伦冒着倾盆大雨骑行抵达底比斯。这座古城没有古城的样子,昔日的辉煌就更别提了,他们失望极了。到了这里,他们已经超出了阿里帕夏的势力范围,不再受任何优待。他们因马车问题和地方官员吵了起来,耽搁了时间,十二月二十四日周五才动身前往雅典。

　　他们继续向东南方向旅行,在一个叫斯库尔塔的地方停了一下,这是一个荒村,一半的房子大门紧锁,一行人就在这里度过了一八〇九年的平安夜,他们住的茅屋算是一路上最差的。[63]屋里有一个马槽,加上恰临圣诞节,他们想起了耶稣诞生记。天还没亮,他们就起床了,离雅典不远了。他们穿过一片宽阔的平原,沿着一条乱石路,翻过一座座松林茂密的山丘。马儿"一个接一个打软腿,好像商量好了一样"。[64]他们爬上一座山顶,不远处就是菲尔堡,那里十分偏远,厌世的古希腊哲学家泰门定会喜欢的地方。就在这里,他们第一次看到了雅典的远景:雅典平原、潘特里库斯山、海米特斯山、爱琴海和雅典卫城尽收眼底。[65]拜伦后来写道:"在我看来,雅典的景色比辛特拉更壮美。"

　　接近查西亚小镇,路程就走过了一半,"高耸如云的松林覆盖着陡峭的悬崖,景色随着雅典的递进愈加浪漫"。[66]沿着一座古堡的围墙,穿过一片枝繁叶茂的树林，一大片葡萄和橄榄园出现在眼前。落日的余晖点缀了远处清真寺的穹顶。绕过一座小山，雅典卫城矗立在他们面前，近在咫尺。他们沿着一条宽阔笔直的道路骑行了一小时，穿过城门，于圣诞夜晚上八点半进入雅典。

注释

[1] 拜伦致约翰·默里的信，1820 年 11 月 19 日。

[2] 拜伦致爱德华·埃利斯的信，1809 年 6 月 25 日。

[3] 拜伦致亨利·德鲁里的信，1809 年 6 月 25 日。

[4] 拜伦致查尔斯·斯金纳·马修斯的信，1809 年 6 月 22 日。

[5] 拜伦致约翰·卡姆·霍布豪斯的信，1810 年 8 月 23 日。

[6] 查尔斯·斯金纳·马修斯致约翰·卡姆·霍布豪斯的信，1809 年 9 月 25 日。（大英图书馆）

[7] 查尔斯·斯金纳·马修斯致拜伦的信，1809 年 6 月 30 日。（大英图书馆）

[8] 拜伦致凯瑟琳·戈登·拜伦的信，1809 年 5 月 19 日。

[9] 拜伦致亨利·德鲁里的信，1809 年 6 月 25 日。

[10]《致霍奇森先生的信》，1809 年，第 1 行。

[11]《恰尔德·哈洛尔德游记》，第一章，被删除的诗行，第 64 行。

[12] 拜伦致亨利·德鲁里的信，1809 年 6 月 25 日。我认为这里应该是"Wordy"而不是马钱德认为的"Woundy"。

[13] 拜伦致弗朗西斯·霍奇森的信，1809 年 7 月 16 日。

[14] 拜伦致约翰·汉森的信，1809 年 7 月 13 日。

[15] 拜伦致凯瑟琳·戈登·拜伦的信，1809 年 8 月 11 日。

[16]《恰尔德·哈洛尔德游记》，第一章，第 19 节，第 243 行。

[17] 拜伦致弗朗西斯·霍奇森的信，1809 年 6 月 25 日。

[18] 约翰·W. 沃德致海伦·达西·斯图尔特（Helen D'Arcy Stewart）的

信,1812 年 6 月。见《达德利侯爵一世传》(*Letters to 'Ivy' from the First Earl of Dudley*),S. H. 罗米利(S. H. Romilly)编辑(1905)。

　　[19] 拜伦致凯瑟琳·戈登·拜伦的信,1809 年 8 月 11 日。

　　[20]《恰尔德·哈洛尔德游记》,第一章,第 51 节,第 531 行。

　　[21] 拜伦致凯瑟琳·戈登·拜伦的信,1809 年 8 月 11 日。

　　[22] 同上,1810 年 7 月 20 日。

　　[23] 拜伦致约翰·汉森的信,1809 年 8 月 13 日。

　　[24] 拜伦致凯瑟琳·戈登·拜伦的信,1809 年 8 月 15 日。

　　[25] 约翰·高尔特,《拜伦勋爵传》(1830)。

　　[26] 拜伦致凯瑟琳·戈登·拜伦的信,1809 年 8 月 11 日。

　　[27] 约翰·卡姆·霍布豪斯(布劳顿勋爵),"日记手稿",1809 年 8 月 17 日-27 日。

　　[28] 约翰·高尔特,《拜伦勋爵传》。

　　[29] 约翰·卡姆·霍布豪斯(布劳顿勋爵),"日记手稿",1809 年 8 月 31 日。

　　[30] 同上,1809 年 9 月 2 日。

　　[31]《一些不切实际的思考》,第 55 条。

　　[32] 约翰·卡姆·霍布豪斯(布劳顿勋爵),"日记手稿",1809 年 9 月 4 日。

　　[33] 拜伦致凯瑟琳·戈登·拜伦的信,1809 年 9 月 15 日。

　　[34] 拜伦致墨尔本夫人的信,1812 年 9 月 15 日。

　　[35] "在拉文纳写下的日记",1821 年 1 月 13 日。

　　[36] 约翰·高尔特,《拜伦勋爵传》。

　　[37] 拜伦致斯克罗普·戴维斯的信,1810 年 7 月 31 日。

　　[38] 约翰·卡姆·霍布豪斯,霍布豪斯在托马斯·摩尔的《拜伦的书信和日记》(1830)中的批注。

　　[39]《恰尔德·哈洛尔德游记》,第二章,第 17 节,第 151 行。

［40］约翰·卡姆·霍布豪斯(布劳顿勋爵),"日记手稿",1809 年 9 月 26 日。

［41］同上,1809 年 9 月 29 日。

［42］同上,1809 年 9 月 30 日。

［43］约翰·卡姆·霍布豪斯,《一八〇九年和一八一〇年阿尔巴尼亚和土耳其之行》(两卷本;1813),第一卷。

［44］约翰·卡姆·霍布豪斯(布劳顿勋爵),"日记手稿",1809 年 10 月 5 日。

［45］同上,1809 年 10 月 6 日。

［46］拜伦致凯瑟琳·戈登·拜伦的信,1809 年 11 月 12 日。

［47］"有关土耳其人的注释",《恰尔德·哈洛尔德游记》,第二章。

［48］拜伦致凯瑟琳·戈登·拜伦的信,1809 年 11 月 12 日。

［49］约翰·卡姆·霍布豪斯(布劳顿勋爵),"日记手稿",1809 年 10 月 12 日。

［50］拜伦致凯瑟琳·戈登·拜伦的信,1809 年 11 月 12 日。

［51］约翰·卡姆·霍布豪斯(布劳顿勋爵),"日记手稿",1809 年 10 月 27 日。

［52］拜伦致凯瑟琳·戈登·拜伦的信,1809 年 11 月 12 日。

［53］托马斯·摩尔,《拜伦传》,第一卷。

［54］约翰·卡姆·霍布豪斯(布劳顿勋爵),"日记手稿",1809 年 10 月 22 日。

［55］《恰尔德·哈洛尔德游记》,第一章和第二章的前言,1812 年 2 月。

［56］理查德·西姆·谢泼德编辑,《托马斯·摩尔散文诗歌选》(1878)。

［57］拜伦致凯瑟琳·戈登·拜伦的信,1809 年 11 月 12 日。

［58］约翰·卡姆·霍布豪斯(布劳顿勋爵),"日记手稿",1809 年 12 月 9 日。

［59］《拜伦书信与日记》,1814 年 3 月 20 日。

［60］《恰尔德·哈洛尔德游记》，第一章，第 60 节，第 612 行。

［61］约翰·卡姆·霍布豪斯（布劳顿勋爵），"日记手稿"，1809 年 9 月 5 日。

［62］同上，1809 年 12 月 21 日。

［63］同上，1809 年 12 月 24 日。

［64］同上，1809 年 12 月 25 日。

［65］《恰尔德·哈洛尔德游记》，第二章，第 73 节。

［66］约翰·卡姆·霍布豪斯（布劳顿勋爵），"日记手稿"，1809 年 12 月 25 日。

第九章　希腊和君士坦丁堡（1809-1810）

接下来的十周，拜伦和霍布豪斯待在雅典。这是他第一次长时间停留在"深爱的希腊"[1]，自己无限眷恋的国家。英国雾蒙蒙的海岸，比起这里蔚蓝的天空和无与伦比的风景，真是相去甚远。

当时，雅典只是一个不起眼的偏远城镇，经君士坦丁堡的黑太监首领任命，为土耳其总督沃沃德所统治。摇摇欲坠的房屋在卫城的北部和西部挤作一团，周围是一堵十英尺高的墙，霍布豪斯大步走四十七分钟才能绕一圈。这里人口约一万，土耳其人和阿尔巴尼亚人的数量超过了被征服的希腊人。此外，还有十几户外国人聚居于此，大都是官员和商人，法国人和英国人在这里相处得相当不错。

拜伦住在其中一户人家，房主是塔西娅·马克里夫人。马克里夫人出生于希腊，是希腊裔英国驻雅典副领事的遗孀。他的起居室和两间卧室通向一个庭院，庭院里有柠檬树的芳香，马克里夫人给房客准备的手抓饭也带着柠檬的清新。曾经悬挂着英国国旗的旗杆仍然矗立在房子外面。霍布豪斯住在隔壁的一座房子里，为了方便交流，两座房子打通了。马克里夫人有三个漂亮的女儿：卡丁卡、玛丽安娜和特蕾莎。她们都受过良好的教育，对房客殷勤周到。后来有访客形容她们"中等个头，每人都头戴一顶红色的阿尔巴尼亚瓜皮帽，帽上蓝色的流苏散下来，固定在头发上,形成一个星形"。[2]她们的外袍镶着毛皮边,松散地垂到脚踝;最里面穿着薄纱质的紧身胸衣,外面有时穿一条印有条纹的丝绸,有时穿一条薄纱材质的长裙,"小腹外系着一条三角巾,随意地垂落在胯前,曼妙而优雅"。她们脚上穿着白色的长袜,下配黄色的凉鞋。特蕾莎年纪最小,才十二岁,但霍布豪斯觉得她就是拜伦诗中那个出名的雅典少女"努比拉"。[3]

刚去雅典的头几个星期里,拜伦对希腊和希腊人有什么看法?跟一年后他重返雅典时对希腊生活和文化的熟悉程度相比,他现在的认识还是相当肤浅的。但他对希腊的爱慕之情却是真挚的。"我喜欢希腊人,"他告诉亨利·德鲁里,"他们是花言巧语的无赖,像土耳其人一样邪恶,却没人家的胆量。但是,有些人也有胆量,所有人都长相出众,如同亚西比德的半身像。"[4]女人就没有男人那么俊美了。

拜伦在这一阶段就发现,希腊人正在谋求独立。在去雅典的路上,他和霍布豪斯在科林斯湾南岸的沃斯蒂扎停留过,就住在当地总督或"长老"的家里。总督是希腊人,名叫安德烈亚斯·隆多斯,才十九岁。这个精力充沛的男孩经人怂恿,随意脱下他的官袍,在席间上蹿下跳地表演各种杂耍动作,他虽然受雇于土耳其人,但是满怀爱国之情。他讲了民族主义者康斯坦丁·里加的故事。里加曾酝酿了一场革命,在一七九八年被土耳其人杀害。

一天晚上,隆多斯和霍布豪斯下棋,无意中听到了里加的名字,"突然从沙发上跳起来,把棋盘扔在一边,双手合在一起,激昂地呼喊了一千多遍这位爱国者的名字,泪水顺着他的脸颊流下来"。[5]通过隆多斯,拜伦有感于希腊人受压迫的民族情绪,创作了与里加英雄事迹相关的著名战歌"希腊的儿子们,站起来!"。几年后,希腊掀起了独立战争,隆多斯成了希腊人的领袖。拜伦给他的信,字里行间充满了思念:"我眼里的希腊一直没变,只要是性情中人,读过些书,都这么想。它一直是英勇、艺术和自由的乐土。"[6]

在雅典,拜伦和霍布豪斯把游学时该参观的都参观了一遍,把卫城周围的景点都踩了一遍。他们去过忒修斯神庙,离住处不远,就在今天的摩纳斯提拉基广场的奥多斯阿吉亚斯·西克拉斯附近。当时,这座庙宇是一座教堂,柱子因地震而歪斜,门上满是枪眼,很可能是士兵们用它练习打靶了。除了这两处,其他地方保存完好。他们走到阿雷奥帕格斯、普尼克斯和缪斯的山上,看到小山丘上的一块巨石,薛西斯就坐在那里眼睁睁看着自己的军队在萨拉米海战中落败。他们参观了奥迪姆剧院的遗迹,以及狄奥尼索斯剧场、里斯卡拉苔丝碑。他们看到了奥林匹亚宙斯神庙的十六根柱子,这里原本竖有一百五十根,现在只剩下这十六根。最后,经过一番合法的交涉,他们向负责要塞的土耳其军官迪奥达尔赠送茶叶和糖,这才被允许进入雅典卫城。

111

> 看看它破碎的拱门,毁坏的墙壁,
> 内室荒凉,门洞污秽。
> 是的,这里曾经是野心的大堂,
> 思想的穹顶,灵魂的官殿。[7]

在《恰尔德·哈洛尔德游记》的第二章中,拜伦因年久失修、遭人掠夺的古建筑而沮丧。这些建筑包括卫城的通廊、伊瑞克提翁神庙和最让人心疼的帕特农神庙。神庙曾经供奉雅典娜雕像,如今已成废墟,没有屋顶,石柱倒塌在一旁,断成几节。断壁残垣让他反思,最令人敬仰的神庙也命运多舛,人类所有的雄心壮志终将是徒劳。面对破败的雅典卫城,拜伦想起了苏格拉底的一句话:"我们知道的一切就是我们对什么都一无所知。"[8]

在雅典的头几个星期里,他和霍布豪斯骑着马,去城墙外探险。博学的法国领事路易·弗朗索瓦·巴斯蒂安·福韦尔带着他们,去过西边的依洛西斯,还有东边的伊米托斯山和彭忒利科斯山,他们在那里看到了大理石采石场,雅典城内的多处建筑都采用了这里的石头。一次他们骑马去比雷埃夫斯,霍布豪斯和拜伦遭到了一个"西班牙流氓"的侮辱。[9]他们向总督报告这件事后,那个人被罚,脚底板挨了五十下打,弗莱彻在一旁观刑。他"疼得喊破了嗓子,大小便失禁。总督不顾噪声和恶臭,在一旁平静地抽着烟斗"。霍布豪斯赞同这种酷刑:"不管我在国内怎么想,一出了国,我还是觉得专制一些还是挺好的。"[10]

在新的环境、陌生的人、稀奇古怪的食物的刺激下,拜伦兴致极高。在拉夫蒂的岸边,他们的希腊侍从德米特里乌斯·佐格拉夫为他们炸了一些刚捕捞来的鱼,其中包括一种神秘的"八条长满圈的干鱼",人们叫它"章鱼",大约有一只小龙虾的大小。[11]霍布豪斯欣赏他的同伴"敏锐的观察力和妙语连珠的评论",以及"积极的心态,能让人们在疲惫的压力下保持清醒,从容地面对困难和危险"。[12]旅途中的拜伦魅力四射。霍布豪斯略显书生气,带着地图和指南针在遗址周围踱步,一会儿测量,一会儿记录。拜伦则兴致勃勃地骑着骡子,一边游走,一边遐想,眼前是松树、鹰、秃鹫和猫头鹰,它们的先祖也曾出现在亚历山大大帝和特米斯托克利国王的眼前。

一八一〇年一月二十三日,拜伦在前一天刚过完生日,他们两人到达科伦纳角,他在海边俯瞰爱琴海群岛的海神波塞冬神庙(时人认为是密涅瓦神庙),那里的美景令人叹为观止。除了知道柏拉图曾在此对话,作为英国人,拜伦还意外地得知,这里是威廉·法尔科纳的名诗《一七六二年的沉船》所描述的"遇难地"。[13]拜伦用诗歌歌颂自由,而这些层层叠加的意义让这些诗歌获得了深广度。

第二天,拜伦和霍布豪斯去了马拉松平原,拜伦再次沉浸在历史的遐想中。公元前四九〇年,希腊人在马拉松取得了英勇的胜利,米提亚德指挥雅典军队以少胜多,智取了扬言要入侵的波斯军队。几年后,他在《唐璜》里写到这里时,当年的澎湃又一次激荡心间,虽然夹杂着一丝讽刺:

> 群山望向马拉松——
>> 而马拉松俯瞰着大海;
> 独自在那里沉思一个小时,
>> 我梦想希腊可能还是自由的。[14]

面对这残垣断壁,面对这支离破碎的国度,拜伦怨恨残暴的土耳其人,怨恨软弱的希腊人,怨恨那些盗窃希腊文物的傲慢的英国人。在雅典的第一天,埃尔金勋爵的代理人乔瓦尼·巴蒂斯塔·卢西里就拜访了他们。卢西里是那不勒斯人,埃尔金勋爵最初雇他作画,现在让他负责把最后一批勋爵过去十年来收集的大理石雕塑运回英国。[15]就在拜伦和霍布豪斯在希腊旅行的同时,英国人就明目张胆地偷窃文物,雅典的伊瑞克提翁神庙和帕台农神庙受损最为严重。在去科隆纳角的路上,他们曾去过一个布满水晶的洞穴,好几车纯白的水晶最近让"英国人"从里面搬走了。[16]他们在比雷埃夫斯港看到埃尔金勋爵的五十箱大理石雕塑正准备装船。贩卖希腊大理石雕塑几乎成了一种产业。

在此之前,拜伦早已知道一部分希腊雕塑已经运抵英国。一八○七年,这些展品在伦敦一个不起眼的业余博物馆里展出,那是个"潮湿肮脏的阁楼"[17],就在埃尔金勋爵位于公园巷的家中。拜伦在讽刺诗《英格兰诗人和苏格兰评论家》中顺带嘲笑了埃尔金勋爵的"进取心":

> 让**阿伯丁**和**埃尔金**穿过维尔图地区
> 继续追寻名望的阴影;

113

> 把千万两的黄金浪费在菲迪亚斯风格的怪异雕塑上，
>
> 丑陋的纪念碑上，残缺的古董上；
>
> 把豪华的大客厅变成了综合市场
>
> 买卖被截肢的雕塑残块。[18]

但在来到希腊之前，拜伦不怎么了解偷盗希腊文物的事，多少有些习焉不察了。但看到这些雕塑从希腊的土地上被切割下来，认识到它们的价值，领略了它们的美之后，拜伦更加严肃地加入了这场论战。埃尔金辩称，雅典的古建筑正在迅速消失，无知的土耳其人从不会修缮，他这样做都是为了后人，然而拜伦不相信这些辩词。贴身男仆弗莱彻有沙文主义想法，认为英国人有权获得他们所喜爱的任何外国战利品。霍布豪斯的观点则更复杂：英国建筑师和雕塑家会从这些非凡的作品中受益，获得灵感。两种观点，拜伦都不赞同。针对霍布豪斯的观点，他反驳道："我一向反对，并将永远反对为了启发英国雕塑家而从雅典掠夺文物。指望他们拿出一件雕塑产品，就像指望埃及人滑冰一样。"[19]

拜伦看到埃尔金的粗暴和贪婪，便发起了一场针对英国的文化帝国主义的猛攻：

> 饱经风霜的历史名城雅典反复遭到野蛮人的劫掠，给这个城市留下了遍地的遗迹，而现在，这些宝贵的遗迹也未能幸免于难，它们装满了这三四艘货船，被一批一批地运走；当他们企图拆下、毁坏那些杰作的时候，我不知道他们出于什么借口，才敢明目张胆地犯下这种难以名状的罪行。[20]

二十一世纪，大英博物馆收藏的帕特农神庙大理石雕塑仍不断引发争论。拜伦的抗议虽然滔滔不绝，但这并不妨碍他和埃尔金的代理人、生活放荡的卢西里成为密友,也不妨碍他对希腊文物不敬:他把名字刻在苏尼姆神庙的一根柱子上,还在一个真人大小的人像浮雕的鼻子上刻名留念,导致面部模糊不清,浮雕刻在潘尼姆之石上,石头位于瓦里附近的一个凿出来的岩洞里。

在拜伦心中,雅典逐渐占据一席之地,"在我去过的所有地方里,我最喜欢这里"。[21]这里有古代的庄严,有现代的随和,他喜欢这种反差,喜欢这种神圣和淫秽并存的风格。这让人不禁想起法国领事福韦尔的收藏柜,其中有一个植物雕塑,它的果实由一个巨大的阴茎在下面支撑,霍布豪斯文绉绉地评论道:"看来古人熟谙植物的性别。"[22]还有另一尊像,森林之神西勒诺斯用自己的男器顶起一杯酒。雅典的狂欢节刺激得像一场梦,人们玩起了角色扮演和变装,霍布豪斯和仆人德米特里乌斯·佐格拉夫共舞,拜伦则身着女装亮相。整个晚上,大家都穿着奇装异服游街,有一个希腊女孩穿着霍布豪斯的阿尔巴尼亚装束。雅典斋月前的狂欢节洋溢着自由的气氛,希腊人借机还可以满足一下他们的政治诉求。希腊人化妆成总督、下层法官和其他土耳其统治者,和装扮成土耳其人的仆人一起上街游行。

在这种狂欢节不羁的气氛下霍布豪斯在日记中写道:"十二岁的特蕾莎来这里出售自己的贞操,但拜伦没有搭理她。"[23]言外之意是,这名女孩被母亲领到霍布豪斯住处的隔壁房间,请拜伦临幸,但后者拒绝了。对其他英国人来说,特蕾莎的母亲马克里夫人似乎是个"体面人"。[24]拜伦却知道,这位英国领事的遗孀穷困潦倒,急切地想把她最小的女儿,就是那个"面色苍白,神情忧郁,五官很像希腊人的女孩"卖给他这样的贵族。拜伦后来给霍布豪斯写信说:"特蕾莎的母亲,就是那个老女人疯了,以为我要娶那个女孩,她是不知道,我可有更好玩的。"[25]在另一封信中写道:"我差点把特蕾莎上了,但她母亲张口就要三万皮亚斯特

114

尔!"[26]也许没和她发生关系更多是因为价格,而不是什么原则:他没什么现钱,更讨厌别人漫天要价。

毫无疑问,拜伦曾认真考虑过买下特蕾莎。约翰·高尔特可以作证。不久之后,拜伦就会明确地表示,他希望有个漂亮的、心甘情愿的、对他百依百顺的女孩陪他旅行。在旅行中,特蕾莎的天真无邪打动了他,拜伦爱上了她。隐藏在以下诗句中的龌龊含义是维多利亚时代的读者难以察觉到的,但毕竟从中可以看出拜伦的一份真情:

> 雅典少女,在我们分开之前,
> 还给我,哦,把我的心还给我![27]

他显然又看上了马克里夫人的二女儿,写信给以前哈罗公学的老师亨利·德鲁里:"我差点忘记告诉您,我渴望得到雅典的三个希腊姑娘,是三姐妹,其中两位答应陪我去英国,我和她们住在一座房子里,这些女神的名字分别是特蕾莎、玛丽安娜和卡丁卡,她们还不到十五岁。"[28]拜伦自己干着这种勾当,但在诗里还抨击别人贩卖女性,这未尝不是一种讽刺。

拜伦早年的这些旅行恰逢欧洲政治动荡,世界贸易平衡发生了变化,欧洲对中东和东方的兴趣与日俱增。在学术研究、旅游文学、追求崇高和如画风格的美术作品的刺激下,英国掀起一股东方风。十八世纪和十九世纪初的英国肖像画中,男女都穿着东方服装,可见当时是多么崇拜土耳其文化。拜伦本来就热爱异域风情,喜欢玩变装把戏,他很小的时候就痴迷于"土耳其热"。[29]十四岁时,他去巴斯参加了一个圣诞化装舞会,把自己打扮成土耳其男孩。六年后,诺丁汉一家裁缝店开出一份账单,上面列着一套"化装游行专用的行头,包括夹克一件,腰带,一大卷缠头布"[30]，这明显是他在纽斯特德的时候为了作乐而订购的。

　　拜伦从英国出发那一刻起，就一直想去土耳其本土看看。吸引他的部分原因当然与性有关：他特意跟马修斯说"我们马上就要见到异国人了"[31]，以此来吊他的胃口。一想到可以亲身感受真正的土耳其浴，他就兴奋。一八一〇年三月五日，拜伦和霍布豪斯乘坐英国皇家海军"皮拉得斯"号单桅帆船从雅典启航，驶向士麦那。同行的还有两名阿尔巴尼亚士兵和拜伦在帕特拉斯聘请的希腊翻译安德烈亚斯·桑塔奇，当然还有极度想家的威廉·弗莱彻。在船上，他们偶遇了科学世家出身的青年弗朗西斯·达尔文博士，就是《植物园》作者伊拉斯谟的儿子，他还是后来《物种起源》的作者查尔斯·达尔文的叔叔。当船只驶入士麦那湾时，达尔文指着大片的浅滩说，这里终将变成陆地。

　　士麦那（今伊士麦）在当时是土耳其帝国的商业中心，是一个国际大都市。拜伦和霍布豪斯寄宿于英国领事弗朗西斯·韦里家。弗朗西斯脾气暴躁，身材高大，作风老派。适逢初春，他们在士麦那慵懒地度过了五个星期。现在从小亚细亚往家里写信时，拜伦的语言风格更加露骨、有趣。他对德鲁里说：

> 　　我发现我们和土耳其人没什么不同，只不过我们有包皮，他们没有包皮，他们穿长衣，我们穿短衫，我们话多，他们话少。在英国，流行的恶习是嫖娼和酗酒，在土耳其是鸡奸和吸烟，我们更喜欢女孩子和酒瓶，他们则喜欢烟斗和娈童。[32]

116

他让母亲向拉什顿传一句口信："告诉那个男孩，他没有陪我去土耳其，是他最幸运的事情。"[33]他的母亲应该明白这句话的意思。

　　拜伦把自己打扮成一个无所事事、放荡不羁的旅人，抽烟、望山、捻胡子。他爱上了土耳其烟草，嚼乳香，说这样缓解了旅途中的饥饿。他蓄须,这是他离开英国的一贯做法,是一种反抗他那未开化的母国的举动,一种开怀拥抱新世界的符号。他和霍布豪斯从士麦那出发前往古代以弗所遗址,途中的所闻所见让他终生难忘:鹳鸟筑巢,豺狼嚎叫,还有青蛙呱呱叫。三年后,伦敦埃克塞特集市动物园的一头骆驼让他"又一次怀念起小亚细亚"。[34]土耳其之行将会是他一生中"最光明、最黑暗、最鲜活的记忆"。[35]

从士麦那到以弗所的路上是一片沼泽,零星散落着古代寺庙的断柱和最近废弃的清真寺。霍布豪斯突发疾病,他们不得不在一个偏僻的土耳其目的地停了下来。可怜的霍布豪斯在加的斯中了邪气,耳聋,腹泻。后来,雪莱夫妇、波利多里大夫、拜伦一起在迪奥达蒂山庄分享鬼故事,这些故事成了玛丽·雪莱的《科学怪人》的创作素材。就在那个传奇般的夜晚,霍布豪斯的遭遇被拜伦添油加醋,改成了一个鬼故事。在拜伦从未完成的土耳其故事中,仅是偶感不适的霍布豪斯被写成了身患绝症的奥古斯都·达维尔,一个神秘的贵族。这个病恹恹的贵族好像"缠头的墓碑",他"内心阴暗,躁动不安,且无法治愈"[36]:这个人倒不像霍布豪斯,更像是拜伦自己。

刚赶到士麦那的约翰·高尔特又和拜伦见了一面,他注意到,拜伦自从离开雅典以后,整个人像变了一样。他要求别人都让他三分,听不得反对的话,否则就吊脸。到了君士坦丁堡,他就要回国了,他的未来依然渺茫。他喜怒无常,也许是因为在性事上没能尽兴:在信中,他一本正经地拿威利家的晚宴场景和想象中的土耳其大理石庭院作比,那里有男妓供他玩乐,有冰糕供他消暑。他的钱已经不多了,他已离开里斯本,途经每个港口都要给约翰·汉森写信要钱,但一直没有收到回信,"更没有收到任何汇款"。[37]诺福克郡的庄园卖得怎样? 兰开夏郡的官司赢了吗? 他开始偏执起来,克莱尔勋爵临别时的不敬之举让他难以释怀。

拜伦已经离开英国将近一年了,除了忠实到沉闷的弗朗西斯·霍奇森之外,再没有别的朋友来信。和往常一样,他不想跟别人联系,但又害怕无人联系。自己要才有才,要地位有地位,却没有配得上自己的公众角色,这让他不满。虽然他竭力掩饰,但他依旧珍视美德、荣誉、名声。他生活中缺少一个真正的目标。在士麦那,他完成了《恰尔德·哈洛尔德游记》第二章。但是他仍没把写诗看成什么正经事业,只不过是种消遣、小把戏、自我放纵。就他现在对成就的定义而言,押韵赶辙真不是什么正事。

　　四月十一日,他们离开了士麦那。领事的妻子韦里夫人在与他们告别时流下了眼泪,还剪下了拜伦的一缕头发留念。霍布豪斯戏谑道:"五十六岁的女人都能捕获,了不起。"[38]他们乘坐的是一艘有三十六门火炮的"萨尔塞特"号护卫舰。两年前,这艘护卫舰曾在波罗的海作战,支持瑞典对俄罗斯的战争,战争的起因是法俄之间的《蒂尔希特条约》。一八〇八年和一八〇九年之交的冬天,"萨尔塞特"号因浮冰而搁浅,船员们差点饿死。这艘船之后参加了斯凯尔特河口外的瓦尔赫伦岛探险,这座岛曾闹过瘟疫,死了几千人,一八〇九年后,岛上所有人都撤离,岛变成了废岛。之后,"萨尔塞特"号去过直布罗陀,参加了在图隆附近的军事行动,这才被派到君士坦丁堡来。指挥官是巴瑟斯特船长,"满脸麻子,又矮又胖,说话结巴"。[39]在此之前,拜伦和他在领事家的餐桌上已交过手,双方针锋相对。巴瑟斯特后来在纳瓦里诺战役中牺牲了,那场战役英国的伤亡人数很少。

　　船上有一个十四岁的海军学校学员,叫弗雷德里克·夏米尔,看起来不到十四岁,拜伦把他当成自己的小弟。男孩一直坐在船头的水手舱里,苦苦思索船所在位置的经度。这时,拜伦向乘务员要一个橙子,但乘务员说没有。夏米尔跑到下舱,从他旅行箱的内格里"拿出两个熟透的士麦那橙子"。[40]

　　这名学员下班后,和拜伦一起上岸参观特洛伊平原。船缓慢抵近小亚细亚西北角的特拉德海岬,拜伦用望远镜眺望平原已经好几个小时了。船在特内多斯岛旁抛锚,他们带着两名阿尔巴尼亚卫兵,换乘一艘小船继续行进。夏米尔说:"特洛伊和它的平原是拜伦大人心中的圣地,我却斗胆亵渎了它,拿着枪,见一只鸟,我就一顿扫射。"他们绕着古老的城墙走了很远,墙上爬满了蜥蜴。走到城墙尽头,拜伦坐在帕特洛克罗斯的坟头,沉浸在他从船上带来的《荷马史诗》中。

在"萨尔塞特"号在港外等待官方批准它进入达达尼尔海峡期间,拜伦又多次返回特洛伊。他回忆说:"一八一〇年的一个多月里,我每天都站在这片平原上。"[41]他不愿为荷马笔下的城市到底在哪里而争辩,不愿考究特洛伊战争是否真发生过。一七九六年,雅各布·布莱恩特发表论文《特洛伊战争:荷马笔下的希腊人远征》,最早提出质疑,他认为希腊人从未进行过这样的远征,弗里吉亚城也不存在。这篇论文引发了学术热议,霍布豪斯非常重视。拜伦则一如平时,暂时"悬置"了怀疑:

> 我仍坚信这部鸿篇巨著里描述的事情和**地点**是真实的。若非如此,它也不会让我如此快乐。当我靠在一座宏伟的陵墓上时,谁能让我相信里面没有一个英雄?它的宏伟说明了一切。人们不会为卑劣、微不足道的死人而劳顿。所以,凭什么说这里的死者不是荷马笔下的死者?

在特洛伊平原上发生了一段戏剧性的插曲,拜伦写到了东方故事集里:英国下船补给的船员突然与一队土耳其骑兵狭路相逢。他们把英国人当作俄国人,就拔出了军刀。

海军见习军官夏米尔吓坏了,他回忆道:"队伍最前面那些土耳其人,一时冲动,在他们包着头巾的头顶上挥舞着闪闪发光的军刀,跟在后面就拿出锃亮的手枪,给它们上好膛。"[42]拜伦擅长处理紧急情况,他成功让土耳其人相信这些英国人没有恶意。"要不是拜伦大人镇定自若,我们可能要死掉一两个人。"

五月三日,"萨尔塞特"号又因无风搁浅了,停泊在查纳克卡莱西镇的阿比多斯附近。在第一次失败后,他成功游过达达尼尔海峡,从欧洲海岸的塞斯托斯向南游到亚洲海岸的阿比多斯,大概一英里的距离。这项壮举对他而言比任何其他壮举都有意义,这次挑战是"政治上的光荣之举,诗艺上的光荣之举,修辞上的光荣之举"。[43]"萨尔塞特"号上的中尉威廉·埃肯海德一路陪他完成这次挑战。

在如此湍急的水流中游泳是相当危险的。游到一半的时候,他们遇到了一群大鱼,吓了他们一跳。他们用一小时十分钟游完了全程,上岸后冷得发抖。这次横渡是为了致敬传说中的阿比多斯王子利安德,传说他每天夜里都会游过海峡,与情人海洛约会。海洛是供奉爱与美的女神阿佛洛狄忒的女祭司。游这一程如此费力,拜伦纳闷"利安德上天堂的时候,是否还有力气同海洛圆房"。[44]

一八一〇年五月十三日下午,拜伦和霍布豪斯第一次看到君士坦丁堡。这天风很大,"萨尔塞特"号在萨拉基里奥角附近航行。透过渐暗的天色,他们远远看到圣索菲娅大教堂的白色尖塔和苏丹阿赫穆德清真寺,这让霍布豪斯回想起了剑桥国王学院的礼拜堂。第二天,他们乘船长的小船,沿着后宫墙壁,朝着金角港方向前进,见习军官们的望远镜对准了窥视孔,暗中观察被囚禁在后宫的宫女。后宫花园里,两条狗在大口啃咬着一具人的尸体,这一幕被拜伦重现在《科林斯之围》一诗里。他们在城东的佩拉酒店开了一间"非常体面"[45]的房,吃了一顿离开伦敦以来最好的一餐。霍布豪斯请来医生拔掉了一颗牙,终结了他数月的痛苦。拔牙的医生是犹太人,还是苏丹马哈茂德二世的御用牙医。

拜伦在君士坦丁堡终于见到了他想象中的东方。他把这座城市看成一出戏剧，这部戏让他如痴如醉。他写信告诉母亲，自己骑着马绕着城墙转了一圈："想象一下，宏伟的三重城垛长达四英里，上面爬满了常春藤，城墙上共有两百一十八座塔楼。路的另一边是种满高大柏树的墓地，这可是地球上最惹人喜欢的地方。"[46] 接着，他很自然地开始吹牛了："我走过土耳其的大部分地方，去过欧洲许多地方，也去过亚洲几个地方，美景看了不少，但从未见过路两旁的景致，这里有七塔城堡，还有金角湾。"

这里，古代和现代交相辉映，比雅典更引人入胜。在这里，古老的纪念建筑、渡槽和蓄水池在熙熙攘攘的集市后若隐若现，巴扎里挤满了购物的妇女，充满异国情调的商品琳琅满目，咖啡馆外有大理石的座椅和喷泉，肉串馆出售"加牛奶和黄油的小块羊肉"[47]，霍布豪斯觉得还挺好吃。拜伦离世后，一位居住在君士坦丁堡的英国人在《新月刊》杂志匿名发表了他的回忆录，说是见过拜伦在集市里闲逛。这个英国人首先注意到他的跛脚，这才认出了他。当时拜伦穿着英国海军副官的深红色绣金军礼服，在一家商店里挑选烟斗，穿着浮夸，但体格羸弱，五官精致立体，"如果漂亮的蓝眼睛没有充满男子气概，可能会让人误认为是位姑娘"。[48] 他在店内脱下插有公鸡羽毛的礼帽，露出一头赤褐色的卷发，将他的面庞衬托得"如天神一样俊美"。这一瞥令这位不知姓名的围观者魂牵梦绕："他出众的外表深深地刻在我的脑海里，让我永生难忘。"

那时，土耳其和英国不久之前还在交战。一八〇六年，为了支持当时的盟友俄国，英国派遣了一支舰队对抗土耳其。现在，在签署《蒂尔西特条约》之后，英俄联盟破裂，英国与土耳其的关系有所缓和。一八〇九年一月，罗伯特·阿代尔率领英国使团，经过谈判，和土耳其签订了《达达尼尔条约》。阿代尔也随即担任了驻土耳其朝廷的大使。拜伦刚到的时候，大使应召回国，"萨尔塞特"号受命接他。召他回国的命令来得正好：当地传言，说身为外交官的阿代尔在任期间和当地人"亲如一家"。有人看见，他与大使馆街对面的一位希腊女士用手语比划了一会儿，之后竟然把阳具摆放在窗台上的一个摇摇欲坠的盘子上。

在即将卸任回国之前，阿代尔和土耳其官方要举行一些答谢、道别仪式，拜伦跟着沾了不少光。苏丹马哈茂德二世特别准许享有特权的外国人参观清真寺。六月十五日，拜伦参观了圣索菲亚、小圣索菲亚以及艾哈迈德、奥斯曼和苏莱曼的皇家清真寺。拜伦和霍布豪斯随同"萨尔塞特"号的军官参观了土耳其舰队。他们以半官方的形式探访了当地下层人贫苦的生活，了解了旋舞苦行僧和呐喊苦行僧之间的区别。前者通过热情的舞蹈来虔诚地修行，后者则在街头卖艺，用大喊大叫、小声咕哝、跳跃、慢跑的方式来获得一种快感。那里的人摔跤的时候穿得很少，街边有女性取悦路人（拜伦在《唐璜》里称之为"街边淫娃"），还有留着长发的男孩子在葡萄酒馆里跳舞，他们的"全部动作就是站在原地用腰腹和胯做出各种各样淫荡的动作，充满兽性"。[49]霍布豪斯问英国大使的一个卫兵，即一个会说英语的土耳其人：这些男孩去了英国会被绞死吗？卫兵答道："当然！难道你不知道这些男孩是用来让人泄火的吗？"[50]

绚丽多彩的城市里也有恐怖的景象：罪犯的头颅被一个个陈列在宫殿花园里；一具基督教牧师的尸体被拖在地上游街，脸和手都清晰可辨。他睁着眼，浓液一直从眼里往下淌。根据夏米尔的描述，一个希腊老人因被控与俄罗斯人交易而被砍了头，当场抛尸，而头被夹在两腿之间，以示羞辱。野狗前来舔食从断颈处渗出的血。拜伦吓得直呼"老天啊！"[51]，赶紧转过身去。就是这样的场景，这种恐怖到有一丝滑稽的场景，为他的作品增加了他所谓的"东方旋律"。[52]

就像在雅典一样，他和霍布豪斯也出城逛了逛。他们乘坐大使的驳船从博斯普鲁斯海峡一直北上，抵近了黑海。拜伦不顾危险，爬上撞岩

（叙姆普勒加得斯），就是伊阿宋的"阿格"号飞速通过的两块会随时相撞、堵住入海口的巨石。在岩石顶上，拜伦顺手翻译了《美狄亚》中欧里庇得斯的台词，寄给亨利·德鲁里：

> 哦，我多么希望禁运
> 把那艘好船"阿格"号留在港口！[53]

在博斯普鲁斯海峡的欧洲一侧，他们参观了贝尔格莱德的村庄和森林，找到了才华横溢的女诗人玛丽·沃特利·蒙塔古女士的故居。十八世纪早期，蒙塔古女士的丈夫担任土耳其大使，夫妻俩就住在这里。"迷人的玛丽·蒙塔古"[54]成为拜伦笔下的女主人公，部分原因是她和英国诗人亚历山大·蒲柏有关系，另一部分是她心直口快，对问题直言不讳。她于一七六三年去世，之后出版的作品《土耳其来信》勇敢、坦率、有趣，她眼中的东方形象深深影响了拜伦的东方观。

　　拜伦最喜欢一个被称为"甜水"的河谷，在君士坦丁堡港和度假胜地布尤德雷之间，他曾骑马从那里经过。河谷两岸是法国人效仿凡尔赛宫或枫丹白露宫修建的花园。河谷上方却是另一番景象：那里一片凄凉，最近一次的土耳其革命曾发生在那里。前苏丹塞利姆三世因接受了拿破仑的扶持和勾连而惨遭法国反对派暗杀。三年后，拜伦写信给未来的妻子安娜贝拉·米尔班克，他对"衰败但宏伟"的宫殿记忆犹新："街道满是灰烬——巨大的营房修建精良，业已破败——周围是塞利姆苏丹最喜欢的花园，精美绝伦的建筑都白白荒废掉了——喷泉无泉——亭子上的饰纹已模糊不清，但仍然在阳光下熠熠生辉。"[55]博斯普鲁斯海峡沿岸的景象具有一种双重性：山上有一度称霸一方的奥斯曼帝国的宫殿废墟，山下却排列着美得像歌剧布景的别墅，还有在树下铺着桌布野餐的、有专人服侍的、有说有笑的男男女女，这种对比完美体现了拜伦式浪漫。

拜伦对土耳其人颇感兴趣,对这个民族也有一定研究。同时代的英国人一谈到土耳其人就一脸鄙夷,这一点在拜伦身上是看不到的。在《恰尔德·哈洛尔德游记》的一条较长的注释中,他有力而机智地辩称,"奥斯曼人虽然有种种缺点,但不应该受到鄙视"。他说奥斯曼帝国的教育体系优越,他们做生意的时候直率坦诚,他们的文化丰富,生活多彩,可以批量生产较复杂的产品。"土耳其军刀就不如托莱多军刀吗?难道土耳其人穿的、住的、吃的、教的比西班牙人差吗? ……我不这样认为。"[56]

尽管如此,拜伦在土耳其的举动还是古怪得让人难以捉摸。约翰·加尔特发现拜伦又一次陷入抑郁,不能自拔,就像在士麦那那会儿一样,"多变得像一只猫"[57],对社会等级差异尤为敏感。他喜怒无常,以至于其他国家的侨民怀疑这位英国贵族是疯了。有一次,拜伦陪同阿代尔参加有大总督出席的道别仪式,但由于总督忙于对俄作战,就由其他官员代理总督完成仪式。在此之前,英国外交人员需要在领馆排好队,再向大总督府出发,行道别礼。就是在排队这件微不足道的事上拜伦古怪得不得了:身着鲜红军服的拜伦不满自己排在斯特拉特福德·坎宁后面。坎宁是他在哈罗公学的老同学,在英国大使馆当一等秘书。按照土耳其的礼仪,参见大总督时,外交人员先于来访同胞,且规矩不能随便更改。拜伦得知此事,转身就走。坎宁永远都记着,他歪戴外国军帽,在众目睽睽之下,"拖着一条瘸腿穿过大厅,努力走出一副大摇大摆的样子"[58]。这次让拜伦花了三天时间才恢复过来的礼节性的外交失误成了斯特拉特福德·坎宁多年来茶余饭后的谈资。

和往常一样,他的怒气一消,就马上写了封道歉信,恭恭敬敬地给阿代尔赔罪,说他不仅跟在大使本人后面没问题,就算跟在大使的仆人、大使的侍女、大使的牛和驴子后面都没问题。"其实,"他说,"我从来不善社交,现在这个时候、这个环境,我更不会和人打交道了。"[59] 他可能在为债务危机发愁,他现在欠了超过一万英镑的钱,其中有一千六百英镑用来置办纽斯特德庄园的家具,这笔钱再还不上,他就得吃官司了。他焦躁不安,一度想解雇弗莱彻,并要求"萨尔塞特"号的巴瑟斯特船长从船员中选一个男孩出来给他当男仆,顶替弗莱彻。拜伦后来打消了这个念头。主仆二人相处了很长时间,虽说摩擦不断,但的确离不开对方。

123　　七月十日,苏丹马哈茂德二世在他的宫殿接见了拜伦。这一次,他的举止行为无可挑剔。坎宁说他"幽默风趣,体现出了良好的教养"。[60]从信中看,他把阿里帕夏的接见写得浓墨重彩,却对苏丹的接见一笔带过,可能是因为这次他没有得到多少优待。但是,拜伦身边怎么可能缺少仪式感呢? 霍布豪斯精彩地描述了年轻的苏丹坐在镶满宝石的王座上的样子:

> 他穿着黄色缎子长袍,长袍下摆镶着一圈宽厚的纯黑貂皮。胸前挂着一把镶满钻石的匕首作装饰。白蓝相间的头巾前插着一根又直又长的天堂鸟羽毛,羽毛固定在一根镶着三颗巨钻的簪子上,从远处看去闪闪发亮。[61]

根据霍布豪斯的说法,苏丹一动不动地端坐在那里,手放在双膝上,虽然睁着眼,却谁也不看,包括大使。他似乎注意到了拜伦,因为他后来坚称,召见的人里有一位女扮男装的英国勋爵。

拜伦七月十四日离开了君士坦丁堡,与霍布豪斯和阿代尔一起乘了皇家海军"萨尔塞特"号,踏上了回家的旅程。为了向这位喜怒无常却极具魅力的勋爵表示敬意,"萨尔塞特"号的军官们为他上演了一部名为《对手候选人》的两幕喜歌剧,主人公就叫拜伦,歌剧之后还有喜剧歌舞《针锋相对》,为此他们花了好几个星期排练。

泽亚港口现在叫基亚港口,是一个被陡峭的岩石梯级包围的小岛港口,拜伦和霍布豪斯从这里相互道别,霍布豪斯经马耳他返回英国,拜伦要去一趟雅典。感慨万千的霍布豪斯记下了这一幕:"在海湾尽头的一个小海滨露台上,我告别了这个古怪的年轻人。我们把一小束花拆开,我拿一半,他拿一半,这也许是我和他分享的最后一件东西了,要说不落泪是不可能的。"[62]拜伦可不愿陪他哭哭啼啼的,对霍布豪斯说:"你上一封信竟然以那束花结尾,真没出息。我建议,你的下一本伤感小说可以把这束花写进去。"[63]他们两人在一起已有一年,他开始厌烦霍布豪斯了。

二十年后,霍布豪斯读到摩尔为拜伦立的传里两人分别的情形,感觉被打了脸。文中写道:"即使是和他同行的朋友,最后也成了他的负担和枷锁。"[64]霍布豪斯在空白处反驳道:"汤姆凭什么这样说呢？他根本猜不到拜伦勋爵当时为什么不愿接触同胞,不愿和他们朝夕相处。"[65]言下之意,拜伦与霍布豪斯之间像是有某种约定:霍布豪斯放手让拜伦去闯,不管做什么,都不会有朋友在身边劝阻。

拜伦即将离开,他让霍布豪斯给马修斯捎去几行诗,明确表达了磨炼自己的决心:

> 告诉他,这条贺拉斯走过的路
> 我不会白走,
> (写不了诗我就写散文)
> 总之,比我强的人在比现在好的时代所做到的,我也要
> 　　做到。[66]

的确,有霍布豪斯陪在身边的日子不同于一八一〇年夏末到一八一一年四月独自在雅典度过的日子。三年后,他在日记中提到这种差异:"霍布豪斯

不知道他离开黎凡特后一年我变成了什么样。他们都不知道……"[67]

　　他再也没有回过土耳其,但深受这段生活经历的影响,他的作品既惬意慵懒又激情澎湃。两年后,他坦言:"在东方留下的印象已经深深刻在我的脑海里。"[68]他甚至梦想,有朝一日可以潜心研究东方文化,成为一名专家。"我要在最美的岛屿上,留一幢大宅子,每隔一段时间,就重游东方那最有趣的地方。"[69]他大概估算了一下,如果土耳其的经济情况好的话,同样多的钱,在家只能过得普普通通,在土耳其却足以买下一块封地。

注释

　　[1] 拜伦致弗朗西斯·霍奇森的信,1811 年 12 月 8 日。

　　[2] H. W. 威廉姆斯(H. W. Williams),《意大利、希腊游记》(*Travels in Italy, Greece*),转引自托马斯·摩尔,《拜伦传》,第一卷。

　　[3] 约翰·卡姆·霍布豪斯(布劳顿勋爵),"日记手稿",1810 年 1 月 12 日。

　　[4] 拜伦致亨利·德鲁里的信,1810 年 5 月 3 日。

　　[5] 约翰·卡姆·霍布豪斯,《一八〇九年和一八一〇年阿尔巴尼亚和土耳其之行》,第二卷。

　　[6] 拜伦致安德烈亚斯·隆多斯的信,1824 年 1 月 30 日。

　　[7]《恰尔德·哈洛尔德游记》,第二章,第 3 节,第 19 行。

　　[8] 同上,第 7 节,第 56 行。

　　[9] 约翰·卡姆·霍布豪斯(布劳顿勋爵),"日记手稿",1810 年 1 月 10 日。

　　[10] 多切斯特夫人编辑,约翰·卡姆·霍布豪斯(布劳顿勋爵),《漫漫长路:我的回忆录》(六卷本;1909–1911),第一卷。

　　[11] 约翰·卡姆·霍布豪斯(布劳顿勋爵),"日记手稿",1810 年 1 月 24 日。

［12］约翰·卡姆·霍布豪斯,《一八〇九年和一八一〇年阿尔巴尼亚和土耳其之行》,第一卷。

［13］《恰尔德·哈洛尔德游记》,第二章的批注。

［14］《唐璜》,第三章,第 701 行。

［15］关于埃尔金偷运大理石雕像一事,参见威廉·圣克莱尔,《埃尔金勋爵和大理石雕像》(*Lord Elgin and the Marbles*, 1998)。

［16］约翰·卡姆·霍布豪斯(布劳顿勋爵),"日记手稿",1810 年 1 月 21 日。

［17］本杰明·罗伯特·海顿,《自传》(*Autobiography*, 1853),1808 年的条目。

［18］《英格兰诗人与苏格兰评论家》,第 1027 行。

［19］拜伦致约翰·默里的信,1821 年,该信夹在鲍尔斯／蒲柏有争议的来往通信中。

［20］《恰尔德·哈洛尔德游记》的批注,第二章,1809 年 1 月 3 日。

［21］拜伦致凯瑟琳·戈登·拜伦的信,1810 年 7 月 20 日。

［22］约翰·卡姆·霍布豪斯(布劳顿勋爵),"日记手稿",1810 年 2 月 4 日。

［23］同上,1810 年 3 月 3 日。

［24］约翰·高尔特,《拜伦勋爵传》。

［25］拜伦致约翰·卡姆·霍布豪斯的信,1810 年 8 月 23 日。

［26］同上,1811 年 5 月 15 日。

［27］《歌》('Song'),1810 年。

［28］拜伦致亨利·德鲁里的信,1810 年 5 月 3 日。

［29］《朝日邮报》,1814 年。见《拜伦著作、书信和日记》,第二卷。

［30］《拜伦著作、书信和日记》,第一卷。

［31］拜伦致查尔斯·斯金纳·马修斯的信,1809 年 6 月 22 日。

［32］拜伦致亨利·德鲁里的信,1810 年 5 月 3 日。

［33］拜伦致凯瑟琳·戈登·拜伦的信,1810 年 3 月 19 日。

［34］《拜伦书信与日记》，1813 年 11 月 14 日。

［35］拜伦致斯塔尔夫人的信，1813 年 11 月 30 日。

［36］《奥古斯都·达维尔：一则鬼故事的片段》（'Augustus Darvell：A Fragment of a Ghost Story'），1816 年。（布拉泽顿藏品，利兹大学图书馆）

［37］拜伦致约翰·汉森的信，1810 年 3 月 3 日。

［38］约翰·卡姆·霍布豪斯（布劳顿勋爵），"日记手稿"，1810 年 4 月 11 日。

［39］同上，1810 年 3 月 9 日。

［40］弗雷德里克·夏米尔，《水手传》（The Life of a Sailor），第一卷（1832）。

［41］"在拉文纳写下的日记"，1821 年 1 月 11 日。

［42］弗雷德里克·夏米尔，《水手传》，第一卷。

［43］拜伦致弗朗西斯·霍奇森的信，1810 年 7 月 4 日。

［44］拜伦致亨利·德鲁里的信，1810 年 5 月 3 日。

［45］约翰·卡姆·霍布豪斯（布劳顿勋爵），"日记手稿"，1810 年 5 月 14 日。

［46］拜伦致凯瑟琳·戈登·拜伦的信，1810 年 6 月 28 日。

［47］约翰·卡姆·霍布豪斯（布劳顿勋爵），"日记手稿"，1810 年 5 月 21 日。

［48］《新月刊》一则匿名评论，第 17 期，1826 年。

［49］约翰·卡姆·霍布豪斯（布劳顿勋爵），"日记手稿"，1810 年 5 月 17 日。

［50］同上，1810 年 5 月 19 日。

［51］弗雷德里克·夏米尔，《水手传》，第一卷。

［52］拜伦致爱德华·丹尼尔·克拉克（Edward Daniel Clarke）的信，1813 年 12 月 15 日。

［53］拜伦致亨利·德鲁里的信，1810 年 6 月 17 日。

［54］《唐璜》，第五章，第 3 节，第 24 行。

［55］拜伦致安娜贝拉·米尔班克的信,1813 年 11 月 29 日。

［56］"有关土耳其人的注释",《恰尔德·哈洛尔德游记》,第二章。

［57］约翰·高尔特,《拜伦勋爵传》。

［58］《托马斯·摩尔日记》,1819 年 5 月 23 日。

［59］拜伦致罗伯特·阿代尔爵士的信,1810 年 7 月 4 日。

［60］斯坦利·莱恩-普尔,《斯特拉特福德·德·雷德克利夫子爵斯特拉特福德·坎宁阁下传》,第一卷(1880)。

［61］约翰·卡姆·霍布豪斯,《一八〇八年和一八一〇年阿尔巴尼亚和土耳其游记》,第二卷。

［62］约翰·卡姆·霍布豪斯(布劳顿勋爵),《漫漫长路：我的回忆录》,1810 年 7 月 17 日。

［63］拜伦致约翰·卡姆·霍布豪斯的信,1810 年 10 月 4 日。

［64］托马斯·摩尔,《拜伦传》,第一卷。

［65］约翰·卡姆·霍布豪斯,霍布豪斯在托马斯·摩尔的《拜伦的书信和日记》(1830)中的批注。

［66］《请求告别 J. C. H. 阁下》,1810 年 6 月 7 日。

［67］《拜伦书信与日记》,1814 年 3 月 10 日。

［68］拜伦致安娜贝拉·米尔班克的信,1813 年 11 月 10 日。

［69］拜伦致弗朗西斯·霍奇森的信,1812 年 2 月 16 日。

第十章　雅典(1810-1811)

　　一八一〇年七月十八日,拜伦冒着酷暑回到雅典,就此,他跟母亲说:"像您这样的北方贵族,根本想不到希腊夏天有多热。"[1]去诺丁汉郡的路较之以往任何时候似乎都显得更加漫长。此时拜伦已是第二次动身去雅典,逗留时间更长,因而对希腊历史和文化的了解也就更全面。那阵子,他天天都待在希腊,深入体验了市井生活,拜伦较以前参与了更多的政治纷争。

　　拜伦的自由,不只是一纸空谈。拜伦生性热血,爱憎分明,对熟知的人和物都饱含情感,他为人类的疾苦而悲观,喜欢特立独行,这些特点成就了他作为诗人的天赋。无论是希腊,还是后来的意大利,拜伦始终站在受压迫的少数人一边,之所以如此,部分原因在于他自己被主流社会排斥,反抗权威,不愿妥协。同时,这也说明他为人大方,知人冷暖,他的男性朋友正是看到了这一点才如此珍视他。

　　霍布豪斯离开不久,拜伦很快就另找了一个旅伴。在斯莱戈侯爵的劝说下,拜伦到达雅典三天后再次离开,出发前往伯罗奔尼撒半岛。拜伦和当时还是阿尔塔芒特勋爵的斯莱戈一起在剑桥上过学。除此之外,二者还有过其他交集:斯莱戈经常光顾德维尔女士开的妓院,他偏爱一个叫卡罗琳的蓝眼睛的女孩,这个女孩后来被拜伦赎了出来。斯莱戈是个年轻的贵族,生性放荡,为了追随初涉文坛的拜伦,在他还在土耳其的时候就抵达了雅典。斯莱戈很快就成了拜伦笔下卡通化的人物之一。斯莱戈可谓是绝望的典型,"身为船长,五十个船员不肯干活,十二支枪开不了火,那扇帆千疮百孔,船儿往哪开都不灵,还一个劲儿地往后退,大家只能听天由命"。[2]后来,这人捅了一个大娄子,他被指控从英国军舰上绑架船员。

现在,两个英国贵族带着仆从搭伴旅行,一直来到了科林斯。拜伦戏称斯莱戈为"侯爵夫人"。跟着"侯爵夫人"一行的还有一位船长,一位用来记录沿途风景的意大利画家,一位因错误百出而常跟意大利画家拌嘴的口译,剩下的都是一些让拜伦看来是"游手好闲的英国流氓"。他们一下子带了二十九匹马。气温高达一百二十五华氏度的时候,大家都变得易怒起来。斯莱戈的两个仆人还穿着皮马裤。在迈加拉时,弗莱彻一脚踩进了沸腾的烧水壶里。斯莱戈和拜伦分道扬镳后,斯莱戈前往黎波里塔尼亚区,拜伦则去了佩特雷湾,两人这才松了一口气。拜伦有些想念霍布豪斯,写了封信:"你肯定想象不到,现在不在身边的你竟是最让我开心的旅伴。"拜伦还故意打哑谜,说斯莱戈告诉了他一些"挑拨我们关系的事。但他想多了,这都不叫事。你要是不信,等我回去再告诉你"。

早前新来了一个追随拜伦的男孩,名叫尤斯塔修斯·格奥尔吉奥,脾气性格与海军少校夏米尔截然不同。尤斯塔修斯是希腊人,岁数不大,容易激动,在拜伦前一年去沃斯蒂扎时就追随了拜伦。那阵他就有个计划——和拜伦去雅典,但因为患病而没去成。现在,拜伦回到沃斯蒂扎,发现"亲爱的尤斯塔修斯正热切地盼望着自己,不论手中罗盘指向哪个方向,无论是英国,还是未知领域",尤斯塔修斯都要义无反顾地跟着他。重聚后第二天,尤斯塔修斯骑着一匹马来到拜伦面前,只见他身穿"精致而华丽的希腊服饰",一头带有香气的卷发披到背后。为了防止皮肤晒黑,他还打着太阳伞,拜伦看到后略显尴尬,弗莱彻却怎么看怎么别扭。

拜伦很喜欢尤斯塔修斯,称自己一生中从未如此努力地想讨人欢心。但二人耍性子的时候也闹过不愉快。塞缪尔·斯特兰是英国驻佩特雷湾的副领事,他看不惯拜伦溺爱尤斯塔修斯,还说"尤斯塔修斯就像一匹未驯服的小马,太过放肆"。有一次,两人大吵了一架,说要分手。分别前,两人又是亲又是抱,"把一所寄宿学校的学生挨个亲过来,也没他俩亲得多;不惜毁掉整个郡的声誉,把全郡里的人挨个抱一遍,也没他俩抱得多"。但第二天,两人又和好了。拜伦用挥发盐做提神药来治疗尤斯塔修斯的头痛,劝他戴绿色的太阳帽,不要打女里女气的太阳伞。拜伦带着自嘲的口吻给马修斯写信描述这帮跟着他去希腊的随从:除了威廉·弗莱彻,还有两名阿尔巴尼亚仆人(一个希腊人,一个鞑靼人),以及热情洋溢的尤斯塔修斯在身边蹦蹦跳跳。

拜伦写给马修斯的信由霍布豪斯传递,信中不乏暗号。从中可知,尤斯塔修斯的床上经验颇为丰富:"他在其他方面已经很不错了,何况他的希腊文化底蕴相当深厚,我这里指的可是学识方面。"[3]但是,古灵精怪的尤斯塔修斯最终还是让拜伦厌倦了,而且他的健康状况也让拜伦担忧。从信中的描述看来,尤斯塔修斯患有癫痫,似乎还与性事有关。尤斯塔修斯的母亲含着悲痛的心情给佩特雷湾的副领事写了一封信,她称拜伦为"神父"大人,并祈求归还她的儿子。或许是这个原因,拜伦没让尤斯塔修斯跟着他去雅典,而是让他回了家。

第二年,尤斯塔修斯从沃斯蒂扎给拜伦寄去一封信,说没能陪他一起旅行,对此深表歉意,他恳求拜伦不要忘记自己,他全身心都是主子的人了;他的父亲遭了灾,不能再寄钱给他了,他转而请求拜伦寄两百皮亚斯特尔给他,或授权英国领事馆给他支些钱,他好买一套衣服,以讨主人和老板的欢心。[4]一八一三年三月二十日,他最后一次写信给拜伦,可怜巴巴地告诉拜伦,他还不上拜伦之前借给他的钱。一分钱难倒了这个打太阳伞的男孩。

拜伦对同性恋毫不避讳,这给他招了不少麻烦,他自己也应付不了。一八一〇年八月初,就是拜伦在的黎波利扎的时候,想不到伯罗奔尼撒统治者阿里帕夏的儿子韦力帕夏邀他做客,这让拜伦多少有些为难。韦力帕夏接待拜伦"比父亲做得好",给拜伦提供了"非常漂亮的住处",还给了一匹种马。[5]韦力还向拜伦发出了"特别邀请",要与他在拉里萨见面,称他是勇敢帅气的小伙子,说他们俩都是年轻人,住在一起最合适不过了。拜伦则抱怨说,韦力根本不年轻,"**胡子**长及腰部",而且"不管旁边有人没人,都喜欢搂他的腰,捏他的手,躲都躲不开"。这时候,生气的拜伦说起话来倒像是个正经的英国中产阶级了。好打听事的副领事斯特兰正好在场目睹了这一切,这让拜伦更尴尬了。

到八月底,拜伦已经回到雅典,之前他和邻居马克里斯夫妇闹得有些不愉快,现在搬进了卡布钦修道院。卡布钦修道院是一座典型的混合型雅典建筑,位于雅典卫城脚下,旁边是利兹克拉特纪念碑(雅典奖杯亭),建于四世纪。修道院里面住着一位修士及其六名男学生,除此之外还有拜伦的随从。拜伦满怀喜悦地称之为"有待探索的秘境"。[6]

和往常一样,一到新的地方,拜伦的笔调就变得更加鲜明。拜伦给自己的拥趸弗朗西斯·霍奇森写信说:

> 我住在卡布钦修道院,面向伊米托斯山,背靠雅典卫城,右边是宙斯神庙,眼前是古希腊竞技场,左边是座城,嗯……阁下,这儿有个地方,风景如画,你肯定喜欢!伦敦没有一个地方能和这里相提并论,市长官邸都比不上。我每天都能吃到乌头鹬和红鲻鱼。[7]

这样的环境哪能缺少私通的事？拜伦的仆人喝醉了，新找了一个情妇。闲下来的时候，修道院里的阿尔巴尼亚洗衣女工们乐于"用别针戳弗莱彻的屁股"。六个小男"精灵"，三个天主教徒，三名希腊人，每天早上大声朗读《晨祷诗开篇语》，把拜伦吵醒。从一起床，他们就开始打闹、调情、游泳，"一天到晚都玩得疯疯癫癫"。拜伦注意到，土耳其人洗澡不脱下装，跟自己一样，但是年轻的希腊人却不这样。在修道院，他们纵情肆意，"像孩子一般蹦蹦跳跳，吃水果，相互扔东西，追逐打闹"，他好像回到了哈罗那无忧无虑的学童时代。拜伦告诉霍布豪斯："你和中产马修斯就等着听我五花八门的趣事吧。"

修道士的学生中，有一个叫尼科拉斯的男孩，也就是拜伦口中的尼科拉斯·吉罗，是拜伦的拥趸，他是法国人卢西里夫人的兄弟。也是因为这层关系，拜伦联系到了埃尔金勋爵在雅典的代理人。拜伦上次来雅典的时候就认识了尼科拉斯。在拜伦往伦敦写的一封较为私密的信中，他把自己的名字和尤斯塔修斯·格奥尔吉奥的名字放在一个括号内，足见二人之间也曾有过一段恋情。男孩出生在希腊，父母是法国人，他还会流利地讲意大利语，在修道院接到的第一个活就是教拜伦说意大利语。拜伦因此爱上了这门甜美润滑的语言，而且越往后越爱。拜伦告诉霍布豪斯："我是他的主子，也是他的朋友，此外还有什么那只有天知道了。"[8] 为了学习"拥抱"这一动词的所有变化形式，拜伦让他在身边待了一整天。拜伦一旦得手一个男孩，就会马上写信给马修斯。六周以后，再看拜伦的信，他就搞到了两百多个男孩，第一例就发生在门德利山脚下的阿吉欧斯·阿索马奥斯修道院。他还是抱怨说自己都"快要玩腻了"。[9]

拜伦曾向一名路过雅典的英国医生咨询过尼科拉斯肛门撕裂的问题，这种病在古希腊和罗马的情妇中很常见。这位医生很可能是查尔斯·刘易斯·梅莱恩，当时他正与海丝特·斯坦霍普夫人和迈克尔·布鲁斯一起旅行。医生回忆道,拜伦曾因为一个希腊小伙子的病情而咨询过他,他记得当时拜伦神情焦虑,可以看出"拜伦似乎很在意这个年轻人"。[10]这个丑闻被阿尔巴尼亚仆人瓦西里传了出来,在当地迅速传开。

拜伦和尼科拉斯的关系到底怎样? 就此,汤姆·摩尔后来问过知情人迈克尔·布鲁斯和斯莱戈勋爵。二者可能为了爱惜羽毛,对尼科拉斯的相貌大肆贬低了一番。布鲁斯回忆说尼科拉斯"长了一副穷酸相"。[11]但拜伦则引用贺拉斯的话,把他比作吕库斯,"黑眸乌发,帅气迷人"。[12]事实上,尼科拉斯的一绺头发被保存在默里档案馆里,很明显是浅棕色的。从拜伦的字里行间看,尼科拉斯是个有才智、有毅力的男孩。一八一〇年九月,拜伦第二次远征伯罗奔尼撒群岛时,尼科拉斯是拜伦的大管家。拜伦在佩特雷湾因高烧卧床不起,尼科拉斯一直在身边照顾他。拜伦那阵子病得很重,觉得自己快要死了。他还告诉墨尔本夫人,即使患病,自己的性欲却神奇地没有受到影响,云雨时几近丧命。可以推测,墨尔本夫人以为他说的是个女的。尼科拉斯无疑也染了拜伦传染给他的病,烧得比拜伦更严重。

此次他发烧,拜伦自己称之为"隔日烧",有可能就是疟疾。大家都忧心忡忡,副领事塞缪尔·斯特兰、土耳其仆人和阿尔巴尼亚保镖商量了一下,请来了两名医生,拜伦看到两人未经培训、缺乏经验,就拒绝让他们看病。但现在男仆威廉·弗莱彻刚好留在雅典修道院,而且身体越来越虚弱,拜伦最终还是让了步。医生让他服用催吐药和金鸡纳树皮,还划开皮肤放血。[13]拜伦强打精神,给自己创作了一首墓志铭,现在读来可谓高超的营销文案:

> 任何诗人看到都会说,"丑! 怎么是硬皮装订!"
>
> (这是拜伦死前说的最后一句话)。
>
> 不,给我的诗集加一些

> 好看的版式和插画吧，这样才卖得好；
>
> 人不死，作品就卖不出去
>
> 还有，霍布豪斯，封皮我要**红色的**。[14]

臭美的拜伦觉得生病时苍白的面色挺适合他。拜伦回到雅典，看到镜子里的自己，对斯莱戈勋爵惊呼道："我脸色好白！——我真希望得痨病而亡。"[15]斯莱戈问为何，拜伦答道："因为那样女士们都会说道：'看到那个拜伦了吗？他临终时的样子多有趣啊！'"下一届首相罗伯特·皮尔确信自己在圣詹姆斯街见过拜伦。而事实上，拜伦在佩特雷湾卧床不起。重病的拜伦看起来像个鬼，此后人们在街上一看到鬼就以为是碰到了拜伦。

就在拜伦动身去伯罗奔尼撒半岛前不久，他遇到了海丝特·斯坦霍普夫人。你没看错，二人的确有些交集。海丝特夫人是小威廉·皮特的侄女，三十五岁左右，聪明，博学。拜伦最怕这种女人，曾在信中同霍布豪斯说："我在雅典见过海丝特夫人，'聪明的女人是祸水'。"[16]霍布豪斯早几周前才在马耳他岛见过海丝特夫人，对她的描述更加负面，说她"太爷们了，宁愿和驮马住在一起，也不愿和女人住在一起……在我看来，海丝特夫人是一个粗暴专横的女人"。[17]

海丝特夫人和情人一起向东旅行，第一次见拜伦的时候，拜伦正准备从科隆纳角的港口码头上跳水，那时候他每天都在这里游泳。她的情人迈克尔·布鲁斯生于剑桥，与拜伦是同代人，比海丝特夫人年轻得多。他们两人再次见面是在雅典。海丝特夫人抨击拜伦的"女人智商不如男"的论调。拜伦后来声称自己已占了上风，他告诉霍布豪斯，他要不就微笑以示，要不就屈服顺从，以避免和海丝特夫人吵起来。"我瞧不起女人，不想和她们争吵。"[18]但迈克尔·布鲁斯的回忆则完全是另一番景象,说拜伦"争不过海丝特夫人,就只能像个绅士一样表示赞同或沉默,以求夫人饶过他"。[19]

拜伦对女性的看法基本上是传统的,他认为海丝特夫人想哪说哪,没有章法,还公开找了个叫布鲁斯的男朋友,一点都没有妇道人家的样子。而海丝特夫人认为拜伦谈吐做作,还学过他做作的样子;她说拜伦双眼离得近,眉毛什么时候都皱在一起,"一看就是个恶人"。[20]说来奇怪,两人虽然相识时相互厌恶、猜疑,但到了后来却能相互敬重。

拜伦和迈克尔·布鲁斯在雅典的短暂偶遇也同样有趣。布鲁斯在东方被拖了很久,之后参与了一起"拉瓦莱特事件",名声大噪,后人甚至称他为"拉瓦莱特·布鲁斯"。拉瓦莱特伯爵是拿破仑的助手。一八一五年波旁王朝复辟后,拉瓦莱特被判上断头台。为了逃出来,拉瓦莱特穿上妻子的衣服,乔装打扮一番后,通过布鲁斯的帮助,成功逃出了法国。而布鲁斯自己却不幸被捕。在同代人的成就中,能让拜伦佩服的不多:一个是"伟大的旅行家"[21]威廉·班克斯,另一个就是迈克尔·布鲁斯。

布鲁斯也是双性恋。据霍布豪斯说,布鲁斯和拜伦一样,对"什么都不感到稀奇",用贺拉斯的话说,就是"nil admirari";还说布鲁斯以前帅得像"内萨斯",现在不太像了,但还是很帅。[22]在雅典的最后一夜,布鲁斯和海丝特夫人打算从比雷埃夫斯港登船,布鲁斯似乎隐晦地向拜伦示爱。拜伦很吃惊,回想自己之前从没有招惹过他。拜伦同霍布豪斯说:"说真的,我实在想不出,自己有什么魔力能迷住布鲁斯。"[23]拜伦和布鲁斯一起用餐,知道布鲁斯没有喝醉:"但事实是,他有几分风度,也很浪漫,自从与海丝特夫人交往以来,就活在幻想中了。"二人一度约拜伦一起去君士坦丁堡,但拜伦觉得自己老了,交不到什么"一辈子的朋友"了,便拒绝了二人的盛情邀请。

131

　　一八一〇年和一八一一年之交的冬天,拜伦在雅典过着相对平静的生活,随着认识不断加深,他对希腊的态度也更加严肃。他鄙视约翰·尼古拉斯·法扎克利、弗雷德里克·诺斯、亨利·加利·奈特这些浅薄的英国守旧派,这些人都曾试图培养和拜伦的关系。诺斯后来创立了爱奥尼亚大学,作为校长的他坚持穿古代传统服装。拜伦谴责诺斯是“这个时代和国家中最引人注目的骗子”。[24]另一方面,拜伦此时对英国建筑师兼探险家查尔斯·罗伯特·科克雷尔及其学术合作伙伴约翰·福斯特的态度变得友好起来。福斯特后来设计了利物浦许多优秀的新古典主义建筑,他们刚认识的时候还为了一匹马闹得不愉快。拜伦喜欢这些年轻人的精力和求知欲。拜伦还结识了一群欧洲考古学和艺术青年,最著名的是巴伐利亚路易亲王、建筑师卡尔·弗雷赫尔·哈勒·冯·哈勒斯坦和爱沙尼亚的奥托·马格努斯·弗莱赫尔·冯·斯塔克尔伯格。他们对古代希腊和现代希腊都感兴趣,不会厚古薄今。

　　拜伦请巴伐利亚画家雅各布·林克为他画一些希腊风景画,自己还向希腊复国主义者约翰·马拉图里学习现代希腊语。通过约翰·马拉图里,拜伦开始参与希腊复兴运动。没有了形影不离的霍布豪斯,拜伦独自活跃在雅典的社交圈中,今天参加外国殖民地的化装舞会和宴会,明天与“许多”[25]希腊和土耳其女人厮混。“我在这里见到过法国人、意大利人、日耳曼人、丹麦人、希腊人、土耳其人、美国人等不同国家的人,也和他们交谈过。我可以从我自己的视角出发,对他们的国籍和为人处世的风格做出一番评价。”[26]拜伦那阵子还年轻,一八一一年一月刚过二十三岁生日,还在不断如饥似渴地学习。正是在雅典的这个冬天,拜伦正在成长为一个世界公民。

　　雅典这个多元文化社会充斥着各种离奇的场景和神秘的道德剧,这一个个的小插曲激发了拜伦的想象力。拜伦从比雷埃夫斯河上骑马回来,途中遇到了一支面色阴沉的队伍,他们肩扛着一个麻袋,麻袋里装着

一个姑娘。根据伊斯兰法，她因伤风败俗而被判处溺死。这一事件一直 132
萦绕在拜伦心头，他就把它写进了长诗《异教徒》中。他在诗里说这一
幕悲剧吓坏了他："我无法形容**当时的感觉**，现在回想起当时的心境还
会禁不住**打个冷战**。"[27]

有趣的是，这个故事有两个版本。第一个，也是最接近《异教徒》的
故事，是拜伦经常告诉汤姆·摩尔的，说自己认识那个女孩，婚外情是她
受刑的原因。拜伦说，本来以为那个女孩是希腊人，实际上是土耳其人。
判决已经执行过了，拜伦在岸上遇到游行队伍时，那个躺在麻袋里的女
孩已经死了。

第二个没那么悲惨：是斯莱戈勋爵给出的版本，他在此事件发生几
天后抵达雅典。据斯莱戈说，拜伦拦住了向岸边出发的游行队伍，拔出
手枪，对准带队的，要求他和女孩一起回到总督府。拜伦在总督府好一
番威胁、哄骗和贿赂，总督最终答应，只要女孩离开雅典，就饶她一命。
拜伦把她带到卡布钦修道院，并趁着夜色把她送到底比斯。

一八一三年，斯莱戈勋爵应拜伦的要求写了一封信，内容就是拜伦
首肯的第二个版本，并开始在那些有影响力的朋友中间传播开来。就这
样，拜伦成了浪漫主义英雄的化身——钢铁直男一个，这种形象的塑造
有意击破恶毒的卡罗琳·兰姆夫人散布的谣言，她说拜伦在东方找了不
少男友。斯莱戈在谈话中暗示，拜伦可能在事后和这个女孩发生了关
系，进而让这个故事听起来更具有英雄救美一般的浪漫。[28]斯莱戈的信
中有十行删减掉了。拜伦本人一口咬定说，这些内容"只包括一些土耳
其人的名字和女孩被发现的旁证，不是很重要，提起来也不是很文
雅"。[29]但如果真的无伤大雅，为什么会删掉呢？到目前为止，就算是用
最先进的现代技术，我们也无法复现这些被删去的文字。

年轻的拜伦旅行的时候，可以从一种启蒙的视角看土耳其。他带着
强烈的个人情感看待希腊，选择了希腊这一边，而不是土耳其，并最终

参与了希腊独立战争。看到希腊人民受到了土耳其奥斯曼帝国近四百年的奴役而发展停滞，他很愤慨。拜伦也逐渐认识到，希腊是一个民族国家，她的历史错综复杂，令人浮想联翩，她未来一定会取得独立，充满光明，这些想法激发了拜伦的创作。在雅典最后的几个月，拜伦极为多产：他曾在卡布钦修道院偶然发现了一本贺拉斯作品集，根据其中的《诗的艺术》一篇，他创作了一首讽刺诗《贺拉斯的启示》，作为《英格兰诗人和苏格兰评论家》的续集，长诗修改完后共七百余行。他还开始了《密涅瓦的诅咒》的创作，意在致敬雅典城，猛攻埃尔金勋爵。拜伦给《恰尔德·哈洛尔德游记》加了一些涉及时局的长注释，他利用这个空间表达了他对希腊解放运动的看法，且是现想现写。拜伦在这一时期设想的并非是一个完全独立的希腊，他认为希腊不可能再次崛起，"达到昔日的优势地位"。[30] 他所能预见的最好结果是，希腊得到外国势力的帮助而从土耳其人手中解放出来，成为一个"有用的附属国，或者一个由他国保护的独立政权"。

还有几个星期就要离开雅典了，拜伦一直在修道院写作，保存在这里的记忆五味杂陈。他给《恰尔德·哈洛尔德游记》加了三节诗，以表达他的感情和希望。

> 这儿无处不是英灵萦绕的圣地；
> 你的土地没有一寸显得凡庸，
> 真是千里方圆之内都值得惊奇，
> 缪斯的故事都是真事，并非幻梦；
> 只是我们的两眼惊异地看得酸痛
> 我们少年时代的梦幻所系的胜景；
> 每座山丘和山谷，每块幽谷和荒原
> 反抗过去摧毁庙宇的力量：

岁月撼动了雅典娜的堡垒,却放过了灰色斑驳的马拉松。[31]

拜伦用这些诗句为希腊铸造一个身份,并为自己立下了一份使命。

　　一八一一年四月,拜伦对财务状况越来越没底,他还是放弃了前往耶路撒冷和埃及的计划,决定暂时回国。为了这个计划,他还弄到了土耳其朝廷的特别许可。在此之前,派了弗莱彻回家,办理出售诺福克郡和兰开夏郡土地所需的手续。他还吩咐约翰·汉森,不管发生什么事,都不能把纽斯特德卖掉。拜伦声称,"若非衣柜和家务较平时显得不那么乱"[32],就不会想念自己的贴身男仆。弗莱彻吃肉喝酒后就没完没了地抱怨,这个人非常偏执,蔑视一切外国货,而且笨得连一句外语都学不会,让拜伦说,他和其他一些英国仆人一样,是个"累赘",因而离了他也是种解脱。[33]拜伦回来后,弗莱彻又继续为他服务。

　　拜伦准备乘坐"伊兹拉"号货轮回家,而这艘船还载着埃尔金最后一批盗取的大理石雕像回伦敦。旅途初期,埃尔金的代理人卢西里和拜伦他们同行,他交给拜伦一封信,拜托他到达伦敦时交给埃尔金勋爵,这极为讽刺。他自己也捎了些战利品,其中包括"从古石棺中取出来的"[34]四个栩栩如生的乌龟和头骨,给约翰·默里的一小瓶希腊毒芹,还有两个中年的希腊仆人德米特里厄斯·佐格拉夫和斯皮罗·萨拉奇,拜伦打算把他们俩重新安置在纽斯特德。拜伦为霍布豪斯也带了一些希腊大理石雕像。拜伦临走前,付清了几个阿尔巴尼亚仆人的工钱。瓦西里尴尬地拿走了一袋钱币。据拜伦说,德维塞·塔希里拿了钱,"但突然把硬币摔在地上,然后双手紧握,举到额前,号啕痛哭,冲出房间"。[35]拜伦被深深打动,哀伤一直持续到登船那一刻。

　　"伊兹拉"号遇到逆风,在比雷埃夫斯港停了一夜。同样是考古爱好者的老友约翰·福斯特、哈勒和林克乘着敞篷小船来看望拜伦。他们

134

从"伊兹拉"号船尾下经过时唱了一首拜伦最喜欢的小夜曲。拜伦在窗口探头出去,邀请他们上船喝一杯葡萄酒。

"伊兹拉"号最终于四月三十日抵达马耳他。马耳他此时如同"炼狱里的烤炉"[36]一样,拜伦在这儿待了一个月,过得不太好。拜伦在佩特雷湾患的高烧又复发了,再加上痔疮和在雅典染上的淋病,整个人快要被折磨死了。因为疟疾,拜伦每隔一天就会出现一次全身颤抖,"烧得跟维苏威火山有得一拼",陆军外科医生塔克都束手无策。拜伦那阵子汗出得厉害,专门请了一个仆人在晚上给他换床单。

除此之外,拜伦还得向两段微妙的感情道别,第一次是与康斯坦斯·斯宾塞·史密斯。一八〇九年九月,拜伦把她留在马耳他岛后不久,对她就失去了兴趣。

> 咒语解除了,魔力不在了!
> 　生活中只剩下阵阵的高烧:
> 本该呻吟之际,却疯狂大笑;
> 　呓语是我们最好的谎言。[37]

这首看破红尘的诗是拜伦与她分手四个月后在雅典写的。这个时候,拜伦认为关系已经结束了,但斯宾塞·史密斯太太读到这首诗时却没有悟出拜伦的意思,仍在写信追求他。这段时间拜伦的信表明,拜伦对待她和其他女人在态度上是有明显差别的,读来实在叫人心寒。就在拜伦再次出现在马耳他的几个星期前,斯宾塞·史密斯太太仍满怀期盼:"我很乐意向您再说一遍,我是您的。"[38]两个人最终在总督宅邸见面,拜伦说这是"最让人糟心的一次摊牌"[39],伴着一阵阵恼人的地中海热风,这次告别让拜伦一想起来就浑身冒汗。

拜伦从雅典带来的小管家尼科拉斯也被留在了瓦莱塔。拜伦征得尼科拉斯家人的同意,派尼科拉斯去那里的一所修道院学校上学,尼科拉斯很感激,给拜伦写了几封信,言辞恭谨顺从,有些用蹩脚的英语写,有些用希腊文写。一年后,尼科拉斯因和拜伦的建筑师朋友查尔斯·罗伯特·科克雷尔同去看戏而被勒令停学。科克雷尔也喜欢男孩子。尼科拉斯并没有因为被开除而不高兴,他告诉拜伦自己受够修道士了。

拜伦回到英国后不久就立了份遗嘱,要给尼科拉斯留下七千英镑,等他二十一岁时再给他,这可是一笔惊人的巨款,然而,这份遗嘱后来取消了。尽管拜伦很少回复,尼科拉斯还是继续给他写信。一八一五年一月,尼科拉斯不知道拜伦这个月结婚,用英语生硬地写了些话,信末又用希腊文加了些不那么拘谨的话,翻译出来的意思就是:

> 我最亲爱的主子,这么长时间没见到您,内心的悲伤无法言说。啊,我要是一只鸟该有多好,有翅膀能飞,可以来看您一个小时,死了我都高兴。心中怀揣的希望告诉我会再见到您,这是我没有立刻死去的慰藉。我已经两年没说英语了,都要忘光了。[40]

拜伦离开马耳他,乘坐"沃拉日"号护卫舰回英国。"沃拉日"号最近在达尔马提亚海岸的利萨附近同法国和意大利舰队作战,现在凯旋了。与此同行的还有一艘英国的"安菲翁"号战舰和两艘被俘的法国护卫舰。拜伦恶疾缠身,身体虚弱,再加上前途未卜,因而心情十分低落。即使是奥克斯将军的随军药剂师到其所住的客舱看望他,拜伦的情绪也并未有所好转。药剂师是个"爱讲艰难岁月的人,讲的都是关于自身的故事"。[41]拜伦抱怨道:"我只能把他当刺猬,无趣到连嘲笑的价值都没有。"[42]船队缓慢驶向英国,此时拜伦离开法尔茅斯已经整整两年,对于回家"没有期待,几乎也没有什么渴望"[43],以前还怕得不得了,现在倒是麻木了。

注释

[1] 拜伦致凯瑟琳·戈登·拜伦的信,1810 年 7 月 20 日。

[2] 拜伦致约翰·卡姆·霍布豪斯的信,1810 年 7 月 29 日。

[3] 同上,1810 年 8 月 16 日。

[4] 尤斯塔修斯·格奥尔吉奥致拜伦的信,1811 年 3 月 15 日。

[5] 拜伦致约翰·卡姆·霍布豪斯的信,1810 年 8 月 16 日。

[6] 同上,1811 年 5 月 15 日。

[7] 拜伦致弗朗西斯·霍奇森的信,1811 年 1 月 20 日。

[8] 拜伦致约翰·卡姆·霍布豪斯的信,1810 年 8 月 23 日。

[9] 同上,1810 年 10 月 4 日。

[10] C. L. 梅莱恩大夫,《海丝特·斯坦霍普夫人游记》(*Travels of Lady Hester Stanhope*),第一卷(1846)。

[11]《托马斯·摩尔日记》,1828 年 2 月 24 日。

[12] 拜伦致约翰·卡姆·霍布豪斯的信,1810 年 8 月 23 日。

[13] 拜伦致弗朗西斯·霍奇森的信,1810 年 10 月 3 日。

[14]《病床上写下的墓志铭》('Epitaph from a Sickbed'),1810 年。

[15] 托马斯·摩尔,《拜伦传》,第一卷。

[16] 拜伦致约翰·卡姆·霍布豪斯的信,1810 年 10 月 4 日。

[17] 约翰·卡姆·霍布豪斯(布劳顿勋爵),《漫漫长路:我的回忆录》,1810 年 7 月 27 日。

[18] 拜伦致约翰·卡姆·霍布豪斯的信,1810 年 10 月 4 日。

[19]《托马斯·摩尔日记》,1828 年 2 月 24 日。

[20] C. L. 梅莱恩大夫,《海丝特·斯坦霍普夫人回忆录》,第三卷(1845)。

[21] 拜伦致约翰·卡姆·霍布豪斯的信,1819 年 8 月 4 日。

[22] 约翰·卡姆·霍布豪斯致拜伦的信,1810 年 7 月 31 日。

[23] 拜伦致约翰·卡姆·霍布豪斯的信,1811 年 6 月 19 日。

[24] 拜伦致约翰·默里的信,1817 年 11 月 15 日。

［25］拜伦致约翰・卡姆・霍布豪斯的信,1811 年 5 月 15 日。

［26］拜伦致凯瑟琳・戈登・拜伦的信,1811 年 1 月 14 日。

［27］《拜伦书信与日记》,1813 年 12 月 5 日。

［28］《托马斯・摩尔日记》,1828 年 2 月 19 日。

［29］拜伦致托马斯・摩尔的信,1813 年 9 月 1 日。

［30］《恰尔德・哈洛尔德游记》,第二章的批注,1811 年 1 月 23 日。

［31］《恰尔德・哈洛尔德游记》,第二章,第 88 节,第 828 行。

［32］拜伦致约翰・卡姆・霍布豪斯的信,1811 年 3 月 5 日。

［33］同上,1811 年 1 月 14 日。

［34］同上,1811 年 6 月 19 日。

［35］《恰尔德・哈洛尔德游记》,第二章的批注。

［36］拜伦致约翰・卡姆・霍布豪斯的信,1811 年 5 月 15 日。

［37］《写于雅典》('Written at Athens'),1810 年 1 月 16 日。

［38］康斯坦斯・斯宾塞・史密斯致拜伦的信,1811 年 3 月 3 日。

［39］拜伦致墨尔本夫人的信,1812 年 9 月 15 日。

［40］尼科洛・吉罗致拜伦的信,1815 年 1 月 1 日。

［41］拜伦致约翰・卡姆・霍布豪斯的信,1811 年 6 月 19 日。

［42］同上,1811 年 7 月 2 日。

［43］拜伦致弗朗西斯・霍奇森的信,1811 年 6 月 29 日。

传奇背后

第十一章　圣詹姆斯大街 (1811-1812)

"沃拉日"号抵达朴茨茅斯后开始改道行驶,前往泰晤士河口的谢佩岛上的希尔内斯港,于一八一一年七月十四日到达。拜伦从这里取道前往伦敦,在圣詹姆斯街的雷迪什饭店歇脚,回到这个"逼仄的小岛"[1]的正中心,这里雾气弥漫,细雨缭绕,生活奢靡。二十三岁的拜伦认为英格兰弥漫着荒谬、虚伪的风气。他还在国外的时候,就有这种感觉。他的同学们已步入社会,"穿着卫兵、律师、牧师、上流绅士的装束以及此类的化装舞会礼服,披着这种怪异的伪装招摇撞骗"。[2]拜伦也很快被吸引住,不久他将把自己装扮成那个时代的大众情人。

随之而来的便是"拜伦热"的年代,也就是拜伦从东方带回来的诗歌出版后获得空前成功的时期。在四千行的手稿中,为他带来巨大声誉的不是他模仿贺拉斯写出的讽刺作品,而是闻名英格兰的斯宾塞式的长篇叙事长诗《恰尔德·哈洛尔德游记》。罗伯特·查尔斯·达拉斯是拜伦事业上的热心人,他在拜伦到达英国的第二天便匆忙赶来迎接他,看着拜伦胆怯地从雷迪什饭店的房间里的一个大箱子里取出手稿。达拉斯把它带回家,立即意识到它的价值,给拜伦写道:"您的作品是我读过的最令人愉快的诗歌之一……我对《恰尔德·哈洛尔德游记》太着迷了,我都爱不释手了。"[3]

拜伦得知《恰尔德·哈洛尔德游记》定会畅销，就开始寻思找一个比考索恩更有声望的渠道，考索恩是《英格兰诗人和苏格兰评论家》的出版商。在他的建议下，达拉斯首先把手稿拿给威廉·米勒，米勒发现作品抨击贵族，马上就拒稿了。这并不令人惊讶，毕竟他是埃尔金勋爵的出版商。后来《恰尔德·哈洛尔德游记》被推荐给约翰·默里，他是一位三十岁出头、和蔼可亲的苏格兰人，作为保守派《评论季刊》的出版人，他已经很有影响力了。默里自命不凡，对自己的事业野心勃勃，但他还有一个更大的目标，即提高出版商的地位——从一名传统的书商转型为严肃文学的出品人。他天生就会和作者打交道，这个天赋为他的成功铺平了道路。

拜伦回到英国还不到一个月，《恰尔德·哈洛尔德游记》的出版协议就达成了。默里将自费印刷这部长诗，并与达拉斯瓜分全部利润。后来，他的想法有些变化。拜伦身为贵族，不好意思张口要钱。拜伦写给默里的第一封信的日期是一八一一年八月二十三日，他写道："我的朋友达拉斯先生把我在希腊写的一首长诗的手稿交给了你，他说你不反对发表这首诗。"[4] 从此刻起，拜伦的声誉和他的出版商的声誉将紧密地交织在一起。

拜伦到达英格兰后，很快见了霍布豪斯，现在他成了皇家康沃尔和德文郡矿场的霍布豪斯上尉。对于他们这一代的年轻人来说，军旅生涯无疑是最明智的选择。即便是反军国主义的拜伦，在对自己的未来绝望的那一刻，也曾考虑过惠灵顿勋爵或者格雷厄姆将军麾下的职位。霍布豪斯目前在多佛，等待随团一起登船前往爱尔兰。他和拜伦打算在肯特郡的锡廷伯恩镇会面，在那里待上三天。拜伦随身带着两个希腊来的仆人。他们一起参观了坎特伯雷大教堂，看到了托马斯·贝克特的墓穴。不久，霍布豪斯就开始打探起拜伦在雅典玩过的人了："没有女性，没有十岁以下的,没有土耳其裔的。"[5]因为拜伦吹嘘自己和希腊女人上床,"没有女性"大概意味着没有年轻女孩。

霍布豪斯意在提醒拜伦回国后要低调。最近发生的几起公共事件已经为剑桥的寻"道"派敲响了警钟。年初,马修斯给拜伦写信时细致地描述了一桩案件,即所谓的维尔街事件——警察在邦德街附近的维尔街的白天鹅饭店进行了突击搜查,据说后厅常有同性恋者聚集。多名男子被控"意图鸡奸",其中有六人被判在干草市场街上游街示众。马修斯写道:"一群常在维尔街(圣克莱门特大教堂)集会的绅士(在干草市场街)遭到公开嘲弄,整个伦敦都躁动不安,这些绅士遭到了前所未有的侮辱和折磨。大人您过惯了岁月静好的日子,对这起事件定会震惊吧。"[6]维尔街的逮捕事件闹得尽人皆知,引发了公众对同性恋的强烈反感。

马修斯和斯克罗普·戴维斯去纽盖特监狱看过两个囚犯,一个是赫本中尉,另一个是十六岁的鼓手托马斯·怀特。两人现在被判死刑。戴维斯和马修斯都认为,中尉的那点事不算什么。但这种轻描淡写起了大作用。马修斯专门画了一幅画,画上,一个犯人被吊死在绞刑架上。这幅画配上他们两人的轻描淡写,可是让拜伦出了一身冷汗。霍布豪斯也给拜伦写了封信,其中一封写自多佛,警告他"希腊修道院的那些事"[7]一定不能说出去。

拜伦从雅典回来,这在某些方面是一步好棋,但他也开始抑郁起来。他找不到性伙伴,朋友也接二连三地去世,灾难像旋风一样席卷而来。首先是哈格里夫斯·汉森,即约翰·汉森的长子,他不光是家族世交,也是拜伦在哈罗公学的同学,二十三岁的那年夏天死于痨病。拜伦现如今还被告知:一八一一年五月,约翰·温菲尔德还在葡萄牙中北部城市科英布拉的卫队服役时,因高烧不退,不治身亡。他是拜伦在哈罗公学的好友,噩耗发生时,拜伦还在国外。他为温菲尔德写了一份悼词,加到

141

《恰尔德·哈洛尔德游记》里："我认识他十年了，那是他最好的一段人生，也是我最幸福的时光。"[8] 他们一起打板球、钓鱼、游泳。伴着温菲尔德的噩耗，哈罗公学的记忆又一次涌上心头。

拜伦怀着复杂的心情，期待着与母亲团聚。他不在的时候，拜伦夫人在纽斯特德独自和拜伦的债权人周旋，试图赶走他们。尽管不怎么奏效，却非常英勇。老乔·默里聪明地用牛皮纸盖住了楼门上法院贴的判决告示，然而房子里至少还是住进了四名法警。

拜伦在"沃拉日"号上给母亲写了封温情的信。他告诉母亲，给她带了一条披肩和一些玫瑰精油；让她给他准备食宿，还详细说："我只能告诉您，很长一段时间以来，我一直坚持养生，只吃蔬菜，既不吃鱼，也不吃肉，也不喝酒。所以我需要大量的土豆、蔬菜和饼干。"[9] 但是，拜伦并没有立即动身回纽斯特德，而是找借口在伦敦住了一段时间。八月一日，也就是在他回到英国两个多星期后，他收到一条晴天霹雳般的消息：母亲已病入膏肓。

他不知道，也或许不想承认，在他出国期间，拜伦母亲的健康状况一直不好，病情不断恶化。拜伦向汉森夫人借了四十英镑，以资他北上的行程。拜伦于八月二日离开伦敦，罗伯特·拉什顿从纽斯特德急忙往小镇纽波特帕格内尔接拜伦，告诉他母亲在前一天已去世。肥胖且又孤独的拜伦夫人在四十六岁就死了，她也许太操心儿子，各种焦虑集于心头，加速了身体的恶化。

突如其来的噩耗让拜伦无所适从。在途中，他给南井镇的老朋友约翰·皮戈特写了一封信，引用了诗人托马斯·格雷的话："我现在体会到格雷先生的话是正确的，'我们只有一个母亲'——愿她安息！"[10] 他一到家宅，就径直走到母亲的房间。仆人后来发现，他久坐在角落中，思考为何他对母亲病情的恶化一无所知。后来，他写信给霍布豪斯：

死亡对我来说是如此费解，我说不出什么，也想不出什么——的确，当我看着母亲那庞大的遗体的时候，当我看到我出生的地方的时候，我怀疑自己已死，怀疑她是否没有死……[11]

他安排在哈克诺教堂的家族墓穴举行葬礼，为自己和男仆们订购了黑色丧服、帽带和手套，要求在棺材板上印上"乔治·拜伦勋爵的母亲、亨特利伯爵的直系后裔、苏格兰国王詹姆斯一世的女儿简·斯图亚特夫人"的字样。但当这一天到来时，他还是不忍参加葬礼，和罗伯特·拉什顿在家里心不在焉地练拳。

悲惨的事件接二连三地发生。八月七日，拜伦给斯克罗普·戴维斯写道："我和我的家人一定是被诅咒了。我母亲在家里去世，我最好的一个朋友淹死在水沟里。我能说些什么？想些什么？还能够做些什么？"[12]拜伦的剑桥密友查尔斯·斯金纳·马修斯在剑河溺亡。他独自一人出去游泳，在靠近新生游泳池的河弯处，被水底的水草缠住了。目击者托马斯·哈特说，他竭力营救马修斯，但是他的胳膊和腿都被水草缠住了。[13]虽然他一直在呼救，但他决定来到这样危险的水域游泳，可能原本就是来自杀的。

对拜伦来说，马修斯的离世具有两个让他不安的意义。拜伦真心敬佩他，而拜伦是很少敬佩同龄人的："在能力上，谁比得上马修斯？他要是第二的话，我们中没人敢说是第一。"[14]马修斯博学、机智，是下一届剑桥议会的候选人，似乎就要成为一个重要人物。马修斯的死还带来了另一种痛苦，除了身为同性恋的拜伦，别人无法体会。马修斯同情拜伦，还积极鼓励他：他们有一套"剑桥寻'道'派"的暗语。拜伦也非常同情霍布豪斯，因为霍布豪斯比他更痛苦。坐在家里的书房，周围环绕着他的古董头骨，有好几次，他悲痛至极，突然感到"一种歇斯底里般的欢乐，无法解释，也不能自控，奇怪，我真的会开怀大笑，一边笑着，一边惊讶于自己的举动"。[15]笑声让他坚韧,这是拜伦内心最强大的力量。

他渴望有人陪伴,便邀请了约翰·克拉里奇来纽斯特德庄园做客。克拉里奇在哈罗公学很受欢迎。但对拜伦而言,他不是马修斯:"他人好、英俊、可敬、温和、见多识广,却是一个呆子,这最后一个绰号,该死,把前面所有的好都毁了。"[16]

宗教也不能宽慰他。他的朋友弗朗西斯·霍奇森不久将被任命神职,他抓住机会宣讲来世,拜伦却一口回绝了他:"你的永生与我无关,我们这一生足够凄惨了,哪还顾得上去揣测下一生呢? 如果人要活着,为什么要死呢? 如果他们死了,为什么要打扰那永远醒不来的美梦呢?"[17]拜伦不时有自杀的念头,他期望一死就永远不要醒来。他的东方之旅也让他更加厌烦基督教和神职人员的虚伪和陈词滥调:

> 我不是柏拉图主义者,我什么都不是;但是我宁愿成为保罗主义者、摩尼教教徒、斯宾诺兹主义者、异教徒、皮罗亚斯德教徒、琐罗亚斯德教徒中的一个,也不愿成为那七十二个邪恶教派中的一个,那七十二个邪恶教派为了挣得上帝的宠爱而憎恶对方,恨不得将彼此撕成碎片。谈到伽利略主义吗? 把成效给我看看。你的训词是不是更好、更聪明、更仁慈了?

他可以在"十个穆斯林"中找到更优秀的美德。

拜伦回到英国后陷入了财务困境,他的注意力开始集中在两种可能的补救措施上:一是娶一个"富婆,给她低贱的买卖人的血统赐一个贵族头衔,造一个女男爵出来",顺便从她在兰开夏郡开的煤场上大捞一笔。[18]九月初,他从悲伤中走了出来,开始找些事做,和约翰·汉森一起前往洛奇代尔市的家族矿场。拜伦出国期间,有关恢复拜伦煤矿合法权利的长期案件被搁置，拜伦现在希望要么尽快卖掉煤矿，要么让煤矿尽快开工。他计算了一下，这样每年可以有四千英镑的收入。汉森看到拜伦家的庄园有利可图，毕竟这块土地占地面积超过八千英亩。但问题是资金链经常断裂。

拜伦谋钱的动力缺乏长劲。他第一次也是最后一次来到兰开夏郡的矿场，没谈多久正事，他就分了心。"不幸的是，我收到了一封邀请信——去一个舒适的乡间别墅，就在洛奇代尔市附近，那里有漂亮又时尚的姑娘，我就马上把事务交给了我的经纪人，没有我，他能做得更好，我对煤窑的情况一概不知啊。这趟行程我收获了六个新朋友，却对煤窑地形知识一无所知。"[19]他和罗伯特·霍普伍德以及他的妻子塞西莉亚一起去了霍普伍德庄园。同行的还有塞西莉亚的两个姐妹和她的表姐玛丽·洛夫戴。这些话是拜伦讲给玛丽听的，玛丽人到中年，自信地说听到拜伦说反基督的话后为他惋惜。"真的吗？"他反问道。[20]

玛丽·洛夫戴的日记记录了这一时期的拜伦，那是他即将大红大紫时的样子，有个性，有魅力。他下午四点到达霍普伍德大厅，告诉别人自己很害羞，害怕见到她这么多漂亮的亲戚。他不愿意下楼吃饭，说这是他的断食日。洛夫戴小姐警告他用醋减肥对身体有害，他则说，他宁愿死了也不愿长胖："这个年轻人面色苍白、神情慵懒，他走路都直不起身子，总是一副羸弱的样子。他的双眼又蓝又大，长得很细腻。那双眼睛看起来狂妄而古怪，谁的眼睛要成了这个样子，这个人肯定是疯了。"只见他时不时在两个起居室之前徘徊，拿起许多书，每本书都读上一点，而且时刻都知道有人在看他。

她肯定是喜欢拜伦的："但他坐立不安的态度让我心跳加速。"她描述道：他的一条腿比另一条腿短，"穿的高腰靴子看着很笨重，走路时会发出难听的声音"。他穿着白色亚麻长裤，脖子上戴着一条长长的金项链。他的刺绣衬衫充满着"异国风情"。一天早上，客人们正在听人朗读玛丽·布伦顿的小说《自控》,他不时走进来,看到大家在认真听严肃的段落时只是微微一笑,他认为这些话都是虚情假意。

回到纽斯特德,拜伦遭受到了最大的打击——约翰·埃德斯顿死了。在回国途中的马耳他,他听到一则消息,说埃德斯顿身体很好。他似乎也没打算回国后和埃德斯顿见一面,大概是被霍布豪斯的警告吓到了。现在,安·埃德斯顿写信通知拜伦,说她的哥哥在四个月前,也就是一八一一年五月十六日死于肺痨。这个噩耗对于原本就很虚弱的拜伦而言过于沉重,他十月十日写信给霍奇森:

> 前几天我听说了那件最让我震惊的事,我曾经最爱的人去世了。我相信他在生命的最后时刻都还爱着我。这件事要是放在五年前,我会痛不欲生;但如今,我已没有了眼泪,但心情依然沉重,他让我想起我一直不愿回首的往事,那可是一段美到让人痴狂的梦。[21]

拜伦不知道如何面对这样的大事,这种无助感在写给达拉斯的一封信中反复出现。生活的苦辣酸甜在他面前展开得太快:"在我的青年时代,我似乎经历了这个时代最痛的苦。我的朋友们纷纷在身旁凋败,我就像一棵孤零零的小树,最终也会枯萎。"[22]其他人也许可以找家人要宽慰,但拜伦只能独自消化。

拜伦在写信给霍奇森和达拉斯的时候有意对这件事做了模糊化处理,提到有人去世的时候,并没有说具体的名字和性别。拜伦给达拉斯转寄了一段悼念诗,要他插入《恰尔德·哈洛尔德游记》中。他谨慎地说:"这一节影射的是我回来以后发生的一件事,而非任何**男性**朋友的死亡。"[23]他在别人面前努力隐藏,只对远在爱尔兰当差的霍布豪斯倾诉了内心的悲恸："你还记得约翰·埃德斯顿吗——他**死了**……现在我再也见不到他了(确实我也不应该再见他),我太伤心了,没有心情料理该操心的事。"[24]

他向霍布豪斯倾诉他的哀痛:不想吃饭,不想喝酒,坐立不安,心神不宁,一回想过去就痛苦。十月中旬,他去剑桥拜访斯克罗普·戴维斯,失去埃德斯顿的落寞感更加强烈了:"无论我走到哪里,尤其在这个地方,我都会情不自已,我这么说,你可能会觉得我没出息,没有人比我更鄙视我自己。"[25]拜伦十分沮丧,写信给南井镇的皮戈特夫人,提出了一个"最自私、最粗鲁的请求"。[26]他请她向女儿求情,把埃德斯顿送给自己、自己又转送给她的红玉髓戒指还回来。

这枚代表"誓言"的戒指的形象在一系列的挽歌中反复出现,这一系列就是《热娜组诗》,是在埃德斯顿去世六个月后创作出来的。其中之一名为《红玉髓般破碎的心》,诗中,拜伦回想起埃德斯顿时,只能想起他的手曾轻轻碰过自己的手,想起他的嗓音是那么纯净。这是多么悲凉的感觉,拜伦的心脆弱得像那颗易碎的心形红玉髓。

146

　　热娜呵! 醒来也如在梦中,
　　　你化为一场神奇的梦幻;
　　仿佛海上闪烁的孤星,
　　　清光已不再俯照人寰。[27]

完美的事物总是稍纵即逝,这是贯穿组诗的主题。

其中六首挽歌将作为《恰尔德·哈洛尔德游记》的第一版和第二版的附录出版。读者们细细品读,仿佛进入了诗人的内心世界。热娜源于所罗门·格斯纳所著《亚伯之死》,是一个女人的名字。其中最可笑的是,拜伦的女性读者好像能感同身受,纷纷把自己想象成热娜。第七首挽歌是用拉丁文写的，直到一九七四年才在默里档案馆被发现，拜伦在诗中直白地称呼道："Te,te,care puer!"[28]，即献给心爱的男孩。"埃德斯顿，埃德斯顿，埃德斯顿"的字迹出现在手稿上方，就像是表达痛苦的副歌。

> 我不愿正视，也不堪回忆
> 我的今日和我的当年。[29]

埃德斯顿的死惊醒了拜伦，他谨慎起来。十一月初，他写信给霍布豪斯，信中的他近乎偏执。他说，詹姆斯·韦德伯恩·韦伯斯特在伦敦的一次晚间聚会上无意中提到了一个男孩，他们雅称之为"风信子"，霍奇森也参加了这个聚会："他说了一番该死的话，听到后我心慌意乱……这也让霍奇森无地自容。"[30]韦伯斯特有可能在那个场合说每年两百英镑就可以包养那个男孩。"口无遮拦的"韦伯斯特还大谈他的妹夫瓦伦蒂亚勋爵是一个众人皆知的同性恋。这件事后，拜伦开始慌忙打听当时他从希腊修道院寄回来的那些夸耀他玩过多少男孩子的信都在哪里保管。

霍布豪斯耐心宽慰拜伦道："你从希腊寄来的信件在我这里都很安全。"[31]但他还是为拜伦告诉他的事情而震惊："'大嘴巴'韦伯斯特真是个笨蛋！你应该当场把他砍了。"他也不赞成拜伦与旧爱詹姆斯·韦恩·德·巴斯爵士再次见面。"我亲爱的大人啊，抛弃的东西何必再找回来？狗改不了吃屎啊？"霍布豪斯在牛津街看到德·巴斯，"就像纯良的撒玛利亚人见到了法利赛人"，毅然绕过他从路对面走。

对于这些警告的声音，拜伦很听话。一八一一至一八一六年间，他再次离开英国，就不再找比他年纪小的男人做朋友了。不过，这五年里，他开始疯狂地找女人，他知道他违背了自己的内心，所以这段时间的他总显得有些悲情。扭曲的情感世界造就了为人所熟知的拜伦式的语言风格：它的腔调虽然做作，却什么都敢说，对谁都不留情面，最让人叫绝的是他还能装出一副被迫承认自己是不法之徒的样子。

　　在得知埃德斯顿去世一两天后，他给弗朗西斯·霍奇森寄了一封《致朋友的信》。这首诗这样结尾：

> 活在这个世界，需要一个忙得起来的头脑，
> 我得赶紧给自己再找一个回来。
> 倘若过几年，
> 当英国的五月来临之时，
> 你要是听说这样一个人，他的罪孽不断加重，
> 重到需要搭配当时最黑的貂皮，
> 这个人，已经没有了爱和怜悯之心，
> 没有了出名的希望，也没有了好人的赞美，
> 这个人，为了实现他的雄心壮志，
> 流血的事都不在话下；
> 这个人，在史书中
> 将会与最坏的无政府主义者并列，
> 要是听到这些，你就知道他了——
> 当然，也就知道所有事情的前因后果了。[32]

好心的霍奇森在送印诗作之前把这几行诗删除了，并附上了一句话："注：可怜的拜伦大人，这并不是他的本意。"

　　一八一一年的秋天，拜伦与他的出版商约翰·默里的关系愈加亲密，《恰尔德·哈洛尔德游记》也准备出版，默里的父亲是苏格兰移民，

于一七六八年在舰队街创建这家公司。父子二人很有经商头脑,起初,公司只是一家书店,现已发展成一家涉猎广泛的出版企业。约翰·默里二世的签约作家除了拜伦,还有简·奥斯丁、罗伯特·骚塞、斯塔尔夫人、詹姆斯·霍格、托马斯·摩尔和托马斯·马尔萨斯。默里负责制作的出版物具有实验性,他曾经出版过医学知识手册、海军刊物和海军名单,还都是主打产品。拜伦总是开玩笑说默里的出版兴趣太广泛了:

> 沿着你那整洁闪亮的书架
> 是你认为最神圣的作品——
> 《烹饪艺术》和《瞧瞧我的默里还能出版什么》。[33]

朗德尔夫人创作的《家庭烹饪》是一本家庭主妇实用指导手册,出版于一八〇六年,是当时约翰·默里最畅销的书。

十一月十七日,《恰尔德·哈洛尔德游记》第一章的前六十五节已经印制完毕。他心满意足地告诉霍布豪斯:"纸张优良,字体清晰,一如既往的页边宽幅留白。"[34]印刷期间,他经常造访约翰·默里在舰队街的办公室。塞缪尔·斯迈尔斯回忆起约翰·默里时提到了这段时间的拜伦。他从安杰洛和杰克逊的击剑室里直接赶过来,

> 端着手杖指向书架练习剑术,默里在一旁校审,偶尔会发出赞叹之声,拜伦会说:"你真觉得不错?默里?"说完一个箭步用拐杖刺向他从书架上刚抽出来的一本书。[35]

亢奋的拜伦一离开,默里才松了一口气。

和默里合作的作家中,拜伦肯定是最难相处的,他喜欢亲自实操,同时也免不了带有贵族式的傲慢。保守的默里常常为拜伦一些有争议的

政治和宗教观点而担忧,这一点在他早期写给作者的一封信中就有所体现,信谈的是《恰尔德·哈洛尔德游记》,他用外交官般丝滑的语气写道:

> 有一些有关西班牙和葡萄牙的表述,无论这些表述是多么公正,特别是在当时的情况下千真万确,却不符合大众普遍的认知,这很可能会影响这首诗在读者心目中的地位,咱们都希望读者喜欢这首诗,不是吗? 作为出版商的我,的确没有资格跟您商讨这个话题,但只是出于纯粹的商业目的,我还是非常希望您大人大量,高抬贵手,避免谈论上述话题。再说,您的那些观点可能会让虔诚的读者不快,那我也会跟着失去一些正统教派的读者。[36]

拜伦只同意做一些细微的修改,但涉及政治和宗教方面时,他坚决捍卫自己的"作者独立性"。他在一封措辞强硬的信中提醒默里,"就连《埃涅阿斯纪》也是一首政治诗。我写出的东西不容修改"。[37]他们就这样争辩了多年,二人逐渐成了好朋友,合作出版了多部作品。

拜伦获得了默里这个出版商盟友,从某种程度上说,这让人有些不敢相信。默里手下的威廉·吉福德是保守党的顶尖讽刺作家和评论家,他曾编辑过《反雅各宾派》,现在是默里保守派杂志《评论季刊》的编辑,也是公司的首席文学顾问。尽管拜伦完全反对吉福德的政治观点,但就文学的态度而言,他还是无比敬佩吉福德的。吉福德严苛地坚持十八世纪的古典文学价值观,如蒲柏、艾迪生、斯梯尔和斯威夫特的准确性,反对当代文坛粗俗的笔调。吉福德当时不怎么讨人喜欢,天生叛逆的拜伦逐渐对吉福德产生了好感。拜伦到书商那里,想找一本吉福德曾经很受欢迎的讽刺作品《给彼得·品达的信》,却发现没卖出去的书都被切成了废纸,放到今天说就相当于打成了纸浆,宁可当废物利用也不愿留副本。他是当时极少数拜伦在《英格兰诗人和苏格兰评论家》中没有数落的英国诗人之一。

为了得到吉福德的认可,约翰·默里建议把《恰尔德·哈洛尔德游记》的手稿送过去,拜伦一开始为此勃然大怒。毫无疑问,让那个时代最不讲情面的文学批评家审稿,他很紧张。不承想,吉福德对《恰尔德·哈洛尔德游记》赞不绝口,拜伦顿时安下心来,放下了戒备心,从那时起开始客客气气地接受吉福德的修改意见,甚至对约翰·默里说:"任何来自吉福德的建议,即使是一个逗号,都要以我的名义感谢他。"[38]拜伦在他生命的最后还曾说,吉福德是他的文学之父,而他是吉福德的"浪子"。[39]二人的友情还有另一层原因。威廉·吉福德从小是个孤儿,跛脚,他自食其力,意志坚定。沃尔特·司各特描述他"个子矮小,严重驼背,近乎于畸形,却有着一张天才的面庞"。[40]看来,二人因为都身负残疾而惺惺相惜。

拜伦声称不喜与其他作家为伍,一部分原因是拜伦势利:英格兰贵族不愿将自己与纯粹的专业人员联系在一起。此外,他质疑写作作为一种职业的内在价值,害怕他那个时代的文学圈子太无聊。

150　　　　我确实认为……作家的动静闹得再大,也只说明他们软弱,没档次,缺乏男子气概。要是有更好的事去做,谁会选择写作啊?[41]

相比之下,他更喜欢坐落于皮卡迪利博尔顿大街拐角处的瓦蒂尔俱乐部,这家俱乐部由威尔士亲王的厨师让·巴蒂斯特·瓦蒂尔于一八〇七年创立,大帅哥布鲁梅尔、阿尔万利勋爵还有拜伦的赌友们经常出入此地。尽管后来拜伦否认自己是花花公子,他那讲究而不出格的着装方式却是典型的伦敦时尚。

不论多么不情愿,一八一一年和一八一二年之交的冬天,拜伦还是走进了伦敦文坛。在这一时期,拜伦结交了所谓的湖畔诗人。他在塞缪尔·罗杰斯举办的一个聚会上见到了华兹华斯,在霍兰公馆的招待会上见到了骚塞。拜伦说:"他是我见过最漂亮的吟游诗人——要是有他那样的脸蛋和肩膀,我也会写出那样的佳作吧。"[42]拜伦参加了两场柯尔律治关于莎士比亚和弥尔顿的系列讲座,因为总是被大家关注,他戴着面罩,不想被大家认出。这两场讲座分别于一八一一年十二月和一八一二年一月在舰队街的苏格兰公司大厅举行。然而,值得注意的是,拜伦在伦敦看得上的诗人都是在几十年前打出的名声,拜伦年轻的时候欣然拜读了他们的作品,那些正处于巅峰期的诗人拜伦反而不喜欢。

其中拜伦结交较早的是塞缪尔·罗杰斯,他是一位中年单身汉诗人和鉴赏家,最著名的作品是一首怀旧长诗《记忆之乐》。该诗记录了诗人童年时代漫步乡村的时光,在一七九二年大获成功。罗杰斯以前是银行家,他虽财富满贯,却城府颇深,长着一个让拜伦形容是"露珠"[43]的下巴。他的早餐聚会在圣詹姆斯宫的一间装饰奢华的房间里举行,从这里可以看到格林公园,这里继而成了一个文化场所。

十一月十一日,罗杰斯举行了一个晚宴,拜伦是宴会的主要嘉宾。出席的还有托马斯·坎贝尔——老一辈注重形式的诗人。拜伦和罗杰斯都认为他是个天才,忽视了他是英格兰的耻辱。

托马斯·摩尔是塞缪尔·罗杰斯晚宴上的另一位重要客人,让他和拜伦见面是这次晚宴的主要目的。这次会面化解了拜伦和这位爱尔兰诗人之间的宿怨,拜伦年轻的时候一度着迷于摩尔有伤风化的诗歌。这场宿怨的由来说来也滑稽:聊决斗变成了真决斗。拜伦在《英格兰诗人和苏格兰评论家》里讽刺说,摩尔和弗朗西斯·杰弗里原本要决斗,后来不了了之了。弗朗西斯·杰弗里是《爱丁堡评论》的编辑,也是拜伦**最讨厌的人**(*bête noire*)。摩尔气不过,当场向拜伦宣战。由于拜伦后来出了国,决斗一直没有发生。待到两年后他回来,摩尔的气已经消了,拜伦说他对摩尔并没有敌意,摩尔也欣然原谅了他。

罗杰斯巧妙地导演了这场和解。拜伦到达圣詹姆斯宫,罗杰斯单独在客厅接待了他,然后把摩尔和坎贝尔请来,把他们介绍给拜伦,"像亚当给野兽取名一样"。[44]坎贝尔一眼就认出了拜伦,他们三个人之前都不曾见过拜伦。汤姆·摩尔激动地回忆起那时的情景:拜伦仍然在服丧,他身着深色衣服,一头有光泽的深色卷发"将他纯净的面庞衬得如此苍白"。[45]从拜伦的言语间可以看出他很痛苦,说话的时候面部表情很活跃,"但不说话的时候却总是一副忧郁的样子"。

晚餐时,他们还是在掂量对手作家们的名望,包括乔安娜·贝利和沃尔特·司各特等,气氛十分活跃。拜伦拿出了他最会讨好人的一面,摩尔则活泼而善感,渐渐地,摩尔喜欢上了拜伦,还在客厅里唱起爱尔兰家乡小曲,在场的无不动容。这次会面对拜伦和将来为他立传的摩尔而言都很重要。摩尔很快融入了拜伦的朋友圈。拜伦被摩尔攀高结贵的天赋逗乐了,说汤米爱上了一位勋爵。但是约翰·卡姆·霍布豪斯对摩尔不太感兴趣,他憎恨摩尔,说他不仅是个肤浅的暴发户,而且还抢走了他的好朋友。他们争抢拜伦的斗争持续了好多年,愈演愈烈。

这场历史性的晚宴有一个后续,因为拜伦最受欢迎的轶事就发生在这里。罗杰斯请拜伦喝汤,他拒绝了;然后请他尝鱼、羊肉和酒,他都一一拒绝了。罗杰斯不知道怎么办,问拜伦到底想吃什么、喝什么,拜伦回答:"我只吃硬饼干和苏打水。"[46]这些罗杰斯都无法提供。但是拜伦最终还是妥协了:"醋泡土豆泥端给我也行。"几天后,罗杰斯在街上遇到霍布豪斯,问道:"你觉得这种素淡的饮食拜伦还能坚持多久?"霍布豪斯答道:"你什么时候不关注他吃什么了,他就不这么吃了。"后来有人透露给罗杰斯,说拜伦去他家之前就已经在圣詹姆斯街的一家俱乐部里美美地吃了一顿"肉食大餐"。

这种事很可能是假的。拜伦吃素不是突发奇想。根据医生的建议,他从索斯韦尔时代开始就节食了。正如我们看到的,他肠胃不好,他从东方回来后就开始吃素。他告诉达拉斯,因为素食,他感觉"更轻松、更有活力"了。[47]参加完罗杰斯的晚宴后不久,拜伦又看到摩尔坐在他对面,狼吞虎咽地吃完一块牛排,惊恐地问道:"摩尔,你不觉得吃牛排会让你变得更凶吗?"[48]但其实他不相信吃肉会影响一个人的性格。拜伦的饮食习惯已成了一个传奇,每次说起这事,总会被添油加醋,很容易就成了名人茶余饭后的谈资。

152

一八一一年的整个秋天,拜伦一直在纽斯特德忙家里的事,"想着法子把日子过得更舒服一些"。他打发走一些他看不顺眼的仆人,招来了他能用得上的人。[49]为了替换一个三十五岁的、面无表情嗓门尖的女佣,他又把两年前被他搞怀孕的露西从沃里克郡的家请了回来,统领"家里所有的铺床者和毁床者"。十一月中旬,他还招来了"一个非常漂亮的威尔士女孩"[50]苏珊·沃恩和一个当地的诺丁汉女孩贝西。他向霍布豪斯保证,她们都是未成年的女孩,请来就是为了看着顺眼。拜伦要求所有女仆不戴帽子,不能以任何借口"剪头发"。[51]可以穿胸衣,但前面不能太低;并且仆人晚上都要穿制服。他总是说,他的饮食过于寡淡,没力气寻鱼水之欢,但情况似乎并非如此。[52]

他希望霍布豪斯和摩尔能来纽斯特德陪他过圣诞节。但最终来的客人只有弗朗西斯·霍奇森和威廉·哈尼斯,哈尼斯是拜伦在哈罗公学的一位年轻朋友,他有点跛脚,现在居住在剑桥。拜伦似乎正在试图重新组建一个哈罗同学圈,就像他当时和约翰·克拉里奇组建的那个,他告诉霍奇森:"我和威廉·哈尼斯少爷又开始频繁地通信了。无论是过去还是现在,我喜欢他,就像欧里庇得斯喜欢阿伽同,达比爱慕琼。"[53]尽管埃德斯顿死了,他仍希望巩固和男性朋友的关系。但也可能是埃德斯顿的死,让他更珍惜男性朋友。就在圣诞节前,他在伦敦的剧院看到这样一幕：克莱尔和德拉瓦尔正在一起看戏，约翰·肯布尔扮演科里奥拉纳斯。他对哈尼斯说："剧院里人满为患，但我得了一个绝佳的位置，太棒了。克莱尔和德拉瓦尔也在场，但他们的位置没我的好。我是偶然看到他们的，我们没有坐在一起。"[54]虽然这一幕让他心里发酸，但他对肯布尔的表演评价非常高。

拜伦最新的"最亲爱的朋友"哈尼斯这样描述他在纽斯特德的这三周，读来让人身临其境：

153

> 那是一个冬天，天色阴沉昏暗，地上白雪皑皑，庄园的建筑七零八落，看上去阴沉压抑，不少房子没有人住。然而，有人住的房间都装修得温馨舒适，深红色的墙幔流光溢彩，壁炉里的火快活地燃烧，看不到一点阴郁的痕迹，让人很快就忘却这里是在一大片废墟上建筑的一个侧翼。[55]

当时拜伦正在修改《恰尔德·哈洛尔德游记》。霍奇森继续向拜伦传教，这算是他自己给自己找的事，"经常含着泪水说话"。还有一件事哈尼斯从未提起过，拜伦开始"有尺度地爱上了"[56]新来的威尔士女仆苏珊·沃恩。

威尔士女孩的小名叫"太妃"，她给拜伦写的信大都热情主动，在信里什么都敢写。我们可以从她的信札中看出那段时间他们是如何私通的。拜伦常常溜到楼上，钻进仆人的寝室，苏珊、贝西以及弗莱彻的两个年幼的儿子威廉和乔治共同住在这里。拜伦把门锁上。年幼的乔治·弗莱彻目睹了这一切："你不记得了吗，苏珊，大人他温柔地把手放到你的**胸**上？他要是没有**亲**你，他可能就会冲我和贝西来。"[57]

拜伦多少对他的女仆都动过手脚，但这也是那个时代贵族和地主中的常态。拜伦对待苏珊·沃恩就像之前对待露西一样，因为生而不平等,也就没有负责一说,只是当成一种娱乐工具罢了。但他的心也是很脆弱的,他在南下伦敦途中给她写了三封信,并给她寄去了一个小匣子,里面装有他的一缕头发。苏珊则拿出一副狐假虎威的样子,开始摆架子,令其他仆人很是恼火,她还要求拜伦出国的时候带上她:"倘若我在世上唯一的朋友、我亲爱的拜伦大人有机会的话,我很想让您知道我这是遇到了何种危险。"

拜伦不在的时候,苏珊在纽斯特德举办了一个盛大的聚会来庆祝她二十一岁的生日。这一天,恰好也是拜伦二十四岁的生辰。她把这看成为二人共同办的生日宴会。她下了不少功夫,用长长的常春藤装点客厅,在墙上挂满绿色树枝,把房间变成了凉亭,中间的柱子变成了五月节庆典上拿叶子覆盖的木制舞者。她为仆人们准备了丰盛的晚餐:猪排、苹果派、肉馅饼和蛋奶糕,还有美味的李子蛋糕。虽然拜伦不在,老乔·默里还是举杯祝愿主人身体安康。人们也为拜伦勋爵举杯三声,以示祝愿。在这个欢乐的夜晚,心机颇多的苏珊向拜伦汇报了女仆间的钩心斗角:

> 所有**处子**身着白色连衣裙,有两位格外耀眼,争着抢风头。好笑的是,我恶狠狠地看着露西,她也这么看着我。[58]

拜伦不在的时候,也许就在苏珊生日的那晚,她和露西都与罗伯特·拉什顿有了一腿。据说拜伦听闻后又震惊,又沮丧,但哈尼斯不太相信拜伦会有这种反应。这一事件的解决办法也让人心疼:拜伦更喜欢拉什顿,所以他被原谅了,但两个女仆却被解雇了。可能就是在这一时期,拜伦降低了露西的产假津贴,把她的年薪从一百英镑降到五十英镑,其余的五十英镑将直接付给孩子。

拜伦非常沮丧,玛丽·查沃斯以前拒绝他时带给他的心情又回来

154

了。他写信给霍奇森:"我不怪她,这都是我的虚荣心在作祟,幻想像我这样的人也可以得到爱情。"[59]他爱搭不理地对苏珊说:"一切都结束了——我没有什么过错,只是轻信了你罢了;你向我走来,我接受你,爱你,现在你一文不值了,我要离开你,虽然有些许的遗憾,但我不恨你。"[60]次年九月,苏珊从皮姆利科写信给拜伦,看得出来,她此时一贫如洗。她打算卖掉一件昂贵的连衣裙,这是拜伦送的礼物,她想让拜伦做担保,否则有人会怀疑这裙子是她偷来的。字里行间都是绝望,太妃曾经的那股子热情化成了恐怖:"我吓得要死!"[61]她签名落款写着"无地自容的"。她是否也怀孕了呢? 拜伦是否回复了她,我们无从得知。

故事的结局存在默里的档案馆里。一八一一年,她给(或许拜伦已经取走)拜伦一缕粉金色长发。两年后,也就是一八一三年,她又从唐卡斯特寄来更多的头发,并附上了一张铅笔写的纸条:

我亲爱的拜伦勋爵

　　我非常想在出海前见大人您一面。请恕我直言,从来没有人折辱过我。我非常盼望能在甜美的纽斯特德或其他地方再见到您。[62]

苏珊要去哪里? 是要移民吗? 她是否被流放了? 我们不得而知。

霍兰公馆位于绿树成荫的霍兰公园,距离伦敦市中心只有几公里远。一八一二年初,拜伦加入辉格党,成了霍兰公馆的常客。霍兰勋爵是三世男爵,是伟大的自由主义者、辉格党政治家查尔斯·詹姆斯·福克斯的侄子和学生。霍兰公馆的建筑风格平易近人,有精美的藏书,现在是福克斯辉格党的社交中心。霍兰勋爵是一位优秀的古典学专家,头发稀疏,身体壮硕,那种大权在握但又谦虚内敛的感觉很有拿破仑的风范。的确,正着手入侵俄国的拿破仑本人在霍兰公馆也是备受尊敬的人物,这里因此被托利党人称为颠覆者的狼窝。

霍兰夫人原名伊丽莎白·瓦萨尔,是牙买加一位种植园主的女儿,婚后与霍兰勋爵牵扯不清,被她的第一任丈夫杰弗里·韦伯斯特爵士以通奸为由告上法庭,离婚两天后,她便嫁给了霍兰勋爵。十五年前的这件丑事,在荷兰之家的集会上,留下了一种挥之不去的放荡和胆大妄为的气氛。拜伦开始培养自己勾搭贵妇的能力,尤其是有过历史的贵妇。霍兰夫人患有关节炎,行动不便,大多数时日都在沙发上度过,拜伦又听话,又会逗人开心,让夫人回到了年轻的时代。二人很快就喜欢上了对方。后来她承认,她也被拜伦迷住了:"他是个多么可爱的人啊。我记得他坐在那里,阳光照在他身上,看起来那么漂亮!"[63]他的绅士风度和男人魅力在霍兰夫人的脑海中留下了难以磨灭的印象。

在拜伦看来,霍兰一家资助他进了上流社会的社交圈,在那里,他假装鄙视他们,又渴望被接纳。得知他的新朋友们不喜欢他在《英格兰诗人和苏格兰评论家》里说的有关"霍兰公馆"的损话,尤其是得知霍兰夫人会"略读每一篇文章的精彩评论",拜伦动摇了,赶紧叫停了正在印刷的第五版和任何后续版本。[64]不过盗版仍可以在市面上找到。

霍兰勋爵之所以要培养拜伦,部分原因是为了在上议院为辉格党争取一位年轻英俊、能言善辩的新发言人。一八一二年二月二十七日,经过霍兰勋爵的调教,拜伦第一次在上议院公开讲话。演讲中,拜伦反对保守党第二次提出的有关纺车纺架问题的法案,也就是通常所说的"纺架破坏法"。由于纺织业不断机械化,纺车的纺架不断加宽,一台纺车可以一次编制多匹布料。这种新技术致使诺丁汉的许多纺织工失业,难以维持生计的工人随即开始上街游行抗议,且愈演愈烈,最终造成骚乱。"纺架破坏法"不仅要平息骚乱,还要将破坏纺车的工人,即卢德党人,判处死刑。

拜伦在探讨如何更加人道地平息暴乱的时候,举了一个发生在他家附近的例子。圣诞期间，他还在纽斯特德，就听说了诺丁汉的骚乱。此外，苏珊·沃恩给拜伦写了很多信，其中一封最动情的还提到了这次骚乱。苏珊模仿乡下口音再现了猎场看守人怀特黑德和当地一名苦力之间的对话，听来很讽刺：

156

　　　　"哎！比利·怀特黑德，现在日子过得苦嘞！"比利叹了一口气，回答说："哎！是啊，他们都没法活了。"[65]

二人猜测拜伦大人"是否会去伦敦，为普通民众求情"，猜测他是否会呈上一份请愿书。事实上，拜伦向霍兰勋爵保证："我自己也有所见所闻，我星期四要大胆说几句话。"[66]

　　拜伦在当地观察到：技术娴熟的长袜和手套制造工人惨遭剥削，是"一个受害群体"。精明的企业家换装新机器，一台机器就可以顶替六七个人，导致诺丁汉的市场上充斥着劣质商品。拜伦二月二十五日写信给霍兰勋爵，简要介绍了讲话内容："我们决不能为了改善机器而把活人当成牺牲品。社会发展的真正目的是造福穷苦劳工，而非造福少数几个垄断者。"拜伦的演讲有理有度，具有昭示性：几十年后，人道主义者卡莱尔和罗斯金操着相似的论调批判不受限制的技术进步。

　　拜伦在附言里稍稍警告了一下霍兰勋爵："我有点担心，大人您会认为我对这些人太仁慈了。**其实我算是半个纺架破坏者。**"拜伦的演讲远远超出了霍兰勋爵的大纲，开始时相对冷静，后来言辞激烈，甚至破口大骂。在《密涅瓦的诅咒》一诗中，拜伦想象若是严惩抗议者，经济后果惨不忍睹：

　　　　闲置的码头，归乡的商人无所事事，

　　　　看到无人问津的仓库，他低下了头；

一摞摞的麻袋无船可运；

零件在阻塞的港湾腐朽；

饥肠辘辘的工人砸碎生锈的织布机，

命运在跟这些绝望的人作对。[67]

接下来，他用一幅几乎是无政府主义的画卷来抨击上议院的同僚们：

你们将如何实施这项法案？要把所有人都关进监狱吗？要在各处设绞刑架，把人像稻草人一样吊起来吗？或者将人口减少十分之一，宣布全国戒严，减少人口数量，甚至将这里的大部分区域夷为平地？或者恢复舍伍德森林，把它送给过往，做国王的猎场或是绿林好汉的天堂？这是要拯救我们的饥民吗？[68]

拜伦非常满意自己把话说过了头，他向霍奇森吹嘘，说他的讲话"措辞强烈，放肆中带着一份谨慎，惹了在场所有人，弄得议长都不高兴了"。[69]达拉斯走出大厅，在走廊里遇到他，拜伦在自我陶醉，"散发着成功的光芒"。[70]达拉斯伸出左手，想与拜伦握手，因为此时他的右手还撑着伞。"在这样的场合，你为何伸出了左手？"达拉斯很快把伞换到另一只手上。

但后来对拜伦的批评越来越多。霍兰勋爵认为拜伦的演讲太做作了："他的演讲充满了奇思妙想，机智而有力，但有些做作，道理讲得也不好，不太像议会辩论时的口吻。"[71]他无法接受政客们枯燥乏味的语言风格，采用了诗人和作家的腔调。四月十二日，拜伦在上议院发表了他的第二次演讲，内容是支持少数族裔，即爱尔兰天主教解放运动。有人批评拜伦的腔调像是在吟唱："像是在公学做演讲，我们好像到了哈罗公学。"[72]后来，拜伦不得不承认，他的首次公开亮相并不成功。

他辩解说,他从没想过要成为一名演说家,也从未"**全身心地**"(con amore)[73]投身政界。他讨厌上议院的繁文缛节,特别讨厌那些"木乃伊议员"。他没有耐心听笨嘴拙舌的人讲话,动不动就溜出房间去参加舞会。拜伦痛恨十九世纪初党派政治中盛行的党同伐异和阿谀奉承,受不了"有理让三分"的规矩,觉得议会就是这个国家的病房。几年后,他向利·亨特解释道:

> 多希望你能知道,我们的病人无药可救,一个个懒洋洋的,辩论的时候拖着唱腔,讲话无趣,他们个个都腐败透顶。你明白我为什么很少讲话了吧!你肯定纳闷,在没有得到帮助的情况下,我为什么还要试一试。[74]

不论如何,拜伦的政治生涯被一个个事件耽误了。一八一二年三月三日,也就是拜伦在上议院发表首次演讲一周后,约翰·默里出版了《恰尔德·哈洛尔德游记》。较早读到作品的读者沃尔特·司各特称其为"一首非凡的诗","它的作者可以与我们第一梯队的诗人平分秋色"。[75]实际上,拜伦用一种能力换取了另一种能力,用政治说服力换取了作家对读者的影响力,文字对心灵的影响力。

一八一二年五月,威廉·华兹华斯和律师兼文学爱好者亨利·克拉布·罗宾逊穿过田野前往汉普斯特德。他们谈到拜伦时,评价不高不低。华兹华斯评价他时也用了"力量"一词。罗宾逊说:"华兹华斯也认为,拜伦的文字的确有力量,但他认为拜伦的语言风格不像英语。我们俩对他的道德品质的看法很相似。华兹华斯还说,拜伦家族有疯癫的病史,他觉得拜伦的脑子其实有些问题。"[76]

不论你喜欢不喜欢,相信不相信,一八一二年春天,《恰尔德·哈洛尔德游记》都是一个不容忽视的存在。它的魅力不仅在于拜伦那振奋人心的辞藻,还在于它敢于质疑普遍道德价值观。这是一部典型的后大革命时期的诗作,它的出现是历史的必然,作为一种对生活的表达方式,它表达了新的自由和随之而来的新的焦虑。在与他近乎同时代的摩尔看来,拜伦"既是大革命的孩子,也是大革命的代表。拿破仑是政治、军事方面的时代伟人,而他则是诗学艺术方面的时代伟人"。[77]二人都打破了平静的过去,颠覆了以往的认知。

《恰尔德·哈洛尔德游记》的颠覆性是势不可当的,是必然的。拜伦以这部作品开启了一个新的百年,这是浪漫派用创造力颠覆权威的百年。整个过程时起时落,但其终极目的是结束人类逆来顺受的历史。

注释

[1]拜伦致道格拉斯·金奈尔德的信,1816 年 11 月 27 日。拜伦最喜欢的这句话取自查尔斯·迪布丁(Charles Dibdin)的谣曲《舒适的小地方》('The Snug Little Island'),《不列颠这个木筏》(*The British Raft*, 1797)。

[2]拜伦致弗朗西斯·霍奇森的信,1810 年 10 月 3 日。

[3]罗伯特·查尔斯·达拉斯致拜伦的信,1811 年 7 月 16 日。见罗伯特·查尔斯·达拉斯,《一八〇八至一八一四年底的拜伦勋爵》。

[4]拜伦致约翰·默里的信,1811 年 8 月 23 日。

[5]约翰·卡姆·霍布豪斯(布劳顿勋爵),"日记手稿",1811 年 7 月 19 日。

[6]查尔斯·斯金纳·马修斯致拜伦的信,1811 年 1 月 13 日。

[7]约翰·卡姆·霍布豪斯致拜伦的信,1811 年 7 月 15 日。

[8]《恰尔德·哈洛尔德游记》的批注,第一章,第 927 行。

[9]拜伦致凯瑟琳·戈登·拜伦的信,1811 年 6 月 25 日。

[10]拜伦致约翰·皮戈特的信,1811 年 8 月 2 日。

[11]拜伦致约翰·卡姆·霍布豪斯的信,1811 年 8 月 10 日。

［12］拜伦致斯克罗普·伯德莫尔·戴维斯的信,1811 年 8 月 7 日。

［13］亨利·德鲁里致弗朗西斯·霍奇森的信,1811 年。见詹姆斯·霍奇森,《弗朗西斯·霍奇森牧师回忆录》(两卷本;1878),第一卷。

［14］拜伦致斯克罗普·伯德莫尔·戴维斯的信,1811 年 8 月 7 日。

［15］拜伦致约翰·卡姆·霍布豪斯的信,1811 年 8 月 10 日。

［16］同上,1811 年 9 月 20 日。

［17］拜伦致弗朗西斯·霍奇森的信,1811 年 9 月 3 日。

［18］拜伦致奥古斯塔·利的信,1811 年 8 月 30 日。

［19］拜伦致弗朗西斯·霍奇森的信,1811 年 10 月 10 日。

［20］萨拉·马克汉姆(Sarah Markham),《时代的见证者:佩内洛普·欣德传,1787–1838》(*A Testimony of her Times based on Penelope Hind's Diaries and Correspondence 1787-1838*,1990)。

［21］拜伦致弗朗西斯·霍奇森的信,1811 年 10 月 10 日。

［22］拜伦致罗伯特·查尔斯·达拉斯的信,1811 年 10 月 11 日。

［23］同上,1811 年 10 月 14 日。

［24］拜伦致约翰·卡姆·霍布豪斯的信,1811 年 10 月 13 日。

［25］同上,1811 年 10 月 22 日。

［26］拜伦致玛格丽特·皮戈特的信,1811 年 10 月 28 日。

［27］《诗节》,1811 年,第 25 行。

［28］《埃德斯顿》('Edleston'),1811 年或 1812 年,第 1 行。

［29］《诗节》,1811 年,第 7 行。

［30］拜伦致约翰·卡姆·霍布豪斯的信,1811 年 11 月 2 日。

［31］约翰·卡姆·霍布豪斯致拜伦的信,1811 年 11 月 12 日。

［32］《致朋友的信》,1811 年 10 月 11 日。(亨廷顿图书馆,手稿)

［33］《致默里先生》('To Mr. Murray'),源于 1818 年 4 月 11 日信中的诗句,第 13 行。

［34］拜伦致约翰·卡姆·霍布豪斯的信,1811 年 11 月 17 日。

［35］塞缪尔·斯迈尔斯,《约翰·默里回忆录和书信集》(两卷本;1891),第一卷。

［36］约翰·默里致拜伦的信,1811 年 9 月 4 日。

［37］拜伦致约翰·默里的信,1811 年 9 月 5 日。

［38］同上,1814 年 1 月 4 日。

［39］拜伦致道格拉斯·金奈尔德的信,1824 年 2 月 21 日。

［40］《沃尔特·司各特爵士日记》(*The Journal of Sir Walter Scott*),W. E. K. 安德森(W. E. K. Anderson)编辑(1972),1827 年 1 月 18 日。

［41］《拜伦书信与日记》,1813 年 11 月 24 日。

［42］拜伦致托马斯·摩尔的信,1813 年 9 月 27 日。

［43］《托马斯·摩尔日记》,1842 年 3 月 3 日-4 日。

［44］亚历山大·戴斯,《塞缪尔·罗杰斯桌边谈话》(1856)。

［45］托马斯·摩尔,《拜伦传》,第一卷。

［46］亚历山大·戴斯,《塞缪尔·罗杰斯桌边谈话》。

［47］罗伯特·查尔斯·达拉斯,《一八〇八至一八一四年底的拜伦勋爵》。

［48］托马斯·摩尔,《拜伦传》,第一卷。

［49］拜伦致弗朗西斯·霍奇森的信,1811 年 9 月 25 日。

［50］拜伦致约翰·卡姆·霍布豪斯的信,1811 年 11 月 17 日。

［51］拜伦致弗朗西斯·霍奇森的信,1811 年 9 月 25 日。

［52］拜伦致约翰·卡姆·霍布豪斯的信,1811 年 11 月 17 日。

［53］拜伦致威廉·哈尼斯的信,1811 年 12 月 8 日。

［54］同上,1811 年 12 月 15 日。

［55］A. G. 莱斯特朗牧师,《威廉·哈尼斯牧师的文学生涯》。

［56］拜伦致约翰·卡姆·霍布豪斯的信,1811 年 12 月 25 日。

［57］苏珊·沃恩致拜伦的信,1812 年 1 月 20 日。

［58］同上,1812 年 1 月 23 日。

［59］拜伦致弗朗西斯·霍奇森的信,1812 年 1 月 28 日。

［60］拜伦致苏珊·沃恩的信,1812 年 1 月 28 日。

［61］苏珊·沃恩致拜伦的信,1812 年 9 月 22 日。

［62］同上,1813 年。

［63］《托马斯·摩尔日记》,1819 年 6 月 6 日。

［64］《英格兰诗人与苏格兰评论家》,第 557 行。

［65］苏珊·沃恩致拜伦的信,1812 年 1 月 18 日。

［66］拜伦致霍兰勋爵的信,1812 年 2 月 25 日。

［67］《密涅瓦的诅咒》,1811 年,第 267 行。

［68］《关于织机法提案的讲话》,1812 年。

［69］拜伦致弗朗西斯·霍奇森的信,1812 年 3 月 5 日。

［70］罗伯特·查尔斯·达拉斯,《一八〇八至一八一四年底的拜伦勋爵》。

［71］亨利·理查德·瓦萨尔,三世霍兰勋爵,《一八〇七至一八二一年辉格党回忆录》(*Further Memoirs of the Whig Party 1807-1821*),斯塔沃代尔勋爵(Lord Stavordale)编辑(1905)。

［72］托马斯·摩尔,《拜伦传》,第一卷。

［73］《拜伦书信与日记》,1813 年 11 月 14 日。

［74］拜伦致利·亨特的信,1816 年 1 月 29 日。

［75］沃尔特·司各特致 J. B. S. 莫里特(J. B. S. Morritt) 的信,1812 年 5 月 4 日。见《沃尔特·司各特爵士的信》(*The Letters of Sir Walter Scott*),H. J. C. 格里尔森(H. J. C. Grierson)编辑(1932–1937) ,第三卷。

［76］《亨利·克拉布·罗宾逊日记、回忆与书信》,第一卷,1812 年 5 月 24 日。

［77］托马斯·摩尔,《拜伦传》,第一卷。

第十二章　墨尔本公馆(1812)

一八一二年的伦敦,"人们津津乐道的既不是西班牙也不是葡萄牙,不是战士也不是爱国者,而是拜伦勋爵! ……他的诗歌(《恰尔德·哈洛尔德游记》)是每个饭桌上的谈资,无论他出现在哪儿,都是受人追捧、拜访、奉承和赞扬的对象。拜伦面色苍白,看上去十分憔悴,身材也不好,但十分英俊,谈吐风趣。简而言之,几乎所有话题都围绕着他——男人嫉妒拜伦,女人嫉妒女人"。[1]

这是德文希尔公爵夫人伊丽莎白在向国外的儿子奥古斯都·福斯特描述一八一二年春天红到发紫的拜伦。

《恰尔德·哈洛尔德游记》最初被约翰·默里设计成四开的大版面出版,拜伦并不赞成,说这是"死亡滞销尺寸"。[2]装订出来一本的定价大约是五十先令,文学经济学家欧米斯特·威廉·圣克莱尔估计这相当于一位绅士一周的一半收入。可喜的是,三天内,第一版就卖出了五百册。根据最早读过该诗的达拉斯的记录,拜伦居住的圣詹姆斯街8号的房间里"堆满了评论家、诗人、作家和各种沽名钓誉的人的来信,个个都欣喜若狂"。[3]随后,默里新推出了一个八开大的版本,这一版尺寸较小,定价约为之前的一半,但这个价格也不低。接下来六年,《恰尔德·哈洛尔德游记》的前两章重新印刷了八次,这个八开本大约售出了两万册。这本被默里书店的售货员坚称为《哈罗之子游记》的书[4]，除了让拜伦一举成名外，也巩固了约翰·默里的行业地位。此外，凭借这本书的成功，默里同年从舰队街乔迁到了更繁华的艾伯特·阿尔贝马尔大街，并且盘下了威廉·米勒手里的店铺，这个米勒就是曾经拒绝过拜伦诗作的那个出版商。

160　　　由于《恰尔德·哈洛尔德游记》的成本较高，读者群体或多或少局限于贵族、绅士和企业家阶层。在较为便宜的《唐璜》出版后，拜伦才成为具有广泛影响力的诗人。但在那些时髦的和有抱负的人眼中，它成功的部分原因是公众渴望用浪漫的口吻去描绘宏伟却陌生的事物。此前，热销的文学作品是沃尔特·司各特于一八一〇年发表的《湖上夫人》，主人公是一位来历不明漫游四方的骑士。霍布豪斯从另一个绝妙视角分析了《恰尔德·哈洛尔德游记》，他认为拜伦大胆地说出了"人在忧郁时怀疑自我的感觉，还有热恋中的女性的心理变化"。[5]《恰尔德·哈洛尔德游记》出版两年后，拜伦自己评价道："无论我创作了什么，一周过后，拿来跟《恰尔德·哈洛尔德游记》比一比，**我还是更喜欢《游记》**。"[6]

　　恰尔德·哈洛尔德在多大程度上算是拜伦的自画像呢？毕竟，恰尔德·哈洛尔德一开始叫"恰尔德·拜伦"。拜伦后来急于与这位愤世嫉俗的英雄保持距离，他告诉达拉斯："我绝不可能将自己与哈洛尔德联系在一起，我也不可能与他有任何关联。如果诗中某些细节与我相似，像是照着我写的，相信我，那只是一部分。即使是我，我也不会承认。我不会把自己塑造成这样的人，更不会把自己塑造成这个世界的英雄。"[7]但是，如果拜伦认为他可以把自己与书中的形象完全区分开，那他就太天真了。这首诗之所以成功，恰恰是由于热心公众的猜想，毕竟，这位名不见经传的年轻贵族才从东方旅行回来两年。拜伦的魅力和跛脚增加了他的光环。上了年纪的男性有点嫉妒他，但当他们从诗中读出厌世感时,会略略笑出声:这样一个年轻人怎么会经历这么多? 他到底经历了什么?

"拜伦热"慢慢发酵时,汤姆·摩尔经常和拜伦在一起,他认为这一切都源于拜伦"强大的精神力量"[8]和个人魅力。仿佛是伦敦上流社会一直在等待一个机会来赞颂一个像拜伦一样的角色:"因此,效果是激动人心的;他的成功不需要过程,而是突然出现的结果,就像童话里的宫殿,一夜之间拔地而起。"突然间,所有的门都向他敞开了。除了霍兰公馆,拜伦现在还与其他贵族精英圈打成一片:泽西帮、考珀帮、奥斯顿帮、阿伯克隆比帮。他在贵族社交圈和政治领域混得更加如鱼得水了。泽西伯爵夫人做过威尔士亲王的情妇,或许也是因为这个,总是被别人高看一眼,被称为最苛刻的贵妇。霍兰勋爵说,自己混进上流社会是因为拜伦的诗歌,跟他那头衔没有关系,他甚至认为他的这个头衔已经不存在了。在霍兰时,某天晚上,拜伦和托马斯·坎贝尔站在主厅外的接待室里,霍兰勋爵拿着"具有天主教风格的祭祀器皿"走了进来。他笑呵呵地说,"这香是给你们的"。坎贝尔则有些不客气地回答,"把它给拜伦勋爵吧,**他闻得惯香味**"。[9]

一八一二年六月,贵妇约翰逊小姐在伦敦举办了一场晚宴,拜伦应邀会见摄政王。这次会面很可能闹得不愉快。拜伦的讽刺短诗《致一位哭泣的女士》谴责威尔士亲王一就任就抛弃辉格党。这首诗三个月前已经匿名出现在《纪事晨报》上。显然,就算他读过这首诗,也不知道是谁写的。二人的谈话轻松而愉快。约翰·默里向威尔士亲王最喜欢的当代作家沃尔特·司各特写信汇报说:"摄政王有一半时间都在谈论诗歌和诗人,他对诗歌十分熟悉,也有批评意识,这让拜伦十分惊喜……他背诵了荷马和一些名不见经传的希腊诗人的诗作,就如同拜伦勋爵说的那样,他读的诗比欧洲任何一位王子都多。"[10]拜伦曾侮辱过许多英国吟游诗人,司各特也在其列,这次的相遇促进了拜伦和司各特的和解。

161

在和威尔士亲王交谈后,达拉斯发现拜伦在房间里为参加招待会做准备,他穿着全套宫廷礼服,"精致的黑发上也喷了香粉"。[11]不巧的是,招待会被推迟了。

拜伦获得了某种皇家才拥有的魅力,"**统治**"[12]了一八一二年的春天和夏天。尤其是女性,对《恰尔德·哈洛尔德游记》和拜伦可谓"疯狂"[13]。塞缪尔·罗杰斯讽刺地写道,"某些高贵的女士"想尽办法,想通过他接触到拜伦。正是拜伦给人的距离感和"苍白如月色"[14]的面容,以及他对素不相识的人的冷淡,让大家对他狂热追捧。那年夏天,摩根夫人会见拜伦勋爵后写道:"拜伦勋爵虽然性情冷漠、沉默寡言、举止内敛,但他所写的《恰尔德·哈洛尔德游记》却比我这个世纪以来读过的任何一本书都具有**力量**、**激情**和**思想**。"[15]拜伦也逐渐学会了利用自己的名声,把不利于形象的事都藏起来,例如为了维护形象,不在上午抛头露面,以掩饰跛足。

162　　我们可以从福克兰夫人一事中看出拜伦对女性的影响。一八〇九年拜伦离开英国前,他的朋友、福克兰夫人的丈夫在一次决斗中不幸去世,这令他十分悲痛。拜伦做了福克兰遗腹子拜伦·卡里的教父,还将一张五百英镑的支票偷偷塞进一个茶杯,以资助这一贫如洗的一家。拜伦一回来,福克兰夫人就写信给他,为自己的疏忽表示歉意,并要求见面。拜伦觉得这可能会引起是非,婉言拒绝了她。《恰尔德·哈洛尔德游记》出版后,福克兰夫人确信拜伦爱上了她,就又给拜伦写了一封信,在信中向拜伦表白。更可笑的是,她相信拜伦写给热娜的诗也是写给她的。不仅是热娜,她还想象自己就是他诗中描写的雅典少女和康斯坦斯·斯宾塞·史密斯:"我的心不仅充满爱意,而且与你的心一起悸动。"[16]拜伦坚定而又不失礼地打发了这个可怜又自欺欺人的女人。像这样死缠烂打、整日幻想诗歌是为自己而作的女性崇拜者也算是拜伦成名后谁也没料想到的一个后果。

拜伦像是一个芳心纵火犯,燃烧了各年龄阶段的女性的芳心,这一点在默里档案馆里一批非同寻常的信件中体现得淋漓尽致。这些信件都是他的女性崇拜者写给他的。"大人啊,"住在布里斯托尔附近的克利夫顿邮局的霍雷希娅·萨默塞特小姐写道,"我再也无法抗拒了,我怎么能在读完你的诗后保持这么长时间的沉默,我自己都不相信。"[17]住在埃克塞特附近的阿尔芬顿的萨拉·阿格尼斯·班伯对他说:"先生,我刚刚读完了您无与伦比的作品,我有一种无法言喻的冲动,我不得不承认,您笔下的文字唤起了我体会过的一种最美妙的感受。"[18]另一位署名为"MH"的人称自己是"一个女人,肯定是一位年轻的女人,并且是一个友善的人"。[19]她说,"拜读了《恰尔德·哈洛尔德游记》等一系列的诗歌",她"被一个新的灵魂注入了生命,一种全新的感知被唤醒,一种不为人知的情感油然而生"。

经常有女性给拜伦寄去匿名信件,她们有的跪求拜伦的手稿,有的跪求亲笔签名的作品,有的跪求他的一缕头发,有的跪求"大人心里留个想我的空间",有的大胆的甚至跪求与他会面。写信的人大都偷偷摸摸、神神道道:"你要原谅我有些不正常"[20];"请阅后即焚"[21]。从信中可以看出,拜伦那些神经质的女性读者有着非凡的想象力,能够围绕拜伦去创作属于自己的剧本。诗歌中强烈的情感让她们认为这些诗都是写给"有心人"[22]的。拜伦的某些女性崇拜者甚至给他寄来了她们自己写的诗句,写的都是苦涩的单相思:

163

> 我数着时日,
>
> 它慢慢地移动
>
> 让甜美的期盼越来越近,
>
> 期盼听到您乘的马车车轮发出的愉悦的嘎吱声。[23]

写信的人各自打着算盘，其中有一位来自富勒姆草莓农舍的伊丽贝莎·兰切斯特小姐，她用的纸是精美的棕色铜版纸。这封信的日期是一八一二年五月六日，一上来就开始道歉："您一定会大吃一惊，一个年轻人竟然偷偷地给您这种级别的绅士写信，但我相信善良的您会原谅我这样的鲁莽行为。"[24]显然，拜伦认识这个女孩。这个女孩的母亲用"最严格的家教"把她抚养大，给她上好学校，希望她将来成为一名家庭教师，但后来她又改变了主意。不幸的是，家里做生意栽了跟头，又由于交友不慎，女儿的正常成长被耽误了，无奈之下，母亲想把伊莎贝拉送给拜伦勋爵调教，拜伦显然拒绝了。这个绝望的女孩现在写信请求拜伦保护她，说她自己"孤立无援"。但指望拜伦"做出些英国绅士该做的事"，她显然想得太美了。

这些信件揭示了十九世纪早期女性被孤立、被束缚的现象。但是，拜伦喜欢囤积这些秘密信件，这说明他对这些女性的遭遇很感兴趣，而且很喜欢听别人的夸赞。达拉斯发现，尽管他假装鄙视女性，但在一八一二年夏天，"女性的谄媚捕获了他的心"。[25]他辗转在各个女性之间，这让他不再注意到自己是个被人嘲笑的跛足，让他暂时忘记压抑那个作为同性恋的自己的痛苦。十年后，他仍然对粉丝现象夸夸其谈，布莱辛顿夫人酸溜溜地回忆道："拜伦说，他收到了很多匿名情书和肖像画，而且全部来自英国女士。他说，他从来不在意任何一封来信；但很明显，他会反复提起这些来信，而且都很是得意。"[26]拜伦去世后，他的意大利情妇特蕾莎·圭乔利，也是他最后一位情妇，还保留了一大箱爱慕者的来信，这对她来说也算是一种安慰吧。

一八一二年三月底，拜伦的众多女性崇拜者中来了一位即将终结其他女性崇拜者的人，就是被他称为"邪恶天才"[27]的卡罗琳·兰姆。喜爱恶作剧的塞缪尔·罗杰斯成了他们的潘达罗斯①，塞缪尔·罗杰斯告诉卡罗琳她应该认识这位"新诗人"[28]，并给了她一本拜伦送给他的《恰尔德·哈洛尔德游记》的校样本供她阅读。她立即回应道："我读过了，这就够了。"罗杰斯提醒她，拜伦勋爵有内翻足，而且喜欢咬指甲，这并没有吓到卡罗琳，她反而说"如果他长得像伊索一样丑，我肯定要认识一下他"。韦斯特摩兰夫人答应在她的晚宴上介绍他们，她领着卡罗琳走到拜伦面前。和往常一样，拜伦周围都是女人"削尖了脑袋往他身边挤……我热切地看着他，然后转身离开"。就是在这次相遇后，卡罗琳在日记中写下"疯狂的，坏的，而且肯定非常危险"，这句话直接表明了他俩是一类人，聪明而又极度神经质的卡罗琳和拜伦一样，都是朝三暮四的人。

卡罗琳·兰姆比拜伦大三岁，原名卡罗琳·庞森比，是贝斯伯勒伯爵夫人的女儿，斯宾塞公爵和斯宾塞伯爵二人的孙女。拜伦后来向他的出版商吹嘘，认识了卡罗琳，他就和这片土地的显赫家族搭上了关系。卡罗琳童年时，母亲因中风而瘫痪，卡罗琳便被送到了小姨家，卡罗琳的小姨乔治亚娜嫁给了德文希尔公爵五世。她和堂兄弟们在皮卡迪利德文希尔公馆舒适的氛围中长大，却没有大人看管他们。她向朋友摩根夫人回忆道："母亲对孩子们不上心，早上自己端着银器盘子进厨房，仆人都各干各的，没人管我们。我当时以为世上的人要不就是公爵要不就是乞丐，从来都没见过花钱，不知道面包和黄油怎么来的。不知道马吃不吃牛肉。没人教孩子，导致我十岁还不会写字。"也许是少了正规教育的束缚，她的创造力反而被激发出来了。她早期读的书全都是绘画和诗

---

① 潘达罗斯（Pandarus），希腊神话中特洛伊战争期间特洛伊军队的将领。他在特洛伊王子特洛伊斯（Troilus）央求之下，设法安排外甥女克瑞西达（Cressida）跟特洛伊斯在花园中幽会偷情。然而，两个年轻人的纯洁爱情被战火无情毁灭了，充当"红娘"的潘达罗斯也背上了"淫媒"或"皮条客"的恶名。英文 pander 即出自潘达罗斯之名。

歌。"小妖精""小野人""小精灵""小仙女皇后",从这些外号可以见出她有多么任性,多么有想法。

一八〇五年,卡罗琳嫁给了政治新秀威廉·兰姆。威廉是查尔斯·詹姆斯·福克斯的追随者,也是"自由之友"。卡罗琳爱上威廉的方式就像她爱上拜伦一样,只因为十二岁读过兰姆的诗,还没见过他,就已经爱上他了。威廉·兰姆是墨尔本勋爵夫妇的公子,这个英俊潇洒、出身名门、心思深沉、放浪形骸的男人后来成了首相,就连年轻的维多利亚女王都十分崇拜他。婚后,"两头羊"[29](拜伦戏称)搬进了白宫宴会厅对面的墨尔本公馆,这里之前住的是约克公爵。约克公爵请建筑师亨利·霍兰把大厅改造成了带有立柱的球型穹顶,十分气派。这座公馆是那时辉格党人聚会的豪宅之一,坐落在伦敦市中心,地位相当于肯辛顿的霍兰公馆。

165 　　墨尔本一家虽说住在一栋楼里,但住得分散,做些私事不会被家人发现。兰姆夫妇住在二楼和三楼,卡罗琳的公公婆婆墨尔本勋爵和夫人住在一楼。卡罗琳生孩子不容易:第一胎是个女孩,不幸胎死腹中。一八〇七年八月,终于生下男孩奥古斯都。奥古斯都的洗礼仪式在公馆里举行,仪式办得声势浩大,该来的和不该来的都来了,他们丝毫不顾及社会影响,当时英国国内的风气可见一斑。主宾是威尔士亲王,也是孩子的教父,他曾经和孩子的奶奶墨尔本夫人有私情。另一位送祝福的贵客是政治家和剧作家理查德·布林斯利·谢里丹,他与奥古斯都的外婆贝斯伯勒夫人的风流韵事多年来一直传得风风雨雨。这种隐性的、错乱的男女关系是当时社会的一大特征。妻子一旦生下继承人,十有八九就会出去偷情,否则就叫"不懂规矩"。虽说欧洲的大环境处于动荡期,但英国国内的上流人士和政治精英却淫靡不堪。事实上,拿破仑战争似乎刺激了拜伦所在的这个圈子,加剧了圈子里的偷情行为。新婚的兰姆夫妇正处于这个奢靡逐权的圈子的中心。

拜伦和卡罗琳第一次见面是在霍兰公馆。这次会面带有讽刺的意味，因为卡罗琳最近一直和戈弗雷·瓦萨尔·韦伯斯特爵士暧昧不清，韦伯斯特爵士是霍兰夫人的前夫戈弗雷·韦伯斯特爵士的儿子。卡罗琳白天拜访肯辛顿，正和霍兰勋爵夫妇坐在一起。拜伦进来了，霍兰夫人说："我要把拜伦勋爵介绍给你。"拜伦勋爵说："之前就说要把我介绍给你，我能问一下你当时为什么拒绝吗？"[30]原来，拜伦在韦斯特摩兰夫人家里被女人们围得"水泄不通"，卡罗琳不想跟着掺和。

拜伦就问可否去墨尔本公馆找她。当他到达公馆时，卡罗琳刚刚和塞缪尔·罗杰斯、托马斯·摩尔骑马回来，正汗流浃背地坐在沙发上，看到拜伦来了，她急忙跑去洗澡。罗杰斯看到拜伦这么独断专行，卡罗琳还偏心他，就说了些醋味很重的话。据卡罗琳后来对他们婚外情的描述，"拜伦勋爵希望在八点钟我独自一人时来墨尔本公馆看我，那是我吃晚餐的时间，我说'可以啊'。从那一刻起，到后来的九个多月，他就一直住在墨尔本公馆了"。

这的确有些夸张，拜伦也多次称卡罗琳是个"说话好夸张的女人"。[31]但一八一二年，拜伦确实变成了墨尔本公馆的常客。这也无疑给他提供了一个新的生活坐标，让他相信自己成了伦敦上流社会和知识精英中的一员。这里名流云集，他接触到了各式各样的人——贵族、政治家、作家、鉴赏家、乡村绅士、攀附权贵者，这些恰好在他创作《唐璜》时派上了用场。拜伦的个人情感生活也是在墨尔本公馆才开始变得复杂起来，他迅速地和住在这里的四个贵族女人打成一片。他不仅与卡罗琳苟且快活，还和她母亲贝斯伯勒夫人有染，甚至与她婆婆墨尔本夫人也有一腿，当然还有她丈夫的表妹安妮·伊莎贝拉·米尔班克，也就是将来被他辣手摧花的拜伦夫人。

和危险的婚外情关系一样，墨尔本公馆的楼层布局也并不是十分安全。公共区域都在楼上，其后是昏暗的走廊和曲折的楼梯，让拜访者无所适从。[32]一八一二年三月二十八日,拜伦第一次来这里,沿着弯曲的楼梯,一路跌跌撞撞地来到大厅参加晨会。他对同伴汤姆·摩尔说,这可不是个好兆头。据说卡罗琳后来为了方便拜伦上楼,让人买了绳索扶手安装在楼梯上。

当时在墨尔本公馆举办晨舞派对已经是一种惯例。大家努力练习才从法国流传过来的方阵舞,但更受欢迎的是德国华尔兹。每天中午,都有四五十个人来跳华尔兹,他们都是佼佼者。舞会一般在豪华沙龙举行,后面的会客厅提供了冷餐,方便他们休息时补充体力。拜伦不觉得跳华尔兹有多么快乐,他算是"非战斗人员",厌恶这种时髦的亲密举动,这种情感在同年的一首《致华尔兹:一首赞美诗》里表现得淋漓尽致。其他舞蹈可能是淫秽的,但华尔兹有过之而无不及:

> 华尔兹!华尔兹!只有你要求胳膊腿都动起来,
>
> 你的步法开放,你的手法多变;
>
> 你让手可以在公众视野里自由活动,
>
> 以前这是绝对不可的。不仅如此,请把"灯吹灭"。[33]

每天跳舞一直是活泼顽皮的卡罗琳的快乐源泉,她的舞姿被《朝日邮报》誉为"**标准且灵动的华尔兹**"。[34]但是,她悲伤地回忆道,"拜伦设法把他们统统赶走了"。[35]

就在拜伦第一次参加晨会的那个早晨,像是命中注定一般,安妮·伊莎贝拉,又名安娜贝拉,来参加舞会了。她是墨尔本夫人的侄女——拉尔夫·米尔班克爵士的女儿。米尔班克性格泼辣,长得也十分标致。和她表嫂卡罗琳相比,她是一个头脑冷静、朴实无华的乡村女孩。她的父亲在达勒姆郡拥有大量房产,是个有名的富豪。她自认为是个分析性格的专家,对拜伦早有耳闻,所以舞会上,她十分认真地观察着眼前的一幕幕,跟母亲分析道:"尽管拜伦不愿被卡罗琳束缚着,但他还是没能逃出卡罗琳的手掌心。"[36]从后来的事情看,安娜贝拉当时竟然能保持如此客观,实在让人觉得可笑。她看到"所有的女人近乎疯狂地追求他,她们**甘愿**被他的讽刺诗抽上几鞭子。我**不招惹**他是最明智的选择,我不想与他有交集……我决不会给恰尔德·哈洛尔德上什么贡品。不过,如果他找上门来,我还是顺其自然吧"。

事实上,面对卡罗琳的勾引,拜伦的反应要比安娜贝拉想象的主动得多。三天后,拜伦带着一朵玫瑰花和一朵康乃馨来到墨尔本公馆。卡罗琳记得他当时说了些阴阳怪气的话:"据我所知,夫人现在喜欢所有新鲜而罕见的东西,是吗?"[37]卡罗琳在一八一二年的耶稣受难日给拜伦回信,华丽的信纸镶着蓝色边框,上面还用白色浮雕装饰,这样风格的信纸给他们后来的情书定下了基调。总的来说,在写情书方面,卡罗琳得心应手,创造性和流畅度远超拜伦。"想尽一切办法来拯救拜伦勋爵送给卡罗琳夫人的玫瑰,但这玫瑰终究还是枯了。玫瑰或许在感叹它那必然凋零的命运。休谟这个什么都不怎么相信的人曾说,死于心碎的人远比想象的要多。"[38]枯萎的玫瑰见证了他们那段暧昧时光,卡罗琳保存了好多年。

卡罗琳的社会地位,她的灵动、深邃且会讲故事的大眼睛,"温柔、低沉、爱抚般的嗓音"[39],无一不吸引着拜伦。正如她的朋友摩根夫人所描述的那样,"那是一种特有的嗓音,性感而迷人;敌人一听到她说话,浑身就酥了"。拜伦很容易被女性爱慕者的甜言蜜语打动,卡罗琳的魅嗓一下就抓住了拜伦的心。他喜欢她的直率,喜欢她直言不讳不作假,卡罗琳让他轻松愉快。进一步说,拜伦对她丰富的过往产生了共鸣。"好的和坏的、才华和荒谬的混合体"[40],这些极端的矛盾体正好也是他自己身上的毛病。他们的恋情刚刚开始,拜伦就给她写了一封信:"我一直认为你是现在或是这两千年以来最聪明、最讨人喜欢、最有趣、最可亲、最神秘、最危险、最迷人的小家伙。"[41]

　　起初,拜伦似乎还不了解卡罗琳有情绪不稳定的问题。她还是个孩子的时候,住在德文希尔公馆的幼儿房里,为了治疗她暴躁的情绪,大人不得不请医生来;德文希尔和兰姆的亲戚都对反复无常的卡罗琳敬而远之。威廉的嫂子安娜贝拉在与拜伦开始恋爱的前一年,曾冷漠地说了一句:"卡罗琳不像以前那么疯了。"[42]

168　　　卡罗琳与威廉·兰姆的婚姻本身也不是风平浪静的。他们经常争吵,但又很快和好。她有时气得会拿熨斗或茶具砸他,但没一会儿他们又腻歪在一起,坐下来玩挑棒游戏。兰姆的外表平易近人,实际上是个地地道道的**英国施虐狂**(*le vice anglais*),喜欢拿鞭子抽她,还对她提变态的要求。一八一〇年,卡罗琳写信向婆婆墨尔本夫人控诉了丈夫的这些暴行,一个单纯的少女哪能受得了这些:

　　　　他嫌我假正经、古板,他就经常给我说一些我从来都不该听、不该知道的事,并以此为乐。起初,我厌恶他说的那些恶俗的事情,但经过一段时间的潜移默化,我就见怪不怪了,对自己的要求也放松了。您可能还没有察觉,我的优点本来就不多,跟着他耳濡目染,现在更少了。[43]

卡罗琳与拜伦的恋情也是如履薄冰。一直以来,她对丈夫都有着强烈的依赖,对丈夫的负罪感也与日俱增。她的儿子奥古斯都得了病,放今天

169　说就是自闭症,她对儿子操碎了心,一直精神高度紧张。儿子学习差,病情经常反复,这对她是一种折磨,但她仍然能对儿子温柔、耐心。拜伦也心疼这个孩子。这段时间最温暖的一幅画面就是,在墨尔本公馆二楼的幼儿房,拜伦把这个不怎么机灵的小孩抱在腿上。

　　很快,卡罗琳的鲁莽行为让拜伦开始恐慌。在他最初的一封信中,

卡罗琳在自己的素描本里画了一幅自画像:卡罗琳·兰姆夫人和患有自闭症的儿子奥古斯都,她非常疼爱她的"小羊羔"。

他教训卡罗琳"一点规矩都没有",并嘲讽她情绪不稳定:"你的心——我可怜的卡罗,真是一座小火山!**熔岩**从你的血管中喷涌出来。"[44] 拜伦意识到他有些骑虎难下了。几周后,他又写了一封信,开始对那些流言蜚语发牢骚:"难道伦敦就没有别的八卦可讲吗?"[45]拜伦试图让卡罗琳平静下来,告诉她:"这两个月的梦,这些乱七八糟的事情终究会过去。其实,我们并不了解彼此,暂时分开一个月或许会让我们理智些。"但为时已晚,事情已经发展到了无法挽回的地步。

在大家的印象中,是卡罗琳一直在扮演主动的角色。得知她还如此主动,德文希尔的亲戚都大惊失色。一八一二年五月,那时卡罗琳的堂姐哈丽特写信告诉身为德文希尔六世公爵的哥哥"哈特":"拜伦勋爵现在好像站在台上,卡罗琳·威廉一直在下面膜拜。"[46]（叫她为卡罗琳·威廉是为了和她的嫂子卡罗琳·乔治区分。）德文希尔公爵的夫人跟她儿子说:"你的小朋友卡罗琳·威廉像往常一样,不论办什么事都要拉上拜伦,还为他办了许多事。"[47]爱说闲话的塞缪尔·罗杰斯散布了许多耸人听闻的谣言,说卡罗琳对拜伦纠缠不休,深夜经常在街上等待他从聚会上回家。[48]某天晚上,德文希尔公馆举行了一场盛大的舞会,家里人认为卡罗琳有辱家门,便没有让她参加。还有一次,罗杰斯看到她和拜伦谈话时,半个身子都挤进了拜伦的马车里。卡罗琳这样的行为,恰如其分地体现了拜伦传奇般的魅力:他能让女人为他出格。

罗杰斯认为他俩并没有私通,显然大家不认同这个说法。拜伦给卡罗琳的回应确实有些冷淡。根据卡罗琳的朋友伊丽莎白·奥克兰夫人给拜伦传记作者汤姆·摩尔的描述,拜伦"十分冷淡。他过去总是和她保持距离,但卡罗琳总是往拜伦身上凑,他自己亲口说的"。[49]拜伦常找借口说:"不,不,今晚不行,你已是霍兰公馆的常客了,这样做不**合适**。"他不断提醒她要履行妻子的义务,提醒她通奸是一项重罪。他们偷情的那天晚上,"拜伦把环境布置得阴森到可笑","卡罗琳枕着一个人头骨,两人中间横着一箱上了膛的手枪"。难道这种詹姆斯一世时期的悲剧风设计会让拜伦信心倍增?

170

拜伦和卡罗琳的爱情到一八一二年初夏出现了某种奇怪的表演性。他们两人开始一起在公共场合现身,大家几乎默认他们是一对夫妇。而与此同时,威廉·兰姆则在扮演一个温顺丈夫的角色。当然,也有许多二人世界的时光,两人躲在墨尔本公馆的楼上房间。据卡罗琳说,"他喜欢和我远离人群,一起读书"。[50]和拜伦当初那个"蓝眼睛的卡罗琳"（一八〇八年,拜伦从伦敦带到布莱顿度假的十六岁妓女）一样,他们的关系是通过情趣游戏维系的。但是卡罗琳的性取向并不清晰。她似乎是个双性恋,对一个住在兰格伦的亲戚莎拉·庞森比有过好感。她曾派

'Sir Eden the least Page teaching Augustus his prayers'

最小的侍童伊顿爵士为卡罗琳的儿子奥古斯都教祷告词，卡罗琳·兰姆夫人剪贴簿上的素描。

人邀请女演员维斯特里斯夫人和她一起参加化装舞会，期间对她动手动脚，还掐了她几下，让维斯特里斯夫人警觉了起来。[51] 和拜伦的口味一样，她也喜欢侍童，为他们精心设计了一套深红配深褐色的制服。

　　他们两人玩起了变装游戏。卡罗琳私下告诉威廉·弗莱彻，让他汇报主子，她打算送去一个外国侍童："不要事先告诉他。他要是手里拿着花，就让他进来。他走之前，我是不会出来的，所以没人知道是我。当然，你要把我看成一个小孩，不能露馅。"[52] 很明显，这个身材矮小、苗条、孩子气的仆人就是卡罗琳。她来的时候，正好让罗伯特·达拉斯看到了。[53] 卡罗琳夫人的"侍童"去拜伦的房间送信："这个男孩十三四岁,长相娇美,跟卡罗琳夫人很像。"据达拉斯说,送信的人穿着一件深红色的轻骑兵夹克和长裤,浅色的卷发遮住了脸,手里还拿着一顶带有羽毛的帽子,十分精美。尽管达拉斯都开始怀疑他就是夫人本人了,但拜伦没吭声。这种变装游戏维系了两人的私情,卡罗琳告诉拜伦:"一个穿着侍童服装的女人要是走在大街上,想必唯一不用恶语攻击的就只有你了。"[54]

他们二人都喜欢打听性别上的奇闻怪事。卡罗琳在写给拜伦的一封信中,说她好做慈善的母亲贝斯伯勒夫人收养了一个婴儿。这个婴儿现在看来是个典型的双性人:"这个婴儿六个月大,有两性的特征,很有趣,各方面都完美。你说他做男孩好还是女孩好?怎样最安全呢?如果你有任何见解,请告诉我。但为了生命安全,不要告诉任何人……毕竟,我们俩聊这个话题有些奇怪——所以还是谨慎一点。"[55]卡罗琳的谨慎可能是因为她刚收到婆婆墨尔本夫人的一封信。墨尔本夫人在信中说,听说卡罗琳招收了一个女仆人,但她不相信;虽然是谣言,但危害很大,她十分担心:"你总是认为做些傻事,别人笑一笑就过去了。但这会儿却不是傻事,而是**犯罪**。"

卡罗琳不仅喜欢假扮侍童,而且也会给拜伦物色好的。默里档案馆最近发现一封她写给拜伦的信,是用法语写的,水印日期是一八一二年,信中说"安托瓦内特和乔治娜为您效劳——她们的父亲和母亲都盼望您能给她们一份工作"。[56]两个里面,卡罗琳更推荐年轻的女孩安托瓦内特,她身体健康,而且忠诚:"小女孩会跟着你,照顾你,对你忠诚。"两个侍童他要是不想要,就要送回给卡罗琳。卡罗琳在信的结尾写道:"回见,我亲爱的主人。"

男性和女性、仆人和主人、占有者和被占有者,这一处处讲究的角色扮演游戏在他们二人频繁的交往中一直没有间断过。卡罗琳给一个侍童改名叫"拉什顿",就是拜伦在纽斯特德偏爱的那个侍童的名字。她后来向拜伦发誓："没有哪个女人像我那时那样爱你,我不像她们,我更像是一只野兽,天生就觉得爱无罪,天生就要追随主子。你就是我的主子,我灵魂的主人。"[57]但拜伦曾狠狠地把她骂了一顿,说她不像女人,但实际上拜伦当初喜欢卡罗琳就是因为她不像女人。"这得怪我,**没有性别之分**,就不该活在世上!"[58]跨性别角色扮演游戏让他们短暂地走到了一起,也最终毁掉了他们的关系。

　　十九世纪初的伦敦城区范围相对较小,优雅的社交行为和血腥暴力事件同时发生时往往只有一墙之隔,让现在的人看来十分扎眼。拜伦尤其喜欢那些能让人百感交集的景象,绞刑仪式也不例外。一八一二年五月十八日,当局在纽盖特监狱前要公开绞死约翰·贝灵汉,拜伦决定前去观看,提前在绞刑架街对面租了一间带窗户的屋子。如此近距离观看人吊死,他一点也不怕,倒是异常兴奋。约翰·贝灵汉与第一财政大臣斯宾塞·珀西瓦尔政见不同,一周前在下议院外的台阶上开枪击穿了斯宾塞·珀西瓦尔的心脏。绞刑的前一晚,拜伦去墨尔本公馆看望卡罗琳时"脸色苍白,极度不安",说他"必须"看看贝灵汉要怎么死。[59]

　　在看绞刑的路上还发生了一件让他不安的插曲。为了占位置,拜伦和两个哈罗公学的老朋友在凌晨三点左右就到了。他们进门时,一个可怜的女人横躺在门口,拜伦可怜她,给了她几先令。她却把拜伦的手推开,"哈哈大笑着站了起来,开始模仿拜伦一瘸一拐的步态"。[60]不过等到他看完绞刑、回到墨尔本公馆吃早餐的时候,他似乎平静了下来。"我看到他痛苦了,"拜伦告诉卡罗琳,"但他还是**不认罪**。"[61]

　　卡罗琳意识到拜伦移情别恋了。令她恼火的是,他一直在欣赏威廉的表妹安娜贝拉·米尔班克的诗:"诗句写得温暖而富有想象力,稍加练习,表达就可以更加流畅……她肯定是一个非常特别的女孩,谁会想到在那张平静的娇容下会隐藏着如此强大的力量和奇思妙想?"[62]一八一二年六月,拜伦和霍布豪斯一起去纽斯特德,卡罗琳的信使追了上来。"身材太差了。"霍布豪斯在他的日记中写道。[63] 这不会就是骨瘦如柴的卡罗琳本人吧?两天后,霍布豪斯总结道:"听了一个礼拜的腻歪话,可没一句是正经话。"

173   看到自己的女儿成天郁郁寡欢、神经紧张,卡罗琳的母亲贝斯伯勒夫人开始出面干预了。[64] 母女关系非常好,女儿疼爱母亲,母亲也偏心女儿,但拜伦却讨厌贝斯伯勒夫人,称她是好传闲话的"布拉尼夫人"[65]。"布拉尼夫人"是戈德史密斯的小说《威克菲尔德的牧师》中的一个角色。拜伦还说过极为难听的话,骂她是"五十年以来最脏的婊子"。[66] 为什么如此生气?有一种解释是这样的:拜伦怨她一开始向自己保证过她的女儿看不上他。不承想这话反而刺激到了虚荣的拜伦,他偏要卡罗琳爱上他。现在好了,事情一发不可收拾。

       无奈之下,贝斯伯勒夫人没有找拜伦,而是向拜伦的盟友约翰·卡姆·霍布豪斯寻求帮助,他现在已返回伦敦。我们在他六月三十日星期二的日记中发现这样一条记录:"今天听到关于拜伦 OO 的坏消息。"[67] 他用 O 表示拜伦私通的事。"到家后,发现贝斯伯勒夫人寄来一张奇怪的纸条。"七月二日:"拜访贝斯伯勒夫人,非常奇怪的场景。"七月三日:"收到贝斯伯勒夫人的便条,见了拜伦,他同意出城。"七月八日,他和拜伦一起去豪恩斯洛的惠顿公园,这是霍布豪斯家族的豪宅,但很快就回来了。到七月十六日星期四,情况变得复杂了:"应邀去了贝斯伯勒夫人所在的卡文迪什广场,谈话的过程中,卡罗琳也来了,冲我和贝斯伯勒夫人撒了一顿怨气,我**羞愧得无地自容**。"霍布豪斯夹在中间十分尴尬:一边,好友拜伦十分信任自己,无话不说;另一边,他知道两人的关系比贝斯伯勒夫人了解的近得多。七月二十九日星期三发生了一幕悲喜剧——拜伦和卡罗琳准备私奔。

       拜伦开始漫不经心地准备起私奔的事。两年后,他以同样漫不经心的态度操办起了婚事。七月二十九日,"为了躲避一位女士的拜访"[68],他计划和霍布豪斯一起去哈罗公学。中午,他们俩都在圣詹姆斯街8号拜伦的官邸里,正要出发,"听到了几声雷鸣般的敲门声"。一群好事的人聚集在楼下,"一个穿着古怪的人上了楼"。是卡罗琳,她刚从赫特福德郡布罗克公馆出来,这是墨尔本家族的乡下别墅。她看到霍布豪斯,便径直上了阁楼。霍布豪斯十分冷静,也很有眼色地下楼去了多尔曼先生的帽子店,说要买一顶帽子。他再次回到楼上,正想着要离开,但转念一想,这样抛弃自己的好朋友,他们两人指不定会闹出什么大事,便没有走。挑帽子的时候,多尔曼先生告诉他,房子里的每个人,包括仆人,都知道这位女士是谁。

与此同时,卡罗琳已经在卧室里了。她脱掉了那件怪模怪样的外衣,大概是一件斗篷或披风,露出了她常穿的仆人的制服。拜伦也在卧室里,但不停地进进出出,"以避免发生什么不该发生的事。而且,双方情绪都不稳定,都不愿承认自己的优柔寡断"。多尔曼先生受雇当拜伦的秘密信使,他恳求霍布豪斯让卡罗琳离开。卡罗琳最终被劝服,穿上这屋子里仆人的衣服、帽子和鞋子来伪装自己。但她仍然拒绝离开。"那么,"拜伦说,"我们一起走,没有别的办法了。"霍布豪斯不让他们私奔,要求卡罗琳离开这里。卡罗琳威胁说:"那我们当中有人必定要流血。""确实,"霍布豪斯回答道,"除非你离开。"看到拜伦点头表示同意,她的心都碎了:"看来流血的一定是我了。"

说话间,她开始发疯,和拜伦撕扯起来。看到拜伦的佩剑放在桌上,她伸手去够,被拜伦拉了回来。霍布豪斯离开房间,希望这样能让她平静下来。他出门去安抚有些按捺不住情绪的多尔曼先生,以防他动手。同时,他让拜伦的贴身男仆弗莱彻在拜伦的卧室里守着,防止他们欲火中烧,做出什么见不得人的蠢事,这种事情极有可能发生。当他返回到起居室时,卡罗琳确实平静了许多,她同意现在离开,但条件是她必须在

174

周末离开伦敦之前再见一次拜伦。

但眼前仍有一个棘手的问题。卡罗琳回家前在哪儿换回自己的衣服呢？她已把换下的衣服"捆成一捆"，带在身边。如果她在圣詹姆斯街 8 号换衣服，肯定会被认出来。足智多谋的霍布豪斯建议她租一辆马车，先穿着借来的佣人衣服去他的住处，就是威斯敏斯特的曼彻斯特 4 号公寓。在那里她可以换上自己的衣服，然后再租一辆马车去找她的马车，或者去朋友家。

卡罗琳又有新的要求。她说如果拜伦和她一起坐车，她就接受霍布豪斯的提议。霍布豪斯说："你和拜伦不能同时出现在我家。这样不仅对不起你俩，对不起你母亲，也对不起我自己。"卡罗琳继续恳求。霍布豪斯拒绝，拜伦也帮他说话。最后他俩扛不住卡罗琳的软磨硬泡，拜伦还是同意陪她一起坐车，到了威斯敏斯特再下车。当拜伦和卡罗琳到达圣詹姆斯公园附近时，霍布豪斯火速沿着圣詹姆斯街穿过公园往威斯敏斯特赶。他一到家就打开前门，站在街角等着检查马车，以确保拜伦不在车上。

175　　如此大费周折，拜伦到底在想什么？既然都不情愿，他为什么还要继续和卡罗琳掺和在一起，让她想入非非呢？为什么霍布豪斯既不能把他救出伦敦，也不能阻止他继续与卡罗琳通信呢？就连霍布豪斯也觉得蹊跷："这位女士尖酸刻薄，但他还是不听我的话，我都见怪不怪了。"尽

176　　管卡罗琳的演技出格到让拜伦尴尬，但他们两人之间却维持着某种独特甚至奇特的两性关系。拜伦身上有一种惰性，他很难拒绝依附他的人，无论他们有多么烦人。他觉得自己命中注定要和卡罗琳纠缠到一起：他们都不愿对平凡妥协，这一点他们是一致的。此外，当时他满脑子都是拍卖纽斯特德庄园的事。多年以来，卖掉这份家产他想都不敢想。

卡罗琳在这段时间写了许多满是哀怨的信，有一封提到了拜伦出售纽斯特德的事："纽斯特德——太可惜了。为什么不留着它呢？可以把比昂代塔带去，在那里幸福地生活，幸福地死去。"[69]比昂代塔本是拜伦

卡罗琳·兰姆夫人指示她的裁缝为她做一套参加舞会时穿的戏装，要求与家仆的制服相似。

养的小鹿,蹦蹦跳跳的,很招拜伦喜欢。他把这个最富有诗意的名字送给了卡罗琳。她在信中附上了一小包赤褐色阴毛,上面带她的血迹,并要求他给她寄同样的信物:"我告诉过你不要给我寄血,但现在我又在要求了。如果这意味着爱,那管他呢,我就收下了。我剪得太近了,流了好多血。你千万要小心啊!不要让剪刀尖戳到自己的肉。"一八一二年八月九日,她又寄来另一封信,上面画着一个十字架和两颗相连的心,信中的她希望自己是"热娜",渴求他的爱:

> 卡罗琳·拜伦
>
> 仅次于你最亲爱的热娜,
>
> 我只爱你一人,愿上帝保佑你,
>
> 我的宝贝,永远想念你的比昂代塔,
>
> 你狂野的小鹿。[70]

八月十二日,就在和婆婆、丈夫前往爱尔兰的几天前,卡罗琳失踪了。那天早晨,惊慌失措的贝斯伯勒夫人匆忙给相好格兰维尔·莱韦森-高尔勋爵写了一封信。格兰维尔·莱韦森-高尔勋爵刚刚娶了贝斯伯勒夫人的侄女哈丽特·卡文迪什为妻。在信中她惊呼道:"哦,上帝!卡罗琳不见了!太可怕了!她不在拜伦那儿,那她在哪儿呢?或许上帝知道。"[71]后来才知道,之前在墨尔本公馆,平时十分宽容的公公墨尔本勋爵严厉斥责卡罗琳的不端行为。卡罗琳顶了嘴,说的话非常不礼貌,而这一切都让碰巧来做客的贝斯伯勒夫人听到了。卡罗琳说的话太粗鲁了,吓得贝斯伯勒夫人赶紧去找她婆婆。当她俩一起赶来时,卡罗琳已经跑出了公馆,她跑得很快,追她的仆人没跑出去多久就追丢了。

贝斯伯勒夫人乘着马车在国会大街上来回穿梭。卡罗琳曾威胁墨尔本勋爵说她要去找拜伦,结果她公公却说拜伦要不要你还不一定。听到这番话的妈妈和婆婆最终去圣詹姆斯街 8 号找拜伦。见到两位魂不守舍 177的**贵妇**,听到卡罗琳失踪的消息,拜伦看样子也吃了一惊,和他们一样忧心忡忡。他承诺如果卡罗琳与他联系,他就会把她带回去。当天晚些时候,拜伦给墨尔本夫人送去一张纸条。那个时候,她已经是拜伦的忘年交了,两人无话不说。拜伦写了些不正经的话:"您看,我参演了这部不幸的戏剧,作为主要演员之一,我很期待您告诉我接下来我该怎么演下去。"[72]

事实上,卡罗琳一路跑到了波尔市场,一直躲在一家药店里。等她觉得已经没人找她的时候,她才出去卖掉一枚戒指,租了一辆马车去肯辛顿。到了那里,她用一枚精美的蛋白石戒换了二十几尼,用这些钱订了一辆去朴次茅斯的马车。她打算一到码头就登船远航。在肯辛顿的一位外科医生家里借宿时,她托带她来的车夫回伦敦后把几封诀别信和一张便条交给拜伦的仆人,再让仆人交给拜伦。便条是让拜伦去卡文迪什广场的贝斯伯勒家里找一封留给他的诀别信。

拜伦对车夫威逼利诱,让他带路回去找卡罗琳。卡罗琳提前告诉医生任何人都不能进入医生的住宅,说自己被朋友出卖了,不得不这般亡命天涯。拜伦假扮成卡罗琳的哥哥,还是成功地进入了住宅,找到了她,几乎是把她押送回卡文迪什广场。拜伦说服她跟着母亲回墨尔本公馆。一向宽容的威廉接受了她,并原谅了一切。公公和婆婆也松了一口气,并没有责怪她。大家又重新盘算将卡罗琳送到爱尔兰的家里。但是,卡罗琳再次成功扭转了剧情:她宣布自己怀孕了,长途跋涉去爱尔兰可能会流产。不出所料,贝斯伯勒夫人听到这番话,当场口吐鲜血,瘫倒在地。

把她送回家后,拜伦写了一封告别信:

> 我最亲爱的卡罗琳,直到我要离开你的那一刻,我才流下了眼泪,男儿有泪不轻弹;直到我要离开你的那一刻,我才开始心慌,其实眼尖的你应该早就看出我已乱了阵脚;我给你说了那么多,做了

那么多,到现在对你的感情没有改变过。如果上述这些不能证明我的真心,我也找不到其他什么证据了。苍天在上,我祝你幸福。当我离开你时,或者确切地说,当你出于对你丈夫和母亲的责任而离开我时,你应该认可我对你做过的承诺:我的心里只有你,你是我的女神。直到**那一刻**,那次**疯狂的事**,我才知道我什么都不是。你是我最珍贵的、至爱的朋友。现在我已语无伦次,情绪溢于言表。你不懂我:有一种痛你无法想象,而我正在苦苦地享受这种痛,并为之骄傲。我要带着沉重的心情出门,带着沉重的心情见人、办事,这样就不会有人在我身后胡编乱造了。你是不是觉得我这个人**冷酷、无情、狡猾**?**别人**会这样看我吗?连你的**母亲**也会这样想吗?因为你的母亲的一句话,我们受了不少罪,我受的罪**更多**,她做梦都想不到。"放心,她不会看上你的……"啊,卡罗琳,一语成谶啊,我正是冲着这句话才对你付出这么多。我对你的情永远不变。你不懂我,可能我也没有懂你。愿神宽恕你、保佑你,直到永远!

最依恋你的

拜伦

附:我最亲爱的卡罗琳,容我说一句扎心的话:要不是你的母亲和你热心的亲戚,我当时怎敢想入非非到要娶你为妻呢?这个想法**到现在**都没有改变,而且愈加**强烈**。我会很乐意把我今世来世的一切都给你。这话我忍着一直没有说,但你要看清我的真心。这话别人听到也无妨,听到又有什么用呢?一切都给**你**,我以前是**你的**,现在也是**你的**,我无怨无悔地、全身心地服从你,尊重你,爱你。你想去哪儿,不论什么时候走,怎么走,我都跟着你。[73]

有人怀疑这封信不是拜伦写的。有人甚至猜测这封信是卡罗琳写的,说她让自己、让别人相信拜伦深爱着她。这是一派胡言。这封信辞藻华

拜伦已经跟墨尔本夫人打情骂俏了。拜伦曾对墨尔本夫人说,她的话就像香槟,沁人心脾。[81]他跟墨尔本夫人说话时非常放肆,毫不顾忌,都惊到了霍布豪斯。一八二七年,拜伦去世后,他读到拜伦写给"好姑姑"的信时,惊呼道:"他当时是什么都敢说啊!"[82]拜伦一般不会轻易给女人什么承诺,墨尔本夫人比他年长很多,所以全无这方面的顾虑。拜伦后来说,"墨尔本夫人像是我的母亲,她有一种有别于年轻女性的吸引力"。[83]他称她是"现代阿斯帕西亚",把男性的思考力和思维方式与女性特有的细腻柔情揉合在一起"。阿斯帕西亚是伯里克利的情妇,据说聪明到令人佩服,可以和苏格拉底一比高下。拜伦说,她要是"再年轻一点",他就不仅会为她动心,还会动情。

他们二人之间的信件中不乏性暗示。他们会不会有过肉体关系?拜伦与妻子分居时,流传过一种说法:拜伦勋爵告诉他的妻子,说一八一三年,他与一位**老妇人**通奸,同时也与她的儿媳有染;绝对是**那位老妇人主动求欢**;他说"她**年纪太大**了,他都无从下手了"。[84]最后一句俏皮话一听就知道是出自拜伦之口。但如果是真的,拜伦应该是挣扎了一番之后才做的决定。拜伦之所以喜欢墨尔本夫人,恰恰是因为夫人不会有性方面的要求,只做朋友,这让拜伦觉得安全:"她是我最好的女性**朋友**。当我说'朋友',我指的不是情妇,'情妇'和'朋友'在我这儿算是反义词。"[85]话又说回来,虽说拜伦对她的依恋能让她觉得自己风韵犹存,但总的来说,她喜欢拜伦主要是为了饱眼福。

年轻的拜伦折服于墨尔本夫人的老练。卡罗琳从未原谅墨尔本夫人取代了她的位置。卡罗琳本来就很敏感,知道实情后更是伤心欲绝。身处这种尴尬的境遇,她干脆把话挑明了:"我婆婆抢了我的位置,她的戒指取代了我的,她的信取代了我的,她的心……虽然我又丑又瘦,被你鄙视,但你相信她或其他什么人会像我这样爱你吗?"[86]

181

一八一二年九月十三日,拜伦写信告诉"好姑姑",他和卡罗琳的恋情到此结束,他真正青睐的是墨尔本夫人的侄女,即她的哥哥拉尔夫的女儿安娜贝拉·米尔班克。"我和她交谈甚少,但一直惦记着她。"[87]谁也没想到,此话一出,一石激起千层浪,影响波及之后的那个冬天,之后的十年,乃至之后的几百年。

注释

［1］德文希尔公爵夫人伊丽莎白致奥古斯都·福斯特,1812 年。见《两位公爵夫人》(*The Two Duchesses*),维尔·福斯特(Vere Foster)编辑(1898)。

［2］拜伦致弗朗西斯·霍奇森的信,1811 年 10 月 13 日。

有关拜伦的读者群,参见威廉·圣克莱尔,《评拜伦作品的影响力》('The Impact of Byron's Writings:An Evaluative Approach'),载《拜伦:古典与浪漫》(*Byron: Augustan and Romantic*),安德鲁·卢瑟福(Andrew Rutherford)编辑(1990)。

［3］罗伯特·查尔斯·达拉斯,《一八〇八至一八一四年底的拜伦勋爵》。

［4］拜伦致罗伯特·查尔斯·达拉斯的信,1811 年 10 月 11 日。

［5］约翰·卡姆·霍布豪斯(布劳顿勋爵),"日记手稿",1814 年 3 月 28 日。

［6］拜伦致约翰·默里的信,1814 年 4 月 26 日。

［7］拜伦致罗伯特·查尔斯·达拉斯的信,1811 年 10 月 31 日。

［8］托马斯·摩尔,《拜伦传》,第一卷。

［9］《拜伦书信与日记》,1813 年 12 月 6 日。

［10］约翰·默里致沃尔特·司各特的信,1812 年 6 月 27 日。

［11］罗伯特·查尔斯·达拉斯,《一八〇八至一八一四年底的拜伦勋爵》。

［12］《拜伦书信与日记》,1813 年 12 月 5 日。

［13］亚历山大·戴斯,《塞缪尔·罗杰斯桌边谈话》。

［14］简·波特(Jane Porter),转引自《拜伦著作、书信和日记》,第二卷。

［15］摩根夫人致勒法努夫人（Mrs. Lefanu）的信，1812 年 6 月 7 日。见《摩根夫人回忆录》（*Lady Morgan's Memoirs*），第二卷（1862）。

［16］福克兰夫人致拜伦的信，1812 年 7 月 13 日。

［17］霍雷希娅·萨默塞特致拜伦的信，1814 年 10 月 21 日。

［18］萨拉·阿格尼斯·班伯致拜伦的信，1814 年 12 月 5 日。

［19］"MH"致拜伦的信，1813 年 10 月 21 日。

［20］索菲亚·路易莎·麦克唐纳（Sophia Louisa Macdonald）致拜伦的信，1814 年 7 月 20 日。

［21］"MH"致拜伦的信，1813 年 10 月 21 日。

［22］玛丽·沃特金斯（Mary Watkins）致拜伦的信，1814 年 9 月 19 日。

［23］匿名，5 月 6 日，未注明年份。

［24］伊莎贝拉·兰切斯特致拜伦的信，1812 年 5 月 6 日。

［25］罗伯特·查尔斯·达拉斯，《一八〇八至一八一四年底的拜伦勋爵》。

［26］M. 加德纳（布莱辛顿伯爵夫人），《拜伦勋爵对谈录》。

［27］拜伦致特蕾莎·圭乔利伯爵夫人的信，1820 年（日期存疑）。

［28］卡罗琳·兰姆夫人自述，《摩根夫人回忆录》，第二卷。

［29］拜伦致墨尔本夫人的信，1815 年 2 月 5 日。

［30］卡罗琳·兰姆夫人自述，《摩根夫人回忆录》，第二卷。

［31］拜伦致詹姆斯·韦德伯恩·韦伯斯特的信，1815 年 9 月 18 日。

［32］《格兰维尔伯爵夫人哈丽特书信集，1810-1845》（*Letters of Harriet, Countess Granville 1810-1845*），F. 莱韦森-高尔伯爵编辑，第一卷（1894）。

［33］《致华尔兹：一首赞美诗》，1812 年，第 113 行。

［34］拜伦致墨尔本夫人的信，1813 年 6 月 21 日。

［35］卡罗琳·兰姆夫人自述，《摩根夫人回忆录》，第二卷。

［36］安娜贝拉·米尔班克致米尔班克夫人的信，1812 年 3 月 26 日。（洛夫莱斯-拜伦档案）

［37］卡罗琳·兰姆夫人致托马斯·梅德温的信，1824 年 11 月（日期存疑）。

（福斯特藏品,国家艺术图书馆）

[38] 卡罗琳·兰姆夫人致拜伦的信,1812 年 3 月 27 日。

[39]《摩根夫人回忆录》,第二卷。

[40] 拜伦致詹姆斯·韦德伯恩·韦伯斯特的信,1815 年 9 月 18 日。

[41] 拜伦致卡罗琳·兰姆夫人的信,1812 年 4 月(日期存疑)。

[42] 乔治·兰姆夫人致奥古斯都·福斯特的信,1811 年 11 月 6 日。见《两位公爵夫人》。

[43] 卡罗琳·兰姆夫人致墨尔本夫人的信,1810 年。(大英图书馆)

[44] 拜伦致卡罗琳·兰姆夫人的信,1812 年 4 月(日期存疑)。

[45] 同上,1812 年 5 月 19 日(日期存疑)。

[46] 格兰维尔伯爵夫人哈丽特致六世德文希尔公爵的信,1812 年 5 月 10 日。见《格兰维尔伯爵夫人哈丽特书信集,1810-1845》,莱韦森·高尔伯爵编辑,第一卷。

[47] 德文希尔公爵夫人伊丽莎白致奥古斯都·福斯特的信,1812 年 5 月 4 日。见《两位公爵夫人》。

[48] 亚历山大·戴斯,《塞缪尔·罗杰斯桌边谈话》。

[49]《托马斯·摩尔日记》,1827 年 11 月 10 日。

[50] 卡罗琳·兰姆夫人致托马斯·梅德温的信,1824 年 11 月(日期存疑)。(福斯特藏品,国家艺术图书馆)

[51] 约翰·卡姆·霍布豪斯(布劳顿勋爵),"日记手稿",1820 年 7 月 25 日。

[52] 卡罗琳·兰姆夫人致威廉·弗莱彻的信,1812 年。

[53] 罗伯特·查尔斯·达拉斯,《拜伦勋爵与朋友的通信》(Correspondence of Lord Byron with a Friend),第三卷(1825)。

[54] 卡罗琳·兰姆夫人致拜伦的信,1814 年。

[55] 卡罗琳·兰姆夫人致拜伦的信。(大英图书馆)

[56] 卡罗琳·兰姆夫人致拜伦的信,1812 年。

[57] 同上,1813 年。

［58］拜伦致奥古斯塔·利的信，1816 年 9 月 14 日。

［59］摘自《卡罗琳·兰姆夫人书信集》。（大英图书馆）

［60］托马斯·摩尔，《拜伦传》，第一卷。

［61］摘自《卡罗琳·兰姆夫人书信集》。（大英图书馆）

［62］拜伦致卡罗琳·兰姆夫人的信，1812 年 5 月 1 日。

［63］约翰·卡姆·霍布豪斯（布劳顿勋爵），"日记手稿"，1812 年 6 月 10 日。

［64］同上，1812 年 6 月 12 日。

［65］拜伦致墨尔本夫人的信，1812 年 8 月（日期存疑）。

［66］拜伦致约翰·默里的信，1820 年 8 月 31 日。

［67］约翰·卡姆·霍布豪斯（布劳顿勋爵），"日记手稿"，1812 年 6 月 30 日。

［68］同上，1812 年 7 月 29 日。

［69］卡罗琳·兰姆夫人致拜伦的信，未注明日期。（洛夫莱斯-拜伦档案）

［70］同上，1812 年 8 月 9 日。（洛夫莱斯-拜伦档案）

［71］卡斯塔利亚（Castalia），格兰维尔伯爵夫人，《格兰维尔·莱韦森-高尔勋爵的私人信件》（*Private Correspondence of Lord Granville Leveson-Gower*），第二卷（1916）。

［72］拜伦致墨尔本夫人的信，1812 年 8 月 12 日。

［73］拜伦致卡罗琳·兰姆夫人的信，1812 年 8 月（日期存疑）。

［74］格兰维尔伯爵夫人哈丽特致乔治亚娜·莫佩斯夫人的信，1812 年 9 月 12 日。见《格兰维尔伯爵夫人哈丽特书信集》，第一卷。

［75］拜伦致墨尔本夫人的信，1812 年 11 月 6 日。

［76］卡罗琳·兰姆夫人致拜伦的信，1812 年（日期存疑）。

［77］拜伦致墨尔本夫人的信，1812 年 9 月 13 日。

［78］同上。

［79］梅布尔·艾尔利（Mabell Airlie），《一七七五至一八一八年辉格党纪事》（*In Whig Society 1775-1818*，1821）。

［80］拜伦致墨尔本夫人的信,1812 年 9 月 21 日。

［81］同上,1813 年 5 月 14 日。

［82］约翰·卡姆·霍布豪斯(布劳顿勋爵),"日记手稿",1827 年 3 月 4 日。

［83］M. 加德纳(布莱辛顿伯爵夫人),《拜伦勋爵对谈录》。

［84］诺埃尔夫人致拉尔夫·诺埃尔爵士的信,1816 年 2 月 2 日。(洛夫莱斯-拜伦档案)

［85］拜伦致托马斯·摩尔的信,1818 年 3 月 16 日。

［86］卡罗琳·兰姆夫人致拜伦的信,1814 年 6 月 3 日(日期存疑)。

［87］拜伦致墨尔本夫人的信,1812 年 9 月 18 日。

第十三章　切尔滕纳姆镇和艾伍德别墅(1812-1813)

一八一二年九月,拿破仑向莫斯科发起攻势,那时拜伦在切尔滕纳姆镇。[1]他第一次到这个温泉小镇还是一八〇一年,那时母亲领他去见了当地一个算命先生,先生说他二十六岁时会结婚,三十七岁撒手人寰。回头看来,先生算得大差不差。

理论上讲,纽斯特德庄园现在已是别人的地产了。八月十四日拍卖会那天,房和地没有叫到一个好价格,汉森决定暂缓拍卖。第二天,一个叫托马斯·克劳顿的买家出价十四万英镑,最终拿下了这份地产。拜伦又无家可归了。他嫌伦敦的天气"**无益于身心康健**",还想摆脱卡罗琳的纠缠,打算逃离伦敦。他开始玩味一位贵妇向他发来的邀请:她叫默瑟·埃尔芬斯通,继承了大量财产,聪明、直率、漂亮,拜伦仰慕她。埃尔芬斯通邀请拜伦和她一起参加在坦布里奇威尔斯镇举行的聚会。不过,他没去。拜伦最终选择了切尔滕纳姆,回到了他小时候度假时一眼就爱上的马尔文山的怀抱。

这时候的切尔滕纳姆已成为英国人气最旺的温泉小镇之一。为了让有钱人感到宾至如归,小镇建造了石柱廊、新月形街区、商街和广场。拜伦那些混迹伦敦政界的老朋友也在这里:"老泽(西)、老墨(尔本)、老考(珀)、老赫(兰德)那帮",还有罗登勋爵和夫人、牛津勋爵和夫人,

和他们在一起时拜伦很开心。[2]《切尔滕纳姆时报》九月三日报道:著名
诗人拜伦勋爵莅临本镇!头几个星期,他住在商业街的公寓,不久搬到
霍兰夫妇暂居的"乔治亚娜小屋",这可是一幢精美的小楼,阳台和门廊
有铁艺栏杆装饰,楼外环绕着一片悠长的花圃。"每当我想起你,哦,乔
治亚娜小屋,还有那水边的**小酌**。"[3]拜伦忘不了这赞美诗的口吻。

    几个月来,拜伦一直腰疼,经诊断,他得了肾结石。医生给他"腰上
拔火罐、灌肠、催吐"[4],短时间内虽有缓解,但过一段时间又开始疼。
他来切尔滕纳姆的另一个原因就是治病。[5]他找到当地一位名医,即
亨利·查尔斯·博伊斯拉根大夫,他可是威尔士亲王的御医。除了给他
喂"药味十足、让人恶心到吐"[6]的温泉水,医生还开了大量的药,拜伦
每天吃药都能"吃到嗓子眼"[7]。折腾了一年,还是没治好。

    一八一二年秋天,《恰尔德·哈洛尔德游记》即将第五次印刷。
约翰·默里请乔治·桑德斯创作了一幅拜伦的袖珍肖像,打算印在封面
上:整个面容都画了出来,身披貂皮镶边披风,看起来贵族气十足,拜伦
看了很满意。约翰·默里又拿来了亨利·迈耶制作的雕版作者像供
拜伦选择。当拜伦意识到雕版画可以无限制地重复印制,自己的形象很
可能成为一种公众符号时,他对雕版画就不那么热情了。他吩咐默里
说:"**我坚决反对**雕版画,不能把我的像这样刻下来,这些画、这些底板
都要烧掉。"[8]出版商虽然不太情愿,但还是很听话,乖乖地照做了。他
趁机拍马屁说,雕版画燃烧时明亮耀眼,堪比诗仙帕纳塞斯下凡,让人感
到些许安慰。[9]拜伦坚持要把底板烧掉,但在默里的恳求下,还是留下来
一块底板,也是现存唯一的一块。

    默里盼着拜伦继续创作,给他一千几尼让他再写一首。他说:"大
人,在没有征兵令的情况下,我宁愿牺牲我的右臂,也不愿发表任何不能
与《恰尔德·哈洛尔德游记》相媲美的作品。"九月,拜伦在舒适惬意的
切尔滕纳姆小镇开始写作《异教徒》,这是一篇长篇叙事诗,取材于他在

异域的见闻,那些好的、不好的画面历历在目,一想起来就让人心疼。他曾目睹一个女奴被系在口袋里,扔到海里。这是一种刑法,是当时的土耳其贵族哈桑下令行刑的。拜伦将东方风韵成功融入宏大的自由和压迫主题中。

那个女奴叫莱拉,她集东方美女的特征于一身:柔软的身段、深色的皮肤、乌黑的瞳孔、顺从的性格,这都对拜伦的胃口。他从土耳其回来,发现自己已看不惯英国女人了:"她们太白了,还都是**黄头发**,没什么意思。"[10]拜伦对墨尔本夫人坦言道,主人公异教徒的性格和他创作时的心态有密切的关系。笔下的他是个局外人,内心黑暗,迷人而不羁,信异教,"犯下过不可名状的罪行"[11],为此愧疚。拜伦的心思游移不定,自己创作的主人公过段时间他就不喜欢了,但他在心里却一直为异教徒留下一席之地,多次为他辩护:"'异教徒'这个角色虽然坏,但不害人。"[12]

正是在切尔滕纳姆的时候,拜伦开始接触戏剧,从此以后,戏剧成为他一生的热爱,表演时那瞬间的激情与他多变的情绪状态非常契合。著名表演世家肯布尔家族正在当地的"皇家剧院"演出,其中包括当年的表演神童威廉·贝蒂,他被誉为"小罗西乌斯",曾得拜伦的崇拜。而现在,他对贝蒂的评价可谓异常毒辣:

> 贝蒂也登台了,我看他一定是病了,身材像河马,脸像公牛,**嘴巴**什么时候都像紧贴在马车车窗上一样,大得像车窗,双臂像压扁了的鱼鳍,他咕噜咕噜的嗓音像得了扁桃体炎的市政官,他的表演还算自然,因为他本人毫无**艺术感**可言。[13]

一八一二年十月,拜伦和著名小丑约瑟夫·格里马尔迪受伯克利上校的邀请赴格洛斯特郡的伯克利城堡做客。拜伦像演哑剧一样用夸张

184

的幅度向格里马尔迪鞠躬致敬,还说"有幸结识这样一位才华横溢的人"。[14]格里马尔迪则以更复杂的一套动作予以回礼。他转过身来,对着伯克利上校做了个鬼脸,可以看出他很满意,但也掺杂了些许怀疑,惹得大家哄堂大笑。格里马尔迪的回忆录由查尔斯·狄更斯编辑整理,有些地方甚至是狄更斯自己杜撰的,这个小丑定是迷住了狄更斯,回忆录里的他癫狂活泼,读来像一部幽默小说。拜伦吩咐格里马尔迪按照他的建议进餐:

> 吃完饭后,拜伦大人邀请他尝一尝苹果馅饼。他欣然接受并表示感谢,之后便准备吃。
>
> "格里马尔迪先生,馅饼就着酱油吃如何?"
>
> "大人,酱油?"
>
> "对,酱油。配鲑鱼很好吃,所以配苹果馅饼也一定很好吃。"
>
> 他鞠了一躬,表示遵从旨意,将原本用来配鱼吃的酱油倒到馅饼上。只见他将一勺黑乎乎的酱油馅饼混合物送入嘴中,咽了一下没咽下去。他恭恭敬敬地请拜伦大人恕罪,说尽管这么说显得很没有品位,但他真的不喜欢苹果馅饼配酱油。

拜伦还在切尔滕纳姆时,刚返回伦敦的霍兰勋爵就写信给他,说一八〇九年被大火烧毁的德鲁里巷剧院已完成重建,现请他赐讲稿一篇,以祝开业。当时,拜伦就在考文特花园一栋楼房的顶楼目睹了大火。霍兰勋爵是剧院管理委员会的委员,为了选择优秀的讲稿,他组织了一场竞标,请拜伦也来投标。拜伦可不屑于这种活动:"全伦敦的文人都来竞标了,我可不想跟他们混在一起。"[15]得知还有竞争对手,拜伦当即把写好的稿子烧了。然而,送来的参赛作品质量太差,霍兰不得不直接请拜伦执笔。

一八一二年十月十日星期六,他在德鲁里巷剧院开幕式上发表演讲,稿子写得气势磅礴,他纪念了莎士比亚和谢里丹,赞扬了西登斯夫人、大卫·加里克和德鲁里·莱恩;他说英国具有深厚的戏剧传统,而这都要归功于德鲁里巷剧院。约翰·默里作为拜伦的忠实代表也出席了开幕式,他后来写信恭贺拜伦,说演讲收获了热烈的掌声。信中附上讲稿,得到听众赞许的句子都被细心地标注了出来。[16]令人不安的是,埃利斯顿先生的演讲"效果极差——说实话,他的表演只有自负,没有艺术"。

德鲁里巷剧院的这次讲话把拜伦送到了风口浪尖上。讽刺漫画家乔治·克鲁克申克为此事创作了一幅讽刺漫画,名叫《运作,或小酒桶和大酒窖的故事》,他和霍兰勋爵都被清晰地画了出来。克鲁克申克推测,霍兰勋爵为了换取上议院议员拜伦对辉格党的支持,将这次抛头露面的机会给了拜伦。

不久,台下的戏便开始影响台上的戏,他复杂的私生活影响到了他的戏剧事业。直到一八一二年初,他仍然对安娜贝拉·米尔班克不冷不热。他写信告诉卡罗琳·兰姆:"我不想继续和米尔班克小姐交往了,她太优秀了,我这堕落的灵魂配不上她。她要是没有那么完美,我可能会更喜欢她。"[17]拜伦想娶她,又怕认识她。在接下来的五月到九月,拜伦到底经历了什么?

安娜贝拉似乎对他渐渐产生了好感。虽然他装作讨厌受过良好教育的女性,但实际并非如此:和他关系好的女人都是知识女性——卡罗琳·兰姆、牛津夫人、特蕾莎·圭乔利——这几位哪一个不是聪明过人?米尔班克小姐非常适合做妻子,她聪明可人、为人和善,出身又高贵。[18]拜伦坦言他自己和母亲一样势利:"在这一点上,我还是继承了诺曼人和苏格兰人固有的偏见的。"安娜贝拉与墨尔本夫人是亲戚,这一点无疑是优势。他曾告诉安娜贝拉："我猜,如果有一天我爱上了一个吐蕃女人,最后很可能发现这个女人是你的某个远方的亲戚。"在追求安娜贝拉的整个过程中,拜伦很清楚她可能继承不了多少遗产,但安娜贝拉却盼着那个无儿无女的叔叔温特沃斯勋爵能给她留点什么。她的父亲拉尔夫·米尔班克爵士在达勒姆郡的竞选活动上入不敷出,陷入了财务困境。总的来说,拜伦觉得他已卖掉了纽斯特德庄园,他在罗奇代尔的绯闻会很快被人忘记,他相信自己有能力养活一个家了。

　　拜伦领教过了卡罗琳·兰姆的冲动,所以安娜贝拉那种谜一般的冷漠反而吸引了他。安娜贝拉彬彬有礼,体贴周到,在很多方面与那个"小疯子"[19]截然相反。话说那个小疯子还在不停地纠缠拜伦,拜伦九月二十八日写道:"**直到现在**,我又收到了来自爱尔兰的**加急特快信件!!!** 竟然又叫我难看!"[20]只有马上结婚,他才能摆脱卡罗琳。他写信给墨尔本夫人,表达了自己的态度,还直言不讳地分析了安娜贝拉的性格:

> **相爱**,一周就够了(前提是这位女士家底不薄)。此外,婚姻需要的是尊敬和信任,而不是什么浪漫。虽说她的长相还不到惊艳的程度,不至于引来太多的对手,但也长得还不错,值得一个丈夫用心去爱。[21]

他装出一副玩世不恭的样子,好像随时都准备好参与到上流社会的婚姻游戏中。但在这种虚张声势的背后,有那么一段时间,他也渴望安定的家庭生活,不去管那流言蜚语。他告诉墨尔本夫人:"不管你怎么想,我向你保证,我是个顾家的人。"他设想有朝一日会结束这种破碎的生活,过上安静祥和的日子:乡间小屋,镇上小宅,好朋友,孩子。问题只有一个:"安娜贝拉会**配合**吗?"[22]

到九月底，名流都离开了切尔滕纳姆镇。拜伦有些孤独、沮丧，便抱怨道："切尔滕纳姆荒凉得像沙漠，只有这里的河流湖泊让我留恋。"[23]有传言说安娜贝拉·米尔班克和乔治·伊登订了婚，拜伦一段时间里没有联系她。后来，他得知这是传言，但还是不好意思提婚事。他"从没有求过婚"，而且和玛丽·查沃斯那段初恋的时光，拜伦一想起来就觉得害臊。墨尔本夫人觉得，如果侄女安娜贝拉·米尔班克和拜伦订了婚，她的儿媳妇卡罗琳可能就会死心，回归家庭，所以她代表拜伦向侄女提了婚事。安娜拒绝了。拜伦随即对墨尔本夫人说："我亲爱的墨尔本夫人，老天不让我结婚啊！看来我们可以走得更近一点。"[24]很明显，他话里有话。此外，拜伦还引用了科利·西伯笔下福平顿勋爵的一句话："我的一生中走过一千个女人，但从来没有为这种小事和她们动过肝火，吵过架。"这段话引得不完全准确，但颇有气势。他承认，安娜贝拉拒绝他是对的。

她为什么在这个时候拒绝了拜伦勋爵？从一八一二年四月他们第一次谈话的时候起，她就看上了他，当时他们讨论的是米尔班克家里年轻的鞋匠兼诗人约瑟夫·布莱克特。拜伦一向厌恶乡村诗人，那次交谈拜伦一定装得很辛苦。还有就是，拜伦这种不亲自出面、让人代理求婚的做法让安娜贝拉吃了一惊。追求她的人还有很多，比如第一代奥克兰勋爵的继承人乔治·伊登，他的资质极佳。安娜贝拉善于分析，德文希尔公爵夫人伊丽莎白形容她"冷静得像一根冰锥"。[25]她这个人原本就沉稳，做决定时绝不会草率，尤其是婚姻大事。虽说如此，拒绝了求婚之后，她立即坐下来，写了一篇叫《拜伦勋爵的性格》的短文。文章分析称，从小，拜伦的性情就把控着他的理智，他非常专横。[26]可以品出，她越来越喜欢拜伦了。一八一三年八月，二人恢复了联系。这次是安娜贝拉主动的。

其实，拜伦一早做好了被拒绝的心理准备。他一面委托墨尔本夫人替他求婚,一面追求"一个新的朱丽叶,她明天将乘坐加长版的四轮马车前往伦敦,去考文特花园,可不是在台下看戏,而是去台上表演"[27];此外,和他有一腿的还包括意大利女歌手、威尔士裁缝、经纪人的妻子和女儿(汉森一家也在切尔滕纳姆),他还有"一张波拿巴皇后的照片,照片里的她白皙、愚蠢,而她的丈夫拿破仑却黝黑、邪恶"。拜伦的贴身男仆提醒我们,说他还知道有一位非常漂亮的荷兰寡妇,"腰缠万贯,膀大腰圆"。[28]弗莱彻承认自己和寡妇的女仆有染。

188　　　在这些女人中,拜伦最喜欢那个意大利的小歌女,她的眼睛是黑色的,皮肤也没那么白皙。她不会说英语,所以两人用意大利语交谈。[29]拜伦告诉墨尔本夫人:"由于某个阴差阳错的原因,我听意大利语就像是在听音乐。"他没有透露细节,但他所谓的"阴差阳错"指的应该是他在雅典修道院里跟尼科洛·吉劳德上的意大利语课。她"让我想起了许多我想忘记的事,让我忘记了我应该记住的事,群岛上的那段时光不堪回首啊"。好险!拜伦差点就把实话说了出来。"小歌女"有不那么浪漫的一面——她晚上很能吃:鸡翅,甜面包,奶冻,桃子,波特酒。他厌恶女体,所以能吃的女人更让他反感。他给墨尔本夫人解释说:"女人永远不该让别人看到自己进餐的样子,除非吃的是**龙虾沙拉**,喝的是**香槟**,这才是女人该吃的东西。我记得我曾恳求过一位女士,吃禽类一顿不能超过一份,她不听。我一直劝身边的人吃素,像毕达哥拉斯那样吃,多菜少油,但没人听我的。"

　　根据霍布豪斯的说法,安娜贝拉拒绝了他的求婚,但他却一副心平气顺的样子:"可能是装出来的吧。"[30]他故作镇定,拿他这位"温柔的算数家"开玩笑:"她的推理过程像是在画长方形的两个边,我们两人是两条平行的线,永远相伴而行,却不会相交。"[31]一八一二年十一月,他庆幸两人没走到一起:"没准是一顿**冷餐**,但我还是喜欢热气腾腾的饭菜。"[32]说这句话的时候,他已经躺在了新欢牛津夫人那丰腴的怀抱里。

几周后，剑桥老同学威廉·班克斯拜访拜伦。班克斯哭诉道，自己向安娜贝拉·米尔班克求婚被拒了。拜伦一想到这位曾经的"鸡奸教"牧师、大师、导师竟然也被安娜贝拉拒绝了，不禁放声大笑起来。

　　一八一二年十月十九日，拿破仑开始从莫斯科撤退，一个月前他刚刚占领了这座城市。俄国人将莫斯科付之一炬，拒绝和谈。拿破仑竟然兵败莫斯科，令他的英格兰崇拜者错愕。那天，霍布豪斯写信给拜伦："全世界都搞不懂是怎么回事。"[33]一周后，拜伦离开切尔滕纳姆前往艾伍德，这是牛津勋爵夫妇在乡下的别墅，位于普雷斯廷附近的赫里福德郡，风光旖旎。他向私人谋士墨尔本夫人透露，之所以接受牛津夫人殷勤的邀请，是想用牛津夫人支开卡罗琳。[34]

　　由于牛津夫人和拜伦留存下来的通信很少，前者对后者的影响被大大低估了。他们之所以没有通信，是因为二人从一八一二年秋天到一八一三年春天一直住在一起。这种关系多少得到了她的丈夫，也就是牛津伯爵五世爱德华·哈雷的默许。毕竟妻子的婚外情一直就没有停过，他已经司空见惯了。当时牛津夫人四十岁，拜伦二十四岁。他们的年龄差是两人来电的部分原因。他后来跟人说这段恋情的时候还有意夸大了她的年龄，说她已经四十六岁了。与卡罗琳夫人的轻率相比，拜伦觉得牛津夫人的"秋日魅力"[35]让他神清气爽，她的气质就像画家克劳德·洛兰笔下的夕阳。

　　拜伦从没有像现在这样爱得深，她也用同样的温度爱着拜伦。两人能走到一起，部分原因是为了情感慰藉。牛津夫人更成熟，有经验，从不向拜伦提要求。他在艾伍德别墅里挂着一幅雕版画，画的是十字军骑士里纳尔多和异教妖女阿米达，拜伦戏称牛津夫人是"妖女"，说他俩打情骂俏时就像画里那两位一样。阿米达是一位性感的女妖，她施法迷住了十字军战士里纳尔多，意大利文艺复兴后期的诗人托尔夸托·塔索的史

189

诗《耶路撒冷的解放》讲的就是这个故事。这首史诗之所以经典,部分原因是性别越界的情节:想一想,聪明刚毅的牛津夫人爱上了年轻貌美的门徒,的确有些像角色扮演的游戏。

　　牛津夫人,本名伊丽莎白·简·斯科特,是个叱咤风云的政治人物。她虽生在牧师家庭,却长在法国大革命的热忱中,毕生追求政治自由和爱情自由,一辈子活在自己的理想中。凭靠自己的能力,她成为辉格党激进派中一位有影响力的人物。她和政治简论家约翰·霍恩·图克以及他的改革派盟友交好。牛津夫人曾是下议院勇武的民粹主义发言人弗朗西斯·伯德特爵士的情妇。霍布豪斯自己说,虽然他也是个自由派,但和牛津夫人相比,却不能望其项背,牛津夫人可是和激进极端的汉普登俱乐部能搭上关系的人。拜伦承认,牛津夫人不仅仅是他的爱情导师:"有那么一个女人,她不仅魅力非凡,而且知道鼓励男人干事业,展宏图。"[36]她还鼓励他积极从政,为弱势群体说话,培养责任意识,重新认识自己潜在的影响力。

　　整个十一月的大部分时间他都待在艾伍德别墅,迷醉在夫人的柔情里。一年后,拜伦回忆道:"她曾说:'那一个月,我们过得快活似神仙,对吗? 那可是伊壁鸠鲁派哲人卢克莱修的日子啊!'我们确实如此。"[37]艾伍德位于威尔士边境一个无名的小村里,入口通古典柱廊,门头镶三角楣饰,仙气十足。牛津勋爵的母亲和姐妹们似乎与欧文·格伦道尔年纪一样大,而后者可是十五世纪初的威尔士贵族啊。通向艾伍德的路途很难走,这更使它平添了几分魅力。就这样,他还是害怕卡罗琳夫人突然从爱尔兰冲过来找他。他高高兴兴地泡在牛津第一伯爵罗伯特·哈雷的藏书室里。该室收藏的所有书稿于一七四四年出版,合集的书名为《哈雷杂集》。伦敦有机灵的人将这个名字用在牛津夫人六个孩子上,据说这六个孩子的父系血统同样混杂。

　　艾伍德的作息慵懒安逸。在此之前,拜伦曾受泽西夫人的邀请,做客肃穆奢华的米德尔顿公馆。泽西夫人也是一位崇拜拜伦的贵妇。但相比起来，艾伍德更适合拜伦。牛津夫人开放的思想影响到了她的全家。受卢梭的启发，她相信孩子要自然生长，她采用了一种"谨慎且放纵"的教育方法。拜伦和他们一起看书、讲笑话、玩捉迷藏，找回了童年的快乐。他带着孩子们去乡下游玩。附近瓦普利山顶有一个古罗马军营的遗迹，他们在这里玩耍的时候，拜伦被一块飞石砸到了眼角。石头是四岁的阿尔弗莱德扔的，他也许不喜欢母亲有情人。拜伦流了很多血，疼得晕了过去。伤口好得快，但留下了一个小伤疤。"别担心，拜伦勋爵，伤疤过几个月就看不出来了。"贴身男仆弗莱彻安慰道，他明白主子得靠脸吃饭。[38]

事实上，他在这儿心宽体胖，天天嚷嚷着要节食减重。他还想留个八字胡，他在国外就一直留八字胡。一八一二年十一月，在牛津夫人的建议下，他买下了金沙姆别墅，离艾伍德五英里，这栋房子在半山坡上，树影婆娑，人迹罕至，可以俯视卢格河谷地。金沙姆别墅是牛津家族的地产。拜伦和牛津勋爵谈这笔买卖的时候也不是一帆风顺的。这里是牛津勋爵的老爷子赫里福德主教的老宅。拜伦对碑文有鉴赏力。他发现这栋宅子还连着一座小教堂，教堂带着块小墓地，里面的墓碑上刻着非常有趣的碑文。[39] 拜伦想象纽斯特德庄园很快就会卖出去，他觉得金沙姆别墅更质朴、更舒适，适合做他的度假别墅。他开始向亲友写邀请函，称他在"**荒野**"等待他们。他把自己的名字刻在一扇靠上的窗户上，早早留下自己的印记，以证明房子已属于他。

191

卡罗琳夫人的信追到了艾伍德。卡罗琳也很崇拜特立独行的牛津夫人，和她曾是无话不说的密友。例如那时她们曾讨论过学习希腊语是否会让情欲变得更纯更旺。而现在，两人却成了敌人，牛津夫人帮着拜伦说话，帮他写回信，还嘲笑卡罗琳的文笔。曾经的偶像变成了今天的情敌，说来让人酸楚。卡罗琳为了挽回拜伦，不惜撺和他身边的人，比如同性相好克莱尔伯爵，这让拜伦大为光火。

十一月初,卡罗琳和母亲从爱尔兰启程返回英格兰。路上,母亲交给她一封拜伦的来信,信是由一个皇冠状的蜡签封上的,皇冠的下方赫然印着牛津夫人的首字母。这说明,拜伦这封信是按照牛津夫人的旨意写的。后来,卡罗琳·兰姆写了部小说,名叫《格伦纳冯》,其中收录了这封信的原貌:

> 你这样逼我,一点不像女人,毫无风度可言。你已经知道我爱上别人了,她的名字我不能说。既然你逼我承认,那我就告诉你,我不再是你的恋人了。我会记住你喜欢我的每个瞬间,我心怀感激。如果你放开我,我们还可以做朋友。为了表示敬意,我献上一条忠告:别那么虚荣,那样很可笑;把那些异想天开的念头用在别人身上;给我留个清净吧。[40]

拜伦和卡罗琳曾一度热恋过,而拜伦现在却在嫌弃她不像个女人,实在太无情了。这封信让她彻底崩溃。她站不起来了,不得不中止旅途,入住在一个卫生条件极差的旅店,叫"海豚客栈",请来大夫给她放血,还用了蚂蟥吸血。[41]她开始给牛津夫人写信,托人把信转交给她,信中的她大发狂言,威胁说她也要给牛津勋爵写信——事已至此,早晚会惊动牛津和兰姆两大家族,拜伦想一想都会打个冷战。

是年十二月,卡罗琳夫人导演了一场复仇戏:她让人在布洛克庄园的空地上点了一堆篝火,那里是墨尔本家族在赫特福德郡的地产。她从韦尔温叫来一群乡村女孩,穿上白色连衣裙,围绕篝火跳舞。她还托人制作了一个模样像拜伦的假人,像烧叛国者盖伊·福克斯那样将假人付之一炬。烧掉的还有他寄来的信,以及项链、戒指、花和羽毛之类俗不可耐的信物。同时,她让一个女孩朗诵她写的一首诗:

烧吧，烧吧，男孩却好奇地惊呼：

火里怎么有闪闪发光的金银首饰？

霍布豪斯写信安慰拜伦说："卡罗琳的拿手戏真让人跌掉下巴。好吧，你可以和贺拉斯拍着肩膀说：'我的芙丽涅，你要觉得我不好，就尽情折磨我吧。'"[42]据说，贺拉斯在罗马有一个高级妓女叫"芙丽涅"。卡罗琳和拜伦甜蜜的那段时间，卡罗琳在信中自称"芙丽涅"。

一八一二年末，拜伦和牛津一家一起过圣诞节，一月份的一场大雪把他困在了艾伍德，但他很高兴。一想到得回到伦敦，他就"浑身**不自在**"。[43]回到伦敦，他暂住在圣詹姆斯教堂附近的班内特街 4 号住宅。此前，威尔士王妃和亲王闹分居，牛津夫人站在王妃一边。现在，她把拜伦引荐到了卡洛琳王妃的圈子里。当初，日耳曼亲王把卡洛琳从德国布伦瑞克公国娶来，纯粹是为了还债、留后，以确保爵位后继有人。小公主夏洛特公主一出生，他们就分开住。传说王妃有一个私生子，这可是严重的失德行为。针对这一指控，议会在一八〇六年展开了一次调查。虽然后来被认定为无罪，但同情者仍在为她伸冤。

亲王摄政后，自由派辉格党人觉得亲王背叛了他们，于是开始处心积虑地和她拉关系，想打着她的旗号来反对亲王。就在这时候，拜伦认识了王妃。到了一八一二年，王妃在肯辛顿的官邸已然成了抗议人士和流氓的聚集地。拜伦和牛津夫人常应邀去那里共进晚餐，有时一顿饭可以吃到天亮。据牛津夫人说，有一天晚上，拜伦"成了宴会上的主角，他兴致勃勃，像鸟儿摆脱了枷锁，在空中自由飞翔"。[44]这大概是因为他成功甩掉了卡罗琳。他还想出国。

牛津夫人曾希望拜伦在上议院继承王妃的事业。但是他并不像她想象的那么可控，他向墨尔本夫人吐露道："她以为她的**任何**政见我都同意，显然她错了。"[45]拜伦觉得，牛津夫人拥护卡洛琳王妃，但她自己也一身污点,她的道德立场站不住脚:"她总是强调王妃是清白的。但每当她没完没了地对我说教的时候,我好像在看从良妓女抹大拉的玛利亚在为约瑟夫夫人或其他什么圣灵感孕事件辩护,一副大义凛然的样子。"有迹象表明,随着牛津夫人的政治说教越来越乏味,拜伦对牛津夫人失去兴趣了。卡洛琳王妃兴致盎然地观察着这一变化,她纳闷牛津夫人会不会出招把拜伦永远握在手里。一天晚上,他们在王妃家做客,"拜伦勋爵大发脾气(他当时心情不好),气得牛津夫人在接待室里哭"。[46]

　　一八一三年春天,在伦敦,拜伦又陷入了季节性躁郁症,时而倦怠,时而亢奋,常被噩梦惊醒,感觉自己一事无成。《异教徒》仍在创作中。他给达拉斯朗读作品,说他写了一段"蝎子自杀"的诗句,没想到夜里真的梦见自己是那只蝎子,自己螯咬自己:

　　　　　　人的心灵如因自责而痛苦难忍,
　　　　　　　就如蝎子受火包围,火燎逼身,
　　　　　　火的燃烧使圈子越缩越小,
　　　　　　蝎子的周围全都火焰环绕,
　　　　　　直到万般疼痛侵入五脏六腑,
　　　　　　　直到精神错乱,激愤狂怒,
　　　　　　它知晓唯一可悲的解脱尚存,
　　　　　　那就是它珍藏在身的一支螯针,
　　　　　　这螯针剧毒无比,绝无差误,
　　　　　　一螯只是一阵剧痛,却消除种种痛苦,
　　　　　　于是它绝望地把螯针射入自己的头颅;
　　　　　　这样,灵魂深处的阴影就不复留存,
　　　　　　不然,它会依旧存在,像蝎子火燎逼身。[47]

自杀的冲动从未走远。

钱的问题一直困扰着拜伦。一个叫克劳顿的说是要买纽斯特德庄园，但只预付了五千英镑，还有大部分尾款未付；他欠斯克罗普·戴维斯的钱，而戴维斯现在急需钱，这让拜伦很难为情。大家都以为他已经卖掉了庄园，债主们纷纷登门催债。尽管如此，他还是大手一挥，借给老朋友弗朗西斯·霍奇森五百英镑。他大手大脚惯了，一向不考虑后果。

卡罗琳·兰姆现在几乎是在跟踪他。她威胁说要把他是同性恋的事公之于众，拜伦曾向她说过自己的过去。他说："你说的那些事，现在查得很严。你要是说出去，他们会迫害我。"[48]他觉得有必要离开这个国家。吃了苦头，拜伦终于意识到，"女人被激怒，危险似敌人"。

有一天，他不在的时候，卡罗琳来到了他在班纳特大街的家。威廉·贝克福德的《瓦泰克》就在桌子上。她是少数几个知道实情的人，在书的扉页写道："记住我！"拜伦回来，觉得这是赤裸裸的威胁，一怒之下[49]，在那行字下面写下两段诗节，恶狠狠地回应了卡罗琳：

> 记住你，记住你！
> 　　直到冥河水浇灭生命那炙热的溪流，
> 悔恨和羞耻将依附于你，
> 　　像狂热的梦一样萦绕你！

> 记住你！是的，别怀疑；
> 　　你的丈夫也会记住你；
> 我们也不会忘记你，
> 　　他的**叛徒**，我的**死敌**！[50]

除了在他的书上乱写乱画，卡罗琳还模仿拜伦的字迹，伪造他的签名,从约翰·默里那里骗走拜伦的袖珍肖像画:"她竟然偷走了我在纽斯特德画的画像,那是**我**最好的肖像!!!卡罗琳肯定难为默里了。"[51]卡罗琳如此厚颜无耻,他虽愤怒,却也心怀些许敬佩。这幅"纽斯特德袖珍画像"是乔治·桑德斯为他画的雕版画,拜伦不喜欢,就下令销毁了底板。卡罗琳急着想弄到这幅雕版画,前脚给默里寄出信,后脚就亲自登门拜访,要亲手拿走。拜伦怪默里上当受骗,告诉他没有自己的印章和签字,任何东西谁要都不能给。几个月后,他通过墨尔本夫人取回了这幅画。但在这之前,墨尔本夫人还是为她不守规矩的儿媳留了一份副本。

卡罗琳通过她婆婆恳求拜伦给她送一缕头发作纪念,拜伦把牛津夫人的头发送了过去:"正好发色和形状都很像。"[52]这种剧情都快赶上詹姆斯一世时期的宫廷剧了。

一八一三年四月,一场春雪降临艾伍德别墅,拜伦这个时候回来看牛津夫人了。趁着天气好,他领上孩子们去水边戏水,到树林探险,一路上打打闹闹,好不快活;有时候他自己去,享受这份难得的孤独。[53]然而,他的肾病复发了,于是要求长途车夫从伦敦迅速带回一瓶"亚当消石散"。牛津夫人的魅力也逐渐散去:他抱怨自己像个傻小子一样在莱德伯里镇等她,像个西班牙的宫廷侍卫。[54]"我厌恶自己成天吃闲饭,为了陪伴爱人而无所事事。"他受不了没有角色让他扮演的生活。

躁动的拜伦渐渐把目光从母亲身上移到了孩子身上:漂亮、博览群书、早熟,都由牛津夫人一手调教。霍布豪斯曾在伦敦见过大女儿简·哈雷小姐,当时的她芳龄二八,霍布豪斯眼前一亮:"看着很喜气,还有些许妖娆。"[55]她竟能背诵全本的莎士比亚剧作。拜伦也钦佩简,但他更喜欢的是妹妹夏洛特,据说她是牛津夫人和弗朗西斯·伯德特爵士的结晶。夏洛特十一岁,马上要步入青春期,一个充满可能性的年纪,拜伦看上了这点。

夏洛特让他倾心了几个月,他又看上了黑眼睛黑头发的伊莱扎,一个七岁的女孩,拜伦称之为"**小表妹**"(*petite cousine*)。[56]他打算给她买玩具,带她去看戏。那首五节诗《致艾安西》写的就是夏洛特,"艾安西"意为"脆弱的水仙花",这首诗后来被多次收录,相当有名。诗中,拜伦叫她"西方的佩里",即波斯神话中的仙女。他在《恰尔德·哈洛尔德游记》第七版的前言中加入了一节诗,这首诗赞美了伊莱扎若隐若现的美,诉说了他们俩说不清的关系:

> 啊!你的眸子跟小鹿的眼一样天真,
>
> 有时大胆地闪烁,有时羞涩得美丽,
>
> 顾盼能迷人,注视时光彩炯炯;
>
> 一瞥这一页吧;也不要对我的诗集吝惜一笑;
>
> 如果你给我的超出了友谊,
>
> 我的心将为你的笑容而徒然相思。
>
> 只给这些吧,亲爱的少女;也不必诧异;
>
> 为什么我把诗篇献给这么年轻的女子,
>
> 无非给我的花环添上一朵百合花,秀丽绝世。[57]

拜伦联系理查德·韦斯特尔为夏洛特作肖像一幅,他建议约翰·默里在最新版的《游记》中插入一幅"漂亮小女孩"[58]的雕版画,画默里几天前看到过。为了报复,他把卡罗琳给自己准备的戒指当作玩具送给了夏洛特。戒指是卡罗琳特意在邦德街的一位珠宝商那里定制的,她设想结婚那天,拜伦把戒指戴在她手上。真是一部黑色戏剧。给墨尔本夫人说这件事的时候,他承认他喜欢夏洛特:"如果她永远只有十一岁,我就会永远爱她。等她长大了,变坏了,我可能才会娶她,把她变成一个寻常

196

女人。"[59]

　　他做梦都在想,怎么把夏洛特·哈雷培养成未来的拜伦夫人,他想让牛津夫人把抚养权给他,由他亲手调教。他有自知之明,笑称自己是剧作家加里克《乡村女孩》中的监护人穆迪,人到中年,却幻想着将自己的监护对象据为己有;女孩虽然在乡下长大,却机智勇敢,最终跳脱圈套,成功把他甩掉了。拜伦给夏洛特**单独**上小课的次数太多,最终惹出了事。后来,拜伦夫人在分居声明中说:"他告诉我,有一次,他对十三岁的夏洛特动手动脚的时候,正好被牛津夫人撞见,结果让夫人大为光火。"[60]

　　这条指控我们该不该信?拜伦夫人说这些话就是为了抹黑拜伦,多少带着些报复心理。这段话是拜伦夫人口述、家庭女教师克莱蒙特记录下来的;闹分居的时候,克莱蒙特站在夫人一边,对拜伦没有一句好话,所以她的记录难免受到情绪的影响,精确度不高。比如这段话写道,夏洛特有十三岁,但实际上,她才十一岁。拜伦好像喜欢小女孩,但没有证据证明他做出任何性侵举动。毕竟,雅典少女请他上床他都拒绝了。如果他试图强奸牛津夫人的女儿,这位异常疼孩子的母亲肯定会把他赶出她的家,而不是仅仅说他几句就能了事的。看起来,拜伦最多是想抱抱夏洛特,尽管这么做也不合适。虽说如此,拜伦珍藏的夏洛特的两撮棕发和其他战利品、纪念物一起,保存在默里的档案馆里。

　　拜伦不再唯牛津夫人马首是瞻,他的感情动摇了。卡罗琳·兰姆一直要求在伦敦见他一面,耳根子软的他最终答应了。[61]她知道拜伦近期又要出国,是来向他道别的。拜伦开出了一个条件:她不再坚持见牛津夫人。他曾对卡罗琳说过自己同性恋的事,他担心卡罗琳会把这事泄露给牛津夫人。见到她时,拜伦的心瞬间软了:"他请求我原谅他,他同情我,他哭了。"[62]他的眼睛,他的表情,他的话语,他的举止都一如既往地亲切。她不敢相信他不爱她了。

拜伦的同理心是天赋，这天赋没少给他惹麻烦。他敏感细腻，对任何细微的举动都有所反应，这一点为他的作品赋予深度和内涵，却给他的感情生活造成灾难。现在，一边是穷追不舍的卡罗琳，一边是宠爱他的牛津夫人，越乱的情形他却越要搅和。在伦敦参加聚会的时候，他遇到了安娜贝拉·米尔班克。安娜贝拉害羞的样子打动了拜伦。她主动伸过手去，拜伦一摸到，脸"唰"地变白了。后来，她把这次相遇认定为私定终身的一刻。至少她自己是这么认为的。

牛津夫人不愿眼睁睁地看着拜伦渐行渐远。一八一三年四月，拜伦写信给墨尔本夫人："由于突发事件，**我们两人**现在的关系有些复杂。到底是什么事呢？您那么聪明，不用我说吧。"[63] 我猜，牛津夫人告知拜伦《哈雷杂集》要"增刊"了！五月中旬，他给伦敦写信，说牛津夫人的一条小血管爆裂了，现在身体非常虚弱，"她说这一切都是'我和我那些住在城里的**朋友**造成的'。这场病可能会让她难受一段时间，但话说回来，我俩都可以**松一口气了**！"[64] 意外怀孕可能以流产告终。但无论如何，拜伦怀疑这是牛津夫人施的诡计。

从那年夏天发生的两件事，可以看出牛津夫人对拜伦有着挥之不去的影响。他曾多次拜访诗人、散文家詹姆斯·亨利·利·亨特，他因在他主办的激进派杂志《检查者》中诽谤摄政王而被捕，当时被关押在法灵登路的马畈监狱。由于是政治犯，享受特殊待遇，他可以在服刑期间会友。汤姆·摩尔和他们两人都很熟，每次由他来安排见面，每次都"为这位贵族诗人准备丰富的鱼和蔬菜"。[65] 他们三人聊得很开心。拜伦很欣赏亨特的文字，"他绝非凡夫俗子，有些生不逢时。他让我想起了皮姆和汉普登所属的那个时代，十七世纪上半叶初的那些大家，个个才华横溢，思想独立，面庞平实而坚毅"。[66] 他认为，亨特代表着英国悠久的变革传统。亨特心甘情愿地倾倒于魅力非凡的拜伦：拜伦来的时候特意带了些他觉得亨特会感兴趣的书，进监狱的时候漫不经心地夹在腋下,而不是让仆人为他拿着。[67]从这一点,亨特认为拜伦办事贴心周到:"他是一位有温度的政治人物,至少认为自己对待解放事业是相当认真的。"这就是典型的亨特风格:绵里藏针。

在第一次访问利·亨特十天后,也就是一八一三年六月一日,拜伦最后一次在众议院发表演讲。演讲的内容是为卡特莱特少校申冤。约翰·卡特莱特是一位经验丰富的激进运动家,是汉普登俱乐部最活跃的成员,牛津夫人与该俱乐部关系密切,拜伦也属于该俱乐部。此前,卡特莱特一直在组织联名请愿,坚称人民代表有权利要求议会改革。卡特莱特因此被捕。

这是一场勇敢的演讲,几乎是孤军奋战。这是他在议会上的绝唱,他自己也明白,呼吁注定是要失败的。激进的辉格党领袖塞缪尔·惠特布莱德在下议院拒绝为卡特莱特请愿。拜伦在上议院的唯一盟友是斯坦霍普伯爵——这位雅各宾分子年纪不小了,因支持法国大革命而非常不受待见。虽然拜伦坚信言论自由,演讲的时候应该直抒己见,但这次讲话很短,远不如当时他反对《捣毁机器惩治法》时发表的演讲那样慷慨激昂。会下,他拜访了摩尔。摩尔正在更衣,准备用餐。拜伦在隔壁房间踱来踱去,"模仿英雄的嗓音",复述他刚发表的演讲。[68]"我告诉他们,"他说,"这严重违反了宪法。如果这项法律得以通过,英格兰所有的自由都会荡然无存,而且……"摩尔打断了他,问他有什么天大的委屈,他竟假装忘了。别人是关心他才询问他在意的事,他却拿出一副漫不经心的样子。

"牛津夫人明天要来伦敦。都道过别了,现在又来,真让人为难。我不喜欢道别,不喜欢也没有用,但那种感觉真叫人痛苦,就像刚入炼狱一样。"[69]牛津夫妇很快就要去欧洲大陆,听说是因为债台高垒,加上赌债,一共高达二十万英镑。拜伦曾一度计划跟他们一起航行到西西里,或者分开走,到撒丁岛会合。现在他有点动摇了。上船前的数周,他一直很焦虑。这段时间,他和牛津一家住在朴次茅斯。牛津勋爵渐露恨意,但妻子总能风轻云淡地让丈夫把怨气噎回去:"女魔头在这个场合表现得很优雅,[牛津勋爵]也得跟着优雅:**她**威胁丈夫,说她可是掌控我的女人,我俩什么事都干得出来。勋爵敢怒不敢言。从现在起,他们怀着永别或再见的祈愿远航而去,'幸福美满到永远'。"[70]牛津夫人前脚一走,他就开始回头和墨尔本夫人调情:他说,他俩私奔的绝佳时刻已到,若是一走,除了夏娃偷苹果的事,就再没有比这更轰动的新闻了。出乎预料的是,牛津夫人的离别让他再次陷入当初和卡罗琳分别后的空寂("*Carolinish*"),那是卡罗琳在他心里留下的独特印记。[71]只不过,伴随这份空寂的,还有一种解脱。

后来几年,牛津夫人在那不勒斯逛街,腰间总要别上拜伦的袖珍肖像,他俩的风流韵事随之传到了意大利,丰富了意大利女人的精神生活。作为回报,拜伦把她的肖像挂在他住所的烟囱架一边,另一边还摆着卡罗琳夫人的肖像,以示平衡。"女人只在**第一次**被征服和**最后一次**被征服之后才心存感激。我已做到对牛津夫人的第一次征服,之后她对我百般呵护,至于**最后一次**征服,我只能腆着脸皮说,还没有做到。"[72]这算是他对整段恋情的最终定性。

大受好评的《恰尔德·哈洛尔德游记》一度让拜伦尝到了甜头。约翰·高尔特注意到拜伦在一八一二年"因成功而感到飘飘然",但到了一八一三年,他变得咄咄逼人,这是因为"之前的赞许来得太容易,他觉得自己要推陈出新,创造更大的辉煌"。[73]《异教徒》出版后,他对名誉的渴望得到了暂时的满足。

这首诗是拜伦四首广受欢迎的"东方叙事诗"中的第一首,是献给塞缪尔·罗杰斯的,于一八一三年六月出版。年底,这首诗已刊出八版,每个版本拜伦都增增补补,他称之为"蛇一样的诗,沙沙作响的尾巴每个月都在加长"。[74]这首诗从最初的六百八十五行增长到了一千三百三十四行。《爱丁堡评论》以刻薄著称的评论家杰弗里对《异教徒》不吝溢美之词,夸它洋洋洒洒,韵文流畅自然,内容逼真可信,将威尼斯的贵族英雄刻画得惟妙惟肖。"大嘴巴"的好朋友韦伯斯特从约克郡写信大赞:"您不愧是今日偶像级的大诗人!"[75]

"异教徒"这个单词该怎么读? 这个谜正是诗作的魅力所在。一八一七年,拜伦写信给约翰·默里:"直到今天,也没有人能正确地把它读出来。"[76]这个话题被简·奥斯丁写入小说《劝导》里。安妮·埃利奥特和本威克上校在讨论这首诗的标题该怎么读,主人公是多么无助、懊悔、绝望。上校随即朗诵了作品中的一段,读的时候有些害羞,心里有些顾忌。安妮·埃利奥特捕捉到上校的嗓音在"微微颤抖";"虽然这么说有些不妥,但她希望上校还是少读诗为妙;因为她觉得,要全身心地品读诗歌,就要调动出一种澎湃的情绪,但这种情绪的调动要适可而止,万不能肆意抒怀;因此,真正喜欢诗歌的人往往不能大大方方地享受诗歌,说来也是诗的悲哀。"这段话出自《劝导》,小说创作于一八一五至一八一六年,两年后才出版。这段话完美地再现了那个时代的读者对待拜伦诗作既痴又忧的心态:不敢大大方方地喜欢,只能偷偷摸摸地享受。

注释

[1] 有关切尔滕纳姆镇的背景,参见奥利弗·C. 布拉德伯里(Oliver C. Bradbury),《一八一二年拜伦在切尔滕纳姆》('Lord Byron's 1812 visit to Cheltenham'),载《拜伦研究》,第 27 期,1999 年。

[2] 拜伦致威廉·班克斯的信,1812 年 9 月 28 日。

[3] 拜伦致霍兰勋爵的信,1812 年 9 月 10 日。

[4] 拜伦致约翰·卡姆·霍布豪斯的信,1812 年 2 月 10 日。

[5] 拜伦致亨利·查尔斯·博伊斯拉根大夫的信,1812 年 10 月 3 日。

［6］拜伦致威廉·班克斯的信,1812 年 9 月 28 日。

［7］拜伦致霍兰勋爵的信,1812 年 9 月 30 日。

［8］拜伦致约翰·默里的信,1812 年 10 月 12 日。

［9］约翰·默里致拜伦的信,1812 年 11 月 4 日。

［10］《拜伦书信与日记》,1813 年 11 月 17 日。

［11］《异教徒》,第 801 行。

［12］拜伦致约翰·默里的信,1813 年 10 月 12 日。

［13］拜伦致墨尔本夫人的信,1812 年 9 月 10 日。

［14］《约瑟夫·格里马尔迪回忆录》(*Memoirs of Joseph Grimaldi*),查尔斯·狄更斯编,第二卷(1838)。

［15］拜伦致墨尔本夫人的信,1812 年 9 月 10 日。

［16］约翰·默里致拜伦的信,1812 年。

［17］拜伦致卡罗琳·兰姆夫人的信,1812 年 5 月 1 日。

［18］拜伦致墨尔本夫人的信,1812 年 9 月 18 日。

［19］拜伦致约翰·卡姆·霍布豪斯的信,1813 年 1 月 7 日。

［20］拜伦致墨尔本夫人的信,1812 年 9 月 28 日。

［21］同上,1812 年 9 月 18 日。

［22］同上,1812 年 9 月 28 日。

［23］同上,1812 年 9 月 30 日(日期存疑)。

［24］同上,1812 年 10 月 17 日。

［25］德文希尔公爵夫人伊丽莎白致奥古斯都·福斯特的信,1812 年 6 月 2 日。见《两位公爵夫人》。

［26］安娜贝拉·米尔班克,《拜伦勋爵的性格》,1812 年 10 月 8 日。(洛夫莱斯-拜伦档案)

［27］拜伦致墨尔本夫人的信,1812 年 9 月 21 日。

［28］同上,1812 年 9 月 28 日。

［29］同上,1812 年 9 月 25 日。

［30］约翰·卡姆·霍布豪斯(布劳顿勋爵),《漫漫长路：我的回忆录》,第二卷。

［31］拜伦致墨尔本夫人的信,1812 年 10 月 18 日。

［32］同上,1812 年 11 月 14 日。

［33］约翰·卡姆·霍布豪斯致拜伦的信,1812 年 10 月 19 日。

［34］同上,1812 年 10 月。

［35］M. 加德纳(布莱辛顿伯爵夫人),《拜伦勋爵对谈录》。

［36］《拜伦书信与日记》,1813 年 12 月 1 日。

［37］同上,1813 年 11 月 17 日。

［38］同上,1813 年 3 月 6 日。

［39］拜伦致墨尔本夫人的信,1813 年 1 月 11 日。

［40］拜伦致卡罗琳·兰姆夫人的信,1812 年 11 月(日期存疑)。卡罗琳·兰姆,《格伦纳冯》(1816)。

［41］卡罗琳·兰姆夫人自述,《摩根夫人回忆录》,第二卷。

［42］霍布豪斯致拜伦的信,1813 年 1 月 14 日。

［43］拜伦致墨尔本夫人的信,1813 年 1 月 4 日。

［44］威尔士公主殿下,转引自夏洛特·伯里夫人,《侍女日记》,第二卷(1908)。

［45］拜伦致墨尔本夫人的信,1812 年 12 月 27 日。

［46］威尔士公主殿下,转引自夏洛特·伯里夫人,《侍女日记》,第二卷。

［47］《异教徒》,第 422 行。

［48］拜伦致卡罗琳·兰姆夫人的信,1813 年 4 月 29 日。

［49］托马斯·梅德温,《拜伦勋爵比萨谈话录》。

［50］《记住你,记住你》(' Remember Thee, Remember Thee'),1813 年。一般以为,卡罗琳 1814 年闯入拜伦房间的那次是在奥尔巴尼公寓,然而,这首诗标注的信息确是班尼特大街。

［51］拜伦致约翰·卡姆·霍布豪斯的信,1813 年 1 月 17 日。

［52］拜伦致墨尔本夫人的信,1813 年 4 月 7 日。

［53］同上,1813 年 4 月 5 日。

［54］同上,1813 年 1 月 17 日。

［55］约翰·卡姆·霍布豪斯(布劳顿勋爵),"日记手稿",1812 年 6 月 2 日。

［56］《拜伦书信与日记》,1813 年 11 月 17 日。

［57］《恰尔德·哈洛尔德游记》,献辞,第 28 行。

［58］拜伦致约翰·默里的信,1813 年 3 月 29 日。

［59］拜伦致墨尔本夫人的信,1813 年 4 月 5 日。

［60］"拜伦夫人的分居声明",第 U 款,1816 年 3 月。(洛夫莱斯-拜伦档案)

［61］卡罗琳·兰姆夫人致墨尔本夫人的信。(大英图书馆)

［62］卡罗琳·兰姆夫人致托马斯·梅德温的信,1824 年 11 月(日期存疑)。(福斯特藏品,国家艺术图书馆)

［63］拜伦致墨尔本夫人的信,1813 年 4 月 19 日。

［64］同上,1813 年 5 月 14 日。

［65］利·亨特勋爵,《拜伦勋爵及其同代人》。

［66］《拜伦书信与日记》,1813 年 12 月 1 日。

［67］利·亨特勋爵,《拜伦勋爵及其同代人》。

［68］托马斯·摩尔,《拜伦传》,第一卷。

［69］拜伦致墨尔本夫人的信,1813 年 5 月 26 日。

［70］同上,1813 年 6 月 21 日。

［71］同上,1813 年 6 月 29 日。

［72］M.加德纳(布莱辛顿伯爵夫人),《拜伦勋爵对谈录》。

［73］约翰·高尔特,《拜伦勋爵传》。

［74］拜伦致约翰·默里的信,1813 年 8 月 26 日。

［75］詹姆斯·韦德伯恩·韦伯斯特致拜伦的信,未注明日期。

［76］拜伦致约翰·默里的信,1817 年 3 月 25 日。

第十四章　六里底村 (1813–1814)

一八一二年，拿破仑在战场上节节败退。法军在莫斯科损失严重，被迫撤退，途中伤亡巨大。不久，英国军队又在西班牙半岛取得了决定性胜利。一八一三年六月下旬，在西班牙北部城市维多利亚，威灵顿率军完败法军；七月，伦敦上下都沉浸在胜利的喜悦中。拜伦对墨尔本夫人哀叹："这次胜利意味着对外战胜他国，对内抓紧审查，说来让人丧气。"[1]心目中的英雄陨落，国内一边庆祝，一边加强管制，一切来得太突然。摄政王在沃克斯豪尔庄园大摆筵宴，举杯为威灵顿将军贺胜，之后又举行了盛大的露天游乐会。拜伦在一旁冷眼观望。突然，伍尔维奇的烛灯失火，熊熊火焰照亮了天空，拜伦露出了笑容："我们刚从混乱中脱身，浑身灯油味，花里胡哨的东西看得眼花，到处乱哄哄的，吵得人头疼。庆典毫无意义。"[2]他带着一身疲惫回来给汤姆·摩尔写信。他还说，同父异母的姐姐奥古斯塔要来看他了。

种种原因让拜伦跟极端分子走得很近，他的政治前途也就走到了终点。一八一二年夏，代表贵族和保守派权益的利物浦勋爵重新掌权，为拜伦的政治生涯敲响了丧钟。新政府的首要任务是击败拿破仑，在乔治三世精神失常的情况下维持全国上下的社会秩序。拜伦对这届政府深恶痛绝，他们毫无远见，丝毫不会花心思改善贫穷人民的生活条件。

奥古斯塔的丈夫乔治·利上校的素描画,他被画成了一只工蜂的模样。

反观自己,却成天无所事事,绝望的他一度想要出家谋一个神职,跟红尘做个了断。拜伦一直困在自己的陈年旧账中不能自拔,他对霍兰勋爵说:"年轻时犯的罪孽压得我喘不过气来。"[3] 过去的一年,拜伦被卡罗琳穷追猛打,被她母亲耳提面命,已是筋疲力竭。而六月底,心上人牛津夫人突然离开,让他的生活陷入空虚。他有四年没见奥古斯塔了。重逢的喜悦多少让他有些想入非非:"我们没怎么在一起久处过,因此相互的吸引力非同寻常。"[4] 奥古斯塔在伦敦的三个星期里,姐弟俩几乎形影不离。

　　早在一八〇七年,奥古斯塔就不顾家人的反对,坚持嫁给表哥乔治·利,但坚持并没有给这场婚姻带来童话般的结局。乔治·利也是一个人物,是第十突击队的一名上校,曾是威尔士亲王的护卫官。但他跟老拜伦一样,并不是一名合格的丈夫,对妻子不管不顾,成天赌博。一八一〇年,乔治与威尔士亲王闹翻了。拜伦当时在国外旅行,母亲

201

凯瑟琳跟他透露了两人闹掰的原因:"乔治为亲王卖马,还敢**吃回扣**。"[5]虽然男人无能,也不会疼人,但奥古斯塔却死心塌地地跟着他,非常疼爱三个孩子。一家子住在纽马克特镇的一个小村子里,叫"六里底",这里是著名的赛马场,他们的房子是威尔士亲王赠予的。"六里底"这个名字可真适合卡罗琳·兰姆不断秀出的下限,那可是一出出粗俗的闹剧,精彩程度不亚于莎士比亚的戏。

202 迫不及待的拜伦希望他们的第一面能单独见。"告诉我你什么时候到,打算什么时候见我?哪里见?怎么见?反正只要不是一起吃饭,怎样都行。"[6]没过多久,他改了主意:在公开场合见姐姐,岂不更刺激?"个人认为,三号前见比较合适,好让大家**都长长眼**。"[7]化学家汉弗莱爵士的妻子戴维夫人很爱社交,常举办宴会。拜伦想让姐姐陪他出席夫人的宴会,期间他可以扮演一个护花使者,待她如未出阁的大姑娘,避免心怀不轨的陌生男性来搭讪。两人关系好,主要是因为两人互相开得起玩笑。他想去戴维夫人那儿做客的另一个原因是斯塔尔夫人也在。斯塔尔夫人是一位法国的知识分子,备受尊敬;她被拿破仑逐出国境后,在英格兰受到优待,一八一三年夏天频繁联络英格兰上流社会。

几天后,拜伦乞求墨尔本夫人,希望从她那儿搞一张阿尔马克化装舞会的"**女士专用入场券**"。[8]阿尔马克公馆坐落在圣詹姆斯国王街上,是一座宏伟的公共建筑,内有一间巨大的舞厅,高一百英尺,是绅士小姐邂逅、交友的好去处。但并不是谁都可以进。舞会组委会由一群贵族太太组成,每周谁来、谁不来由她们敲定。拜伦请墨尔本夫人为他的姐姐搞一张入场券,还说他想让奥古斯塔做他的管家,想和她一起住。墨尔本夫人可是拜伦肚里的蛔虫,此话一出,夫人就秒懂他的小心思。

这个夏天,当拜伦与奥古斯塔在宴会的沙发上眉来眼去的时候,已经开始有人说话了。眼尖的斯塔尔夫人早就看出有些不对了。奥古斯塔到了伦敦很受欢迎,卡罗琳·兰姆看到嫉妒坏了。七月五日,希思科特夫人举办了一场规模不大的华尔兹舞会。[9]据传言,卡罗琳要动刀自杀,但演技太差,谁都能看出来她是装的。她自称没想自杀。她说,看到拜伦在那儿眉飞色舞的,顿时觉得一身轻松,不必再坚持之前的许诺,为拜伦不再跳华尔兹的诺言。卡罗琳跑上前去对他耳语:"看来我又可以跳华尔兹了。"[10]拜伦相讥道:"当然可以,请和在场的男士挨个跳一遍! 你跳得比谁都出色,让我好好欣赏欣赏。"卡罗琳跳了一会儿,越想越生气,头晕眼花,扭头进了一个简餐厅。随后,拜伦和兰克里夫人一起走了进去。他用戏谑的口吻夸赞卡罗琳的敏捷舞姿:"我一直都很钦佩你的步伐何以如此灵快。"她随手拿起一把餐刀,"自己也不知道自己在干什么"。拜伦用话激她:"捅啊,宝贝儿。你要想自尽,可要留心往哪儿捅哦! 往你自个儿那儿捅,可别冲我这来,我这儿你已经刺过了。"卡罗琳气得大呼一声"拜伦",挥着刀跑了出去。看得出,她没想自残。

　　同样的故事,让拜伦说来却是另一种画面。据他说,卡罗琳和他擦身而过时,卡罗琳一把抓住了他的手不放,两人相互讥讽了几句对方的舞姿,卡罗琳拿出"一把利器抵在我的手上,说,'我可要动刀了'"。[11]后来,他对墨尔本夫人讲,自己没把她的威胁当真,"那只是**虚张声势**"。他还说两人在简餐厅没吵过架。拜伦一直在希思科特夫人家里待到将近凌晨五点,直到第二天才听说"有人自残",事情被添油加醋,真相已面目全非:有说卡罗琳用剪子刺伤了自己;有说她要用玻璃碎片割静脉,"吓坏了在场的小姐太太们"[12];有说她突然掏出一把刀,猛地往自己的腰腹扎去,但由于塑身衣,一直没扎进去。事后,拜伦收藏了舞会的邀请函,它像一个有纪念意义的遗物,让自己别忘了"卡罗琳夫人上演的匕首大戏,留着说不定还能时不时想起这件无关痛痒的事"。[13]

　　要不是卡罗琳的这场戏,拜伦和奥古斯塔的姐弟情也不会增进得那么快。拜伦很讨厌别人装腔作势,他最受不了女性在公开场合做出无礼

利家在纽马克特镇六里底村的官邸，一幅画在信封背面的铅笔素描。

举动，让他尴尬。跟拜伦一样，奥古斯塔在公开场合也害羞，这也算二人的另一个纽带。此外，奥古斯塔出生于大户人家，举止典雅，自带一层光鲜亮丽的贵族漆。她和蔼、率真、听话，知道什么该做，什么不该做。

204　　　七月和八月初，为了见奥古斯塔，拜伦去了两次六里底，想方设法把姐夫乔治蒙在鼓里。他一直以为六里底是"纽马克特的一块公用的荒地"。[14]一去才知道，庄园、赛道、草场，美得就像一幅乡村油画。虽说房子小，住着不宽敞，不能和艾伍德别墅比，但也有迷人之处——它与世隔绝，让人有放纵一把的冲动。就这样，在姐夫的地盘上，拜伦爱上了姐姐。

　　公众一直觉得奥古斯塔很土，这可要拜赐于雪莱夫人略带恶意的评价。[15]这位弗朗西丝·雪莱是一个写日记、发表日记的作家，善于社交，丈夫约翰·雪莱爵士和乔治·利是赛马的朋友。奥古斯塔怀孕的时候，弗朗西丝曾到六里底村看望她。虽然奥古斯塔不是什么大美人，穿着也不出众,但从画像看,她长得很甜。拜伦早年缺失家庭的温暖,奥古斯塔身上那种母性让拜伦重获家的感觉。姐弟俩的感情植根于儿时一起玩耍的记忆,那时他们相互起外号逗乐。"小拜伦勋爵"[16]这个外号就是她起的;拜伦把她简称为"古斯",后来干脆改成了"鹅姐"。

拜伦很喜欢奥古斯塔的孩子,甚至有些溺爱。他第一次去拜访姐姐时,乔治·亨利还是个婴儿,奥古斯塔·夏洛特才两岁半,乔治亚娜最大,快五岁了。但拜伦对外称不喜欢孩子,曾写信告诉她:"我讨厌孩子,所以圣经中那个杀婴的希律王是我的偶像。"[17]事实绝非如此。拜伦潜意识中总觉得自己是个孤儿,他一直想找一个家。他那么快就和牛津夫人的孩子打成一片,快得都有些不正常。在六里底村,拜伦对奥古斯塔的孩子出奇地耐心。雪莱夫人注意到:"拜伦对利夫人的孩子很有耐心,孩子们一点也不怕他。小孩闯进他的房间闹他,他却一点都不生气,脾气特好。"[18]他那时正在写东方叙事诗的第二部《海盗》。

不知从何时起,拜伦与奥古斯塔重新定义了他们的关系——开始睡在一起了。何以为证? 拜伦给墨尔本夫人写信的时候,坦白了一些;形容二人的关系时,语气时而挑衅,时而谨慎,时而痛苦;提到奥古斯塔的时候,常用字母"A"表示,或干脆把名字空下不写。还有为拜伦立传的汤姆·摩尔。一八一三年八月二十二日这天,拜伦对摩尔说:"坦白地说,现在情况很严重,我从没有经历过。我已经说了不少了＊＊＊。"[19]摩尔一向谨慎,不能写出来的都用星号略去,但拜伦的意思却是谁都能看出来的。还有霍布豪斯。他在日记里背着拜伦写道,那年五月,他和道格拉斯·金奈尔德一起去看埃德蒙·基恩扮演的戏剧《奥赛罗》。演出结束已是半夜,他们一起散步回家,路上说了一句:"我们相互坦言,我们都看出些端倪。"[20]霍布豪斯在批注摩尔的《拜伦传》时也讳莫如深。

这里还有更具说服力的证据:回顾他们在一起和分开的那些时光,拜伦的文字仍满是爱意、内疚、绝望。六年前,他第一次去六里底见奥古斯塔；六年后，他从威尼斯写信给她：

> 我们都犯了错，我错在不该结婚，你错在不再爱我。一想到我们就此分开，我的心都要碎掉了。我们是有错，但我们受的罪却远超我们应得的。但丁在《神曲》的《地狱篇》中手下留情，至少把不幸的一对恋人安排在了一起（那个里米尼的弗朗西丝卡和保罗的关系虽然一样棘手，但要比**我们俩**幸运得多），二人虽然吃了苦，但至少在一起。有朝一日，我若回到英格兰，那一定是为了你，为了回顾我们在一起的时光，重游一起去过的地方，回味那些甜蜜的感觉。我对你的爱永不改变。[21]

拜伦渴望和人亲近。奥古斯塔之所以能够吸引拜伦，一是因为他俩从小就认识，二是她是拜伦当时唯一能找到的亲人，更不用说二人的血亲。拜伦爱上姐姐，正好满足他与生俱来的家族意识和贵族自豪感。当然，还有没被抓到而为之窃喜的乐趣。在那个时代，社会上泛滥着各种反常规的行为，他俩可谓浪花一朵。十九世纪初，和同性恋、重婚不同，英国的法律并没有将乱伦列入刑事犯罪的范畴。一八一三年，乱伦罪只受教会法庭的审判，监禁期一般为六个月。然而，虽然乱伦的现象在全社会上下包括王室司空见惯，但如果做了让人怀疑的举动，那也是天大的丑闻，乱伦者会受到社会的排斥。

自从踏上这块禁地，拜伦遇到了不少文学界的前辈：意大利的维托里奥·阿尔菲耶里和德国的弗里德里希·冯·席勒，他们在戏剧中对乱伦的现象做了黑化和悲剧性的处理。雪莱的《拉昂与赛斯纳》，即原版《伊斯兰的叛乱》写的正是兄妹乱伦。他说："乱伦就跟许多错误的事情一样，非常具有诗意，是过度的爱与恨的结果。"[22] 这么说来，拜伦与奥古斯塔的乱伦之恋属于浪漫主义滥情的文化产物。

拜伦有没有告诉奥古斯塔他早年同性恋的秘密？好像是说了。拜伦和妻子闹分居的时候，米尔班克指责奥古斯塔，说她知道自己和弟弟乱伦，却没有站出来阻止他们结婚。后来，拜伦告诉布莱辛顿夫人：

> 奥古斯塔知道我所有的缺点和癖好，她亦有足够的爱来忍受这些缺点。我从不欣赏那种爱一个人，这个人在他眼里就完美无缺的爱情观。这种错误的爱情观会让人爱得停不下来。我倒欣赏那种明知他有错仍能慷慨给予的爱，能容错的爱。第二种人知道论事不论人，爱的是这个人，恨的是那些事。我姐姐就是这样的人。[23]

若拜伦真的告诉奥古斯塔他喜欢男的，这反而会加深二人的感情。他给奥古斯塔细细讲述了他的过去，在哈罗公学、剑桥大学、希腊和土耳其都有恋情，几段缠绵的感情交织在一起，奥古斯塔听得入神。一八二〇年，拜伦在拉文纳写信给前妻，说的话异常残忍："奥古斯塔和另外两个人是我这辈子唯一真正爱过的人。"[24]另外两人不难猜：约翰·埃德斯顿和克莱尔伯爵。

拜伦和奥古斯塔的乱伦之恋是从何时开始的，我们无从得知。是在伦敦的时候，还是一八一三年夏末，二人隐居在六里底，正巧乔治·利不在家的时候？八月十一日，拜伦写信给墨尔本夫人，说他现在"身陷两三个困局，像捆在身上的**戈尔迪**之结"："我必须当机立断，不能再指望靠别人的建议了，哪怕这结就缠绕在我**心**之旁。"五天后，拜伦给了乔治·利一千英镑。两件事或许有联系。他后来向墨尔本夫人暗示，自己是始作俑者。"不是她的错，是我自己**蠢**（该怎么说更合适呢？），她只是没有那么坚定。"[25]而在另一封信中，他说奥古斯塔"没有意识到这事有多严重，等她意识到，为时已晚"。[26]

一八一三年六月，在举国欢庆之际，霍布豪斯又要南下欧洲。为了

绕过拿破仑控制的地盘到达维也纳,他借道波罗的海和亚得里亚海。他
这一走,勾得拜伦也想出游,离开这个让他越来越陌生的国度。整个夏
天,他一直想再去一趟希腊,但找不到带他去的军舰。七月,拜伦写信给
汤姆·摩尔:"他们最好放我走,要是走不了,估计我也会跟着他们一起
'爱国'吧。哈姆雷特曾说过:'就你们会装疯卖傻啊?我也会!'"[27]他
想南下欧洲,却迟迟不动身。八月,他打算带上姐姐去,对外宣称的理由
是"奥古斯塔的丈夫做了些让人难为情的事"[28],她想离家一段时间,给
丈夫留够空间,好让他打理好自己的私事。他计划带她去西西里岛,就
在几个月前,他想带去的还是牛津夫人。奥古斯塔很兴奋,"她似乎比
我想的更想离开,我还告诉'好姑姑'她可能不愿意走呢"。

　　有趣的是,奥古斯塔虽然也是个虔诚的基督徒,但丝毫没有对乱伦
207　的事有罪恶感。可能她觉得自己只是拜伦同父异母的姐姐,只有一半的
血缘关系,以此为自己开脱。拜伦则受到加尔文宗的影响,把自己的罪
看得很重,总觉得自己作了那么多恶,最终不会有好下场。奥古斯塔的
亲戚反对她和拜伦出游。墨尔本夫人听到他们的计划后都不敢相信。
后来,听说地中海地区正在闹瘟疫,计划也就搁置了。而且,奥古斯塔要
带上她的一个婴儿(可能是最小的乔治),拜伦骤然失去兴趣。带着孩
子旅行让拜伦烦躁:"这种东西带着旅行不多余吗?这么喜欢孩子,干
吗不到了地方另生一个?"[29]

　　九月初,他没想到自己越陷越深,开始给自己找理由:

　　　　人就活一个感觉,感觉自己活着,哪怕感觉是痛苦的也行。正
　　是这种渴望、这种空缺驱使我们毫无节制地追求强烈的感官刺激。
　　我们竞争、战斗、远行,图的不仅是结果,更是望向终点时心里的那
　　份躁动。[30]

这一大堆抽象的人生感叹是典型的拜伦式言论。有趣的是,这段不负责任的话的读者最终成了他的妻子,这时候他和安娜贝拉·米尔班克又开始通信了。深思熟虑后,她写了一封冷静的答复。

一八一三年秋天,他开始给自己找些事做,让自己不要总是把注意力放在姐姐身上,以便浇灭心头那团"魔鬼之火"[31]。除了安娜贝拉,他又认识了一个小情人,叫弗朗西丝·韦德伯恩·韦伯斯特,这位年轻的夫人身材纤细,肤色白皙,身上散发着英国上层阶级特有的那种忧郁气质。这一特点在他的十四行诗《致吉妮芙拉》中展现得淋漓尽致。

> 忧郁温婉的眼神,金色的长发,
>
> 黯然失色的面庞——这是你沉思的
>
> 模样——[32]

这首诗表面上是献给亚瑟王传奇中的格温纳维尔王后的,实际上写的是韦伯斯特夫人。

关系越混乱,拜伦越喜欢。弗朗西丝夫人是蒙特诺里斯伯爵一世和瓦伦蒂亚子爵八世的千金,血统高贵,却嫁给了拜伦的活宝朋友——"大嘴巴"韦伯斯特。夫妻俩请拜伦做他们第一个孩子的教父。韦伯斯特夫妇租住在南约克郡的阿斯顿别墅。拜伦相信,他的父亲约翰·拜伦上校和卡马森夫人私奔后就是在这座豪宅里通奸的。[33]虽然这可能是瞎猜,但这么一想,他追得更有兴头了。他甚至考虑过在附近租一套房子,反正他渴望的金沙姆公馆也没有谈下来。此外,他九月中旬来的时候正好能碰到旧爱——侍童罗伯特·拉什顿,真可谓锦上添花。拜伦曾把他介绍给韦伯斯特。拉什顿知道自己不久要出国,见不着韦伯斯特了,所以不久前也搬进这座庄园,打算住一段时间再走。[34]拜伦甚至邀请了奥古斯塔,但被婉拒。

　　拜伦抵达"大嘴巴"家后,接二连三地给墨尔本夫人发去短笺,虽说短,但封封都有精彩的细节描述,一场莫扎特笔下的宫廷戏,伴着笑声和泪水,在我们眼前上演。[35]墨尔本夫人这回又重获偷窥者的角色,给拜伦出谋划策,帮他从一条"船"跳到另一条"船"上。他这次上门勾引人家妻子的企图和他那次在奥古斯塔家里偷情比不了,这次雷声大,雨点小。"这里还不错,不吵不闹,"他刚来就写道,"孩子叫喊都低一个调。"[36]

　　早在一八一一年,拜伦在伦敦瞄上弗朗西丝夫人的时候,他就扬言"三年内要给她丈夫送上一顶绿帽"。[37]他甚至怀疑她早就看不上她那愚蠢的丈夫了。眼看三年就要到了,尽管韦伯斯特厚着脸皮在外面拈花惹草,但她并不那么配合拜伦。虽然对丈夫冷淡,但她不想背叛他。有一次,韦伯斯特大赞妻子的美德,"说她在道德和品质上和**基督本尊**有一比!!!"[38],拜伦倒觉得她更像是处身受孕的玛利亚。弗朗西丝夫人看着无精打采,可能是因为生了病。拜伦说她脸色苍白,身体瘦弱,没有胃口,现在看来像是患了厌食症。"她的身体恐怕会越来越差。"

　　他告诉墨尔本夫人,说自己已经成功吸引到了弗朗西丝夫人:"她好像知道我的企图,都想好怎么回绝我了。我浪子一个,没见过我的人都知道我是个什么样的人。但在她面前我却一副不怎么上心的模样,话也不多,她一定觉得我嫌她不漂亮,或者干脆觉得我是不是瞎了眼才看上她。"[39]十月初,拜伦去了一趟伦敦。路过斯蒂尔顿村时,他给约翰·默里捎去一份当地的土特产——蓝纹奶酪。

　　后来,弗朗西丝夫人的态度有所转变。十月八日,拜伦得意扬扬地说,他"与一位和善的人美美地聊了一场,这个人(因为我们在用**信**交流,所以只能使用首字母)叫 **Ph**"。[40]看来他出手了,而且对方有回应。在清脆的台球撞击声的掩护下,台球室气氛暧昧。他告诉墨尔本夫人:"虽说我们在打台球,但谁也没**数**进了多少球,反正我是没数,对方的心思好像也不在这局球上。"

拜伦觉得有些话说不出口，干脆掏出了纸笔，当面给她写了一段大胆的情话。这段话"花了一小会儿才写完，她在一旁含情脉脉地等着。这种气氛适合写**散文**，认真的时候反而写不出**诗歌**"。弗朗西丝夫人竟然把信塞在了胸衣里。不用说，她丈夫就在这时候进来了。她看不出一丝内疚、惊慌，拜伦也尽量保持镇定。有趣的是，后来，就在拜伦给墨尔本夫人写信叙述这件事的时候，韦伯斯特又进来了，手握一份政治简论，想让拜伦提提意见。拜伦用书信体讲故事的时候很喜欢在幕间跳出跳入，台上台下的故事一起讲：他几乎把这次偷情的事写成了戏中戏。

不久，拜伦和"大嘴巴"韦伯斯特班师回到纽斯特德庄园。在这里，让拜伦不齿的是，韦伯斯特和他的一位侍女勾搭上了，拜伦称她是"傻兮兮的小仙女"。[41]买家克劳顿说要谈价格，但一直也没谈，却趁主人不在的时候喝了他不少酒。幸好没全喝完，足够他和他要给其戴绿帽的好朋友在阴郁的祖宅里对着一瓶瓶"红白勃艮第、两种干红、口味清淡的陈酿"促膝长谈。[42]他得意地告诉墨尔本夫人："我的客人（之前在家招待我的那位）还在庆幸自己没怎么**用心**就得了一个新欢。我都这么明显了，他竟还看不出来。"尽管弗朗西丝夫人出于信仰原因还是有一点顾忌，但她仍能大大方方地在丈夫眼前收下拜伦送给她的一枚戒指，更别说和他传纸条了。

十月下旬，当时在阿斯顿别墅聚会的那一帮名流，包括新来的弗朗西丝夫人的妹妹凯瑟琳，又集结在纽斯特德庄园。弗朗西丝夫人突然向拜伦索要一绺头发，害得拜伦向墨尔本夫人解释道："你肯定不敢相信我和她竟然还在默默地互换信物！我的这位相好还是太年轻，我得让她好好见识一下什么叫品位。"[43]弗朗西丝夫人开始乱阵脚了，她竟然要求和丈夫分开睡，去和妹妹睡一间房，惹得丈夫大发雷霆。

这时拜伦才意识到，他自己也被卷入这场闹剧，而且这一出戏较以往更混乱，因为这里是他的祖宅。他和弗朗西丝夫人仍在秘密通信，通宵写信,早上下楼吃早餐时熬得像鬼。[44]弗朗西丝夫人把信夹在乐谱里,再传给拜伦。现在,他觉得弗朗西斯"温柔漂亮,有时专断,有时又浪漫得不得了,**用情专一**"。[45]她修养好,聪明,"做派有些像**德国人**,说话不紧不慢,不乱讲话"。拜伦觉得弗朗西斯和牛津夫人一样脾气好。锦上添花的是,她和自己一样嫉妒心强——"可爱的绿眼小怪兽"。

事情眼看就要发展到高潮了。拜伦写道:"我们的关系有进展,不再像以前那样虚无缥缈了。蜡已备好,就差盖章那一下了。"[46]拜伦的胃口就这么一直被吊着,他快急疯了。一个午夜,他心烦意乱,搜出他出国前和霍布豪斯、马修斯和斯克罗普·戴维斯一起喝酒时用过的人头骨酒杯,倒了满满一杯干红。一杯就是一瓶的量。他"一饮而尽"。[47]弗莱彻把他扶上床,说他先抽搐了一会,然后像死了一样一动不动。一两天后,家里只有弗朗西斯和拜伦两人,她终于服软了,说:"我都**听**你的,你想怎么弄我就怎么弄我吧。"她让拜伦自己决定要不要拿下她。最终,拜伦还是"放过"了她。他向墨尔本夫人写信时问到这件事:"我的决定错了吗?"

花了那么多功夫才追到手的女人,拜伦为什么要"放过"? 可能是因为他真喜欢她,不忍为难她。弗朗西斯曾说她心里愧疚,受不了这种偷偷摸摸的日子,更不会和他私奔。拜伦也不想和韦伯斯特撕破脸皮,走到决斗的地步,虽说他蠢,但毕竟是老朋友。最可靠的解释或许是,一涉及女性,拜伦就会逃避身体上的接触。他喜欢的是那种朦胧而紧张的感觉,还有错乱的人伦关系。他对导师墨尔本夫人说:"毕竟,没有哪出戏像生活这样真实。"[48]如今,弗朗西丝夫人已经投降了,但他对收割成果不感兴趣。同样是这个男人,他曾说做完爱的时候最美好,"所有需求都满足了"。[49]

分离让二人都受了伤。伤心的拜伦写道:

> 我们分离的时候
> 　只有沉默和泪水。[50]

然而,弗朗西丝夫人与拜伦招惹的其他女人一样,一旦动了心,就很难像 211
拜伦那样拿得起,放得下。她的来信饱含泪水,她的话直击灵魂,但拜伦
却笑她疯癫,读她的信像是在读滥大街的言情小说,例如:"当离别的痛楚
来临,当你**最后一次**牵我的手,我羞答答地望向你的面庞不忍离去,当我
不再能张开双臂飞奔向你、让**忧伤的灵魂**随着气息轻吻你的玉颈……"[51]
也许拜伦批评得对。她说她在翻来覆去地读拜伦的东方长诗《异教
徒》,都快背下来了。十一月,弗朗西丝夫人马上就要启程去苏格兰探
望婆家亲戚,她求拜伦送她一张肖像画。拜伦巴不得保持这种暧昧关
系,就托詹姆斯·霍姆斯从卡罗琳·兰姆夫人那里把他之前送给她的肖
像要回来,转送给弗朗西丝。他让霍姆斯告诉卡罗琳,说要把照片转送
给一位即将离开英格兰的朋友。卡罗琳可不傻。

弗朗西丝被抛弃后日渐消瘦,她本以为拜伦起码会和她维持一年,
看来她把拜伦想得太好了。拜伦把弗朗西丝夫人的来信转寄给墨尔本
夫人,让她评一评。现在,墨尔本夫人都有些同情弗朗西丝了。拜伦把
这段感情贬得一文不值,说他俩只不过接了接吻,没什么意义,还说她成
天异想天开,不切实际,反倒是自己被骗了。[52]为了报复,他开始大谈弗
朗西斯的妹妹凯瑟琳·安妮斯利,说这个姑娘"特别漂亮,年纪很轻,还
傻傻的",想娶她。[53]当初,弗朗西丝对他百般拒绝,现在他要报复。她
那个时候伤了拜伦的虚荣心,现在成了活靶子。

一八一三年十一月八日,拜伦写信给他"最亲爱的奥古斯塔",为他
"长时间的沉默"找借口,说自己被上千个事情牵绊。[54]或许奥古斯塔能
猜到几分。要是她陪在身边,就不会发生这些事情。拜伦在一八一三年
立的遗嘱里给她留了一半的财产。十一月底,他给墨尔本夫人写道:
"我的感情生活太任性,恐怕这就是我的命。"[55]

拜伦的大部分作品都取材于他自己的故事,都是他痛苦的回忆。

"他的诗歌开头是他,中间是他,结尾还是他。每个故事的主人公都是他,他自己是所有风景画的主要描画对象。"[56]他的诗歌艺术源于自己的经历,麦考利总结道:艺术源于生活,生活创造艺术。一八一三年夏秋两季,拜伦的情感波动在他的第二部东方叙事诗《阿比多斯的新娘》中得到了充分的体现。他说这首一千两百行的诗歌只用了他四个晚上,这是十一月中旬的事。尽管他后来改口说花了一个星期,而且他有反复修改的习惯,但这种创作速度仍然了不起。写东西拖拖拉拉的"大嘴巴"韦伯斯特称拜伦"写作定是用上了蒸汽机"。[57]

《阿比多斯的新娘》讲了一个悲剧爱情故事,主人公是公主祖莱卡和她的表弟塞利姆,塞利姆后来做了海盗头子,死在了达达尼尔海峡（旧称:赫勒斯滂海峡）的沙滩上。就连这个故事都有明显的自传成分:拜伦在诗的注解中告诉读者,他曾经"一口气游过了达达尼尔海峡,以此为乐;我随时可以再游一次"。拜伦没有采用《异教徒》零散的结构,在《阿比多斯的新娘》中采用平铺直叙的方式。英勇的祖莱卡是拜伦作品中首个女主角;其实最开始,这部作品的名字就是《祖莱卡》。拜伦的初心是想创作出一个纯粹的女性。他希望"将她刻画成一个敢爱敢恨的女人,但同时还要保持贞洁"。[58]但当时的评论家认为祖莱卡向塞利姆示爱有违人伦。

《阿比多斯的新娘》于一八一三年十二月出版。当时,弗朗西丝·韦伯斯特是第一个自认是祖莱卡的女性读者。她在"苏格兰东北的格兰扁山脚下"写信给拜伦,引用了他的第一句诗"一人的誓言竟然拴住了两人"。[59]她可怜巴巴地问道:"我最爱的拜伦,你还是我的塞利姆吗?"将二人对比不难发现,祖莱卡举止端庄,爱上一个人就会死心塌地,的确很像弗朗西丝夫人。但同时,诗中也可以找到许多奥古斯塔的身影。在《祖莱卡》的最初版本中,女主与塞利姆本是姐弟关系,后来才改成了表兄妹,拜伦怪自己"晚出生了**两百年**,乱伦话题已不合时宜"。[60]乱伦主题还能在一六三三年约翰·福特的悲剧《可惜她是个妓女》中看到,但到了十九世纪初,这部内涵丰富、主题严肃的大戏在英格兰已经看不到了。乱伦正是在这个时候成了禁忌。

　　拜伦为写出《阿比多斯的新娘》可谓拼了命,他是想通过创作让自己暂时逃离心理危机。作品完成后的第二天,拜伦直言"是创作让我活了下来",因为写的时候,他就不会再想那个"神圣的名字,愿世人永远不知道你"。[61]这句话改编自蒲柏的《艾洛伊斯致亚伯拉德》,他把"要命的名字"改成了"神圣的名字"。他对默里的编辑威廉·吉福德拐弯抹角地说,在创作《阿比多斯的新娘》的时候,"我的心不得不逃离现实,赋予我灵感的也不算什么增光添彩的事物"。[62]拜伦对墨尔本夫人说:"因为某些**原因**,**你**对这首诗可能比任何人都**感兴趣**。"[63]诗中暗指的是哪两位,墨尔本夫人再清楚不过了。

　　几天后,奥古斯塔给弟弟送来了一缕头发,还附上一段祖莱卡式的语言:

> 感你所感
> 见你所见
> 行你所想
> 为你而活
> 这是命,是允我
> 重获幸福的
> 唯一办法。[64]

213

拜伦把这缕头发细心收藏了起来,附上标签"最爱之人的头发",还画上一个十字,这是他俩的示爱符号。当然他还收藏了许多其他女人的头发,谁叫他有这个癖好呢。

十二月底,姐弟俩在六里底一起过圣诞节。或许是为了买通姐夫,他大方地提出要帮利上校偿还债务。从一八一四年的一月中旬起,他和姐姐搬去纽斯特德庄园住。大雪封路,天公作美。一月二十二日,拜伦生日那天,他写信给约翰·默里,说自己正在享受与世隔绝的幸福感。

> 这边道路不通,进不来也出不去,我可以享受**二十六**天的清静,真是太好了,要是永远如此该多美。我们的煤好,炉膛大,地窖装满了食物,我的脑袋空空荡荡的,我还未[从]离开伦敦的喜悦中回过神来。如果我的买主改变了主意,我可能不会再离开纽斯特德了。关上门,任由胡须生长。[65]

拜伦和约翰·默里的关系越来越好,已跨越严格意义上的生意伙伴关系。出版商变成了知己。

这是奥古斯塔第一次来纽斯特德庄园。看到父亲家族的遗物,她有些触动,很快就喜欢上了这座破旧但浪漫的宅子。拜伦刚到家时的心境可谓五味杂陈,上一次在家他还在和弗朗西丝夫人谈情说爱。不仅如此,这次他可能还会见到初恋玛丽·查沃斯·穆斯特斯,心里别提有多忐忑了。[66] 玛丽最近联系上了他,两人开始通信。玛丽嫁给了杰克·穆斯特斯,婚姻非常失败。杰克一直在扮演"魔鬼的角色——成天都在和各路低贱的情妇鬼混",对妻子却格外蛮狠。玛丽向多年未见的拜伦投怀送抱,请求见他一面。拜伦的公众形象引发了大量女性的追捧,玛丽的举动只是浪花一朵。她向拜伦撒娇,怪他是猎艳杀手,请求和他秘密通信。拜伦起初同情她,对她感兴趣,主要是念两人童年的旧情。

但一回到纽斯特德,他就失去了劲头。奥古斯塔竭力劝阻他,不让他去找旧情人,并警告说:"如果你去了,你就会动情,接着别人就有好戏看了。这种事情有一就会有二,天下没有不散之筵席啊。"[67] 拜伦偷偷将玛丽的求见信转寄给墨尔本夫人,说要是只为了念旧情而见她,那还不如不见,"我对她的感觉很复杂,我有些**害怕**这种感觉,对她渐渐失去了兴趣"。[68]拜伦可是尝过乱伦禁果的人,不屑于调戏这种普通的有夫之妇。他告诉玛丽雪太大,改日再见。

拜伦与奥古斯塔待在纽斯特德迟迟没有离开的原因之一是奥古斯塔又一次"怀孕"了。[69]身怀六甲的她出行不太方便,只能等到雪化路开再出门。没人知道孩子是奥古斯塔丈夫的,还是拜伦的。奥古斯塔的第三个女儿于一八一四年四月十五日出生,那正好是她与拜伦在伦敦相遇后的第九个月。五月,她给孩子起名为伊丽莎白·梅朵拉,拜伦做她的教父。虽说梅朵拉晚年的时候认为自己是拜伦的女儿,但这不足为证,因为这是她在怨气冲天的拜伦夫人的怂恿下才做出的断言。此外,要说"梅朵拉"是《海盗》中女主人公的名字,怀她的时候拜伦正在创作《海盗》,所以孩子是拜伦的,这种说法也站不住脚。拉特兰公爵有匹赛马也叫梅朵拉,拉特兰公爵夫人还是梅朵拉的教母之一。

有人怀疑伊丽莎白·梅朵拉·利是拜伦的女儿,主要是由于拜伦在婴儿出生十天后写给墨尔本夫人的信:"没生出来个'猿猴';如果是,那一定是我的错。"[70]中世纪有一种迷信,说因乱伦而怀孕生下的孩子会是个怪物。但他和墨尔本也可能是在开玩笑,不能当真。他也可能是在暗示,因为他和奥古斯塔有过鱼水之欢,奥古斯塔和利的孩子有可能是畸形的。

还有两件与梅朵拉身世有关的事我们也不能全信。拜伦夫人为了分居搜集证据,想起婚后在大姑子家的一个场景,那是一八一五年的六里底:"我当时说,我应该把他看梅朵拉的样子画下来,他的表情那么温柔,好可爱啊。我当时不知道他为什么这么喜欢这个小孩。他又对奥古斯塔说了些神神秘秘的话,有关这个孩子的,我也听不懂。"[71]这是拜伦夫人添油加醋的结果,原本普通的事情,越回味越不对劲,这种情况在她的分居故事中并不少见,我们不能当真。

215　　　　为了证明梅朵拉是拜伦的女儿,拜伦夫人还找到了拜伦曾向卡罗琳·兰姆夫人吐露的话:"啊! 我以前从不知道什么是爱,如今我深爱上一个女人。她怀了我的孩子,如果是女儿就叫她梅朵拉。"[72](据说卡罗琳夫人反唇相讥:"让人怀上孩子,这种事我信你能做得出来,但那个女人有没有说实话我就不得而知了!")这又是一连串信不得的话,拜伦夫人报复心切,卡罗琳夫人见不得拜伦好,拜伦自己也是习惯性信口开河。

　　之所以说拜伦不是梅朵拉的生父,是因为他对孩子的态度一般。拜伦偶尔会对自己的孩子表现出一种强烈的占有欲。他从未对伊丽莎白·梅朵拉表现出父亲特有的自豪感,但他对拜伦夫人生下的女儿艾达和克莱尔·克莱蒙特为他生下的私生女艾蕾歌就表现过这种自豪感。奥古斯塔的几个女儿中,拜伦最喜欢老大乔治·安娜。他会叫她"我的乔治·安娜"[73],给她送礼物,常体贴地询问她的状况。他对梅朵拉没有表现出任何特别的关怀,说明他自己也不相信这是他的孩子。

　　一八一四年二月一日,拜伦结合自己的感情和生活经历写出的长诗《海盗》出版了。[74]《阿比多斯的新娘》卖得也很好,出版的第一个月就卖出了六千册,但《海盗》在出版当天就卖出了一万册。喜出望外的约翰·默里赶紧写信告诉拜伦:"现在肯定已经卖出了一万三千册,这是前所未有的事情。最让我欣喜的是,再见到每个买家的时候,他们无不面带满意和喜悦。"[75]摄政王的女儿夏洛特公主是第一批读者,她非常满意。她说自己买到了第一本《海盗》,还在"一天内就如饥似渴地通读了两遍,不得不承认,有些段落美得就像是用烫金字写成的"。[76]默里认为它的名气已经传到了皇室圈以外,"大街上,你找不到没有读过或没听过《海盗》的人"。[77]

接下来的四年,《海盗》加印了七次,销量高达两万五千册。如果算上图书馆借阅和大家相互传阅的数量,销量总数可以达到十万册。拜伦坚称自己是个业余写手,还记得自己在《英格兰诗人和苏格兰评论家》里是怎么鞭笞那些嗜财如命的作家的,所以他仍拒受报酬。令默里不快的是,自己为《海盗》支付的五百几尼版权费却落到了达拉斯手里。拜伦轻描淡写地说,韵脚提笔就来,没怎么费劲,他不配拿任何报酬。

《海盗》为何如此受追捧?简单说,引人入胜,而拜伦那铿锵有力的英雄偶句诗体,可谓如虎添翼。《海盗》讲的是英雄救美的故事,海盗头子康拉德救下了帕夏后宫的女奴古丽娜尔。待到康拉德和古丽娜尔回到海盗窝,康拉德的初恋情人梅朵拉以为他已经死了,伤心过度而亡。从此,海盗康拉德也神秘消失了。拜伦塑造了一个"神龙见首不见尾"的英雄,潇洒,令人难忘。让拜伦自己说,"Corsair"这个名字意为"一善千罪"。[78]《海盗》的女主人公古丽娜尔还引发了不小的争议。是她勇敢地将康拉德从帕夏监狱中释放出来,说明拜伦听到了与他同时代的大胆追求自由的女性的声音,最典型的就是牛津夫人。对于这种声音,拜伦既害怕又着迷。

《海盗》另一个更显著的吸引力在于,它把原本遥远的事物拉近到了读者身边,让传奇成为现实,说它是纸上旅行也不为过。弗朗西斯·杰弗里在《爱丁堡评论》中评价道:

> 我们认为,拜伦勋爵是唯一一位将故事中的著名场景展现在我们眼前的当代诗人;他描绘的不是抽象的历史,而是当代阿提卡那碧蓝的海水、耀眼的天空、灰暗的橄榄、破败的庙宇、荒凉的城市和包头的民众。[79]

大家一直都在猜想拜伦笔下的英雄在多大程度上取材于他的亲身

经历。面对各种猜测,拜伦嘲笑道:"没错!我就是康拉德,如假包换的海盗,我趁出国旅游的时候做了一段时间海盗。"[80]但话说回来,他又的确做了些让人怀疑他就是海盗的事。一八一四年,他托画家托马斯·菲利普斯为他画了一幅打扮像海盗的肖像,画名叫《穿阿尔巴尼亚服装的贵族》,这套民族服饰是他在国外旅行时买的。[81]菲利普斯画的肖像戏剧感极强,二十世纪的艺术评论家大卫·派珀甚至觉得他画的拜伦是当代的美国电影明星埃罗尔·弗林扮演的。[82]

当菲利普斯在画身着阿尔巴尼亚民族服饰的拜伦的时候,他还在准备第二幅肖像画,现在同样闻名于世。画中的拜伦穿着敞胸白色衬衫,外搭午夜蓝斗篷,姿势显得特别有诗意。拜伦的头部描写在两幅画中几乎一样,只不过一幅留着阿尔巴尼亚式的小胡子,另一幅没有。画第二幅画的时候,拜伦再次对容貌刻画提出了要求,他要画师修一下他的鼻子,他和霍布豪斯都觉得他的鼻子太翘了。一八一四年夏,这两幅画在伦敦皇家学院的展览中并排展出,表现出他性格中的两面性和矛盾性:说干就干,有远见,爱思考,爱出风头。

217　　与此同时,画师菲利普斯还画了另一幅画——身穿侍童服饰、手捧果盘的卡罗琳·兰姆夫人。她焦虑地问约翰·默里:"你觉得我那张侍童画摆在拜伦勋爵的旁边,会不会影响不好?"[83]默里现在就像她的父辈。已经有人说话了,说画中的"她为拜伦献上一盘水果,活像个托钵僧"。谁都能看出其中的寓意。她托默里告诉菲利普斯,把她的画像放到一个看不见的地方。

一八一四年的夏天被称作"君主之夏",欧洲各国的君主汇聚伦敦。去年十月,威灵顿的军队进入法国,在莱比锡战役中大败拿破仑。现在,普鲁士、俄国、奥地利联合起来反抗法国。一八一四年三月,联军在拉昂战役中迫使拿破仑撤退。两周后,联军占领巴黎。四月,拿破仑无条件退位，被流放于厄尔巴岛。随着欧洲的战争结束，拿破仑被击败，重要的外国盟友纷纷抵达伦敦，庆祝战争胜利。俄国沙皇、普鲁士国王、梅特涅亲王、冯·布鲁彻元帅以及他们的随从涌入伦敦，拜伦愈加相信人类是虚荣的动物。

那年夏天，伦敦举办了多场大型化装舞会。拜伦把画中那件阿尔巴尼亚民族服装送给了朋友默瑟·埃尔芬斯通，嘱咐道，如果她要在舞会上穿，最好把褶裙剪短，否则会盖住脚踝。他说："衣服穿脱很方便，几分钟就能搞定；如果你喜欢，就留着吧；我正想把它送出去，它勾起我一些不堪回首的记忆。"[84] 在东方滥交的画面还时不时在他的脑海再现。

一八一四年七月一日，为庆祝威灵顿将军凯旋，瓦特尔俱乐部在伯灵顿公馆举行盛大的化装舞会。在这个一千七百多人参加的舞会上，约翰·卡姆·霍布豪斯穿上了阿尔巴尼亚服装，拜伦扮演僧侣，身穿飘逸的深褐色长袍。著名的歌妓哈丽特·威尔逊赞叹道："他的面庞白皙，坚毅中透着秀气，我怕自己会禁不住爱上他。"[85] 卡罗琳夫人戴着半截面具，身披斗篷，又出了一次丑。霍布豪斯抱怨道："兰姆夫人又玩了一次恶作剧：她让侍卫斯克芬顿脱下红色制服，自己穿上，大摇大摆地走进男士聊天室。"[86] 拜伦"像她祖父一样狠狠地训了她一顿"，但她还调皮地露一露"**她的绿色灯笼裤**"。[87]

这个时候，拜伦不在班尼特街住，他已收拾好满屋的书和佩剑，搬去奥尔巴尼公寓。那里更宏伟，更舒适。三月二十八日，拜伦在日记中写道："今天晚上，我住进了新公寓，是阿尔索普勋爵租给我的，租期为七年。"[88] 对面就是皮卡迪利大街，拜伦可以尽情享受充裕的空间。房子的主人阿尔索普勋爵，也就是后来的斯宾塞三世伯爵，自打婚后就不在这里住了。

奥尔巴尼公寓原为墨尔本公馆，由墨尔本勋爵建造于十八世纪七十年代。后来，墨尔本家族将他们在皮卡迪利的房子和乔治三世的次子，也就是约克与奥尔巴尼公爵做了交换,墨尔本一家搬去了白厅。一八一二年,拜伦曾在那里住过,还惹了一身丑闻。现在,约克公爵也搬走了,房子交给了一个信托财团,经过一番扩建,房子改造成了一个专供单身贵族租住的"优雅、方便的独立公寓楼"。[89]设计师亨利·霍兰将建筑改成两栋面对面的长方形公寓楼。一条遮荫小道穿过楼间花园,将两栋楼连接起来。

墨尔本老宅被分成了十二个套间,拜伦搬进了位于正门左边的二号套间。客厅有阔气的拱形窗户,是在墨尔本家族的图书馆的基础上改造而来的。他给原房主墨尔本夫人写信说:"我现在就在奥尔巴尼的房间里,这房既是**你的**,也是**我的**。签合同的时候,我应该把你也租过来。"[90]

拜伦的贴身男仆弗莱彻跟他一起搬到了奥尔巴尼,应该是住进了专门为仆人准备的"阁楼房"。让拜伦的男性朋友吃惊的是,拜伦还带上了那个"长得像女巫"[91]的穆勒太太,她在班尼特街就做他的女佣了,这种情况让人想起了曾经的男佣老乔·默里。看得出来,拜伦很念旧。他在日记中承认:"女人身上有种东西能影响我,让我变温和,就算没和她们谈恋爱。我也说不清楚为什么,我倒对性爱不怎么感兴趣。"[92]不知为何,"屋有一女",他心情就好。穆勒太太已人老珠黄,除了对拜伦,见到其他任何人都怨声载道,但她像是一个温暖的火炉,对主子没有二心,总能让他开心。拜伦带过来的最后一样慰藉物比身边的谁都会逗乐:一只喋喋不休的金刚鹦鹉。

奥尔巴尼建得像一座大学。在这座单身汉乐园,拜伦好像回到了三一学院。其他租客都是些社会名声不太好的上层人士,有的是贵族,有的是地主乡绅,有的是政客,这个阶层通过亲缘关系得以巩固。住在拜伦对面的租客是德萨尔伯爵,他认识这里的大部分房客。已是中年的小说家马修·"僧侣"·刘易斯也租住在这里,他有一个种植园,拜伦对他的评价是:"他人好,脾气温和,但喜欢长篇大论,思想偏激,**自以为**

是。"[93]刘易斯有意拉拢拜伦,拜伦便回去重读了他刚出道时写的恐怖
小说《僧侣:丑闻录》中"最吓人"[94]的部分。读完,拜伦还是觉得不怎
么样。他在日记中写道:"这些语言就像是古罗马皇帝提比略在卡普雷
亚的行宫花天酒地时写的,一点都不自然。怎么又是吃了**春药**导致荒淫
无度的故事,一点都没有新意。试想,一个区区二十多岁的年轻人,怎么
可能写出这样的故事?"拜伦自己已从年轻时的荒淫无度中走了出来。

　　拜伦在奥尔巴尼活成了一副纨绔子弟的样子。睡到自然醒,杰克逊
陪他练拳击,亨利·安杰洛中午赶来陪他练阔剑。比起花剑,拜伦更喜
欢阔剑,不仅因为阔剑源自苏格兰,还因为它比花剑更重,可以健身减
重。打拳之前,拜伦换上一件厚厚的法兰绒外套,上面套上一件毛皮内
衬大衣,再披上一件土耳其披肩。运动完后,他要么躺在几层毯子上吸
汗,要么让弗莱彻给他擦汗。越累,拜伦越精神。如果运气好,到了晚
上,他可以达到那种他最喜欢的"心静身疲"[95]的状态。

　　在这段时间,拜伦和朋友们经常在圣詹姆斯街的可可树俱乐部喝
酒,从晚上六点一直喝到凌晨五点:

> 　　我们喝着干红和香槟,一直喝到两点,然后吃晚饭,最后喝了一
> 杯摄政时期流行的潘趣酒,里面混有马德拉白葡萄酒、白兰地、**绿**
> **茶**,不**掺**一滴水。可以喝一整夜![96]

拜伦经常和汤姆·摩尔一起去看戏。他一眼就识出了"一个新来的演
员的表演天赋,他叫基恩,简直就是个奇迹"。[97]埃德蒙·基恩这个演员
不合群,做事激进:事业上,他把查理三世、夏洛克这种自嘲式的反面角
色演得惟妙惟肖,在政治生活上也敢怒敢言,而日常生活则放荡不羁。
拜伦很欣赏他这两点。基恩扮演过马辛格创作的《旧债新偿》里的落魄
英雄吉尔斯·奥弗里奇爵士,拜伦看了后赞不绝口,慷慨地送给他一把

华丽的大马士革刀,还接济了他五十英镑,给这位穷困潦倒的演员解围。

拜伦现在都是晚上写东西。初夏时节,拜伦在写《劳拉》,这是他的东方故事的第四部,也是最后一篇。他后来告诉约翰·默里,这首诗是他"每晚从舞会回来后一边脱衣服一边写出来的,一八一四那一年可谓夜夜笙歌"。[98]

220 拜伦的确是英语世界里一位伟大的爱情诗人。他最直白的一首抒情诗就出自这一时期:

> 她走在美的光彩中,像夜晚
> 　皎洁无云而且繁星满天;
> 明与暗的最美妙的色泽
> 　在她的仪容和秋波里呈现:
> 耀目的白天只嫌光太强,
> 　它比那光亮柔和而幽暗。[99]

事实上,这首诗是第二天早上写成的。前一天,西威尔夫人在西摩尔公馆举办宴会,拜伦在宴会上见到表兄罗伯特·约翰·威尔莫特的妻子安妮·威尔莫特。当时,正在服丧的威尔莫特夫人身穿镶有黑色亮片的连衣裙出席。拜伦和"大嘴巴"韦伯斯特一起回到奥尔巴尼公寓后,吩咐弗莱彻给他端上一直身杯的白兰地,为祝愿威尔莫特夫人身体健康一饮而尽,晕晕乎乎地和衣而睡。早上醒来,写下了这首三段诗。

很少有崇拜者知道,这首宁静的颂歌是他在一种不愉快、不稳定的心态下写下的,当时拜伦的状态已接近精神分裂症。爱女人的他摇身一变就可以成为伤女人的施虐者。有一位叫亨丽埃塔·德·乌斯雷斯的瑞士姑娘是他执着的崇拜者,自一八一四年春天以来就一直给他写信,现在读来纯真而凄美："我要是你的妹妹该有多好！或者是那个让我嫉妒的热娜。"[100]

最后，在拜伦的鼓励下，亨丽埃塔来奥尔巴尼公寓见拜伦。起初，拜伦对她还彬彬有礼。她来到客厅，欣赏着写字台、鹦鹉以及挂在墙上的耶稣受难像。她和拜伦闲聊了半个小时。之后拜伦突然粗鲁地向她求欢。她在下一封信中哭诉："当晚剩下的时间里，我看到的不是拜伦勋爵，真的不是。"[101]亨丽埃塔没有被吓到，第二天又来找拜伦。弗莱彻告诉她，拜伦不能见她，他正在招待男性朋友。亨丽埃塔说服弗莱彻，允许她等着，而后溜进了"一间**储藏室**……里边放着拖把和扫帚！"拜伦没有来见她，也没再回复她的信件。对他来说，这段关系已经结束了。这就是他施虐的方式。

有时，奥尔巴尼公寓里挤满了来找拜伦的女人，大都疯疯癫癫的。卡罗琳·兰姆夫人也在伺机往他的房间里冲。拜伦绝望地向墨尔本夫人抱怨："你跟我说——不让她进来——但做不到啊——她随时都会来——随时——门一开她就钻进来——我又不能把她从窗户扔出去。"[102]卡罗琳又开始玩变装游戏了，她穿上送货员的外套，利用商贩专用的地下通道进入公寓内部。仆人的宿舍大都在地下室，地下通道便于他们和商贩打交道。

奥尔巴尼公寓见证了多次分手的场景。根据卡罗琳的说法，拜伦给她看了一些信件，让她目瞪口呆，以至于她对拜伦的好感荡然无存。我们只能猜，卡罗琳得知了他和奥古斯塔乱伦的事，甚至读到了他和男性朋友鸡奸的细节。她后来回忆道："我们最后一次见面，他吻了我……他说：'可怜的卡罗琳啊，如果每个人都嫌弃我，我知道你也不会嫌弃我——不会，但会对我另眼相看！'我答道：'没错，我**真的**变了，我不会再找你了。'"[103]这段对话精彩得像小说片段。连卡罗琳这样的女人都能抛弃，拜伦真是无情无义。

221

一八一四年夏天,拜伦写信告诉汤姆·摩尔,自己变得漠然了,所有的激情都已冻结在"黑海之上"。[104]想象一下,这是多么悲凉:他虽然偶尔还会活泼一下,对人客客气气,但内心已到了绝望的地步。他的漠然不仅仅是情感问题,不仅仅是他与奥古斯塔那种欲罢不能但早晚都会玩出火的关系问题。从他的日记来看,这是一种更深层次的、更广维度的漠然,他对这个腐朽的社会早已深恶痛绝。

就在前一年,他对墨尔本夫人打趣道:

> 据说,现在**漠然**是时代的主题
> 听听原因,还编成了歌谣:
> 国王他**不能**,威尔士亲王他**不行**,
> 爱国者**不该**,大臣们**不想**,
> 真正管事的人,不论**是否**尸位素餐
> 不是**疯**,就是**坏**,不是**废物**,就是**贱货**。[105]

当初,拜伦想象自己是拿破仑,那个时候的他还看不惯懒惰和庸碌的人。他曾认为,拿破仑在短时间内问鼎皇位,说明人生除了庸碌无为,还有另一种选择。拿破仑的成就代表着个人意志能达到的巅峰。但到了一八一四年,随着拿破仑战败,拜伦对英国君主制和议会彻底失望,他变得极度悲观,对一切政治制度都不抱希望:

222

> 现在,我对一切事物都漠然,所以不论什么政体,我都厌恶;面对这个世界,我最直接、最自然的感受就是漠然。如果让我用一种政体来统一全世界,我只选择专制主义。因为,不论在哪里,富贵就是权力,贫穷就要为奴,政体没有好坏之分。[106]

制度将世界固化,社会上弥漫着无为和厌世的氛围。拜伦发现,谋求个人的自由才是唯一正当的事业。

拜伦的观点太特立独行,让他到处碰壁。他公然对拿破仑表示同情,这让人怀疑他的立场。此前,他曾匿名发表过一首反对君主制的诗作《致一位哭泣的女士》。后来,他又将这首诗实名发表在《海盗》第二版中,随即遭到了保守党刊物的攻击。拜伦紧张而兴奋地告诉汤姆·摩尔,一首"给自己找骂"的长诗马上就要发表了,说明他在"谋划用**诗歌**推翻宗教和政府,我进步得可真快啊!"[107]他觉得自己就是个小号的伏尔泰。种豆得豆,种瓜得瓜,自己引的火终究上了身。声誉这个东西早在十九世纪就有周期性了。

七月初,拜伦和奥古斯塔待在六里底。下半月,他叫上姐姐一家去了苏塞克斯郡的黑斯廷斯,那是个坐落在白垩山丘中的小渔村。[108]在此之前,拜伦托迁过去的牧师弗朗西斯·霍奇森帮忙找栋房子,要能住下奥古斯塔、四个孩子、三个女仆、他本人、弗莱彻、一个男仆。他说卧室离儿童房要远,佣人房要"挨在一起,也要离我要多远就多远"。[109]只要奥古斯塔一家住得舒服,他不太在乎价格。

霍奇森能找到的最接近他要求的就是黑斯廷斯别墅。这是一座大型圆顶建筑,一度气势恢宏,高耸在小镇东侧的悬崖上。黑斯廷斯别墅曾是威灵顿在此驻军时的官邸,现在已经荒废了。这里远离尘嚣,绿野连绵,林地片片,远处就是大海,非常适合夏日度假;很快,拜伦就找回了往日度假的好心情:

> 在那段时间里,我游泳,抓大菱鲆,喝的是正宗法国白兰地,用的是丝绸手帕,听朋友霍奇森侃大山,想象他描绘的画面:在悬崖上漫步,从山上滚下,尽享这"惬意时光"。[110]

223

即使喝了两瓶干红葡萄酒,他还是一瘸一拐地向山顶走了两英里。

人们开始来黑斯廷斯度假还是不久前的事。拜伦之所以选择来这里,而不是邻近的海滩度假胜地布莱顿,是因为黑斯廷斯还不算个"戏水的地方",还没有那么多的"人人人人人"。[111]但是,即使在这儿,也有转变态度的崇拜者。有一位非常崇拜他的年轻女子看到自己的偶像爬上岩石,随即写信告诉他,她已向上帝祈祷说,希望偶像能认清所处的境地很危险。拜伦的初恋玛丽·查沃斯·穆斯特斯天天给他写信,现在她要登门造访,拜伦很难拒绝。拜伦和奥古斯塔前脚搬出黑斯廷斯,玛丽后脚就搬了进去。这个时候,她精神病的早期症状已经显现。那年秋天,玛丽彻底疯了,什么事都做不了。

来偷闲的拜伦还是逃不过让他忧郁的坏消息。汉森来信说,"缺钱时才想起来的"克莱顿先生购买纽斯特德庄园的计划很可能"要泡汤"了。[112]八月第一周,交易明显是做不成了,克莱顿预付的两万八千英镑只要回了三千英镑。祖宅不卖了,拜伦打起了新的算盘。八月十日,拜伦写信给安娜贝拉·米尔班克,说他爱上了她。九月九日,拜伦和奥古斯塔一起又回到了纽斯特德庄园,在姐姐的鼓励下,他给安娜贝拉写了一封求婚信。九月十八日,两人订了婚,而就在三个月前,这个女人在他口中还是个"最会装正经的人"。[113]

九月底,德国知名的颅相学家约翰·克里斯托夫·斯普尔茨海姆对拜伦的颅骨做了一番研究。专家用手摸了摸他的头,断言拜伦的才智和性情处于对立的状态,很特别。他所有的性格特征都相互平衡,齐头并进,善与恶永远处于对抗中。拜伦说:"上帝啊,希望没有胜出者。"[114]

注释

[1] 拜伦致墨尔本夫人的信,1813 年 8 月 18 日。

[2] 拜伦致托马斯·摩尔的信,1813 年 7 月 8 日。

［3］拜伦致霍兰勋爵的信,1813 年 3 月 25 日。

［4］拜伦致托马斯·摩尔的信,1813 年 7 月 8 日。

［5］拜伦夫人致拜伦的信,1810 年 5 月 11 日。(洛夫莱斯-拜伦档案)

［6］拜伦致奥古斯塔·利的信,1813 年 6 月 26 日。

［7］同上,1813 年 6 月 27 日。

［8］拜伦致墨尔本夫人的信,1813 年 7 月 1 日。

［9］希思科特夫人的请柬。(克拉克图书馆,加州大学洛杉矶分校)

［10］卡罗琳·兰姆夫人致托马斯·梅德温的信,1824 年 11 月(日期存疑)。(福斯特藏品,国家艺术图书馆)

［11］拜伦致墨尔本夫人的信,1813 年 7 月 6 日。

［12］约翰·高尔特,《拜伦勋爵传》。

［13］拜伦邀请卡的批注。(克拉克图书馆,加州大学洛杉矶分校)

［14］拜伦致奥古斯塔·利的信,1813 年 3 月 26 日。

［15］《弗朗西丝·雪莱夫人日记,1787–1817》(*The Diary of Frances Lady Shelly 1787-1817*),理查德·埃奇库姆(Richard Edgcumbe)编辑(1912)。

［16］利·亨特勋爵,《拜伦勋爵及其同代人》。

［17］拜伦致奥古斯塔·利的信,1811 年 8 月 30 日。

［18］《弗朗西丝·雪莱夫人日记,1787–1817》。

［19］拜伦致托马斯·摩尔的信,1813 年 8 月 22 日。

［20］约翰·卡姆·霍布豪斯(布劳顿勋爵),"日记手稿",1814 年 5 月 19 日。

［21］拜伦致奥古斯塔·利的信,1819 年 5 月 17 日。

［22］珀西·比希·雪莱致玛丽亚·吉斯伯恩的信,1819 年 11 月 16 日。(牛津大学博德利图书馆,"雪莱手稿",文档1,第318–319 号文件)

［23］M.加德纳(布莱辛顿伯爵夫人),《拜伦勋爵对谈录》。

［24］拜伦致拜伦夫人的信,1820 年 12 月 28 日。

［25］拜伦致墨尔本夫人的信,1814 年 1 月 13 日。

［26］同上,1814 年 4 月 30 日。

［27］拜伦致托马斯·摩尔的信,1813 年 7 月 13 日。

［28］拜伦致墨尔本夫人的信,1813 年 8 月 5 日。

［29］同上,1813 年 8 月 21 日。

［30］拜伦致安娜贝拉·米尔班克的信,1813 年 9 月 6 日。

［31］拜伦致墨尔本夫人的信,1813 年 9 月 28 日。

［32］十四行诗《致吉妮芙拉》,1813 年,第 1 行。

［33］拜伦致托马斯·摩尔的信,1813 年 9 月 27 日。

［34］拜伦致詹姆斯·韦德伯恩·韦伯斯特的信,1813 年 7 月 25 日。

［35］拜伦致墨尔本夫人的信,1813 年 10 月 5 日。

［36］同上,1813 年 9 月 21 日。

［37］拜伦致约翰·卡姆·霍布豪斯的信,1811 年 11 月 17 日。

［38］拜伦致墨尔本夫人的信,1813 年 9 月 21 日。

［39］同上,1813 年 9 月–10 月 1 日。

［40］同上,1813 年 10 月。

［41］同上,1813 年 9 月 21 日。

［42］同上,1813 年 10 月 10 日。

［43］同上,1813 年 10 月 11 日。

［44］同上,1814 年 1 月 13 日。

［45］同上,1813 年 10 月 13 日。

［46］同上,1813 年 10 月 14 日。

［47］同上,1813 年 10 月 17 日。

［48］同上,1813 年 10 月 14 日。

［49］同上,1813 年 10 月 21 日。

［50］《当我们分手时》,第 1–2 行。

［51］弗朗西丝·韦伯斯特夫人致拜伦的信,1813 年秋。

［52］拜伦致墨尔本夫人的信,1814 年 1 月 10 日。

［53］同上,1814 年 1 月 16 日。

［54］拜伦致奥古斯塔·利的信,1813 年 11 月 8 日。

［55］拜伦致墨尔本夫人的信,1813 年 11 月 25 日。

［56］托马斯·巴宾顿·麦考利,评托马斯·摩尔《拜伦传》,载《爱丁堡评论》,1831 年 6 月。

［57］詹姆斯·韦德伯恩·韦伯斯特致拜伦的信,1813 年 11 月 18 日。

［58］拜伦致爱德华·丹尼尔·克拉克的信,1813 年 12 月 15 日。

［59］弗朗西丝·韦伯斯特夫人致拜伦的信,1813 年 12 月 28 日。

［60］拜伦致约翰·高尔特的信,1813 年 12 月 11 日。

［61］《拜伦书信与日记》,1813 年 11 月 14 日。

［62］拜伦致威廉·吉福德的信,1813 年 11 月 12 日。

［63］拜伦致墨尔本夫人的信,1813 年 11 月 25 日。

［64］奥古斯塔·利致拜伦的信,1813 年 11 月 29 日。(洛夫莱斯-拜伦档案)

［65］拜伦致约翰·默里的信,1814 年 1 月 22 日。

［66］拜伦致墨尔本夫人的信,1814 年 1 月 8 日。

［67］拜伦致 J. J. 库尔曼的信,1823 年 7 月(日期存疑)。

［68］拜伦致墨尔本夫人的信,1814 年 1 月 11 日。

［69］拜伦致约翰·汉森的信,1814 年 2 月 1 日。

［70］拜伦致墨尔本夫人的信,1814 年 4 月 25 日。

［71］拜伦夫人,拉特兰公爵夫人叙述,1816 年末。(洛夫莱斯-拜伦档案)

［72］拜伦夫人,"与卡罗琳·兰姆女士的谈话记录"('Minutes of Conversation with Lady Caroline Lamb'),1816 年 3 月 27 日。(洛夫莱斯-拜伦档案)

［73］拜伦致奥古斯塔·利的信,1814 年 6 月 24 日。

［74］《拜伦书信与日记》,1814 年 2 月 18 日。

［75］约翰·默里致拜伦的信,1814 年。

［76］夏洛特公主殿下致默瑟·埃尔芬斯通的信,1814 年 2 月 2 日。见《夏

洛特公主书信集,1811–1817》(*Letters of Princess Charlotte*, *1811-17*),A. 阿斯皮诺尔(A. Aspinall)编辑(1949)。

[77]　约翰·默里致拜伦的信,1814 年。

[78]　《海盗》,第三章,第 24 节,第 696 行。

[79]　弗朗西斯·杰弗里,《海盗》和《阿比多斯的新娘》未署名的评论,载《爱丁堡评论》,第 23 期,1814 年 4 月。

[80]　《拜伦书信与日记》,1814 年 3 月 10 日。

[81]　参见 A. 皮奇(A. Peach),《拜伦的肖像》(' Portraits of Byron'),载《沃波尔协会》(*Walpole Society*),第 62 期,2000 年。

[82]　大卫·派珀,《诗人的形象: 英国诗人和他们的肖像》(*The Image of the Poet: British Poets and their Protraits*, *1982*)。

[83]　卡罗琳·兰姆夫人致约翰·默里的信,1813 年 11 月 8 日。

[84]　拜伦致默瑟·埃尔芬斯通的信,1814 年 5 月 3 日。

[85]　哈丽特·威尔逊,《回忆录》(*Memoirs*, *1825*)。

[86]　约翰·卡姆·霍布豪斯(布劳顿勋爵),《漫漫长路: 我的回忆录》,第一卷,1814 年 7 月 1 日。

[87]　拜伦致墨尔本夫人的信,1814 年 7 月 2 日。

[88]　《拜伦书信与日记》,1814 年 3 月 28 日。

[89]　《奥尔巴尼公寓业主会议纪要》(*Minutes of the General Metting of the Proprietors of Albany*),1803 年 4 月 22 日。

[90]　拜伦致墨尔本夫人的信,1814 年 3 月 30 日。

[91]　托马斯·摩尔,《拜伦传》,第一卷。

[92]　《拜伦书信与日记》,1814 年 2 月 27 日。

[93]　同上,1813 年 11 月 28 日、29 日、30 日。

[94]　同上,1813 年 12 月 6 日。

[95]　同上,1814 年 4 月 10 日。

[96]　拜伦致托马斯·摩尔的信,1814 年 4 月 9 日。

［97］拜伦致詹姆斯·韦德伯恩·韦伯斯特的信,1814 年 2 月 20 日。

［98］拜伦致约翰·默里的信,1822 年 6 月 6 日。

［99］《她走在美的光彩中》,1814 年 6 月,第 1 行。

［100］亨丽埃塔·德·乌斯雷斯致拜伦的信,1814 年 5 月 10 日。

［101］同上,1814 年 6 月。

［102］拜伦致墨尔本夫人的信,1814 年 6 月 26 日。

［103］卡罗琳·兰姆夫人致托马斯·梅德温的信,1824 年 11 月(日期存疑)。(福斯特藏品,国家艺术图书馆)

［104］拜伦致托马斯·摩尔的信,1814 年 5 月 31 日。

［105］拜伦致墨尔本夫人的信,1813 年 9 月 21 日。

［106］《拜伦书信与日记》,1814 年 1 月 16 日。

［107］拜伦致托马斯·摩尔的信,1814 年 4 月 9 日。

［108］拜伦致约翰·卡姆·霍布豪斯的信,1814 年 7 月 23 日。

［109］拜伦致弗朗西斯·霍奇森的信,1814 年 7 月 8 日。

［110］拜伦致托马斯·摩尔的信,1814 年 8 月 3 日。

［111］拜伦致弗朗西斯·霍奇森的信,1814 年 7 月 11 日。

［112］拜伦致托马斯·摩尔的信,1814 年 7 月。

［113］拜伦致墨尔本夫人的信,1814 年 6 月 10 日。

［114］拜伦致安娜贝拉·米尔班克的信,1814 年 9 月 26 日。

第十五章　锡厄姆公馆(1814-1815)

一八一四年八月,拜伦匿名出版了长诗《劳拉》,与塞缪尔·罗杰斯的《杰奎琳》合集出版,拜伦戏称它们为"小杰和小劳"(Jack and Larry)。[1]对此,卡罗琳·兰姆夫人颇有微词,斥责约翰·默里"为了卖《杰奎琳》,就傍上《劳拉》一起卖,太让拜伦掉价了"。[2]

尽管《劳拉》是匿名出版的,但诗中充斥着浓浓的拜伦风,大家一看就知道是谁写的。拜伦曾说,早在伦敦夏季狂欢的时候,他就放弃了《劳拉》。谁都未料到,正是这样一首曾被放弃的诗,竟成了东方叙事诗中最黑暗、最冷峻的一首。这首诗与拜伦另一首长诗《海盗》有着许多相同点,无论是主人公的性格还是其冒险的转折点,抑或是整个故事的大致轮廓和色彩基调,都有着不同程度的相似。鉴于此,出版社便打着《海盗》续集的噱头来给《劳拉》做宣传。该诗的主角劳拉与《海盗》中的主角康拉德性格相似,都好沉思,个性古怪,整天神神秘秘的。诗中另一主角卡尔德,不仅是劳拉的仆人,还是他的爱人,对他忠心耿耿。劳拉在外流浪了很久,最后终于带着自己的仆人卡尔德、奴隶古丽娜尔,一路乔装打扮回到了家,受到乡民的热烈欢迎。之后,他和作者拜伦一样,终日沉迷于吃喝玩乐,与富豪权贵混在一起,虚度时光。[3]就算是这样,他一点也不快乐,心中藏着不可告人的秘密,整日玩也玩不好,吃也吃不香,越发抑郁,觉得自己与这个世界格格不入。热闹都是别人的,他什么都没有。[4]

在《劳拉》正文前,拜伦写了二十四行诗,直白地描写了主人公内心的痛苦。事实上,这也是拜伦的内心独白,表达了对奥古斯塔的爱。

> 她走了,我的爱走失了。
>
> 她抿嘴一笑,就足以让我欢愉。
>
> 她的名字我视若珍宝,不敢轻易说出口。
>
> 对她只字不提,心却止不住地为她悸动。[5]

这些诗句七十年后才得以出版。

一八一四年,《劳拉》一经出版便畅销,供不应求,仅三版合集本就卖出近七千册,后来又署上拜伦的名刊印了第四版,单行本的销量达三千册。《劳拉》虽说销量不低,但比起《恰尔德·哈洛尔德游记》或《海盗》这两首,远称不上成功,也没能一炮而红。大众对《劳拉》的喜爱程度远不及预期,拜伦和约翰·默里有些失落,拜伦承认这首诗内容玄奥,语言死板,不似《恰尔德·哈洛尔德游记》那样语言自然,每个字都吸引人,也难怪大部分读者对《劳拉》无感。[6]当然也有赞赏的声音,例如拜伦的未婚妻安娜·米尔班克,她觉得《劳拉》读起来只不过相对庄严些罢了,但是本质上和莎士比亚的作品一样,都是对人类内心深处的探究。[7]

订婚前几个月,拜伦心中泛起了一种不祥的预感,且越来越强烈。背后原因除了他和奥古斯塔的感情不稳定,还有他对婚姻的反感,这种强烈的情绪由来已久。拜伦儿时曾在罗马历史书上读到过一个关于婚姻的故事,读来骇人听闻。那时,他就觉得自己不应该结婚,还想让母亲帮他找理由。灾难版的古罗马婚姻故事和父母混乱的情感生活很早就在他的脑海里重合起来,给他留下了阴影,导致恐婚。后来,奥古斯塔写信给弗朗西斯·霍奇森,说拜伦害怕结婚是因为早年见识过的两口子过得都不幸福,让他体会不到婚姻的幸福。[8]他一味地逃避婚姻,让剑桥的朋友误以为他喜欢男生。

拜伦很容易受到别人的影响。他最终还是认了命,接受了墨尔本夫人的建议。在她看来,与其和奥古斯塔搞乱伦,拜伦不如把婚事办了,还可以借机甩掉卡罗琳,这样处理最稳妥;另一个更重要的原因是,奥古斯塔本人也和拜伦纠缠不清,她明白这样下去会毁掉自己的婚姻和地位。她唯一可以确定的是,拜伦的婚姻不管有多危险,都是双方走出眼前僵局的唯一途径。拜伦在给墨尔本的信中写道:

> 她是非常希望我结婚的,对于我们**两个**来说,这是救赎彼此唯一可行的机会了。如果**我**不这样做,就算出国去躲一躲,也不过是从一个火坑跳入另一个火坑。[9]

对于婚姻,拜伦一面感到恐慌,一面又相信宿命。在他看来,无论怎么选择,他未来的妻子都无甚区别,因此拜伦总装出一副玩世不恭的样子,对于这些女士,他不想花多余的心思,同样也不会指望从她们身上得到任何回报,而米尔班克小姐不过是众多选择中的一个罢了。拜伦联系奥古斯塔之前就结识了格拉纳德六世伯爵的女儿阿德莱德·福布斯。她年轻貌美,和雕像贝尔维德尔的阿波罗长得很相像,拜伦在罗马见过这尊雕像,当场就被他的面庞惊艳到了,因此对阿德莱德一见钟情。在伦敦时,他们常常能在聚会上见面,但两人还没有发展到"每天日常调情"[10]的地步,关系仅限于一起吃一顿清淡的晚餐,用心聊一聊白汤和鸫蛋的优点。

就在拜伦和安娜贝拉即将订婚之际,他看上了另一位可做妻子的人选——斯塔福德侯爵的大女儿夏洛特·莱韦森-高尔,也是奥古斯塔的闺蜜。拜伦在日记中写道,"她喜欢的东西我都爱",夏洛特"颇具**灵气**,一见到我,脸都红了,娇羞得像一只小鹿(我最喜欢她这个样子了)"。[11]可惜夏洛特的姑姑嫁给了卡莱尔勋爵。卡莱尔勋爵是拜伦的监护人,拜伦曾因勋爵没有将他介绍给上议院议员而对他出言不逊,导致两人的关系不好。无奈,只能由奥古斯塔出面提亲。

本来事情进展得非常顺利,但在九月初,身在纽斯特德庄园的奥古斯塔收到了夏洛特的来信,她反悔了,有了新的丈夫人选。信中,夏洛特表示自己十分抱歉,祝拜伦能早日找到心仪的妻子。夏洛特的新人选是亨利·查尔斯·霍华德,他是众多追求者中夏洛特最心仪的一位。他家庭条件很好,不久将成为萨里伯爵,后来又成了第十三世诺福克公爵。最为重要的是,亨利也十分喜欢夏洛特,马上就要向她正式求婚了。夏洛特的退出犹如一剂催化剂,促使拜伦重新对安娜贝拉发动攻势。摩尔记得相当清楚,拜伦自己的回忆录中记录了这段滑稽的往事,引用拜伦的话说就是,在夏洛特决定退出的那天早上,拜伦和奥古斯塔在纽斯特德庄园聊天说:"你看,绕来绕去,终究还是安娜贝拉来当我妻子。之后我会写信给她的。"[12]

一八一四年初,安娜贝拉的父母同意拜伦和女儿联系。从那以后,两人书信往来了很长一段时间。九月九日,拜伦在纽斯特德庄园给安娜贝拉写了封求婚信,字里行间满是试探:

你在信中所提到过的那些"不合适"是我们无法克服的吗？或者是否有些什么方法和改变能让你打消这些顾虑？我很清楚,所有的这些改变做起来比说出来难。为了让你满意,没有什么事是我不愿意去尝试的。无论如何,你要告诉我最坏的决定。你不需要承诺什么,也不需要发什么誓。你只需要明白,一切皆有**可能**,你有做任何决定的自由。[13]

拜伦自认为这封信还是相当有风度的,暗里带着试探,言语里满是恭敬,但也不失分寸,显得十分通情达理,他可不会冒着断然被拒的风险去做这件事。奥古斯塔阅读信后,也觉得很得体,便把信寄了出去。安娜贝拉对拜伦的迷恋显而易见,情感相当热烈,她总说除了拜伦,再没有谁能让她感兴趣了。[14]

227　　　尽管在安娜贝拉看来,自己知识渊博,与簇拥在拜伦身边的众多女性崇拜者截然不同,但实际上也没太大差别,她同样被拜伦好看的皮囊、横溢的才华、响亮的名声吸引。拜伦后来断定:"初见她恰逢我最红的时候;我个性浪荡,是个名副其实的花花公子。单这两点,年轻的女士们就爱得不行。"[15]早在信中,拜伦就已承认过自己放荡不羁的过去,也提过对宗教止不住的批判和怀疑,但安娜贝拉和许多追随者一样坚信,唯有自己,才可以把他从不堪的过去中拯救出来。

　　　　感谢你对我的宗教信仰提出了建议。我现在说的话,可能会让你对我失去好感,但我不得不告诉你,宗教是一个源头,以前从未、以后我也绝不可能从中得到丝毫慰藉……我不清楚我为什么来这里,也没有必要知道我该去向何处。在无数生物和死物的世界里,在恒星、星系和无限的宇宙中,我为什么要为一个原子而焦虑?[16]

面对这种虚无主义,这样一位自信而虔诚的年轻女子受到了极大的挑战。拜伦曾说过,"她嫁与我为妻,完全是出于虚荣,只想要改造我治愈我,让我和过去一刀两断"。[17]拜伦的分析虽冷酷,但这话无疑是对的,一场悲剧正在酝酿。

　　安娜贝拉不敢冒险,立即给拜伦回了信,还回了两封,一封寄到了奥尔巴尼公寓,另一封寄到了纽斯特德庄园。拜伦收到了寄往纽斯特德的信,当时,他正和奥古斯塔吃饭,看完就把信递给对面的姐姐,说"祸不单行"[18]，整个人焦虑到昏厥。好巧不巧，他母亲婚后遗失多年的戒指突然找到了。当时他们坐在饭厅，一位佣人把戒指呈了上来。拜伦不久就把戒指转送给了安娜贝拉。他后来心里一直犯嘀咕，觉得戒指在这个时刻复现不是一个好兆头。毕竟，用母亲留给他的遗物当作聘礼不怎么吉利。

一八一四年九月三十日，霍布豪斯在日记中写道："我刚听说拜伦勋爵要与米尔班克小姐结婚了！"[19]他刚刚喜欢上这个伙伴没几个月——"我越来越喜欢他了"[20]——现在就要失去他了，所以话里透着一丝沮丧。拜伦的婚约让他想起之前同约翰·考威尔打过的赌，一个关于拜伦婚姻的赌。约翰·考威尔是个相当讨人喜欢的男孩子，曾在布莱顿海滨与拜伦的狗玩耍，拜伦的朋友们曾打赌说拜伦永远不会结婚。霍布豪斯在知晓拜伦的婚讯后，立即写信告知约翰。朋友估算这场赌约赔率是100∶1，当时大家都觉得，像拜伦这种风流人物，结婚这事儿是断然和他沾不上边的。那还是一八〇八年的事，那年的夏天细雨蒙蒙。

对于拜伦要结婚这事，人们各执己见，态度不一。然而，这些拜伦都不在乎，他最害怕的无疑是卡罗琳·兰姆夫人的反应。卡罗琳早就威胁说，他要是敢结婚，她就去曼顿射击俱乐部里买一把手枪，当着负心人拜伦和他合法妻子的面开枪自杀。[21]拜伦觉得，在《伦敦晨报》批驳达拉谟市本地报纸上刊登的订婚消息一事很可能是卡罗琳干的。他向墨尔本夫人抱怨说："我怀疑她又在耍她那套把戏了，两份报纸的消息**互相矛盾**，除了**她**以外，再也找不出第二个有这种动机的人，她真是又恶毒又**小气**。"[22]拜伦还和《纪事晨报》的编辑詹姆斯·佩里讨论了这件事。拜伦在给摩尔的信中故作天真地写道："世上不会有人比我更讨厌喧器了，我的生活就像一出戏，里面总是充斥着这样那样的喧器，仿佛是命中注定。"[23]尽管卡罗琳脾气古怪，但好在她在公开场合还比较温顺。卡罗琳在信中大方地祝贺了拜伦，还附上圣井旁采摘的三色堇，言辞间隐晦地表露着对他的爱。卡罗琳像朋友一样爱他、敬他，或者说是"姐姐对弟弟的爱，就像奥古斯塔的爱一样"。[24]卡罗琳给约翰·默里写了一封信，文字情感充沛，还托他把信留着，以保证不做出格的事，她决心要把拜伦忘掉。[25]然而，约翰·默里却没有按卡罗琳说的做，信没留下来。

拉尔夫爵士、米尔班克夫人家位于东北海岸的锡厄姆村，离达拉谟市不远。米尔班克夫人结婚十五年都没有生育，年近四十才生下了宝贝独生女安娜贝拉，一手把她抚养成人。锡厄姆村煤矿丰富，第六世准男爵拉尔夫爵士心气很高，想靠着煤矿生意，放手大干一把。没想到，煤矿资源逐渐消耗殆尽，拉尔夫爵士便没那么高的心气了，日子过得平淡无奇。曾几何时，他有过一个宏大的愿景，想要在达尔登海角的滨海区建造一个港口，取名米尔班克港。后来，愿景改为便宜些的方案：利用机械工程师史蒂芬森发明的蒸汽内燃机车头，将煤炭从赫顿谷的煤矿运输到北面港口桑德兰。这样一来，运输成本就大大降低了。

一八〇八年，《苏格兰女士回忆录》中描写道："锡厄姆是我所见过的最原始的村子，村里只有十几间小屋，没有贸易，没有制造业，也没人做生意，大部分村民都是拉尔夫·米尔班克爵士的仆人。"在锡厄姆大多是近亲结婚，村里的经济状况差，现在的锡厄姆公馆原先只是一座普普通通的海滨小楼。十八世纪九十年代，米尔班克夫妇给小楼做了扩建，刷上灰泥，又重新布置景观，才有了现在壮观的样子，就是位置比较偏僻，孤零零地矗立在悬崖边上。拜伦从一八一三年夏末又开始和安娜贝拉通信，他收到了几次热情的邀请，但他一次也没去锡厄姆村。

订婚之后，米尔班克夫妇就更希望拜伦能来锡厄姆看看了，但拜伦不太想去，找了很多借口推迟行程。拜伦先和奥古斯塔在纽斯特德庄园待了许久，直到一八一四年九月二十日。临行前，他还去了一趟魔鬼森林，寻找一棵"丫"字形的榆树，在树皮上刻下了两人的名字。接着，又跑去伦敦和约翰·汉森安排"一些事情"[26]，顺便给自己置办了一件蓝色外套。

十月一日,米尔班克夫人估摸着拜伦再慢一周内也该到锡厄姆村了。[27]然而,眼看都过去了两周,拜伦还在伦敦,和埃德蒙·基恩以及其他戏剧圈的密友共进晚餐。二十四日,拜伦又到了奥尔巴尼公寓接待诗人伊莱扎·弗朗西斯。伊莱扎穷困潦倒,此行是来寻求资助的。她真实年龄有二十五岁了,但拜伦却坚称她最多只有十六七岁。拜伦答应给她的诗歌手稿把关,并给了她一张五十英镑的支票,说等诗歌出版了,就给他预留几本。

十月二十九日,拜伦终于动身前往锡厄姆村,但又在六里底村和奥古斯塔度过了一晚。第二晚,二人在万斯福德村的一家旅店过夜,这家店恰巧是罗斯贝里夫人与她姐夫亨利·米尔德梅爵士私奔后用餐的那一家。拜伦高兴地向墨尔本夫人谈起这事,觉得太巧了,那时候拜伦的心思还全都在奥古斯塔身上,满心满眼都是姐姐:

> 你不觉得他们二人跟你听说过的有这个心**没这个胆**的人相比没什么过人之处吗? 这些人没去学着私奔,不知道现在是庆幸还是后悔![28]

拜伦一向认生,走得很慢。平常和陌生的人在一起,拜伦就很害羞,更别提几乎一年未见面的未婚妻。对他而言,她只是一个通信次数较多的陌生人罢了。除了生性害羞之外,拜伦还害怕结婚会改变自己原有的生活状态,担心失去想干什么就干什么的日子。直至婚前,他都闷闷不乐,觉得自己即将成为喜剧中的傻子。他写信给霍布豪斯,真诚地说:"我承认,扮演这样一个求婚者对我而言并不容易。"[29]他倒是很希望霍布豪斯也把婚结了,"就像几个人通过同一条铁链就能通上电一样",彼此联系在一起,这样就可以互相安慰了。

十一月一日晚上,拜伦到达锡厄姆村,安娜贝拉一直在等。两年过后,这天的事情,包括所有小细节,安娜贝拉都记得清清楚楚:

> 我们从两天前就开始等他,拜伦耽搁了这么久,我母亲很不耐烦,生他的气。但我始终保持沉着镇静,自从我答应嫁给他以来,这种镇定从未改变。听到马车声的时候,我正坐在自己的房间里读书。我熄了蜡烛,想了想该做什么,决定先单独见见他。我这样做了。见到拜伦时,他在客厅里的壁炉边站着,我朝他走过去,他没有像以前那样走过来,但我伸出手时,他还是接过去吻了一下。我静静地站在壁炉的对面,两人都不说话,屋内静得可以听见呼吸。拜伦率先打破了尴尬的局面,低声说"我们挺久没见了",一时间,我动了动嘴,但几乎发不出声。[30]

拜伦向墨尔本夫人这样描述那天的事情:"安娜贝拉和我见面就像一出哑剧,我们什么都没做,甚至一句话都没讲。虽说尴尬,但情感还是自然地流露出来。"[31]奇怪的是,那天发生的事情,安娜贝拉回忆起来还很清晰,描述得极其准确,但拜伦却像是在评论一出戏。拜伦对墨尔本夫人说:"您侄女是我见过的最安静的女子,但她似乎远比我们想象的要细腻,我还挺为难,我喜欢女孩子多说话,说得多想得就少,娶一个心思细腻、计划周全的女子,对我没什么好处。"

婚姻意味着责任,拜伦担心自己担负不起婚姻的分量,这段姻缘也并不适合自己,甚至动了退婚的念头。十一月四日,拜伦在日记里写了这样一段话:"无奈,一切已成定局,律师们都已做好准备,双方都无退路。只要在羊皮纸上签了名,我就立刻成了安娜贝拉勋爵,但我无法保证我们婚后会幸福,所以我提出退婚,尽力安排好每一件事,想要对她公平些,给她找一条退路。"事情安排得很妥帖,可拜伦仍然觉得前途未卜。

230

拜伦的律师约翰·汉森办事总是拖拖拉拉,这次又借口在德文郡北部的海边度假胜地伊尔弗勒科姆犯了胆囊炎,迟了几天才匆忙赶到。拜伦敲定婚姻协议后,过了好几天,约翰才到锡厄姆,全权代表拜伦,和安娜贝拉办理结婚手续,并提议支付六万英镑的彩礼。这些钱是拜伦用纽斯特德庄园的大宅子作抵押借来的。这笔钱投资出去,每年可收益三千英镑,足够将来抚养孩子。要是拜伦先去世,安娜贝拉还能继承这些钱。这笔钱在那时算是相当慷慨了。其实,汉森最初建议将彩礼金额定为五万英镑,但拜伦认为"最好把事情做得大气些"[32],就又增加了一万英镑。

当然,安娜贝拉的家底也不薄。结婚时,她从父亲在约克郡哈尔纳比的庄园中分到了一万六千英镑,继承了拉尔夫爵士在锡厄姆的遗产,且通过母亲继承了莱斯特郡柯克比马洛里村的诺埃尔家族的遗产。这些都是安娜贝拉的舅舅温特沃斯勋爵的遗产,由她的大姨米尔班克夫人继承,每年收益约为五千英镑。但是仍然存在一些意外因素,例如,拉尔夫爵士可能再婚拥有第二个家庭,这样就会危及安娜贝拉的遗产继承权;另外,温特沃斯勋爵也可能把他的财产放在别处。但好在拜伦就算卖掉纽斯特德和罗奇代尔的地产后仍有固定收入,因此这段婚姻的经济基础是牢固的。[33]

约翰早在拜伦孩提时就认识他,现在拜伦和未婚妻之间关系紧张,约翰一看就知道是怎么回事。汉森第一次来到锡厄姆村,可拜伦迟迟不到,汉森觉得有必要对安娜贝拉解释一下。没想到,安娜贝拉优雅地回答说:"汉森先生,如果不是有意冒犯的话,就没什么错。"[34]而此刻,拜伦则在后面不高兴,汉森听到他嘟囔道:"该死,该死,你快别说了。"后来,拜伦见汉森独自一人在他的房间里,就来吐苦水:"汉森,我早早就告诉过你,安娜贝拉说起话来拘谨古板。我从不喜欢这样拘谨的正经人,但好在她聪明,还懂希腊语和拉丁语。"

汉森并不幻想拜伦会爱上安娜贝拉。在他看来,二人从一开始就不适合。"拜伦大人不喜欢矮胖矮胖的女人。他在某处说'我讨厌胖乎乎的女人'。这位女士就又矮又胖。"汉森担心新娘的体形不讨拜伦的喜欢,卡罗琳·兰姆夫人恶狠狠地附和着,"拜伦永远不会和一个既不了解统计学,又准时去教堂,身材还糟糕的女人在一起"。[35]相比之下,安娜贝拉请专业画师为她画的理想化的肖像画显示她略为丰满,但腰围纤细,娇小可爱。

拜伦在锡厄姆村度过了痛苦的两周。甚至在到达之前,他对米尔班克夫人就已"产生了极度强烈的厌恶感",等到了那里,更是发现米尔班克夫人盛气凌人,说起话来滔滔不绝,天知道拜伦多么希望他的岳母能是一个"普通的大妈"。[36]比起米尔班克夫人,拉尔夫·米尔班克爵士直率、健谈、好相处。德文希尔公爵夫人把拉尔夫爵士叫作"老顽童拉尔夫"[37],他热爱一切英格兰的事物,憎恶法国人。拜伦最放松的时刻就是家庭音乐家拉尔夫爵士拿出大提琴时,这时谈话停止了,世界安静了。事实上,拜伦对大提琴都起了疑心。听汉森说,拜伦一直认为拉尔夫爵士对安娜贝拉的感情不正常,不像是正常的父女关系。有谣言说,拉尔夫爵士就是以演奏大提琴来抑制自己对安娜贝拉不正常的情感的。[38]拜伦的原话可能被汉森断章取义了,但他这里明显是在暗示乱伦。

拜伦常和安娜贝拉在塬上散步,不时吹来阵阵微风。总的来说,二人在一起还算愉快,什么都能说开。拜伦很关注自己的身体状况,而安娜贝拉却成天不是这儿疼,就是那儿疼,像个身患疑难杂症的病人,他深感不安。"她三天两头就生病,总说自己哪哪儿不舒服,不知道得了什么病。"[39]此外,安娜贝拉捕风捉影,太会察言观色,让拜伦很不舒服,"一句话,或者仅仅语调的改变,都能引发矛盾"。压倒拜伦的最后一根稻草是那场**洋相**,拜伦聊到卡罗琳夫人和他的纠葛,不禁提起了那些不堪往事,安娜贝拉隐约听出他当时有多出格,她害怕了,甚至动了解除婚约的念头。回到屋里,拜伦脸色发青,瘫坐在沙发上。[40]一场大戏即将上演。

　　他告诉墨尔本夫人,对于这段婚姻,安娜贝拉"远比我们想象的要上心"。[41]拜伦试图用他惯用的方法来打破安娜贝拉的沉默,根据他以往的经验,遇到这种情况,行动远比好口才更有用,拜伦先抱了抱安娜贝拉,再亲了亲她,用心安抚了安娜贝拉,这是一套英国尽人皆知的镇定方法,他指望能立竿见影。的确,她就像个孩子一样,在**爱抚**下,心情会变好,整个人都变得温和,很可爱。[42]拜伦摸着摸着,就有点过火,这把安娜贝拉吓坏了,没想到未婚夫如此放纵,她可不想在结婚前就失身,就让他立即回伦敦。拜伦在波洛布里奇镇过了一夜,给安娜贝拉写了一封信,言辞很不耐烦:"我现在就像鞋里夹着豌豆的朝圣者,满是不舒服,却还得前行,见到我这副模样,满意了吗?你的冰清玉洁寒冷了我的心。"[43]他先是去了纽斯特德庄园,然后又去了六里底村找姐姐。现在轮到拜伦想要放弃婚约,信都写好了,但奥古斯塔劝他不要寄。正因这一举动,拜伦把后面婚姻生活的不幸全都怪到了姐姐头上,觉得都是她的错,不过这都是后话了。

　　在返回伦敦之前,拜伦去了剑桥两次,那是一个令他百感交集的地方。他去学术委员会给威廉·克拉克博士投票,希望他获得解剖学教授的职位。克拉克是三一学院的研究员,本打算以私人医生的身份和他去黎凡特地区旅行,不过计划在一八一三年取消了。霍布豪斯也来到剑桥给克拉克投票。这位候选人和三一学院院长兼布里斯托尔主教威廉·洛特·曼塞尔都争着要做拜伦的私人医生和他去旅行,霍布豪斯觉得非常有趣:"堂堂一主教,去巴结拜伦这样一个既有无神论者的名也做无神论的事的诗人,挺好。"[44]拜伦作为一位名人来到剑桥,这在某种程度上预示着他后来要浪子回头。到投票会议现场时,学生挤在二楼的过厅为他鼓掌,他投完票离开时又响起一轮掌声。霍布豪斯确信,这样的阵势前所未有。他在日记中还提到拜伦"脸红得像火一样"。

开弓没有回头箭,婚礼的准备工作就这样开始了。拜伦见不到安娜贝拉,为了安慰她,写了一封口吻亲切的信:

> 不要再**自**责啦,之前告诉过你,完全没有必要的。我没有生气。我尊敬你,爱你,所以我快乐。你是我的心——你的拜伦。[45]

233 拜伦的致命伤是他感情上的不专一。对于这位伟大的爱情诗人来说,几句情话不过小事一桩,都是信手拈来,写着写着,就把自己写进去了,慢慢觉得自己还真是一个专一的人。在看不到对方的情况下谈情说爱,拜伦尚能接受。但与一个心思缜密、教养良好的女性结婚,每天都要和她打交道,忍受那种令人窒息的甜蜜,他完全接受不了。

拜伦仍在伦敦迟迟不动身,大家议论纷纷,胡乱揣测,见多识广的墨尔本夫人便给她的侄女做了些指点,免得耽搁太久。整个十一月下旬和十二月,安娜贝拉寄出一封封情书,她告诉拜伦,预备婚礼的钟声已经敲响,还邮了定制结婚蛋糕的单据给他,拜伦高兴地回道:"亲爱的,蛋糕会不会变坏或者发霉啊,我好担心啊。要不然,叮嘱他们往蛋糕里少放点鸡蛋和黄油,否则亲友们吃了肯定要消化不良。"[46]

拜伦一边和安娜贝拉通信商量订婚的事,一边和伊莱扎暧昧不清。这是伊莱扎第二次来奥尔巴尼公寓找拜伦了,他总是对抱负远大的年轻女性格外偏爱。拜伦故技重施,同仰慕者玩起了猫捉老鼠的游戏,明明前一天还分外热情,第二天就态度突变,极度冷淡,告诉伊莱扎自己已经订婚了,帮不上什么忙。后来,伊莱扎还讲了一件事,成了两人混乱关系的转折点,"当时我就低着头,站在那儿,几缕发丝从帽子里溜了出来,拜伦轻轻地把它们撩到了一边,吻了吻我的脖子。我突然警觉了,努力挣脱想推开他，但他轻松地就把我抱入怀中，吓死我了。事情还没完，紧接着他坐在椅子扶手上，把我拉到膝盖上坐着，胳膊把我的腰搂得紧紧的，我根本挣不开"。[47]就在拜伦准备吻伊莱扎时，她态度强硬，坚决不从，和"品德高尚的拜伦勋爵"决裂。

默里档案馆中存有一封旧信，作者身份不明，但细读信件，那种暧昧一看就知道是拜伦。

亲爱的伊莱扎：

　　我最近有事要忙，没法按时赴约，事发突然，你应该能理解我吧，反正对你来讲也不会有什么影响，我已经催过你今早做决定，我不会再打扰你，下次再碰面，我就不会在这个问题上纠缠你了，我这个人向来还是很真诚的，说到做到。[48]

写完信，拜伦在信上落款，签了个大写字母，不知有何寓意。虽说拜伦订了婚，但私下里那些隐秘的情感纠葛并未减少半分。

去年三月，汉森说服拜伦出面说媒，把汉森一个远房堂妹玛丽·安嫁给朴茨茅斯伯爵。[49]玛丽年仅二十四岁，朴次茅斯伯爵大概四十五岁，年纪比玛丽大得多，精神不正常。这对男女一旦结合，汉森就可以名正言顺地控制朴次茅斯伯爵的财产。但现在，朴茨茅斯的弟弟牛顿·费罗斯阁下对这段婚姻提出质疑，伯爵本就精神错乱，再则，这场婚姻安排得太过仓促，怕是别有用心、另有所图，让人质疑这段婚姻的合法性。面对牛顿的指控，拜伦作为媒人，也出具了一份辩护词，措辞严肃，对自己在这段婚姻中所充当的角色进行了解释说明，辩护词慷慨激昂，很有说服力，最终法庭撤销了牛顿对汉森的指控。当然不得不说，这份辩护词是汉森草拟的，这点毋庸置疑。尽管事情暂且告一段落，但九年后，该案又重新开庭审理，比起第一次指控，更加来势汹汹。这场所谓"朴茨茅斯的疯狂生意"

的丑闻迅速发酵,在坊间蔓延开来。拜伦婚礼前几周在伦敦,这场丑闻搞得他焦头烂额。反观婚前准备,他却不大上心,真是讽刺。

　　无论是从早些时候拜伦对于玛丽婚礼的记忆,还是从关于汉森家族设法获得朴次茅斯伯爵财产的证据中,我们都能看得出来,拜伦参与了这桩媒事,他后来在《唐璜》里对此事进行了言辞辛辣的讽刺。很显然,汉森知道拜伦和玛丽曾经暧昧过,但还是请他来说媒。按玛丽的哥哥牛顿的说法,拜伦已经追求了玛丽三四年,他给玛丽承诺:"虽然我不能娶你,让你成为有头有脸的名人,但无论如何,伯爵夫人你是要当的。"[50]婚礼当天,当他领着新娘玛丽穿过布鲁姆斯伯里的圣乔治教堂座椅中间的过道时,他还提起自己以前勾引她的事,且日后还在别人面前拿这件事开玩笑。前一天,拜伦连续参加了两个舞会,玩到很晚才睡。[51]他在日记中写道:"我那天捅了娄子:本该把双方的手搭在一起,却不小心让双方的手重重地撞在了一起。我赶紧扶正,悻悻地回到祭坛栏杆旁,说了一声:'阿门'。"他最后说:"别人肯定觉得我的举动很古怪。"明眼人都看得出来,这桩媒事办得龌龊,根据汉森的儿子牛顿的回忆,母亲一个月后就羞愧而死。

　　除了受困于朴茨茅斯的媒事,拜伦待在伦敦的另一个原因是要处理出售纽斯特德地产的事。原本要购买地产的克劳顿突然违约,未能及时支付款项,还提出新的条件,希望降低价格,且付款期限也要后推一段。至于这些新提议,汉森也认真考虑过。当拜伦读完这些新增的条款,他在十二月八日当机立断地对安娜贝拉说:"这儿的事早晚都会了结,但我已经做好应对一切负面回答的准备。"[52]拜伦询问安娜贝拉和她的父母,让他们决定婚礼能推迟多久。毕竟眼前的经济状况不乐观,拜伦将自己当下的状况一五一十地向安娜贝拉说清楚了。在纽斯特德庄园卖掉前,他不仅一分钱收入没有,还背负着大量债务。尽管安娜贝拉对此不以为然,依旧镇定自若,但直到拜伦动身前往锡厄姆村之前,是否能推迟婚礼始终是他信中绕不开的话题。婚礼当天，每个人心里都在质疑拜伦是否真心爱她，是否有足够的财力维持这段婚姻。

十二月十六日，拜伦亲自向坎特伯雷大主教提出申请，允许他们在锡厄姆公馆的一个房间内举行一场低调的婚礼。[53] 拜伦对于隐私的渴望近乎病态，这点在婚礼场地选择上展现得淋漓尽致。尽管如此，每当他想要获得更高的曝光率、拥有更大的名气的时候，隐私这回事就被抛到脑后，暂时不理。拜伦和汉森一同去民法博士协会办理了场地租用许可，他严肃地问工作人员："请问，先生，先到这里来结婚，然后又来这里离婚的人多吗？"[54] 当月二十四日，拜伦揣着装有许可证的公文包，和伴郎霍布豪斯一同离开伦敦，启程前往锡厄姆村。

和上次一样，拜伦忐忑不安，行程依旧缓慢，能拖就拖。霍布豪斯停在剑桥，拜伦则停在六里底村。圣诞节那天冷极了，拜伦给新娘写了封信："最亲爱的安娜贝拉，我已经在路上了，外面温度很低，但心中溢满的爱能叫我内心暖和，热乎乎的。利上校现在坐在我对面，抱怨说自己冻感冒了，喊着要吃药。至于奥古斯塔，看起来各方面都和往常一样，好得不能再好啦。"[55] 最后，他大方且自然地祝愿安娜贝拉"多吃肉饼，天天快乐"。

节礼日那天，拜伦和霍布豪斯再次向北出发。霍布豪斯说："从没见过像你这样，对婚礼一点儿不急的新郎。"[56] 第二天，他们冒着雨雪到了纽瓦克镇，新郎越来越不上心了，伴郎也像个没事儿人似的，正在阅读约翰·默里的新版《吉本全集》。[57] 两天后，当他们到达瑟斯克镇时，拜伦已经对婚礼漠不关心，甚至还带点厌恶的感觉。[58]

三十日星期五晚上八点，拜伦和霍布豪斯终于到达了锡厄姆公馆。等了这么久，安娜贝拉的母亲非常生气，甚至没有出面迎接。安娜贝拉独自一人在书房接待霍布豪斯，一碰面，便"大大方方地"和霍布豪斯握手，没一会儿，"她的父亲摇摇晃晃地走了进来"。[59]霍布豪斯上下打量了米尔班克小姐一番："她看起来略显邋遢，穿着一件高到能遮住脖颈的长裙（如同拜伦所说的那样），幸亏脚和踝关节很美，但脸的下半部分没长好，至于上半部分，表情虽丰富但并不漂亮，总的来说，还是比较耐看的。"一听到拜伦出来的动静，安娜贝拉飞跑过去迎接他，满心满眼全部是拜伦，好像看不见旁边的人似的。她张开双臂，搂住拜伦的脖子，放声大哭。在霍布豪斯看来，安娜贝拉似乎"异常爱慕"拜伦，"高兴地盯着英俊如半身像的拜伦"。而拜伦却始终在打量着未婚妻的身材，一刻都未停。

　　第二天天气晴朗，阳光明媚。霍布豪斯沿着海边散步，拜伦正写信给约翰·默里，坚决不同意把菲利普斯为他作的披着斗篷的肖像画当作即将出版的诗集的插图，拜伦写道："务必**烧掉**这个雕版，重新找一个**蚀刻师**来，先前这画看起来又蠢又闷。"[60]这封信在结婚前两天寄了出去，看来拜伦格外关注自己的形象。当天晚上进行了婚礼彩排，霍布豪斯扮演安娜贝拉，米尔班克夫妇的律师威廉·霍尔担任伴郎。安娜贝拉的叔叔温特沃斯勋爵的私生子托马斯·诺埃尔牧师担任此次婚礼的主持，借此机会，他也排练了自己的部分。

　　在锡厄姆村的最后几天，霍布豪斯最后一次试图将拜伦从婚姻中解救出来。霍布豪斯找到托马斯·诺埃尔，试图说服他解除婚约，理由是"这些人将自己的孩子交到这样一个**暴力的**男人手中太危险了，**没有任何安全可言**，应该受到指责"。[61]这些言辞激烈的话是安娜贝拉一年多后写信给法律顾问时讲的，当时拜伦两口子正处于分居的状况。这些对拜伦的指责可能不全是真的。从很多迹象能看出来，霍布豪斯这一次和牧师的谈话也许是他自己决定的，但更可能是拜伦要求他去做的。他们给出的理由讳莫如深，牧师回应称为时已晚，拒绝干预，婚礼没能取消。婚礼前一晚，拜伦和霍布豪斯在锡厄姆公馆大厅吃晚饭，四周安安静静，两人缄默不语。拜伦忍不住提醒霍布豪斯："今晚是我们俩的最后一晚了,过了今天,我就是安娜贝拉的丈夫,我就属于别人了。"[62]

一八一五年一月二日星期一,在锡厄姆公馆一楼的会客厅里,二十六岁的拜伦和二十二岁的安娜贝拉成了婚。这间会客厅装修精良,窗外可以看到大海。米尔班克夫人激动得手直抖,吃早餐时连茶都泡不好。十点半刚过,行晨礼的时候到了,新郎和伴郎上楼去客厅。大厅里礼拜用的跪垫早早地铺好了,可拜伦觉得这些垫子不够柔软,硬邦邦,仿佛"塞满了桃核"。[63]托马斯·诺埃尔和锡厄姆牧师身着仪式正装,和米尔班克一家站在一起等待,克莱蒙特女士扶着新娘缓缓走了进来。克莱蒙特曾是安娜贝拉家的保姆和家庭教师,现在已经退休,多年来同米尔班克一家情感深厚,大家都把她当朋友一样看待,于安娜贝拉而言她更是像母亲一样。站在新娘身旁,克莱蒙特动容了。

新娘身穿一件镶有蕾丝花边的薄纱礼服和一件白色棉纱短上衣,没戴任何头饰。霍布豪斯描述了安娜贝拉的整套服饰,觉得没什么特别,"确实很朴素"。[64]在整个婚礼过程中,安娜贝拉一直凝视着拜伦,当牧师询问时,她的回答"坚如磐石",清晰地重复着婚誓。比起安娜贝拉,拜伦表现得没那么自信,当宣誓"我,乔治·戈登,把我所有的财产都给你"时,一开始还犹豫了片刻,四处环顾,冲着霍布豪斯微微做了个鬼脸。到了十一点,婚礼仪式结束,拜伦和安娜贝拉正式结为连理。霍布豪斯跟着牧师和安娜贝拉握了握手,又拥抱了拜伦,米尔班克夫人吻了一下她的女婿。安娜贝拉离开了房间,但很快又回来在登记簿上签字。她此时已经泪流满面,终于意识到她要离开父母的怀抱,去寻找一个不确定的未来。她换上了那件镶着白色皮毛的石板色缎子旅行礼服,静静地坐在客厅。霍布豪斯现在才真切感觉到,自己"亲手葬送了一位朋友"。

快到中午了,霍布豪斯领着新娘下楼,和拜伦一起坐上马车,踏上了蜜月行程。霍布豪斯送给安娜贝拉的结婚礼物已经放在马车里:一部用橙色摩洛哥羊皮革装订的完整情感史——《拜伦诗歌全集》。霍布豪斯向安娜贝拉贺喜,祝他们百年好合,安娜贝拉却回应:"如果我不幸福,那将是我自己的问题。"拜伦从车窗里伸出手,紧紧地握着霍布豪斯的手,直至马车要开走也不愿松开。

锡厄姆村民风淳朴,还存留着许多古老的仪式,剑舞就是其中一个,算是一种庆祝新年的传统仪式。宾客离开锡厄姆村之前一起在大厅外观看了矿工的剑舞表演,十名矿工身着奇特的服饰,围成了一个圆形队伍,缓慢地舞着,队形中央是一个糟老头和一个傻子,最后傻子被"砍头",身首异处。霍布豪斯在日记中详尽地描写了这场仪式。这一幕与他们在东方所见过的舞蹈一样充满神秘感和异域风情。婚礼结束后,撒克逊教堂的小钟声开始响起,六人在教堂前行鸣枪礼。

米尔班克家族的另一处家产在达灵顿镇附近的克罗夫特村,叫哈纳比公馆,在这里拜伦度过了被他称作"糖稀月"的蜜月。汉森在汉普郡有一栋叫"法利"的乡间别墅,拜伦原本计划带安娜贝拉去那儿度蜜月,但考虑到汉森臭名昭著的朴茨茅斯媒事,他们最终还是没去。从拜伦发出去的信件看,那里也不差。拜伦对墨尔本夫人说:"我不是不喜欢这里,这地方用来度蜜月恰好。"[65]他主要抱怨的是这儿没有图书馆,而且他刚一来就感冒了。

后来一些迹象表明,哈纳比公馆的蜜月并非一片祥和。拜伦夫人称自己受到了丈夫的羞辱和虐待,这些话我们虽然不会全信,但她回忆的拜伦撒娇闹情绪的行为,还是颇为真实的。在马车穿过达勒姆郡前往约克郡的路上,"拜伦开始疯疯癫癫地唱歌"[66],像只困兽。拜伦破口大骂安娜贝拉,斥责她磨磨蹭蹭,让自己等了好久才答应结婚。拜伦把弗朗西丝·韦伯斯特夫人让他受的气都撒到了安娜贝拉身上,让她相信拜伦娶她是为了报复弗朗西斯。

摩尔读过拜伦后来被烧毁的回忆录:"结婚当天,还未吃晚饭,拜伦就在沙发上**占有了夫人**。"[67]塞缪尔·罗杰斯还想起了回忆录中的另一段话：

> 新婚之夜，拜伦突然惊醒；房间里燃烧着一根细长的蜡烛，烛光透过深红色的床幔，映出一片血光。他忍不住大声叫道："天呐，我真是下地狱了！"这一声把夫人吵醒了。[68]

美国作家华盛顿·欧文也读过拜伦后来遗失的回忆录，这件事也震撼了他，但他描述的细节略有不同：拜伦清晨醒来，夫人躺在他身边，他想象自己是俄耳甫斯，正在地狱与冥后普洛塞尔皮娜共眠。拜伦向来拒绝和女人同睡一张床，而且也明言他对婚床不感兴趣。他告诉安娜贝拉，只要够年轻，"跟谁睡都一样"。[69]

在哈纳比公馆，拜伦觉得自己被什么东西束缚了，他告诉妻子，自己的先辈杀过人，放过火，还自杀过，拐弯抹角让她知道自己也曾"作恶多端"，且霍布豪斯就是共犯。他甚至说："我这一生注定会受到诅咒，但被诅咒结婚却是最重的惩罚。"[70]拜伦暗示，要是安娜贝拉早些答应嫁给他，他就不会犯下类似鸡奸这样的罪行。他一定要让安娜贝拉明白，自己太过邪恶，正经女人无法想象他有多么纵欲。

两人结合本就不易，拜伦突然来了这一番倾诉，安娜贝拉相信他是在忏悔。

安娜贝拉的谈话里很大一部分都是表演，拜伦总是爱用半开玩笑半认真的调子说话，不是太过夸张，就是胡编乱造，他的男性朋友对这种讲话风格早就见怪不怪了。但温文尔雅的新婚妻子怎么会知道。后来，拜伦对布莱辛顿夫人解释说：

> 拜伦夫人自制力超凡，这可不是什么好事，对事情的处理不仅毫无帮助，还起了反作用。有时候，矛盾本不大，我满腔怒火控制不住，

> 爆发出来也就完了,但是她镇定自若,仿佛无事发生似的,我感觉她在责备我,这就激怒了我,进一步激化了矛盾。她总是端着,带着一种高人一等的神气,看到她这副模样我更**恼火**(*mauvaise humeur*)。[71]

每次拜伦心情不好,安娜贝拉都能火上浇油。

事后回忆起来,早在他们婚礼初期,安娜贝拉就察觉到了拜伦和姐姐奥古斯塔的关系不正常。当时他们夫妻俩还在哈纳比公馆,拜伦一收到奥古斯塔的来信就特别兴奋。而安娜贝拉提起一个一对男女结婚后才知道他们是亲戚的故事,拜伦表现出愤怒、恐惧。安娜贝拉一直在读屈莱顿的《唐·塞巴斯蒂安》,这部悲剧的主题是乱伦。后来发生的事情可能干扰了之前的记忆:安娜贝拉给奥古斯塔写信,请她和他们两口子一起度蜜月,但奥古斯塔以"**我家那口子年纪小**"[72]为由,婉拒了邀请。

在哈纳比,拜伦创作了《希伯来谣曲》。他终于被道格拉斯·金奈尔德说服,为犹太作曲家伊萨克·内森创作的圣歌配词。内森是第一位认识到拜伦诗歌中蕴含音乐性的作曲家,后来这种音乐性深受十九世纪后期浪漫派作曲家喜爱,门德尔松就喜欢为他的诗歌谱曲。拜伦为内森创作的歌由著名男高音歌唱家约翰·布拉姆演唱,碰巧他也是犹太人。起初,写歌的事情尚未落地,拜伦写信给安娜贝拉:"这事儿碰巧落到我这个总被骂是异教徒的人身上,真够离奇,奥古斯塔说,再过几天,他们怕是要叫我犹太人了。"[73]这一番话说明,拜伦很可能加入了反犹太主义的行列,他跟汤姆·摩尔开玩笑,嘲笑内森唱歌带有希伯来语的鼻音,听起来很没水平。[74]但在内森看来,犹太人一向被排斥、被掠夺,但拜伦却能同情他们。内森感觉拜伦好像能体会犹太人的苦难史,他对爱尔兰人也是这样。[75]他自己就是一个被社会抛弃的逆子,看到同样被社会抛弃的民族,他能感同身受。

拜伦写了《圣经》中的哀歌《希律王为玛利亚哀歌》和《提多毁灭耶路撒冷的日子》，这些希伯来歌曲他自己很喜欢，歌词里饱含着悲伤，唤起了被流放的记忆，悠久而深沉。蜜月期间，安娜贝拉花了很多时间誊写歌词集的校正本，其中有一首《我们坐在巴比伦河边哭泣》，读起来朗朗上口。

一月二十二日，拜伦二十七岁生日这天，度完蜜月的小夫妻回到了锡厄姆村。之后二人的日子过得就像在荒岛一般，与世隔绝，糟糕透顶，拜伦压根不想回忆，他向汤姆·摩尔抱怨说：

> 海岸边枯燥乏味，无聊至极，除了村里的集会和海难残骸，没有什么有趣的东西。我晚餐吃了鱼，鱼成了我的晚餐，那鱼的晚餐是什么呢，也许是一群在大风天离奇失踪的矿工吧。好在我又一次看到了巨浪翻腾的壮丽景色，不比斯开湾逊色，还有白色的飑云，以及岛礁之间那一湾浅浅的海水让我印象深刻。[76]

拜伦过不惯英国乡村生活，在他看来，米尔班克一家每天就像例行公事一样，喝喝茶，打打牌，在港口遛遛弯儿，日子过得死气沉沉，了无新意。拜伦也慢慢变成了这部哑剧中的一员。一天晚上，淘气的拜伦将他丈母娘的假发拽下来戴在自己头上，安娜贝拉穿着拜伦的长大衣，戴着他的旅行帽，贴上假胡子。拉尔夫·米尔班克爵士刚退休，他在议会里为辉格党已经默默无闻地工作了二十二年。埃伍德村的居民大都具有强烈的参政、议政意识，相比之下，锡厄姆村的居民就显得狭隘，对政治不感兴趣。蜜月还没结束，拜伦就盘算着要"重返东方"。[77]拜伦跟摩尔商量一起去一趟意大利，带不带妻子均可。

回到锡厄姆村，他继续创作《希伯来谣曲》。拜伦的《西拿基立的覆灭》的草稿日期标注的是一八一五年二月十九日，拜伦改正日期后，安娜贝拉誊抄了一份正稿。

> 亚述人来了，像狼扑群羊，
>
> 盔甲迸射着紫焰金光；
>
> 枪矛闪烁，似点点银星
>
> 俯照着加利利的碧波浪影。[78]

这是大家耳熟能详的一首诗，常被选入各类拜伦诗集，就算不了解他的其他诗，但这首绝不会没听过。拜伦以《列王记》第二部和《以赛亚》为素材，运用了大量他熟谙的圣经预言，创作了一首画面感极强的诗歌，给人的冲击感就像教堂斑斓多彩的窗户：贵族也能创造出极具民主精神的艺术作品。

241

> 战马卧地，鼻孔大张，
>
> 但鼻孔内涌动的气息勇武豪强，
>
> 突出的白沫沾染了草地，
>
> 就像击碎岩石的惊涛一般冰凉。

> 骑兵卧地，面孔苍白扭曲，
>
> 额头满是汗水，铠甲斑斑锈迹；
>
> 营帐悄然无息，军旗兀自飘扬，
>
> 长矛无再举之时，号角无再响之日。

骑士摔下战马的画面生动形象，且在当时的历史环境下还有暗指。一方面，这首诗可以称作拿破仑的悲歌，暗指拿破仑被残忍地挑下战马；一方面,也是海滩边散步时的一声叹息,献给逝去的自我,悲喜交加的自我,狂妄自傲的自我。

拜伦夫妇的婚姻里最悲哀的莫过于偶尔的幸福瞬间。有时拜伦会变成那个"狂野快乐的大男孩"[79],像以前在苏格兰时那样,攀爬怪石嶙峋的山。他深爱妻子,哄她,叫她"小铃铛""小漂亮""大漂亮",仿佛只有这样的称呼才配得上安娜贝拉白里透红的面容。偶尔心情好的时候,拜伦也会纵容她,甚至用儿语称他的跛足为"小脚丫"。[80]有一天晚上,拜伦对安娜贝拉说:"我想我是爱你的,甚至爱你比爱热娜还要多。"听闻这话,安娜贝拉便一直误以为热娜是一个女人,几周过去了,几个月过去了,拜伦故意不解释,还专门在他剪下的一大堆情人头发里挑出埃德斯顿的一小缕给安娜贝拉看,这缕头发看起来的确像女孩子的,这样一来,误会越来越深。

拜伦在锡厄姆村的日子里,幸福的生活不多见,阴郁的日子占多数。虽然安娜贝拉和奥古斯塔还没有见过面,但这段时间她们一直保持着密切、频繁的通信,两人相互依赖,这段奇妙的关系往后继续持续了四十年,令人称奇。话说回来,拜伦的情绪不稳定,对于如何应对拜伦的阴郁周期,奥古斯塔作为好姐妹,告诉安娜贝拉这是"拜伦家族的通病,他这一支尤为严重",还给出了一些诚恳的建议。[81]她安慰安娜贝拉,不要把拜伦**"平时爱演的闹剧"**当回事,就当看戏。[82]逗一逗他就好了。来往的信件中,奥古斯塔还稍微聊了聊安娜贝拉在经期如何应对性生活:"你在**不方便的日子**(*THE Moon*)还能让拜伦兴趣盎然,真是为你开心。我猜,定是拜伦发现你在私房事上俏皮得很,一定开心得不得了。"[83]说出这样令人脸红、毫无遮拦的话,可见奥古斯塔是衷心祝愿他们婚姻幸福的。

一八一五年三月,拜伦夫妻离开锡厄姆村,前往六里底村拜会奥古斯塔。拜伦一向在马车里不自在,长时间和安娜贝拉待在封闭的车厢内加剧了他的恐慌。在这三天的行程中,拜伦又对安娜贝拉进行暴烈的言语攻击,和他们去哈纳比村度蜜月的路上犯了同样的病。这一次,安娜贝拉学聪明了,故意装出一副笑嘻嘻的样子,设法让拜伦冷静。到达万斯福德村,距离六里底只有一天行程了,当晚,拜伦满怀深情地问妻子"你嫁给我难道不是为了让我开心么",安娜贝拉承认确实如此,拜伦一听,欣喜若狂,回答道:"那说实话,你**的确**让我开心了起来。"[84]可是,拜伦这情绪没持续多久又变了。快到六里底时,他又说"我觉得我好像就要结婚了",听起来颇为沮丧。过了一会儿,他又开始抚摸起安娜贝拉来,希望她来吻他。拜伦可能担心侍女在车中无意听到了什么,才做出这一番举动来打消她的怀疑。

本来拜伦打算留安娜贝拉在马车里,自己先进去跟奥古斯塔通个气,但奥古斯塔不在楼下,拜伦便叫上妻子一起进门。他很紧张。好在奥古斯塔很快就出来了,和安娜贝拉握了手,后来还因为当时礼节不周,没和安娜贝拉互吻脸颊,让拜伦说教了一番。她哪里知道,拜伦这是在排解情绪。

安娜贝拉料想,两人许久未见,一定有很多话想说,便特意留空间给姐弟两人。当她回来找两人时,拜伦竟让她早点上床休息,明显是更喜欢和姐姐待在一起。这样的情况并非特例,在六里底居住期间,每天晚上都是这样。拜伦对她不屑一顾,说"亲爱的,我们自己就能玩得很开心,用不着你"。尤其是那句"尊贵而迷人的夫人"让人听来更是讽刺。拜伦第一晚就喝得大醉,疯疯癫癫地回到安娜贝拉的卧室,直言道:"我现在有她了,离了**你**我也很好。"拜伦起初不想让安娜贝拉跟自己来六里底,也出言劝过她:"我劝过你,让你最好别跟我来这儿,你不听,等后面你就知道我为什么这么说了。"今天,我们对六里底的**三人同居**情况的了解来自拜伦夫人的回忆和她对律师的陈述。可能安娜贝拉对字面意思进行了过度解读,也许放大了自己婚姻中的辛酸苦楚,但她讲述得的确详尽,颇具说服力。

　　在六里底村,种种迹象都让安娜贝拉更加确信,拜伦兄妹的关系不正常,以前她只是略有怀疑。拜伦夫妻到了六里底没一两天,伦敦一家珠宝商寄来一个包裹,内有两枚金制的胸针,分别带着字母 A 和 B,还配有兄妹两人各自的头发,胸针上有十字架,暗示着两人非法的爱恋。拜伦在奥古斯塔面前揶揄妻子:"她要是知道这是什么意思就好了。"

　　拜伦结婚后,奥古斯塔便不同意和他发生性关系,拜伦失望、愤怒,现在看来,这很可能成了催化剂,促使他对安娜贝拉进行粗暴的语言攻击,安娜贝拉在给律师的声明中如果不使用略语,就无法记录这些攻击。"他的一些表述太**粗俗**,可能会污染读者的眼睛,但一些有助于审判的内容我觉得还是有必要保留……接下来我将用毕比(Beeby)速记法来记录,尽量不使用缩写。"洛夫莱斯伯爵是拜伦家族的后人,他在十九世纪末研究了拜伦夫人的书信,是他将以下方括号里原本是看不懂的文字转译了出来。

　　　[他总是以最狠毒的方法来比较我们],下面的话他(至少)讲过两次,一次是在六里底,一次是在伦敦,当时我们[正谈女装],他对我讲"安娜贝拉,**我知道**[你穿内裤]"或者是"**我知道**奥古斯塔[也穿内裤]",语言直白,还特意**强调**一番。在六里底,[我们俩做爱的次数少之又少]。[快离开的时候,他又来求欢],不过看不出对我有爱意。最后三四天,拜伦对我讲过一些原因,但我听了并不开心。[我从]奥古斯塔那儿[听说,她用了一种特殊的方式让拜伦很开心]。我常**想起**一幕:拜伦有一天早上对她说,显然是指前一天晚上:"这样你就满足了吧"——他经常当着我的面对她抛媚眼,暗示有多么迷恋她,而我一直装作听不懂。

243

在这个剑桥郡的乡下,孩子成群结队,有奥古斯塔自己的,也有邻居家里的。有个女婴叫米格诺娜,或是叫梅多拉,是拜伦的教女,不过也很可能是在掩饰而已,说不定就是他的亲生女儿。拜伦开玩笑地对安娜贝拉说:"你知道那是我的孩子!"言辞间满不在乎。人们都很好奇,对于这三个大人之间复杂的游戏,奥古斯塔大一点的孩子难道没有察觉?安娜贝拉掩饰着自己内心的怀疑,装出一副天真的样子;奥古斯塔试图保持老样子,看起来还是一副无忧无虑大小姐的做派;拜伦呢,则扮演着哑剧国王和萨德侯爵的信徒这种双重角色。

拜伦编排了一出三人性爱的游戏,按照安娜贝拉所讲,为的就是**"让我们来个物尽其用"**。她在自述的速记中补充道:"我想,他这样做会让奥古斯塔更痛苦吧。"拜伦强迫她们合作,自己平躺在沙发上,叫两人轮流亲吻他。安娜贝拉能感受到拜伦对自己很冷淡,而对奥古斯塔要热情得多。性爱游戏中,拜伦要求奥古斯塔向安娜贝拉交代他的"婚前性爱史",奥古斯塔不愿意说,这不奇怪。

244　　　三月二十八日,拜伦夫妻准备回去了,安娜贝拉"受够了这个地方",巴不得快点逃离,拜伦则不情愿。[85]当他们的马车驶离时,他热情地向奥古斯塔挥舞手帕,回头望着她,直到看不见。然后,他转向安娜贝拉,询问对奥古斯塔看法如何。安娜贝拉答得十分圆滑,说奥古斯塔远比拜伦描述的聪明得多,听闻这话,拜伦看起来很高兴,说庆幸自己能让她们两个做朋友。

日后,有人问安娜贝拉为何不在这个时候就质问拜伦,告诉他已怀疑他多时,为什么还继续和奥古斯塔做朋友,安娜贝拉只说没有抓到确凿的证据,不好鲁莽行动。安娜贝拉也不想冒风险,疏远拜伦可能让他反应更大,反过来伤害自己。而且奥古斯塔刚被任命为夏洛特女王的侍女,每年多了三百英镑的津贴,这笔钱来得正是时候。

这时奥古斯塔可受不得任何风吹草动,更别提名誉受损,安娜贝拉

也不想毁了奥古斯塔,毁了她的孩子:

> 在我看来,那时候两人如此亲密,根本不可能分开不再联系,但让他们保持距离,装成正常的关系,还是有些希望的。我身为妻子,别无选择,只能把自己塑造成这两个人的守护者,而且他们似乎确实处于"悬崖边缘",岌岌可危,再进一步可就回不了头了。

对于这种三人同居的生活,安娜贝拉从开始的不情愿慢慢变成心甘情愿,所以上述理由听起来冠冕堂皇,但不是没有可能。

拜伦还在六里底的时候,欧洲发生了一件大事。拿破仑被流放到厄尔巴岛后逃了出来,只带了七百人登陆法国。派出去围剿他的士兵们立即投靠到他的麾下,路易十八被迫出逃。一八一五年三月二十日,拿破仑进入巴黎。"波拿巴!!!"[86]拜伦在写给霍布豪斯的信中写道。霍布豪斯回信的语言也十分激动:"我想知道接下来会发生什么。"在前一年写给拿破仑的颂歌中,拜伦控诉拿破仑,是他让自己迷茫,羞愧。而现在发动政变的拿破仑打破了拜伦为他塑造的形象,拜伦兴奋地说,他原谅了这个他料想不到的拿破仑。[87]之前他退位,拜伦悲痛,现在一听他又回来了,心中阴郁的情绪顿时烟消云散。拿破仑再次称帝,其影响已经波及英国政坛,伦敦出现了暴徒,桑德兰市甚至发生了骚乱。拿破仑的运气、勇气和毅力令拜伦惊叹:"他性格坚毅,能成大事,谁都抵挡不住他的魅力,都会情不自禁地对他着迷。"

注释

[1] 拜伦致托马斯·摩尔的信,1814 年 8 月 13 日。

[2] 卡罗琳·兰姆夫人致约翰·默里的信,1815 年。

［3］《劳拉》,第一章,第7节,第98行。

［4］同上,第9节,第139行。

［5］《〈劳拉〉的开场白》('Opening Lines to *Lara*'),第1行,1814年。

［6］拜伦致利·亨特的信,1815年5月-6月。

［7］安娜贝拉·米尔班克致拜伦的信,1815年8月21日。(洛夫莱斯-拜伦档案)

［8］奥古斯塔·利致弗朗西斯·霍奇森的信,1816年11月。

［9］拜伦致墨尔本夫人的信,1814年10月4日。

［10］拜伦致托马斯·摩尔的信,1814年5月31日。

［11］《拜伦书信与日记》,1814年3月22日。

［12］托马斯·摩尔,《拜伦传》,第一卷。

［13］拜伦致安娜贝拉·米尔班克的信,1814年9月9日。

［14］米尔班克夫人致墨尔本夫人的信,1814年9月25日。

［15］托马斯·梅德温,《拜伦勋爵比萨谈话录》。

［16］拜伦致安娜贝拉·米尔班克的信,1814年3月3日。

［17］托马斯·梅德温,《拜伦勋爵比萨谈话录》。

［18］"拜伦夫人的分居声明",第Q款,1816年。(洛夫莱斯-拜伦档案)

［19］约翰·卡姆·霍布豪斯(布劳顿勋爵),"日记手稿",1814年9月30日。

［20］同上,1814年3月21日。

［21］卡罗琳·兰姆致约翰·默里的信,约1814年。

［22］拜伦致墨尔本夫人的信,1814年10月5日。

［23］拜伦致托马斯·摩尔的信,1814年10月7日。

［24］卡罗琳·兰姆夫人致拜伦的信,1814年秋。

［25］卡罗琳·兰姆夫人致约翰·默里的信,1814年11月18日。

［26］拜伦致托马斯·摩尔的信,1814年9月20日。

［27］米尔班克夫人致休·蒙哥马利(Hugh Montgomery)的信,1814年10月1日。(洛夫莱斯-拜伦档案)

［28］拜伦致墨尔本夫人的信,1814 年 10 月 31 日。

［29］拜伦致约翰·卡姆·霍布豪斯的信,1814 年 10 月 17 日。

［30］"拜伦夫人的分居说明",第 Q 款,1816 年。(洛夫莱斯-拜伦档案)

［31］拜伦致墨尔本夫人的信,1814 年 11 月 4 日。

［32］拜伦致约翰·汉森的信,1814 年 9 月 28 日。

［33］关于分居案细节,参见 J. V. 贝克特,《拜伦和纽斯特德庄园: 那个贵族和他的庄园》。

［34］牛顿·汉森,"少年拜伦:约翰·汉森回忆录手稿"。

［35］卡罗琳·兰姆夫人致约翰·默里的信,1814 年秋。

［36］拜伦致墨尔本夫人的信,1812 年 9 月 21 日。

［37］德文希尔公爵夫人伊丽莎白,转引自《两位公爵夫人》。

［38］牛顿·汉森,"少年拜伦: 约翰·汉森的回忆录手稿"。我非常感谢菲利普·霍华德对这段话的阐释。

［39］拜伦致墨尔本夫人的信,1814 年 11 月 13 日。

［40］拜伦夫人致哈丽特·比彻·斯托的信,1856 年,转引自马尔科姆·埃尔文,《拜伦勋爵的妻子》(1962)。

［41］拜伦致墨尔本夫人的信,1814 年 11 月 6 日。

［42］拜伦致墨尔本夫人的信,1814 年 11 月 13 日。

［43］拜伦致安娜贝拉·米尔班克的信,1814 年 11 月 16 日。

［44］约翰·卡姆·霍布豪斯(布劳顿勋爵),"日记手稿",1814 年 11 月 23 日。

［45］拜伦致安娜贝拉·米尔班克的信,1814 年 11 月 22 日。

［46］同上,1814 年 12 月 7 日。(洛夫莱斯-拜伦档案)

［47］伊莱扎·弗朗西斯自述。(甘巴藏品,拉文纳克拉森塞图书馆)

［48］拜伦致伊莱扎·弗朗西斯的信,1814 年底。

［49］拜伦致安娜贝拉·米尔班克的信,1814 年 12 月 18 日。

［50］牛顿·汉森,"少年拜伦: 约翰·汉森回忆录手稿"。

［51］《拜伦书信与日记》,1814 年 3 月 7 日。

［52］拜伦致安娜贝拉·米尔班克的信,1814 年 12 月 8 日。

［53］同上,1814 年 12 月 16 日。

［54］约翰·卡姆·霍布豪斯(布劳顿勋爵),《漫漫长路:我的回忆录》,第三卷。见 1824 年 6 月 19 日这一天的记录。

［55］拜伦致安娜贝拉·米尔班克的信,1814 年 12 月 25 日。

［56］约翰·卡姆·霍布豪斯(布劳顿勋爵),"日记手稿",1814 年 12 月 26 日。

［57］同上,1814 年 12 月 27 日。

［58］同上,1814 年 12 月 29 日。

［59］同上,1814 年 12 月 30 日。

［60］拜伦致约翰·默里的信,1814 年 12 月 31 日。

［61］拜伦夫人致卢辛顿博士的信,1816 年 2 月 19 日。(洛夫莱斯-拜伦档案)

［62］约翰·卡姆·霍布豪斯(布劳顿勋爵),"日记手稿",1815 年 1 月 1 日。

［63］拜伦致墨尔本夫人的信,1815 年 1 月 7 日。

［64］约翰·卡姆·霍布豪斯(布劳顿勋爵),"日记手稿",1815 年 1 月 2 日。

［65］拜伦致墨尔本夫人的信,1815 年 1 月 7 日。

［66］"拜伦夫人的分居说明",第 T 款,1816 年 3 月。(洛夫莱斯-拜伦档案)

［67］约翰·卡姆·霍布豪斯(布劳顿勋爵),"日记手稿",1824 年 5 月 15 日。

［68］亚历山大·戴斯,《塞缪尔·罗杰斯桌边谈话》。

［69］"拜伦夫人的分居说明",第 F 款,1817 年 3 月。(洛夫莱斯-拜伦档案)

［70］"拜伦夫人的分居说明",第 T 款,1816 年 3 月。(洛夫莱斯-拜伦档案)

［71］ M.加德纳(布莱辛顿伯爵夫人),《拜伦勋爵对谈录》。

［72］ 奥古斯塔·利致拜伦夫人的信,1815 年 1 月 8 日。(洛夫莱斯-拜伦档案)

［73］ 拜伦致安娜贝拉·米尔班克的信,1814 年 10 月 20 日。

［74］ 拜伦致托马斯·摩尔的信,1815 年 3 月 8 日。

［75］ 伊萨克·内森,《追忆拜伦》(1829)。

［76］ 拜伦致托马斯·摩尔的信,1815 年 2 月 2 日。

［77］ "拜伦夫人的分居说明",第 F 款,1817 年 3 月。(洛夫莱斯-拜伦档案)

［78］《西拿基立的覆灭》,1815 年,第 1 行。

［79］ 拜伦夫人,《回忆录》,1818 年和 1842 年,转引自洛夫莱斯,《拜伦夫人的声明和陈述文摘》('Digest of Lady Byron's Statement and Narratives, etc.')。(洛夫莱斯-拜伦档案)

［80］"拜伦夫人的分居说明",第 L 款,1816 年。(洛夫莱斯-拜伦档案)

［81］ 奥古斯塔·利致拜伦夫人的信,1815 年 2 月 10 日。(洛夫莱斯-拜伦档案)

［82］ 同上,1815 年 1 月 11 日。(洛夫莱斯-拜伦档案)

［83］ 同上,1815 年 1 月 28 日。(洛夫莱斯-拜伦档案)

［84］"拜伦夫人的分居说明",第 R 款,1816 年末或 1817 年初。(洛夫莱斯-拜伦档案)

［85］"拜伦夫的的分居说明",第 S 款,紧承上文第 R 款。(洛夫莱斯-拜伦档案)

［86］ 拜伦致约翰·卡姆·霍布豪斯的信,1815 年 3 月 26 日。

［87］ 拜伦致托马斯·摩尔的信,1815 年 3 月 27 日。

第十六章　皮卡迪利公寓（1815-1816）

在《唐璜》里，拜伦揭露伦敦人的婚姻生活，字里行间充满了讥讽。

> 一位未婚男士，人品优秀，家财万贯
>
> 　却找不到合适的人为伍。
>
> 因为这个社会只是一场游戏，
>
> 　依我所见，一场皇家赛鹅棋。
>
> 在这个社会，每个人都有各自的目标，
>
> 　还有承担的责任，以及待做的计划。
>
> 单身女士恨不得把自己当两个人用，
>
> 　已婚女士却承担着处女的烦恼。[1]

赛鹅棋是刚从欧洲大陆引入的一款桌面游戏，棋盘纵横交错，棋局瞬息万变，只有善用阴谋诡计的人才能赢。

　　一八一五年三月底，拜伦夫妇终于有了一个稳定的住处。说起来，这还得感谢墨尔本夫人。墨尔本夫人曾写道："因为拜伦喜欢大房子，所以我选了这套，希望他俩喜欢。"[2] 房子位于皮卡迪利 13 号公寓，面朝格林公园，在海德公园拐角的尽头，是一座富丽堂皇的联排别墅。房东是德文希尔公爵夫人,也就是伊丽莎白·福斯特夫人。当时,女公爵正在国外旅行,协商的租金是每年七百英镑。后来,拜伦派霍布豪斯去看房子,特地叮嘱霍布豪斯要格外注意那些影响生活质量的关键因素,比如说,房屋编码以及盥洗室的位置。[3]

拜伦和安娜贝拉结婚有三个多月了,这是他们第一次住上属于自己的房子。此前,拜伦从未和除母亲之外的女人一起生活过。拜伦理想中的婚姻是夫妻两个相敬如宾,互不干涉,有自己独立的空间。而地广人稀、空气清新的纽斯特德庄园就是理想的居住地,婚后他将和妻子生活在这里,各自住在公馆两边,给彼此充足的空间,过着十分幸福的日子。然而,现实往往不尽如人意。真正步入婚姻生活之后,拜伦和妻子住在了皮卡迪利公寓。[4]老实说,在伦敦地区,皮卡迪利 13 号公寓算不上拥挤,还是比较宽敞的。然而,拜伦还是不满意。因为这个地方的人与其他地方的人不同,对个人的生活方式要求极为苛刻,而且,住在这里,每天免不了和人打交道,生活处处都是场面,让人无处可藏,无法真正放松。住了一段时间后,拜伦就患上了幽闭恐惧症。此前,拜伦一直有这个倾向,这下彻底爆发了。是社会对男性的高要求导致了婚姻关系紧张。作为一个敏感且极具创造力的作家,拜伦迫切需要独处。

拜伦夫妇在这里才住了两个星期,就有人来拜访。奥古斯塔·利带上自己的朋友雪莱夫人一起来拜访拜伦夫妇,这次拜访并不愉快。雪莱夫人在日记中写道:

> 我们刚爬上楼梯,正要进客厅,门一下子开了,拜伦勋爵就这么突然出现在我们面前,给我吓了一跳。但我很快就镇定下来,支支吾吾地说了几句祝贺的话。然而,拜伦勋爵并不觉得这事有什么值得庆贺的,还有点生气,像魔鬼一样吊着脸。看来,他不喜欢我们的突访。[5]

246

拜伦夫妇婚后不久,就在家里举办了一场聚会,现在来看,这一聚会还是有许多问题。在拜伦的邀请下,墨尔本夫人带着儿媳卡罗琳·兰姆夫人去看望自己刚刚结婚的表妹安娜贝拉。俗话说,三个女人一台戏。这三个女人都十分崇拜拜伦,场面一度失控。当然,除了她们之外,奥古斯塔·利和安娜贝拉的母亲也在。场面就更加让人尴尬了,卡罗琳十分痛苦,她说道:"我都不敢抬头。安娜贝拉对我冷淡极了,拜伦勋爵进来的时候也似乎不太高兴,他的手冰凉,但看起来又很和善。真让人捉摸不透。"[6]几周后,就爆发了滑铁卢战役。卡罗琳的弟弟弗雷德里克·庞森比在这次战役中受了伤,她只好前去照顾弟弟,先去了布鲁塞尔,最后去了巴黎。自此以后,她就再也没见过拜伦。

拜伦租下了这座位于伦敦的豪宅,这花费了他大部分积蓄,才搬进新家几周,没快活几天,日子就过得紧巴巴的。很快,拜伦夫妇就因为钱吵来吵去。霍布豪斯第一次去皮卡迪利公寓拜访拜伦时,就遭到了主家的告诫:"就算未来的妻子是个知书达理的人"[7],也千万不要结婚。这让霍布豪斯感到焦虑。看见拜伦夫妇过得紧巴巴的,奥古斯塔不禁哀叹:"这难道不是拜伦自己的虚荣心造成的吗?他瞧不上镇上的小房子,非要租这个豪宅!"[8]

一八一五年四月十七日,米尔班克夫人的弟弟温特沃思子爵去世了,但这对解决拜伦的债务问题也是杯水车薪。大部分财产都传给了拜伦的岳母米尔班克夫人和她的丈夫,但遵照遗嘱,老两口还得把姓改成"诺埃尔"。还不知道要等多久这笔遗产才能传到安娜贝拉那里。眼下,拜伦就有三万英镑的债务窟窿需要填补,而收入只有安娜贝拉带来的嫁妆钱,这点钱需要支付豪宅的维修费、仆人和马车夫的工资以及车马的维护费。捉襟见肘的生活让拜伦羞愧,安娜贝拉对此一点都不同情,只想去外面风光,逃离这一切。

卡罗琳·兰姆夫人笔下新婚的拜伦勋爵和夫人

拜伦和其出版商约翰·默里不仅是商业上的合作伙伴,还是生活上的好朋友。无论是在精神上还是物质上,约翰·默里都帮了他不少忙。拜伦在锡厄姆村时,默里一直帮他料理奥尔巴尼的房子:"帮我一个忙,有空就去奥尔巴尼的房子看一看,帮我打理一下书房,留意一下我的那位老佣人是否健康,打扫我的老巢勤不勤快。"[9]拜伦搬去了皮卡迪利13 号后换了一套华丽的新假发,还带上了不怎么讨人喜欢的庸人穆勒太太。他几乎每天都步行几分钟拜访阿尔贝马尔街 10 号的默里,二人的友谊因此深厚了不少。

于拜伦而言,阿尔贝马尔街就是他的第二个家。每天上午的聚会都会吸引许多当时著名的文人。一八一五年四月七日,拜伦第一次见到了沃尔特·司各特爵士。当时,在场的还有默里的手下干将威廉·吉福德、威廉·苏富比和约翰生传记作者之子小詹姆斯·鲍斯威尔。早些时候,拜伦在《英格兰诗人和苏格兰评论家》中贬损过司各特,但到了一八一四年,拜伦称赞《威弗利》是他读过的最好的小说。[10]拜伦和司各特精神饱满地交谈了整整两个小时,这次会面为双方的创作都注入了动力。尽管持相反的政治立场(司各特是一个坚定的保守党人),但二人都具有高度的历史责任感,都乐于用诗歌和散文讲故事,都喜爱男性英雄形象,都敬仰善良、率真的人,所以一见面就惺惺相惜。司各特敏锐地观察出拜伦的精神动向,认为他更有可能成为天主教徒,而不是卫理公会教徒。

会面从一八一五年的春天持续到夏天,约翰·默里的小儿子小约翰全程在场。他记得,司各特和拜伦总是穿着黑色礼服外套,灰色或浅黄色的棉制裤子,手指戴满戒指,开领白衬衫上扣着一枚胸针:

> 拜伦勋爵走路的时候得拄着拐杖,下楼的时候,他的脚跛得就更明显了。当时,拜伦勋爵和司各特每次结束谈话,就会一起走出

客厅。当代最伟大的两位诗人肩并肩一瘸一拐地走下楼梯,看起来奇怪但和谐![11]

两年前,拜伦在日记中画了一座诗人金字塔,纯属自娱自乐。拜伦把司各特放在顶端,把托马斯·摩尔和托马斯·坎贝尔放在第二层,把骚塞、华兹华斯和柯尔律治圈在一起放在第三层。拜伦经常贬低三个湖畔诗人,但对柯尔律治总是偏爱一点,与其他两个诗人相比,坏话说得要少得多。拜伦向诗人詹姆斯·霍格吐露道:"柯尔律治是三人组中最好的,但也好不到哪里去。"[12]一八一三年一月,柯尔律治的话剧《奥索里奥》(后改名为《懊悔》)在德鲁里巷剧院上演,拜伦还帮了一把。拜伦看上了剧中无拘无束的想象和神秘隐晦的内涵,尤其是古魔法、老传说这些元素,这些特点与他喜欢的司各特完全不同。

慢慢地,柯尔律治终于觉察到拜伦的好意,就写了一封信给他。信中,柯尔律治表达了自己对拜伦的敬佩之情,并一再声明,这份敬佩是对拜伦诗歌天赋的敬佩,而非其他地位。他希望拜伦能给自己找个靠谱的出版商,语气十分急切。拜伦收到信后,迅速回信,显示自己并未被困难打倒,乐于助人。在拜伦的不断说服之下,默里在第二年就出版了柯尔律治的《克丽斯特贝尔》,其中包括《忽必烈汗》和其他诗歌。拜伦还鼓励他着手创作一部新的悲剧,劝道:"著名演员埃德蒙·基恩可以生动地演绎你创造的角色。"在《英格兰诗人和苏格兰评论家》一文中,他大方且诚恳地收回了说过的侮辱之辞,并对其做了改正:"当时我年少易怒,写下了这些话,现在非常后悔,就像肉里一直扎了一根刺。"[13]

除了阿尔贝马尔街,拜伦在一八一五年夏天主要去的地方还有德鲁里巷剧院。五月下旬,在善言的朋友道格拉斯·金奈尔德的介绍下,拜伦成为剧院管理小组委员会的成员。该委员会法定人数为三名,除了拜伦之外,还有威廉·兰姆的弟弟乔治。大多数下午,委员会都会开会,成员们十分活跃,但讨论总是很混乱,因此经常持续到很晚。拜伦初入委员会时,剧院积压了五百部左右的剧本要敲定。拜伦一一浏览,每部剧他都亲自读。然而,读完却发现,这些本子平平无奇,毫无吸引力。他说:"没有出众的,都一个水平。"[14]为了发掘好剧,拜伦致力于招募有潜力的剧作家。在司各特的鼓励下,他主动联系查尔斯·罗伯特·马图林。一八一六年五月,马图林的悲剧《伯特伦》在德鲁里巷剧院成功上映。

作为德鲁里巷剧院的首席文学顾问,拜伦热爱这份工作。他说:"每一幕我都得亲自审! 每位剧作家我都得亲自面谈! 我得跟男女作家打交道,跟女帽匠打交道,跟各地的人打交道,有来自爱尔兰的,一般都疯疯癫癫,有来自布莱顿的,布莱克韦尔的,查塔姆的,切尔滕纳姆的,都柏林的,邓迪的。"拜伦负责剧院的全局运转,需要参与各方面的抉择工作,如是否可以在不流失观众的基础上提高票价,是否需要利用最新的技术,用煤气灯为剧场照明。

德鲁里巷剧院后台的工作氛围团结活泼,与皮卡迪利公寓的繁文缛节形成鲜明对比。拜伦为人圆滑,善于与人打交道,和当时社会各个阶层的人都能搞好关系。他与舞台经理乔治·雷蒙德的关系特别好。剧院重新开放时,雷蒙德在《哈姆雷特》中扮演过幽灵的角色。拜伦说过这样一句话:"我和乔治·雷蒙德志同道合,是老朋友。他这个人啊,十分古怪,但明辨是非,社会经验丰富。"[15]拜伦在剧院工作十分尽责,有时会参与制作的细节。有一次,固执的芭蕾舞大师奥斯卡·伯恩和女演员史密斯小姐为了舞步的编排问题大吵了起来,拜伦站出来为后者辩护。其实,史密斯小姐勾起了他的一段心痛回忆——简·哈雷夫人。

一八一五年,拜伦参演了德鲁里巷剧院的一出哑剧。他戴着面具,与道格拉斯·金奈尔德和其余一两位绅士以业余歌手的身份参加了《跑龙套》一剧中原本由专业合唱团表演的一段合唱。这出戏再现了一八一四年为惠灵顿举办的一场化装舞会。更奇妙的是，金奈尔德和拜伦真实参加过这个化装舞会，当时拜伦穿了一身僧袍。这种虚实交错的感觉让拜伦着迷："我和金奈尔德当时都**在场**，现在又来重演一遍，好奇妙。"[16]站在巨大的舞台中央，他喜欢环顾整个剧场，因此爱上了表演。他觉得从舞台望向观众时的景观"宏伟大气"。

三年后，约翰·济慈提出了一种理论，即"我们判断事物有两种截然不同的心性——世俗的、戏剧性的和虚幻的，以及超凡脱俗的、灵性的和空灵的"。[17]他将拜伦和拿破仑归入第一类。

在外人看来，拜伦夫妻二人简直是琴瑟和鸣，如胶似漆，整天不是一起参加宴会，就是一起去看戏。在聚会上，拜伦总是站在安娜贝拉背后，伏过身子跟她说话，几乎不理别人，一心只想着把自己的朋友介绍给她。[18]以前看不惯拜伦的人都觉得他比以前更加温和了，情绪不那么容易受别人影响，这似乎是婚姻给他带来的好处。利·亨特刚出狱，觉得拜伦已经无欲无求了，还说这是他**见**过的拜伦最好的状态。[19]说这话时，亨特瞥了一眼坐在马车中的安娜贝拉，她似乎在等人，看起来十分专注，皮肤白里透红，十分迷人。

拜伦曾开玩笑说，结婚就是为了"自由地亲吻自己妻子的侍女"。[20]当然，真正的原因在于，他需要一个孩子继承财产。奥古斯塔在一封信的附注中提到，拜伦在一八一五年四月二十九日向弗朗西斯·霍奇森通知夫人怀孕的事时简直是心花怒放。[21]年轻的美国人乔治·蒂克纳去皮卡迪利公寓拜访拜伦夫妇，为夫妻的恩爱所感动。乔治还记得这样一个场景：安娜贝拉穿戴整齐，准备出门。就在这时，拜伦勋爵立刻跟上去，停在马车前，握着安娜贝拉的手，深情地望着她，仿佛要分开很久。几天后，当乔治再次拜访时，这一幕又重演了。[22]拜伦这样关心夫人是在情理之中的。

251

四月的第二个星期，奥古斯塔来到伦敦，服侍夏洛特女王。为此，女王给她准备了圣詹姆斯宫的一套公寓。然而，公寓还没有装修好。安娜贝拉看在亲戚的分上，邀请她住在皮卡迪利13号公寓。就这样，安娜贝拉和奥古斯塔的感情反而越来越好了。在此之前，拜伦一度想让奥古斯塔来伦敦和他们一起住，但现在想法变了。安娜贝拉曾在控诉中大段大段地写道，拜伦曾说让奥古斯塔住进家里是他做的最蠢的一件事，这会对他产生多方面的影响。[23]奥古斯塔带上了女儿乔治亚娜，刚进门的时候拜伦不在家。拜伦一进门就带着脸色，充满了鄙夷和仇恨，几周前在六里底村他也是戴着这副面孔见奥古斯塔的。[24]

奥古斯塔一直住到六月底，家里的气氛始终很紧张。她七岁的女儿乔治亚娜虽然最讨拜伦喜欢，但她的存在让大人之间的关系变得更加微妙。安娜贝拉之前一直怀疑她的大姑子和自己的丈夫有染，但现在却打算潇洒地原谅她。[25]她努力和乔治亚娜搞好关系，请了画师为小女孩画像，把画赠予她，以此打动奥古斯塔。

当时在六里底村，拜伦先是愤怒，后来逐渐大言不惭地向奥古斯塔示爱，好像专门是为了侮辱安娜贝拉。现在，拜伦晚上又睡得很晚，跟姐姐有说有笑，安娜贝拉不得不独自入睡。怀孕的安娜贝拉很敏感，她躺在床上听脚步声：如果听到了"爱情的步伐"，那便是独自兴冲冲上楼要陪她睡觉的拜伦；如果听到了"动物般不规则的脚步还夹杂着打情骂俏的动静"，那就是拜伦和奥古斯塔一起上楼。二人上楼时的笑声是那个残酷的夏日留给安娜贝拉最深的烙印。

拜伦回到房间能和妻子共处半小时，但他会喋喋不休地谈哈丽特·李的畅销小说《日耳曼人的故事》，还非要安娜贝拉去读，让她比较主人公康拉德的阴暗面和自己《海盗》中的康拉德的阴暗面。这样一来，夫妻二人完全没有个夫妻样了。拜伦的戏剧《沃尔纳》正是以这本书为基础创作的。他从一八一五年开始写作，中间被他所谓的"夫人的闹剧"

打断，直到一八二一年末才恢复。[26]这场"闹剧"指的是他们的婚姻危机。

春天，拜伦又开始贱贱地影射乱伦，折磨妻子。安娜贝拉记录了他们三人之间复杂的一幕，拜伦非要在她面前调戏同父异母的姐姐：

> 拜伦对奥古斯塔说："我猜，墨尔本夫人并不喜欢你。"奥古斯塔回答说，要是别人故意惹她，她一无所知。拜伦要告诉她为什么不喜欢她，上前耳语，说完后奥古斯塔马上尴尬了。拜伦有时会半开玩笑地威胁她说："我要告诉别人。"直到有一天，奥古斯塔干脆回答："告去吧，我不在意了。"拜伦则答道："要是这样，那我没见过你这么不要脸的女人。"[27]

也许，安娜贝拉愤怒的情绪会影响她的记忆，但这样的奚落听起来的确像出自拜伦之口。朋友索菲娅·德·摩根回忆说，安娜贝拉在皮卡迪利公寓曾当面指控拜伦和奥古斯塔乱伦。摩根是第一个把这一幕传出去的人。虽然可信度不高，但我们仍可以从那一时期的回忆和书信中隐约看出安娜贝拉是有苦说不出。

拜伦一直对安娜贝拉很残忍。但最残忍的还是让怀孕的她和她的朋友与家人断联，让妻子也沾染上了自己孤傲愤世的情绪。那个夏天，夫妻俩几乎没有任何的社交活动。出于关心，奥古斯塔告诉霍布豪斯："拜伦夫妇几乎不出门，我认为（或者安娜贝拉认为），社交活动实在是太少了，拜伦这个人做事很绝，你也是知道的。"[28]拜伦使出浑身解数将安娜贝拉和她的父母隔绝开。安娜贝拉曾哭诉道，娘家人来伦敦度暑假，请他们两人去做客，拜伦都断然谢绝了。

现在，奥古斯塔突然发现自己俨然成了唯一可以安慰、保护安娜贝拉的人。拜伦总是无缘无故地对安娜贝拉施加冷暴力，故意不和她说话，表现出对安娜贝拉"最强烈的厌恶"，逼得她说要离家出走。[29]安娜贝拉对奥古斯塔十分感激，但一想到后者待在家里不走，安娜贝拉恨得都动了杀心。一天晚上，拜伦和姐姐正在楼下聊天，楼上传来安娜贝拉的哭喊。拜伦叫奥古斯塔上楼查看，安娜贝拉回忆起当时闪过的一个念头："当时我在书房，隔壁房间摆着一把刀，我真想看到那把刀插在她心脏处的样子。"[30]

253　　最后，还是安娜贝拉开口劝奥古斯塔和女儿回家。她解释道，不管是谁，不管做了什么事，只要有人让自己丈夫不开心，她就应该让这个人离开。[31]然而，奥古斯塔离开才几天，安娜贝拉就后悔了。奥古斯塔被这样赶出家门，她又是什么态度呢？奥古斯塔的态度一向暧昧不清，难以捉摸。任何不顺她都不会往心里去，就像一个尽职尽责的母亲，努力维持家庭的完整。她对待拜伦像是对待一个任性的孩子，一心想让他好。离开拜伦家不久，奥古斯塔就写信给霍布豪斯，通告拜伦的近况："拜伦能娶到安娜贝拉真是走了大运了。我从来没有见过像安娜贝拉这样完美的女人。"[32]奥古斯塔可是处理人际关系的高手。

　　一八一五年四月，霍布豪斯又一次出国，正好见证了拿破仑三月回国后的凯旋庆典，并将这位偶像详细描述给拜伦听。四月十六日，霍布豪斯参加了在杜伊勒里宫举行的盛大阅兵式。当时，拿破仑头戴三色帽徽，检阅了三万名法国国民警卫队士兵。一时间，两人目光交汇。霍布豪斯在法国待了很久，就连六月十八日拿破仑在滑铁卢被英国和普鲁士同盟军击败时还在。霍布豪斯悲伤地写了一封信给拜伦，信中写道："这是史上最邪恶的一次军事行动，多少英雄捐躯，多少同胞落泪。"[33]六月初比利时的四臂村战役中，霍布豪斯的兄弟本杰明阵亡。

　　拿破仑第二次退位，路易十八回到杜伊勒里宫，英国人欢欣鼓舞，篝火遍地，举行各种聚会，庆祝战争胜利。而拜伦则谢绝任何形式的庆祝活动,他觉得拿破仑的失败是另一场悲剧,是腐败、反动的旧政权取得的胜利。一八一五年七月,拿破仑被关押在英国战舰"贝勒罗芬"号上,军舰停靠在德文郡的托尔贝湾,即将把他流放到圣赫勒拿岛。拜伦特意为此写了一首《拿破仑的告别》,据称是从法国人那里翻译过来的:

> 别了,这片土地。在这里,我的荣誉的暗影
> 跃升起来并且以她的名字笼罩着世界——
> 如今她遗弃了我,但无论如何,我的声名
> 却填满她最光辉或最龌龊的故事的一页。
> 我曾经和一个世界征战,我之所以被制服
> 只因为太迢遥的胜利的流星引诱了我;
> 我曾经力敌万邦;因此,尽管我如此孤独
> 还是被畏惧,这百万大军的最后一个俘虏。[34]

滑铁卢一战让拿破仑沦为英国的手下败将,同情他的人越来越少,但拜伦依然不改立场,坚持为他声援,将这首诗发表在《检查者》上。为此,编辑特意加了一条注释:"我们无须提醒读者下面这几行诗句读来慷慨激昂,但其观点我们不敢苟同。"

　　威灵顿公爵打败拿破仑,取得胜利之后,英国许多上流社会的人纷纷前往巴黎,卡罗琳·兰姆夫妇也不例外。夫妇俩原计划第二天就前往巴黎,但前一晚卡罗琳·兰姆夫人在霍兰勋爵举办的晚宴上听到小道消息,说拜伦也在来巴黎的路上。晚宴过后,卡罗琳·兰姆夫人回去就向自己的丈夫威廉恳求延期出发,但威廉不同意,卡罗琳为此还大闹了一场,摔杯子、砸碟子、扔花瓶、丢烛台、砸家具,把房间搞得一团糟。当时,房间窗帘都没拉上,灯火通明,外面的人看得一清二楚,个个目瞪口呆。然而,拜伦最后也没有来。

做了这么多,也没有等到拜伦,卡罗琳夫人沮丧极了,为了自我安慰,她在巴黎跟当时的英雄威灵顿公爵调情。拜伦一直看不惯威灵顿公爵,除了不满其极端的保守主义思想,还有妒忌心理,现在女人们都围在这位英雄周围,连拜伦戏剧中肤色白皙的吉妮芙拉的原型弗朗西丝·韦伯斯特夫人也跟威灵顿有私情。一八一五年夏天,二人的私情成了当时人们茶余饭后的谈资,连在伦敦的拜伦也知道了此事。恼羞成怒的他写了《当我们分手时》一诗给弗朗西丝·韦伯斯特夫人。倒数第二行极具侮辱性,在现行的版本中已被删去:

再见吧,范妮,

现在我们一笔勾销吧,

和多人犯错,

对一人不忠。

你已经忘记了我们之间的所有美好

只剩我一人还在回忆,

女人堕落一次

将永远堕落。[35]

一想到威灵顿摘得了自己无法获得的猎物,拜伦的嫉妒心就泛滥。以下诗句让人回想起他曾经写给卡罗琳的一首诗:

不记得是谁先犯的错,

女人一旦堕落,便永远堕落;

255　　她一意孤行,

和**多人犯错**,对**一人不忠**。[36]

拜伦在许多场合都会担心情人不忠。终于,卡罗琳夫人在大庭广众之下给詹姆斯·韦德伯恩·韦伯斯特戴了绿帽子,韦伯斯特不得不在巴黎向出轨的妻子求和。拜伦道出一句友情提示:"这个女人越**装作卑微**的时候越**危险**,就如同一只蜈蚣,**趴在地上咬人**。"[37]

一八一五年七月底,霍布豪斯回到英国,发现拜伦婚后过得并不幸福,甚至不如婚前,他失望极了。[38]七月二十八日,他和拜伦来到加罗威拍卖行参加两处房产的拍卖会,纽斯特德庄园的地产拍出了九点五万几尼,罗奇代尔的拍出了一点六万英镑,都要比预期的价格低得多。八月八日,霍布豪斯参加了一个单身汉晚宴,拜伦、金奈尔德、弗朗西斯·伯德特和亨利·加利·奈特"都在抱怨生活的不幸"。[39]月底,拜伦离开伦敦,去六里底村找奥古斯塔,并为奥古斯塔和她的几个孩子立了一份新的遗嘱。拜伦这么做,安娜贝拉欣然同意了。

还没去六里底村的前几天,夫妻两人的关系就不好,但拜伦没有放弃任何弥合裂痕的努力。在前往纽马克特镇的路上,他从埃平镇写信给安娜贝拉,让她寄来他要服用的"两瓶标着'滴液'字样的药","聪明的"男仆弗莱彻打理行李的时候忘记带走了。[40]信中的结尾署名"永远爱你的、再也不发脾气让你不开心的拜伦"。安娜贝拉也用温暖、轻松的口吻回了信,称他为"亲爱的小鸭子",还附上一句谚语:"山中无老虎,猴子称霸王!"[41]她接着写道:"**他们**一个个开心地过节,只有我没人陪。真是的,有淘气蛋拜小伦在身边要比**没有**拜伦在身边好上一千倍。""淘气蛋拜小伦"是一个类似儿语的称呼,安娜贝拉专门给他起的。

拜伦到达六里底村,立即给妻子写了几封短笺,告诉她自己的脚趾差点被鼠夹夹断:"孩子们都吓坏了,脸都**绿**了,但奥古斯塔的脸却**红**了,你绝对想不到把他们一家人的脸色拼起来是什么效果。"[42]安娜贝拉的女仆安·鲁德给拜伦的贴身仆人威廉·弗莱彻寄来一封情书,弗莱彻不久前丧偶,成了鳏夫。拜伦还拿这封情书开玩笑。没想到,两个仆人越走越近,第二年就结了婚,但两个主子却渐行渐远。拜伦在六里底村待了五天,其实不怎么开心。奥古斯塔承认两人为了白兰地吵了两嘴。[43]可以肯定的是,拜伦回到伦敦还在生姐姐的气,可能是因为奥古斯塔拒绝和他同床。拜伦现在把两个女人都看成一类人,都不喜欢,一次在马车里恶狠狠地威胁道:“我终究会让你们两人都心碎。”

　　两人还为德鲁里巷剧院的事争执了一番。本质上说,安娜贝拉和拜伦一样,也热爱戏剧艺术。安娜贝拉的父母十分崇拜当时伟大的悲剧演员西登斯女士,后来还和她成为朋友。有一次,安娜贝拉的父母邀请西登斯来哈尔纳比的家做客,这位女演员随即写了一封恭贺千金订婚的信,她带着个人情绪特意引用了拜伦曾经给她写的评论:“西登斯的表演风格具有十分明显的诗化特征——这位夫人的声誉就像一个亟需照料的花园,有拔不尽的野草,有修不完的花叶——在她原本就极具戏剧性的生活的衬托下,她的表演风格也显得自然了。我们应该庆幸,她在台上还没说出五步抑扬格来。”[44]一八一五年夏天,一家人还曾一起去德鲁里看戏。美国人乔治·蒂克纳受邀在拜伦的私人包厢里观看了基恩的表演,看到安娜贝拉和她的父母也在那里,觉得“一家人其乐融融”。[45]返场表演时,他们一直在聊天。当时加演剧目是《勇敢的查尔斯》,是“一部纯粹的煽情剧,除了鼓声就是号角,除了谋杀就是音乐”。当时,曾写出轰动一时的哥特小说《僧侣》的马修·刘易斯也在隔壁包厢里。

　　然而到了秋天,安娜贝拉开始反对拜伦在剧院工作,不让他参与德鲁里巷的运转。安娜贝拉向父亲抱怨:“哈德威克夫人告诉我,这种工作**每月给不了几个子儿**,还要干一些我完全没有想到的活儿。简单地说,就是替人**管事**的——盯着工人灭蜡烛,给演员训话之类的杂事。”[46]她曾请墨尔本夫人陪她去看威尔汉姆·道顿扮演的夏洛克,她在一旁愤愤地解释说:"代理经理现在就在后台溜达呢。"[47]

除了嫌弃剧院工作不体面之外,安娜贝拉还讨厌拜伦老用剧院里发生的事来比照家里的事,颠覆正常的婚姻观。拜伦喜欢戏剧,因为台上台下都是尔虞我诈、光怪陆离的戏,这里不讲道德,没人遵守传统的行为准则,演员和观众享受这片刻的混乱。拜伦高坐在德鲁里巷剧院和考文特花园剧院的包厢里,一幅混乱但有趣的画卷在他面前展开,伦敦的上层阶级女士小心翼翼地将自己不道德的一面隐藏起来,与知名的高级妓女并排落座。

有一天晚上在考文特花园剧院,拜伦自己也被这一幕惊到了:一个业务能力精湛的高级妓女和一度臭名昭著的军妓老鸨一起坐在对面的包厢里看戏。他的目光移向周围,突然大笑了起来,其他包厢里的名流也没有什么好名声:

> **我**可是知道他们的过去,这些人凑在一起也是一台戏。整个坐席好像可以分为公众和名妓两类人。但好算计的女人远比只为挣钱的女人多。这一边坐着的只有小金宝儿和**她的**妈妈桑,旁边则是三个更低档的货色。**她**和旁边的什么**夫人**和什么小姐有什么不同?只不过,后两个进出的可能是卡尔顿公馆或**其他类似的大宅子**,而前两个进出的只能是歌剧院和妓院。在这里能一眼看透真实的社会,真有趣!我自己坐在这儿,怕不是观众里名声最差的一位?[48]

257

在这个专业营造幻象的场所,拜伦迷失了自我,也接受了自我。

拜伦总是半开玩笑地说,自己可能会找一个合适的女演员一起生活,以此折磨安娜贝拉:"我倒是要看看,到底谁合适我。"[49]拜伦身边就有这样的先例:与他共事的剧院管理会委员道格拉斯·金奈尔德与歌手玛丽亚·凯佩尔已经同居多年,拜伦把那个演员戏称为金奈尔德的

"贴身戏子"："她长得好看,也就是长得好看吧。"[50]据说两人还有一个儿子,但到底谁是孩子的亲生父亲也没有准确的说法。

很快,拜伦就和爱尔兰女演员夏洛特·玛尔丹女士传出了绯闻。玛尔丹在都柏林打出了名声,于一八一五年九月首次在伦敦登台。她的首个角色是英奇博尔德女士的通俗剧《情人的誓言》里的一个角色,在德鲁里巷上演。I. R. 克鲁克申克的漫画《大厅闲人群像(德鲁里巷剧院前厅的一幕)》讽刺了这一层关系,画中拜伦色眯眯地盯着玛尔丹,漫画是在剧院的迎客厅里取的景。然而,当拜伦来挑选心仪的女演员时,被相中的则是不知名的苏珊·博伊斯,她好像曾在《龙套》一剧中的合唱部分做过歌手。从她的许多信中可以看出,十一月的时候她还和拜伦有染。从信中可以判断,她是一个天真无邪、活力满满、直来直去的女孩,很像当年在纽斯特德庄园和拜伦有染的女仆苏珊·沃恩。她在信中写道:"您是最**不寻常的人物**,而我自己也**有点古怪**。我刚见您时,我觉得像**我们这样不同寻常的人**以这样的方式相识是再**自然**不过的事了。"[51]

为了方便和拜伦偷情,苏珊带着小儿子弗雷德里克离开了姊妹家,搬到了离剧院不远的布卢姆斯伯里新奥蒙德街。一天晚上,塞缪尔·罗杰斯应拜伦之邀,来到德鲁里巷看戏。本以为能独自一人享受一个包厢的他惊讶地发现拜伦和女演员博伊斯小姐突然从一个黑暗的角落中出现。[52]另一天晚上,苏珊眼睁睁地盯着对面包厢里的拜伦,耐心地等着拜伦看完尼古拉斯·罗的《帖木儿》整部剧,希望拜伦能再见见她。她写了一张短笺给他:"我等会儿去题词员的那个绿房间:求您赏脸和我讲上一分钟的话,否则我会非常难过。"[53]安娜贝拉怀疑拜伦在德鲁里巷有奸情不是没有道理。

苏珊·博伊斯做事并不谨慎,不小心把胸针落在了拜伦的马车上,于是便写信让他留意:"如果还没有人发现的话,那您要留心了,最好准备好一套说辞。这件事让我挺发愁的,这枚胸针也不值钱,我就是担心它会给您惹麻烦。"不久就轮到她失宠,信中的她高声哭求,怨自己犯了傻:"星期六晚上您的马车经过我这里时,我的心确实很痛。已经过去了,我那时真傻。"

苏珊·博伊斯追逐拜伦的悲喜剧在十九世纪早期的伦敦剧院圈里生动地上演。这件事让德鲁里巷的其他演员都疏远了苏珊。有一次,一位叫作斯科特的女士"以最残忍的方式"攻击她。苏珊说,这位斯科特**醉醺醺的,**闻着一股浓烈的金酒味儿,她那个品位也只配喝金酒,举止做派令人作呕"。后来,拜伦的兴趣逐渐转向一位叫作史密斯小姐的舞蹈演员,让苏珊颜面尽失。被拜伦抛弃后,苏珊觉得自己成了"剧院的笑柄和垃圾"。四月,她终于给拜伦写了一封悲情的诀别信:"我把我最柔软的地方毫无保留地展示给你看,你却反过来戳上一刀。你**伤透了**我,你**大可满足了**。"[54]

苏珊的下场和拜伦其他临时情人一样,最终只能住在阁楼里,身无分文。[55]她曾写信乞求霍布豪斯,说她被剧院开除,还暗示现在的儿子弗雷德里克是拜伦的。实际上,明白人都知道,他们交往的时候,孩子已经六岁了。一八二一年,苏珊悲惨的下场传到了拜伦耳朵里,他却无动于衷。他在意大利的拉文纳写信给道格拉斯·金奈尔德:

> 她只是我生命中的一个过客,虽然一段时间里和她交往很深(精神和肉体上),但我没有亏欠她什么。肉体交往的时候,我感觉她很机械,没有感情,一点也吊不起我的兴趣。从我的账上给她支些钱吧,她也的确可怜。[56]

此时,金奈尔德把玛丽亚也抛弃了。女演员在那个年代可谓是消耗品。

一八一五年和一八一六年之交的秋冬期间,拜伦和他的男性朋友一

259 起外出时仍然有说有笑。拜伦和沃尔特·司各特在朗格餐厅吃了一顿较早的晚宴,他顽皮得"像一只小猫"。[57]司各特从来没有见过他如此机智风趣的一面。但是,拜伦越来越害怕皮卡迪利的家,他抑郁得什么都不想做。他酗酒,尤其爱喝白兰地。他喝完酒就要酒疯,在房间里砸家具,烧东西。有一次他喝断片了,开口问妻子腹中的孩子是不是死了。

拜伦向安娜贝拉夸耀自己在德鲁里巷的风流韵事,硬是要让她知道这一切,且说得"粗鄙下流,不堪入耳",还说自己"这副伪君子的模样绝不是演出来的"。[58]奥古斯塔怀上了丈夫乔治·利的孩子,于十一月十五日再次来到皮卡迪利公寓。拜伦把奥古斯塔也当成听众,把他和苏珊·博伊斯的事全部说了出来。他还说自己在同时玩弄她和妻子,对谁也没有真感情。他甚至说,自从"享用"过奥古斯塔后,就对她的身体永远失去了兴趣。

宅子里的两位女人都怀了孩子,家里充盈着要做母亲的气氛,越来越让人窒息。安娜贝拉现在已不单单怀疑拜伦同姐姐乱伦的事,她开始怀疑拜伦犯过某种不可饶恕的罪。她写道:"我承认,那个时候最让我害怕的倒不是他有没有做什么事,而是他有没有犯下罪。"拜伦醉酒后坦白了许多事,他一定大言不惭地提到了鸡奸。

霍布豪斯离开英格兰多年,于十一月二十五日来到皮卡迪利公寓拜访拜伦,他也明显感到屋里气氛不对:"情况有些不妙,他说了许多反婚姻的话,还说要移居国外。"[59]霍布豪斯注意到拜伦和安娜贝拉没有一起吃饭,他很意外。拜伦本来就不喜欢看女人吃饭,包括他怀孕的妻子。他手头吃紧,心神不宁。法院传来要扣押房产的消息,还派了一位让安娜贝拉说是"可怜又可恶的"法警入住宅邸,私人律师汉森也只能眼睁睁看着,无能为力。[60]拜伦非常喜欢打听别人的身世,很快就和这位法警交上了朋友,还得知法警去年一整年住在谢立丹的宅邸。虽说如此,拜伦还是为钱犯愁。他一度动过卖书的念头,听到这个消息,出版商约翰·默里马上拦了下来,给他送去一张面值一千五百英镑的支票,许诺几周后再送去三千英镑,还要帮拜伦出售版权。拜伦这么高傲的人怎好意思接受这份大礼? 他回信道:"别人的资助我没有接受,您的好意我也不能收。"[61]

　　自打结婚,拜伦就很少写东西了。他抱怨得倒是不多,主要是嫌妻子不顾他写作时需要独处,经常打扰他。因此,长诗《帕里西纳》的创作过程相当艰辛,十一月底才收笔。这是一首凄美的叙事长诗,故事基于一部十五世纪的意大利悲剧,主题是乱伦。女儿帕里西纳爱上了同父异母的阿佐——他是一个私生子,而费拉拉公爵尼科洛三世埃斯特的别名也是阿佐。在过去的三年里,拜伦一直对这首诗修修补补。和《阿比多斯的新娘》一样,这首长诗里也出现了性别含混的元素,多少反映出了他自身的问题。《帕里西纳》也有颇多的时政指涉。尼科洛三世埃斯特是出了名地荒淫无度,道德败坏,拜伦用他影射当时英国的摄政王乔治。男女主角最终被错判并处以死刑,拜伦用这样的结局猛烈抨击英国君主,说他对人对己采用双重标准,一副道貌岸然的模样。

　　安娜贝拉临产前几周把这首诗誊写了一遍。默里收稿时说,要不是看出是拜伦夫人的字迹,他都不敢把这首诗读出来。拜伦则回答:"这首诗誊抄得还算漂亮,希望这预示着好销路。但也不能全信,我的抄写员涉世不深,见识有限,我让她抄什么,她就抄什么。"[62]

　　拜伦想尽办法让法警在安娜贝拉分娩前离开。直到十二月九日,也就是安娜贝拉开始生产的那天,娘家许诺给的彩礼钱的手续才办完。安娜贝拉回忆这段时间拜伦穷凶极恶的样子时虽然有些添油加醋,但读起来仍像噩梦一般。幸好奥古斯塔还留在家里,多少能保护安娜贝拉和她肚子里的孩子。据奥古斯塔回忆,佣人克莱蒙特女士担心拜伦"这样下去什么事都干得出来"。[63]拜伦的男仆弗莱彻紧盯着拜伦,不让他动枪——枪上了子弹,就在卧室里。安娜贝拉后来回想起来,可怜的弗莱彻夹在中间,非常不容易:"本来就生性胆小,头脑简单,既得听主子的,又得照顾我。"[64]

那天,安娜贝拉告诉拜伦自己要生了,拜伦却生冷地问,是否愿意继续和他住下去,语气间透出厌恶。[65]安娜贝拉哭了。说完这话,拜伦扭头就出门奔德鲁里巷去了。据安娜贝拉回忆,他晚上一回来就开始朝天花板扔汽水瓶,就是为了骚扰楼上正在分娩的妻子。霍布豪斯不相信拜伦会做出这种事,专门检查了一楼的天花板,没发现敲击的痕迹。他断定,拜伦闲着没事做,常会"用火棍敲掉汽水瓶的瓶口,动静才那么大"。[66]

十二月十日(星期日)下午一时,孩子出生。拜伦本指望生个儿子,让他以后继承爵位,但很遗憾,是个女儿,拜伦毫无顾忌地给她起名叫奥古斯塔·艾达。孩子出生后,安娜贝拉回忆起拜伦在计算孩子是在哪里怀上的:"如果是在纽马克特镇怀上的,孩子像奥古斯塔也不足为奇。"[67]婴儿的另一个名字艾达取自约翰王时代嫁入拜伦家族的一个媳妇。拜伦第一眼看到女儿躺在母亲身旁,竟脱口说道:"瞧你给我生了一个什么样的孽种。"[68]据说,这番话让拜伦恶名远扬。这个传言真伪难辨,但可以肯定的是,女儿在日益升级的家庭矛盾中扮演了一个棋子的角色。

当初他们度蜜月的时候,拜伦话里话外让妻子知道自己曾"犯下极其丑恶的罪行",还说待到有了孩子,会让她知道更多的秘密,因为"一旦有了孩子,想离婚也难"。[69]艾达一出生,拜伦就忍不住供认了更多细节。不久,安娜贝拉告诉拜伦的医生马修·贝利:"我有理由怀疑,有人拿着这栋房子的钥匙,趁人不注意来搞些见不得人的勾当。被我发现后,拜伦就不遗余力地掩盖,一提到那个朋友的名字,他要么装糊涂,要么就面色羞愧。"[70]这个朋友显然就是霍布豪斯,拜伦喜爱埃德斯顿的事、在希腊找男妓的事只有他一清二楚。

　　一八一六年一月三日，拜伦在安娜贝拉的房间里大吵大闹，威胁说自己"**什么坏事都干得出来**"，包括那种事情："我从来没干过任何法律禁止的事，至少在英国没干过。"[71]他暗示道，一八一一年回国后他就再没有做过那种勾当。他的确在这段时间下决心要洗心革面，他告诉威廉·哈雷："我的后半生一直在与为情而苦的前半生作斗争。"[72]内心的争斗让他倍感压力，这也是为什么他总是渴望离开英格兰，回到东方，因为在那里，没人在意你是不是同性恋。但在安娜贝拉看来，女儿刚出生他就说出如此放肆的话，是在告诉她自己又要去找男伴了。

　　安娜贝拉和母亲原本计划带着孩子回母亲的老家柯克比马洛里村 262 一趟。拜伦恶言相加了三天，最终用一封信催促妻子快出发：

> 　　你打算什么时候离开伦敦——最好能把时间定下来——（最好）尽快。——我的态度你是知道的——我下一步要怎么办——以后要怎么办——你也是知道的。[73]

他到底打算了什么？他只想不顾一切地逃离婚姻生活。

　　安娜贝拉现在有点相信他是半疯。她翻遍了他的皮箱和书柜寻找证据，结果发现了一小瓶鸦片酊和一本萨德侯爵的《贾斯坦》，这本书在当时是不能在公开场合阅读的。[74]她找来一本《医学》期刊，把与疯癫相关的语句勾画出来，拿给拜伦的私人律师约翰·汉森看，后者也有些怀疑。回娘家之前，她专程咨询了那位二十年前诊断过拜伦腿疾的贝利大夫。她有些羞愧地告诉贝利，拜伦总幻想自己是一个堕落的天使。[75]她描述拜伦如何埋怨自己、折磨自己："这样一个堕落的人娶上了我，他觉得自己是个恶棍。"安娜贝拉还询问贝利有关他道德污点的事："我是否该忍着，放他出国，去那个让他癫狂的地方，让他玩个够？"贝利则提议，拜伦的一举一动需要严格看管,这个任务应该交给安娜贝拉自己的医生弗朗西斯·勒曼。

一月十四日晚,安娜贝拉和奥古斯塔都在,拜伦清楚地问了一句:"我们三个什么时候再聚?""**天堂吧**。"妻子答道。[76]第二天一早,她就带着孩子准备出门。马车已经到达门前。安娜贝拉下楼时路过拜伦的卧室:"那儿有一块大垫子,他的纽芬兰犬以前卧在上面。刹那间,我很想趴上去,管他洪水滔天。一个闪念而已。一切都过去了。"[77]

注释

[1]《唐璜》,第十二章,第58节,第457行。

[2]墨尔本夫人致拜伦夫人的信,1815年3月7日。(洛夫莱斯-拜伦档案)

[3]拜伦致约翰·卡姆·霍布豪斯的信,1815年3月3日。

[4]拜伦致奥古斯塔·利的信,1811年8月30日。

[5]《弗朗西丝·雪莱夫人日记,1787-1817》。见1815年4月16日这一天的记录。

[6]卡罗琳·兰姆夫人致托马斯·梅德温的信,1824年11月(日期存疑)。(福斯特藏品,国家艺术图书馆)

[7]约翰·卡姆·霍布豪斯(布劳顿勋爵),"日记手稿",1815年4月1日。

[8]奥古斯塔·利致拜伦夫人的信,1815年2月19日。(洛夫莱斯-拜伦档案)

[9]拜伦致约翰·默里的信,1815年2月2日。

[10]同上,1814年7月24日。

[11]塞缪尔·斯迈尔斯,《约翰·默里回忆录和书信集》,第一卷。

[12]拜伦致詹姆斯·霍格的信,1814年3月24日。

[13]拜伦致塞缪尔·泰勒·柯尔律治,1815年3月31日。

[14]《一些不切实际的思考》,第67条。

［15］《拜伦书信与日记》，1813 年 12 月 5 日。

［16］《一些不切实际的思考》，第 70 条。

［17］约翰·济慈致弟弟乔治和妹妹乔治亚娜·济慈的信，1818 年 10 月 13 日或 14 日。

［18］A. G. 莱斯特朗牧师，《威廉·哈尼斯牧师的文学生涯》。

［19］利·亨特勋爵，《拜伦勋爵及其同代人》。

［20］拜伦致托马斯·摩尔的信，1813 年 8 月 28 日。

［21］拜伦致弗朗西斯·霍奇森的信，1815 年 4 月 29 日。

［22］《乔治·蒂克纳的生平、书信和日记》（Life, Letters and Journals of George Ticknor），安娜·蒂克纳（Anne Ticknor）编辑，第一卷（1876），1815 年 6 月 20 日。

［23］"拜伦夫人的分居声明"，第 G 款声明。（洛夫莱斯-拜伦档案）

［24］"拜伦夫人的分居声明"，第 E 款声明。（洛夫莱斯-拜伦档案）

［25］"拜伦夫人的分居声明"，第 G 款声明。（洛夫莱斯-拜伦档案）

［26］拜伦致约翰·默里的信，1821 年 10 月 9 日。

［27］"拜伦夫人的分居声明"，第 H 款声明。（洛夫莱斯-拜伦档案）

［28］奥古斯塔·利致约翰·卡姆·霍布豪斯的信，1815 年 7 月 5 日。见约翰·卡姆·霍布豪（布劳顿勋爵），《漫漫长路：我的回忆录》，第二卷。

［29］"拜伦夫人的分居声明"，第 W 款声明，1816 年 3 月。（洛夫莱斯-拜伦档案）

［30］"拜伦夫人的分居声明"，第 K 款声明，1816 年底。（洛夫莱斯-拜伦档案）

［31］"拜伦夫人的分居声明"，第 G 款声明。（洛夫莱斯-拜伦档案）

［32］奥古斯塔·利致约翰·卡姆·霍布豪斯的信，1815 年 7 月 5 日。见约翰·卡姆·霍布豪斯（布劳顿勋爵），《漫漫长路：我的回忆录》，第二卷。

［33］约翰·卡姆·霍布豪斯致拜伦的信，1815 年 7 月 12 日。

［34］《拿破仑的告别（来自法国）》（' Napoleon's Farewell ﹇from the

French]’），1815 年 7 月 25 日，第 1 行。

[35]《当我们分手时》，被删除的第 4 节，1815 年。

[36]《致卡罗琳·兰姆夫人》（‘To Lady Caroline Lamb’），1812 年，第 4 节，第 13 行。

[37] 拜伦致詹姆斯·韦德伯恩·韦伯斯特的信，1815 年 9 月 18 日。

[38] 约翰·卡姆·霍布豪斯（布劳顿勋爵），“日记手稿”，1815 年 7 月 31 日。

[39] 同上，1815 年 8 月 8 日。

[40] 拜伦致拜伦夫人的信，1815 年 8 月 31 日。

[41] 拜伦夫人致拜伦的信，1815 年 8 月 31 日。见埃塞尔·科尔伯恩·梅恩（Ethel Colburn Mayne），《诺埃尔·拜伦夫人安妮·伊莎贝拉的生平和书信》（*The Life and Letters of Anne Isbella, Lady Noel Byron*，1929）。

[42] 拜伦致拜伦夫人的信，1815 年 9 月 1 日。

[43] “拜伦夫人的分居声明”，第 G 款声明。（洛夫莱斯-拜伦档案）

[44] 拜伦致安娜贝拉·米尔班克的信，1814 年 10 月 19 日。

[45]《乔治·蒂克纳的生平、书信和日记》，第一卷，1815 年 6 月 26 日。

[46] 拜伦夫人致拉尔夫·诺埃尔爵士的信，1815 年 9 月 5 日。（洛夫莱斯-拜伦档案）

[47] 拜伦致诺埃尔夫人的信，1815 年 10 月 6 日。（洛夫莱斯-拜伦档案）

[48]《拜伦书信与日记》，1813 年 12 月 17 日–18 日。

[49] “拜伦夫人的分居声明”，第 U 款，1816 年 3 月。（洛夫莱斯-拜伦档案）

[50] 拜伦致约翰·卡姆·霍布豪斯的信，1811 年 11 月 9 日。

[51] 苏珊·博伊斯致拜伦的信，1815 年冬。

[52] 亚历山大·戴斯，《塞缪尔·罗杰斯桌边谈话》。

[53] 苏珊·博伊斯致拜伦的信，1815 年冬。接下来的书信引自这个系列，1815 年底–1816 年初。

［54］同上，1816 年 4 月。

［55］苏珊·博伊斯致约翰·卡姆·霍布豪斯的信，1824 年 11 月 25 日。

［56］拜伦致道格拉斯·金奈尔德的信，1821 年 8 月 23 日。

［57］《沃尔特·司各特日记》，1825 年 12 月 21 日。

［58］拜伦夫人的分居声明，第 B 款"附录"。（洛夫莱斯-拜伦档案）

［59］约翰·卡姆·霍布豪斯（布劳顿勋爵），"日记手稿"，1815 年 11 月 25 日。

［60］拜伦夫人致奥古斯塔·利的信，1815 年 11 月 10 日。（洛夫莱斯-拜伦档案）

［61］拜伦致约翰·默里的信，1815 年 11 月 14 日。

［62］同上，1816 年 1 月 2 日。

［63］克莱蒙特夫人声明，1816 年 1 月 22 日。（洛夫莱斯-拜伦档案）

［64］"拜伦夫人的分居声明"，第 W 款，1816 年 3 月。（洛夫莱斯-拜伦档案）

［65］拜伦夫人致诺埃尔夫人的声明，1816 年 1 月 18 日。（洛夫莱斯-拜伦档案）

［66］约翰·卡姆·霍布豪斯（布劳顿勋爵），《漫漫长路：我的回忆录》，第二卷。

［67］"拜伦夫人的分居声明"，第 H 款（1816 年 1 月 22 日）。（洛夫莱斯-拜伦档案）

［68］安妮·贝拉夫人，转引自林赛勋爵（Lord Lindsay）致《泰晤士报》的信，1869 年 9 月 7 日。

［69］拜伦夫人，1816 年 3 月。（洛夫莱斯-拜伦档案）

［70］拜伦夫人致贝利医生的信，1816 年 1 月 8 日。（洛夫莱斯-拜伦档案）

［71］拜伦夫人致诺埃尔夫人的声明，1816 年 1 月 18 日。（洛夫莱斯-拜伦档案）

［72］拜伦致威廉·哈尼斯的信，1811 年 12 月 15 日。

［73］拜伦致拜伦夫人的信，1816 年 1 月 6 日。

［74］约翰·卡姆·霍布豪斯(布劳顿勋爵),《拜伦勋爵与夫人分居史》(私人印制,1870)。

［75］拜伦夫人,"关于咨询贝利医生的声明",1816 年 1 月 8 日,1824 年 4 月修改。(洛夫莱斯-拜伦档案)

［76］"拜伦夫人的分居声明",第 A 款声明,1816 年 2 月 14 日-15 日。(洛夫莱斯-拜伦档案)

［77］拜伦夫人,转引自埃塞尔·科尔伯恩·梅恩,《诺埃尔·拜伦夫人安妮·伊莎贝拉的生平和书信》。

第十七章　皮卡迪利公寓(1816)

去往达柯克比马洛里的路上,安娜贝拉在沃本停了下来,给拜伦写了一封风趣的信:"希望你**一切安好**,注意身体,记住我的叮嘱:不要沉湎于无用的事情,别只顾着写诗,也不要酗酒,更不要做**违法**违规的事,要远离不正经的人。"[1]一月十六日,一行人抵达柯克比马洛里,第二天她又写信:

亲爱的小鸭鸭:

我们昨晚安全抵达柯克比马洛里,但我们没进客厅,却被阴差阳错地领进了厨房,好像我们饿了一路似的。关于细节和其他有趣的事,爸爸想亲自写信告诉你,他和妈妈都期待着一家人早日团聚。这里有盥洗室(!),**起居**室或**发呆**室,应有尽有! 要不是为了照顾拜小伦,我早就住在乡下,修身养性了。艾达最近食欲大增,胖了许多。大家都夸她是"小天使",不过她还听不懂,这倒是件好事。替我向"鹅姐"问好,我替这里的所有人向你问好。

永远爱你的

小可爱[2]

拜伦早已习惯安娜贝拉这种甜腻的拉家常的话,他明白是医生让她这样写的,"唠家常,别提严肃的话题"。[3]这种兜圈子的话拜伦是模仿不来的,作为成熟作家的他也不屑于模仿。信里最精彩的是安娜贝拉对厕所的描述。

乔治·拜伦是拜伦的堂弟,比他小一岁,是一名海军军官,也是拜伦的继承人。安娜贝拉离开后,他和奥古斯塔在皮卡迪利公寓照顾拜伦。拜伦现在暴躁无常,想自杀。他们请一位名叫勒曼的医生前来诊断。一番检查后,医生没发现什么精神病的症状,就是担心过度饮酒对身体不利。他查出拜伦的肝脏开始硬化,就开了一些洋甘菊丸。拜伦的眼睛本来就一大一小,现在小的那只变得"更小"了,医生怀疑他身体有轻微的偏瘫迹象。[4]都这样了,拜伦还妄想妻子很快就会回到自己身边。

一八一六年二月二日,拜伦二十八岁生日过了一周后,拉尔夫·诺埃尔爵士寄来一封信,要求拜伦和安娜贝拉分居。这封信原本早就寄到了皮卡迪利公寓,但被奥古斯塔截获,并由她寄回了柯克比马洛里。她希望这样能拖延一点时间,然而计划没得逞,拉尔夫爵士亲自来伦敦送信。信是法律顾问斯蒂芬·卢辛顿博士草拟的,内容如下:

> 根据**最近**我所了解到的种种情况,如果照你的想法,继续让夫人和你生活在一起,我相信你是不会幸福的。你那样对待她,把她赶出门后又请她回去,我不仅为她的正常生活担忧,抱歉地说,也为她的人身安全担忧。[5]

拉尔夫爵士建议拜伦安排自己的律师去会见他,以便商量出一个双方都满意的分居方案。

回家的路上,安娜贝拉在莱斯特郡停留了两个星期,到底发生了什么事?在离开伦敦前的几周里,她总是和拜伦争吵,尽管曾向女仆克莱蒙特吐露自己对这桩婚事并不满意,但她并没有打算永远离开拜伦。[6]
自从怀孕,她情绪极不稳定,容易紧张急躁。如今离开拜伦后,她情绪更
不稳定,心烦气躁。塞琳娜·多伊尔是安娜贝拉在伦敦的最好的朋友,
也是从小一起玩到大的知己。在柯克比时,塞琳娜写信给她,说要是再
不行"就**干脆**"分居。她竟然用施虐狂萨德的论调诠释他们的婚姻:"我
们(你和我)俩有时都谈到他把你当作实验品来对待……也许你不是第
一个受他虐待的人。但是,若他不是想击毁你强烈的道德荣誉感,他还
会爱你吗?"塞琳娜这种分析还是有道理的。

　　母亲听到拜伦的"暴行"后非常震惊,她不停地给安娜贝拉施压,让
她尽快与拜伦撇清关系。才到达柯克比马洛里村两天,安娜贝拉就在诺
埃尔夫人和母亲的催促下,写了第一份声明。后来又写了好几份声明,
诺埃尔夫人拿着这些声明去伦敦找律师。她咨询了当时备受尊敬的法
律仲裁员塞缪尔·罗米利爵士,他是个了不起的法律改革者,极其严肃,
不苟言笑,追求道德至上。诺埃尔夫人还会见了高级律师塞缪尔·海伍
德和塞琳娜的兄弟弗朗西斯·黑斯廷斯·多伊尔上校,在安娜贝拉的分
居问题上,他们后来帮了大忙。海伍德安排诺埃尔夫人认识了一位年轻
有为的律师斯蒂芬·卢辛顿,他后来接了这桩案子,成了诺埃尔夫妇的
首席法律顾问,将案情一查到底。这个人铁面无私,冷酷无情,就是他让
二人再无可能和解。

　　一月份的柯克比,奥古斯塔从皮卡迪利公寓发来的短笺没有停过,
都是些具体的事,没几封顺心的。比如,一月二十六日收到的信中说:

<blockquote>
　　拜伦和霍布豪斯一起去了**皇家学会**,随后去看戏。晚上我们到
家不久,他们才回来。拜伦心情非常糟糕,自从你走了之后,我这是
第一次见他发这么大的疯。**巴黎**是他离不开的主题……他说哪个
女人愿意跟他走,就带她去巴黎。他还经常提到弗朗西丝夫人
</blockquote>

[弗朗西丝·韦伯斯特]，还给她写了一封极不合礼仪的信……他看戏的路上还勾搭女人，说"勾搭"都算好听的了。说实话，在大庭广众下勾搭别的女人，舌头底下压死人，难道他就不怕吗？[7]

听弗莱彻说，某天深夜，拜伦凌晨三点才回家，还忘记锁门。"幸亏没有坏人进来，给我们来个一锅端。"他说道。[8]

当安娜贝拉还在犹豫不决的时候，女管家克莱蒙特在一旁不停地吹风。克莱蒙特特别爱护自己的女主人，她写了多封短笺，说除非拜伦能彻底悔改，否则她绝不能再住在拜伦的家里。关键时刻，安娜贝拉为抛下精神不正常的丈夫而愧疚，怕受到社会的谴责，勒曼医生却宣布拜伦神智正常，不存在精神失常的问题，这让她更坚定了合法分居的选择。

拉尔夫·诺埃尔爵士本以为拜伦会对这封来信不以为然。事实远非如此，这种结局是拜伦万万没有想到的。二月五日，拜伦收信三天后，霍布豪斯拜访皮卡迪利，发现他"被彻底击垮了"。[9]拜伦的选择性记忆能力很强，他能像失忆了一样，将过去几个月里无休止的吵架、发飙忘得一干二净，好像什么事都没发生过一样。他告诉霍布豪斯，虽然和安娜贝拉"分手了，但她还是我们的好朋友"。他还想去柯克比马洛里找她呢。多年后在比萨，拜伦向托马斯·梅德温讲述这段经历，非说自己对妻子只说过一句刻薄的话。这发生在皮卡迪利公寓，两人分开前不久："我站在火炉前为龌龊的过去心烦意乱，恼羞成怒，夫人走上前说：'拜伦，我在这里是不是妨碍你了？'我回答说，'你个该死的绊脚石！'"[10]

二月初的这段时间里，拜伦写的信里全是让人摸不着头脑的话。他觉得不舒服，浑身发抖，头痛欲裂，后来他在希腊发的烧，一开始也是这种症状。他喝上了鸦片酒，弗莱彻想在他的酒里兑水以稀释药劲，他却把酒藏了起来。拜伦回信给拉尔夫爵士：

　　您的来信我已收到,您模模糊糊提到的事我也不知道怎么回答。您所谓的"把妻子赶出家门",这样的事没有发生过。是医生让她暂时离开伦敦的。但她的确是从我这儿走的,当时的关系也的确不那么和谐。[11]

他说自己"对安娜贝拉受到的不公对待一无所知","她应该见过我消沉的样子,见过我发脾气的样子,但说实话,原因她清楚得很,我这样喜怒无常不怪她,也不怪我"。他给安娜贝拉写信,恳求她直接给自己回信:"我真的不明白拉尔夫爵士到底想说什么,你能解释一下吗? 不管怎样,我会尊重你的决定,不过还是希望你能好好想想分居会带来怎样的后果。望三思。"[12]

　　身边的人都不让安娜贝拉见拜伦,但他每隔几天就给她写信,恳求一见,求她回来,再不济也给个解释。"和我在一起,你从未快乐过吗?"他问,"难道以前那些开心的时光都是假的吗? 一日夫妻百日恩,那些温暖的瞬间和相互的挂念,都从记忆中抹去了吗? ……我这不是已经为自己的愚蠢付出代价,向你承认错误,保证不会再犯了吗?"[13]眼看幸福安定的婚姻生活都要破灭了,他绝望了。二月十二日,霍布豪斯赶到皮卡迪利,他在楼下听奥古斯塔和乔治·利告诉他真实情况,而拜伦竟在楼上的卧室里"痛哭流涕",霍布豪斯哀叹道:"可怜的家伙啊。"[14]虽然拜伦承受了他这个年纪不该遭受的痛苦,但在这眼泪的后面,却隐藏着一种离奇的洒脱。几周后,拜伦写信给汤姆·摩尔:"我的心要碎,早几年前就碎了,比这更痛苦的经历我也经受过。"[15]

　　墨尔本夫人大费周折才促成了这桩婚事,听到婚姻即将破裂,她非常惋惜。二月十二日,霍布豪斯在皮卡迪利公寓见到了她,她为弟媳诺埃尔夫人所做的事而大发雷霆。外界都在指责拜伦残酷无情,酗酒无度,还对妻子不忠,他做好了心理准备。[16]但随着事情的发展,事态已不可控,这位"好姑姑"束手无策了:儿媳卡罗琳·兰姆出来散布恶意谣言,"她指控拜伦——,可怜的家伙啊,他已无力回天"。这是霍布豪斯日记里的一句话,破折号指"鸡奸"。"街上"那些不近人情的风言风语,他听到后都如实记录了下来。[17]

那是个恐同的年代,鸡奸的谣言对拜伦造成了巨大的威胁。当他从霍布豪斯那里得知谣言的事后,他"的确被震住了"。他"吓坏"了,说自己就要完蛋了,要拿枪把自己崩了。几天后,奥古斯塔慌张地给安娜贝拉写信,说"现在外面传的话**太恐怖了,难以启齿**……和这件事比起来,其他那都不叫事了"。[18]她转述了拜伦前一天晚上说过的话:"谁要是**被传**做过这种事,他可就永无翻身之日了。众口铄金,积毁销骨啊!"奥古斯塔还说:"你应该不会弄错我指的是什么事吧。"

不巧的是,谣言传播的那个星期,约翰·默里正好出版了拜伦的两部作品,一部是为霍布豪斯而作的《科林斯之围》,另一部是献给斯克罗普·戴维斯的《帕里西纳》。在这个非常时期,他担心流言蜚语会影响作品的发行,生怕印了太多,最后卖不出去。

安娜贝拉一直怀疑拜伦和奥古斯塔乱伦,现在要正式处理这件事,她要求与律师斯蒂芬·卢辛顿博士面谈。她还害怕拜伦和她争夺艾达的监护权。她写信说:"我这里有件对我方有利的事,只能见面说。"[19]二月二十二日,俩人会面,安娜贝拉指控二人乱伦。作为妻子,拜伦夫人提出的证据上不了法庭,且乱伦这种事也不在法律管辖范围之内,但卢辛顿认为,拜伦毫无顾忌地在妻子面前搞乱伦,起码可以说明他对妻子非常残忍,"语言粗鲁,行为不当",这样对他的起诉就更容易成立。其实早在一八一三年夏天,乱伦的事就已在底下隐蔽地流传。到了二月底,事情彻底传开,且被描述得越来越黑。

还有个传言说拜伦鸡奸了妻子。为拜伦立传的摩尔用油腻的腔调大致给出了分居的原因:"不是因为别的",只因为安娜贝拉"听丈夫坦白了他做过的那些不齿的事"。[20]霍布豪斯在这段话旁批注道:"不能排除拜伦对妻子做了些龌龊的事,霍兰勋爵告诉过我,拜伦勋爵曾试图——她。"[21]霍布豪斯在这里含糊其词,让人不禁想到拜伦可能试图和妻子肛交,这样的情节甚至让二十世纪的传记家都羞于落笔。一九二四年,看到这个破折号,哈罗德·尼科尔森无奈地写道:"那个破折号我填不上。"[22]有一种声音认为夫妻肛交算不了什么大事,安娜贝拉犯不着为这件事和他闹分居。一九七四年,多丽丝·兰利·摩尔带着嘲笑的口吻驳斥了这种声音:"肛交在那个年代不仅是个变态行为,还属于重罪,但凡是个温柔细腻的女子都受不了拜伦这么折腾,她怎么逆来顺受?"[23]

如今,在这个开放的时代,我们可以公开讨论这个话题。从安娜贝拉的信件和她后来对婚姻生活的重构中可以看出,他们的夫妻生活过得相当复杂:大部分时间都有奥古斯塔在一边陪伴,拜伦还经常给她暗示在东方的那些非常规的性体验。安娜贝拉意识到这种变态行为能带来乐趣,她曾向塞琳娜·多伊尔表示,她害怕被拜伦带坏,怕和他一起踏上不归路。

在分居问题上,安娜贝拉情绪极不稳定,甚至到了歇斯底里的地步。她以前的女仆,就是弗莱彻的妻子,说亲眼看到她"痛苦地在地板上打滚,她后悔**答应**与拜伦分居,但已没有回头路了"。[24]她痛苦得像是在戒大烟。克莱蒙特了解主子为何要分居,她不敢相信到了这一步,一旦主子见到拜伦,她可能还会服软。她安慰安娜贝拉说:"您会遇到真爱的。"[25]后来,安娜贝拉向一位密友透露:"有人试图向她提出一些肮脏的要求,那是败坏名声的事,难以启齿。"[26]这些话出现在汤姆·摩尔的记录中。他认为"难以启齿的事"指的是拜伦"禽兽般的性要求"。虽然没有确凿证明,但"肛交"一事不是不可能的。

拜伦被鸡奸和乱伦这两项极富戏剧性的指控搞得焦头烂额，"都快要社会性死亡了"，好友霍布豪斯目睹了这一切。[27]自成年以来，他就一直陪在拜伦左右，多次为他亲力亲为，才得以让他化险为夷。二月十六日，他在日记中写道："我不出手不行了。我得公开运作一下，帮他灭火。"[28]三月七日，他起草了一份声明，打算用作二人分居协议的序言。声明称，拜伦夫人并不认为拜伦"对她态度恶劣，不在乎她，接二连三地背叛她，乱伦……"[29]这份声明后来稍加修改，减弱了语气，便被安娜贝拉和她的律师拿去用了。新声明说，安娜贝拉的家人没有散布任何针对拜伦的谣言；"若无法协商分居、必须走法律程序分居的话，有关鸡奸和乱伦的谣言也不会成为指控内容的任何部分"[30]。霍布豪斯和拜伦接受了她的声明，但他们显然没意识到，安娜贝拉其实并没有否认那两项指控，而只不过是没在法庭上提。律师卢辛顿很可能告诉过她，那两项指控在法庭上是无效的，对审判结果不产生任何影响。

在这场拉锯战中，拜伦的表弟罗伯特·威尔莫特在二人之间充当了调解人。虽然安娜贝拉表面上一副坚持到底、决不妥协的样子，但母亲和朋友都知道她快要绷不住了。奥古斯塔也忐忑不安。她现在还在皮卡迪利公寓，不能贸然离开，否则就是不打自招。她硬着头皮又待了几周，最后在三月十六日搬回到圣詹姆斯宫的寓所。

拜伦最开始的反应是将案子交到法庭，"**身正不怕影子斜，她说什么我都做好了心理准备**"。但现在谣言四起，好友兼庇护人霍兰勋爵以及罗伯特·威尔莫特都不建议他抛头露面，担心对方拿出什么"骇人听闻"[31]的罪状。话说回来，女方诺埃尔家也不想把事情闹大，最好私下调解。就这样，三月十七日，双方就分居协议初步达成一致。到了这个时候，拜伦的名誉也无可挽回了。

拜伦意识到两人和解的最后一丝希望破灭了，他之前写信给安娜贝拉时的语气还像是玩笑开过闹脾气，现在变成了严厉的责备。三月二十

五日,他写道:

> 我的额头像是刺了字,我的名誉彻底被你毁掉了。我这么说,你可能觉得我夸大其词,但并没有。有些话一旦传开,不论你再怎么否认、再怎么证明它是假的,都无法消除,再怎么补救都无济于事。自从你提出分居,这种情况就发生在我身上。我想你会说,"这不是我的错,你婚前就这样。至多是我们分歧太大,过不到一块儿去,你这才**犯了老毛病**"。拜伦夫人,我没做过那些事。假设我做了,你不扪心自问我这**老毛病**为什么又犯了?就算你是无心的,但把事情做得这么绝,你回想起来能安心吗?能这样伤害我的人,除了你还有谁?看到我身败名裂,你还能无动于衷地在一旁看戏吗?[32]

这封信写完两天后,卡罗琳夫人破天荒地见了安娜贝拉。当时安娜贝拉在卡罗琳的弟弟乔治·兰姆家做客,乔治的妻子也叫卡罗琳。三个女人一见如故,竟然组成了一个小圈子。卡罗琳夫人现在给自己找了一个新的事业——团结女性。她怪自己没提前警告安娜贝拉拜伦的人品,为此她要自责:"我在你身上看到了自己曾经的影子——为了这样一个自私、残酷、虚荣的人而傻傻地牺牲掉自己。"[33]她给安娜贝拉支招,说如果他还要来抢孩子,"**你就用那些事威胁他,他肯定就怂了**"。

卡罗琳夫人答应安娜贝拉天黑后来见她。她还说拜伦和奥古斯塔有乱伦关系,说他曾吹过在东方的那些"光辉历史",她还带上了记有罪证的信件;她提起了拜伦的老侍童罗伯特·拉什顿,还有三个让拜伦掰弯了的哈罗好基友;她说拜伦在土耳其为所欲为,孽债累累,他自己说出来都内疚,脸变得煞白。卡罗琳唯一没提到的就是约翰·埃德斯顿,可能这是拜伦唯一没说的秘密。

现在,安娜贝拉可以"确定地"告诉律师卢辛顿,对于拜伦的黑历史,她已是"深信不疑"。[34]律师则恭维说夫人"慧眼,终于摆脱污秽,重得清净"。[35]

一八一五年和一八一六年之交的冬天,全球气候变化无常。从一八一二年初,世界各地的大小火山相继爆发,严重影响了全球气候;那年三月,纽斯特德发生了一次小型地震。拜伦的情绪跟天气一样反复无常,时而木讷,时而兴奋。他跟汤姆·摩尔说:"很奇怪,任何形式的争执都能让我兴奋一段时间。"[36]拜伦离开英格兰前的几周,心情还不错,眉开眼笑,有求必应。四月十日,他在皮卡迪利13号公寓见了塞缪尔·泰勒·柯尔律治,他鼓励柯尔律治努力把《克丽斯特贝尔》写完,出版出来。这是一首神秘诗,他称赞这是自己读过的最狂野、最细腻的诗歌作品。[37]几周前,他还接济柯尔律治一张一百英镑的支票。他认为柯尔律治"才华横溢",却不受赏识;他相信他只需要一个伯乐,"给他个火星,他就可以起来"。[38]

两个人见面以后,拜伦请柯尔律治在客厅朗诵尚未发表的诗《忽必烈汗》。当时,利·亨特在隔壁房间等拜伦,无意中听到了朗诵。拜伦大赞这首诗,非常欣赏柯尔律治侃侃而谈时的风度。作为回报,柯尔律治为拜伦写了一篇人物小传,他很懂拜伦的心思,把他的美和灵动都写了出来:

> 如果你见过拜伦勋爵,他说什么你都会相信:我从没有看过如此漂亮的面庞,他的牙齿就像一张张凝固的笑脸,他的眼睛就像冲太阳打开的门,被光包裹,为光而生。他的天庭饱满,但同时又有万种风情,有时光滑如大理石,有时又随他的情绪浮现出上百道细纹和小窝。[39]

271

一八一六年四月,一位不速之客登门拜访,她也是冲着拜伦别致的长相来的。[40]"见你一面,我终生难忘。"拜伦在伦敦的终极女崇拜者克莱尔·克莱蒙特如是写道。她原名叫克拉拉·玛丽·简,是玛丽·简的女儿。玛丽·简未婚先孕生下了女儿,人们就开始用女儿的名字称她克莱蒙特女士。一八〇一年,克莱蒙特带着女儿嫁给了小说家、激进政治理论家威廉·戈德温,成为他的第二任妻子。女儿克莱尔成长在一个不受传统束缚的知识分子家庭里,有很多同父异母的兄弟姐妹。父亲的前妻就是那位写了备受争议的《女权辩》的玛丽·沃斯通克拉夫特。他们家离中央刑事法庭不远。克莱蒙特开了一家出版公司,印制儿童书籍和学校课本,在楼下的商店出售。家里的女性既有主见,又有事业心,克莱尔·克莱蒙特正是在这样一个家庭环境下长大的。

克莱尔遇见拜伦的一年半前,曾帮助同父异母的姐姐玛丽和年轻的已婚诗人珀西·比希·雪莱私奔去了法国。一八一四年夏天,三个年轻人周游法国,人们揣测他们**三人同居**,但这并没影响他们欢乐的旅行。那年秋天,回到伦敦后,玛丽开始厌烦克莱尔,不想再见到她。于是他们分道扬镳,克莱尔独自去了德文郡的林茅斯,又去爱尔兰看望了哥哥,然后回到伦敦,租了间公寓住下。这个时候,她开始给拜伦写信,她希望自己像玛丽一样,也找一位诗人谈一场轰轰烈烈的恋爱。

对她来说,拜伦显然是第一人选。首先,他有别具一格的男性魅力,他的诗歌基调激进高昂;其次,他在戈德温家族中备受尊敬,他还接济过继父戈德温。一八一六年,拜伦眼看要收到约翰·默里支付的《科林斯之围》和《帕里西纳》的六百英镑稿酬,便突发奇想,让默里直接把钱给戈德温。默里觉得拜伦是泥菩萨过河自身难保,强烈反对这种堂吉诃德式的行为,为此他俩大吵了一架。

坚定而自信的克莱尔大胆地接近拜伦,她在信中写道,"一位和你素不相识的人正在冒昧地给你写信"。[41]后来她向拜伦解释为什么自己

272　可以如此毫无遮掩地表达情感："我是在戈德温家长大的,不论对与错,保持率真是我的人生格言。"[42]她毫无保留地向拜伦扑了上去,坦言自己爱慕他"多年";她要求七点钟和他单独见面,"或者您挑个时间,反正地点要隐蔽"。[43]虽说她率真、不撒谎,但在两人通信的前期,她用过不少假名字。

　　克莱尔胆子很大。为了勾起拜伦的兴趣,她无所不用:她说自己想去做演员,请他提些建议;她拿出未完成的小说,请他提意见;她来来去去提雪莱,而雪莱两年前曾赠给拜伦一本长诗——惊世骇俗的《麦布女王》。渐渐地,冷漠的拜伦被触动了。她给拜伦传短笺的时候放肆地写道:"拜伦勋爵似乎不知道'人有一见之亲'这个道理,而且要见他的这个人还配不上他! 不管怎样,他说他那个时候要在家等我!"[44]"天啊! 我从未如此高兴!"[45]有一次她去皮卡迪利公寓,为了掩人耳目,她带上了姐姐玛丽·戈德温;她要求拜伦务必让他的仆人们准备好,"因为玛丽习惯和熟悉的人在一起,大家对她都恭恭敬敬的。我这么说是因为星期四晚上我在你家大厅等了将近十五分钟。看在我喜欢你的分上,我忍了。但她可不喜欢你哦"。[46]

　　克莱尔主动提出想和拜伦出一趟城,坐上驿站马车或者邮件马车,走他个十几英里远:"到一个没人认识我们的地方,在那儿待上一夜,然后第二天一早回来。"[47]听到她有这个意思,拜伦没在远处找,就在城里联系了一座空房子,计划四月二十日周六在那里秘会。或许约会推迟了,或许第一次约会他们没有发生关系,因为直到四月二十一日克莱尔才写信给拜伦说:"明天我就会知道我是否应该把自己交给你,这是我梦寐以求的事。"[48]她恳求拜伦在出国前多见她几面,还说要去瑞士找他,这让拜伦很不高兴。

　　克莱尔·克莱蒙特长得像吉卜赛女人,肤色和发色都深,小表情咄咄逼人,拜伦没怎么看上。拜伦告诉金奈尔德说"她脑袋长得怪怪的"。[49]弗朗西丝·韦伯斯特夫人更是对自己的偏见不加掩饰,说她长得"奇丑无比"。[50]由于成长环境的缘故,克莱尔缺乏拜伦身边的女性那种优雅的气质。话说拜伦也乏了,不再挑肥拣瘦了:"我从来没有爱过她,也没有假装爱过她,但男人终究是男人,如果一个十八岁的女孩时时刻刻都想投怀送抱,我还能怎么办?"[51]两人交往的时候,克莱尔才十七岁。不久她就怀孕了。

拜伦自己也记不得孩子到底是在伦敦怀上的,还是在日内瓦怀上的,他俩后来在日内瓦又同居过一段时间。但孩子肯定是在一八一六年六月之后、拜伦出国之前某个他没在意的日子怀上的,因为艾蕾歌是次年一月出生的。这是他第二个孩子,和艾达一样,生下来就是父母的孽债,两人没少为她付出,为她吵架。克莱尔后来写道:

> 我不幸成了**激情**的牺牲品;世间所有完美的事物都转瞬即逝,我只享受了十分钟的美好,却遭了余生的罪。[52]

针对拜伦的舆论愈演愈烈,本已深陷丑闻的他现在更是成了众矢之的。闹分居的时候,沃尔特·司各特说他像斗牛场里的牛,谁要是对他出言不逊,他就会大发雷霆,傲慢无礼,"他们不配说我!"[53]一八一六年二月,汤姆·摩尔的朋友玛丽·戈弗雷给摩尔写了一封信,我们从中可以看出整个伦敦社会都对拜伦彻底失望了:

> 大家对他口诛笔伐,说他是个浪荡子,毫无社会价值。他完全迷失在社会舆论中,恐怕他要就此堕落、放弃挣扎,就这样苟且偷生下去了。[54]

奥古斯都·福斯特是德文希尔公爵夫人伊丽莎白的儿子,他曾追求过安娜贝拉,但没能得到她的芳心。他给母亲写的一封信中,对安娜贝拉与拜伦分居一事,简短地说了一下自己的看法:"他们显然是两种截然不同的人,在一起不大合适。安娜贝拉**非要**嫁给一个诗人,说要帮他**改过自新**。而拜伦呢,他这么长时间只证明了自己是一个真正的恰尔德·哈洛尔德。"[55]公爵夫人回信说:"我从未听说过有谁的命运比拜伦夫人还要悲惨的,而拜伦,他要么疯了,要么就是个卡里古拉①。"[56]

一八一六年三月,拜伦写了两首诗,让约翰·摩里印刷五十本供私人发行,导致他的形象雪上加霜。第一首诗叫《珍重!》,拜伦在前期的分居协议上签字几天后,把这首诗寄给了安娜贝拉:

> 如果这是永别,请珍重。
>
> 请永远**珍重**。
>
> 即使你不原谅我,
>
> 我也不会恨你。
>
> 你那时常枕着的
>
> 胸膛难道不是袒露给你的吗?
>
> 你当时睡得多香
>
> 你永远不会知道。

274　这首诗有多层意思,它表面上读起来很悲伤,设想了以后孤老而终的样子,还不忘惦记女儿:

> 等到孩子开始学着说话
>
> 你不许我疼爱她

---

①　卡里古拉(Caligula),罗马帝国第三任皇帝,荒淫无度,暴虐无道。

那教她说"爸爸"可以吗？

当她的小手将你紧紧捏住

当她的小嘴贴着你

想一想那个为你祈祷的他

想一想你曾经深爱着的他。[57]

拜伦的高端崇拜者夏洛特公主读到这首诗后哭得"像个**傻子**"。[58]但若仔细读，我们可以感到诗里藏着怨念，话里那一股子要当面诘问的劲儿非常伤人。拜伦总喜欢把自家"丑事"公之于众，他行文流畅，口无遮拦。后来，他写信给安娜贝拉，向她辩解这首诗是发自肺腑的声音，没有一丝修饰："这首诗在这个节骨眼上看略显做作，其实不是的。据说，世界各地的语言都是越自然才越像诗。这首诗还能写成什么样，我不知道。我只能写成这个样子。"[59]

第二首诗叫《私生活素描》，内容咄咄逼人，带着势利眼的口气痛骂玛丽·安妮·克莱蒙特。玛丽·安妮·克莱蒙特本是一位女仆，后来被培养成了家庭女教师。拜伦认为是她和自己的丈母娘在背后捣鬼，拆散了他和安娜贝拉。

生在阁楼，长在厨房，

提拔后为女主人梳头：

后来，不知做了什么难以启齿的活儿，

拿了不知多少工资，

她从厕所一跃上了餐桌，

用她之前洗过的盘子吃饭，

高她一等的人都不知道为何要站在她身后伺候。

她随口就能给你编出个故事来

　　　　她无所不知,眼里没有秘密

　　　　天啊,难以想象

　　　　谁会把孩子交给她教育![60]

这种看似轻快实则刻薄的讽刺手法拜伦用得已是炉火纯青,想当年他在哈罗公学时就写过讽刺诗攻击校长。评论家吉福德曾说,要论讽刺,这首诗和意大利画家卡拉瓦乔的画有得一拼:"到底是什么深仇大恨能让人说出如此狠毒的话? 我对拜伦勋爵还是那个看法:他走了他自己选择的路,但他为何不去做一个伟大的诗人,人类的先驱? 他为什么不呢? 看到头脑聪明的人不务正业、把心思都花在讽刺别人上,我真是痛心疾首。"[61]

　　就算是一直对拜伦怀恨在心的卡罗琳·兰姆无意间从默里那儿看到这些诗时都坚定地认为它们不应该出版。默里没听她的,还是印制了出来,仅供小圈子传阅。不想后来,经过一个叫亨利·布劳厄姆的苏格兰律师的运作,这些诗又在四月十四日的《冠军》报上登了出来,题目叫《拜伦勋爵谈自家私事》。[62]这个布劳厄姆势力不小,是拜伦夫妇的顾问,据说为人刚正不阿,两边都不偏袒,但实际上,他更向着拜伦夫人说话,他这么做可谓雪上加霜。一篇社论在一旁落井下石,文章批评拜伦对法国人的立场模糊不清。

　　不久,其他报纸在未经授权的情况下转载了这组诗歌,尤其是那首攻击下层阶级的《私生活素描》。一时间,拜伦成了众矢之的,公众对他不依不饶。例如,四月二十六日,艺术家理查德·韦斯特马科特在伦敦举行了一场小型家庭晚宴,席间"聊到了拜伦勋爵的所作所为,大家一致认为,他不该那样写他的妻子和家庭女教师,他的话太难听,大家都谴责他"。就在拜伦出国一个月之前,讽刺画家乔治·克鲁克申克以《珍重!》一诗为主题创作了一幅讽刺漫画:画中央漂着一艘小船,船上有道别的拜伦、和他勾肩搭背的三个情妇、摇橹的男仆。这画有多夸张尚且不论，但对拜伦的形象可谓是毁灭性的打击。

　　难道拜伦是迫不得已才离开英国的吗？霍布豪斯对此讳莫如深，只是在摩尔的传记中默默写下一行批注："根本没有非走不可的事。"[63]但摩尔在传记中却信誓旦旦地说："整个社会都在排斥他，他无论如何都没办法潇洒地走了。"[64]倘若就是婚姻破裂的事，就算是他主动提出要分居的，也不会闹出这么大的事。主要是乱伦、鸡奸这种传言让他不得不走。两年后，他写信给戴维斯说："你应该不会忘记我为什么要放弃英格兰、当时都传了些什么话吧。若**那些话是真的**，就说明我不配英格兰；若**那些话是假的**，那英格兰不配我。"[65]

　　到了这个地步，拜伦已被主流社交圈抛弃了。四月八日，泽西夫人举办了一场宴会，拜伦竟然带着姐姐奥古斯塔一起出席，让大家都吃了一惊。席间，不时有客人上来对他们说风凉话，包括乔治·兰姆夫人和亨利·布鲁厄姆。亢奋的默瑟·埃尔芬斯通特意走上前来，对他说："你当时娶**我**就好了。"[66]这出戏原本被记录在拜伦的回忆录中，但回忆录于一八二四年被烧掉了。但我们还是能在《唐璜》中听到他阴阳怪气地向这种忠实的女崇拜者表达敬意：

276

> 我还见过一些女性**朋友**
>
> 　（虽说奇怪，但千真万确；方便的时候我会证明给你看）
> 她们不论命运多么坎坷，不论身在何处，
> 　对我都忠贞不渝。
> 我被欺负的时候，她们没有放弃我；
> 　她们能顶住任何流言蜚语；
> 就算我不在的时候，她们也都一直在为我斗争，

不怕社会上那些恶毒的声音。[67]

对拜伦的谩骂语言粗鄙，而且千篇一律。骂他的文章管用的手法是拿他与古人作比，拜伦特意把这些古人列了出来，看看自己"跟哪些古今坏人能称得上是一丘之貉"：亨利八世、乔治三世、赫利奥加巴卢斯、卡利古拉、伊壁鸠鲁、阿皮丘斯和尼禄。[68]还别说，其中三个是臭名昭著的同性恋。

比起这些明枪，更伤人的是那些难躲的暗箭："乖张任性，心狠手辣——孤立无援——有口难辩——只能**意会**的戕害方式——干完那种勾当却能**耸肩而过**——我差一点就被他拿下了。"[69]在但丁的《炼狱》中，鸡奸的人要被送到第七狱的第三环受罚，雅格布·鲁斯提库奇就因鸡奸被送到那里接受了无休止的惩罚。拜伦后来写信给霍布豪斯说："他们要让我在世间蒙受同样的耻辱，痛苦程度就像雅格布在地狱里受罚一样。"[70]

现在，拜伦害怕被恐同的人袭击。那是一段挥之不去的记忆。一八一九年，有人在《布莱克伍德爱丁堡杂志》上发表了一篇文章攻击他，他写了一封信予以回应，但这封信至今没有发表过：

> 有人劝我不要去剧院，以免遭人嘘；有人劝我不要再继续出席议会了，以免路上被人斥责；我的朋友后来告诉我，我要出国那天，他都担心有人会在马车门口等我下车，揍我一顿。[71]

虽然霍布豪斯后来不承认，但据拜伦说，"就连一向心大的霍布豪斯都觉得当时的形势对我不利，他都想过我会不会**被刺杀**"。[72]反对他的声音之大，都波及了他的情妇。德鲁里巷剧院有个叫玛丁女士的女演员据说是他的情妇，她竟然收到了多封匿名信，说要赶她下台。恐同的风气愈演愈烈。几十年后，奥斯卡·王尔德因"严重猥亵罪"被判强迫劳役两年，遭众人唾弃。

四月初，拜伦把自己珍贵的藏书以七百二十三英镑十二先令六便士的价格拍卖给一个来自蓓尔美尔的叫 R. H. 埃文斯的人，当然，他要出国带走的都挑了出来。霍布豪斯从他那里买了三十四英镑的书，而约翰·默里买下了更多东西。其中包括一面华丽的屏风，上面画有著名拳击手和演员的肖像。屏风是拜伦和击剑老师亨利·安杰洛特定制的，原本要放在奥尔巴尼的房间里。 277

四月十四日，他和奥古斯塔道了别。姐姐现在住在圣詹姆斯宫的公寓里，那里成了她在伦敦的正式居所。姐姐挺着大肚子，那是她第五个孩子弗雷德里克，第二天她将启程回六里底。他说不能陪她太久，因为约了塞缪尔·罗杰斯和谢里丹一起吃晚饭。拜伦悲情地写道："我们会有一段时间不能相见，不论是哪种场合。可能永远不会再见了吧。"[73]复活节那天，奥古斯塔送给他一本《圣经》，这本《圣经》他一直带到了迈索隆吉翁。他终究是逃不开神啊。

现在，他对安娜贝拉说话不见一丝温柔："我刚和奥古斯塔告别。她是你无论如何从我这里都赶不走的人，也是我在世上唯一没有被你毁掉的牵挂。"[74]他让安娜贝拉善待她的大姑子："她从来没有伤害过你，没有说过你的不是，她一直都是你的朋友。"这话虽听着奇怪，但确实如此。女儿的事可以通过姑姑转达。他在信中还附上了一枚戒指，"戒指没有贴金镶钻，仅含有几根国王和先祖的头发。在女儿获得爵位、成为拜伦小姐之前，要先替她保管好"。到了这个时候，他那股贵族自豪感依然很强。

忍着离别的痛，他写下了《致奥古斯塔》：

当阴霾暗影将四周笼罩，

理性悄然隐匿了光芒，

希望闪烁着垂危的火苗，

我在孤独中迷失了方向；

当内心展开惨烈的搏斗，

当灵魂面临阴森的午夜，

恐怖的凌虐被称为宽厚，

软弱者绝望，冷漠者告别；

当厄运临头，爱情远飏，

憎恨的利箭万弩齐发，

你是我独一无二的星光，

高悬在夜空，永不坠下。[75]

这首诗拜伦交给了约翰·默里，而默里耳根子软，还是让卡罗琳·兰姆夫人读到了。早前，兰姆夫人可是帮着造过谣的，现在目睹了谣言的威力，她自己都没料想到现在又心疼拜伦了，客气话都顾不上说："默里给我看了你写的那首诗，很美。但拜伦啊拜伦，我觉得你万万不可将这首诗发表出去……我敢说，这首诗会毁掉你所有。"[76]不久拜伦狠狠地斥责了默里："我真想当面骂你！你不能把我写的任何东西再给卡罗琳看了！这事我警告过你多少次了！你不知道你酿成了多大的恶果！"[77]虽说如此，他仍叮嘱，这首诗等他出国后传不传出去他就不管了。

四月二十一日，拜伦签署了最后的分居协议。在这一历史时期，已婚妇女没有财产权可言，诺埃尔夫人死后，作为女婿，拜伦有权继承女方家在柯克比马洛里的所有财产。然而，安娜贝拉的律师要求财产继承权分一半给她。拜伦不同意,此案又提交给副检察总长塞缪尔·谢泼德爵士裁定。谢泼德爵士向来偏袒女性,他给安娜贝拉判了一半遗产权。拜伦虽然不满,但丑闻缠身,他毫无还手之力。最终,双方达成协议,安娜贝拉的个人开销从每年三百镑上涨到五百镑,这笔钱从嫁妆的利息里出。十六个月前,霍布豪斯见证了二人的结合,如今,他与约翰·汉森一起又见证了二人分居。拜伦愤愤地说:"瞧瞧家庭女教师克莱蒙特办的好事。"[78]

四月二十二日晚上,一切已准备就绪,拜伦马上要出发前往欧洲,文件、信件都交给汉森保管。和他通过信的人,尤其是墨尔本夫人,开始担心信件万一泄漏,自己那段不堪回首的感情史也会被抖出来。道格拉斯·金奈尔德和他那个唱歌剧的情妇登门送别,还带了一块蛋糕和两瓶香槟。犹太作曲家伊萨克·内森也带了一份礼物——"一块无酵饼",拜伦非常感动,对他许下诺言,"一定陪你去耶路撒冷朝觐"。[79]

他坐上那辆拿破仑式的四轮马车,斯克罗普·戴维斯、霍布豪斯和年轻的医生约翰·波利多里则坐在一辆双轮马车上为他开路,波利多里是拜伦为这次欧洲之行特意招来的。这时候,皮卡迪利 13 号公寓前围满了人,霍布豪斯先离开,他回头张望,一度看不到拜伦的马车,他担心那群人要对拜伦动粗,脑海里泛起"各种不测的画面"。[80]然而,拜伦的马车很快就赶上来了,车里有弗莱彻和罗伯特·拉什顿伺候着。拉什顿现在又回来伺候拜伦了。时过境迁,但那群忠实的随从始终离不开主子。

马车前脚离开几分钟后,法务官员就来到皮卡迪利公寓,清点拜伦的财产。拜伦还欠着德文希尔公爵夫人的房子,这些东西就当抵债了。他们不挑,连仆人弗莱彻夫妇那些不值一钱的物品都被拿走,拜伦的鹦鹉和松鼠也没能逃过一劫。那天晚上,拜伦一行刚到达多佛港,霍布豪斯就赶紧招呼人把马车也运上船,他担心法务官从北边撵过来抢他的马车。

他们在码头附近一家叫"小船"的客栈吃了饭，喝着"口味清淡的法国葡萄酒"，大家坐在一起，看上去很像当年他和霍布豪斯出国去东方前的那次送行会，但气氛完全不同。当地人听说拜伦来了，都特别好奇，有些女人打扮成房间服务员的模样，好近距离看上他一眼。由于多佛外的海上刮起了强逆风，出不了船，他们不得不在多佛又待了一夜。霍布豪斯和戴维斯闲得无聊，就去看海边白色的悬崖，想起了莎士比亚《李尔王》中国王发狂的场景。吃过晚饭，拜伦和这两位最好的朋友散步去教堂。他们在教堂的墓地祭拜了一位十八世纪的讽刺作家，叫查尔斯·丘吉尔。拜伦小时候在格里尼博士学院读书时，读到过他的作品。现在看到了他的墓地，他很开心。教堂里老司事告诉他们："那片草坪上有块普通的墓碑"，上面刻有丘吉尔《候选人》中的一句诗：

　　　　享受生命到最后一刻——丘吉尔**在此**长眠。[81]

拜伦一时兴起，竟然在墓前躺了一躺。他给了老司事五先令，请他修整草坪。

四月二十五日，拜伦起得晚，差点没赶上船。大家都在船上了，拜伦才慢吞吞地从旅馆出来，挽着霍布豪斯的胳膊向码头走来，船长很不耐烦。另一位新雇员，即刚雇来的瑞士导游伯杰起得更晚。船扬帆起航那一刻，大家都激动起来，"拜伦原本挺开心的，但看到邮船从旁边驶过，脸色就变了"。[82]船沿着木制码头驶向波涛汹涌的大海，霍布豪斯跟着跑到码头的尽头："亲爱的家伙脱下帽子向我挥手致意。我一直望向他，直到他消失在视野。愿上帝保佑这个勇敢的人，善良的人。"斯克罗普·戴维斯也为他祈福。

永别了,大地,我的名望曾在这里升起,

一度遮天盖地,

现在,名望抛弃了我。[83]

这几行诗是拜伦去年七月在拿破仑被流放到圣赫勒拿岛时写下的。不想一语成谶,自己成了那个被名誉抛弃的人。拜伦从没有像现在这样为自己的鲁莽行为而后悔,他觉得自己和拿破仑一样都是一代枭雄,之所以失败就是因为飞得离太阳太近。他离开了,却留下了一颗伤痕累累的心。四月份,德文希尔公爵夫人伊丽莎白写道:"拜伦夫人太可怜了,她生了大病,都是他害的,可怜天下父母心啊。"[84]在拜伦离开的前一天,约翰·汉森去拜伦夫人那里办事,夫人还是那样气质傲然。但他后来向霍布豪斯描述夫人的状况,把一只手贴在心脏的位置:"她说她这里已被撕裂了。"[85]和拜伦分开后,拜伦夫人变得沉默寡言,曾经开朗的安娜贝拉消失了。不久就传来消息说,她只喝得下牛奶,人也老了许多,看着比实际年龄要老。她仍然幻想拜伦有一天会回到她身边,求她原谅他。她写了《被你遗弃》,用以回应《珍重!》:

终有一天,你也会泪流满面,

骄傲的头会为我低下

待我被你熬得"人老珠黄",

你也将是老树枯柴的模样!

那时的你定是一塌糊涂,

但心里却有一种久经沧桑后的平静,

你会求我原谅你那些数不清的错,

可惜,爱的泪水已尽,只剩怜悯。[86]

然而,拜伦再没见过妻儿。

一八一六年十月,在德国魏玛,不久前刚刚喜欢上拜伦诗歌的约翰·沃尔夫冈·冯·歌德也关注起了他的分居案,那时他年事已高。他觉得他们二人分居的事"精彩得像诗,这要真是他编出来的,应该是他最好的选题,和他的天赋很配"。[87]十九世纪初,还有其他以悲剧告终的婚姻故事,无一不令人扼腕。但相比之下,拜伦的故事过于盘根错节,世间罕见,他的故事就像一部宏大的戏剧,为他的同代人和后代人上演着人性的罪与恶。

注释

[1] 拜伦夫人致拜伦的信,1816 年 1 月 15 日。(洛夫莱斯-拜伦档案)

[2] 同上,1816 年 1 月 17 日。

[3] 拜伦夫人致塞琳娜·多伊尔的信,1816 年 1 月 15 日。(洛夫莱斯-拜伦档案)

[4] 奥古斯塔·利致拜伦夫人的信,1816 年 1 月 18 日。(洛夫莱斯-拜伦档案)

[5] 拉尔夫·诺埃尔爵士致拜伦的信,1816 年 1 月 28 日。(洛夫莱斯-拜伦档案)

[6] 塞琳娜·多伊尔致拜伦夫人的信,可能是 1816 年 1 月 18 日。(洛夫莱斯-拜伦档案)

[7] 奥古斯塔·利致拜伦夫人的信,1816 年 1 月 26 日。(洛夫莱斯-拜伦档案)

[8] 同上,1816 年 1 月 18 日。(洛夫莱斯-拜伦档案)

[9] 约翰·卡姆·霍布豪斯(布劳顿勋爵),"日记手稿",1816 年 2 月 5 日。(伯格藏品,纽约公共图书馆)

［10］托马斯·梅德温,《拜伦勋爵比萨谈话录》。

［11］拜伦致拉尔夫·诺埃尔爵士的信,1816 年 2 月 2 日。

［12］拜伦致拜伦夫人的信,1816 年 2 月 3 日。

［13］同上,1816 年 2 月 8 日。

［14］约翰·卡姆·霍布豪斯(布劳顿勋爵),"日记手稿",1816 年 2 月 12 日。(伯格藏品,纽约公共图书馆)

［15］拜伦致托马斯·摩尔的信,1816 年 3 月 8 日。

［16］约翰·卡姆·霍布豪斯(布劳顿勋爵),"日记手稿",1816 年 2 月 9 日。(伯格藏品,纽约公共图书馆)

［17］同上,1816 年 2 月 12 日。

［18］奥古斯塔·利致拜伦夫人的信,1816 年 2 月 17 日。(洛夫莱斯-拜伦档案)

［19］拜伦夫人致斯蒂芬·卢辛顿博士的信,1816 年 2 月 15 日。(洛夫莱斯-拜伦档案)

［20］托马斯·摩尔,《拜伦传》,第二卷。

［21］约翰·卡姆·霍布豪斯,霍布豪斯在托马斯·摩尔的《拜伦的书信和日记》(1830)中的批注。

［22］哈罗德·尼科尔森,《拜伦:最后的旅程》。

［23］多丽丝·兰利·摩尔,《众人眼中的拜伦勋爵》(1974)。

［24］约翰·卡姆·霍布豪斯(布劳顿勋爵),"日记手稿",1816 年 2 月 9 日。(伯格藏品,纽约公共图书馆)

［25］克莱蒙特夫人致拜伦夫人的信,1816 年 2 月 13 日。(洛夫莱斯-拜伦档案)

［26］《托马斯·摩尔日记》,1827 年 10 月 16 日。

［27］约翰·卡姆·霍布豪斯(布劳顿勋爵),《拜伦勋爵与夫人分居史》。

［28］约翰·卡姆·霍布豪斯(布劳顿勋爵),"日记手稿",1816 年 2 月 16 日。(伯格藏品,纽约公共图书馆)

［29］约翰·卡姆·霍布豪斯(布劳顿勋爵)，"日记手稿"，1816 年 3 月 7 日。(伯格藏品，纽约公共图书馆)

［30］约翰·卡姆·霍布豪斯(布劳顿勋爵)，《拜伦勋爵与夫人分居史》。

［31］约翰·卡姆·霍布豪斯(布劳顿勋爵)，"日记手稿"，1816 年 3 月 8 日。(伯格藏品，纽约公共图书馆)

［32］拜伦致拜伦夫人的信，1816 年 3 月 25 日。

［33］卡罗琳·兰姆夫人致拜伦夫人的信，1816 年 3 月。(洛夫莱斯-拜伦档案)

［34］拜伦夫人致斯蒂芬·卢辛顿博士的信，1816 年 3 月 27 日。(洛夫莱斯-拜伦档案)

［35］斯蒂芬·卢辛顿博士致拜伦夫人的信，1816 年 3 月 27 日。(洛夫莱斯-拜伦档案)

［36］拜伦致托马斯·摩尔的信，1816 年 3 月 8 日。

［37］拜伦致塞缪尔·泰勒·柯尔律治的信，1815 年 10 月 18 日。

［38］拜伦致托马斯·摩尔的信，1815 年 10 月 28 日。

［39］塞缪尔·泰勒·柯尔律治致一个朋友的信，1816 年 4 月 10 日。见詹姆斯·吉尔曼(James Gillman)，《塞缪尔·泰勒·柯尔律治传》(*The Life of Samuel Taylor Coleridge*, 1838)。

［40］克莱尔·克莱蒙特致拜伦的信，1816 年 4 月 16 日(日期存疑)。

［41］同上，1816 年 4 月。

［42］同上，1816 年 5 月 6 日。

［43］同上，1816 年 4 月。

［44］拜伦致克莱尔·克莱蒙特的信，1816 年 4 月。

［45］克莱尔·克莱蒙特，拜伦来信上的批注，1816 年 4 月。

［46］克莱尔·克莱蒙特致拜伦的信，1816 年 4 月 21 日。

［47］同上，1816 年 4 月 16 日(日期存疑)。

［48］同上，1816 年 4 月 21 日。

［49］拜伦致道格拉斯·金奈尔德的信，1817 年 1 月 20 日。

［50］《托马斯·摩尔日记》，1819 年 1 月 5 日。

［51］拜伦致道格拉斯·金奈尔德的信，1817 年 1 月 20 日。

［52］克莱尔·克莱蒙特致简·威廉姆斯，1826 年 12 月。（牛津大学博德利图书馆，阿宾格文献，文档478）

［53］沃尔特·司各特爵士，《拜伦勋爵之死》（'The death of Lord Byron'），《爱丁堡周报》（Edinburgh Weekly Journal），1824 年 5 月 19 日。

［54］《拜伦著作、书信和日记》，第三卷。

［55］奥古斯都·福斯特致德文希尔公爵夫人伊丽莎白的信，1816 年 3 月 23 日。见《两位公爵夫人》。

［56］德文希尔公爵夫人伊丽莎白致奥古斯都·福斯特的信，1816 年 3 月 22 日。（同上）

［57］《珍重》，1816 年，第 1 行。

［58］夏洛特公主致默瑟·埃尔芬斯通的信，1816 年 4 月 19 号（日期存疑）。见夏洛特·伯里夫人，《侍女日记》，第一卷。

［59］拜伦致拜伦夫人的信，1816 年 3 月 20 日-25 日（日期存疑）。

［60］《私生活素描》，1816 年 3 月 30 日，第 1 行。

［61］威廉·吉福德致约翰·默里的信，公司内部备忘录。

［62］《约瑟夫·法灵顿日记》（The Diary of Joseph Farington），肯尼斯·加里克（Kenneth Garlick）和安古斯·麦金太尔（Angus Macintyre）编辑（1978-1984）。见 1816 年 4 月 26 日这一天的记录。

［63］约翰·卡姆·霍布豪斯，霍布豪斯在托马斯·摩尔的《拜伦的书信和日记》（1830）中的批注。

［64］托马斯·摩尔，《拜伦传》，第二卷。

［65］拜伦致斯克罗普·伯德莫尔·戴维斯的信，1818 年 12 月 7 日。

［66］威廉·海兹利特，《詹姆斯·诺思科特对谈录》，第 15 号。

［67］《唐璜》，第十四章，第 96 节，第 761 行。

［68］托马斯·梅德温，《拜伦勋爵比萨谈话录》。

［69］拜伦致斯克罗普·伯德莫尔·戴维斯的信，1818 年 12 月 7 日。

［70］拜伦致约翰·卡姆·霍布豪斯的信，1819 年 5 月 17 日。

［71］《拜伦著作、书信和日记》，第四卷。

［72］拜伦致斯克罗普·伯德莫尔·戴维斯的信，1818 年 12 月 7 日。

［73］拜伦致塞缪尔·罗杰斯的信，1816 年 4 月 14 日。

［74］拜伦致拜伦夫人的信，1816 年 4 月 14 日。

［75］《致奥古斯塔》，1816 年，第 1 行。

［76］卡罗琳·兰姆夫人致拜伦的信，1816 年 4 月(日期存疑)。

［77］拜伦致约翰·默里的信，1816 年 4 月 15 日。

［78］约翰·卡姆·霍布豪斯(布劳顿勋爵)，"日记手稿"，1821 年 4 月 21 日。

［79］拜伦致伊萨克·内森的信，1816 年 4 月。

［80］约翰·卡姆·霍布豪斯(布劳顿勋爵)，"日记手稿"，1816 年 4 月 23 日。

［81］同上，1816 年 4 月 24 日。

［82］同上，1816 年 4 月 25 日。

［83］《拿破仑的告别(来自法国)》，1815 年 7 月 25 日，第 1 行。

［84］德文希尔公爵夫人伊丽莎白致奥古斯都·福斯特的信，1816 年 4 月 6 日。见《两位公爵夫人》。

［85］约翰·卡姆·霍布豪斯(布劳顿勋爵)，"日记手稿"，1816 年 4 月 22 日。

［86］拜伦夫人，《被你遗弃，一八一六年三月》，引自笔记《诗集(1809-1816)》('Verses 1809-1816')。(洛夫莱斯-拜伦档案)

［87］《乔治·蒂克纳的生平、书信和日记》，第一卷，1816 年 10 月 25 日。

流亡名人

第十八章　日内瓦(1816)

我记得大不列颠的海岸是白色的，

但其他国家的几乎都是蓝色的。[1]

一八一六年四月二十五日，白色的多佛崖壁逐渐消失在他视线里。《纪事晨报》报道了他出国的新消息。去往奥斯坦德的船遇上了海况，一个"该死的"布鲁日商人不小心打翻了拜伦的早餐，本不晕船的他开始觉得不舒服了。[2] 但他还是坚持写出了《恰尔德·哈洛尔德游记》第三章前三节的初稿。

拜伦其实还不太清楚他真正的处境。几个月来，他在国内听到那么多刺耳的声音，甚至被人骚扰，但他仍觉得这是一个开过了头的玩笑："如此高傲的人却被一种最不齿的方式逐出国境。"[3] 他的愤怒让他看不清现状，他还以为这种放逐是暂时性的，他写信时说自己明年春天就可以回去了吧；再过个一年半载的，和拜伦夫人也就和好了。

然而，拜伦这一走就再也没回来。此后八年，他去了瑞士、意大利和希腊生活，当自己是一个欧洲人。他有非凡的共情力和适应力，很快就像欧洲人那样生活，像欧洲人那样为人处事。他适应了当地人的生活模式、社交习惯和思维方式，学会敬重历史。这场漫长的海外旅途接近尾声时,他甚至觉得自己讲英语都不流利了。

流亡的这段时间,拜伦的文字有了明显的变化,笔触更加深刻了。汤姆·摩尔在《拜伦传》中写道,在一八一六年夏天,拜伦文思泉涌,《锡雍的囚徒》《梦》《黑暗》,《恰尔德·哈洛尔德游记》第三章接踵而来,这都是他反抗社会的声音,是近期的种种不如意"激发了创作灵感和激情"。[4]而且,拜伦将新的感悟融入此后创作的诗歌中,我们从《曼弗雷德》的那些名句中可以听到另一种澎湃:

> 悲哀是一种知识,懂得最多的人
> 必定为终极的真相而悲伤:
> 知识之树并不是生命之树。[5]

离开了英国,拜伦摒弃了早期诗歌中常见的乡土主义元素,决心要和母国文化一刀两断。拜伦在诗歌中为自己设立了一种形象,在许多欧洲读者眼里,这个形象有着致命的缺点:生活靡乱,罪孽深重,注定要遭天谴。他知道自己是个逃犯,为逃脱乱伦、鸡奸这样的重罪而跑到天涯海角。现在的他已经不是当年写《闲暇时光》的他了。

拜伦一行人在欧洲的第一夜是在奥斯坦德度过的。他觉得这个小镇"还不错",比起多佛要好太多。[6]建筑具有浓郁的佛兰德风,妇女和女孩们戴头饰,脚踩木鞋;海关的人都客客气气。霍布豪斯不久要去日内瓦和他会合,他兴致勃勃地写信提醒霍布豪斯:"别忘了带上手枪!你能不能告诉那个射击俱乐部的老板曼顿,他给我带的枪刷质量太差了。让他再给我弄两个好的,麻烦你帮我带过来。我的枪栓要擦了。"离开英格兰,他现在心里轻松多了。当年他刚到里斯本时也是这样,想好好放松一下,放肆一把。男仆弗莱彻回忆,主子一进那个叫"帝国良药"的大酒店(实际上叫"帝国之心大酒店")的房间里,"就闪电般地扑向客房女服务员"。[7]

奥斯坦德的聚会上,有两位之前和拜伦一起旅行的同伴。罗伯特·拉什顿,曾经是拜伦的小跟班,如今已是个二十多岁的小伙子。因为成熟了不少,拜伦对他的感情也淡了。威廉·弗莱彻最近与拜伦夫人的女仆安·鲁德结了婚(她也被称为"小鲁")。作为拜伦夫人的上一任女仆,安·鲁德受够了他们婚后生活中没完没了的争吵。她成为夫妇俩的中间人,把拜伦的密件交给夫人,也曾出庭为拜伦作证,谴责克莱蒙特夫人恶意的不实陈词。因为安·鲁德拒绝为拜伦虐待他的妻子一事作证,拜伦夫人拒绝给她写推荐信。而弗莱彻的主人让他重操旧业,继续当仆人和怨声载道的侨民,安·鲁德则留在伦敦抚养他前妻的两个儿子。不用想,两人日子过得十分拮据,因此拜伦应弗莱彻的要求,写信给奥古斯塔,求她和校长威廉·卡文迪什·本廷克勋爵说说情,为弗莱彻的儿子在基督公学谋一个名额。

随拜伦同行的有一位叫约翰·波利多里的"宝藏"大夫。他为人低调,出生在伦敦一个显赫的政治家庭,父亲是托斯卡纳的文学家盖塔诺·波利多里,曾是剧作家和革命家阿尔菲耶里的秘书,因为政治迫害才来到英格兰,现在在伦敦教意大利语。要是约翰·波利多里大夫没有英年早逝,他就能见到侄子但丁·加布里埃尔·罗塞蒂成为有名的诗人和画家,见到侄女克里斯蒂娜·罗塞蒂成为有名的女诗人。这位忧郁、帅气的年轻医生刚从爱丁堡皇家医学院毕业,他的毕业论文研究的是梦游现象。拜伦看中了他的医学背景和语言天赋,那时他才二十岁。他一路上都记日记,约翰·默里曾出五百英镑要买下他的日记。他时而自命不凡,时而疯疯癫癫,拜伦既照顾他,也拿他逗乐。"玻璃医生"[8]也有当作家的梦想。出发前一晚,拜伦和霍布豪斯在多佛的旅馆朗读了他写的三部悲剧之一,二人笑得前仰后合。

拜伦他们抵达的可谓一个全新的欧洲。战争祸害了这块土地上整整一代人，直到现在游客才有机会放心地旅游。拿破仑战争之后，欧洲政治版图发生变化，英国一跃成为西方最富有的国家。拜伦一方面强烈反对愚昧的保守党政府和君主制，另一方面还在为遭受的羞辱而隐隐作痛，他坚称英国的胜利与自己无关。就像他当年在剑桥上学的时候养熊一样，他乘坐的拿破仑式的四轮马车可谓是在明目张胆地宣扬自己的政治主张。拜伦的路线有意避开波旁王朝，他取道低地国家和莱茵河流域绕到瑞士。他不希望看到"一个堕落的国家，一群受压迫的人民"。[9] 被同胞流放，他觉得自己受到了不公的待遇，心怀怨恨，所以更加同情那些被剥夺了自由的人，他们有的被逐出家园，有的不能自由表达思想，有的因为肤色遭受迫害。拜伦后来写道："我有时候想，我要是非洲的主人该多好！将奴隶贸易从那一片片沙漠中彻底废除，这是威尔伯福斯早晚要做的事。那时，我要看解放了的非洲人民欢快地舞蹈。"[10]

四月二十六日下午三点，马车从奥斯坦德出发。带队的御马手看着凶巴巴的，脚上穿着高到大腿的马靴，身着蓝红相间的外套，头戴宽沿皮帽。"御马手狠狠地抽打"四匹马，通往布鲁日的乡间小道笔直平坦，两旁的田地连成了片。[11] 为了拉行李，他们还租了一辆小马车跟在后头。拜伦嫌这风景太单调，他之前写信给奥古斯塔说："我不适合走平路，只有起伏不平的路才能让我如鱼得水，这你懂的。"[12] 但是低地国家的小镇还是别有一番景致的，先是布鲁日，然后是根特，他们在那儿参观了一座尖塔；拜伦为了一览塔顶旖旎的风景，硬是拖着跛足爬了四百五十个台阶，相当不容易。最后一站是安特卫普，他们参观了拿破仑的海军基地，还去博物馆里欣赏油画。拜伦非常讨厌鲁本斯的作品：

> 他对艺术一窍不通，却敢肆意涂画，像一个妓女装成大家闺秀，摆出一副正经严肃的样子，板着脸盯着你，逼你服她。我的眼睛受

到了严重污染！他画的不是自然，不是艺术。唯一的例外是他画的亚麻布，挺漂亮的一块桌布盖在十字架上，像真的一样。但除此之外，剩下的都是花里胡哨的噩梦，我还从没见过这么多丑陋的事物集中在一张画布上。他的肖像画作像是画在了教堂的座垫上。[13]

拜伦显然被鲁本斯画的胖女人吓到了，他倒是对范戴克的贵族肖像评价挺高。

四轮马车途中坏了三次，他们改道去布鲁塞尔修车。拜伦向英国马车制造商巴克斯写了封信，愤怒地要求巴克斯给车减价，轮子和弹簧质量很差。在布鲁塞尔接待他的是普莱斯·洛克哈特·戈登。他是拜伦母亲那边的亲戚，自从拜伦去哈罗上学就再也没见过。戈登发现拜伦这么多年没怎么变，他惊讶道："一双漂亮的眼睛透出野性和智慧；睫毛又长又密；天庭饱满，额前悬着几缕乌黑的卷发，贵族气质十足。"[14]他有没有说拜伦长得越来越像他母亲，我们无从得知。他俩叙了叙旧，比如他们小时候在班夫和阿伯丁度过的时光，还有十几岁的时候一起在海德公园赛过马。

滑铁卢战役结束不到一年，布鲁塞尔到处可见士兵和英国游客。五月四日，拜伦和波利多里参观战场，戈登为他们导游。那天天气晴朗，他们一大早就出发了。车子驶过阴冷的索格尼斯森林，拜伦情绪低落，话明显少了。他们先去了圣约翰山参观纪念碑，那里有小男孩们拿着闪闪发光的纽扣，说是战争纪念品，反复向他们推销，被他们谢绝了。[15]拜伦租了一匹哥萨克马，在战场上疾驰了一把。他们参观了英国皇家灰骑兵进攻法国人的地点，灰骑兵纪律严明，英勇善战，给拿破仑留下了深刻的印象。他们拜访了霍古蒙特城堡的礼拜堂，这里是战时英国伤员的集中点。他和波利多里在游客簿上留了名。

拜伦现在可是"身经百战"的战场"鉴赏家"了，让他说个"好"可不

287

是一件易事。他写信给霍布豪斯："滑铁卢的平原战场遗址还不错，但比起马拉松、特洛伊、切罗尼亚和普拉特，就算不上什么了。"[16] 他对滑铁卢有偏见，是因为他厌恶这场战争背后的政治口号：什么"事业""王者""胜利"，"不论是普鲁士元帅格布哈德·列博莱希特·冯·布吕歇尔的，还是法国复辟的波旁王朝的"。在他看来，后拿破仑时代的欧洲是没有未来的。虽说如此，拜伦到了霍古蒙特城堡还是忍不住买了纪念品，并寄回英格兰，交给了出版商约翰·默里：

　　　　一包三色鹰；
　　　　一套黄铜胸甲（前后两扇）
　　　　一顶黄铜头盔，插漂亮羽毛
　　　　一把剑。[17]

他们骑着马慢悠悠地离开战场，拜伦竟哼唱起了土耳其小曲。

　　回到布鲁塞尔，戈登一家邀请拜伦共进晚餐，他婉言谢绝了。但听说有冰激凌招待，他便饭后赶来。拜伦没有架子，和大家侃侃而谈，一直待到凌晨两点。戈登太太拿出家族珍藏的剪贴簿，骄傲地向他展示沃尔特·司各特几个月前写下的滑铁卢诗节。她希望拜伦也能赐墨一首。他答应了，拿着剪贴簿回到旅馆，临睡前写了几节。第二天早上，他带着两节诗回来。这两节出自《恰尔德·哈洛尔德游记》，略有改动："停下来，你已踏上了帝国的骨灰。"[18] 听得出来，这是一句大气、漂亮的双重自嘲：在底层，我们听到他在抨击战胜方过度虚荣；在此之上，我们又能听到他后悔的声音，他后悔轻信了别人对他的赞许，后悔轻信了自己曾经的名望，后悔没能逃过命运的捉弄。

　　《恰尔德·哈洛尔德游记》很明显是在旅途中创作的，第三章则完全是在国外创作的。《恰尔德·哈洛尔德游记》的手稿现由约翰·默里保存,手稿由数张纸片粘贴而成,每张纸都记录了不同时间、不同地点的所见所想,我们从中可以看到一个刚刚摆脱战火的欧洲大陆,是这些游记构成了诗歌的主体。就在前一年,这里还是战火纷飞、硝烟四起;现在,他就站在战场中央,任凭历史感带着思绪飞翔,《恰尔德·哈洛尔德游记》那特有的在场感即源于此。尤其是那几节著名的滑铁卢诗节,读来让人激情澎湃,仿佛拜伦就在身边;他一边哀悼,一边讥讽:"那腥风血雨怕是滋润了这一片片苗壮成长的庄稼!"[19]他巧妙地将视线从战斗前夕布鲁塞尔的舞会转移到横着一万五千名英国士兵尸体的战场;他要告诉我们胜利是一把双刃剑:一边是壮美的胜利,另一边是惨痛的失败。

288

躺在那里的一具尸体是拜伦监护人弗雷德里克·霍华德阁下的第三个儿子卡莱尔伯爵。在参观战场时,拜伦让导游带他看一看霍华德阵亡的地方,当时他在那里向法国步兵冲锋。尸体在田里留下的印记本来就很浅,现在又被犁了几遍,种上了庄稼。拜伦在《恰尔德·哈洛尔德游记》中为霍华德写了一段悼词:

> 人们已经为你流泪,为你断肠,
> 要是我能如此,那又有什么用,
> 但是我伫立在你丧身的绿荫旁,
> 那葱郁的树木依旧迎着风儿摆动,
> 望着我周围的已经复苏的原野丘垄,
> 果实遍野,预告着收获将多么丰盛,
> 春已来到了,她要使万物欣欣向荣,
> 无忧无虑的鸟雀都在展翅飞行,
> 我却抛开复苏的一切,而悼念不能复苏的人们。[20]

站在这成千上万英国男儿为国捐躯的滑铁卢战场,只为一个有点家族世仇的远房亲戚哭哭啼啼,拜伦的确显得肤浅了。他这样写也可能是为了安慰心中的奥古斯塔,但这并非他的主要意图;他要做的是,在千家万户无不为丧亲而悲痛之时,用一种个人内心的情感话语诠释这一国难。拜伦不愧是一位善于打动人心的诗人。

五月六日,拜伦的马车离开了布鲁塞尔,队伍向南往莱茵河驶去,他没有走过这么烂的路,拿破仑式的马车都快要颠散架了。[21]到了科隆,拜伦碰上了一个"荒唐事儿":他看上了下榻的宾馆的客房侍女,这个日耳曼女孩脸颊红润,牙齿洁白,害得拜伦想要"在肉体上征服她"。[22]两人在房间里享受鱼水之欢的时候,宾馆老板以为拜伦骗到了自己的妻子,站在门外骂骂咧咧,惹得拜伦以为门外来了一支"骑兵中队"。过了一会儿,宾馆老板的妻子一脸无辜地从自己的房间走了出来,这才没了骂声。

第二天早上,拜伦来到科隆的圣乌苏拉教堂,本来就是骷髅爱好者的拜伦一定不会错过一万一千名殉道处女的遗骸。他和波利多里来到阴森的展室仔细观看,这里的头骨和股骨都码放整齐,有些甚至镀上了金:"整个房间都是由人骨装饰的!"[23]五月十日,他们启程前往波恩,翻过丘陵,经过尖塔和炮塔,一天后到达山巅城堡德拉肯费尔斯。那天晚些时候,他给奥古斯塔写信,信中提到了这座城堡。有些诗句出现在《恰尔德·哈洛尔德游记》中:

> 古堡在德拉肯费尔斯峰上,
> 怒视曲折的莱茵河的波浪。[24]

渡过莱茵河,他们在科布伦茨路过一个墓碑,墓里合葬着两名法国战士——马尔索将军和霍什将军。马尔索将军于一七九六年在阿尔滕基兴与奥地利大公查尔斯作战时阵亡;霍什将军于一七九七年在诺伊维德击败了奥地利人。一七九八年,法国计划入侵爱尔兰,行动由霍什将军率领,后来行动作罢。拜伦在墓前哀悼,之后攒足了劲爬上了山巅的埃伦布雷森堡垒,马尔索曾在此被包围,看得出来,堡垒饱经炮火的摧残。壮丽的山景让他想起了辛特拉。他和弗莱彻聊了起来,说这趟向南穿越德国的旅程有些像他们在阿尔巴尼亚的那次路线,那时他们从德尔维纳基走到了泰佩莱尼,一路上同样山路崎岖。至少在这个时候,比起东方,弗莱彻更喜欢在欧洲旅行。

沿着莱茵河向南,山路和树木越来越多。五月十三日,他们离开圣戈尔没多久,就看见有人歪戴着帽子在砍藤蔓,帽上镶有大扣子。他们之前一直沿着河的南岸走;经过宾根,在曼海姆穿过了一座舟桥,他们开始从北岸走。旅途中,拜伦的健康状况有所好转,但是医生却病倒了,一路上头晕目眩。五月十九日,他们从奥芬巴赫出发,翻山越岭,穿过氤氲的树林,终于从远处看到了阿尔卑斯山和侏罗山。路上,波利多里吃了些治疗消化不良的镁砂散、柠檬汁和苹果糊,但没什么效果,还是体虚乏力。在靠近伯尔尼的路上,为了解闷,他们争论起远处望见的到底是山还是云。

流离失所的拜伦可顶着一个大名。拜伦现存的肖像画有四十多幅,大多数是他在伦敦成名的几年间创作的,他的脸被复刻了一遍又一遍,在社交杂志和时尚杂志上疯传。在他出国之前,杜莎夫人已为他铸好了蜡像,贵族气质拿捏得恰到好处。况且,很多人了解他是为了一窥他混乱的私生活。所以,他那副自恋、轻蔑的面庞到哪里都认得出来。

就这样,不管到哪个欧洲城市,拜伦都是人未到,名先到,只不过这名不怎么好。波利多里清晰地记得,他们每到一个小镇,《根特公报》都会报道他们的行踪。侨居海外的英国人对他又警觉,又着迷。英国公众对待拜伦的态度从爱慕急转至厌恶,多年后的一八三一年,麦考利勋爵在《爱丁堡评论》中回顾这一剧烈变化,评论道:"英国公众的间歇性道德病又发作了,从没见过这种荒唐之事。"[25]讥讽拜伦可以让自己占领道德高地,海峡对岸的欧陆人也学起了英国人,让他走到哪,讥讽就跟到哪。拜伦看开了,用演话剧的腔调说自己是在渡劫:

> 我走——但逃不开——到其他国度去——哪怕是瑞士——阿尔卑斯山下——碧湖之畔,那劫还是扑面而来。——我翻过阿尔卑斯山——没有用——我继续走——驻足于亚得里亚海那层层波浪之前——好像雄鹿被逼到海边,已无退路。[26]

一路上,有人对他讲话时话里有话,有人当着他的面耳语,有人在背后说三道四,对于敏感的他,这一趟可吃尽了苦头。他越来越恨英国,恨英国人。他说,其他地方的人对他都是毕恭毕敬的,只有在英国,人们嫉妒他,嫌弃他。[27]自从他离开之后,他就开始用文字愤怒地攻击英国统治阶级。

但与此同时,拜伦又不能完全离开公众的目光,很大程度上讲,他靠着"曝光度"为生。所以我们可以看到,他有时候保护隐私保护到偏执,有时候又主动去招惹公众注意,以表示他的存在。那年夏天,拜伦在《致奥古斯塔》一诗中绝望地写道:

> 我和骗人的**野心**能有什么因缘?
> 我不认得爱情,和声誉最没有关系!
> 可是它们不请自来,和我纠缠,
> 给我**名声**,仅此而已。[28]

他看到了名望愚蠢的一面,看到了它的破坏性,他痛苦地认识到,他现在是公共财产。这叫代价。

　　他们于一八一六年五月二十五日抵达赛赫伦的盎格鲁旅馆,离日内瓦不远了。拜伦收集到一堆勃艮第士兵的遗骨,这些士兵死于十五世纪的莫拉特战场,当时他们在和瑞士人作战。他在给霍布豪斯的信中说:"我在莫拉特买走了一位勃艮第战士的腿骨和肩胛骨,亡人的遗骸。他们当时在为法国效力,原本都堆葬在这里,大部分被掩埋或拿走作纪念,有些被瑞士人拿去做成**刀柄**,没剩下多少了。"[29]拜伦在旅馆登记册上的年龄一栏写上一百岁,让旅馆老板摸不着头脑。第二天早晨,拜伦和波利多里在花园里发现了一条船,二人一时兴起,便泛舟莱芒湖,顺便在湖里洗了个澡。五月二十七日,波利多里在日记中说,他们在盎格鲁旅馆用餐时结识了一位新朋友。寥寥几笔,就可以认出这是《麦布女王》的作者珀西·雪莱,波利多里有些看不惯他:"腼腆害羞;好像得了痨病;二十六岁时,和妻子分居;和戈德温的两个女儿搅在一起,这两个女孩真的实践了父亲的理论,和拜伦勋爵是一类人。"[30]"父亲的理论"说的是戈德温倡导的性爱自由。当时雪莱没有二十六岁,是二十三岁。

　　珀西·比希·雪莱、玛丽、四个月大的儿子威廉和怀孕的克莱尔·克莱蒙特已经在赛赫伦住了十天。雪莱原本打算去意大利,但克莱尔想在日内瓦看一眼拜伦,就劝大家在这里多住几天。拜伦在旅馆的码头上第一次见到了他们三个。知道三人专门等着见他,拜伦特别热情,笑呵呵地打招呼,一口气和他们一起待了三个多月。在这三个月里,两人将私生活搅在一起,让创作热情激烈碰撞,创作出好几首传世名作。

　　这个时候遇到雪莱对拜伦非常重要,这一点拜伦再怎么强调都不为过。雪莱的父亲蒂莫西是一位富有的准男爵,在苏塞克斯有大片土地。两位诗人均属于特权阶层,但雪莱的革命意识更强。他比拜伦小几岁,纯粹,激进,理想主义,相信诗歌有内在价值,相信拜伦是了不起的诗人,鼓励他对自己负责,对别人负责。拜伦亲切地称他为"夏洛",这个名字是一八一三年卫理公会先知乔安娜·索斯科特为腹中婴儿起的,她宣称自己怀了救世主,吸引了一大批拥趸。虽然拜伦觉得雪莱离经叛道,有些不食人间烟火,算不上密友,但他欣赏雪莱的直率,认他这个好人。至少在某种程度上,是雪莱帮他重拾了信心。

雪莱和人称"雪莱夫人"的玛丽不久搬出了益格鲁旅馆,大概是为了照顾公序良俗,毕竟两女一男住在一起不成体统。但也可能是克莱尔的意思,她比较要面子。三人租下了夏普斯公馆,房子不大却舒适,且带有一个私家码头,他们可以从这儿泛舟蒙塔雷格湖。那段时间,拜伦每晚都会划船去他们家做客。玛丽清楚地记得,那是一个漆黑的深夜,拜伦从这里划船,驶过没有一丝光影的水域,返回塞特伦的房子。那年夏天,她写下了《弗兰肯斯坦》。后来,她告诉汤姆·摩尔:"他的歌声乘着风的翅膀从远处飘来,那是《提罗尔的自由之歌》,我第一次听,从此以后,我一听到这首歌,就会想起那夜的拜伦。"[31] 看来玛丽也逃不过拜伦的魅力。

292 六月十日,拜伦搬进了更大更豪华的迪奥达蒂山庄,山庄坐落在湖畔的山坡上,与雪莱的房子隔湖相望,二楼有一个精美的铁艺阳台,站在那里,湖泊、克隆尼小镇和侏罗山脉尽收眼底。山庄的原主迪奥达蒂家族世代从文。一六三九年,约翰·弥尔顿和朋友查尔斯·迪奥达蒂在这里居住过。那段时间,拜伦吃完早饭,就划船去夏普斯公馆拜访雪莱,然后坐船兜一圈,日复一日,虽然平淡,但从不厌烦。他一般五点独自吃完饭,若是天好,他还会邀雪莱再出来走走。

那年的夏天,暴风雨尤其多。印度尼西亚松巴哇岛的坦博拉火山大爆发,加之一系列气候事件,欧洲的天气波动剧烈。拜伦从日内瓦寄来信抱怨说,这里雨下个不停,什么时候都被浓雾笼罩。[32] 他在《黑暗》一诗中再现了这种阴森的天气：

> 骄阳已熄灭，星星
> 永远在暮色中徘徊，
> 看不到月，看不到光，也看不到路，
> 冰冷的大地在黑暗的空间里摇荡。[33]

大多数夜里，他们都窝在迪奥达蒂山庄。在那六月初夏之日，他们百无聊赖，讲起了鬼故事。有人拿来一本译自德语的法文鬼故事集，叫《玄怪集》。之后，拜伦提议他们四个人（不包括克莱尔）每人讲一个鬼故事。拜伦每天早上都会问玛丽·雪莱："**你想好讲什么故事了吗？**"[34]但是她一直都没有想好。

拜伦在家放得开，加上结识了新朋友，他精神头儿很足，极力鼓动大家写鬼故事。从波利多里的日记中不难看出，这种神神道道的气氛不亚于当年在纽斯特德：

> 吃完晚饭，我就开始酝酿今晚的鬼故事。十二点一过，正式开讲。拜伦勋爵朗诵了柯尔律治《克丽斯特贝尔》中描写女巫酥胸的诗句；念完后，大家陷入了沉寂。雪莱突然跳了起来，双手抱头，大声尖叫，举着一根蜡烛跑出了屋。拜伦回头看着雪莱夫人，突然想起不久前听说的一桩怪事，说有一个女人奶头上各长了一只眼；他忘不了这恐怖的一幕。[35]

四个人讲了四个鬼故事，其中两个讲不下去了。玛丽·雪莱回忆说："波利多里讲了一个长着骷髅头的女士的故事。她的脑袋之所以变成骷髅是因为她从锁眼里偷窥别人。偷窥到什么我倒不记得了，反正是

挺恐怖的一幕。"[36]波利多里的悲剧女主角最终死在卡布利特家族的墓
地里,"她最适合葬在这里"。雪莱讲的是自己早年的经历,所以没过多
久他就觉得没意思了。只有玛丽·雪莱在那段时间内创作了一个完整
的故事,最终成就了经典。拜伦讲的故事也成了经典,但那是后来的事。

293

玛丽那年才十八岁。两年后,她的《科学怪人——现代的普罗米修
斯》最终出版。这是那次聚会的成果,是那群才华横溢的年轻人思想碰
撞的火花。拜伦的一句**想好讲什么故事**启发了她,让她辗转反侧,脑
海里浮想联翩,终于孕生出这样一则故事,它"巧妙地调动起了人性中
那份神秘的恐惧感,让人惊悚、战栗;它让人不敢抬头环顾四周,让你的
血液凝固,心跳加速"。

玛丽从夏日夜晚的谈话中汲取了大量富有想象力的素材,她讲的是
一个研究自然科学的怪人的故事。他叫弗兰肯斯坦,他发现了能让生命
体起死回生的秘诀,并以此创造了一个可怕的、极富悲剧性的人形怪物。
玛丽认真聆听了拜伦和雪莱关于生命本质和原则的猜想性讨论,二人提
到伊拉斯谟·达尔文曾经做的一个实验,"他将一节蚯蚓尸体放在玻璃
盒子内,然后用某种特殊的方式让它动了起来"。学医的波利多里对
梦、噩梦和梦游症也有研究,对起死回生术也很感兴趣,他的加入让讨论
更加精彩。

《科学怪人》讲述了一个普罗米修斯式的人物试图改变人与神之间
的分界线的故事,这是小说的中心思想。这一点与拜伦同期的作品有相
似之处,且看诗歌《锡雍的囚徒》中的博尼瓦,他的《曼弗雷德》,还有他
那个版本的《普罗米修斯》吧。拜伦知道自己身体有缺陷,不被社会接
受,他敌视社会,这些和《科学怪人》中的怪物都有几分相似。"堕落的
天使变成魔鬼的时候,在他与神为敌、与人为敌的时候,在落入低谷的时
候,他身边都有人陪伴;而我孑然一身"[37],就像怪物意识到自己将永远
孤独。

　　拜伦在迪奥达蒂山庄没有讲完他的鬼故事,完整的故事后来和《马泽帕》合在一起出版,小说围绕吸血鬼贵族奥古斯都·达维尔展开。小说最初写在安娜贝拉的一个旧账本上,拜伦之所以留着这个本子是因为妻子在"封二页写了两遍'家'(Household)字"。[38]分居以后,拜伦只留下她的两处笔迹,一是分居协议书,另一个就是这个账本。拜伦只写了八页纸,之后就放弃了。

　　拜伦仅用了两个慵懒的早晨就写完了《吸血鬼》故事的雏形。他们离开日内瓦之后,剩下的部分就交给波利多里了。照汤姆·摩尔的说法,"吸血鬼"这个形象实际上是波利多里塑造出来的。[39]一八一九年,波利多里假借拜伦的名字将自己的"吸血鬼"故事发表了出去,让拜伦大为光火。波利多里笔下的**吸血鬼**属于小号的"拜伦"式英雄,这个故事后来被不断改写、翻译,在英格兰和欧洲大陆掀起了一股"吸血鬼"热,这股热潮在一八九七年布拉姆·斯托克出版《德古拉》的时候达到了顶峰。

294

　　该不该怪罪波利多里呢?他的手稿辗转到英格兰,但他全然不知,因此责任不在他。虽说如此,但他的确窃取了拜伦的创意,而且还以此为脚本在故事里丑化拜伦,毫不遮掩。自从他们离开奥斯坦德后,两人的关系急剧恶化。虽说是私人医生,但想和拜伦平起平坐是不大可能的。波利多里本来就很虚荣,他觉得恩主拜伦一直在抢他的风头:他抱怨说自己是被"月光遮蔽"的小星星。[40]他没什么判断力,笨手笨脚的,出门在外,跌跌撞撞,小伤不断,看着让人来气,导致讽刺他的拜伦听起来像一个施虐狂:"波利多里是一个什么样的人呢?他要是落了水,旁边的人会拿一根稻草递给他,为的不是救他,而是要验证那句老话是否是真的:落水的人连稻草都会抓住不放。"[41]在迪奥达蒂山庄,拜伦对"玻璃多莉"博士冷嘲热讽。[42]划船的时候,二人大吵了一架,不知是有意还是无意,波利多里抄起桨来敲到了拜伦的膝盖。

拜伦的原版主人公奥古斯都·达维尔被波利多里写成了恶贯满盈的鲁斯文勋爵,他面色如尸体般苍白,长着蛇一般灰色的眼睛。这里的影射波利多里埋得很深。就在那一年的五月,卡罗琳·兰姆出版了一部复仇小说《格伦纳冯》,里面有一个以拜伦为原型的人物叫格伦纳冯勋爵,而这位勋爵的原名便是克拉伦斯·德·鲁斯文。拜伦在里面是个大坏蛋,大淫棍,吸血成性。波利多里的故事和卡罗琳的小说一样都是在"扎小人",虚构一个"拜伦"来一报前仇,而且读者还以为这是拜伦自己写的,多么讽刺。

拜伦不是不喜欢瑞士。后来他说瑞士风景旖旎,但这里的人,"却像遭天谴的,没一个人不自私,禽兽不如。我受不了这里的居民,更受不了来访的英国游客"。[43]一八一四年拿破仑战败后,日内瓦成为瑞士联邦的一部分。待拜伦于一八一六年夏天来此游历时,英国人重新发现这是个旅游的好去处。凡是去威尼斯或罗马的旅客**都会在此驻足**(*de rigueur*),欣赏优美的自然风光——瀑布、山脉、夏蒙尼冰川、大大小小的湖。拜伦抱怨这里的导游小里小气,嘴里没实话,眼里全是钱。那个夏天,他和雪莱的日内瓦之行让瑞士吸引力大增,此后游人如织,直至今日。

295　　日内瓦市坐拥发达的钟表制造业,它自给自足,高度自治,孤傲地对周边贫困地区视而不见,被同代英国游客称为"袖珍共和国"。[44]城门每晚十点关闭,心地善良的警察时刻都在防范游客和当地居民发生争端和不文明行为。波利多里在日记中写道,他被警察拦下来反复盘问。他出门可能是去给拜伦买药,不幸买到了次品,他把药剂师痛揍了一顿,打碎了对方的眼镜,打落了他的帽子,波利多里因此吃了一张拘捕令。警局材料记录道,拜伦曾报案说当地人在夏普伊斯港口偷了一个锚和其他船只配件;材料记录说当时他大吵大闹,但指控有误。还有一份报案材料说有人闯入迪奥达蒂山庄偷窃。[45]看来,那时的日内瓦绝非世外桃源。

最让拜伦痛苦的莫过于,英国游客在瑞士散播的谣言让他的瑞士之行变成了一场噩梦,他后来想起这段经历还隐隐作痛:

> 他们竟然编我的故事,没有比这更荒诞的了。坐在湖的这边,对面就有数不清的望远镜望向我,镜片没有一个不失真。晚上骑马出门,被拦了下来,说我玷污过巴黎巴斯大街上所有的**女工**(*grisettes*)。他们简直把我看成了禽兽,连那个**专门拿针扎女孩屁股的变态**(*picqueur*)都不如。[46]

拜伦提到的望远镜是盎格鲁旅馆老板雅克·德让先生专门租来的望远镜,为的就是让客人清楚地看到对岸山庄里劲爆的画面。有传言说他们甚至看到了"拜伦大人阳台上搭着的睡袍和荷叶边裙",他们猜这是情妇们随意丢弃的内衣。[47]其实这可能就是晾在外面的桌布。

雪莱自称无神论者,支持开放婚姻、自由性爱,拜伦与他搅在一起可谓"沆瀣一气",名声是臭上加臭。"**丑闻录**"的最新条目表明:拜伦获得了主家的首肯,光明正大地给雪莱戴绿帽,既勾搭着人妻玛丽,又睡着雪莱的小姨子。[48]其实克莱尔不是玛丽的妹妹,而是同父异母的继妹。拜伦的宿敌揪住这些传言不放,到处散布,对拜伦伤害不小。

一八一六年仲夏,日内瓦少说也有一千多英国游客,其中就有拜伦的冤家亨利·布劳厄姆律师,就是他把私人情诗《珍重!》爆料给了小报《冠军》。自从与拜伦闹掰,他就一直在伦敦大大小小的俱乐部说拜伦的坏话,说他从未向德文希尔公爵夫人交过皮卡迪利公寓一分钱的租金,说他生活糜烂,甚至拿他的残疾说事。现在,布劳厄姆造谣说拜伦"和雪莱住在日内瓦,准确地说,是和雪莱的小姨子住在一起"。[49]四年后,在拉文纳,得知这些话都是布劳厄姆散布的,拜伦火冒三丈,向他发出了正式的决斗挑战书,指责他"极不负责地在底下恶意散播不利于我的消息……你若与我为敌,我必还之"。[50]我们不知道布劳厄姆是否收到了挑战书。拜伦之后再也没有回英格兰,也就没机会和他决斗了。

类似的事并不罕见。拜伦早先侮辱过诗人罗伯特·骚塞,他怀恨在心。一八一七年,他从瑞士返回英格兰,说拜伦和雪莱在日内瓦"组成了一个乱伦团"。[51]拜伦得知骚塞在背后捅刀子后,原本的调侃升级为公开的骂战。

拜伦在伦敦的一个房东格伦伯维勋爵当时也去了日内瓦。我们可以从他的瑞士旅行日记中一瞥拜伦的丑闻如何一步步地被添油加醋,改得面目全非,好像是个人都可以来剪裁一番:

> 德让旅店的客人们都在议论拜伦的那些古怪的事。现在,他和一个女人住在萨沃伊那边的湖畔,住的是一栋大别墅,那女人好像叫雪莱夫人,山上那家咖啡屋是她丈夫开的。[52]

格伦伯维勋爵显然是弄错了,把玛丽错认成早已和雪莱分居的妻子,她那个时候叫哈丽特·威斯布鲁克,是她的父亲约翰·威斯布鲁克开着山上那个精致的咖啡馆。但不管怎样,拜伦一直否认他在查普伊斯公馆和迪奥达蒂山庄"有聚众淫乱行为"[53],他向霍布豪斯保证:"我只和克莱尔小姐有过肉体接触。"[54]流言随着岁月一层层地落在他身上,越积越厚,让这位传奇人物喘不过气来。

多年来,包括为拜伦立传的女作家在内的许多人都一直在抹黑克莱尔·克莱蒙特,说她追求拜伦时粗俗无礼,甚至厚颜无耻。或许,只有把她放在那个特殊的时代,理解她这是在勇敢地为自己做主,我们才能同情她,理解她为何如此坦诚。她一点也不傻,可以自己旅行,自己生活,深厚的家学赋予她特有的好奇心和自立能力。六年后，托马斯·梅德温在佛罗伦萨见到她，形容她的眼睛"闪烁着智慧的光芒……虽然说不上漂亮，但活泼，有魅力，言谈举止间散发着一种乡下女孩少有的**气质**（*esprit de société*）"。[55]

克莱尔给拜伦的信中会吐露心声，这一点和其他给他写信的女性不同。她在信中坦率地表达了对他的看法，说他对仆人体贴有风度，对儿童温文尔雅，对宠物狗倍加关心，但指责他不会处理竞争关系："让你与任何一个和你不相上下的人共处一室，你就会怀疑自己，做事畏手畏脚，最后嘴里恶言恶语。"[56]她无条件地爱着拜伦，拜伦却习焉不察，这是他最大的缺点。

克莱尔并非不知道拜伦是在玩弄女人，她心里很清楚："我宁愿当你的男性朋友，也不愿做你的情妇。"[57]她是否听说过或察觉到拜伦同性恋的事？去瑞士的路上，克莱尔从巴黎给他写信说："我爱你，但你对我却没有一点兴趣，你连朋友都不算。你若有个头疼脑热的，我还会为你担心，这都是命啊。但如果我溺水了，尸体漂到窗前，想必你只会说一句：瞧啊，这漂来了什么东西？"但一到日内瓦，克莱尔就忘记说过的话，对拜伦死缠烂打，求他晚些走，或干脆别走。迪奥达蒂的园丁在葡萄园拾到她的一只鞋，鞋头竟然朝向查普伊斯公馆。拜伦默许了送上门来的克莱尔。他向奥古斯塔解释道："她跑了八百英里来找我表白，我怎么能和她谈禁欲。"[58]这是借口。实际上，那时的他正愁无处泄欲。而且，克莱尔去了还能派上用场，帮他誊抄作品。

当被告知克莱尔怀孕时，拜伦马上保护起自己："确定那小子是**我的**？"[59]他怯生生地写信给道格拉斯·金奈尔德说：

> 这种事我见得太多了，我们相处的那段时间她肯定没在雪莱家住，同时又和我干过那种事。这就是咱们那个老同学杰克逊所说

的：常在河边走，哪有不湿鞋的。人嘛，就是这么造出来的。

拜伦暗示雪莱和克莱尔·克莱蒙特以前也谈过恋爱，但他特别想让大家知道雪莱夫妇的生活模式。的确，在某些方面，雪莱夫妇比拜伦做得还要出格，胆子更大。但拜伦的话说得很难听，可能是为了转移公众的注意力，让大家别总盯着他那些丑闻，尽管不一定属实。但也可能是因为雪莱夫妇的开放程度让拜伦看了都吃惊。实际上，尽管雪莱和小姨子克莱尔两人生活在一个屋檐下，但没有证据证明他们之间有性关系。而且，克莱尔还暗示过，认识拜伦的时候她还是一个处女。话说回来，拜伦如此铁石心肠都是装模作样。克莱尔的女儿艾雷歌一出生，拜伦就当她是自己的女儿一般呵护疼爱，给予她堂吉诃德式的父爱。

对拜伦和雪莱来说，日内瓦和周边地区都是文学圣地，是卢梭、伏尔泰和历史学家爱德华·吉本的国度。拜伦在《恰尔德·哈洛尔德游记》中歌颂伏尔泰和爱德华·吉本：

> 洛桑和费纳！因为两个人曾经居住，
> 他们的名字使你们也有了赫赫大名；
> 他们也是凡人，但通过危险的道路，
> 寻求而且找到通向不朽之名的捷径。
> 他们有巨人的头脑，所抱的雄心，
> 与泰坦们相似，要在大胆的怀疑之上，
> 堆起思想的大山，足以唤起隆隆雷声，
> 足以召来天上的火焰，且与之争抗，
> 上天对人和人的学说除了微笑就只能这样。[60]

六月二十三日,雪莱和拜伦一同乘坐新置的英国造的船,开始了环莱芒湖之游。他们带上了卢梭的小说《新爱洛伊丝》的英译本,扬帆起航后,雪莱大声念给拜伦听。

　　这次旅行给雪莱留下了美好的回忆。他惋惜波利多里没能来。拜伦怂恿他从阳台上跳下去扶玛丽一把,不承想他把脚踝摔伤了,别人出游,他只能待在迪奥达蒂山庄。船上除了瑞士船夫莫里斯和船员以外,只有这两位诗人。这是二人第一次独处。雪莱后来回想起这一程,觉得"像梦境一般,终生难忘"。[61]两人的差异大于他们共有的兴趣:拜伦仍是一副花花公子的样子,只不过经历了太多事,略显沧桑;而雪莱却神采奕奕,眉清目秀,个子傻高傻高的,涉世不深,他"一副少年模样,身穿黑色外套和裤子,看着都有些不够尺寸"。[62]拜伦说话像女孩子那样拖着长音,而雪莱好像还在变声期,像是"破了音的女高音"。[63]二人为对方痴狂:他们思维互补,但观点迥异;拜伦的言谈多建立在传统和事实上,而雪莱则喜欢探讨实验性的、预见性的话题。用汤姆·摩尔的话讲,拜伦不知不觉地在雪莱的鼓动下"向着未知领域开启了抽象的思想历程"。[64]

　　他们逆时针绕湖航行,在内尔尼尔小村度过了第一夜。他们在湖边散步,看鱼儿游来游去,还被一群得了大脖子病的小孩吓了一跳。村子十分贫困,孩子们营养不良,体弱多病。孩子们在玩一种类似保龄球的游戏,拜伦挑了一个长得可爱但脊柱歪斜的小孩,给了他一些硬币。雪莱看到,那小孩"一声不吭地接过钱,对拜伦露出自然而感激的笑容,转过身去,大大方方地跑去玩耍了"。[65]内尔尼尔村简朴的居住条件让拜伦想起了他在希腊的旅行:他说他已经五年没有睡过这样的床了。

　　第二天,他们来到了那个盛产矿泉水的依云小镇,当地人称之为"清水之地"(eaux savonneuses)。萨沃伊山的冰雪、峤石、松柏给景色增添了一抹野性。成千上万只黑紫色的水鸟像海鸥一样,聚集在朗斯河流

299

入大湖的河口。当时依云小镇是萨沃伊的领地,归撒丁国王管辖。拜伦
回忆说,一八〇九年自己在这里的萨宁尼亚歌剧院见到过他们的国王
"卡吉利阿里陛下"。[66]和毗邻的瑞士共和国相比,依云小镇"破败萧
条",看到这些,雪莱抨击萨丁尼亚王国专制的统治,"是专制主义酿成
眼前的苦相"。[67]事实上,拜伦与国王短暂的接触最后还派上了用场。
离开小镇时,拜伦一行人粗心,将护照落在了日内瓦,被护照官拦了下
来。拜伦亮出了自己的身份和人脉,护照官马上毕恭毕敬地退了下去。

六月二十五日,他们在梅莱里重温了《新爱洛伊丝》里的风景,追随
圣普乐老师和他热情的学生朱丽的脚步,在松树、栗树和核桃树之间漫
步,脚下的草地散发着百里香的芬芳。他们模仿卢梭笔下的人物,晚餐
品尝了蜂蜜,雪莱夸赞这是他吃过的最好吃的蜂蜜。和拿破仑一样,卢
梭也是拜伦的另一个自我人格,是他心目中有缺陷的英雄。他之前在
《恰尔德·哈洛尔德游记》中写道:"狂野的卢梭,你这个折磨自己的诡
辩者。"[68]从中可以看出,他将自己看成这位颠沛流离的天才,卢梭近乎
疯狂地攻击旧社会,是他启发了法国大革命,使之成为"一座可畏的
纪念碑"!

不久,乌云密布,船刚离开梅莱里,暴风雨就来袭了。大浪掀上甲
板,船上全是水,船员慌了,这时候船舵失灵,船不听使唤。拜伦脱掉外
套,以防落水要游泳。雪莱不会游泳,总觉得自己有一天会溺死,就静静
地坐在一个储物柜上,紧紧抓住金属环,拒绝拜伦的帮助。雪莱后来解
释说:"一想到他可能要冒着生命危险来救我,我就很羞愧。"[69]被反复
蹂躏的小船终于停靠在圣金古斯港,当地人闻讯赶来,仿佛见证了一次
发生在中世纪的奇迹。

拜伦和雪莱继续朝觐,来到了锡雍城堡。这座巨大的塔楼式石堡从
岸边伸向湖心。从十六世纪起,政治犯和重刑犯就被囚禁在石堡的地牢
里,深至湖床以下,其中许多人的名字都刻在石柱上。拜伦的名字很可

300

能是十九世纪后期被别人刻上去的。地牢最里面藏着一间行刑室,雪莱为此写道:"这里像阴曹地府,我从来没有见过如此恐怖的施暴工具,这却是人折磨人的乐趣。"

拜伦参观了锡雍城堡后,对圣维克多修道院的自由主义者弗朗索瓦·博尼瓦的故事着了迷。一五三〇年,博尼瓦被萨伏伊公爵囚禁在此。据说他被铁链捆在一根柱子上,与他两个兄弟拴在一起。三个人中,只有他活了下来。接下来的几天,拜伦住在乌契城区的安克雷旅馆18号房间,写下了这首《锡雍的囚徒》。这首诗探讨了自由和苟活这两个他感同身受的主题:

> 我的锁链和我也成了朋友,
>
> 长期的交往把我们变成故旧;
>
> 甚至在我获得自由的时候,
>
> 我还轻叹一声离开牢门口。[70]

这一周颇有收获:拜伦给《恰尔德·哈洛尔德游记》增添了新诗节,而雪莱开始了《赞智力美》的创作。

在离开乌契之前,拜伦给他的出版商"超棒的默里"[71]写了封信。这是他在流亡期间写给默里的第一封信,这些信后来成了我们了解拜伦的重要资料之一。随信还寄出一支相思树枝,这是从洛桑附近爱德华·吉本家的露台上摘下的,那是一座避暑山庄,他们参观时已破败不堪。约三十年前,吉本就在这里满怀喜悦地完成了《罗马帝国兴衰史》。六月三十日,他们回到了蒙塔莱格雷。雪莱对拜伦的定论是:"拜伦勋爵非常有趣,正因如此,他饱尝狂风似的非议、偏见、恶语,实在让人唏嘘。"[72]

拜伦在日内瓦几乎不与人来往，害怕遇到英国人。应休·达尔林普尔·汉密尔顿爵士和妻子简（邓肯子爵的女儿）的邀请，拜伦去他们的别墅赴宴。一到门口，看到房间里全是人，他害怕了，扭头就走，留下波利多里一人走了进去。但拜伦破例去了莱芒湖北岸的科佩城堡。这里在革命前是财政部长雅克·内克尔的官邸，现在是杰曼·德·斯塔尔-霍尔斯坦男爵女儿的家，就是那位勇敢的女知识分子——斯塔尔夫人。

301

拜伦三年前在伦敦见过这位中年妇女，他叫她"科琳夫人"，名字取自夫人一八○七年出版的小说《科琳》的女主人公。[73]拜伦还戏谑地称"似獭儿女士"（Mrs. Stale），笑话她是年过半百的老妖婆。[74]他寥寥几笔向墨尔本夫人清晰勾勒出这位夫人的样子："她耳后夹笔，一肚子墨水，相貌平平，但一张嘴就语惊四座。"[75]斯塔尔夫人之前赞成革命派，之后又转向建制派，这种急转拜伦很不喜欢。即便如此，这位被宠坏了的年轻人还是十分欣赏她流畅的文笔和思想的力度，而且欣然接受她的溢美之词。现在流亡在瑞士，遍体鳞伤，他渴望得到夫人的同情。

斯塔尔夫人将科佩城堡经营成了一家隐秘的住宅式沙龙。拜伦告诉约翰·默里："她将科佩城堡打造成了一个世上最舒适的社交场所。"[76]一八一六年七月至八月，拜伦在那儿结识了一些令人敬畏的欧洲知识分子：斯塔尔夫人的门生奥古斯特·威廉·冯·施莱格尔，他曾为夫人的孩子们教书；瑞士文学界前辈查尔斯·维克多·德·邦斯泰顿，他曾与诗人托马斯·格雷通过信，拜伦知道后很感兴趣；还有意大利自由主义者阿巴特·迪·布雷梅，他与爱国诗人乌戈·福斯科洛是朋友。在这个小世界，拜伦的视野开阔了，他也获得了更多的同情。值得一提的是，他认识了迪·布雷梅，开始对意大利革命运动产生兴趣。晚宴上，斯塔尔夫人的女儿德·布罗利公爵夫人这样描述拜伦："你要是觉得小猫很优雅的话，他的举手投足就像小猫一样优雅。"[77]和科佩城堡的其他人一样，她也被拜伦迷住了。

但即使是在这里,拜伦还是没能摆脱丑闻的阴影。一天晚上,拜伦来赴宴,房间里满是陌生人,他们都盯着他,"像是在西洋景里看稀有野兽"[78],让拜伦错愕。他认出了威廉·贝克福德同父异母的妹妹伊丽莎白·赫维,她写的伤感小说遭到了贝克福德的嘲笑。她和安娜贝拉一家是好朋友。赫维太太一看到拜伦就晕倒,只好被带到外面去休息。德·布罗格利公爵夫人讽刺她道:"六十五岁的人还这样子,**太丢人了!**"[79]

谈话间,斯塔尔夫人大赞卡罗琳·兰姆夫人的小说《格伦纳冯》,说这部小说"把悲痛写得非常精彩"。[80]拜伦很不情愿地被拉进这个话题。话说拜伦离开英国后,卡罗琳彻底失控了,发脾气的时候弄伤了一位侍童,说来令人尴尬。小男孩叫"**小埃斯皮格尔**"[81],在墨尔本公馆做工,他喜欢向壁炉里扔东西,看它们在火里炸裂,以此取乐。有一次,他扔了一个炮仗,被卡罗琳夫人一伸手截住,她猛地扔回去,击中了侍童的太阳穴,顿时鲜血直流。侍童哭着喊道:"噢,夫人,您要弄死我啊!"卡罗琳夫人风风火火地冲进大厅大呼:"哈,老天,我谋杀了一个侍童!"在场的仆人和隔壁白厅的访客都吓了一跳。丈夫威廉·兰姆忍无可忍,开始准备和她分居。正是在这个节骨眼上,卡罗琳重拾了《格伦纳冯》的写作。为了解恨,和拜伦一结束她就开始了创作,后来一直断断续续。她在小说中写道,每天晚上,她忍着怒火写着这个有关魅惑和占有的故事,穿的就是侍童的工装。

小说人物对应的是现实中的谁很容易辨认,小说因此成为一八一六年夏天伦敦人津津乐道的话题。在科佩城堡,斯塔尔夫人当着满桌人的面问拜伦,格伦纳冯勋爵是否就是他,这个反英雄格伦纳冯自己喜欢试探死亡的边缘,让别人也死去活来。拜伦巧妙地回答:"可能吧,夫人,但我没有读过。"[82]这时他的确没有读过。几周后,斯塔尔夫人借给他一本。他的回答很简单:

> 我也读《格伦纳冯》，就是卡罗琳·兰姆写的那本。
>
> **该死！**[83]

卡罗琳夫人的仇看来是报了。

斯塔尔夫人不在乎禁忌话题。她想开导开导拜伦，让他向她敞开心扉，聊聊分居的事，就当她是墨尔本夫人一样，帮他放下包袱。八月下旬，她尝试撮合他和安娜贝拉。拜伦回了一封信，虽然心里还隐隐作痛，但口吻还是客客气气的：

> 分居可能是**我的**错——但这是**她的**选择——我想尽办法挽回——愿意为此做任何事——她说一句话就可以——但这句话我没法说。——你问我信不信安娜贝拉还挂念我——对此我只能回答：我还爱她。[84]

罗米利夫人和拜伦夫妇都很熟。斯塔尔夫人读了信后，希望她可以出面调解一下二人的关系。但拜伦的死对头亨利·布劳厄姆从中作梗，最终调解的事没办成。

303　　拜伦口口声声说他还爱着拜伦夫人，盼她回到身边。然而，事实并非如此。他在流亡那些年一直宣扬这种痴情的纯爱故事，有时候连他自己也信了。拜伦那年九月在日内瓦写了一首诗叫《听说拜伦夫人病了》，从中见出他对妻子的怨恨。见不到女儿艾达，他心烦意乱。在《恰尔德·哈洛尔德游记》的开头几节中，他哀叹女儿不在身边。他察觉到奥古斯塔逐渐疏远了他，她被来报仇的安娜贝拉和曾经的朋友特蕾莎·维利尔斯吓糊涂了，她们逼她招供、赎罪。安娜贝拉命令奥古斯塔：给拜伦写的信要先交与她审查。要求她修改信的内容，警告她避免使用"所有短语和标记"（她指的是×状的密码符号），"以免引发他不该有的想法"。[85]

拜伦在报纸上得知拜伦夫人身体不适,那股子怨气,新的旧的,一下子涌了上来,他提笔写下这首诗,对这冤家破口骂道:

> 你这个弑夫的克吕泰涅斯特拉,道貌岸然,唯主子的命是从;
>
> 你冷然拔出一剑
>
> 将我的名誉、安宁、希望统统砍掉;
>
> 要不是你的冷酷背叛,
>
> 我们吵吵闹闹也会过上好日子,坟冢上也会长草,
>
> 最终会成就一番事业,也不至于分开。[86]

他写信给奥古斯塔,说那段时间他的心好像被一头大象践踏过。

注释

[1]《唐璜》,第二章,第12节,第93行。

[2] 拜伦致约翰·卡姆·霍布豪斯的信,1816年4月26日(日期存疑)。

[3] M.加德纳(布莱辛顿伯爵夫人),《拜伦勋爵对谈录》。

[4] 托马斯·摩尔,《拜伦传》,第二卷。

[5]《曼弗雷德》,第一幕,第2场,第10行。

[6] 拜伦致约翰·卡姆·霍布豪斯的信,1816年4月26日(日期存疑)。

[7]《约翰·威廉·波利多里医生日记》,威廉·迈克尔·罗塞蒂编辑(1911),1816年4月26日。

[8] 拜伦致约翰·卡姆·霍布豪斯的信,1816年5月1日。

[9] 同上,1816年5月16日。

[10]《一些不切实际的思考》,第84条。

[11]《约翰·威廉·波利多里日记》,1816年4月26日。

［12］拜伦致奥古斯塔·利的信,1816 年 5 月 1 日。

［13］拜伦致约翰·卡姆·霍布豪斯的信,1816 年 5 月 1 日。

［14］普莱斯·洛克哈特·戈登,《回忆录》,第二卷。

［15］《约翰·威廉·波利多里医生日记》,1816 年 5 月 4 日。

［16］拜伦致约翰·卡姆·霍布豪斯的信,1816 年 5 月 16 日。

［17］"拜伦勋爵的物品"清单,从布鲁塞尔寄往阿尔贝马街,1817 年。

［18］转引自普莱斯·洛克哈特·戈登,《回忆录》,第二卷。

［19］《恰尔德·哈洛尔德游记》,第三章,第 17 节,第 151 行。

［20］同上,第 30 节,第 262 行。

［21］《约翰·威廉·波利多里医生日记》,1816 年 5 月 7 日。

［22］拜伦致约翰·卡姆·霍布豪斯的信,1816 年 5 月 16 日。

［23］《约翰·威廉·波利多里医生日记》,1816 年 5 月 9 日。

［24］《恰尔德·哈洛尔德游记》,第三章,第 496 行。

［25］托马斯·巴宾顿·麦考利对托马斯·摩尔《拜伦传》的评论,载《爱丁堡评论》,1831 年 6 月。

［26］《对〈布莱克伍德爱丁堡杂志〉上一篇文章的看法》（'Some Observations upon an Article in *Blackwood's Edinburgh Magazine*'）,1820 年。

［27］M. 加德纳(布莱辛顿伯爵夫人),《拜伦勋爵对谈录》。

［28］《致奥古斯塔》,1816 年,第 13 节,第 94 行。

［29］拜伦致约翰·卡姆·霍布豪斯的信,1816 年 5 月 26 日。

［30］《约翰·威廉·波利多里医生日记》,1816 年 5 月 27 日。

［31］托马斯·摩尔,《拜伦传》,第二卷。

［32］拜伦致塞缪尔·罗杰斯的信,1816 年 7 月 29 日。

［33］《黑暗》,1816 年,第 2 行。

［34］托马斯·摩尔,《拜伦传》,第二卷。

［35］《约翰·威廉·波利多里医生日记》,1816 年 6 月 18 日。

［36］玛丽·雪莱,《弗兰肯斯坦》,1831 年版(本特利标准版)序言。

［37］玛丽·雪莱,《弗兰肯斯坦》。

［38］拜伦致约翰·默里的信,1819 年 5 月 15 日。

［39］托马斯·摩尔《拜伦传》第二卷的批注。

［40］《约翰·威廉·波利多里日记》,1816 年 5 月 28 日。

［41］托马斯·摩尔,《拜伦传》,第二卷。

［42］拜伦致约翰·卡姆·霍布豪斯的信,1823 年 6 月 23 日。

［43］拜伦致托马斯·摩尔的信,1821 年 9 月 19 日。

［44］夏洛特·伯里,《侍女日记》,第一卷。见 1814 年 9 月 12 日这一天的记录。

［45］日内瓦警察报告。(日内瓦国家档案馆)

［46］托马斯·梅德温,《拜伦勋爵比萨谈话录》。

［47］约翰·卡姆·霍布豪斯致奥古斯塔·利的信,1816 年 9 月 9 日。见《拜伦著作、书信和日记》,第三卷。

［48］《弗朗西丝·雪莱夫人日记,1817–1817》。见 1816 年 7 月 3 日这一天的记录。

［49］同上。

［50］拜伦致亨利·布劳厄姆的信,1820 年 5 月 6 日。

［51］拜伦致约翰·卡姆·霍布豪斯的信,1818 年 11 月 11 日。

［52］《西尔韦斯特·道格拉斯(格伦伯维勋爵)日记》(*The Diaries of Sylvester Douglas 〔Lord Glenbervie 〕*),弗朗西斯·比克利(Francis Bickley)编辑,第二卷(1928)。见 1816 年 7 月 3 日这一天的记录。

［53］拜伦致约翰·卡姆·霍布豪斯的信,1818 年 11 月 11 日。

［54］同上。

［55］托马斯·梅德温,《威尔士的垂钓者》(两卷本;1834),第二卷。

［56］克莱尔·克莱蒙特致拜伦的信,1818 年 1 月 12 日。

［57］同上,1816 年 5 月 6 日。

［58］拜伦致奥古斯塔·利的信,1816 年 9 月 8 日。

[59] 拜伦致道格拉斯·金奈尔德的信,1817 年 1 月 20 日。

[60]《恰尔德·哈洛尔德游记》,第三章,第 105 节,第 997 行。

[61] 珀西·比希·雪莱致托马斯·摩尔的信,1817 年 12 月 16 日。(大英图书馆)

[62] 爱德华·约翰·特里劳尼,《雪莱和拜伦最后的日子》。

[63] 托马斯·梅德温,《威尔士的垂钓者》。

[64] 托马斯·摩尔,《拜伦传》,第二卷。

[65] 珀西·比希·雪莱致托马斯·洛夫·皮科克的信,1816 年 7 月 12 日。见

[66] 拜伦致约翰·卡姆·霍布豪斯(布劳顿勋爵)的信,1916 年 6 月 23 日。

[67] 珀西·比希·雪莱致托马斯·洛夫·皮科克的信,1816 年 7 月 12 日,第一卷。见弗雷德里克·L. 琼斯编辑,《珀西·比希·雪莱书信集》(两卷本;1964),第一卷。

[68]《恰尔德·哈洛尔德游记》,第三章,第 77 节,第 725 行。

[69] 珀西·比希·雪莱致托马斯·洛夫·皮科克的信,1816 年 7 月 12 日。见《珀西·比希·雪莱书信集》,第一卷。

[70]《锡庸的囚徒》,第 389 行。

[71] 拜伦致约翰·卡姆·霍布豪斯的信,1816 年 5 月 16 日。

[72] 珀西·比希·雪莱致托马斯·洛夫·皮科克的信,1816 年 7 月 17 日。见《珀西·比希·雪莱书信集》,第一卷。

[73] 托马斯·摩尔,《拜伦传》,第一卷。

[74] 拜伦致托马斯·摩尔的信,1813 年 10 月 2 日。

[75] 拜伦致墨尔本夫人的信,1814 年 1 月 8 日。

[76] 拜伦致约翰·默里的信,1816 年 9 月 30 日。

[77] 布罗格利档案,转引自维克多·德·潘吉(Victor de Pange),《斯塔尔夫人和惠灵顿公爵的密信》(*The Unpublished Correspondence of Mme de Staël and*

the Duke of Wellington, 1965）。

［78］托马斯·梅德温,《拜伦勋爵比萨谈话录》。

［79］拜伦致约翰·默里的信,1819 年 5 月 15 日。

［80］拜伦致约翰·默里的信,1816 年 7 月 22 日。

［81］卡罗琳·兰姆夫人口述,《摩根夫人回忆录》,第二卷。

［82］夏尔-维克多·德·邦斯泰唐(Charles-Victor de Bonstetten),转引自摩根夫人,《自传节选》(*Passage from My Autobiography*, 1859）。

［83］拜伦致约翰·卡姆·霍布豪斯的信,1817 年 3 月 3 日。

［84］拜伦致斯塔尔夫人的信,1816 年 8 月 24 日。

［85］拜伦夫人致奥古斯塔·利,1816 年 7 月 30 日。见拉尔夫·洛夫莱斯伯爵,《阿斯塔蒂:拜伦勋爵揭秘》(私人印制,1905),放大版,玛丽·洛夫莱斯伯爵夫人编辑(1921）。

［86］《听说拜伦夫人病了》,1816 年,第 37 行。

第十九章　瑞士阿尔卑斯山(1816)

"我能让岁月之河倒流吗……?"[1]一八一六年,拜伦在瑞士写下一首短诗,表现了流放后的孤独和绝望,在伤痛和困惑的阴霾下,他回顾了自己的情史:从锡厄姆的婚礼,到玛丽·查沃斯的精神失常。终于,他可以放下个人的感情包袱,还能将它写入诗歌,让公众阅读,整个过程,用马修·阿诺德的话讲,是"让仍在滴血的心盛装游行"。[2]

其中最富想象力的是《黑暗》一诗。这首诗将个人的悲恸投射到整个世界;他向未来看去,战争肆虐,人类消亡,世界走到了尽头。

> 世界空虚一片,
>
> 这里曾人丁兴旺,现在成了一团混沌,
>
> 没了四季更迭,没了茵茵草木,没了喧嚣都市,没了生机
>
> 　勃勃——
>
> 死亡化成一坨又硬又杂的土块;
>
> 河流、湖泊、大海静止了,
>
> 水底没了动静;
>
> 没了水手,船在海水里腐烂,
>
> 桅杆倾倒,摔成碎渣,

沉寂在海底。

波涛死了，海潮入了殓，

主宰他们的月亮早就噎了气；

没了流动的空气，风也凋谢了。

云消逝殆尽，黑暗不需要云彩，

它就是全宇宙。[3]

拜伦之所以能写出如此宏大、可畏的诗作，是因为他童年时期熟读圣经，尤其是《启示录》。这首诗展现了地球遭受灭顶之灾后诡异的景象，说明启蒙运动带来的科学理论已嵌入他的诗学想象。但拜伦那一代的读者难免会将这首诗解读为一幅战后欧洲的荒凉图景，类似亨利·富塞利或约翰·马丁那些疮痍满目的浪漫派风景画。从《黑暗》中可以看出，拜伦对周围景象有着深刻的见解，他从瑞士峻美的风光中看出了一种坚毅的品质。我们从这首诗中可以读出一个幸存者，他看到人接二连三地死去，只留下啃食主人的狗。一八二三年，托马斯·坎贝尔的诗《最后的人》出版，他指控拜伦剽窃他，称自己在拜伦离开英国前与他交谈过，向他吐露过这首诗的点子。的确，《黑暗》的中心主题很可能来自坎贝尔，但主要影响仍来自瑞士当地：迪奥达蒂山庄里聊过的那些魑魅魍魉，受雪莱感染后他越来越感兴趣的史诗体裁和想象主题。

　　拜伦那个有些无聊的好朋友——"僧侣"刘易斯八月中旬来到了迪奥达蒂山庄，他的到来让拜伦对阴森恐怖的话题又提起了兴趣。刘易斯被困在闷热的日内瓦没处住，便给拜伦去了一封信，他模仿中世纪的口吻写道："幽城之主听分明：吾今日必到你处，急急如律令。"[4]自从两人分离后，他再也没有见过拜伦，所以需要小心翼翼地表明自己的立场："我一如既往地站在你这边，请放心。"拜伦很吃这一套。

　　刘易斯最近继承了牙买加的一个甘蔗种植园，他刚从那儿回来。他的营生现在离不开黑奴。拜伦硬是要"揪着他的耳朵让他去听斯塔尔夫人反对贩卖奴隶的高谈阔论"。[5]在迪奥达蒂山庄时，刘易斯在遗嘱上增加了一段附录，承诺未来会改善奴隶的生活条件，并答应给部分黑奴自由。拜伦、雪莱和波利多里都是这份"遗嘱附录"的见证者，这或许可以看作刘易斯对拜伦和斯塔尔夫人的让步。他还和拜伦一起参观了伏尔泰在费尔尼市的故居，这次参观启发了拜伦：他一到达威尼斯，就迅速置办了一套九十二卷的伏尔泰全集。

306　　八月二十六日，拜伦盼望已久的两位好友霍布豪斯和斯克罗普·戴维斯几经辗转，终于抵达日内瓦。二人途经加莱，在那儿拜访了另一位有名的流亡者，就是斯克罗普·戴维斯的老牌友布鲁梅尔，他在瓦蒂尔俱乐部欠下五万英镑债务，被迫逃离英格兰。"我几乎不敢相信自己的眼睛，"霍布豪斯写道，"大名鼎鼎的花花公子布鲁梅尔竟然身着厚重的大衣和我们一起在一间逼仄的小屋里喝潘趣酒。"[6]从加莱出来，他们沿着拜伦走过的路线从布鲁塞尔一路到科隆，然后顺着莱茵河南下。他们乘船穿越莱芒湖，来到迪奥达蒂山庄楼下的小码头。霍布豪斯在日记中写道："一上楼就看到拜伦；房子不错，地方也不错。"[7]

　　八月二十九日，雪莱、玛丽和克莱尔·克莱蒙特离开了迪奥达蒂山庄，山里没了之前的氛围。出发之前，雪莱、克莱尔和拜伦三人商量克莱尔的孩子的未来。拜伦提议孩子让奥古斯塔·利来养，克莱尔坚决不同意。最后，拜伦勉强同意孩子以后要么和爸爸生活在一起，要么和妈妈。拜伦没有和克莱尔道别，没有亲吻，也没有拥抱。克莱尔读过卡罗琳夫人的作品，一眼就认出小说中的格伦纳冯勋爵就是拜伦，尤其是那副"用非常无礼的表情看着一个爱你的人，告诉她我很累别来缠我"的样子。[8]她希望拜伦给她写封信。她说："我好害怕你忘了我，我应该会独自辛酸地度过寒冬，你也不必过意不去。记着不要喝太多酒；我最亲爱的朋友，请你照顾好自己。"[9]

雪莱一行人带着身怀六甲的克莱尔回到了英格兰,将《恰尔德·哈洛尔德游记》第三章的手稿交给约翰·默里。这份手稿和《锡雍的囚徒》的手稿都是克莱尔誊抄的。收到手稿后第二天,默里写道:

> 大人,我从来没有像现在这样高兴地给您写信——昨天,听到雪莱先生带着恰尔德·哈洛尔德手稿驾到,我惊喜万分——一收下手稿,我就满怀欣喜地拿去让吉福德先生编辑。他最近得了黄疸病,病情愈加严重,现在什么也写不了,病恹恹的。[10]

吉福德一看到拜伦的手稿,顿时恢复了活力。他一口气读完了手稿,中途没有放下,他大赞作品的“独创性、趣味性”,称它是拜伦诗作中“最成熟的”。拜伦一度建议由雪莱监督进度,校对《恰尔德·哈洛尔德游记》,但默里觉得雪莱不可靠,将任务完全交给了吉福德。

八月二十九日,雪莱一行人离开日内瓦后,霍布豪斯、戴维斯和拜伦带着波利多里以及三名仆人和导游乘坐两辆马车出发前往夏莫尼山谷和勃朗峰探险。这是拜伦第一次来瑞士的高山地区,虽然看到一些英国游客让他心情不好,但壮丽的景象还是震撼了他。霍布豪斯在那群游客中认出了托马斯·霍普,这是一位古典主义者、东方主义者和鉴赏家,当时正和妻子在塞尔沃兹一家小客栈的果园里愉快地用餐。来到勃朗峰脚下,拜伦无意间听到一个英格兰女人对同伴说是否见过如此落后的地方,和英格兰的海盖特、汉普斯特德、布朗普顿或海斯这些地方一样土。他觉得这样说很可笑。

八月三十日下午,他们沿着曲折的小路爬上陡峭的山坡,第一次目睹了雪崩;不久,他们到达了博森斯冰川,霍布豪斯将其描述为“巨大而久远的蓝色冰块”。导游带着他们穿过松林,从冰川右侧上行,“相当吃力”。[11]他们登上一小块平地,跨过深不见底的冰裂,听到裂缝下冰泉的咆哮。拜伦之前勉强还能跟上队伍，但从冰川左侧下山的时候，路太险，他掉队了。他干脆沿着冰脊向下滑，虽然颠簸，但幸好没受伤。

当天晚上，他们在沿途一家英国旅馆住宿。旅馆位于萨沃伊王国夏莫尼山谷的边境地带。这条路线雪莱之前走过。在另一个山间旅店，拜伦在游客留言簿上看到了雪莱的名字，他在签名后附上一串希腊语："无神论者和慈善家"。[12] "你觉得我该不该帮雪莱一个忙，把这串希腊语擦掉？"拜伦问了一下霍布豪斯，然后小心翼翼地把这行字擦掉。后来谣传道，拜伦在自己的签名后加上了"无神论者"的名号，这是不实的。

九月五日，斯克罗普·戴维斯带着拜伦送给奥古斯塔和孩子们的瑞士纪念品包裹，起身前往英国："印章、项链，还有各种不知道是什么做的珠子，可能是水晶、玛瑙，或者石头，都是勃朗山的货，我当场全买下了。"[13] 他给艾达准备了一件特别的礼物——一个花岗岩珠子。"等她长大些，变得淘气些，可以让她拿去滚着玩；还有一条项链也是她的，其他你觉得好的也可以给她做礼物。爱你们！"戴维斯把《恰尔德·哈洛尔德游记》第二份手稿也捎回去了，这是拜伦最初的洁本。但戴维斯把这份手稿弄丢了。直到一九七六年，人们才从戴维斯一个被遗忘的箱子里发现。

罗伯特·拉什顿和斯克罗普·戴维斯一起回到了英格兰。拜伦再也看不到他最爱的侍童男孩了。一八二七年，拉什顿娶了一个诺丁汉郡女孩，办了一个学堂，之后在纽斯特德庄园包下一块地务农。没过多久他就去世了，留下妻子和三个孩子。九月，拜伦不得不提醒波利多里，虽然舍不得，但可能要解雇他。不久，糊里糊涂的波利多里竟然没接上乘船前来赴宴的客人，让拜伦大发雷霆，这也成了最后一根稻草。霍布豪斯评价他："按照斯塔尔夫人的定义，他算不上一个幸福的人：眼高手低。"[14] 霍布豪斯还得帮波利多里把和拜伦的账算清楚，账记得很乱。

离开瑞士之前,拜伦和霍布豪斯又去了一趟山里,这回走得更远,走到了伯尔尼高地。九月十七日早上七点,他们随瑞士导游伯杰启程,弗莱彻留下来看房子,毕竟之前发生过入室盗窃。他们的第一个晚上在乌契湖区度过,六月末他和雪莱也在这儿住过。他陪着霍布豪斯又参观了一遍锡雍城堡,然后去了克拉朗斯村,穿过卢梭笔下的"朱丽的小树林",骑着骡马翻山越岭,前往萨林河畔的浪漫小村蒙博翁。

虽然二人还是好朋友,但早年在阿尔巴尼亚旅行时那种轻松的气氛却消失了。过去一年发生了太多痛苦的事情,霍布豪斯养成了时时刻刻要保护拜伦的习惯。墨尔本夫人现在联系不上拜伦。霍布豪斯特意从日内瓦写信给夫人报他的平安,告诉她没人真的追究所谓的"乱伦团":"请放心,拜伦在这儿行事非常谨慎。有人把谣言从皮卡迪利街带到莱芒湖,加工后再带了回去;您要是听到任何出格的事情,您大可当成无稽之谈。"[15]在信中,霍布豪斯说雪莱"是一个温良的怪人,他的父亲是蒂莫西·雪莱爵士",但他感觉到拜伦与雪莱的新友谊已经潜移默化地掏空了他和拜伦的友情。拜伦将《恰尔德·哈洛尔德游记》的第三章交给他审读,他的反应让人捉摸不透:虽说"有些段落读来很精彩",但"总体上有一种神秘兮兮的韵味",他不喜欢。[16]很明显,他察觉到雪莱对拜伦的文风产生了影响,他吃醋了。

然而,越往山里走,他们就越接近年轻时曾走过的路线,拜伦向霍布豪斯扔了一个雪球,二人在冰川上连滚带爬,笑声不断。像以前一样,路上小事故频发:绑在其中一匹马上的行李松动,掉进了峡谷,幸好被一棵大树挂住了。他们被新的景色震撼,拜伦在写给奥古斯塔的旅行日记中用优雅的语言描绘了阿尔卑斯山的壮美,相比之下,霍布豪斯在日记中对景色的刻画则显得相当吃力。在通往蒙博翁村的路上,他们看到了广阔的莱芒湖,整个沃德镇尽收眼底。这一幕让拜伦感受到瑞士人冷峻

309

的外表之下那种原始的魔力。

> 牛(牛是当地人家的主要财富)的铃铛是草场(这里的草场比英格兰的任何山都高)的音乐,在这美景中,从那些遥不可及的层层岩石上,传来牧羊人的叫喊和芦苇笛声。这里的声音,这里的景色,是我对田园牧场的所有想象,当地人祖祖辈辈都生活在这片未开化的净土,这里美得溢于言表。牧人边走边弹着类似《山谷草场》的牧曲,好像是在道别。我的心灵受到了自然的滋养。[17]

有人说拜伦这一时期的诗歌在模仿华兹华斯的创作风格。威廉·华兹华斯曾亲口告诉汤姆·摩尔,他厌恶《恰尔德·哈洛尔德游记》第三章,认为所有内容都"建立在自己的风格和情感上,建立在他对大自然的感触上,这些风格、情感、感触并非是他从自然中捕捉的,而是从他自身捕捉的",或是从华兹华斯的《丁登寺赋》捕捉的。[18]雪莱的确劝拜伦不要小看华兹华斯的作品,而且拜伦的思维方式越来越偏泛神论。但《阿尔卑斯日记》(Alpine Diary)证明,拜伦完全可以独自与大自然交流。

旅途中最令人难忘的事发生在九月二十二日,拜伦和霍布豪斯经过因特拉肯镇,抵达少女峰脚下。他们现在在瑞士德语区的伯尔尼州,"这个地区以奶酪——自由——财产——免税而闻名"。[19]在路途中,拜伦遇到了一位美丽的金发女郎,让他想起了弗朗西丝·韦伯斯特夫人:他从她那里买了几个梨,调戏式地拍了拍她的脸颊。他看到一块石头,上面刻着两兄弟的名字,其中一个谋杀了另一个。他暗自想到:的确是个谋杀的好地方。[20]

进入劳特布朗宁山谷,他们听到雪崩落下巨大的回响。这时候,一场暴风雨来袭:"雷鸣!闪电!冰雹!完美。"拜伦披着厚重的披风,挂着登山用的手杖,导游看出他驭马时有些手忙脚乱,主动提出帮他拿登山杖。就在递出去的一刹那,他想起手杖里藏着剑。他担心这把剑被雷劈,成了避雷针,便执意自己留下,尽管"行动非常不便"。终于到达劳特布朗宁镇,他们找了一家当地牧师开的小旅馆,吃好睡好才出发。拜伦觉得这里的牧师比英格兰的好。

第二天早上,他们去劳特布朗宁瀑布(也叫施陶巴赫瀑布),壮美的水景很近,就在小宾馆对面。阳光照在瀑布下方,形成一道彩虹,"主要是紫色和金色,彩虹还会随着我们行进而移动"。[21]拜伦第一次看到这种现象。他们骑马登上海拔七千英尺的温根阿尔卑斯山,接近山顶,拜伦脱下外套,徒步登上山顶,少女峰和冰川屹立在眼前,银装素裹,"如真理一般光彩夺目"。接着看到了克莱纳艾格尔峰和格罗塞艾格山,还有"不相上下的韦特霍恩河"。他们回头望去,看到云雾从对面的山谷中升起,"云雾陡然上升,像一道峭壁,像春潮时地狱之洋的浪花,白色里泛着硫磺色,看起来深不可测"。

正当霍布豪斯和拜伦躺下欣赏壮丽奇观时,两三个女游客骑着马突然闯入视野,让他们很恼火,他们本以为可以独享美景。他们在纸上写下了自己的名字,埋在蓝花旁的小石头下。通向格林德瓦尔德的路穿过一大片松树林,"仅仅一个冬天,树木**枯萎**,树皮脱落,了无生机"。拜伦说:"这一幕让我想起了我和家人。"那个时候,拜伦可能只有在跟奥古斯塔通信时才有心思用一回黑色幽默。

九月二十四日,他们离开格林德瓦尔德前往谢德格,迷雾让一路的景色模糊不清。期间经过玫瑰冰川,"宛如高悬的海洋"[22],过后在莱欣巴赫瀑布旁小憩。到达布伦茨,大雨倾盆。当晚他们住在威西斯克鲁兹酒店,歌德也曾于一七七九年在此过夜,那晚似乎全镇的人都聚集在一起载歌载舞。四位来自奥伯哈斯利的农村女孩唱起当地的谣曲:"她们唱着你最爱的那些**蒂罗尔**(*Tyrolese air*)歌曲,我喜欢只因为你喜欢,你

310

还在唱吗?"[23]拜伦的《阿尔卑斯日记》可以说是情书集。他和霍布豪斯乐呵呵地看着导游约瑟夫"脱掉鞋子和袜子跳起了**阿勒曼舞**（Allemand），好不快活"，比较"绅士范儿"的伯杰后来也被劝着跳起了华尔兹。[24]瑞士山间旅馆的华尔兹舞会拜伦还是可以接受的："反正英国人不会跳华尔兹，永远不会，以后也不会。"[25]

311 　　他们离开山区，返回日内瓦。九月二十五日早上，他们划船穿越莱芒湖，从布里恩茨到达因特拉肯。拜伦惊奇地发现划船的是女人："是个年轻美貌的女孩子，我坐在她身边，和她一起划。"那天晚上他们到达通恩，然后去了伯尔尼和弗里堡，拜伦在那里买了一条凶猛丑陋、尾巴截短的狗，取名叫穆茨。拜伦特别喜欢狗，曾养过许多狗，什么狗都喜欢，这只狗是牧羊犬的远亲，长得并没有那么凶。

　　九月二十九日，他们到达欧邦，离迪奥达蒂山庄只有几个小时路程，拜伦完成了献给奥古斯塔的日记的最后一篇。总而言之，阿尔卑斯山之旅让他很快乐：

> 我需要寻找快乐，我热爱自然，崇尚任何美的东西，为此我愿意吃苦受累，孑然一身。我领略了世上最壮美的景色。尽管如此，那些痛楚的回忆，不久前在家时那段令人心寒的事，是我一生的伤痛。无论是牧人的谣曲、雪崩，还是湍流、高山、冰川、森林、云层，都无法让我释怀，都无法让我在皇权富贵面前放下这可悲的身段。[26]

　　第二天晚上，拜伦与霍布豪斯湖上泛舟，船帆在掉头时跌落，砸到了拜伦的跛足上，他直接晕了过去："先是头晕目眩，后来就失去了知觉，醒来之后竟然短暂失去了记忆。"之后一段时间，他仍抱怨头晕目眩。[27]

　　阿尔卑斯山之旅留给拜伦的持久的遗产是戏剧诗歌《曼弗雷

德》——一部"狂野、玄奥、让人捉摸不透"[28]的三幕悲剧。这是一个有关诱惑的故事,主人公是一个隐居的术士,"半人半神"[29],独居在山间城堡,因犯下神秘的罪过而愧疚。他唤来所有的精灵以满足他的需求,但谁都拒绝赐他一死。

我们很容易听出《浮士德》的泛音,歌德的这部作品的确是《曼弗雷德》的创作起点,那年夏天,"僧侣"刘易斯在迪奥达蒂山庄为拜伦"顺手"翻译了出来。[30]拜伦承认"被歌德的这部剧打动是再自然不过的事",但在写给约翰·默里的信中却坚称,"是施陶巴赫瀑布和少女峰,而不是《浮士德》"给了他灵感。[31]他把伯尔尼高原壮丽的美景写入了这部悲剧;他在《阿尔卑斯日记》中用过的词再一次出现在了这部诗剧中。拜伦的痛楚以及对奥古斯塔的负罪感体现在曼弗雷德的至爱阿斯塔特这个角色身上,她的名字取自以乱伦著称的异教女神:

312

> 你爱我
> 就像我爱你一样深:我们本不该
> 如此互相折磨,虽然我们的相爱
> 是最严重的死罪。[32]

拜伦按照自己的形象重新塑造了浮士德这个传奇形象,让他自责自虐,这种想象力就连歌德都佩服得五体投地。从《曼弗雷德》中我们可以看到拜伦对超人这一概念愈加着迷,即一种人和神之间的提坦式的存在。拜伦创造的"少女峰顶的曼弗雷德"的形象最终成了浪漫派运动的母题之一:孤独的英雄绝望地对抗着大自然的力量。

十月五日,拜伦、霍布豪斯和仆人们(包括从瑞士雇的一名叫史蒂文斯的厨师)离开日内瓦,前往米兰。拿破仑式的四轮马车行驶在辛普

隆山口,这个山口是九年前由拿破仑一世的工程师们完工的。拜伦感叹
道:"壮美的自然,宏伟的工程,神和人创造的奇迹,更不用说是魔鬼的
杰作了。要是魔鬼的杰作,这魔鬼定是在这山石上和谷地里用手(或蹄
子)劈了一斧,人类才能在这里架起桥梁。"[33]这十九世纪早期的工程壮
举唤醒了拜伦对科学的兴趣。

　　马队到达意大利北部的奥纳瓦索,据说那里盗匪猖獗。他们做好了
万全准备,以防不测。他们在旅店过夜,手枪上膛,狗拴在椅子旁,伯杰
留在拜伦的马车里守夜。第二天早上出发时,马车里配了四把手枪、两
把剑、两根手杖刺剑以及拜伦的匕首。拜伦的两把卡宾枪配在第二辆马
车上。车夫安杰洛·斯普林赫蒂也全副武装。接近马焦雷湖时,他们警
觉地发现五六个人追着马队跑。他们停下来,质问这些可疑人员,发现
原来他们是抢顾客的船夫,追他们是以为他们要跨湖去波罗米亚群岛。

　　他们乘船去伊马德雷岛,路过了拿破仑关押政治犯的帕兰萨镇。一
眼望去,白色的别墅、翠绿的小树林和清澈的蓝色海水使人仿佛置身于
地中海。他们登上小岛,穿过园林,墙根种着一排橘子树和柠檬树,他们
漫步在美丽的柏树林。贝拉岛荒凉得只剩下柱廊和月桂树,这里可曾是
拿破仑的居住地。

　　旅行结束后,他们于十月十二日抵达米兰。拜伦在米兰逗留了三个
星期,称米兰是一座奇城,这里有一座非常漂亮的大教堂,稍逊色于塞维
利亚的那座。相比佛兰芒派的画作,他更喜欢布雷拉的意大利作品。在
安布洛其亚图书馆,卢克莱亚·博尔基亚和红衣主教班博之间的书信和
诗句让他迟迟不愿离去。他称这些信件是"世上最动人的情书"[34],他
写信给奥古斯塔,不忘提到卢克莱亚·博尔基亚和她的哥哥切萨雷·博
尔基亚的,以及和父亲教皇亚历山大六世的乱伦故事,他还说卢克莱亚
写信的时候也会用 a + 作署名。

　　米兰现在正受奥地利控制。拜伦和霍布豪斯主要接触的是自由派

313

作家和之前拿破仑的支持者。其中就有阿巴特·迪·布雷梅,他是拿破仑驻意大利王国的施赈官,拜伦曾在科佩城堡见过他,现在他已经回到意大利。法国小说家亨利·贝勒(司汤达的化名),是拿破仑的秘书之一。有一天晚上,他在斯卡拉看到了"一个陌生的小伙子,出现在修道院院长阁下的专属包厢里。他中等身材,双眼炯炯有神,走路时脚一瘸一拐的"。院长向大家介绍:"绅士们,这是拜伦勋爵。"[35]看歌剧时,司汤达发现拜伦逐渐失去了自我控制力,情不自禁地手舞足蹈,像一个地中海南岸的人。

拜伦在米兰的知识分子圈里很有影响力。霍布豪斯在日记中淡淡地说,当地人对这位"诗人朋友"[36]很感兴趣,非常友好。拜伦通过不莱梅修道院院长认识了维琴佐·蒙蒂,他告诉奥古斯塔,他是"当代意大利最著名的诗人"。[37]蒙蒂年事已高,固执,耳朵也失聪了。晚饭过后,蒙蒂和拜伦静静地坐下来,讨论弥尔顿和《失乐园》的起源。

蒙蒂后来又拜访了拜伦一次,带来了意大利青年爱国诗人西尔维奥·佩利科,他创作了悲剧《里米尼的弗朗西丝卡》,后来拜伦和霍布豪斯打算一起翻译这部作品。霍布豪斯完成了他负责的那部分,但始终没有找到合适的出版社。后来,拜伦在意大利拉文纳翻译但丁的《地狱》这一章的时候又提到了"里米尼小镇的小弗姑娘"[38]的故事,这位女主人公不幸爱上了小叔子,最终酿成了悲剧。要知道,弗朗西丝卡也曾在拉文纳住过。

拜伦原本就对意大利文学中那些浪漫、奇幻的元素非常着迷。在日内瓦,拜伦读了普莱斯·戈登从布鲁塞尔给他寄来的詹巴蒂斯塔·卡斯蒂的小说《爱情故事》,视若珍宝,熟记在心,卡斯蒂的《讲话的动物》他也喜欢,后者是一部讲述宫廷和议会故事的动物寓言。在米兰的这几个星期里,拜伦看街景,赏歌剧,发现"那儿的人聚在一起吵吵闹闹,像是要闹事,但圈子都很小"[39],他意识到意大利人将生活当作舞台,并很快适应了这种生活观。他的作品越来越有意大利式的喜剧风格,后来他将这种生动活泼的情节、怪诞有趣的细节描写大量复刻在《别波》和《唐璜》中。他尤其喜欢意大利人对两性之事漠不关心的态度:"当地人对道德的要求不高。"在剧院里,米兰人用当地语言称一对乱伦母子为"底比斯王朝的人,仅此而已"[40],他向汤姆·摩尔汇报道。

一天晚上,拜伦去看著名的民间诗人托马索·斯格里奇,他流利地朗诵了一首即兴创作的长诗。他从一个花瓶里抽出一片纸,纸上写着一个话题,他需要围绕这个主题即兴作诗。花瓶旁边站一个小男孩,"像警察一样举着一只手"。[41]斯格里奇一头狂野的黑发,身穿蓝色马甲、白色灯笼裤和黄色的土耳其拖鞋,据说也是一个"出了名的鸡奸犯"。[42]尽管他在那里大放厥词,想什么说什么,遭到了不少批评,但他的性倾向却从来不是问题。拜伦告诉霍布豪斯:"对这种事,他们也就笑一笑,绝不会把他绑在火刑柱上。女人则觉得这样有才的男人做那种事情让人惋惜。"拜伦没想到,意大利人对待同性恋的态度如此开放,让他舒心。

话说医生波利多里从迪奥达蒂山庄被解雇之后,称自己徒步穿越了阿尔卑斯山,现在像一块乌云一样来到了米兰。他这一来,肯定要发生矛盾。一天晚上,拜伦坐在斯卡拉的专属包厢,"安静地欣赏一出芭蕾舞剧"[43],突然有人急匆匆地跑来请他去一趟,原来,波利多里因滋事生非,被奥地利警方逮捕。"他用好几种语言骂人",警卫警告他要拘留他一夜。拜伦报上了自己的名字,为波利多里做担保,警察这才释放了他。但第二天,波利多里就收到了限期离境的通知。五年后,人们发现波利多里死在了伦敦他父亲的一所房子里,可以肯定的是,他是服下普鲁西酸自杀的。他没有找到自己心仪的职业,变得精神错乱。能否说波利多里是迪奥达蒂山庄那个夏日的受害者呢? 有一点我们不能忽视:他的情绪原本就不稳定,拜伦和雪莱还合伙嘲笑他的文学作品一文不值。

拜伦和霍布豪斯于十一月三日离开米兰,途经维罗纳前往威尼斯,

参观了圆形剧场,拜伦认为这里的露天剧场比希腊的强多了。在一个简　315
陋凌乱的修道院花园里,他们还发现了一具"破石棺"[44],据说是朱丽叶
的坟墓。在维琴察这个破旧但美丽的小镇,帕拉迪奥华丽的剧院深深地
吸引住了他们,拜伦站在舞台上慷慨激昂地朗诵了维吉尔《埃涅阿斯
纪》第十一章中图努斯的演讲,以及欧里庇得斯《腓尼基妇女》中的合唱
部分,霍布豪斯是他唯一的观众。

　　伦巴第的秋雨让拜伦的风湿病复发了,刺痛剧烈。当时拜伦年仅二
十八岁,但他的牙齿已经松动,他感觉自己"老了"。[45]离开米兰之前,他
从安布洛其亚纳图书馆偷走了一缕卢克莱亚·博尔基亚黄的头发当作
护身符,聊以慰藉。

注释

　　[1]《片段》,1816 年,第 1 行。

　　[2] 马修·阿诺德,《大查特吕》(' Stanzas from the Grand Chartreuse') ,1855
年,第 136 行。

　　[3]《黑暗》,1816 年,第 69 行。

　　[4] "僧侣"刘易斯致拜伦的信,1816 年 8 月中旬。

　　[5] 拜伦致塞缪尔·罗杰斯的信,1817 年 4 月 4 日。

　　[6] 约翰·卡姆·霍布豪斯(布劳顿勋爵),"日记手稿",1816 年 7 月
30 日。

　　[7] 同上,1816 年 8 月 26 日。

　　[8] 克莱尔·克莱蒙特致拜伦的信,1816 年 10 月 6 日。

　　[9] 同上,1816 年 8 月 29 日(日期存疑)。

　　[10] 约翰·默里致拜伦的信,1816 年 9 月 12 日。

　　[11] 约翰·卡姆·霍布豪斯(布劳顿勋爵),"日记手稿",1816 年 8 月
30 日。

［12］约翰·卡姆·霍布豪斯(布劳顿勋爵),《霍布豪斯回忆录》,第二卷。

［13］拜伦致奥古斯塔·利的信,1816 年 9 月 8 日。

［14］约翰·卡姆·霍布豪斯(布劳顿勋爵),"日记手稿",1816 年 9 月 15 日。

［15］约翰·卡姆·霍布豪斯致墨尔本夫人的信,1816 年 9 月 4 日。

［16］约翰·卡姆·霍布豪斯(布劳顿勋爵),"日记手稿",1816 年 9 月 1 日。

［17］《登山杂志》(Alpine Journal),1816 年 9 月 19 日。

［18］《托马斯·摩尔日记》,1820 年 10 月 27 日。

［19］《登山杂志》,1816 年 9 月 20 日。

［20］同上,1816 年 9 月 22 日。

［21］同上,1816 年 9 月 23 日。

［22］约翰·卡姆·霍布豪斯(布劳顿勋爵),"日记手稿",1816 年 9 月 24 日。

［23］《登山杂志》,1816 年 9 月 24 日。

［24］约翰·卡姆·霍布豪斯(布劳顿勋爵),"日记手稿",1816 年 9 月 24 日。

［25］《登山杂志》,1816 年 9 月 25 日。

［26］同上,1816 年 9 月 29 日。

［27］拜伦致约翰·默里的信,1816 年 9 月 30 日。

［28］同上,1817 年 2 月 15 日。

［29］《曼弗雷德》,第一幕,第 2 场,第 40 行。

［30］《乔治·蒂克纳的生平、书信和日记》,第一卷,1817 年 10 月 20 日。

［31］拜伦致约翰·默里的信,1820 年 6 月 7 日。

［32］《曼弗雷德》,第二幕,第 4 场,第 121 行。

［33］拜伦致约翰·默里的信,1816 年 10 月 15 日。

［34］拜伦致托马斯·摩尔的信,1816 年 11 月 6 日。

［35］亨利·贝勒（司汤达），《拜伦勋爵在意大利》（'Lord Byron en Italie'），见《拉辛与莎士比亚》（*Racine et Shakespeare*，1854）。

［36］约翰·卡姆·霍布豪斯（布劳顿勋爵），"日记手稿"，1816 年 10 月 17 日。

［37］拜伦致奥古斯塔·利的信，1816 年 10 月 26 日。

［38］拜伦致约翰·默里的信，1820 年 3 月 20 日。

［39］拜伦致约翰·默里的信，1816 年 10 月 15 日。

［40］拜伦致托马斯·摩尔的信，1816 年 11 月 6 日。

［41］约翰·卡姆·霍布豪斯（布劳顿勋爵），"日记手稿"，1816 年 10 月 25 日。

［42］拜伦致约翰·卡姆·霍布豪斯的信，1820 年 3 月 3 日。

［43］拜伦致约翰·默里的信，1816 年 11 月 1 日。

［44］拜伦致托马斯·摩尔的信，1816 年 11 月 6 日。

［45］拜伦致奥古斯塔·利的信，1816 年 11 月 6 日。

第二十章　威尼斯的弗雷泽里亚小巷和罗马的
米拉村(1816-1817)

一八一六年十一月十日,星期天,拜伦在威尼斯的梅斯特区吃了顿差劲的饭后,第一次乘坐威尼斯小舟,就是那种船身漆黑、船头高翘的船。他是坐一次,爱一次:

> 小舟滑行水面,周身全黑,
>
> 像独木舟里镶进去一具棺材。
>
> 没人知道你在里面说什么,做什么。[1]

船夫划着船,载着拜伦和霍布豪斯在黑夜中航行了一个半小时,穿过岸堤,拐过圆角,穿行在两侧的水桩后,突然,眼前亮起了威尼斯的灯光。透过船舱的小窗户,高大的建筑和石头码头从眼前掠过。直到船桨拍打的回声传入耳畔,二人这才意识到到了桥下。船夫吆喝道:"'里亚托'号到港!"[2] 没多久,船就停靠在大运河上的不列颠大饭店的码头。两人在服务员的带领下穿过"装潢华丽的楼梯,来到了客房。客房里装饰用的烫金彩绘丝绸无不彰显着过去上流社会的气派"。热情好客的老板用英语招呼着他们。喝了些茶,他们准备早点儿休息。

拜伦觉得自己在米兰一直受到公众监视：乏味古板的社交生活如同"一艘被隔离的船"。[3]但一到威尼斯，他很快就感到这座城市和他的名声很配，顿时长舒了一口气。威尼斯就像他的老相识，尽管素未谋面，但一见如故：和东方一样，拜伦在意识深处早就为这块"梦中的桃花源"留好了位置。[4]

威尼斯像一座神秘又莫名滑稽的水上乐园，由七十个小岛组成，它让霍布豪斯立刻联想到西班牙海港城市加的斯发洪水后的模样。拜伦时时刻刻都在强调这座城市的梦幻性。他写了一部关于威尼斯总督的戏——《威尼斯总督马里诺·法列罗》，他在序言中称赞道："威尼斯的一切，无论过去还是现在，都是如此非凡。"[5]有河道的地方就有人行道，狭窄的小巷里满是市井气息：商店、作坊、蔬菜水果店、肉铺、家禽摊子和打铁铺。这种凌乱、错位的感觉让他着迷。他喜欢一个故事：哈布斯堡朝廷虽然控制着威尼斯，却不知道这是一座用运河沟通的城市；朝廷令威尼斯派一辆马车和四匹马护送威尼斯总督前往圣马可大教堂。拜伦在给约翰·默里的信中说："你可以想象咱们的议会命令坎特伯雷大主教从海德公园坐着市长大人的专用艇前往圣保罗大教堂的情景。"[6]

317

吃尽了数月的"漂泊之苦"，拜伦觉得威尼斯很适合他生活。[7]他从未如此深切地感受过大海独有的那种壮阔的悲伤。这个人们曾一度向往的灿烂文明，如今竟衰落了，让拜伦感慨。从政治层面来说，自一七九七年威尼斯共和国垮台后，威尼斯几经易手，历经坎坷。先是奥地利，后是拿破仑，后者视其为他的意大利王国的"第二大城市"。一八一四年以后，哈布斯堡朝廷掌管威尼斯，威尼斯虽然不情愿，无奈已是落日余晖。待到拜伦抵达时，威尼斯的人口从一七七八年的十五万骤减到十万。同时期的玛丽·雪莱说现在的威尼斯就是一堆废墟，脏乱差。而拜伦则把目光投向污秽之上，欣赏着残垣断壁外的壮观景象。他告诉托马斯·摩尔："我太了解什么是废墟了,我已对荒凉脱敏了。"[8]败落的他来到这座败落的城市,可谓如鱼得水。威尼斯放大并缓释了他的堕落感。

市民老百姓饱受苛捐杂税的盘剥,人口就像这里的建筑一样凋败。拜伦和霍布豪斯看到北部的维琴察城内的乞丐,大为震惊,但没想到威尼斯的情况更糟糕,连贵族也上街乞讨。拜伦和霍布豪斯随着导游来到圣马可大教堂,一位穷困潦倒的贵族向他们行了脱帽礼。霍布豪斯看不下去,开口就叫他把帽子戴上。拜伦则硬向导游要来两个法郎,施给了他。

除了悠久辉煌的历史,威尼斯最吸引拜伦的地方还要数它丰富的文学底蕴。莎士比亚的作品《威尼斯商人》和《奥赛罗》就以威尼斯为故事背景。一八一八年,他在威尼斯还听了罗西尼版的歌剧《奥赛罗》,但他认为不如原作好。漫步在威尼斯街头,拜伦脑海里浮现出《威尼斯幸免于难》中的场景,这是十七世纪托马斯·奥特韦创作的一部悲剧,他在伦敦常看。西登斯夫人是剧中贝尔维德拉的著名扮演者之一。借着月光,拜伦走进圣马可大教堂,他想起了席勒的恐怖小说《见鬼的人》,小说又译为《亚美尼亚人》,他从小就爱读。但是,在所有描写威尼斯的文学作品中,最吸引拜伦的还要数拉德克利夫夫人的《乌多尔弗之谜》,她把故事放在了威尼斯,把它写成了一个阴森恐怖的哥特式小城。拜伦写信给奥古斯塔:"我今晚要出门,身着'斗篷',乘坐'贡多拉'小舟,送你这两个拉德克利夫夫人书里的好词。"[9]他俨然当自己是故事中的角色了。

起初,拜伦没想到自己会在威尼斯定居。一八一六年和一八一七年之交的初冬,他在信件中写道,自己打算春天回英格兰。但事实上,他已经适应了威尼斯的生活,这一晃就是三年。威尼斯离欧洲中心相对较远,对那些声誉扫地的名人来说是个完美的避难所。与日内瓦相比,很少有英国游客来这儿，即使来了也不会停留太久，大家都赶着南下去佛罗伦萨和那不勒斯玩儿。拜伦用贵族轻蔑的腔调说，"那两个地方对他们来说就像是伦敦郊区的小镇马尔盖特和拉姆斯盖特"。[10] 威尼斯与生俱来的外邦感让它成为流亡者的天堂，一个让你迷失原本的自我，再去找一个新的自我的地方。威尼斯的活力和魅力让许多英美游客获得了一种新的情感体验，拜伦之后的作家纷至沓来，比如亨利·詹姆斯。

对拜伦来说，威尼斯这座"海上西布莉"[11]（古代小亚细亚人崇拜的自然女神）起到了催化剂的作用，成为他一些名作的主题：《恰尔德·哈洛尔德游记》第三章的开篇诗节中那个在叹息桥上摆姿势的朝圣者，热热闹闹的意大利幽默诗《别波》，以及诗剧《威尼斯总督马里诺·法列罗》和《福斯卡里父子》，都涉及这座城。威尼斯，这座波光粼粼、让人捉摸不透的城市激发了拜伦的创造力和想象力。

> 啊，威尼斯！威尼斯！
> 　海水漫过你的大理石墙，
> 愿人们为你淹没的厅堂哭泣，
> 　伴着潮起潮落而悲叹！[12]

在《威尼斯颂歌》里，拜伦点出威尼斯人骨子里的一股惰性，他们没有抵抗奥地利的入侵，令人悲哀；冥冥之中，他还言中了威尼斯的另一种消亡方式：过度的旅游开发和地基下沉。

一八一六年冬天，拜伦完全沉浸在威尼斯人的生活中无法自拔。霍兰夫人仍是他的忠实拥护者，通过她的引荐，拜伦攀上了这里的社会名流。时任总督戈茨伯爵来自奥地利，他接待了拜伦和霍布豪斯，领他们参加了传统的威尼斯**沙龙**（*conversazioni*），仪式感十足。**沙龙**由当地贵妇操办,大家晚上看完戏,直接去贵妇的豪宅参加沙龙。拜伦告诉摩尔,"这里的沙龙"乱得就像英国酒馆,连酒馆都不如。女人围着女主人站成一个半圆,男的七七八八地随便站。但有一点他们比我们更胜一筹,他们手里拿着的不是加冰块的柠檬水,而是**用朗姆酒调配的潘趣酒**,很烈,他们觉得这就是**英式**"。[13]拜伦虽然嘴上嫌弃,但是没过几周就成了一个**沙龙**的常客,女主人是伊莎贝拉·特奥托奇·阿尔布里齐伯爵夫人。

伯爵夫人被誉为"意大利的斯塔尔夫人"。霍布豪斯尖酸刻薄地写道,"其实差得很远,但性格的确很好"。[14]伯爵夫人认识许多作家,包括阿尔菲耶里和乌戈·福斯科洛,她自己也是作家和雕塑鉴赏师,曾发表过一部相当权威的著作,专门研究雕塑家卡诺瓦送给她的一尊海伦雕像,雕像摆在沙龙大厅的正中央。拜伦曾为雕像写了一首诗——《卡诺瓦的海伦半身像》:

> 看这座可爱的雕像
>> 她位于人类作品和思想之上——
> 她是自然**能**做**却不**做
>> 但美和卡诺瓦却做得到的!
> 她超越了想象的力量——
>> 超越了诗人的技艺,
> 不朽是她的天赋——
>> 且看**海伦**的**心脏**![15]

霍布豪斯注意到诗歌的最后四行是典型的"拜伦式"行文。[16]

阿尔布里齐伯爵夫人有希腊血统,常说希腊语,而且沙龙里来了不少她的希腊同胞,这是拜伦参加沙龙的原因之一。伯爵夫人是个寡妇,五十五岁左右,拜伦对这个年龄段的女人毫无招架之力。她也被拜伦迷得五迷三道。她对拜伦的描绘尽管不乏过火之处,却切中了拜伦性格的要害,窥探到了他那张傲慢的面具下"如婴儿般的怯懦"。[17]

不久,拜伦搬出不列颠大饭店,搬去弗雷泽里亚小巷,就是圣马可广场西北方向的一条窄街。房东叫彼得罗·塞加蒂,做窗帘生意,是个地道的威尼斯商人。店名叫作"切佛",意为"雄鹿"。但没过多久,当地人侃大山的时候就给这家店起了一个绰号——"英格兰绿帽店"。原来,拜伦勾搭上了老板娘。玛丽安娜·塞加蒂,二十二岁,是拜伦笔下的另一位鹿女郎。她性格腼腆,举止优雅,长着一双"又大又黑的东方人的眼睛"。[18]拜伦写信向托马斯·摩尔炫耀自己的新欢,信中拜伦详述了她那匀称且俊丽的五官、樱桃小嘴、细嫩的皮肤和"娇喘微微"的媚态。她那一头乌黑柔亮的卷发让他想起泽西夫人。玛丽安娜身材"姣好紧致",是个半专业歌唱家,和当地一家音乐学校有来往,因此也是沙龙的座上宾。

拜伦慷慨大方,社会地位高,老板彼得罗·塞加蒂本就是好说话的人,因此,像大多数威尼斯人一样,只要没有捉奸在床,对老婆出轨这事也就睁只眼闭只眼了。在房东眼皮子底下勾引人家的妻子还是有一定风险的,但拜伦偏就喜欢这种偷情的感觉,否则也不会有过那么多女人。有一天晚上,拜伦以为房东一家都去沙龙了,这时候来了一位面容姣好的金发(对于意大利人而言)女郎,大概十九岁,声称是玛丽安娜的弟妹,说"想找拜伦勋爵谈一谈"。[19]还不到几分钟,玛丽安娜就突然回来了,看到台阶旁是弟妹的私人船夫,一下子警觉了起来。玛丽安娜"起先还礼貌地向我和这位自称是她弟妹的女人问了声好,之后一言不发就薅住她的头发,啪啪啪地打了十六个大耳光,光是听那声响,那叫一个疼"。听拜伦这描述,他很喜欢威尼斯人这种"大大方方给你看"的率真,他在一边像看戏一样。

320

　　弟妹灰溜溜地走了。玛丽安娜瘫倒在拜伦怀里,癫痫发作。"怎么喊她都叫不醒,给她闻香水、喝醋、灌水,各种药水都用上,没用,一直折腾到深夜"。一小时后,房东回来了,玛丽安娜瘫倒在沙发上,衣冠不整,面色苍白。他张口问道:"这是怎么回事?"玛丽安娜无法回答,这下只能看拜伦怎么解释了:"我说,解释起来很容易,但现在最要紧的是您太太的身体,至少让她先醒来吧。"拜伦觉得,房东虽然起了疑心,但并不知道二人走到了哪一步。再说,玛丽安娜伶牙俐齿的,肯定把丈夫安抚妥当了。第二天早上,一切恢复正常。

　　在接下来的十五六个月里,拜伦一直与玛丽安娜·塞加蒂在一起,这是他众多女伴中交往时间最长的一个。老板娘和这个被叫作"卡罗·乔治"[20]的英国贵族关系融洽,过得像两口子一样。他告诉奥古斯塔,这场冒险来得正是时候,让他的生活"恬静温暖",几乎消除了过去两年的痛苦,尤其让他忘掉了那个"自命清高的怪物米尔班克小姐"。[21]床事上,拜伦对玛丽安娜的直率赞不绝口,吹嘘道:"一天总得来上一到三次,偶尔更多,双方都心满意足。"[22]在威尼斯的最初几个月里,拜伦寄向伦敦的信中少不了玛丽安娜的撩人姿态,让这些信读来妙趣横生:

> 写到这儿,玛丽安娜夫人进来了,就坐在我旁边……我实在写不下去了。她从耳边凑过来,一双大大的黑眼睛,就像圣马可大教堂门前探出身子的天使雕像。信暂时不回了,我得转身给她个交代。[23]

约翰·默里的档案馆藏有一本又小又厚的本子,浅棕色的封面上烫着金字。这是一本亚美尼亚语-意大利语词典,上面写着拜伦的名字和他标注的日期:一八一六年十一月三十日。从这天起,他开始在圣拉扎罗修道院跟帕斯卡尔·奥歇尔神父学亚美尼亚语。[24]修道院位于威尼斯城中一个岛屿上,这里以前是隔离麻风病人的地方。自一七一七年起,那里成了亚美尼亚麦基塔尔教会。拜伦来访时,教会里有七十名僧侣,个个"学识渊博"。[25]他们被威尼斯流放至此,和拜伦同病相怜。为了劝人改宗,这些亚美尼亚僧侣传授亚美尼亚语,修道院里还有一套印刷设备。

在威尼斯的头几个月里,拜伦几乎天天摇着他的小船从主城区划到圣拉扎罗小岛。学亚美尼亚语不是一件正常人能做出来的事,但这是拜伦,他觉得需要找些"棱角锋利的东西来敲一敲脑袋"。[26]亚美尼亚语出了名地难,"仅把字母表学会就堪称一场滑铁卢战役"。雪上加霜的是,拜伦还同时学两个版本,即现代口语和古代经文。为了不让自己在威尼斯日渐懒散,这是他能想出的最难的挑战,他要以此解花天酒地的毒。

拜伦每天去修道院的研修满足了他对宗教生活偶尔的向往。正如霍布豪斯所言,他对神圣之事有一种说不清的、发自本能的敬意,这背后定有某种力量,就像罗盘的磁针,尽管无法解释,但定有一种力在吸引着磁针的指向。拜伦向自己保证,到三十岁时要变得非常虔诚。他承认自己虔不虔诚跟天气有很大的关系:"在阳光明媚的日子里,我就很虔诚。"[27]冬日暖阳下的圣拉扎罗小岛让拜伦着迷。他敬重修道院院长、主教和"一位胡须长成流星的小老头"。[28]拜伦的精神导师帕斯卡尔神父"博学、虔诚",曾在英格兰待过两年。拜伦对修道院图书馆里的手抄本很感兴趣:除了亚美尼亚语的书籍,还有译自希腊语、波斯语、叙利亚语的书,有些希腊语原本已遗失。

除了学习亚美尼亚语,拜伦还帮助帕斯卡尔神父整理亚美尼亚语和英语的语法教材。他尽力向约翰·默里描述这一潜在商机,请他调查一下牛津或剑桥是否有亚美尼亚字体或凸版印刷机。他开始觉得圣拉扎罗小岛是一个近乎完美的住所,什么都有,"寺院该有的优点它都有,却没有不该有的恶习"。[29]这儿的人讲礼节、善良、朴实无华、虔诚,既有思

322

想,也实干,"足以让人相信,今生今世'仍有一个彼岸'可以为之奋斗"。有时,拜伦会久坐在修道院花园里遐想。

亚美尼亚成为另一个收留拜伦的国度。在努力掌握语言的同时,他与身处困境的亚美尼亚人惺惺相惜。毕竟,他们的国家在圣经里被称为天堂的原址:"洪水先在亚美尼亚退去,接着飞来了鸽子。"几个世纪以来,亚美尼亚一直饱受地理位置之苦,土耳其的帕夏和波斯的总督对其左右夹击,在夹缝中生存的亚美尼亚俨然成了失乐园。现在,沙皇南下逼近,已掠取了高加索的大部分地区,触角正伸向高加索以南的亚美尼亚。这个"高贵的民族"被周围"一众的列强束缚、奴役",拜伦宣传它的语言文字,为的是引起公众对亚美尼亚的关注,这一点也预示着后来他将为希腊解放事业做出巨大贡献。

到一八一七年二月底,拜伦对亚美尼亚语的兴趣已不再。回顾那段在圣拉扎罗的天堂般的生活,他自嘲道:"我去找了,可没找到!"[30] 喧闹的威尼斯狂欢节如期而至,且要持续一段时间,扰乱了他的心思。于是他不再去教堂了,说等头不那么疼的时候会回来继续学。这一去就再也没回来。

在威尼斯期间,拜伦与英格兰的联系主要靠他的出版商约翰·默里维系。他想象默里"坐在他那张绿桌子旁,靠着拜伦享受着不劳而获的舒适生活,总盘算着下一个热点去哪里蹭"。[31] 他经常给默里写信,有些是有关文学的,有些是托他买书籍、镁砂散、苏打粉、在国外买不到的一种红色的牙粉、没药酊,甚至英国斗牛犬,口气相当强硬。默里给他买到"一只正品斗牛犬"[32],托人送过去;四个月后,狗又被还了回来,交给了卖主,看来拜伦对斗牛犬又失去了兴趣。默里只得劝自己说,他把玩笑当真了。

这些书信真正的**价值**(*raison d'être*)在于,它再现了威尼斯多彩炫目的生活,再现了它的熙熙攘攘和纸醉金迷。拜伦常把通信看成供他展示的舞台,他知道,伦敦阿尔贝马尔街的会客厅会挂着托马斯·菲利普斯为他画的画像,收到拜伦来信的默里如获珍宝,大声朗读来信,在座的都是文坛密友。威尼斯的来信写得活泼、轻快——拜伦不服,他要以此向自己和别人证明:没有过不去的坎。

一八一七年头几个礼拜,拜伦在威尼斯度过了人生第一个狂欢节。他生动地描述了盛会的场景:现场人人戴着面具,哼唱歌曲,吹笛敲鼓,各种弹奏乐器齐上阵,音乐声交错混杂,他兴奋不已。他参加的只是节日的前奏,即十二月二十七日的圣斯蒂芬节,"没人闲着,不是拉小提琴的,就是弹小键琴的,水城的每条水道两岸,人们唱唱跳跳,耍着各种新奇的玩意"。[33] 他在凤凰歌剧院租下一间包厢看歌剧,这家歌剧院仅在狂欢节的六周内开放,他还匿名参加深夜音乐节。

拜伦一直熬到了半夜,参加了凤凰歌剧院的化装舞会,那晚剧院里灯火通明,万人空巷,人们无不欢歌载舞。热闹散去,拜伦彻底累瘫了,他之前在帕特拉斯染上了疟疾,现在复发了,"发低烧"。[34] 让他的拳击私教杰克逊"绅士"来说,这是"荒淫无度的恶果"。生病的他精神萎靡,不思淫欲,写下了这辛酸的诗句:

就这样吧,我们别四处流浪

　　熬到了深夜,

尽管心中仍有爱,

　　月光皎洁。

但是呵,剑磨损了鞘,

　　灵魂磨损了胸膛,

心脏要停下来喘口气,

爱也需要停歇。

虽然今夜为爱而生，

天马上就要亮，

但在这皎洁月光下

我们不再流浪了。[35]

324　　虽历经坎坷与耻辱，如今的拜伦却没有失去远大抱负。如果他能多活十年，说不定会在"宇宙学、创世论、哲学"[36]上有所作为，说出什么惊世骇俗的话。他有一种坚韧不拔的精神。但就在一八一七年的威尼斯，他担心起了自己的健康。

拜伦在威尼斯体验着各种新鲜事物，逐渐淡忘了英格兰的那些不好的回忆。霍奇森靠拉特兰公爵在巴克威尔教区谋了份工作，他给拜伦寄来的那一封封沉思录式的信就像来自另一个国度。奥古斯塔总是在自责、懊悔，拜伦对她越来越不耐烦，渐渐地就不那么挂念了。他时刻关心着女儿艾达。拜伦夫人计划把女儿送去欧洲大陆，称要远离父亲，怕他回来把她绑走。这个消息是墨尔本夫人透露给他的。拜伦提醒私人律师汉森万事先要有个准备，如有必要，可采取法律行为："**我的女儿无论如何都不能离开英格兰，这话你一定要传达到**。"[37]这是拜伦家内权力斗争中的小插曲，也反映了一个现实问题："看看大陆这个状况，我可不愿意我的孩子在那儿为了几个钱而奔波。"几周后，他从默里那里得知艾达成熟得很早，现在会讲很多话了，他满心喜悦。

拜伦的另一个女儿于一八一七年一月十二日出生在巴斯，是克莱尔·克莱蒙特给他生的。他有些不好意思地告诉奥古斯塔："那个女孩从日内瓦回到英格兰是为了生'小拜伦'。"[38]话说，自从克莱尔跟随雪莱、玛丽一起从日内瓦回来后，家里就接二连三地发生变故。先是十一月,戈德温的前妻玛丽·沃斯通克拉夫特和美国冒险家吉尔伯特·伊姆莱生的女儿范妮·伊姆莱·戈德温,也就是克莱尔的继姐,在威尔士的斯旺西自杀了,年仅二十岁。短短几周后,也就是十二月十日,人们在蜿蜒的河道里发现了哈丽特的尸体,就是被雪莱抛弃的原配。十二月底,雪莱和玛丽正式结婚,并与玛丽的父母戈德温夫妇和解。在这令人不安的气氛中,克莱尔挺着大肚子,静静地等待孩子出生。她一个人住在巴斯市新邦德街的一所公寓里,雪莱怕人认为孩子是他的,只得让瑞士保姆埃莉斯·杜维拉德伺候她。

尽管克莱尔仍热情地给拜伦写信,但拜伦拒绝和她直接交流,于是雪莱扮起了中间人的角色。四月二十三日,他跟拜伦讲“暂时还没有一个神父给孩子取名,我们私底下叫她‘阿尔芭’,或‘黎明’”。[39]要知道,雪莱夫妇给拜伦的昵称是“阿尔比”。“她很漂亮,虽然看着不怎么壮,但很健康。她头发乌黑,眼睛深蓝,嘴巴小巧,我还没见过眼睛这么机灵的小孩儿。”雪莱一家现在搬到了白金汉郡的马洛镇,他向拜伦解释,“在这儿我们跟邻居说这孩子是伦敦一位朋友的,送到乡下是为了她的健康。克莱尔又变回了那个妙龄少女”。

雪莱想知道拜伦对女儿有什么打算。但是拜伦貌似不太上心。他向奥古斯塔坦言:“我不知道该如何安置这个孩子……我可能会派人把她送去威尼斯修道院,让她长大后成为一个虔诚的天主教徒或者修女,我们家族需要这么一个角色。”[40]艾达身上存在很多不确定因素,拜伦似乎把这个新生儿当作大女儿的替代品:“年纪大了,一定要有一个念想。”

又过了一年,拜伦才派人去接女儿。一八一八年一月十三日,他告知朋友兼经纪人道格拉斯·金奈尔德,他最终决定“承认并亲自抚养女儿,让她姓‘比伦’,以便和那个小继承人区别开来”。他后来给女儿起的经名是“艾蕾歌”,“一个威尼斯人的名字”。[41]

　　此前的十二月初,霍布豪斯已离开威尼斯。他用左手向拜伦道别,之所以如此不讲究,是因为他知道不久还会在罗马重逢。拜伦去过君士坦丁堡,见过东正教的中心,他急切想见"另一个人"——教皇。他曾一度计划见他,想告诉教皇"我双手拥护天主教"。[42]一八一七年四月十七日,拜伦退烧后,立刻动身南下。

　　威尼斯狂欢节期间,玛丽安娜·塞加蒂多次要求和他一起去旅行,但被他拒绝了。狂欢节期间,性爱格外自由,大概就是在这个时间点,他渐渐适应了离开玛丽安娜的生活。他在圣马可大教堂附近的一个水边广场旁租了一间公寓用来赌博,这样就可以在布商家外约人玩乐了。如果玛丽安娜抛下丈夫和拜伦一起旅行,这无疑会违犯意大利的通奸潜规则——只要背着人,做什么事都没人管。尽管他的确还喜欢玛丽安娜,但他并没有打算对她负责,更何况她还有了孩子。他自己的两房母女就已经让他焦头烂额了,他写信给霍布豪斯:"我怎么可能带一个累赘上路? 你觉得我疯了吗? 在瑞士那会儿就够我受的了。"[43]

326 　　路上,他在费拉拉改道,去参观圣安娜慈善招待所,他笔下的一个主人公,即十六世纪的诗人托夸托·塔索,曾被第二世埃斯特侯爵阿方索囚禁在那里多年。在博洛尼亚的那个晚上他写下长诗《塔索的哀歌》,进一步深化《锡雍的囚徒》的主题,即长期监禁对人类精神的影响。这是一部悲剧,主人公塔索遭人诽谤,被长期监禁,近乎疯癫,他忍着痛苦探讨心智的创造力。言说者与其说是塔索,不如说是绝望的拜伦。

　　在博洛尼亚这个"以诗人、红衣主教、画家、香肠"而闻名的小镇,拜伦对陈列在大学画廊的人体器官蜡像十分着迷。其实就是"一位**女**教授手捏出来的"全套生殖系统。[44]他告诉约翰·默里,男性器官模型"按照我们北方人的概念和尺寸显得平淡无奇;女性器官出奇地复杂,和我们的想象完全相反"。[45]

凌晨四点起床,拜伦匆匆赶往佛罗伦萨,希望在一天之内欣赏尽可能多的风景。他虽然见不得英格兰游客,但他自己也兴致勃勃。他参观了美第奇和皮蒂官邸这两个美术馆,"回来后一直沉醉在美中"。[46]他尤其喜欢拉斐尔和提香的肖像画,卡诺瓦的维纳斯雕塑和米开朗琪罗的**命运三女神**(*Parcae*)。最后他坦言,自己这才理解鉴赏家对视觉艺术的"热忱":它可以启发创造力。

在佛罗伦萨,他参观了美第奇小教堂,看到了"用各种昂贵的石头铺成的精美浮雕,以纪念五十具腐烂的、被世人遗忘的尸体"。他在圣克罗齐教堂还看到了许多名人的陵墓,如马基雅维利、米开朗琪罗、阿尔菲耶里、伽利略等。佛罗伦萨相当于英国伦敦的西敏寺:"在我看来,这些教堂要纪念的太多了,除了半身像和名字,再没有其他什么更值得刻下来的东西了吗? 比如日期? 那些不知道确切年份的,至少写上日期吧? 比如像我这样的。"拜伦在佛罗伦萨附近的山上,看见一个孩子一边哭,一边啃着夹着野菜的面包。拜伦拿走面包作纪念,给了那孩子一些钱。这么一看,他还没有丧失对人类疾苦的同情。

离开了威尼斯,他更在意英格兰游客的眼光。英格兰游客来这里除了要欣赏美景,也盼着看一眼他们那个光鲜但臭了名声的贵族同胞。拜伦在寄给约翰·默里的信件中讲了威尼斯狂欢节上那些出格的事,写得很露骨,但传到后面就成了他在狂欢节上参加乱交聚会,这给他的恶名增添了一道新的色彩,让他臭上加臭。在一次英格兰女贵族举办的宴会上,"女人们投来炙热的目光",让他难掩怒火。[47]其中有位长相极其普通的女士就差跪在地上了。

四月二十九日,拜伦抵达罗马,再次成为舆论的中心。他特地避开英格兰游客泛滥的冬天,"那一帮一帮没见过世面的傻瓜,看什么都目瞪口呆,又想体面,又不愿意花钱"。[48]但是在罗马,仍然住着许多英格兰贵族和艺术爱好者。拜伦和其他观光者站在圣彼得大教堂的屋顶上,

327

下层的利德尔夫人告诫女儿别看拜伦:"这个人危险,千万别看他。"[49]臭名声让他到哪儿都是众目的焦点,这既让他苦不堪言,又让他欲罢不能。他本来就喜欢表演,所以挺享受这种荒诞的情形。他告诉奥古斯塔:"天知道为什么,我命里就是搅和人的。"[50]

拜伦在罗马待了三个星期。[51]有人说,他住在西班牙广场66号的一间出租屋内,有人依稀看到过他在阳台上的影子,但没有实质性的证据。拜伦带着马,去哪都骑着,探索"美妙的罗马"。[52]罗马的古城和新城不亚于雅典和君士坦丁堡,他玩得很开心。

除了圣彼得大教堂,拜伦还参观了斗兽场、万神殿、梵蒂冈教廷和巴勒登丘;他漫步在阿皮安河畔,来到塞西莉亚·梅特拉古墓前,回顾着古罗马的历史,仿佛旧友重逢。罗马城郊外的小镇他也没有错过,他"去阿尔巴、提沃利、弗拉斯卡蒂、利琴察等地方逛了一逛",看了两次特尼瀑布。[53]从瀑布返回罗马的路上,他去了克利图努斯河,这条河号称是"所有诗歌中最美的一溪水"。他在岸边的一所神庙驻足,吃了河里的鳟鱼。

这次短途旅行,拜伦见识了各式各样的风景,见得多了,场景在脑海中开始重叠。他向约翰·默里解释说:"我的第一印象往往很深刻,但又非常凌乱。我的记忆会**选择性地**将其简化,把它们整理出来。写生时要按照远近给物体排列先后顺序,让它们重叠,尽管这样做时有些物体会不那么明显。"[54]这本质上是诗人观察景物的方式。他先在头脑中蓄积画面,以便日后取用。

在罗马的时候,拜伦见到当时也在罗马的丹麦雕塑家贝特尔·托瓦尔森。好友霍布豪斯请这位当时名声大噪的雕塑家为拜伦制作半身像,说他的手艺"比卡诺瓦更高"。[55]整个过程中拜伦坐得很不舒服。他觉得死人才用大理石作像,心里犯嘀咕。霍布豪斯想在半身像上加一个月桂冠,他极力反对。桂冠一下子就让他想起了那个他最讨厌的诗人骚塞:

"我可不想头上戴一支冬青枝丫，像圣诞馅饼一样，或者盖着茴香叶的鳕鱼头，不管什么狗屁草，都不要！我怀疑你想让我变成一个大街上卖艺的。"[56]

霍布豪斯显然没有让托瓦尔森为拜伦的到来做好准备。在没有事先通知的情况下，拜伦披着斗篷，在侍从的带领下，穿过一个个半成品雕像，来到工作室。那些半成品中就包括著名的雕塑"舞者"（*Dancer*），那是托瓦尔森那段时间的主攻作品。雕塑家这样描述拜伦的坐姿：

> 他给我摆了个姿势，但立马做出一副与平时完全不同的表情。我说："你能不能老老实实地坐着，别做出那些表情。""我爱摆什么摆什么。"我说："行吧。"然后我就按我的想法去做。雕像完成，每个人都说很像他；但拜伦看了看却说："这一点也不像我，我看起来应该不开心才对。"[57]

又花了四年的时间，托瓦尔森制作的原版拜伦半身像的大理石复制品才抵达英格兰。雕像最终到达时，约翰·默里误以为这是寄给他的。在双方一番尴尬的通信后，拜伦建议默里让托瓦尔森再复制一份大理石雕像，这才最终挽回了局面。这尊雕像现在还在阿尔贝马尔街50号，而原版则由霍布豪斯的女儿多切斯特夫人遗赠给国王乔治五世，现在由女王收藏。

在罗马的最后一天，拜伦在现在的人民广场目睹了三名劫匪被处决的场景。他一向追求这种感官刺激，全程都戴着看戏用的小望远镜，"全神贯注地看，一次要看个够"。[58]他对这种表演情有独钟，喜欢戴面具的牧师、赤裸上身的刽子手、蒙眼的死刑犯、犯人面前印着黑色基督肖像的旗帜、刑台和士兵，"缓慢上前的队伍，铁链突然下落的嘎嘎声，斧头沉重地下落，鲜血四溅，头颅落下，气氛可怖"。一号犯人被强按在断头台上，但他的脖子太粗，铡刀口放不下，牧师在一旁提高嗓门念训诫词才能掩盖他的大声哀嚎，铡刀最终落在脖子靠近耳朵的地方。刚刚发生的一切，让拜伦"忽冷忽热"；他抖得厉害，几乎拿不稳望远镜。但第二个、第三个犯人行刑时，他就不害怕了："这么快我就变得无动于衷了，多可怕啊。"

五月二十日，拜伦离开罗马，婉拒了霍布豪斯继续南下去那不勒斯的邀请。他再也受不了英格兰游客了。去过君士坦丁堡和里斯本，看过西方世界第一美和第三美的海景，放弃第二美的也没什么。再说了，他也想布商老板娘玛丽安娜了。五月二十八日，他回到威尼斯。几周后，他开始撰写《恰尔德·哈洛尔德游记》第四章，"激活"[59]他对这趟旅游的记忆。他将这章献给一直陪他的旅友霍布豪斯——"一位一直付出但未曾索取的朋友"。[60]这样的赞许是霍布豪斯应得的。

拜伦创作热情忽高忽低。在一八一七年的头几个月里，他什么也没写出来，只顾着浸淫在狂欢节里。他向默里解释说："我的诗艺就像是睡意，醒着的时候，一个字都写不出来，只有在梦中才能才思泉涌，就像梦游一样。目前，我的诗艺处于休眠状态。"[61]到了六月，灵感的洪流来了。他舍弃了《恰尔德·哈洛尔德游记》第三章中许多玄奥的风格，而是重温北部意大利之旅，从威尼斯到彼得拉克笔下的阿尔夸镇，拉索和阿里奥斯托笔下的费拉拉市，但丁和薄伽丘笔下的佛罗伦萨，那一个个英雄，一处处景色。这是一部宏大的游记，他用豪放的气概将历史叙事、美景描写、地形研究和对战后意大利的讥讽和哀叹糅合在一起，这个国度遭受拿破仑战争的蹂躏后依然美丽，但她的身心仍面临威胁。诗中感情最为充沛的要数写罗马的这段，这是他旅行的终点，瑕疵掩不住她的宏伟。

啊，罗马，罗马，灵魂的城！我的国土！

那些灭亡了的帝国的孤苦的母亲，

心灵的孤儿们必然会向往您处，

而且要按捺住他们心中小小的苦闷；

算得了什么呢，我们的苦痛和不幸

你们看这儿的杉柏，听枭鸟悲啼，

在坍塌的宫廷和庙堂的步阶上缓行，

你们呵，你们的痛苦短暂而轻微！

我们脚下是一个世界，它像我们的躯壳，孱弱无力。[62]

　　他对意大利有一股强烈的占有欲。与当时同为英国旅者的雪莱夫人不同，他并不以观光者身份直接描述。他对罗马的再现更像是歌德的《意大利之行》，或斯塔尔夫人的古罗马风小说《科琳》，她用华丽的辞藻再现了古都，拿它做故事的场景。看看《游记》第四章中的罗马，拜伦的溢美之词有过之而无不及。

　　拜伦写信时很善于给读者一种身临其境的感觉。六月十八日，拜伦告诉默里："太阳落山了，我沿着布伦塔河岸纵马疾驰，刚刚回来。"[63]在威尼斯度过了炎热的几天后，他在离市区十四英里的布伦塔运河岸边租下一栋避暑山庄，叫福斯卡里尼别墅，在米拉村附近。别墅有着白色柱廊，那儿的许多房子要么破旧要么废弃，去年他和霍布豪斯在去威尼斯的路上就见过。拜伦对别墅不是很满意，比不上迪奥达蒂山庄："空荡荡的，不贵气，没个别墅的样子。"[64]布伦塔运河不时冒出难闻的气味，房子离马路也很近。

　　说归说，拜伦还是将就住了下来，算是他的乡隐之地。玛丽安娜也搬来陪他住。"我刚在亚得里亚海游了一个小时的泳。现在，就在我写

330

信这会儿,身边有一个黑眼睛的威尼斯姑娘在读薄伽丘。"[65] 在这封写给托马斯·摩尔的信中,有一大段星号,代表摩尔删去的话。塞加蒂先生,就是玛丽安娜的丈夫,偶尔也会来,但他自己在威尼斯也有个情妇。

拜伦对米拉村的邻居们很满意,他就喜欢各色的怪人:九十岁的西班牙侯爵住在拜伦对面,法国人开的赌场在侯爵的旁边。他对约翰·默里说:"我们就像戈尔多尼的那出喜剧里演的那样。"[66] 他说的是《狡猾的寡妇》,剧中有各国的角色:西班牙人唐·阿尔瓦罗·迪·卡斯蒂格利亚、法国人勒布朗先生和英国绅士鲁涅比先生。"还有威尼斯人,等等,都是好邻居。"那个夏天,拜伦可以参加当地的沙龙,拜访一位医生和医生的妻子外加四个黄花闺女,和玛丽安娜的朋友聊天,丰富的社交让他别无他求。

"僧侣"刘易斯前脚来,霍布豪斯几周后也来了,他们在附近租了间房子住了下来。出于好奇,他们三人去观看了一个犹太孩子的割礼仪式,拜伦形容这个婴儿:"又是一个敲骨吸髓的夏洛克。"[67] 他总结说:"我在意大利见识了三个男人的头和一个男孩的包皮落地,相当感人。"

另一位来福斯卡里尼别墅的客人是美国年轻作家乔治·蒂克纳,自从一八一五年夏天拜伦和安娜贝拉在伦敦完婚之后,他就再也没见过拜伦。虽然拜伦的外表在他看来没什么变化,但他意识到拜伦讲话的风格彻底变了:"他讲话风趣幽默,这是他在陌生人心中本来的样子。"[68] 他不像刚结婚住在皮卡迪利大街那会儿那样讳莫如深,现在的他更喜欢谈思想,谈政治,谈吐更像一个欧洲人。

他们大部分时候聊的是美国,霍布豪斯和他一直计划着去那儿会一会偶像乔治·华盛顿。拜伦在欧洲审视拿破仑留下的政治遗产,心里却想着美洲,那里才是未来真正的自由国度。蒂克纳不看好两人结伴旅行,他俩一个严肃,一个浪漫;一个立场坚定,一个反复无常:

霍布豪斯是一位真正的政治家,他只想看一看美国的民众,了解他们的性格和制度,领略这个民族蓬勃的精神面貌;而拜伦勋爵丝毫没有这种气质,他的观点偏激,党派意识浓重,只想看看我们那儿的印第安人和森林,沾沾尼亚加拉瀑布的水花,爬爬安第斯山,玩玩奥里峰河的水。

拜伦把蒂克纳送到别墅门口,承诺几年后在美国再相见。

拜伦在哈罗念书时就好斗,脾气还是这么臭,他在米拉村的"马路上跟人吵了一架"。[69]他骑马超过了一辆租来的马车,车上拉着几个人,有个人从窗口探出头,骂了他几句,他狠狠地给那人一记耳光以示回敬,跳下马,打开车门,命令骂他的那个人下车,准备开始动手。双方开启了骂战,拜伦自报家门,那人没被吓到,跑去报警,说自己被拜伦无缘无故打了一顿。拜伦请来了证人,申诉被驳回。

但话说回来,这只是一个例外。这里像个度假村,朴实无华,生活规律,他慢慢适应了"平静、健康"的日子。霍布豪斯看到拜伦在米拉村过得"很滋润,容光焕发"[70],让他很放心。拜伦似乎回到了正轨,部分原因可能是他和拜伦夫人的事有眉目了。拉尔夫·诺埃尔爵士去大法官法庭提出申诉,称要剥夺拜伦的抚养权。最近几个月来,拜伦一直在据理力争,紧张且焦虑。现在看来,双方是彻底没有和解的希望了。霍布豪斯陪他在米拉村就他的家事彻夜长谈,霍布豪斯回去在日记中写道:"我敢肯定,他现在不关心他的妻子了。"[71]尽管拜伦和拜伦夫人还保持通信,二人好像一如过往地亲密,但他向密友们表明自己现在很恨她。二人现在相互为敌了。

就像他自己创作的《锡雍的囚徒》,拜伦找到了一个和逆境妥协的办法。米拉村的八月,他已将拜伦夫人乃至玛丽安娜·塞加蒂抛到了脑后,着迷于两个威尼斯姑娘。拜伦和霍布豪斯正骑马沿布伦塔河漫步,遇到了一群农民,其中有两位漂亮的姑娘,二人是表亲。[72]年纪小的还未婚,霍布豪斯上前搭讪,女孩吓了一跳,"这儿的女人可做不出通奸的事"。另一个女孩叫玛格丽塔·科涅吉,丈夫是面包师,她年纪大点儿,显得更老练,对拜伦有点儿意思。拜伦形容玛格丽塔"像亚马孙女战士一样强壮"。拜伦后来描述,"我们缠绵了几次,都是在傍晚时分。两年来,我玩过的女人多得数不清,但她是我最喜欢的"。

和玛丽安娜·塞加蒂一样,玛格丽塔遇见拜伦的时候也才二十二岁。她身份低微,靠力气吃饭,拜伦戏称她为"福尔娜瑞娜",可能是拉斐尔情妇的名字,拜伦在佛罗伦萨看到过她的画像。摩尔鄙夷地形容她是拜伦"捡来的女人,一副穷酸样,就是贱货一个"。[73]她的丈夫安德里亚·马格纳罗托也是个没出息的男人。她在布伦塔河岸其实就是在行乞。当时她肯定主动叫住了这位英格兰贵族,听当地人说他乐善好施:"你老是救济别人,也照顾照顾我们吧?"[74]

玛格丽塔是如何深得拜伦的喜爱,甚至还取代了玛丽安娜成为他在威尼斯的头牌情妇的? 拜伦在一封寄给约翰·默里的信件中简明扼要地点出了原因:"首先,她个头高,皮肤黑,长着一张典型的威尼斯人面孔,眼睛又大又圆。当然还有别的特质,我就不说了。"从乔治·亨利·哈洛在威尼斯创作的画作《福尔娜瑞娜》中可看出,她也有温柔的一面。因为没有孩子,她"身材没走样——**其他地方**也是——我向你保证——这里气候炎热,女人一生完孩子,身材就松懈下来,膀大腰圆,**摸起来像面团**(*flumpity*)。"玛格丽塔不会读写,这一点对拜伦来说是加分项,这意味着她不会给他写信折磨他。拜伦就喜欢她笨嘴拙舌的样子,"彻头彻尾的威尼斯人,讲话、思维、长相,那股子天真劲儿,一幽默起来就滑稽"。

玛格丽塔性格冲动,敢于硬碰硬,这一点拜伦很欣赏。有一天晚上,333　塞加蒂夫人在女性朋友的怂恿下,冲到米拉村要跟她理论:

　　玛格丽塔撩起面纱（fazziolo），用威尼斯方言直白地告诉她："你，他的老婆不是；我，她的老婆不是；你，他的情人，我，他的情人；你的男人，戴绿帽子，我的男人，也戴绿帽子；你有什么权利跟我找事？他喜欢我这个地方，不喜欢你那个地方，我的错吗？"

拜伦就喜欢玛格丽塔的喜感和这种原始逻辑，这是意大利喜剧重要的元素。

　　一八一七年初秋，《别波》完成了。拜伦在诗中将威尼斯描绘成"放荡之地"[75]，诗中可以看到玛格丽塔的影子。喜剧讲的是威尼斯一个中年妇女和情人在一起生活，失踪于海难多年的丈夫突然回来，闹出了笑话。故事是玛丽安娜的丈夫塞加蒂先生来米拉村和他们聚餐时讲的。故事快讲完的时候，玛丽安娜紧盯着拜伦："我肯定不会为了丈夫离开我亲爱的，不论丈夫多好。"一旁的霍布豪斯尴尬得不行，在日记中写道："这恶心到我了。"[76]

　　这首诗拜伦写得很快。他自称在福斯卡里尼别墅的时候用了两天就写完了，当然后面不免修修补补。这首诗一改以往的风格，采用口语化的表达，内容轻快，但内核仍是悲伤。自从到了意大利，拜伦对英国诗歌的发展方向感到前所未有的失望。托马斯·摩尔写的东方风诗歌《拉拉·罗克》刚刚出版，他对其评论道："我越来越肯定，他，还有司各特、骚塞、华兹华斯、摩尔、坎贝尔，包括我自己，我们采用的新的诗学体系，不管有多少种，都一文不值。"[77] 自《别波》完成后，拜伦的语言风格发生了转变，本质为英式，但外表却是热情洋溢的意大利式。

　　拜伦正式承认"威廉·吹哨家和罗伯特·吹哨家"（两个名字为约翰·胡克汉姆·弗里尔的笔名）对《别波》的影响。他的戏仿史诗《国家级预发表作品简介及样例》首次将意大利八行体引入英格兰。但同时，拜伦对卡斯蒂、路易吉·普尔奇和威尼斯讽刺作家布拉迪的意语原作也

很熟悉,所以他的八行体更奔放:

> 我爱听意大利语,呵,那轻柔的
>
>   拉丁语变种,像女人的吻一样
>
> 令人融化,听来像在缎上滑过,
>
>   每个音调都诉说温馨的南方;
>
> 一串清脆的声音如流水潺潺,
>
>   绝没有一个粗糙浊重的音响,
>
> 不像英语总是咕噜在喉咙里,
>
>   你得用力连嘶带啐,喷它出去。[78]

他在《别波》中大胆地尝试省略,韵脚极不规整,这已经成为他特有的语言特征了。

最重要的是,《别波》展现了拜伦的一种新的心态,这部威尼斯言情戏剧除了"偷情、通奸、私奔、背信弃义、受伤的心和受伤的脑袋",还触及更严肃的话题和人性中残忍的一面,这种灵活的写作风格拜伦会在后来的《唐璜》中加以完善。《别波》讽刺了英国文学、英国社会生活和英国文化。当时,谈论两性问题是死路一条,会让人觉得他在暗讽分居的妻子。他自己也清楚,《别波》"谈的是政治,谈的是暴行"。[79]

几年后,拜伦和雪莱在比萨的兰弗郎契城堡打台球,拜伦听到雪莱"随口念了《别波》里的几行诗"。"你刚念的是什么?"拜伦问道。雪莱说:"你写的东西啊,算是你写过的最好的。"[80]

十一月十三日,福斯卡里尼别墅的租约眼看就要到期。拜伦回到了威尼斯,把马安置在丽都岛,即威尼斯东边的狭长小岛。拜伦走了一条新的航线,"每天骑马,沿着坚硬而孤独的海滩疾驰几英里"[81],从丽都岛上的城堡一直走到马拉莫科镇,几乎从长岛最北边溜到了最南边。和霍布豪斯沿着海滩骑马时,拜伦遇到了一位日耳曼商人。商人告诉他们夏洛特公主因分娩死亡的消息。夏洛特公主是拜伦《致一位哭泣的女士》一诗中的主角,该诗颇具争议。这件事让二人追思公主。霍布豪斯写道:"知道这个消息,我们彻底懵了,回家的路上都在猜是怎么回事。"[82]

纽斯特德庄园最终售出。买主是拜伦在哈罗的同届校友托马斯·怀尔德曼,曾在半岛战争中服役,并在滑铁卢战役中担任乌克斯布里奇勋爵的副手,军功显赫。他买下庄园的部分原因是对英雄主义的崇拜,他想跟这位出名的老同学攀上关系。成交后,怀尔德曼向拜伦要了他的一幅肖像。托马斯·摩尔后来注意到"只要跟拜伦有关的事他都很热情"。[83]拜伦也很满意,毕竟是认识的人买下的。连房带地,怀尔德曼支付九万四千五百英镑,约翰·默里也汇来不菲的稿费,拜伦不用再为钱发愁了。他开始清偿债务,从向犹太人借的钱开始。这笔交易中,老朋友金奈尔德帮了大忙。拜伦劝他好事办到底,想法把罗奇代尔的产业也卖了:"这样账就清了。"[84]

一八一八年一月八日,霍布豪斯离开威尼斯返回英格兰,行李里装着《恰尔德·哈洛尔德游记》第四章的手稿。拜伦在手稿中附上一封诗歌体的信:

> 我亲爱的默里先生
> 你真是一个催命鬼
> 要看这最后一章,
> 你会看到霍布豪斯先生
> (如果我们没被抢劫的话)
> 用旅行箱把稿件安全送到……

335

> 夜已深,我要熄灯了
>
> (文章写完了
>
> 你看到的诗节都是刚出炉的)
>
> 我右边有个妓女
>
> **我的墨水台**旁得有一个骚货候着
>
> 这样,我押韵押得才最好。[85]

　　一年过去,又到了狂欢节。霍布豪斯走了之后,拜伦又"跟当地人鬼混到了一起":阿尔布里奇伯爵夫人在晚上举办的晚间娱乐活动、音乐节、舞会、歌剧、圣贝尼代托剧院上演的海顿和亨德尔的清唱剧。[86]他在化装舞会上遇到一个金发碧眼的女孩,女孩"极度缺爱",拜伦把她"爱得死去活来"。[87]他跟一个叫埃琳娜·达·莫斯塔的"贵妇"在一起时染上了淋病。[88]话说买了那么多春都没得上,这没花钱的却叫他得上了。如果他要英年早逝,他情愿"站着死"。[89]威尼斯死水一般的政治气候让他沮丧,但这里的生活**缤纷多彩**(*mouvementé*),正合他意。拜伦告诉塞缪尔·罗杰斯,意大利哪儿都比不上这儿:"这里合我的调——我打算在这里度过余生了。"[90]威尼斯成了他的家。

注释

　　[1]《别波》,第 19 节,第 150 行。

　　[2] 约翰·卡姆·霍布豪斯(布劳顿勋爵),"日记手稿",1816 年 11 月 10 日。

　　[3] 托马斯·摩尔,《拜伦传》,第二卷,注释。

　　[4] 拜伦致托马斯·摩尔的信,1816 年 11 月 17 日。

　　[5]《威尼斯总督马里诺·法列罗》,序言。

［6］拜伦致约翰·默里的信,1817 年 3 月 3 日。

［7］拜伦致约翰·卡姆·霍布豪斯的信,1816 年 12 月 19 日。

［8］拜伦致托马斯·摩尔的信,1816 年 11 月 17 日。

［9］拜伦致奥古斯塔·利的信,1816 年 12 月 19 日。

［10］拜伦致托马斯·摩尔的信,1817 年 4 月 11 日。

［11］《恰尔德·哈洛尔德游记》,第三章,第 2 节,第 1 行。

［12］《威尼斯颂歌》,1818 年,第 1 行。

［13］拜伦致托马斯·摩尔的信,1816 年 12 月 24 日。

［14］约翰·卡姆·霍布豪斯(布劳顿勋爵),“日记手稿”,1816 年 11 月 16 日。

［15］《卡诺瓦的海伦半身像》,1816 年 11 月。

［16］约翰·卡姆·霍布豪斯(布劳顿勋爵),“日记手稿”,1816 年 11 月 20 日。

［17］《伊莎贝拉·特奥托奇·阿尔布里齐自传》(*Ritratti scritti da Isabella Teotochi Albrizzi*, 1826)。见托马斯·摩尔,《拜伦传》,第二卷。

［18］拜伦致托马斯·摩尔的信,1816 年 11 月 17 日。

［19］同上,1817 年 1 月 28 日。

［20］玛丽安娜·塞加蒂书信,见唐纳德·H. 莱曼、杜塞·德温·费舍编辑,《雪莱和他的朋友圈,1773-1822》,手稿,纽约卡尔·普福尔茨默图书馆(已出八卷),第七卷。

［21］拜伦致奥古斯塔·利的信,1816 年 12 月 18 日。

［22］拜伦致约翰·默里的信,1817 年 1 月 2 日

［23］拜伦致托马斯·摩尔的信,1817 年 3 月 10 日。

［24］参见《“疯子又回来了!”拜伦和亚美尼亚语》(‘“The madman has come back again!” Byron and Armenian’),载《亚美尼亚语研究协会期刊》(*Journal of the Society for Armenian Studies*),第 4 期,1988-1989 年;C. J. 沃克(C. J. Walker),《阿勒山想象》(*Visions of Ararat*, 1997)。

［25］拜伦致约翰·默里的信,1816 年 12 月 4 日。

［26］拜伦致托马斯·摩尔的信,1816 年 12 月 5 日。

［27］《一些不切实际的思考》,第 99 条。

［28］拜伦致约翰·默里的信,1816 年 12 月 4 日。

［29］未出版的《亚美尼亚语法》(Armenian Gammar)的序言,1817 年 1 月 2 日。

［30］《一些不切实际的思考》,第 55 条。

［31］拜伦致约翰·卡姆·霍布豪斯的信,1816 年 5 月 16 日。

［32］约翰·默里致拜伦的信,1820 年 1 月 24 日。

［33］拜伦致约翰·默里的信,1816 年 12 月 27 日。

［34］同上,1816 年 3 月 3 日。

［35］《就这样吧,我们别四处流浪》,1817 年,第 1 行。

［36］拜伦致托马斯·摩尔的信,1817 年 2 月 28 日。

［37］拜伦致约翰·汉森的信,1816 年 11 月 11 日。

［38］拜伦致奥古斯塔·利的信,1816 年 12 月 18 日。

［39］珀西·比希·雪莱致拜伦的信,1817 年 4 月 23 日。(卡尔·H. 普福尔茨海默图书馆,纽约)

［40］拜伦致奥古斯塔·利的信,1817 年 5 月 27 日。

［41］拜伦致道格拉斯·金奈尔德的信,1818 年 1 月 13 日。

［42］拜伦致托马斯·摩尔的信,1817 年 4 月 11 日。

［43］拜伦致约翰·卡姆·霍布豪斯的信,1817 年 4 月 14 日。

［44］拜伦致奥古斯塔·利的信,1817 年 6 月 3 日–4 日。

［45］拜伦致约翰·默里的信,1817 年 6 月 4 日。

［46］同上,1817 年 4 月 26 日。

［47］匿名英国女士,转引自夏洛特·伯里,《侍女日记》,第一卷。

［48］拜伦致托马斯·摩尔的信,1817 年 3 月 25 日。

［49］拉尔夫·洛夫莱斯伯爵,《阿斯塔蒂:拜伦勋爵揭秘》。

［50］拜伦致奥古斯塔·利的信,1816 年 9 月 8 日。

［51］参见彼得·科克伦(Peter Cochran),《"更高远的认识"：拜伦在罗马的三周》('"Higher and More Extended Comprehension"：Byron's Three Weeks in Rome'),载《济慈-雪莱评论》(The Keats-Shelley Review),第 15 期,2001 年。

［52］拜伦致约翰·默里的信,1817 年 5 月 5 日。

［53］同上,1817 年 6 月 4 日。

［54］同上,1817 年 5 月 9 日。

［55］同上,1817 年 6 月 4 日。

［56］拜伦致约翰·卡姆·霍布豪斯的信,1817 年 6 月 20 日。

［57］原文出自汉斯·克里斯蒂安·安徒生(Heas Christian Anderson),《我一生的童话》(Das Märchen meines Lebens),第二卷(1844)。

［58］拜伦致约翰·默里的信,1817 年 5 月 30 日。

［59］同上,1817 年 7 月 1 日。

［60］《恰尔德·哈洛尔德游记》,第四章献词,1818 年 1 月 2 日。

［61］拜伦致约翰·默里的信,1817 年 1 月 2 日。

［62］《恰尔德·哈洛尔德游记》,第四章,第 78 节,第 694 行。

［63］拜伦致约翰·默里的信,1817 年 6 月 18 日。

［64］拜伦致约翰·卡姆·霍布豪斯的信,1817 年 6 月 20 日。

［65］拜伦致托马斯·摩尔的信,1817 年 7 月 10 日。

［66］拜伦致约翰·默里的信,1817 年 6 月 4 日。

［67］同上,1817 年 8 月 7 日。

［68］《乔治·蒂克纳的生平、书信和日记》,第一卷,1817 年 10 月 20 日。

［69］拜伦致格拉斯·金奈尔德的信,1817 年 7 月 3 日。

［70］约翰·卡姆·霍布豪斯(布劳顿勋爵),"日记手稿",1817 年 10 月 14 日。

［71］同上,1817 年 9 月 14 日。

［72］拜伦致约翰·默里的信,1819 年 8 月 1 日。

［73］《托马斯·摩尔日记》，1819 年 10 月 8 日。

［74］拜伦致约翰·默里的信，1819 年 8 月 1 日。

［75］塞缪尔·艾斯库(Samuel Ayscough)，《别波》前言。

［76］约翰·卡姆·霍布豪斯(布劳顿勋爵)，"日记手稿"，1817 年 8 月 29 日。

［77］拜伦致约翰·默里的信，1817 年 9 月 15 日。

［78］《别波》，第 44 节，第 345 行。

［79］拜伦致约翰·默里的信，1818 年 1 月 27 日。

［80］丹尼尔·罗伯茨上校，转引自"约瑟夫·奇切斯特日记手稿"，1828 年 9 月 13 日。(牛津大学博德利图书馆，英语手稿，杂项，文档 1400，第 174–179 号文件)

［81］拜伦致托马斯·摩尔的信，1818 年 2 月 2 日。

［82］约翰·卡姆·霍布豪斯(布劳顿勋爵)，"日记手稿"，1817 年 11 月 23 日。

［83］《托马斯·摩尔日记》，1827 年 10 月 9 日。

［84］拜伦致道格拉斯·金奈尔德的信，1818 年 1 月 13 日。

［85］拜伦致约翰·默里的信，1818 年 1 月 8 日。

［86］拜伦致约翰·卡姆·霍布豪斯的信，1818 年 1 月 28 日。

［87］拜伦致约翰·默里的信，1818 年 1 月 27 日。

［88］拜伦致约翰·卡姆·霍布豪斯的信，1818 年 2 月 28 日。

［89］拜伦致约翰·默里的信，1818 年 1 月 27 日。

［90］拜伦致塞缪尔·罗杰斯的信，1818 年 3 月 3 日。

第二十一章　威尼斯的莫塞尼戈公馆(1818)

晚安——或者,更确切地说,早安。现在已经是凌晨四点了,大运河上的晨辉将里亚托河照亮,现在我得上床睡觉了。[1]

从一八一八年五月到是年年底,拜伦住在威尼斯莫塞尼戈公馆,这段时间里,他将自己的日常生活写成传奇。W. L. 普莱斯十九世纪中期的画作《莫塞尼戈公馆里的拜伦》定格了他在这一时期的形象:懒洋洋的他躺在天鹅绒沙发上,沉浸在思绪中。大多数人对拜伦的印象都源于这幅画,后世从中窥见他的人格。

拜伦从弗雷泽里亚小巷搬出来可能是因为他与玛丽安娜·塞加蒂的关系破裂了,也可能是他卖了纽斯特德庄园,手头宽裕了,便想着在威尼斯找一个更适合他的地位、风景更好的住处。最初他联系了格里蒂伯爵,想要租下离圣马可广场不远的格里蒂公馆,但最终选择了莫塞尼戈公馆,租金每年两百英镑,共三年。莫塞尼戈公馆包含四栋四层矮楼,靠河边连成一排,拜伦租的那栋刚好也是玛丽·沃特利·蒙塔古夫人曾住过的那栋,大运河在这里拐了一个大弯,从不远处汇入里亚托河。

拜伦在这座豪宅里留下了不可磨灭的印记,与这房子有着复杂的情感交织,他把对威尼斯的期许和恐惧都寄托于莫塞尼戈公馆。后来他把对着圣马可广场的那一栋也占了下来。两栋楼被打通,旁边的第三栋可能也被他占了。他好像主要住在二楼,即**贵族常住的地方**(*piano nobile*),那里的阳台可以俯瞰大运河。一八一八年,私人律师牛顿·汉森和他的父亲一起拜访拜伦,描述了这座波谲云诡的豪宅:"我们登上大气的大理石楼梯,穿过一间高级台球室,再经过一间卧室,来到厅堂前"[2],这才见到在门口迎接他们的主人。

337　　威尼斯的豪宅通常都有两个入口:一个在陆地上,连着城市;一个在水上,连着大运河。拜伦在公馆里养了许多宠物,一楼很快变成了一个小型动物园。狗、鸟、两只"迷人"[3]的猴子、一只狐狸和一匹狼,都被养在各自的笼子里。拜伦出门上船路过,都要逗逗它们,给它们喂食。访客每次走水路从这里进入公馆的时候,都要穿过两旁"啼不住"的动物,甚是吓人,拜伦总会在一旁提醒:"离狗远点儿","小心猴子扑你"。[4]

　　伺候拜伦的仆人有一大帮,但他管不好。待到小女儿艾蕾歌被送来那会儿,仆人包括:"一帮破衣烂衫的小孩,摇船的、伺候人的、做饭的、跑腿的。"[5]最多的时候,家里有十四个仆人。除了厨师史蒂文斯和贴身男仆威廉·弗莱彻之外,他还招了一个本地人,给他帮了很多忙。他叫乔瓦尼·巴蒂斯塔·法尔切里,大家都叫他"蒂塔",他一家都是船夫,远近闻名,他的父亲和兄弟都在莫塞尼戈公馆里做过工。拜伦还花钱免去了他的兵役。雪莱在拉文纳见到蒂塔时,形容他人高马大,"留着浓密的黑胡子,虽然刺伤过两三个人,却是我见过最慈眉善目的人"。[6]蒂塔成了拜伦随从的核心人员,地位和弗莱彻不相上下,对主子的忠心不亚于他。

　　拜伦的个性不适合管教仆人。英国驻威尼斯领事说拜伦的仆人十分散漫,而且拜伦对仆人"如此宽容,简直是犯罪"。[7]仆人欺骗他,甚至玩忽职守,"他却情愿和他们开玩笑,也不严肃教训他们"。拜伦的私生活越来越乱,莫塞尼戈公馆里的气氛也格外喧闹。女仆们整日大喊大叫、吵架、聊八卦。其中就有弗莱彻的情妇玛丽埃塔,她喜怒无常,拜伦戏称她为"伯爵夫人"。拜伦不愿意解雇仆人,但后来实在对她忍无可忍,把她赶出了家,只留厨子史蒂文斯"独自买醉"。[8]

有趣的是,一八一八年六月,拜伦再次提到了玛丽埃塔。这封信是以弗莱彻的口吻写的,他告诉霍布豪斯,他亲爱的家主在那天早上十点不幸去世。尽管"弗莱彻"再三劝阻,但"过度焦虑、海浴、玩女人、烈日骑马"还是夺去了他的生命。[9]"弗莱彻"在信中为自己辩护,情绪激动:

> 女仆玛丽埃塔-蒙内塔-皮蕾塔虽然是个卖春的,却是这里的伯爵夫人。如果我设法留住了伯爵夫人,我又能做什么呢? 她说,我要是不跟她,她就要去死。我就从了。不让她给少爷洗衣服、熨衣服。怎么说呢? 虽然给她的工费不低,但被子叠得还是很好的。这些话我以后再也不跟您和少爷说了,虽说他宽宏大量,骂我是大笨蛋,但他扭头就忘记了。

338

弗莱彻看过这封信吗? 在信中,拜伦准确地再现了他的天真和精明,诺丁汉郡的熟语也能信手拈来。拜伦仍旧热衷于从身边人身上发掘喜剧素材。

拜伦在莫塞尼戈公馆的那段传奇生活离不开那个大眼睛、黑头发的玛格丽塔,即拜伦难以驯服的"精致宠物"[10],那个"适合繁育角斗士的女人"[11]。一八一七年冬天,玛格丽塔终于把玛丽安娜挤了下去,成功上位。另一个原因是玛丽安娜把拜伦送她的钻石卖掉了。他恰巧在一家珠宝店看到了他买过的首饰,立即找她当面对质,说她不知好歹。

玛格丽塔在最近一次的狂欢节蒙面舞会上表现不佳。当时,意大利贵妇康塔里尼夫人正挽着拜伦,玛格丽塔上前一把抢走了贵妇脸上的面具,贵妇斥责她对上流人士不敬,她则机智反驳道:"如果她是一位贵族,我就是威尼斯人。"[12]故事后来被添油加醋,成了玛格丽塔揭掉了拜伦的面具。玛格丽塔决心要攻进莫塞尼戈公馆,一八一八年仲夏,她成了拜伦的管家,专横傲慢,据说把"饱读诗书的弗莱彻吓傻了,本来一瓶子不满的聪明才智这下就所剩无几了"。[13]面包师马格纳罗托报警,说拜伦派两个船夫绑架了妻子,据说当着主家的面摸了媳妇的屁股,把她拐到那个"幽蔽的公馆,无耻地逼她和他们同居"。[14]但一收到拜伦的钱,他就闭嘴了。

到了莫塞尼戈公馆,玛格丽塔·科格尼爱慕虚荣的本性逐渐暴露。女伯爵本佐尼夫人正在和另一个女伯爵阿尔布里奇夫人争夺威尼斯社交圈的核心位置,她开始谈论玛格丽塔,玛格丽塔知道后,开始做黄粱美梦了。威尼斯下层阶层的妇女外出要佩戴面纱,她出门开始不戴面纱,而是戴一顶插着羽毛的帽子,拜伦都看不下去了,就把帽子烧了,不想她转头买了更多衣服,穿着假贵族的礼服,拖着长裙,在家里走来走去,神气得不得了。

但话说回来,她性情狂野,热情奔放,发脾气不在乎场合,而且虔诚:³³⁹做爱的时候听到祷告钟响都会在胸前画十字。这些无一不让拜伦着迷。她在家里恃宠而骄,喜欢显摆,戏感十足,而拜伦写信给默里时常会细描写作场景,因此我们从这些信的背景中就可以看到玛格丽塔·科格尼的样子:

> 秋天的一个傍晚,船夫送我去丽都岛。不料狂风袭来,差点把船吹翻,帽子被吹走了,船进水了,桨丢了;不久,海浪翻涌,电闪雷鸣,大雨倾盆,黑夜将至,风又刮了起来。无奈,我们吃力地往回划。好不容易划到了家门口,却见她立在码头上,黑葡萄般的双眸中噙着泪花,乌黑的长发湿漉漉地贴在额头和胸口上,淋湿的样子美极

了。风吹得头发和裙子在高挑的身材旁乱摆,闪电偶尔将她闪亮,脚下是不停拍打的水浪,让她看起来像刚下战车的古希腊女神美狄亚,又像是被暴风雨包围的女巫西比尔。[15]

拜伦俨然将玛格丽塔写成了威尼斯的美狄亚,他心里想的可能是意大利画家委罗内塞的一幅画。值得注意的是,拜伦也曾用美狄亚这个形象形容他那个睚眦必报的妻子。

拜伦和玛格丽塔·科格尼在莫塞尼戈公馆住在一起的同时,还在与另一个要给他好戏看的女人交往。阿帕丽斯·塔鲁塞利是一名歌剧演员,她身边的男人可不少,既有**官宣情人**(*cavaliere servente*),也有多位前任,还有一位当差的,是奥地利来的上校。拜伦给霍布豪斯写信明确说道,他们两人的关系没有正式公开:"她是世界上最漂亮的酒神祭司,死在她身上也是幸事,我记得和她没有正式确立关系,只是相互勾引,短暂缠绵……很棒的性伙伴。"[16] 从一八一八年的夏天到来年这段时间,两人断断续续,处得相当费劲,两人通过船夫和女佣联系,约会只能在半夜,后来因为吃醋大吵了几次,但最终还是哭哭啼啼地和好了。这个阿帕丽斯·塔鲁塞利闹起来也不在乎场合,颇有卡罗琳·兰姆的几分神韵。

拜伦从不霸占旧情妇,和别人的感情结束了,就赶紧把位置腾出来给别的男人:"我不像那些威尼斯男人,把女人玩腻了,却护着不许别的男人来找,老想着霸占公共财产。"[17] 玛丽安娜·塞加蒂和他一结束,就攀上了一名奥地利军官。据说这名军官和拜伦一样对她慷慨,结果却败掉了家产。玛丽安娜闹过两次自杀,一次是拿刀,一次是投河,无果。拜伦看不下去了,把她介绍给了圈里人亚历山大·斯科特,而斯科特又把她介绍给了托马斯·摩尔,摩尔那时来了一趟威尼斯。一八二一年,歌剧女演员阿帕丽斯·塔鲁塞利来英访问,随她而来的还有著名男高音阿尔贝里科·库里奥尼,后者将在科文特歌剧院首次登台,拜伦在伦敦社交圈里大力推荐这位前情妇。

拜伦劝约翰·默里照顾这位前情妇："是个威尼斯的大美人,很有名,是我一位特殊的朋友。我相信,你那么有风度,不会不管她的。"[18] 他还联系到默里的另一位签约作者伊萨克·迪斯雷利,推荐他联系这位歌剧演员,或许能搞到一些有趣的轶事来写一写:"迪斯雷利应该会说意大利语吧。"

道格拉斯·金奈尔德收到的介绍更直白:"**跟她试一试嘛**——包你满意——她**身材紧实**——意大利和南欧过了二十岁的女人很难找到这种身材的——而且她各种姿势驾轻就熟——她们那里的女人都是这样——虽然微胖——但仍不可多得。"[19]

拜伦住在威尼斯的时候到底有过多少个情妇呢? 在一封写给霍布豪斯和金奈尔德的信中,他就像莫扎特歌剧《唐·乔瓦尼》中仆人莱波雷洛列清单那样,对"战利品"如数家珍:

> 塔鲁塞利,达莫斯蒂,斯皮内达,洛蒂,里萨托,埃莉诺拉,卡洛塔,朱利埃塔,阿尔维西,赞比亚,埃莉诺拉达贝齐(她是那不勒斯国王乔阿斯奇诺的情妇之一),马祖拉蒂的特蕾西娜,格列滕海默和她的姊妹,路易加和她的母亲,福纳雷塔,修女,卡利加里,波提埃拉,博洛尼亚那个女演员,坦托拉和她的姊妹(好像还有其他女人)。这其中,有些是女伯爵,有些是鞋匠的妻子,有贵族,有中产,有底层,也有妓女。[20]

情妇们给拜伦的来信饱含深情,现在珍藏在纽约的卡尔·H.普福兹海默图书馆里,包括歌剧演员塔鲁塞利的、布商老板娘玛丽安娜的,还有不识字的玛格丽塔请人代写的信,哽咽着求他理一理她。

到了一八一九年春,拜伦称在过去的两年内与这些女人都发生过关系,"每个三次以上"。[21]有时候,他说在威尼斯玩过的女人多达两百个。其实这有些夸张,拜伦喜欢随口凑整数。一八一〇年他在雅典修道院玩过的男孩据说也有两百个。

　　毫无疑问,拜伦在威尼斯的生活极度淫乱。问题是,他只玩女人吗?拜伦在日内瓦给奥古斯塔写信,安慰她:"至于'侍童',我在这里没有找。"[22]但是,到了威尼斯这个性开放的地方,他会不会犯老毛病,再去找男人? 拜伦寄往英格兰的信件实际上是写给公众的公告,让大家随时知道自己的动向。信中,他只讲他与女性的邂逅,而且大言不惭,这一点很可能是欲盖弥彰。雪莱的报告可以为我们揭露真相。一八一八年,他惊讶地看到拜伦身体虚弱,道德沦丧:除了和浑身散发着大蒜臭味的女伯爵们交往,"他还和一些不男不女的人混在一起,他们走路不像男人,身体特征也不像男人,做的事情在英格兰别说提了,就连想都不能想,但他们却一点都不害臊"。[23]玛丽·雪莱看到他交往的这些人也十分沮丧:"他竟然和威尼斯最脏的一帮人混在一起! 可悲啊。"[24]

　　拜伦自己也称威尼斯为"海上所多玛"。他在威尼斯玩过的肯定比他说的要丰富。

341

　　从一八一七年四月到一八一八年秋天,拜伦断断续续地写着《马泽帕》。这是一个诡异的故事,根据伏尔泰的《瑞典国王查理十二世传》改编而来。一位年轻男子和一位少妇偷情,这位少妇的丈夫已经上了年纪。事情败露后,男子被扒光衣服,绑在了一匹阿拉伯骏马的背上,驶向地狱,就像是《海盗》里的男主人公被捆绑住一样。整个故事读起来像是永远醒不来的噩梦。这首诗既有恐怖的成分,又有色情的元素,既像悲剧,又像闹剧,让人琢磨不透。这首诗启发了许多法国十九世纪浪漫派画家。

　　可以看出,《马泽帕》源自拜伦当时在威尼斯几乎疯狂的淫乱生活。

它也让人们想起拜伦每天在丽都岛骑马、看亚得里亚海潮起伏、听马踏沙滩的日常生活。随着年纪渐长,拜伦养成了锻炼身体的习惯,以此来缓解写作和思考带来的紧张情绪,保证他有足够的体力。

霍布豪斯离开威尼斯后,拜伦的骑伴变成了英国领事理查德·贝尔格雷夫·霍普纳。拜伦说他已经成为土生土长的意大利人,某种程度上来说确实是这样,但他总会在当地设法找个服他的英国人作为他的中间人,为他办事。细心、传统的理查德·霍普纳怀念他们一起骑马的经历和他们的绅士之交:"他风趣幽默,知识渊博,和他聊天非常开心。他对周围事物都具有独特的见解。"[25]霍普纳是画家约翰·霍普纳的儿子,也学过绘画,因此他能够感受到拜伦勋爵"对自然之美有显著的感悟力"。霍普纳对光和影的观点让拜伦能搭上话,尤其是在形容威尼斯的景色时,他说"大气的细微变化都会改变物体的颜色"。

342　　他们一起骑马有一个很大的困扰:英格兰游客总会蜂拥而至,"参观"拜伦。他们打探好了拜伦在丽都岛下船的地点,那里曾经是犹太人的墓地,破碎的墓碑横七竖八地散落在地上。霍普纳发现,"女士们和绅士们会在离他几步开外的距离跟着他,冷静地端详,有人还举着眼镜,好像在看博物馆里的雕像,又像在稀有动物交易市场打量动物,十分有趣"。拜伦能忍住这些目光实为不易,霍普纳可以明显看出他很不高兴。有一天,拜伦骑着马往码头走,海滩对面有两三个男人出于好奇冲着他跑,想在他之前到达码头,端详他下马、上船的样子。这一次,拜伦略显偏执,故意不让他们看。他快马加鞭,一跃下马,一个箭步冲进船舱,迅速拉上窗帘,抵在角落的靠背上,不让任何人看到。

拜伦最了不起的一次游泳经历就是在威尼斯。一八一八年六月,他和几个朋友商量来一场游泳比赛,看谁能从丽都岛一口气游到一艘炮艇旁,炮艇停靠于主岛广场旁的码头。其他参赛者是拜伦和霍普纳的年轻朋友亚历山大·斯科特,一位富有的苏格兰旅行者,目前居住在威尼斯;

还有卡瓦利耶·安杰洛·蒙加尔多,他曾是拿破仑军队的一位军官,爱吹牛。蒙加尔多是个小有名声的游泳健将,在拿破仑战役中曾横渡多瑙河,从莫斯科撤退期间横渡贝蕾西纳河,但拜伦说自己游过两倍于他的距离。他们先试游了一次,把霍普纳和蒙加尔多累得一上岸就吐,遭到了拜伦的嘲笑。

真正的比赛几天后开始。这次霍普纳不参赛,当计时员。拜伦、斯科特和蒙加尔多从丽都岛出发,游过圣乔治·马焦尔大教堂,来到大运河入口处。根据拜伦的说法,他和斯科特把蒙加尔多甩了很远,后者最后游不动了,上了船,但他在日记里坚持说是斯科特游不动了。不久,就剩拜伦一人在游了,他顺着大运河从里亚尔托桥一直游到圣基亚拉教堂,到运河的入湖口才出水。他已经在水里泡了四小时十五分钟了,如果不是长裤穿着不舒服,他还可以游。"我不是太累,"他对霍布豪斯说,"半晌午吃了**一点东西**,晚上十点又吃了一点。"[26]

说到拜伦的游泳天赋,他的另一位游友评价说,尽管拜伦在骑马、打拳、玩剑甚至走路上有明显缺陷,但"在水中,宁长一个鳍,不要一条腿,这一点上他就很占便宜;而且他天生水感好,身体灵活,胸宽背阔,四肢成流线型"。[27]拜伦成功的另一个原因当然是意志力:一旦比起游泳,他的好胜心极强。

整个一八一七年,拜伦的小女儿艾蕾歌和母亲克莱尔一直与雪莱一家住在白金汉郡马洛镇的阿尔比恩庄园。在艾蕾歌满周岁那天,也就是一八一八年一月十二日,克莱尔·克莱蒙特给拜伦写了一封长信,讲了许多女儿的事情。她说,她继承了"他又深又蓝的眼睛,美过夏日日内瓦的湖水;嘴唇像玫瑰花一样嘟囔着;下颚略方,长着像你一样的美人沟"。[28]她很希望拜伦能见到女儿:"她现在正是好玩儿的时候。"她用一张银色的小纸包了一缕艾蕾歌的头发,寄给了拜伦,发色正在从深色

343

长成金色。显然,克莱尔希望通过给拜伦讲女儿的近况和他保持联系。但同时,她也怕拜伦把女儿从身边带走,她更愿自己抚养。

克莱尔明白,拜伦有足够的物质优势抚养女儿长大,但她本能地抗拒。她告诉拜伦母子相连:"我们睡在一起,她依偎在我身边,听着我们几乎同步的呼吸声时,你难以想象我是多么地幸福。我可以忍受千刀万剐,只求她健康。"她实话实说,女儿身体"赢弱",肠胃不好,需要母亲照顾饮食。她说她不忍看到"孩子病恹恹的,没养好,交给你照顾但你不上心"。克莱尔承认,如果让拜伦照看女儿,她"一千万个不放心",玛丽·雪莱也同样担心。她知道拜伦没什么耐心,不怎么可靠:"他这里答应照顾孩子,一扭头就把这事抛到脑后了。"[29]

克莱尔写给拜伦的信件都石沉大海了。他不理她,仍坚持通过雪莱和她谈判。他希望至少有一个女儿和他一起在意大利生活。"啊,小淘气!我的孩子在哪儿啊?"[30]他跟霍布豪斯开玩笑,模仿《威尼斯商人》中夏洛克的口吻,夏洛克一度也在寻找丢失的女儿杰西卡。霍布豪斯受托去找雪莱,看他能否开春让人把这个"私生女"带去威尼斯,再配一个保姆。

但不巧的是,雪莱身体越来越差,恐怕耽误了克莱尔的事。一八一八年初,雪莱的几位医生惊讶地发现他开始显现出痨病的症状,建议他搬去气候宜人的意大利养病。三月十一日,雪莱和玛丽带着两岁的威廉和刚出生六个月的婴儿克拉拉离开英格兰,克莱尔·克莱蒙特带着艾蕾歌和他们一起去。他们还带上了瑞士保姆埃莉斯·杜维拉德,她自己也有一个私生女,留在了瑞士。出发前两天,威廉、克拉拉和艾蕾歌在伦敦的原野圣吉尔斯教堂接受了洗礼。艾蕾歌的正式注册信息为:全名克拉拉·艾蕾歌·拜伦,"尊敬的乔治·戈登·拜伦勋爵据说是你的父亲,克拉拉·玛丽·简·克莱蒙特是你的母亲"。[31]后面没有任何注释。父亲的地址一栏写着"无固定住址,现在欧洲游历"。

　　路上,克莱尔愈发沮丧。雪莱提议让拜伦来科莫湖接他们,拜伦拒绝了,而是派了名声不怎么好的信使弗朗西斯·梅里韦瑟去接艾蕾歌和瑞士保姆埃莉斯。弗朗西斯·梅里韦瑟在别雷特里桥上开了一家农产品商店。伤心最是离别时。雪莱写信告诉拜伦,"她是世界上最让人心疼的孩子"。[32]还说玛丽已经习惯身边有艾蕾歌了,当她是"自己的孩子"。克莱尔求拜伦送一些头发,这样她就可以把他的头发和艾蕾歌的头发一起放在吊坠盒里。到达威尼斯,艾蕾歌和保姆暂住在理查德·霍普纳家里,六月才接到莫塞尼戈公馆。

　　一八一八年一月,克莱尔在信中畅想艾蕾歌跟着父亲过上了美好生活,不乏羡慕和嫉妒:

　　　　小可爱会爬到你的腿面上,缠着你让你把她抱起来——然后她就会坐在你的小臂上,你从盘子里拿一粒葡萄干喂她吃,给她呷一口葡萄酒,她会觉得自己是小女王。等大一点了,她会像一只田凫在房间里跑来跑去……[33]

　　的确,莫塞尼戈公馆没有让克莱尔失望。拜伦宠爱女儿,把她当作小宠物一样养。一八一八年八月,拜伦写信告诉奥古斯塔,他女儿眼睛深蓝,头发金黄,"才貌双全,特招人喜欢"。[34]她小小年纪,自控力就很好,让她想起拜伦夫人,但同时骨子里是个"小捣蛋鬼",跟她爸一样。

　　但实际上,莫塞尼戈公馆整日吵吵闹闹,玛格丽塔·科格尼随时发脾气,对年仅十八个月大的艾蕾歌来说这可不是一个好的成长环境。霍普纳夫人也是瑞士人,生活很讲究,她看瑞士保姆埃莉斯没什么经验,应付不了这个小淘气,便主动提出来负责照顾艾蕾歌。八月下旬,克莱尔和雪莱从意大利巴格尼·迪·卢卡小镇出发抵达威尼斯时,艾蕾歌被寄养在霍普纳夫妇家,他们在那里度过了夏天。雪莱发现艾蕾歌的气色有变化：“她脸色苍白，没那么活泼了，但还是和以前一样漂亮，没以前那么调皮了。”[35]

雪莱不想让拜伦知道克莱尔也来了威尼斯，八月二十三日下午三点，他独自前往莫塞尼戈公馆。拜伦热情地接待了他，用船带他去丽都岛。他们沿着海岸骑马飞驰，喊着交谈，拜伦还沉浸在他过去那些伤心事里，询问雪莱是否也有类似的经历；他大谈友谊，对雪莱深表敬意。他吟诵了《恰尔德·哈洛尔德游记》第四章中的一些诗节。雪莱把他们的重逢写成了一首以对话为结构的诗，叫《朱利安和马洛达的一次谈话》，他当自己是朱利安，“出身名门的英国人，热衷于宣扬他的哲学观点，即人的力量高于心灵”[36]；他把拜伦比作迷人的贵族马达洛伯爵，出身威尼斯的豪门望族。

雪莱在这首诗的序言中解释道：马达洛是“完美的天才”，

> 他要是愿意，就有潜力拯救堕落的英格兰。但他有个弱点——骄傲：他常把自己非凡的智力和周围人的弱智相比较，就会陷入一种虚无，感觉生命毫无意义。

与两年前在日内瓦第一次见面相比，雪莱对拜伦的了解更深了。他向朋友托马斯·洛夫·皮科克说，拜伦在威尼斯的生活奢靡浪费，自甘堕落：

> 他还不算一个意大利人，对自己由衷地不满，不满对自己想法的表达，不满对人类本质的把握、对人类命运的理解，这样一来，他看什么都带着鄙视和绝望，此外什么也看不到。他是一位伟大的诗人，我认为那段写给大海的诗文[《恰尔德·哈洛尔德游记》的最后几节]可以证明。和他谈话时，他相当坦率，但不幸的是，你一般等不到他开始变得坦率就得向他道别了。[37]

在这个历史时刻,雪莱对拜伦的现状非常悲观。

正如雪莱担心的那样,拜伦发现克莱尔也在威尼斯时,他吓坏了。九月,他告诉奥古斯塔:"艾蕾歌很好,但是她的母亲(不知中了什么邪),前几天翻过亚平宁山来看她的**孩子**(*shild*)了。我在这儿的那些情人听后惊慌失措,她们可都不是省油的灯。我提心吊胆地把女儿带到尤根尼山那里和她见面。"[38] 他还说,他拒绝见克莱尔,"万一她要留下来住怎么办"。

他把埃斯特山上的房子卡普奇尼山庄借给了雪莱一家,这所房子是他去年冬天从理查德·霍普纳那里租来的,至今还没派上什么用场。拜伦安排女儿和母亲在这里团聚。这座别墅建在卡布钦修道院的遗址上,从这里可以俯瞰巨大的埃斯特城堡,有猫头鹰和蝙蝠经常出没。就是在这里,雪莱留下了《写在欧根尼亚丘陵之间的诗句》,开始创作《解放的普罗米修斯》。

在埃斯特山,雪莱夫妇遭遇了一场悲剧。他们的小女儿克拉拉离开巴格尼·迪·卢卡小镇后一直生病,不见好转,现在急剧恶化,嘴巴和眼睛开始抽搐。雪莱和玛丽带着女儿去威尼斯找医生。途中在一家旅馆过夜,小克拉拉"安详地离开了"。[39] 霍普纳夫妇乐善好施,收留了悲痛的父母。

十一月,雪莱夫妇和克莱尔·克莱蒙特出发前往罗马和那不勒斯。恰巧,私人律师牛顿·汉森和他老爷子这个月也来了威尼斯,带着纽斯特德庄园的出售合约。艾蕾歌这个时候也回到了拜伦身边。他们乘坐拜伦的船外出,拜伦和律师交谈时,汉森的父亲在"逗"艾蕾歌,小女儿对他讲威尼斯话。拜伦告诉他们,为了教她游泳,他曾把女儿从船上扔进亚得里亚海,"把保姆吓坏了"。[40]

拜伦还是老样子,和汉森父子、买家怀尔德曼上校的代表汤森先生见面时依旧十分随性。他们原打算在日内瓦谢切隆市的德让旅馆会面,但一到那里却收到拜伦的来信，说那个季节不太可能走过辛普隆山口，穿过阿尔卑斯山脉到达谢切隆市；拜伦让他们继续南下，在威尼斯会面。他不想去日内瓦的一个原因可能是想避开德让先生的望远镜，那可是一段挥之不去的记忆。

拜伦派船去不列颠大饭店接他们。到了莫塞尼戈公馆，汉森发现"少爷沉默不语，有些紧张"。拜伦开玩笑地说："哎哟喂，汉森！没想到这么远你也敢来啊。"但他眼里却含着泪水。虽然拜伦对汉森颇有微词，给他起绰号，什么"痴情汉"啊，或"臭羊皮"啊，而且说他办事拖沓，有时还要无赖；但是，他是拜伦自获得爵位以来一直认识的人，有二十余年的交情。汉森成了连接他与过去的最宝贵的纽带。

347　　汉森被童年伙伴的样子吓了一跳。拜伦只有三十岁，"但看起来却像四十岁。他面色灰黄，浮肿。很胖，膀大腰圆，他的手肉乎乎的，指关节都看不出来了"。拜伦在威尼斯的生活不节制，他已不在乎身材了。他还算年轻，但谈吐却像一个老流氓，还易怒。他让约翰·汉森从约翰·默里那里给他捎三个大包裹。汉森只带来了一个包裹，里面不是他想要的书，而是牙刷、牙粉和万花筒。万花筒是伦敦最新的时尚玩意，默里希望拜伦可以拿它逗威尼斯的女士们开心。拜伦为此大发雷霆，要了几个小时的脾气。汉森还注意到拜伦勋爵紧张时还会咬指甲。

更令来访者吃惊的是，曾经大手大脚的拜伦现在却十分吝啬。他高兴地说，吝啬成了他最新的恶习。弗莱彻向汉森父子抱怨说，拜伦变得"节俭到不讨人喜欢"。仆人们不明白他图什么，总抱怨吃不饱。拜伦这段时间似乎也很喜欢和约翰·默里讨价还价，意思是早年间因为不是专业作家，要价不高，所以现在要把少要的都补回来。

老汉森特别想知道拜伦和妻子的关系现在到了哪种地步。他几次想和拜伦提这个话题，试探性地打探和解的可能性。但一件事打消了这个念头：他们到达三天后，拜伦收到约翰·默里的一封来信，说塞缪尔·罗米利爵士的妻子去世,罗米利爵士因悲痛而自尽。拜伦乘船来到他们下榻的饭店,把这件事告诉了汉森父子。他说:"有人会因为失去伴侣而死,而有人又因为被迫生活在一起而死,好奇怪啊。"

　　不久,拜伦便不再欢迎英格兰的朋友来拜访他。他现在对英国的情感是矛盾的、痛苦的,也许是因为威尼斯随性的生活和英国正经的生活反差巨大。还有一件事也可能影响了他:汉森给他开了一份总计九千英镑的账单,但是拜伦觉得他的中介费不应该超过五千英镑。一周后,他让弗莱彻带话,说在等他们走,等到"坐立不安"。汉森乖乖收拾行李,第二天就启程了。

　　拜伦的《别波》于一八一八年二月底匿名出版。虽然这首长诗的销量远低于曾大卖的《海盗》,但默里在六月还是告诉拜伦这首匿名长诗已卖出去了三千册。评论家对《别波》的评价颇高:约翰·胡克汉姆·弗里尔称赞这首叙事诗人物刻画真实,作者比肩"莎士比亚"。[41]默里期待续集,九月十九日,拜伦从威尼斯写信给汤姆·摩尔:

　　　　我已经完成了新诗的第一章(是长篇,采用八行体,大约一百八十段),风格模仿《别波》,希望能像《别波》一样受欢迎。这首诗叫《唐璜》,旨在讽刺一切事物。[42]

他给摩尔寄了几行样章:

　　　　我写的是史诗,
　　　　它要分成十二章,每章都包含
　　　　船、船长、国王,全是新名字、新角色;
　　　　每章都有海上的狂风、爱情和战争。

接下来的五年,拜伦一直投入在《唐璜》的创作中。这首诗和《别波》一样,看起来也是男欢女爱的故事,情节热闹,采用意大利文学中常见的**八行体**(*ottava rima*)[①],但《唐璜》总体上来说更宏大,立意更高远。拜伦第一次给雪莱朗读第一章时,雪莱立刻意识到这首诗比《别波》"好太多"。[43]这实际上就是雪莱一直鼓励拜伦写的史诗。这是一部充满活力的作品,拜伦为之倾注了大量心血,他对那个时代的大事和德行进行了严肃批判。可以说,雪莱一直是《唐璜》的忠实拥护者。"英语世界里从来没有过这样的作品,我大胆地预言,将来也不会。"[44]

从创作第一章的那一刻起,拜伦心里就明白,这样写会给他惹麻烦。一八一八年九月,他写道:"对时下这种保守的社会风气而言,这首诗写得过于奔放了。"[45]第一章上来就是"西班牙已婚贵妇茱莉娅勾引少年胡安(即'璜')"的桥段,让他在英格兰的好兄弟在那一年的最后一周都不得消停,为之奔走相告。霍布豪斯、金奈尔德、斯克罗普·戴维斯、弗雷尔和摩尔紧急聚在一起研究,讨论哪些能保留,哪些要删去,拜伦为此十分气愤,斥责他们是审查"委员会"。[46]

十二月二十七日早晨,斯克罗普·戴维斯和霍布豪斯在餐桌上一起朗诵了第一章。霍布豪斯在当天的日记中写道:"我不看好《唐璜》,诗歌中充斥着对神明的亵渎和淫秽的事。全是家长里短的琐事,作者的才华已被遮蔽。"[47]两天后,金奈尔德直言对它的疑虑:"我读过你的诗,《唐璜》是个很精巧的故事,但就像那个器官一样,因为得了梅毒,就必须切除。"[48]汤姆·摩尔总结了拜伦朋友们的普遍看法:尽管这首诗"极具独创性,体现了您的才华",但它无法出版。[49]奥古斯塔忧心忡忡地写信给弗朗西斯·霍奇森:"这首新诗如果这样写的话会毁掉他的一生。"[50]卡罗琳·兰姆夫人也向约翰·默里表达了她的看法,认为这首

---

①　每行十或十一个音节,前六行交替押韵,后两行另成一组同脚韵。

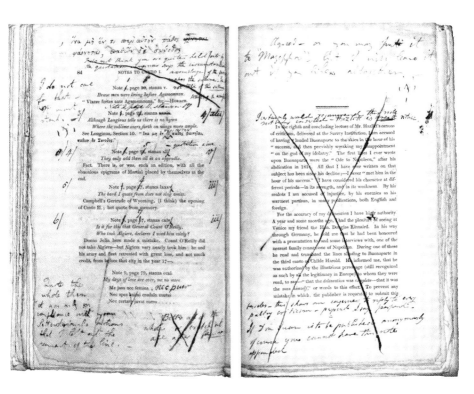

拜伦对《唐璜》第一、二章的修改,可以看到许多增补和具体指示。

诗"缺乏睿智,毫无品位……尽管对外人来说,它前言不搭后语,但对那些读得很细的人而言,它定会遭鄙视和厌恶"。[51]她虽这么说,但一八二〇年七月,在阿尔马克俱乐部举行的一次化装舞会上,她仍把自己打扮成唐·乔瓦尼,即"唐璜"的原型,因此一群乌七八糟的人围着她,组成了"一个方阵"。[52]

最先让朋友们无法接受的是拜伦对胡安母亲伊内兹的描写。她以为自己很有学问,读者一看就知道原型是拜伦夫人,一身古板的凸花条纹布连衣裙,汤姆·摩尔对此点评道:"凸花条纹布,端庄又朴素,还挺押韵,真好笑。"[53]这一段结尾,诗人尤为刻薄地写道:"我讨厌胖女人。"拜伦在文中攻击宗教,攻击同代文人,这也让他们担心。拜伦说这首诗是献给桂冠诗人罗伯特·骚塞的,拜伦**最讨厌**(bête noire) 他,所以狠狠地骂了他那一派人。更甚者,拜伦用粗俗的俚语叫骚塞为"睾坏",诅咒他房事不射。

一八一九年四月,约翰·默里收到了《唐璜》第二章。这一章讲的是沉船,里面竟用诙谐的笔调描写人吃人的情节。在这一章里,海盗的女儿海蒂救下了胡安。但就是这样一个遥远的故事也没能安抚骇然的朋友们。他们发现拜伦特意细描胡安和海蒂那活色生香的性爱场景。他们惊呼这是"正经写不正经的东西"。摩尔觉得拜伦离开伦敦太久了,已不能把握公众的口味,能写什么、不能写什么他心里已经没数了。

霍布豪斯给默里施压,说《唐璜》不能就这样出版,不能再制造一起丑闻。默里自己也不愿刊印《唐璜》,他可不想招来麻烦,甚至被公诉。他告诉拜伦,他是个有家室的人,"有六个孩子要养呢"。[54]他是《评论季刊》和海军部的签约出版商,他在体制内也有重要的人际关系需要维系。所以拜伦心情不好的时候,会叫约翰·默里"你个该死的托利党人"。[55]但话说回来,他已买下拜伦多部著作的版权作为投资,还打算出版新版的拜伦著作选集,他倒是希望拜伦人气持续走高,保持商业价值。"对于可怜的我来说,"他写信给拜伦,"尽管只是彗星尾巴里的一颗微粒,但也会随之起起落落。我衷心期盼您可以跃升至群星之上,虽剑走偏锋,但仍创造奇迹。"[56]

　　分居丑闻闹得沸沸扬扬,但也正因如此,拜伦的明星效应仍然在整个英格兰势不可当:"相信我,在这个国家,大家讨论最多的只有你,你是各个阶级的永恒话题,整个国家到处都在卖你的肖像画。"[57]显然,默里想要维护拜伦的名誉。在一八一九年春夏,他多次写信给拜伦探讨《唐璜》,一边大赞,一边建议删掉一部分,恳求他"讲究品位,谨慎行文,上不了台面的东西要么写得隐晦些,要么摘出来日后用"。[58]他还传达了编辑吉福德的不那么好听的原话:"我今天早上又读了一遍第二章,看到这么多美丽的事物被肆意糟践,耐心已荡然无存。但凡他稍微用点心,稍微注意一点,这首诗都可以成为佳品。"[59]

　　拜伦出国后,更容易被约翰·默里惹怒。信件延误酿成了误会。拜伦以为默里在骂他,且故意晾着他。去年夏天,他曾威胁默里,说要改签出版商,投奔朗文家。拜伦听到有人对《别波》颇有微词,他叮嘱默里要如实反馈给他,万不可"**篡改**或**删减**"。[60]但这些龃龉与拜伦对《唐璜》的辩护相比算不上什么,他愤怒地对默里叫嚣,说《唐璜》不可随便改动。他说,《唐璜》里写的那些让人骇然的东西,阿里奥斯托、乔叟、菲尔丁或伏尔泰都写过,他们的书仍在社会上正常流传;他说,他自己的冒险故事远比他主人公的还要出格,还要色情;他说,这首诗本身就是对伪善的人和事的抗议,指控这首诗不道德是无稽之谈。

　　"我的'唐小璜'",拜伦坚定地说,谁也不许动。[61]他的诗"要么是整匹马,要么就什么都不是"。[62]他同意的小改动都微不足道。他要捍卫作者的权利,如实形容人和事,用什么词自己说了算。面对质疑,他坚毅地说:"我已经听腻了掌声,厌倦了辱骂,不会屈服于伪善的基督教政

352

权。"此后,围绕《唐璜》第一、二章,他和出版商吵了很久,在根本问题上分歧愈演愈烈,令人扼腕。

注释

[1] 拜伦致托马斯·摩尔的信,1818 年 6 月 1 日。

[2] 牛顿·汉森,"少年拜伦: 约翰·汉森回忆录手稿"。

[3] 拜伦致约翰·卡姆·霍布豪斯的信,1819 年 4 月 6 日。

[4] 托马斯·摩尔,《拜伦传》,第二卷。

[5] 拜伦致奥古斯塔·利的信,1819 年 11 月 28 日。

[6] 珀西·比希·雪莱致玛丽·雪莱的信,1821 年 8 月 8 日。(牛津大学博德利图书馆,"雪莱手稿",文档 1,第 443-448 号文件)

[7] 理查德·贝尔格雷夫·霍普纳,转引自托马斯·摩尔,《拜伦传》,第二卷。

[8] 拜伦致约翰·卡姆·霍布豪斯的信,1818 年 3 月 3 日。

[9] 同上,1818 年 6 月。

[10] 拜伦致约翰·默里的信,1819 年 8 月 1 日。

[11] 拜伦致托马斯·摩尔的信,1818 年 3 月 16 日。

[12] 拜伦致约翰·默里的信,1819 年 8 月 9 日。

[13] 拜伦致奥古斯塔·利的信,1818 年 9 月 21 日。

[14] 威尼斯警察局档案。(济慈-雪莱纪念馆,罗马)

[15] 拜伦致约翰·默里的信,1819 年 8 月 1 日。

[16] 拜伦致约翰·卡姆·霍布豪斯的信,1818 年 5 月 19 日。

[17] 同上,1821 年 2 月 22 日。

[18] 拜伦致约翰·默里的信,1821 年 2 月 16 日。

[19] 拜伦致道格拉斯·金奈尔德的信,1821 年 5 月 31 日。

[20] 拜伦致朱塞皮诺·阿尔布里齐伯爵(Count Giuseppino Albrizzi)的信,1819 年 1 月 5 日。

[21] 拜伦致约翰·卡姆·霍布豪斯的信,1810 年 10 月 4 日。

［22］拜伦致奥古斯塔·利的信,1816 年 9 月 14 日。

［23］珀西·比希·雪莱致托马斯·洛夫·皮科克的信,1818 年 12 月 17 日或 18 日。(牛津大学博德利图书馆,雪莱手稿,文档 1,第 257-258 号文件)

［24］玛丽·雪莱致玛丽亚·吉斯伯恩的信,1819 年 4 月 27 日。(牛津大学博德利图书馆,雪莱手稿,文档 1,第 355 号文件)

［25］托马斯·摩尔,《拜伦传》,第二卷。

［26］拜伦致约翰·卡姆·霍布豪斯(布劳顿勋爵)的信,1818 年 6 月 25 日。

［27］爱德华·约翰·特里劳尼,《雪莱、拜伦最后的日子》。

［28］克莱尔·克莱蒙特致拜伦的信,1818 年 1 月 12 日。

［29］玛丽·雪莱致珀西·比希·雪莱的信,1817 年 9 月 30 日。(牛津大学博德利图书馆,雪莱手稿,文档 1,第 208-209 号文件)

［30］拜伦致约翰·卡姆·霍布豪斯的信,1818 年 3 月 3 日。

［31］洗礼证书,1818 年 3 月 9 日,原野圣吉尔斯教堂注册(St-Giles-in-the-Field Register)。

［32］珀西·比希·雪莱致拜伦的信,1818 年 4 月 28 日。(卡尔·普福尔茨海默图书馆,纽约)

［33］克莱尔·克莱蒙特致拜伦的信,1818 年 1 月 12 日。

［34］拜伦致奥古斯塔·利的信,1818 年 8 月 3 日。

［35］珀西·比希·雪莱致玛丽·雪莱的信,1818 年 8 月 23 日。(牛津大学博德利图书馆,雪莱手稿,文档 1,第 241-244 号文件)

［36］珀西·比希·雪莱,《朱利安和马达洛》的序言,1818 年。

［37］珀西·比希·雪莱致托马斯·洛夫·皮科克的信,1818 年 12 月 17 日或 18 日。(牛津大学博德利图书馆,雪莱手稿,文档 1,第 257-258 号文件)

［38］拜伦致奥古斯塔·利的信,1818 年 9 月 21 日。

［39］珀西·比希·雪莱致克莱尔·克莱蒙特的信,1818 年 9 月 25 日。(卡尔·普福尔茨海默图书馆,纽约)

［40］牛顿·汉森，"少年拜伦：约翰·汉森回忆录手稿"。

［41］约翰·默里致拜伦的信，1818 年 6 月 16 日。

［42］拜伦致托马斯·摩尔的信，1818 年 9 月 19 日。

［43］珀西·比希·雪莱致托马斯·洛夫·皮科克的信，1818 年 10 月 8 日。（牛津大学博德利图书馆，雪莱手稿，文档 1，第 247–248 号文件）

［44］珀西·比希·雪莱致拜伦的信，1818 年 10 月 21 日。（大英图书馆）

［45］拜伦致托马斯·摩尔的信，1818 年 9 月 19 日。

［46］托马斯·摩尔，《拜伦传》，第二卷。

［47］约翰·卡姆·霍布豪斯（布劳顿勋爵），"日记手稿"，1818 年 12 月 27 日。

［48］道格拉斯·金奈尔德致拜伦的信，1818 年 12 月 29 日。

［49］《托马斯·摩尔日记》，1819 年 1 月 31 日。

［50］奥古斯塔·利致弗朗西斯·霍奇森的信，1819 年 4 月 17 日。见《拜伦著作、书信和日记》，第四卷。

［51］卡罗琳·兰姆夫人致约翰·默里的信，1819 年 7 月。

［52］《纪事晨报》，1820 年 8 月 1 日。

［53］《托马斯·摩尔日记》，1819 年 1 月 31 日。

［54］约翰·默里致拜伦的信，1819 年 7 月 16 日。

［55］拜伦致托马斯·摩尔的信，1814 年 1 月 8 日。

［56］约翰·默里致拜伦的信，1819 年 7 月 16 日。

［57］同上，1819 年 3 月 19 日。

［58］同上，1819 年 5 月 3 日。

［59］同上，1819 年 7 月 27 日。

［60］拜伦致约翰·默里的信，1818 年 4 月 23 日。

［61］拜伦致约翰·卡姆·霍布豪斯的信，1819 年 7 月 30 日。

［62］拜伦致约翰·卡姆·霍布豪斯和道格拉斯·金奈尔德的信，1819 年 1 月 19 日。

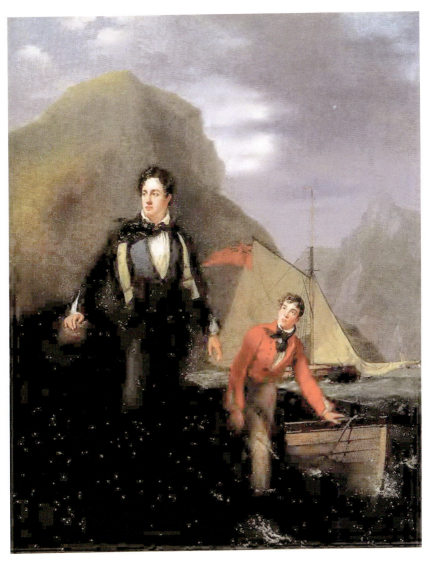

1.《拜伦和罗伯特·拉什顿》，油画，乔治·桑德斯绘；该画作于一八〇七至一八〇八年间，画中是拜伦和他的书童罗伯特·拉什顿，二十一岁的拜伦即将开始自己的希腊、阿尔巴尼亚和土耳其的探险之旅。

2.《凯瑟琳·戈登·拜伦》,
托马斯·斯图尔德森绘;拜
伦的母亲。拜伦夫人占有欲
极强且脾气暴躁,因此拜伦和
母亲的关系不好。一八一一
年拜伦夫人去世,拜伦伤心
了很久。

3.《约翰·拜伦船长》,
即拜伦很少见到的父亲,
也就是大家熟知的"疯子
杰克",风度翩翩却放荡
不羁。在拜伦还是个孩子
的时候,他贫病交加地死
在法国,疑似自杀。

4. 费维的盖特城堡，拜伦的母亲是该城堡的第一百三十三任继承人。一七八五年，即过继后的第二年，拜伦夫人将其出卖以偿还家庭债务。拜伦成年后，该城堡因为年久失修，颓废倾塌，已成一片废墟。

5. 布里格·奥巴尔古尼桥，阿伯丁唐河上的一座石桥，当年那个跛脚的男孩（拜伦）常常骑着自己的设得兰小马过去游玩，很有可能他就是在这里学会了游泳。

6. 诺丁汉的纽斯特德庄园，这座哥特式建筑原本是一座奥古斯丁教派的修道院，内有大片房产，拜伦的叔祖父拜伦五世去世后，年仅十岁的拜伦成为这片产业的继承人。

7. 七岁时的拜伦，爱德华·芬顿绘，仿自威廉·凯的一幅作于一七九五年的水彩画，浓密的枝叶掩盖了小孩的畸足。

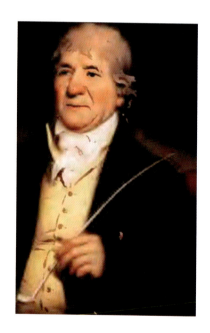

8. 老乔·默里，T. 巴伯绘。拜伦的大管家，五世拜伦在纽斯特德庄园的旧仆。他于一八二〇年去世，一定意义上象征了"纽斯特德时代"的终结。

9. 安纳斯利庄园的玛丽·查沃斯，一八○五年，约翰·海兹利特绘。安纳斯利庄园毗邻纽斯特德庄园，年仅十五岁的拜伦意外地爱上了邻家女孩玛丽·查沃斯。

10. 克莱尔伯爵。年仅十四岁的克莱尔伯爵是拜伦在哈罗公学的密友，比拜伦小四届，拜伦后来声称在男性里面最喜欢的就是他。

11. 公学墓园里的皮奇石墓，那里是少年拜伦思想徜徉的天堂。在哈罗公学，拜伦开始了自己的诗歌创作，十九世纪末他被认为是哈罗公学最有出息的毕业生。

12. "埃德斯顿",手稿上的拉丁文是拜伦为悼念埃德斯顿所作的挽歌,埃德斯顿·埃德斯泰夫是拜伦在剑桥大学颇为怜爱的唱诗班歌手。

13. 剑桥三一学院。一八〇五年十月至一八〇七年十二月，拜伦断断续续住这里，还带着自己的宠物熊。他在这里结交了众多的好友，建立了深厚的友谊。

14. 内维尔楼的楼梯口，位于三一学院内，内维尔楼极有可能是拜伦在大学求学期间的住所。

15. 约翰·卡姆·霍布豪斯，W.J. 牛顿绘。霍布豪斯是拜伦最忠实的朋友，性格敦厚，极能宽宥拜伦的错处，一八〇九年拜伦的东方之旅，同行的就有霍布豪斯。他后来被封为盖福德 (Gyfford) 的布劳顿男爵，也是一名激进的改革家和辉格党成员，政治生涯可圈可点。

16. 里斯本的贝伦塔。一八〇九年七月，拜伦在这里横渡塔古斯河，这是他第一次挑战长距离游泳。

17. 被遗弃的卡普乔斯修道院，《恰尔德·哈洛尔德游记》第一章的意境取材于辛特拉山周围荒凉的景色。

18. 雅典卫城下的卡布钦修道院，该修道院始建于一六六九年，院中伫立着的是乔雷格纪念碑。一八〇八年夏，拜伦的东方之旅途经此地。

19. 《恰尔德·哈洛尔德游记》第一、二章手稿的首页。在原稿中，主人公名为"恰尔德·布宁"，后修改为"恰尔德·哈洛尔德"。尽管拜伦多次否认，但诗中那个忧郁的朝圣者主人公与他本人确有不少相似之处。

20.《恰尔德·哈洛尔德游记》手稿。手稿中存在多处修改，可见出版人遇到的麻烦不小。诗集付梓后，作者本人还在继续修改，大段大段地增补内容。

Those large blue eyes, fair locks, & snowy hands,

. . . . . in . . . saddest . . . thoughtful mood,
Strange . . . . flash and glitter . . .
As if the Memory of some deadly feud,
Or disappointed passion lurked below:
But this none knew, or haply cared to know,
For his was not that open artless soul
That feels relief by bidding . . . . flow,
Nor sought . . . friend to . . . or . . . console,
Whate'er this grief mote be, which he could not control.

. . . None did love him . . . . to . . . . lover
. . . . . . getting . . . .
. . . . them . . . . of the festal . . .
They . . . . Parasites of . . . . . . :
Alea! none did love him . . . . his . . . . .
. . . . . . still . . . . . . to bear.

. . . . . . that heart & honor . . . . . .
. . . . lean
. . . . are . . . . . .
. . . .
And Mammon . . . . love Angel night deserve . . .

Four days are sped but with the fifth anon
New shores descried make every bosom gay

21. 阿里帕夏，奥斯曼帝国在阿尔巴尼亚南部地区的唯一统治者。一八〇九年，他在特佩雷尼城热情接见了拜伦。

22. 特蕾莎·马克里，拜伦的一首《雅典少女》即是以这位妙龄希腊女子为原型。

23. 拜伦的画像，一八一五年 G.H. 哈洛绘。这幅肖像画表现了拜伦婚后不久的样子，也是他最为人熟知的几张画像之一。

24.《塞缪尔·罗杰斯家的早餐》，查尔斯·莫特拉姆以约翰·多伊尔之名绘制于十九世纪中叶。该画清楚地再现了一八一二至一八一五年间"卷发小可爱"拜伦在伦敦文坛所处的核心地位。主人家罗杰斯坐在拜伦左边；坐在他们对面的则是华兹华斯、摩尔（也就是后来拜伦传记的作者），以及柯尔律治和司各特。

25.《阿尔贝马尔街 50 号的客厅》，水彩画，L. 维尔纳绘，一八五〇年。该画重现了一八一五年四月七日约翰·默里将拜伦介绍给沃尔特·司各特的历史时刻（图右）。

26. 白厅旁的墨尔本公馆，现为苏格兰事务部。一八一二至一八一三年，拜伦经常光顾墨尔本一家在伦敦的住所，这段时间他与墨尔本夫人及其儿媳卡罗琳·兰姆夫人的关系相当复杂。

27.《墨尔本夫人》，托马斯·劳伦斯绘。画中墨尔本夫人正处于受众人追捧之际，在社交与政治场上属于重要人物。她年过六十，成了拜伦的忘年交。拜伦给她写信时说过相当放肆的话。

28.《卡罗琳·兰姆夫人》，袖珍半身像，临摹自托马斯·菲利普斯绘制的油画。一八一二年，她与拜伦的风流韵事闹得沸沸扬扬。画中她穿上了自己最喜欢的男仆制服。

29. 弗朗西丝·韦伯斯特夫人，拜伦赌友詹姆斯·韦德伯恩·韦伯斯特的妻子。一八一三年秋，拜伦疯狂追求她。拜伦的十四行诗《致吉纳夫拉》即是献给她的。

30.《拜伦》，托马斯·菲利普斯绘。画中的拜伦正处于名声大噪之际。此幅肖像画首次于一八一四年在皇家学院展览上展出，后续出现了一系列复制品和雕塑，是拜伦流传较广的一幅画像。

31.《简·伊丽莎白，牛津伯爵夫人》，约翰·霍普纳绘。一八一二年冬，拜伦忙于与这位气韵丰腴的牛津夫人谈情说爱。她是一位极有见识的中年女性，也非常热衷于政治事务。

32.《夏洛特·哈雷小姐》，夏洛特小姐是牛津伯爵夫人十一岁的女儿，《恰尔德·哈洛尔德游记》中《致艾安西》一诗就是献给她的。拜伦曾考虑等她稚气褪尽、稍微变坏一些的时候娶她为妻。

33. 拜伦的屏风，一八一四年，赫米·安杰洛绘制，据说拜伦也参与了制作。该折叠屏风是他特地为奥尔巴尼公寓准备的，侧面反映出他对戏剧的热忱。屏风正中央是西登斯夫人和拜伦最崇拜的演员埃德蒙·基恩。屏风背面印的是当时著名拳击手的画像。

34. 道格拉斯·金奈尔德，粉彩肖像。金奈尔德是拜伦的朋友，后来成了他的经纪人。画的左侧是拿破仑的半身像，画的上方是理查德·韦斯特尔于一八一三年画的拜伦肖像，而画中人手中拿的是拜伦的诗歌《帕里西纳》。

35. 《约翰·默里》，油画肖像画，W.H. 皮克斯吉尔绘。约翰·默里二世是当时最具影响力的出版人。拜伦的《恰尔德·哈洛尔德游记》一炮成名后，默里的财运就和拜伦紧密交织在一起。画中还有他临摹的拜伦的大理石半身像，雕像原作者是贝特尔·托瓦尔森。

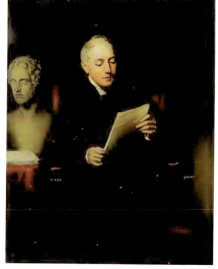

36. 安娜贝拉·米尔班克的袖珍肖像，乔治·海特绘制于一八一二年。那一年她遇到了拜伦勋爵，他形容她"调皮，对于英格兰人而言很漂亮"。他们一八一五年结婚，一年后分居。

37. 奥古斯塔·利阁下的袖珍肖像，詹姆斯·霍姆斯绘制。奥古斯塔是拜伦同父异母的姐姐，老拜伦约翰上尉与其第一任妻子的女儿，母亲为科尼尔斯女男爵阿米莉亚·达西夫人。她和拜伦的乱伦丑闻可能始于一八一三年夏天。

38. 拜伦最喜欢的袖珍肖像，詹姆斯·霍姆斯绘制于一八一五年。奥古斯塔·利将这幅手工上色的雕版画送给拜伦在意大利的情妇——女伯爵特蕾莎·圭乔利夫人。

39. 锡厄姆公馆一楼客厅，位于英格兰东北部的达勒姆郡。一八一五年一月二日，拜伦和安娜贝拉·米尔班克在这里成婚。二〇〇〇年修复后拍摄。

40. 锡厄姆的海岸，拜伦婚前婚后独自散步的地方。他抱怨说："这个沉闷的海岸除了镇集会和沉船，什么都没有。"

41. 讽刺画《拜伦的分居案》，I.R. 克鲁克申克绘制。该画展示了拜伦与女演员玛尔丁夫人私奔的场景，画里的拜伦引用自己的诗《再见吧！》，以此送给拜伦夫人、襁褓中的艾达和让他恨之入骨的前家庭教师克莱蒙特女士。

42. 克莱尔·克莱蒙特的肖像油画，阿米莉亚·柯伦绘制。她是威廉·戈德温的继女，任性的她在拜伦于一八一六年离开英格兰之前自愿与他发生了关系。

43. 艾蕾歌，克莱尔·克莱蒙特为拜伦生的女儿，出生在一八一七年一月。拜伦后来派人把她接到意大利，和自己住在一起。该袖珍肖像是她十八个月大时画的。她五岁夭折。

44. 艾达，拜伦和他妻子的女儿。他称她"我的小继承人"。与妻子分居后，他再也没有见过艾达，但一直牵挂她。

45. 激进诗人珀西·比希·雪莱，拜伦的朋友，他的文学催化剂。他们一起在日内瓦度过了一八一六年的夏天。三年后，阿米莉亚·柯伦绘制了这幅肖像。

46. 年轻的约翰·威廉·波利多里医生，一八一六年拜伦在欧洲大陆旅行时的私人医生。

47. 日内瓦科隆尼的迪奥达蒂山庄，拜伦离开英格兰后买下的湖边别墅。雪莱一家、拜伦和波利多里在这里相互讲鬼故事，玛丽·雪莱在此构思好了《弗兰肯斯坦》。

48. 法国评论家和小说家斯塔尔夫人的肖像油画，法国画家弗朗索瓦·热拉尔绘制。她是拜伦流亡时忠实的朋友。

49. 拜伦在威尼斯时的铅笔素描画，G.H.哈洛绘制于一八一八年。拜伦在威尼斯的生活最为放荡。他身体状况急剧恶化，英国的访客无不震惊。

50. 阿尔布里齐公馆，从运河方向拍摄的背面。博学的女伯爵阿尔布里齐夫人和拜伦培养出很好的关系，拜伦经常参加她家的沙龙。

51. 从大运河方向拍摄的莫塞尼戈公馆。一八一八年六月到次年年底，拜伦租下四幢公馆中的第二幢，即照片中央。拜伦在这破旧的居处活得相当气派。

52. 玛丽安娜·塞加蒂，布商老板娘。拜伦一八一六年冬天第一次到威尼斯时租住在该布商家。

53. 玛格丽塔·科尼，即大家熟知的村姑"福尔娜瑞娜"，她取代了老板娘玛丽安娜·塞加蒂，成为威尼斯拜伦最喜欢的情妇。G.H. 哈洛绘制，但他的画却没有表现出她暴躁的本性。

54. 蒂塔·法尔切里，威尼斯的船夫，拜伦忠实的仆人，后来又服侍过英国政治家、小说家本杰明·迪斯雷利。丹尼尔·麦克利斯绘制。

55. 拜伦和他最后一位也是关系持续最久的意大利情妇——女伯爵特蕾莎·圭乔利夫人。这幅袖珍肖像由吉罗拉莫·普利皮亚诺绘制，出于谨慎，特蕾莎的面容被涂去。

56. 拉文纳的圭乔利伯爵公馆。从一八二〇年初到一八二一年末，拜伦与圭乔利伯爵夫妇住在这里，维持着有性关系的三人同居生活，相当不易。

57. 圭乔利伯爵公馆的主楼梯。拜伦的房间在二楼，即伯爵的楼上。

58. 巴尼亚卡瓦洛镇上的修道院学校，一八二二年，拜伦的女儿艾蕾歌在这里死于伤寒。

59. 特蕾莎·圭乔利大理石半身像，意大利雕塑家洛伦佐·巴托利尼于一八二二年制作。

gione e della sua vita. Egli assistè in Roma alla
pompa funebre di Corinna. Si segregò da tutti
per lungo tempo in Tivoli, senza volere che ve
lo accompagnassero nè la sua moglie, nè la sua
figlia. Finalmente l'attaccamento e il dovere lo
ricondussero presso di loro. Eglino ritornarono
insieme in Inghilterra Lord Nelwil fu il modello
della vita domestica la più regolare e la più pu-
ra. Ma si perdonò egli la sua passata condotta?
Chi l'approvò, gli fu egli di consolazione? Si
contentò egli d'una sorte comune, dopo quanto
aveva perduto? Io non lo so, e non voglio su tal
proposito nè biasimarlo ne assolverlo.

Fine del lib. XX. e ultimo

My dearest Teresa — I have read this
book in your garden; — my Love —
you were absent — or else I could
not have read it. — It is a fa=
=vourite book of yours — and the
writer was a friend of mine. —
You will not understand these English
words — and others will not understand
them — which is the reason I have
not scrawled them in Italian...

60. 一八一九年夏天，拜伦在特蕾莎的卧室独处，翻阅到了斯塔尔夫人的小说《科琳》，随即在小说其中一页上给特蕾莎留下一段话。

61. 比萨的兰弗郎契公馆，拜伦形容它是"亚诺河畔的一座豪宅"，一八二一至一八二二年的一年时间里，他住在这里。

62. 兰弗郎契公馆的门厅。利·亨特、他的妻子和六个孩子住在一楼，让拜伦怎么看都不顺眼。

63. 利·亨特的铅笔素描肖像，托马斯·查尔斯·韦格曼绘制。拜伦与利·亨特合作创刊《自由主义者》，利的兄弟约翰继约翰·默里成为拜伦的出版人。

64. 爱德华·约翰·特里劳尼的水彩肖像，约瑟夫·塞文绘制。这位来自康沃尔的冒险家说起话来喋喋不休，还把自己打扮成拜伦《海盗》主人公的模样。一八二三年，拜伦和他一起乘船去了希腊。

65.《唐璜》中的场景，理查德·韦斯特尔于一八二〇年为该诗绘制的二十四幅插图之一。拜伦承认："《唐璜》的几乎所有情节都来自真实的生活，不是我的生活，就是我认识的人的。"

66. 拜伦在热那亚时的素描画，阿尔弗雷德·多尔赛伯爵绘制。图上拜伦在去希腊前几个月，因节食和疾病瘦了很多。

67. 布莱辛顿夫人的肖像，由托马斯·劳伦斯于一八二二年绘制。拜伦前一年结识了她，称她是"最美的女人"。她的《拜伦勋爵对谈录》发表于一八三二至一八三三年间。

68. "玻利瓦尔"号战舰，一艘重达二十二吨的纵帆船，装有两门大炮，该设计图由丹尼尔·罗伯茨船长绘制。拜伦在热那亚时委托他监制一艘战舰，看到图纸的拜伦称它"又大又漂亮"。雪莱那艘命运多舛的"唐璜"号也是这位船长建造的。

69. 圣母阿格里利翁修道院遗址，位于凯法利尼亚岛上，即萨摩斯岛附近。一八二三年夏末，拜伦在这里突发疾病，卧床不起。

70. 亚历山大·马夫罗科达托亲王，根据一八二二年宪法当选为希腊第一任总统。在众多革命领袖中，拜伦主要和较为欧洲化的马夫罗科达托联系。

71. 拜伦的房屋遗址，位于凯岛南部海岸山丘上的米达萨达村。一八二三年十二月前往希腊大陆之前，他一直住在这里。这座朴实的房子毁于一九五三年的地震。

72. 拜伦和他的狗里昂的水彩画，罗伯特·西摩以威廉·帕里少校在拜伦去世前几周在迈索隆吉翁画的素描为底本绘制。这条纽芬兰犬是他在热那亚收到的礼物。背景是拜伦的苏利奥特族卫兵，喜怒无常。

73. 拜伦用来当作军事指挥部的房屋，位于希腊西部迈索隆吉翁泥泞的海滨小镇，他和随行人员占用二楼。一八二四年四月十九日，他在此溘然离世。

74. 拜伦三十六岁时去世的消息震惊了整个欧洲。去世两年后，约瑟夫·丹尼斯·冯·奥德瓦尔为此绘制了新古典主义画作《拜伦之死》，他在人们心中留下的记忆由此逐渐神化。

75. 《钢琴旁的李斯特》，约瑟夫·丹豪瑟绘制于一八四〇年。图中几位均是拜伦和贝多芬的崇拜者，"匈牙利钢琴之王"李斯特坐在钢琴前，从左到右是法国作家大仲马、法国作曲家柏辽兹、法国小说家乔治·桑、意大利小提琴家帕格尼尼、意大利作曲家罗西尼和李斯特的情人玛丽·达古。墙上挂的拜伦的镶框肖像画由G.H.哈洛绘制，他为拜伦画过多幅肖像，闻名遐迩。见图23。

76. 弗雷德里克·霍利尔拍摄的拜伦夫人。她一生都在为自己辩护，做过很多慈善。患病多年后，于一八六〇年五月去世，享年六十七岁。

第二十二章　威尼斯和拉文纳(1819)

　　一八一九年一月,拜伦宣布,他已厌倦了花天酒地,"不愿再过妻妾成群"的日子。[1]三月底四月初的时候,他遇到了"一位美丽的金发女郎"——一位来自意大利北部罗马涅地区的女伯爵,身上依稀带着修道院女校的气质。[2]去年刚来威尼斯,拜伦在阿尔布里奇伯爵夫人的**沙龙**里曾和这位特蕾莎·圭乔利有过一面之缘,当时他领她去参观伯爵夫人的私人画廊,主要是去瞻仰雕塑家卡诺瓦的著名雕塑《海伦》。那时特蕾莎刚刚结婚,暂时还腾不出心思来。拜伦告诉霍布豪斯,"这种女人一般都要晾上她一年才来找你"。

　　现在,拜伦已经不再忠贞于附庸风雅的女伯爵阿尔布里奇夫人,转而向她的竞争对手投怀送抱,即女伯爵玛丽娜·奎里尼·本佐尼夫人,相比之下,她为人随和,交往的人和拜伦气质相投。本佐尼夫人意气风发,慷慨大方,当年法国占领威尼斯时,她曾身着一件清凉的希腊短袍,和诗人乌戈·福斯科洛在圣马可广场的自由之树下跳舞。她养成了一个威尼斯人特有的癖好:每当要外出乘船,她就将一块玉米糕夹在双乳之间保温,怕自己突然饿了。她的船滑行在运河中,一个性感的胴体从其他船夫面前一闪而过,让人欲火焚身,惹得船夫惊呼:"**要冒烟啦!**"(*el fumeto!*)那首名叫《船上的金发女郎》的小曲儿唱的就是她。在她的官邸**沙龙**里，拜伦又一次见到了特蕾莎·圭乔利。

特蕾莎比拜伦多活了近五十年，回首往事，她依稀记得第一次相识。临近午夜，拜伦和亚历山大·斯科特坐在客厅的沙发上，这时门开了，年轻的伯爵夫人和比她大几十岁的丈夫亚历山德罗·圭乔利伯爵走了进来，他们刚看完戏，虽然已是半夜，但伯爵还是想来一趟沙龙，就硬拉着妻子陪他来。十月份的时候她生下一个男孩，孩子生下四天后就不幸夭折，她现在身心憔悴。不过，"她一走进客厅，就与正坐在门口的年轻的勋爵四目相对。这次见面将两个人的心连在了一起，让他们的命运从此相互交织"。[3]

354

这是拜伦"最后一段恋情"[4]，这次他没有主动。本佐尼伯爵夫人打算把她介绍给拜伦，他却说："你懂的，我不想再认识新女士了；长得丑的，我不想认识是因为她们丑；长得漂亮的，我不想认识也是因为她们漂亮。"[5]本佐尼伯爵夫人和一旁的斯科特反复劝说，他才答应。夫人向特蕾莎介绍拜伦时说他是英国贵族，也是英国一位伟大的诗人。一番溢美之词让拜伦露出了久违的笑容，柯尔律治曾将这笑容形容为"天堂之门"。

特蕾莎长什么样？从她的肖像看，她年轻貌美，端庄自信。他们关系发展的早期，拜伦对她的赞美稍显俗套："美丽如日出，温润如正午。"[6]特蕾莎白皙的皮肤对拜伦有着极大的诱惑，要知道他在威尼斯找的女人大都是深色皮肤。她的发色呈金红色，这是北欧女人的发色，不是英格兰的。他说特蕾莎的胸"好得出奇"。[7]但不是每个人对她的评价都是好的。在热那亚，一个英国人见到她后很是失望，说她的"优点无外乎年轻、丰满、温柔，整体很平庸"。[8]利·亨特对她的头发评价很刻薄，"特蕾莎夫人披着那头油光锃亮的头发进来了"，还说她"像是寄宿在别人家的大小姐，在客厅的时候挺着豪乳，刻意摆出一副端庄的体态"。[9]亨特还说她上下体型比例有问题：头和胸太大，"四肢显短，整个人没有撑起来"。

沙龙第二天他们就约会了，这是第一次。他们约定傍晚在拜伦的娱乐室会面，就是拜伦在圣玛丽亚·佐贝尼戈公馆租的房间，那会儿丈夫圭乔利伯爵在休息。拜伦派人用船把她接过来。她后来回忆道："第一次，我忍住没有和他发生关系，但第二天傻兮兮地又去了一趟，这次我无力反抗了。拜伦这个人，劲头上来，控制不住自己。"[10]这段话不是完全可信，因为这是特蕾莎向丈夫坦白时说的。亨利·福克斯是特蕾莎后来的情人，他对夫人的描述基本符合自述："我没想到第一次就征服她了，这样太变态了，没什么意思……她这个人天生性欲很强。"[11]拜伦自己的回忆是，"我们见面的**正事**就是那个事情。我们连着做了**四天**"。[12]

阅读她的传记，我们发现，在拜伦坎坷的情感生活中，特蕾莎的确扮演了一个带给他安宁和幸福的角色，她是拜伦之前一直追寻但无果的那个女人，她是拜伦最终的情感归属。汤姆·摩尔称特蕾莎·圭乔利是"拜伦最后爱的人，是他毕生的真爱，不过此外还有一个"。[13]摩尔这里说的另一个即玛丽·查沃思，他简直把拜伦的初恋写成了传奇，自己深信不疑，连奥古斯塔和那些帅哥们都得让位。

摩尔被自己的传记打动了，他坚信二人是真爱，认为这段"足以终老的爱情"持续到了拜伦生命终结时。但霍布豪斯却在这段传记的空白处潦草地写下一段文字，他不相信拜伦会忠诚："此处有误，他亲口告诉我的，事实与这段描述截然相反。"[14]想一想都知道，即使是他们刚认识那几周，拜伦心里还有别人。随便说一个，他那会儿还在和一个出身优渥的威尼斯年轻女孩安吉丽娜约会。话说有一次约会，"遭天谴的码头台阶又湿又滑"[15]，他上船时脚一滑，在女孩面前跌进了河里。他在河里"像鲤鱼一样扑腾了一番"，爬上岸后浑身湿透，配上那套行头，活像"海神公子特里同登陆"。拜伦永远也改不了勾三搭四的毛病。但相比其他女人而言，他在特蕾莎身上找到了一种不同寻常的满足感和亲密

355

感,让他有了家的感觉。从某种意义上说,摩尔把拜伦和特蕾莎写成天长地久的一对也没有错。

到底是什么让他在接下来的四年里与特蕾莎保持着准婚姻般的幸福生活?当初刚到威尼斯,他就能铤而走险,在布商老板的眼皮底下把老板娘搞到手,但要和这次相比,可谓小巫见大巫。他要想办法把特蕾莎从她丈夫那儿撬过来,其困难程度反而激起了他的挑战欲。亚历山德罗·圭乔利伯爵是一个有权有势的人,人前一套,人后一套。拜伦在给奥古斯塔的一封信中说他"六十岁了,过得并不快乐"。[16]亚历山德罗·圭乔利伯爵真实年龄是五十多岁,"有过两任妻子,据传第一任是被他毒死的"。在特蕾莎之前,他勾引一位名叫安吉丽卡·加利亚尼的女佣,女佣为他生下六个孩子,后来,伯爵设法处理掉了原配,成功娶了女佣。前一年,即一八一七年,安吉丽卡死了。

伯爵在公众面前同样冷血。圭乔利家族自十二世纪以来就是伊莫拉和拉文纳的大地主。他的贵族血统可以说比拜伦的还要高贵。圭乔利家族政治权势强大,玩弄政权于股掌之中。他一度支持拿破仑,后来反水,据说有两起暗杀他都脱不了干系。虽说他暴虐冷酷,却也富有才情,喜欢戏剧。拉文纳的剧院就是由他出资修缮的。他还是悲剧诗人阿尔菲耶里的朋友,甚至还出演过他的几部戏。拜伦与圭乔利伯爵可谓棋逢对手,不相上下。他与特蕾莎的奸情是秘密的,不能让伯爵知道。他们的联络人范妮·西尔韦斯特里尼是个多面手,曾在圭乔利家做过一段时间的工。她曾是家庭教师,特蕾莎和她关系甚好,跟她练习法语。她自己是管家莱加·赞贝利的情妇,还为他生下两个孩子。范妮同情女主子的感情生活,支持两人的地下恋情,给他们的秘密约会打掩护,为他们传递信件。就像当年安娜贝拉家那个让拜伦恨之入骨的克莱蒙特女士一样,范妮·西尔韦斯特里尼也是一个煽阴风、点鬼火的女配角。

如果摸清拜伦的脾气,他还是很听情人的话的。威廉·弗莱彻就说，除了拜伦夫人，谁都可以和他过好日子。多年来，特蕾莎已经学会和拜伦相处了，让他听得进去话，这个技巧她练得炉火纯青。她的前任情人曾说，特蕾莎并不傻，"虽然她看起来是有点傻"。[17]特蕾莎在圣基亚拉修道院学校受过良好的教育，也是在那里她喜欢上了文学，这一点拜伦视如珍宝。而且，她和班上的其他意大利女孩一样，都会取悦人。她初遇拜伦时，就已经动用了一点小心思。认识拜伦之前，她就骗过至少一次丈夫，和别的男人偷情，那是一八一八年秋天的事。她告诉拜伦她十九岁了，但当地圣乔瓦尼大教堂的登记簿上显示她已二十岁。小小年纪，她就知道虚报年龄。

"欲壑难平"[18]——她的情人们如此形容特蕾莎。她一想要男人了，就开始耍小脾气：无理取闹，无端指责，无根之火，这都是要男人用性去平复的。特蕾莎的毛病拜伦心里清楚，说她是"大骚货，虚荣做作，小聪明，没原则，想象丰富，激情饱满"。[19]他明白特蕾莎看上他，部分原因是图虚荣：毕竟他可是那个时代一件了不起的战利品。

他看上的是特蕾莎的忠诚和特立独行，她是一个"怪"[20]女人：他欣赏她的直率，就像他当初喜欢卡罗琳·兰姆夫人一样。在本该事事谨慎的正式社交场合，她却对自己的罗马涅口音毫不遮掩，接话的时候也毫无技巧可言，拜伦既钦佩又尴尬。有一次在本佐尼伯爵夫人的沙龙里，她用高亮的嗓音呼唤拜伦"俺地拜伦哟"[21]，令客人们侧目。但不管怎样，拜伦觉得和她在一起很放松、愉悦。他告诉奥古斯塔："她还挺像我们家的人的，像苏菲姑姑、你和我那样，特会逗乐。"[22]

他用意大利语给特蕾莎写信，最后还要签上原本神圣的十字符号，这可是当年他和奥古斯塔互通信件时专用的示爱符号。"请用最美的圣基娅拉花体字写信给我。你的小淘气。"[23]

拜伦和她见面十天后，特蕾莎和丈夫离开了威尼斯，回拉文纳老家。

357　在这期间,二人的通信中满是相思之苦,热心的范妮·西尔韦斯特里尼负责传信,还向主子作证,拜伦在威尼斯没有勾三搭四,当然她的话也不准。一八一九年六月一日,拜伦听说特蕾莎重病,赶紧动身去拉文纳看望伯爵和夫人。特蕾莎在威尼斯时就有孕在身,在路上就出现了流产迹象。特蕾莎话里话外暗示,流产是因为他们精力旺盛,性事过于频繁。

> 河水啊,你流经古老的城墙,
>
> 城里住着我的爱人,
>
> 当她走过你的沿畔,
>
> 或许会想起我模糊的样子转瞬即逝,
>
> 让这深厚的河水
>
> 倒映出我的心,
>
> 她就能读出我的万千思绪,
>
> 思绪像这河水波涛汹涌向你奔去。[24]

南下前去拉文纳的路需要横跨波河,路上他写下《致波河》。就在几周前,特蕾莎和伯爵走的也是这条路线。他踏入的是意大利东部的一个偏远地区,他的感情追求同样前途未卜,这一跨颇具象征意义。

　　在他前去"信教皇的伯爵家里给他戴绿帽"的路上,他写下了许多忧郁的信。[25]天气酷热难耐,他感觉自己在帕多瓦的尘土中冒烟,在博洛尼亚"像香肠那样"被来回煎烤。[26]漫步在切尔托萨公墓,他偶然发现了两个墓碑,上面写着有趣的墓志铭:"**祈求安宁的**马提尼·路易吉(Martini Luigi)"和"'**祈求永世安宁的**'卢克莱齐亚·皮奇尼(Lucrezia Picini)"。他被这几行字打动了:"简单几个字就涵盖了一首墓志铭所要表达的所有意思。用意大利语说出来,简直是音乐,包含疑虑、希望和谦逊。"他欣喜地发现费拉拉地区的墓前都洒着大量的玫瑰花,这才明白,意大利人和希腊人一样,会在坟上撒花。

六月十日,拜伦抵达拉文纳,当时全城正在庆祝圣体节,拜伦下榻在南大门的艾伯戈帝国酒店。他被引介给当地的教皇特使朱塞佩·阿尔博盖蒂伯爵。当天晚上,他和这位伯爵在专属包厢一起看戏,同样爱好戏剧的圭乔利伯爵也来看戏,并向他示好。第二天,拜伦登门看望特蕾莎。她咳嗽、吐血,仍然很虚弱,但一看到拜伦,马上就来了精神。拜伦看上的就是她乐观坚强的生活态度。

拜伦在拉文纳待了两个月,过得声色犬马。伯爵又好面子又好客,带着拜伦乘六匹马拉的"四轮马车"在城里城外兜风,拜伦觉得自己就像传说中的穷小子迪克·惠廷顿那样当上了伦敦市长。[27]伯爵被骗得团团转,他的形象成功进入了拜伦的喜剧。特蕾莎和拜伦一起读但丁。她可是在修道院上的学,《神曲》几乎可以"倒背如流"。[28]是她建议拜伦创作《但丁的预言》一诗,诗歌取材于但丁被流放并死于拉文纳的那段历史,拜伦将这首诗献给特蕾莎。特蕾莎的病情见好,他们一起骑马散心,穿过拉文纳沿海那片松林。她可不像受过良好教养的英国女人,她不怎么会骑马,拜伦无奈地向奥古斯塔抱怨:"和她骑马真无趣,她不会驭马,总骑在我身后,她的马还咬我的马,弄得她高声尖叫,当时她戴着高礼帽,身着天蓝色骑马服,非常滑稽的一幕,搞得我和两位马夫很是尴尬。"[29]

特蕾莎的身体日渐好转,二人饥渴难耐,不得已在圭乔利公馆的会客厅里偷情,当时伯爵正在午睡。这段时间,他们商量约会的过程很复杂,得让很多人帮忙传话:牧师、女服务员、黑人侍从,还有特蕾莎走到哪里都不缺的女性朋友。门故意不上锁,容易被发现,这样更刺激。他写信给特蕾莎:

亲爱的,**想一想那**会儿,美妙、危险,但**幸福**,各种意义上的幸

358

福，既好玩，还刺激，我们险些被抓到。那可是大厅啊！那么多房间！门还都是敞着的！仆人们就在不远，肯定纳闷。那个费迪南多，还有那些访客！咱们真不容易啊！但都克服了，真可谓爱的凯旋。[30]

拜伦心想，伯爵要是知道了，会用什么方式报复他呢？例如，"某个晴朗的下午，一把匕首刺穿他的喉咙"？[31]想一想都刺激。

但是，虽说他享受这种悬念，但也感到在他乡受了欺负：他不确定伯爵会做出什么样的回应，也不确定特蕾莎的感情，康复后的她又开始水性杨花了。拜伦不甘示弱，也开始和特蕾莎最好的朋友盖特鲁德·维卡里打情骂俏，这名女子已婚，眼睛又黑又大。特蕾莎察觉到二人勾勾搭搭，相互掐屁股，还拉手，就毅然把盖特鲁德打发到博洛尼亚去了。她可是拜伦"唯一的**挚友**，她见不得谁在她面前和他打情骂俏"。[32]

这一时期，拜伦称自己找到了"心的归宿"，他的心躁动了，直到现
359　在，写给特蕾莎的一封封信仍保留在拉文纳的克拉森塞图书馆。[33]这些信写得情深意切，谁能相信，他竟然爱得那样无助。他要克服的是一个他不太熟悉的语言，他告诉特蕾莎："我要面对两个难题，一是表达我难以表达的痛苦，而且还要用意大利语。"他敢说意大利语，但不讲究语法；用外语写作，没了犀利的笔触，他只能沉沦在寻常恋人为情所苦时说的俗套情话中："我含着眼泪给你写信，我不是一个爱哭的男人。当我哭的时候，眼泪从心里流出，泪水里还有血。"[34]拿这种语言给墨尔本夫人看，她肯定认不出这是拜伦的文字。

拜伦的这个夏季过得像一个传奇，有趣的情节接二连三：施计密会、假面舞会、阴差阳错、相互埋怨、惊慌失措、床头吵架床尾和。拜伦像是在给自己写一出闹剧，他的下场早已注定。意大利海岸城市拉文纳气候闷热，拜伦周围时刻弥漫着不祥的预感，他迷信自己会克身边人的命：

约翰·埃德斯顿,奥古斯塔,他的宠物,他的教子。现在该轮到特蕾莎了吗? 七月份他写信给理查德·霍普纳:"让我担心的事发生了,圭乔利体质差,好像得上了痨病,终将香消玉殒;我总感觉,我挂念的所有人、所有东西都这样,要被折腾一番,要么死去,要么遭难。我连我的爱犬都养不好。"[35]好像他挂念什么,什么就会遭灾。虽说如此,一周后,拜伦向亚历山大·斯科特报告说:"我们还是**天天见**,感情依然**很好**,恩恩爱爱的。相安无事,岁月静好。"[36]

纸包不住火,二人偷情的事终于传到了大街小巷。拉文纳名义上由教皇统治,实际上由奥地利人控制,和威尼斯一样。拜伦生活淫乱,在政治上是个潜在的颠覆分子,当地警察为了给上级报告他的行踪,只能对他的感情生活捕风捉影。有人把他给伯爵戴绿帽子的故事编成了歌谣,在拉文纳大街传唱。虽然伯爵看上去没生气,但他突然决定八月九日带着妻子北上,去博洛尼亚的行宫萨维奥利公馆。第二天,拜伦紧随其后,在嘉里耶拉大街上的美仑多尼公馆租下一套房,这座小楼有一百年左右的历史。说来奇怪,伯爵这个人有时候挺通情达理的,没过多久,他就主动请拜伦搬到萨维奥利公馆一楼住。

拜伦抵达博洛尼亚不久后看了一场戏,没想到在剧院里哭得上气不接下气。他们看的是阿尔菲耶里的一出悲剧,讲的是女主人公米拉的乱伦故事。戏尾,拜伦哭得稀里哗啦,眼看就要晕倒。特蕾莎说这是因为当地的普雷斯特夫人表演得太棒了,她可谓是博洛尼亚的西登斯夫人。她是不知道,拜伦经受过一场巨大的情感磨难。

不久,伯爵又一次横刀夺爱,带特蕾莎去参观他在莫里内拉乡下的庄园,位于波河南侧的博洛尼亚和费拉拉之间,留拜伦孤零零地待在博洛尼亚的萨维奥里公馆。闷闷不乐的他绕着中央喷泉闲逛,在花园里东张西望。他设法进入了特蕾莎二楼的房间,一边浏览她的藏书,一边在

360

书上写写画画，给自己找乐。现在，这些材料都保存在拉文纳的克拉森塞图书馆，其中一本是斯塔尔夫人的小说《科琳，或意大利》的意大利语版。故事讲的是年轻的苏格兰贵族纳尔维尔勋爵苦苦地爱上了美丽的女诗人科琳。科琳是意大利的化身，小说再现了复杂的心理活动。

对拜伦和特蕾莎来说，这写的简直就是他们的故事。拜伦给他的"科琳"写道："亲爱的，你不在，我在你的花园里读了这本书；你要在，我就不读它了。看来你很喜欢这本书，它的作者我认识。"[37]这一次拜伦是用英语写的，这样其他人就看不懂了。天妒英才，斯塔尔夫人于一八一七年去世。虽然拜伦嫌她固执，但他承认她对内心活动的描写"永远逼真"。

拜伦和特蕾莎卿卿我我的时候，把他在威尼斯的女儿艾蕾歌都快忘干净了。她和保姆埃莉斯辗转于几个家庭，一八一九年初又回到了霍普纳家。多年的波折让她养成了坏脾气。"她现在的脾气可不太好，"理查德·霍普纳写道，"我和妻子也不是特别喜欢她。"[38]霍普纳是当地的领事，出于职责，只好收留她。伊莎贝尔·霍普纳写信给玛丽·雪莱，她忧心忡忡地说艾蕾歌反应迟钝，没有同龄小孩那样活泼：像个小老太太，"不苟言笑"。[39]威尼斯的冬天并不适合她：她的脚什么时候都是冰的。孩子还经常尿床。

霍普纳夫妇建议把她送回瑞士，那是伊莎贝尔·霍普纳的老家，气候怡人，教育条件也好。一个叫瓦瓦苏的有钱英国寡妇可能出于对拜伦的崇拜，特别喜欢她，提出要领养她。拜伦想都没想就拒绝了她。仲夏的时候，艾蕾歌咳嗽严重，可能是百日咳，霍普纳夫妇决定私自带她去瑞士。让拜伦惊讶的是，艾蕾歌的保姆埃莉斯被霍普纳夫妇解雇了，他竟然不知道。霍普纳太太告诉拜伦，他们要把艾蕾歌留给仆人安东尼奥的妻子照看。她让拜伦放心，"仆人忠实又有教养，我可以担保"。[40]这孩子在安东尼奥家住了一段时间，他家的四个女儿待她无微不至。后来她被送到了马滕斯女士家，她是丹麦领事亨利·多维尔的妻子。多维尔是霍普纳在威尼斯的副领事，现在，是他在名义上收养了这个弃女。

八月份，特蕾莎不在的时候，拜伦派人把两岁的艾蕾歌接到博洛尼亚。亚历山大·斯科特竭力劝他别这样，拜伦则回道："我想看看孩子，想让她留在身边。"[41]他在威尼斯的两个同胞朋友斯科特和霍普纳都觉得他不应该和圭乔利一家搅和在一起，以免脏了羽毛：他可是英格兰贵族，却把自己弄成了笑柄。他们也不信任伯爵。一旦孩子到了拉文纳，就会成为拜伦的软肋，伯爵会拿她当人质。送进修道院也不行，进去容易出来难。[42]斯科特直接问拜伦，伯爵是否有儿子；要是把女儿嫁给他家，伯爵是否会对陪嫁有要求。他不看好这桩亲事，一旦涉及财产，伯爵这个人可是一肚子坏水。这些异议背后有一个更深层次的担忧：要是把女儿接走了，拜伦也就不回威尼斯了；一方面他在那儿的好友会想他，另一方面，他在威尼斯招惹的那些风流韵事就会传到博洛尼亚，人们就会知道这个债台累累的英国贵族竟然还在花天酒地。

但是这次拜伦态度坚决。八月下旬，艾蕾歌被英国领事馆办事员理查德·埃奇库姆带到博洛尼亚，他当时为拜伦打理威尼斯的杂事。不久，埃奇科姆就被曝挪用公款、做假账。[43]拜伦让圭乔利伯爵的管家查账本，发现账有多处对不上。九月份，拜伦写信告诉奥古斯塔，说艾蕾歌现在和他在一起，只会说威尼斯话，早上还向他问好："爸爸好。"[44]他说孩子很好玩，一看就是拜伦家的人，"字母还没读准，她一皱眉、一噘嘴，就有咱家人的样子。眼睛蓝蓝的，酒窝甜甜的，浅色的头发在慢慢长黑。眉眼忧郁，皮肤白皙，嗓音甜美，喜欢音乐；在一切事上都特立独行"。拜伦没有提到，她的母亲克莱尔乐感就非常好。和父亲重逢，艾蕾歌变得活泼起来。

圭乔利伯爵回到了博洛尼亚,麻烦大了。伯爵默许了拜伦与妻子的不正当关系,作为交换,他要求拜伦为他争取一个英国驻拉文纳副领事的荣誉职位:他想要英国的保护,以巩固在教皇政府中岌岌可危的政治地位。拜伦答应了下来,写信给他的出版商默里,想通过他四通八达的人脉,让圭乔利伯爵当上领事;不行的话,默里可以安排让拜伦当英国驻拉文纳领事,这样就可以让伯爵“当他的副领事”。[45]

不过现在圭乔利伯爵又提出新要求。他在布雷西亚输掉了一场官司,张口向拜伦要钱来偿还债务。特蕾莎后来回顾这件事,说他只要了一小笔,拜伦二话不说就给了他。但特蕾莎又曾提到,伯爵要的是一大笔,他的账房提醒他不能答应伯爵。[46]无论真相是什么,伯爵伸手要钱这件事把潜在的紧张关系摆在明面上了。伯爵开始对特蕾莎下手了。不久,她再次病倒,据说有子宫脱垂的危险,她要求去威尼斯看拜伦的私人医生阿格利埃蒂大夫,这位医生曾专程来拉文纳给她看过病。伯爵找了一个理由,自己先回拉文纳一步,留下拜伦和特蕾莎一起北上回家。拜伦坐在他那个拿破仑式的马车里,绿色的油漆早已开始脱落,而特蕾莎和仆人们坐在那个市长范儿的四轮马车里,拉车的足有六匹马。

途中,他们在欧甘尼山脉的田园小镇阿尔夸镇短暂停留。特蕾莎用浪漫的笔调回忆道:“那是意大利独有的夏日——安宁、甜蜜、绚丽。”[47]他们爬上小山,穿过一大片葡萄藤和石榴树,来到彼得拉克的家,那里的“气候温润怡人”,就像但丁笔下的人间天堂。阿尔夸的这座房子类似旅游圣地。他们参观了满是虫眼的椅子,传说彼得拉克就是坐在这把椅子上死去的,拜伦看到了彼得拉克的猫,这只猫经过防腐处理,陈列在门廊上方的一个壁龛里,上面刻着猫的名字,让拜伦看得出神。两年前,拜伦来过这里,在游客簿里签过名,当时他在埃斯特镇租下一座房子,后来借给了雪莱一家。现在,他迫不及待再签一次名,把名字写在特蕾莎的旁边。“特蕾莎满怀深情地签上了字,把笔递给拜伦勋爵,拜伦在旁边签好,祈愿二人的名字永不分离。"

他们在帕多瓦市过夜,旅店老板饱含热泪地接待了拜伦,很明显,拜伦之前来过此地,突然大发慈悲,在此一掷千金,才让这家小店起死回生。旅店老板为拜伦一行大摆筵宴,请来乐队,把拜伦感动得热泪盈眶。然而,他们越接近威尼斯,心情就越复杂。第二天早上,拜伦竟然在旅店里看到了本佐尼伯爵夫人和她的老**官宣情人**朱塞佩·兰戈内伯爵,他可不希望在这儿见到他们。原来,二人也是昨晚下榻旅店,就这么巧。

拜伦对特蕾莎说:"看得出,他们觉得尴尬,真好笑。他们似乎在想,是该责备我还是保护我。"要知道,是女伯爵本佐尼夫人将特蕾莎介绍给拜伦的。当然也可能是嫉妒:威尼斯有传言说女伯爵也看上了拜伦;她和墨尔本夫人一般大,都是徐娘半老的岁数。在当地,找情人有一个不成文的规定:只要不扰乱原家庭的生活,就可以光明正大地找,甚至鼓励你找。比如,她和现在这位七十岁左右的兰戈内伯爵能安全地相处三十年,是因为他们是规规矩矩的**官宣情人**。但是,经验老到的夫人可是知道,拜伦把特蕾莎从她丈夫身边"撬"出来,带她在意大利的大小城镇里招摇过市,住在一起,这严重违反了找情人的潜规则,所以她不待见也不无道理。在这个穷乡僻壤偶遇他们,她觉得难堪,她可不愿意让人看到自己和这对奸夫淫妇谈笑风生,好像默许了他们出格的行为。

就这样,本佐尼夫人还是低估了事态。她不知道,在帕多瓦的时候,拜伦和特蕾莎就打算私奔去法国,甚至南美。这个主意是特蕾莎提出来的,非常鲁莽。拜伦岁数大了,对这些见怪不怪了,知道明哲保身的道理,婉劝特蕾莎三思。

离开帕多瓦,他们在米拉村短暂停留了一阵子,还住在福斯卡里尼别墅。过了几天,他们带着仆人和行李,乘船回威尼斯。回到了莫塞尼戈公馆,拜伦终于可以和那帮穿着破衣烂衫的仆人团聚了。伯爵提前通知管家莱加·赞贝利,让他在马里皮耶罗公馆为特蕾莎单独准备一套住处。这位叫安东尼奥·莱加·赞贝利的管家是一位还俗了的牧师,让拉文纳的大主教说,他"全然忘记了自己是一位牧师",主动放弃了神职。[48] 后来,他混成了拜伦的私人财务秘书,帮他管钱,就像"古希腊神话中那群赫斯珀里得斯仙女的恶龙,守护着花园里的金苹果"。[49] 特蕾莎不愿意住进伯爵给他安排的马里皮耶罗公馆,说这座矮楼盖在运河上,河水会散发臭味,渗入房间,污染空气,阿格利埃蒂大夫强烈反对她住在这种"乌烟瘴气中"。[50] 她扭头就搬去环境宜人的莫塞尼戈公馆,和拜伦住在一起,之后两人又去了一趟米拉村。

在乡下的福斯卡里尼别墅,漫步在"英式气息的花园"里,他们彼此陪伴,守望宁静岁月,拜伦大声朗读诗歌,特蕾莎用心倾听。那时,他正在翻译浦尔契的传奇史诗《巨人莫尔甘特》,撰写《唐璜》第三章。表面的平静难掩内心的不安。特蕾莎的父亲拉格罗·甘巴·吉塞利伯爵是拉文纳的贵族,为人正直,看到女儿如此轻浮,他越来越担心。他写信警告女儿,不要和"这个采花大盗"走得太近,免得招来闲话,他好像还不知道木已成舟了。特蕾莎的弟弟彼得罗·甘巴伯爵更是再三警告,告诉她在罗马学校里听来的流言,说拜伦怎么虐待妻子,把妻子关在城堡里,就像但丁《炼狱》中的情节:锡耶纳贵族的女儿皮亚·德·布洛米被丈夫囚禁在马雷玛城堡,后来被毒气毒死了,或者被直接杀死。现在,拜伦要面对特蕾莎的盘问,看他怎么交代过去那些事。

他和特蕾莎迫于压力,放弃了前往科莫湖和阿尔卑斯山旅行的计划。拜伦的老毛病又犯了,心里开始躁动。滞留在米拉村的特蕾莎得了痔疮,他渐渐认识到给意大利贵妇当**官宣情人**是一件不怎么光彩的事,而且生活单调。家庭女教师范妮·西尔韦斯特里尼没意识到拜伦最近的躁动,写信给特蕾莎,称赞她是"魅惑十字东征军的女妖阿米尔达"[51],用魔法让拜伦乖乖就范。

拜伦一向鄙视那种黏在女人身边的男人,但他发现,他自己快成了他最鄙视的那种人,为此懊恼。一八一九年,拜伦写信给霍布豪斯,他愤愤地说,一个懂得自尊的男人,无论诱惑有多大,"都不能把光阴花在女人的胸上"[52],何况他是一个堂堂的英格兰贵族。他正在筹划离开。他打算一个人去美洲,不带特蕾莎——移居到南美,而非北美,因为那里的居民"有些太粗犷"[53],而且天气冷。要是能去南美洲,他想去委内瑞拉,两年前西蒙·玻利瓦尔在那里建立了一个新政府,从西班牙独立了出来。玻利瓦尔现在是他心中的英雄。这位革命领袖的独裁手段相当仁慈,这一点吸引着拜伦。有人问他谁是世界上最伟大的人,拜伦微笑着说,他以前认为是拳师杰克逊,但现在是西蒙·玻利瓦尔。

他遐想,去了委内瑞拉,要过新生活,积极向上的生活,男人的生活:"最好做一个不怎么会种地的农户,笨手笨脚,或者做猎人,总之不能再追捧艺人,给女人执扇。"[54]西班牙语他很快就能学会,还能带上女儿艾蕾歌。如果他能卖掉罗奇代尔的地,他就能在新大陆买下一块土地,在新大陆政府的治理下,成为真正的公民。据说有意移民委内瑞拉的人买地可以"享受优惠"。

霍布豪斯对这个想法嗤之以鼻,他对默里说:"他定是疯了,让我们的大诗人去种地太屈才了,他怎么可能坐在篝火前取暖,只吃肉不蘸盐,不就面包。"[55]他可能食不饱、穿不暖,染上鼠疫、黄鼠热,没牙刷、梳子,更没有《评论季刊》看:"总之,全是他讨厌的东西,喜欢的东西一样没有。"霍布豪斯说得没错。但这个梦想拜伦一直没有放弃,直到一八二三年他起航去希腊。

《唐璜》的前两章是一八一九年七月十五日发表的,没有注明作者和出版商的名字,但像以往一样,大家都知道是谁写的。这段时间,约翰·默里安安静静地住在温布尔登公地的房子,他写信给拜伦:

"**符咒已下,坐等见效**——昨天《唐璜》出版,像一颗炸弹引发轰动——我躲到这里来,给这爆炸的威力腾出地方。"[56]这个时候的英格兰暗流涌动。一个月后,曼彻斯特的圣彼得广场上,大量民众聚集,要求改革特许经营权。地方法官命令义勇骑兵队冲入人群镇压,导致至少十人丧命,几百人受伤。他们逮捕了亨利·亨特,他是广受民众欢迎的激进派演说家。在这个历史时刻发表一首备受争议的诗作,作者还丑闻缠身,的确不合时宜。毕竟,拜伦是一个对社会问题直言不讳的人。

事实表明,《唐璜》的销量是不错的:到了九月三日,首次印刷的一千五百本四开版只剩下三百本。默里遗憾地说,作品发表得略晚,错过了一年中最好的季节,没有发挥出潜力,否则销量可以更好。但不管他怎么给它涂脂抹粉,《唐璜》远不如拜伦的早期作品畅销。

销量不佳的原因之一是这首诗在两性方面的描写不知收敛。让拜伦懊恼的是,他的忠实读者大部分是女性;他这样写,劝退了大部分女性读者。作品发表后传来了不少抗议的声音,约翰·默里无奈地解释道:"如果二十节左右的诗节能改一改就好了;就是因为这二十多段,这本诗集无法大方地摆到女性读者的书桌上,导致销量受损。"[57]在讲究的家中,尤其家里有大姑娘的,《唐璜》是一本造反书,"少女读者请在父母陪同下阅读",谁要读的话,就得包个书皮进行伪装。[58]甚至名媛哈丽特·威尔逊也从巴黎写信给拜伦,说她在巴黎加利格纳尼的一家书店看到了这本书,大骂他下流:"亲爱的、可爱的拜伦勋爵,要点儿脸吧,别让自己活成一个老流氓啊。"[59]

这本书里有污秽不堪的色情描写,措辞全然不顾语言禁忌,但问题远不止这些。《唐璜》把女性写得都色眯眯的,在男女关系上都非常主动。"女人不喜欢这种描写方式,他倒不吃惊。他知道**摘下她们的面纱**,她们受不了;她们拿出娴静端庄的样子是为了掩盖粗鄙不堪的色心。"[60]拜伦认为女性读者对《唐璜》的反应是一场阴谋,一种伪善的表现,她们坚决不承认女性会提出性方面的要求,更不可能承认女性会主动对男性做出性侵犯的行为。然而,拜伦回想起小时候苏格兰保姆梅·格雷对他都做了什么,就知道她们在撒谎。

拜伦确信这是他写过的最好的作品。对此,他说他像"格林纳达大主教"[61]一样自信,他故意将西班牙行省"格拉纳达"写成英国在加勒比海的殖民地"格林纳达","格林纳达大主教"是根本不存在的事物。面对点滴的批评声音,他用潮水般的谩骂予以回应,每当有人反对他,他这种非凡的想象力和强劲的语言力度就得以显现。批评家弗朗西斯·帕尔格雷夫批评《唐璜》的语言风格前后不统一,有些段落像墓地里的悼词,有些段落则像粗糙的戏剧台词。对此,他回了一套"问卷",这一连串问题像烈日一样炙烤皮肤,像大雨一样凉透心扉,读来让人"忽冷忽热":

> 难道他从来没有打过板球,顶着炎热的天气走过一英里路?从来没有在把杯子递给他那迷人的伙伴时把茶洒在他的睾丸上,让他为那棉布湿裤裆害过羞?难道他从来没有在烈日当头、海水温热的大中午在海里游过泳?难道他从来没有因为水太烫突然把脚从浴缸拿出来,热水溅到了眼睛里和贴身男仆身上?难道他从来没有因为染上淋病而挨上一次皮内注射?难道他从来没有忍着尿道溃烂尿尿?难道他从来没有洗过土耳其浴,吃过果子露,玩过肛交,享受过那种大理石铺成的天堂?还是他从来没有像圣人约翰那样蹚过滚烫的油锅?[62]

一个没有被烈日炙烤、没有被大雨淋透的人生,一个拒绝体验这种极端环境的人生是不完整的。

拜伦对诗歌创作的看法是——艺术来源于生活;好的诗歌刻画要有

强烈的情感做支持。此前,他刚刚批评过济慈的诗歌是"一种精神手淫,他总喜欢'玩弄'他的**想象力**"。[63]拜伦之所以敢如此英勇地捍卫《唐璜》,是因为他觉得自己是世界上经历最丰富、最多彩的人。他开玩笑般逼金奈尔德承认,他的诗是"那种作品中的极品;它也许低俗污秽,但不是用英语写的吗?它讲的故事也许荒淫无度,但那不就是**生活本来的样子**吗?没在这世上走过一遭的人,能写出这样的作品吗?他在驿车上写过吗?在出租马车上写过吗?在威尼斯的小船上写过吗?抵在墙上写过吗?在官府马车上写过吗?当着别人的面写过吗?在桌上、桌下写过吗?"[64]这一串激烈的言辞背后藏着一种焦虑。他承认,对《唐璜》的抗议声的确吓到他了。他意识到,如今在英格兰,"**装**×(*Cant*)总比**玩**×(*Cunt*)**强**"。

367　　最让他跳脚的是一篇发表在《布莱克伍德爱丁堡杂志》上的评论。他上一次这样偏执还是在分居风波之后。评论发表于一八一九年八月。很明显,评论是主编威廉·布莱克伍德授意写的。拜伦认为作者不是约翰·威尔逊就是约翰·吉布森·洛克哈特。文章批评《唐璜》"肮脏且不虔诚";文章称,主人公胡安长篇大论地讽刺妻子,说明作者"仍不知悔改,态度骄横,嬉皮笑脸,玩世不恭,罪孽深重"。[65]显然,这位评论者已脱离文学批评的界限,开始人身攻击。十二月,拜伦在一封写给约翰·默里的信中予以回击:"你的《布莱克伍德》指责我对女人态度刻薄。说得没错。但我也是他们这些保守派的牺牲品。我曾被送到他们的祭台,死在他们的刀下,成为他们的祭品。"[66]

　　他忘不了这篇文章对他无情的羞辱:他降生在英格兰,可谓是这片土地的"荣誉和耻辱"。[67]几个月后,拜伦打算公开发表一封长信,名为《读布莱克伍德杂志一文有感》,他展开反击,为了消灭敌人,他无所不用其极,什么样的话难听说什么,可谓妙语连珠。在这篇文章里,他对流亡的来龙去脉做了一番深刻的分析,他用凄凉的笔调回顾一八一六年是如何被迫离开英格兰,如何被控鸡奸罪和乱伦罪,如何背着骂名在欧陆流浪的;他有时给自己辩护,有时自艾自怜,有时控诉社会对他不公,有时哀叹命运多舛。他可知道,半个世纪后,奥斯卡·王尔德也写了一篇类似的文章,叫《来自深渊》,题目本义是"从苦难的深渊中发出的呼喊"。

拜伦把这篇文章寄给约翰·默里,想让他发表。默里怯怯地回道:"按照您的意思把这封妙趣横生的信发表在《布莱克伍德爱丁堡杂志》上,定会引起轰动。不过,您随口提了一下乱伦这件事,鄙人认为不妥;还有就是您和那两位女士共处的事,还是不提为妙,万不能让别有用心的人拿去作证,把谣言做实。"[68]看来,就连默里都相信了骚塞传出去的谣言,说他在迪奥达蒂山庄组了一个"乱伦团"。可惜,这篇文章直到拜伦死都没有发表。

《布莱克伍德爱丁堡杂志》的那篇文章彻底让拜伦和英格兰为敌了,也是从这个时候,他和约翰·默里的龃龉进入了另一个阶段。除了金奈尔德之外,拜伦只有通过默里处理伦敦的事了。默里不断在信中提醒拜伦中产阶级的道德标准非常保守,有许多约束和禁忌,但这堆讲究正是拜伦鄙视的,默里俨然成了拜伦正要攻击的靶子。他和英格兰渐行渐远,和意大利却越走越近。他在情感上已认同意大利,那篇文章将威尼斯说成"藏污纳垢"之处,适合拜伦这样"自私、肮脏"的人去流亡。"天啊,这话太狠毒了!"对此,拜伦反驳道:

> 这里曾是一个经历过沧海桑田的国家,它的首都、它的政府就坐落在威尼斯;要不是背信弃义的波拿巴或邪恶的效仿者,它那一千三百年的政权、法统本可以维持;当这里还是商贾辐辏的时候,伦敦和爱丁堡还只是一个个蛮族的洞穴。这座城市能否被叫作"藏污纳垢"的地方? 请那些听说过威尼斯城的人来回答这个问题吧。[69]

368

一八一九年十月初,汤姆·摩尔到访,这时拜伦和特蕾莎正在米拉村。他下午两点到达福斯卡里尼别墅,拜伦才起床,在洗澡。他很快就出来了,愉快地向摩尔打招呼,"开朗而亲切"[70],他对和他玩得好的男性朋友一向如此。他和摩尔已经五年没见面了。拜伦对摩尔的第一印象是:看起来"红光满面,颇具诗人气质"。[71]虽然摩尔比拜伦大九岁,但他反而看起来更年轻:拜伦觉得他婚姻美满,常年生活在英格兰乡下,生活得很滋润。

和汉森一样,摩尔也发现拜伦变化很大,身材胖了,脸也肿了。他的头发暗淡,没有光泽,没了当年创作《恰尔德·哈洛德尔游记》时的精神气儿,"没了那时精致的面庞和炯炯有神的眼睛"。[72]他看到拜伦胡子拉碴,头发乱长到了脖颈,盖住了领子。摩尔心里不是滋味。他也看不惯拜伦离奇的着装风格:脖子上戴着几根金项链,戴得又高又紧,有一条还垂到他的背心口袋,外套竟然有盘花纽扣装饰,"外加一顶外国人才戴的帽子"[73],这顶帽子想必就是拜伦后期在意大利和希腊留的几张肖像中戴的那顶侦查骑兵帽。看来,拜伦没忘记打扮自己,穿衣搭配还是那么讲究,只不过不是英伦范儿了。摩尔察觉到他已沾染上当时欧洲特有的颓废气质。

拜伦中午才吃第一顿饭,算作早餐,还站着吃:一到两个生鸡蛋,一杯不加牛奶和糖的茶,一块干吃的饼干。在米拉村,他仍在坚持控制饮食。拜伦向他介绍了特蕾莎,然后就急着带他去威尼斯。摩尔后来为拜伦立传时写到这段,对特蕾莎不忘美言一番:夫人"聪明伶俐,和颜悦色"。[74]但他的日记则写的是:拜伦大人最好还是"只找米拉村的村姑为妙,这样更安全"。[75]

傍晚日落时分,他和拜伦穿过环礁湖去威尼斯。摩尔眼里只有名,他去威尼斯就是图它的名,是拜伦让这座古城"重获荣光",让它的叹息桥又一次成为旅游胜地。拜伦图的只是好友重逢时的欢乐,他更想和摩

尔一起回忆当年在伦敦瓦蒂尔俱乐部和金奈尔德俱乐部"把酒言欢"的
美好时光。他开始回忆年轻时干的那些了不起的事，像一个伤感的
老人。

在威尼斯短暂的几天里，拜伦抓紧时间享受和老玩伴在一起的快乐
时光：他们谈话投机，都有一双诗人的眼睛，对人观察得都特别仔细，说
话风趣，善于奇思妙想。听二人聊天对当时的霍布豪斯可谓一笔收获。
摩尔曾经定制了一件和拜伦一模一样的绿色外套。他们真是玩乐方面
的好兄弟。虽然摩尔更喜欢不列颠大饭店，但拜伦劝他住在莫塞尼戈公
馆里，空房多得是。在威尼斯的第一个晚上，二人登上阳台，俯瞰大运
河，有两位明显是英格兰绅士的人在划船。摩尔描述道："发现二人在
望向我俩，拜伦勋爵双手叉腰，用一种喜剧的风格炫耀道：'喂！你们两
个英国佬！看看站在这儿的两位爷是谁？你们要是认得出来，老子让你
们把眼珠子瞪出来！'"[76]他言语间就带上摩尔一起笑话别人，这种玩笑
他以前是不会开的。

白天，亚历山大·斯科特领着摩尔在威尼斯走街串巷。拜伦往伦敦
寄信，信里总喜欢吹嘘自己的桃花运，这在他的朋友圈里成了传奇。斯
科特和摩尔倒是要看看他的传奇桃花运有几分真。结果，他们戳破了许
多传奇，实在不厚道。比如，摩尔在日记里写道："拜伦给默里讲了一段
非常浪漫的经历，说他每晚都会爬上一个高高的阳台，和一个叫安吉丽
娜的贵族女孩偷情。去了一看才知道，安吉丽娜不光长得丑，而且一看
就知道修养很差；他那所谓的'高高的阳台'其实就是一楼正门旁边的
大窗户，一迈腿就能进。"[77]每天傍晚，拜伦从米拉村赶回来，和他们在
莫塞尼戈公馆用餐，通常是叫外卖，或者干脆去餐厅吃。他们聊到深夜，
醉得开心。

摩尔在威尼斯的最后一晚，拜伦给他朗读了刚写好的《唐璜》第三
章。得到了特蕾莎的许可，他们决定通宵狂欢，他们和斯科特在佩莱格

里诺饭店共进晚餐,接着去看歌剧,到了十二点,又去圣马可广场的一家"酒吧"里喝热潘趣酒。[78]凌晨两点,拜伦在月光下用船把摩尔和斯科特送到家。路上,他特意吩咐船夫慢点划,好叫摩尔欣赏威尼斯宁静而壮观的夜景,宫殿倒映在水中,美轮美奂。第二天,拜伦把摩尔送到米拉村,临行前递给他一个白色皮包,这里记录着"我的生活和冒险"。[79]

自他第一次踏上意大利的土地,拜伦就一直在考虑写一部回忆录。一八一七年四月,动身去罗马之前,为了诱惑约翰·默里投资,他故意吐露:"我在考虑,《生活和冒险》这么一本回忆录是否值得写,我可不想死后让别人为我立传。"[80]

很多证据说明,这一年夏天,他在莫塞尼戈公馆写了一篇"自传体杂文"。[81]八月下旬,他完成了一篇四十多页的"宏文"。等他把稿件交给默里,"宏文"已是一沓七十八页的对开本了。

在此之前,拜伦也曾赠予摩尔一套回忆录手稿。他把一八一三年和一八一四年之交那个冬天在伦敦写的日志送给了摩尔,不是为出版,就是留个念想。那现在这份新手稿与之前的日志有什么不同呢?显然,日志大都是流水账,没有连贯的思想记录;拜伦叫它"**备忘录**,而不是**忏悔录**"。[82]他承认这日志不合他意:"我没有把所有**情史**写下来,当然重要的写了,其他重要的东西我也没记,我不想牵连别人。"这话一出,这本日志不就成了没有王子的《哈姆雷特》了吗?

从字里行间可以看出,拜伦是因为同性恋的事而有意回避提及一些事情。当然,他坚称在这份手稿里对他婚姻的前因后果做了"详细的记录"。事实上,这篇"宏文"存在的意义就是为了向公众揭示他婚姻的来龙去脉,算是他自我辩护的一步棋。它写出来就是为发表的,只不过要等到他死后。他告诉摩尔,他觉得谁"有资格看",就让他看,让它在朋友圈里传起来。[83]月底,他写信给默里,说收到稿件后,默里想给谁朗读,就给谁朗读,想给谁看,就给谁看,他不管。默里一直说他没读过这本回忆录。他可是个眼光挑剔的出版商,他不可能没读过。只能说他没看上罢了。

拜伦还表示希望拜伦夫人能读一读这本回忆录,把一把关。她要是觉得"哪里有误,写得不准确",可以标出来。[84]他仍在和妻子断断续续通信,通常是关于艾达的事。一八一九年十二月三十一日,他开口请妻子读一读手稿,那天正好是他们的结婚纪念日,他在信里特意提醒,三年前的那天,他正"像奔丧一样去接新娘"。"你放心,回忆录里没有要哄你开心的地方,我没有想和你和好,你不必担心。"[85]拜伦一定料到安娜贝拉不会读的。事已至此,拜伦还想靠出版回忆录来力挽狂澜。不论是小范围内传阅还是死后发表,这么想就是个笑话,极不现实。

深秋时节,拜伦带着特蕾莎从米拉村回到莫塞尼戈公馆,和这个既崇拜他又想占有他的女人继续他们的新生活,这种独男独女的婚外情日子,他戏称为"最为严格的通奸生活"。[86]他胆战心惊地给霍普纳去了一封信,询问正常情况下,两口子傍晚一般都干什么。他在乡下骑马,汗流浃背,浑身湿透,到了威尼斯,染上了间日疟,整夜发烧。他辗转反侧,噩梦不断,甚至梦到了丈母娘。一夜,他突然醒来,发现弗莱彻在床边抽泣,旁边的"圭乔利伯爵夫人"也在哭泣,好像意大利墓地里哀悼的天使雕像。[87]

在这个节骨眼上,圭乔利伯爵带着他的一个儿子登门拜访,拜伦的病好得更慢了。特蕾莎的父亲甘巴伯爵提醒圭乔利履行丈夫的职责,要求他这位年过花甲的女婿顾及一下他女儿的声誉。其实,要是伯爵在拜伦这里暂住几天,三人假装其乐融融,外面也就不会有流言蜚语。但歹毒的圭乔利偏要把事闹大,还煞费苦心地拟了一份冗长的道德准则,逼妻子守妇道,为此,他们"**大吵了一架**"。[88]根据拜伦的说法,伯爵竟然发

371

出了最后通牒："有他没我,有我没他!"她当然选拜伦。但拜伦觉得自己仁至义尽,知趣地劝她跟男人回拉文纳。特蕾莎突然消失,秋日的意大利顿时"变得悲凉",他告诉金奈尔德。这是他流亡以来第一次吃到孤独之苦。

拜伦计划脱身。他打算先带着艾蕾歌回英格兰,可能最终还是要去委内瑞拉。他下令变卖家当,把"桌椅板凳,狗、猴、狐狸和老妇人"都打发掉,卖掉小船和所有的船篙。[89]他想了些办法把欠的钱还上,却杯水车薪。事与愿违,羁绊太多,他迟迟不能动身搬家。间日疟反复。小艾蕾歌染上了一种严重的疟疾,反复高热。特蕾莎的家庭女教师范妮·西尔韦斯特里尼这样描写拜伦想走不能走的焦灼心态:

> 他衣服都穿好了,手套、帽子、手杖都已备齐,就等他下楼。箱子已装上船。此时此刻,大人突然宣布,要是到了一点行李还没收拾好(其实都收拾好了,就差他下令),他就不走了。话音刚落,钟表敲了一点,他不走了。[90]

拜伦虽说很迷信,但也没迷信到这个分上。他之所以在最后一刻改变行程,返回拉文纳,是因为听说特蕾莎又病了,病得很重,重到伯爵和她的父亲答应叫拜伦来她床边。拜伦给特蕾莎回了一封略带讽刺的信:"等范妮回去,她定会告诉你:大人最后一刻决定去见你,这是爱情的力量!她说话一向这么高调。"[91]

离开威尼斯前的最后几周,拜伦接待了另一位老朋友,即他在剑桥三一学院的老同学威廉·班克斯——当时已小有名气的探险家。拜伦佩服他,尊称他是"发现古国努比亚的班克斯"。[92]在同代人中,他最愿与之比肩的人就是他了。班克斯沿尼罗河北上,游历了埃及大部分地方。有一次,他举着火把探索吉萨金字塔内部,晕倒在这座大石棺内。班克斯和拜伦一样,生活中不能缺少刺激。他在尼罗河中央的圣岛菲莱岛上看到一座巨大的花岗岩方尖碑,是公元前十四世纪留下的文物,他那个时候就盘算着把它运回英格兰。这一雄心壮志最终实现了。他还探索过叙利亚和巴勒斯坦。据说班克斯把自己伪装成乞丐,装成先天愚型,成功进入了圣城麦加,成为英格兰史上第一人。拜伦为他的恒心和才华所折服。

在拜伦眼里,他的探险家老朋友班克斯可以和冯·洪堡平起平坐。他不仅亲身到过那些地方,还为埃及的墓地做了详尽的文字记录,临摹了大量的象形文字和古代壁画,为碑和寺绘制的图画数以千计。拜伦向约翰·默里夸赞道:"班克斯的研究**堪称奇迹**,他通过努力实现了自己的雄心壮志,这更是奇迹。"[93]旅行期间,班克斯收集绘画、雕刻和古董,现在都收藏在他的祖宅金斯敦·蕾西里公馆里,是镇馆之宝:他也是一名学者,对艺术品颇具鉴赏能力。拜伦把他自己的职业生涯和班克斯的相比,发现自己缺得很多:"我们七年没见了。这七年里,你为他人做的贡献比我多,为自己挣来的荣誉也比我多。"[94]

班克斯是从埃及来威尼斯的,路上在意大利东北部的里雅斯特市隔离了一段时间。运河上的莫塞尼戈公馆宏伟而阴森,二人促膝长谈,聊到他们的剑桥老同学们的人生起伏。有些人当了财政部大臣,有些人当了海军部大臣,有些人做改革家、演说家,有些人已死去:谢里丹死了,墨尔本夫人死了,"僧侣"刘易斯去了一趟牙买加的奴隶种植园,染上黄热病也死了。据说他死得很安详,吩咐仆人把帽子从里到外翻过来,拿它当字台,写完了遗嘱。

一八一九年眼看就要结束了,这两个八卦而博学的同性恋英国男士一起回顾了大学时光。他们都是那代人中最有才华的:班克斯是伟大的旅行家和考古学家,拜伦是那个时代众人皆知的诗人。他们都是流亡者,被时代的洪流裹挟，冲到了这座伤痛与华美并存的腐朽之城。没过多久，对于拜伦，威尼斯已是索然无味的"空牡蛎壳"[95]；而班克斯，由于同性恋的癖好东窗事发，为了逃罪，不得不流亡欧陆，最终死在了威尼斯。

注释

[1] 拜伦致约翰·卡姆·霍布豪斯和道格拉斯·金奈尔德的信，1819 年 1 月 19 日（日期存疑）。

[2] 拜伦致约翰·卡姆·霍布豪斯的信，1819 年 4 月 6 日。

[3] 彼得·科克伦编辑，迈克尔·里斯翻译，《拜伦在意大利》，新译自特蕾莎·圭乔利伯爵夫人《拜伦在意大利》的法语手稿，特拉华大学出版社，印制中。

[4] 拜伦致奥古斯塔·利的信，1821 年 10 月 5 日。

[5] 彼得·科克伦编辑，迈克尔·里斯翻译，《拜伦在意大利》。

[6] 拜伦致道格拉斯·金奈尔德的信，1819 年 4 月 24 日。

[7] 拜伦致约翰·默里的信，1821 年 3 月 13 日–16 日（日期存疑）。

[8] 约翰·高尔特，《拜伦勋爵传》。

[9] 利·亨特勋爵，《拜伦勋爵及其同代人》。

[10] 艾略特文献，济慈–雪莱纪念馆，罗马。

[11]《亨利·爱德华·福克斯阁下日记》，伊尔切斯特伯爵编辑（1923），1825 年。

[12] 拜伦致金奈尔德勋爵的信，1819 年 5 月 26 日。

[13] 托马斯·摩尔，《拜伦传》，第二卷。

[14] 约翰·卡姆·霍布豪斯，霍布豪斯在托马斯·摩尔的《拜伦的书信和日记》（1830）中的批注。

[15] 拜伦致约翰·默里的信，1819 年 5 月 18 日。

[16] 拜伦致奥古斯塔·利的信，1819 年 11 月 28 日。

[17]《亨利·爱德华·福克斯阁下日记》，1824 年 12 月 30 日。

[18] 同上，1825 年。

［19］拜伦致奥古斯塔·利的信,1819 年 7 月 26 日。

［20］同上,1821 年 10 月 5 日。（洛夫莱斯-拜伦档案）

［21］拜伦致约翰·卡姆·霍布豪斯的信,1821 年 4 月 6 日。

［22］拜伦致奥古斯塔·利的信,1821 年 10 月 5 日。

［23］拜伦致特蕾莎·圭乔利伯爵夫人的信,1820 年 7 月 15 日。

［24］《致波河,一八一九年六月二日》,第 1 行。

［25］拜伦致理查德·贝尔格雷夫·霍普纳的信,1819 年 6 月 2 日。

［26］同上,1819 年 6 月 6 日。

［27］同上,1819 年 6 月 20 日。

［28］托马斯·梅德温,《拜伦勋爵比萨谈话录》。

［29］拜伦致奥古斯塔·利的信,1819 年 7 月 26 日。

［30］拜伦致特蕾莎·圭乔利伯爵夫人的信,1819 年 8 月 4 日。

［31］拜伦致理查德·贝尔格雷夫·霍普纳的信,1819 年 6 月 20 日。

［32］拜伦致奥古斯塔·利的信,1819 年 7 月 26 日。

［33］拜伦致特蕾莎·圭乔利伯爵夫人的信,1819 年 4 月 22 日。

［34］同上,1819 年 6 月 11 日。

［35］拜伦致理查德·贝尔格雷夫·霍普纳的信,1819 年 7 月 2 日。

［36］拜伦致亚历山大·斯科特的信,1819 年 7 月 7 日。

［37］拜伦在特蕾莎·圭乔利伯爵夫人收藏的斯塔尔夫人的小说《科琳》中的留言,意大利语译文,1819 年 8 月 23 日。（甘巴藏品,克拉森塞图书馆,拉文纳）

［38］理查德·贝尔格雷夫·霍普纳致《雅典纳》杂志的信,1869 年 5 月 22 日。

［39］伊莎贝尔·霍普纳致玛丽·雪莱的信,1819 年 1 月 6 日。（牛津大学博德利图书馆,阿宾格文献,文档811-813）

［40］伊莎贝尔·霍普纳致拜伦的信,1819 年 6 月 25 日。

［41］拜伦致亚历山大·斯科特的信,1819 年 8 月 22 日。

［42］亚历山大·斯科特致拜伦的信,1819 年 8 月。

［43］拜伦致理查德·贝尔格雷夫·霍普纳的信,1819 年 10 月 22 日。

［44］拜伦致奥古斯塔·利的信,1819 年 9 月。

［45］拜伦致约翰·默里的信,1819 年 8 月 12 日。

［46］特蕾莎·圭乔利伯爵夫人,《追忆拜伦》(两卷本,法语版,1868;英语版,1869)。

［47］彼得·科克伦编辑,迈克尔·里斯翻译,《拜伦在意大利》。

［48］安东尼奥·科德龙奇大主教致孔萨尔维红衣主教的信,1820 年 4 月 5 日。见艾丽斯·奥里戈(Iris Origo),《最后的依恋》(1949)。

［49］詹姆斯·汉密尔顿·布朗,《一八二三年与拜伦勋爵从里窝那乘船至凯法利尼亚岛》,载《布莱克伍德爱丁堡杂志》,1834 年 1 月。

［50］彼得·科克伦编辑,迈克尔·里斯翻译,《拜伦在意大利》。

［51］范妮·西尔韦斯特里尼致特蕾莎·圭乔利伯爵夫人的信,1819 年秋。(济慈-雪莱纪念馆,罗马)

［52］拜伦致约翰·卡姆·霍布豪斯的信,1819 年 8 月 23 日。

［53］同上,1819 年 10 月 3 日。

［54］拜伦致约翰·卡姆·霍布豪斯的信,1819 年 10 月 3 日。

［55］塞缪尔·斯迈尔斯,《约翰·默里回忆录和书信集》,第一卷。

［56］约翰·默里致拜伦的信,1819 年 7 月 16 日。

［57］同上,1819 年 9 月 14 日。

［58］悉尼·奥斯本勋爵致拜伦的信,1822 年 10 月 18 日。

［59］哈丽特·威尔逊致拜伦的信,1820 年。

［60］亨利·缪尔博士,《拜伦在凯法利尼亚岛的谈话注释》(Notes on Byron's Conversations in Cephalonia),1823 年 10 月 19 日,载《按语与征询》(Notes and Queries),第七辑,1883–1884 年。

［61］拜伦致约翰·卡姆·霍布豪斯的信,1819 年 8 月 20 日。

［62］拜伦致约翰·默里的信,1819 年 8 月 12 日。

［63］同上，1820 年 9 月 9 日。

［64］拜伦致道格拉斯·金奈尔德的信，1819 年 10 月 26 日。

［65］《布莱克伍德爱丁堡杂志》，"唐璜评论"（'Remarks on Don Juan'），1819 年 8 月。

［66］拜伦致约翰·默里的信，1819 年 12 月 10 日。

［67］《布莱克伍德爱丁堡杂志》，"唐璜评论"，1819 年 8 月。

［68］约翰·默里致拜伦的信，1820 年 4 月 28 日。

［69］《对〈布莱克伍德爱丁堡杂志〉上一篇文章的看法》，1820 年 3 月 15 日。

［70］托马斯·摩尔，《拜伦传》，第二卷。

［71］拜伦致道格拉斯·金奈尔德的信，1819 年 10 月 26 日。

［72］托马斯·摩尔，《拜伦传》，第二卷。

［73］托马斯·摩尔，转引自本杰明·迪斯雷利日记，1822 年 11 月 27 日。见 W. F. 莫尼彭尼（W. F. Moneypenny），《本杰明·迪斯雷利传》（The Life of Benjamin Disraeli，1910）。

［74］托马斯·摩尔，《拜伦传》，第二卷。

［75］《托马斯·摩尔日记》，1819 年 10 月 7 日。

［76］托马斯·摩尔，《拜伦传》，第二卷。

［77］《托马斯·摩尔日记》，1819 年 10 月 8 日。

［78］同上，1819 年 10 月 10 日。

［79］托马斯·摩尔，《拜伦传》，第二卷。

［80］拜伦致约翰·默里的信，1817 年 4 月 9 日。

［81］同上，1818 年 8 月 26 日。

［82］同上，1819 年 10 月 29 日。

［83］托马斯·摩尔，《拜伦传》，第二卷。

［84］拜伦致约翰·默里的信，1819 年 12 月 10 日。

［85］拜伦致拜伦夫人的信，1819 年 12 月 31 日。

［86］拜伦致理查德·贝尔格雷夫·霍普纳的信,1819 年 10 月 29 日。

［87］拜伦致约翰·默里的信,1819 年 11 月 8 日。

［88］拜伦致道格拉斯·金奈尔德的信,1819 年 11 月 16 日。

［89］拜伦致理查德·贝尔格雷夫·霍普纳的信,1819 年 12 月 7 日。

［90］范妮·西尔韦斯特里尼致特蕾莎·圭乔利伯爵夫人的信,1819 年 12 月10 日。见《拜伦在意大利》。

［91］拜伦致特蕾莎·圭乔利伯爵夫人的信,1819 年 12 月 10 日。

［92］拜伦致约翰·默里的信,1818 年 2 月 20 日。

［93］同上,1820 年 8 月 7 日。

［94］拜伦致威廉·班克斯的信,1819 年 11 月 20 日。

［95］拜伦致理查德·贝尔格雷夫·霍普纳的信,1819 年 10 月 28 日。

第二十三章　拉文纳(1820-1821)

> 我要成为国家第一人,成为天赋和真理的领袖! 不是独裁者,
> 也不是苏拉①,而是华盛顿或阿里司提戴斯②,富兰克林,佩恩③,布
> 鲁图斯或卡西乌斯④,甚至米拉波或圣贾斯特⑤,都是仅次于神的
> 存在![1]

自孩提时,拜伦就很敬重实干家和有政治责任感的人。任何为正义而战的事业都能感染他。但是,早在一八一三年的冬天,还在伦敦的文学新星拜伦如日中天,那时的他并不认为自己是一个政治活动家,他曾写下这样的话:"以后的我可能什么都不是,或者说,成不了大业。我只希望,以后别人能这样评价我:'如果他愿意的话,他应该可以做到。'"

流放的遭遇改变了他。他觉得自己饱受不公,逐渐心生愤恨,这让他进而对一切残暴的行为都义愤填膺。威尼斯放荡的岁月让他有了一

---

① 苏拉(Sylla),古罗马政治军事家。

② 阿里司提戴斯(Aristides),雅典政治家。

③ 威廉·佩恩(William Penn),美国政治家,曾建立宾夕法尼亚殖民地。

④ 布鲁图斯(Brutus),卡西乌斯(Cassius),暗杀尤利乌斯·恺撒的古罗马政治家。

⑤ 米拉波(Mirabeau),圣贾斯特(St Just),法国政治家。

种缺憾,他要寻找目的,干一番事业,以此来弥补这种缺憾,毕竟,给贵妇做**官宣情人**的日子有毒,他需要解药。也许,急于参与拉文纳的政治活动、参与起义势力是一种绝望的表现:拜伦把自己的生活过成了一出戏,早已设计好自己的终结;这部戏跌宕起伏至此,马上就要进入高潮了。他什么时候都不会忘记剩下的时间不多了。

拿破仑对意大利罗马涅地区的统治刚结束五年,拜伦就踏上了这片土地。随着拿破仑战争的结束,意大利落入三股势力的控制:一是教皇和天主教会;二是梅特涅领导下的奥地利;三是那不勒斯国王费迪南德,他的领土包括那不勒斯和西西里岛。照理说,教皇下派拉文纳的使节应服从奥地利的领导。但那不勒斯早已出现了革命活动的迹象,革命最终于一八二〇年夏天爆发,同时罗马涅地区也出现了反抗活动,试图挣脱奥地利的统治。

375　　拜伦在拉文纳参加的意大利解放运动好像时刻都在等着他去投身。"这是一个伟大的目标,"他在日记中写道,"多么**富有诗意的**政治生活啊。想想吧,一个自由的意大利!!!"[2] 从这时起,尽管拜伦的诗歌仍然辞藻华丽,但诗歌创作逐渐成为政治的脚注;他要为自由而战,像孩子一样热情,像皈依者一样认真。他在拉文纳度过了近两年,之后又参加新的政治运动,严肃程度有增无减,但不幸的是,这条路还没走多远,半途就在希腊的迈索隆吉翁搭上了性命。

一八一九年的平安夜,拜伦从威尼斯来到拉文纳,自夸像古希腊神话中的海之信使特里同上岸一样神气。路过博洛尼亚,他理了发,把"所有剪下来的**长发**"放在画家哈洛为他画的一幅素描画像里寄给英格兰的奥古斯塔,尽管她反对。[3] 这回他暂住在没什么帝国气派的"帝国饭店"。雪有一英尺厚。狂欢节于一月中旬开始,届时还有戏剧和歌剧上演:罗西尼的《塞维利亚的理发师》。拜伦好像从未离开过威尼斯,受欢迎程度丝毫不减,特蕾莎·圭乔利的叔叔卡瓦利侯爵邀请他参加一场有二三百人的招待会。参会的女士大都年轻美丽,一个个珠光宝气,让他印象深刻。拜伦早已厌倦了威尼斯的女人,开始对拉文纳的女人们产生兴趣。人们很自然地认为他是特蕾莎的**官宣情人**,他对霍普纳自嘲道:"我正在刻苦钻研如何为夫人折披肩,如果我能折得不露边幅,那你们一定要夸赞我。"[4]

拉文纳的狂欢节没有威尼斯那么热闹,但一样有趣。艾蕾歌交给特蕾莎照顾,她们乘着圭乔利伯爵的四轮马车,由六匹马拉着,跟着车队,游行在拉文纳的大街上。威廉·班克斯应拜伦迫切的邀请也来了:"蒂塔很想你的,也许也想你那些白花花的银币呢;你的玩伴小猴子现在正独自伤神。"[5]他是否在暗示要把特蕾莎过给班克斯?班克斯和拜伦加入了变装游行队伍:两个滑稽的英国人,一个身材高大,常年旅行在外给了他发达的肌肉;另一个又矮又肿,到了不修边幅的年纪。

拜伦从面具制造商乔瓦尼·吉纳利亚那里为自己和特蕾莎订购了狂欢节面具,老板说拜伦的面具是在"极度保密"的条件下交付的。[6]他收到了金币,付钱的是莱加·赞贝利,即圭乔利以前的管家,现在正式成了拜伦的"秘书"和账房。据老板说,这副蜡质面具是"一个严肃而多虑的男性面相,年龄在四十五岁到五十岁之间"。刚做出来时还有逼真的头发和浓密的胡须,现在看起来就令人毛骨悚然。面具收藏在罗马的济慈-雪莱纪念馆中,它的存在说明,作为欧洲最容易让人一眼认出的人物,拜伦是多么喜欢伪装。

拉文纳生活的基调打动了拜伦。他喜欢这个不因为执政的红衣主教去世就取消狂欢节的地方。对拜伦来说,罗马涅州的首府有着优雅的小镇风情,有一种社会凝聚力,和诺丁汉(他成长的地方)很像。他发现上层阶级都接受了良好的教育,他们崇尚自由,罗马涅的农民也是他口中"世上最好的人"。[7]在他眼里,这是一座时间错位的城市,市民仍保留着古老的意大利民风:"这里远离了旅行者和军队的叨扰,因此保留了更多的意大利传统。他们做爱多,暗杀少。"他写信告诉拜伦夫人。[8]这封信是少数几封口吻和气、侃侃而谈的信,非常奇怪。读到这些,她可能明白了什么,可能什么也没有明白。

当然,为数不多去过那里的英国游客都看出了拉文纳古怪的异域感。化学家汉弗莱·戴维爵士曾借道考察探访维苏威火山,路过此地,他发现"这里的**意大利人性格明显更原始**"。[9]雪莱觉得它是"一个让人痛苦的地方:这里的人野蛮粗鲁,他们的语言是你能想象出的最接近地狱的话"。[10]对拜伦来说,这种异国情调则成了一种优点,能彰显他胜人一筹的地方:他能"完美融入当地"[11],生活在一个没有英国人定居的地方,他引以为豪。有一次,一位年轻的意大利伯爵说拜伦在拉文纳城里不会被当作英国人,因为他和其他英国人的"举止相去甚远"。[12]拜伦觉得这是莫大的荣幸。

拜伦每到一处,都是奔着文学遗产去的。拉文纳是"诗意的沃土"。[13]但丁的纪念碑和陵墓就在拜伦住过的"帝国旅馆"附近。拜伦在《唐璜》第四章中纪念了但丁:

> 我每天都会路过但丁的安息之地:
>   整洁却不肃穆的圆顶小墓,
> 保存着他的骨灰。[14]

在城东的松林里时,拜伦不断地想起薄伽丘的《十日谈》和爱情故事《西奥多和荷娜瑞亚》,后者被屈莱顿译成了英文,这两个故事都发生在拉文纳:

> 落日的余晖轻抚孤独的松林,

> 多么甜美！寂静的海岸
>
> 拥抱拉文纳古老的树林,
>
> 树林扎根在亚得里亚海冲刷的土地,
>
> 土地上坐落着恺撒最后一座堡垒,
>
> 常青的松林！薄伽丘的故事
>
> 和德莱顿的谣曲萦绕着我,
>
> 我爱这黄昏时刻,我爱你![15]

拉文纳是他最喜欢的意大利城市。他说,如果没有其他事干扰,他本可以心满意足地定居下来。至于威尼斯,拜伦只是暂居,却为城市形象做出了贡献,为后来旅游业的发展提供了支点。没错,今天的拉文纳确有一家"拜伦酒店"。

一八二〇年一月二十九日,也就是拜伦三十二岁生日过后一周,多年精神失常的英王乔治三世去世了。霍布豪斯本以为拜伦只会闻讯一笑,不想拜伦和弗莱彻却有些感伤:"是人闻之都会伤感,"拜伦在给默里的信中说,"虽说失明、老迈和精神错乱是幸福的绊脚石,但我猜精神失常对于晚年的国王而言是件幸事。"[16]

贵族出身的拜伦,有权参加乔治四世的加冕典礼,但他不太想回到英国。他不愿和拜伦夫人一起出席正式场合。他告诉霍布豪斯:"我要让'**最亲爱的小鸭子**'在加冕典礼上独自走鸭步。"[17]他也无心面对他在英国的敌人:"我怎么能忍受某些人,某些同僚? 我现在知道是他们在背地里诽谤我,编造卑劣的谎言,用心歹毒。真不知道他们什么时候是个够?"[18]"某些人"包括大法官亨利·布劳厄姆和湖畔派诗人罗伯特·骚塞,后者的诽谤不可小觑。"光是'伦敦'这两个字就让伯爵夫人打了个冷战。"[19]特蕾莎早已习惯了和拜伦在一起的日子。显然,她使出浑身解数把拜伦绑在身边。

无论如何，在拜伦离开后的近四年里，伦敦的情况发生了很大的变化，他怀疑现在的伦敦对他而言会像北京一样陌生。政党分布也已改变，包括他最亲密的几个朋友。令拜伦不满意的是，自从他到了意大利，原本是自由派辉格党人的霍布豪斯竟然"一步步变成了改革派"。[20]尽管拜伦自己一直都像他所说的那样，是"改革派的朋友和支持者"，但他不信任现在与霍布豪斯结盟的改革派，不信任威廉·科贝特和"好口才"亨利·亨特这样的民粹主义激进分子；当然他也不看好民主党人，说他们只会"蛊惑民心"。[21]"如果我们一定要受暴君统治的话，那他至少应该是一个有教养的绅士，精通自己的手艺，让我们倒在斧头下，而不是刽子手的断头刀下。"他信任权威，服从上级领导。

一八二〇年初，霍布豪斯锒铛入狱。他代表激进分子写了一本挑战辉格党的小册子，极具煽动性。议会表决认定他这一行为超出了议员特权，把他送进了纽盖特监狱。霍布豪斯入狱后，拜伦按照谣曲《你一天都去哪了，我的孩子塔米·奥？》的调写了一首讽刺歌谣，无缘无故地落井下石：

378

你怎能为了让他冷静

把我的霍比关在鬼牢？

因为我教唆人民

将议会的大楼推倒。[22]

这几行诗出现在一封寄给约翰·默里的信中，拜伦允许默里让这首诗在伦敦传阅。不久，《朝日邮报》上刊登了一个被改得面目全非的版本。在霍布豪斯的日记里读到这一段时，我们发现被好友背叛的作者伤心得连真实的感受都说不出口："他太喜欢用文字攻击曾共同作战、为他两肋插刀的老战友了,他这近乎淫欲的文字癖好恐怕只能说明他这个人真的很无情,甚至没有原则可言,说来让人心寒。"[23]霍布豪斯现在终于明白,拜伦可以冷酷到为追求文学创新而无意间伤害身边的人,就连他也不能幸免。后来,尽管拜伦有意无意道了歉,二人不吵架了,但友谊却变了样。

拜伦不愿回到英国参加国王乔治四世的加冕典礼,这可能是另一个原因。一月初,斯克罗普·戴维斯为逃避赌债,逃到欧洲大陆。一八一五至一八一六年,他在伦敦的赌馆输掉了约一万七千英镑,栽了这个跟头之后,他再也没能爬起来。到了一八二〇年,他只剩下最后一百三十英镑了,用拜伦的话来说,他"输光了,榨干了,完蛋了"。[24]斯克罗普,优雅,寡言,随和,忠诚。他的落魄是拜伦无法弥补的损失,在一封写给霍布豪斯的信中,悲痛的他把斯克罗普·戴维斯和一长串去欧洲逃难的朋友和英雄们联系在一起,"风流倜傥、一度与乔治四世称兄道弟的花花公子布鲁梅尔在**加莱**——斯克罗普在布鲁日——拿破仑·波拿巴在圣赫勒拿岛——你在——你的新住处——我在拉文纳——都曾是叱咤风云的人物啊!"[25]

但也许拜伦不愿再旅行只是因为特蕾莎的魅力和微笑再一次诱发了他习惯性的懒惰,毕竟,他已深深地融入了这座城市的生活。二月二十五日,他们还在路边采紫罗兰。他越来越离不开拉文纳了。

那些搬弄是非的人追随拜伦也来到了这座城市。"我听说拜伦勋爵在拉文纳,说他深深地爱上了当地最美丽、最富有的意大利媳妇。是这样吗?"[26]奥古斯都·福斯特从哥本哈根写信问他的母亲,即德文希尔女公爵伊丽莎白夫人。一项口无遮拦的"大嘴巴"韦伯斯特乐呵呵地问拜伦:"拉文纳那位少妇伯爵圭乔利夫人怎么样了?你厮要是能在教堂和她搞一把,我可想看看你戴主教尖帽的样子。"[27]

但是,无论流言传得有多么奇幻不着边际,现实的情况拜伦自己也

379 弄不清楚。在回到拉文纳的头几个月里,拜伦就搬出了帝国饭店,搬进了圭乔利公馆,租下了那里的二楼,即贵族常住的楼层。而房主伯爵和妻子则住在楼下。伯爵竟然允许给他戴绿帽子的客人住在楼上,丝毫不避讳,是为了什么? 事出反常必有妖。原因之一可能是伯爵的财务危机。当拜伦和特蕾莎去年秋天还在米拉村时,伯爵就一直在向他借钱,也许他还想借。何况,二楼的租金已经还上了伯爵欠下的所有债务。

伯爵涉猎甚广,在社会、文化、政治等方面都有涉足。让特蕾莎的情人陪在身边,让他陪妻子看戏、参加聚会,这样方便了自己。他喜欢拜伦,也崇拜他。有一次,他说出了实话:他曾想过拜伦是否对他感兴趣,而非他的妻子。伯爵的性取向也相当复杂,非同寻常。有迹象表明,他很喜欢这种被戴绿帽的感觉,在自己、拜伦和他的妻子的**三角恋**(*ménage à trois*)中享受着这种痛并快乐的感觉。

伯爵不停向妻子求欢,拜伦心里面不是滋味。他一想到伯爵用一双皱巴巴的手"迟缓地抚摸着嫩妻"[28],心里就备受煎熬。"如何让他不来找你?"他写道。[29]有时候,他看到特蕾莎摆好身体让伯爵来,忍不住还要责备她:"今天傍晚,你以为我在读亚历桑德罗交来的手稿,我在炉边看到一些我不该看到的。不用我多说,你明白的。"[30]伯爵有个女仆也叫特蕾莎,他和这个女仆也有一腿,现在,拉文纳的**三角恋**可以改称**四角恋**(*ménage à quatre*)了。

拜伦把他的家具从博洛尼亚和威尼斯搬到了伯爵的府邸。一九三二年,在整理英国外交部的一份档案时,人们发现了拜伦从威尼斯装运财产的提货单。从这份清单可以看出,拜伦一直都在搬家,在一个地方住不了多久,带的东西也很随意。这批货物包括几把椅子、一个沙发、四个床垫、两个不大的木质狗窝、四箱书、一个浴缸、四个用席子包裹的便桶,还有一张小床,在威尼斯的儿语中叫作"普泰罗"。[31]

在官邸头几个月,拜伦和艾蕾歌、仆人、猴子、鸟和狗住在一起,生活相对平静。从某种程度上说,这像极了去年夏天,那时拜伦和特蕾莎成天都在悄悄谋划去哪儿幽会。特蕾莎的女仆或者东非侍童会充当信使,在宽阔的楼梯上上下下,为二人传送秘笺。圭乔利伯爵也有一个黑人侍童,是一个从几内亚沿海地区来的男孩。两个男孩都穿着装饰细腻的东方服装,腰带上别着手枪和匕首。

拜伦和特蕾莎又像往常一样因为吃醋而吵架。有传言说拜伦勾搭上了前来巡演的首席女歌手帕斯塔女士,特蕾莎质问他是否有这种事,拜伦听到后气不打一处来。他之前对特蕾莎的朋友格特鲁德·维卡里有过意思,现在特蕾莎又开始翻旧账。这种相互指责几乎成了他们的生活日常。但能重回这种熟悉的环境,就算磕磕绊绊,也算平添了刺激。在这种气氛下,拜伦进入了一段文学创作高产期。一八二〇年初,他完成了意大利诗人浦尔契的长诗《巨人莫尔甘特》的英译,写下了长诗《里米尼的弗朗西丝卡》,并开始创作悲剧《威尼斯总督马里诺·法列罗》。关于这个悲剧,他对默里说:"我从没能一口气写完或抄完**一整幕剧**,总会被**打断**,要么去**破**个戒律,要么去遵守女人的戒律,结果忘记了神的戒律。"[32] 他这里的"戒律"指的应该是十诫中的最后一戒:不可贪恋别人的妻子。

他这样和伯爵夫人公然"出双入对"[33],伯爵府的气氛开始紧张起来。四月,伯爵撬开了特蕾莎的写字台,写字台原本是用一把万能钥匙锁着的,伯爵发现了罪证。不幸的是,特蕾莎对这件事的描述的手稿被老鼠啃得面目全非,无法辨认字迹。但我们确实有她对这一幕更全面的描述:几个星期以后,伯爵晚上回家,正巧**捉奸**在床,毫无避讳,便明令他不再见特蕾莎。拜伦显得相当平静,狡猾地回了一句,大概意思是看在他老人家的面子上,这次就从了他,然后转身就大大方方地回到了二楼。

发生这一幕不是巧合。伯爵已经动用十八个仆人收集证据,让商人做他的眼线。例如,一个铁匠作证说,伯爵夫人令他把通往拜伦卧室的门锁撬开。伯爵回府后,又让铁匠把锁换上了。"一听到锤子敲敲打打的声音,拜伦勋爵和伯爵夫人特蕾莎就从门背后出现了。"[34] 所有这些证人的叙述听起来都像是闹剧。伯爵对拜伦的敌意有增无减,且愈演愈烈,很可能是受到拉文纳执政的教会的怂恿。人们都知道拜伦到哪都支持自由派,教会里有人看他不顺眼。据拜伦说,当地几乎没有人同情圭乔利伯爵。毕竟,在过去的一年里,他竟然默许妻子在他眼皮底下和拜伦勾搭。况且法律也不站在他这边,妻子都向他承认出轨了,他还坚持和她睡在一起。拜伦告诉约翰·默里说,特蕾莎的众多"有权势有地位"的亲戚们愤恨的不是她,而是她的丈夫。[35] 其他意大利贵族在二十岁的时候出于无奈才默默接受妻子给他们戴绿帽子,伯爵却说自己还有几年才到六十岁,"到了六十岁再摘这顶帽子吧",让人嘲笑。现在,特蕾莎的父亲鲁杰罗·甘巴伯爵向教皇庇护七世请愿,求他允许女儿与圭乔利伯爵分居。

甘巴伯爵以前一心要保住他女儿的婚事,现在他改变了策略,这是为何呢?在请愿书中,他声称,现在女儿已经不可能再和丈夫生活下去了,因为女婿贪得无厌。六月二十三日,甘巴伯爵致信教皇新任命的拉文纳使节鲁斯科尼红衣主教,向他控诉圭乔利伯爵"以卑劣的行径谋取钱财",让他女儿卖淫。[36] 之后,他向圭乔利发出了决斗挑战。虽然甘巴伯爵没有透露更多细节,但看他如此愤恨,想必是发现了什么事实,这才彻底改变了态度。看到这位父亲的态度,我们不禁想起拉尔夫·诺尔爵士得知女婿拜伦虐待女儿时的反应。

特蕾莎怎么想的?拜伦怀疑她是没错的,那个夏天,伯爵府里的气氛剑拔弩张,她却还能笑对她的丈夫,好像伯爵设法拿住了她的心。七月六日,教皇颁布法令,准许他们分居。但在一八二六年,拜伦去世后,二人又复婚了。

分居条款一出，特蕾莎就得回娘家，受父亲的监护。她随父亲一起回到老家，就在距离拉文纳西南十五英里处的菲莱托乡下。拜伦仍尴尬地住在圭乔利伯爵府，与房东隔一层楼板。他有近两个月没见特蕾莎了，渐渐意识到离不开她了。他觉得自己成了特蕾莎的准丈夫。他对摩尔说："我本想只做一个临时的情人，不想却成了真爱，还是英格兰式的骑士爱情。"[37]看到自己变成了曾经厌恶的标准中产乡绅男，他自己都笑了。

艾蕾歌由于长期精神紧张，又生病了，拜伦在乡下为她租了一栋别墅，叫巴西内蒂别墅，还找了一个新保姆，把埃莉斯换掉了。住在这里，去特蕾莎的老家菲莱托镇更方便了，而且渐渐也就没人管着不让他见特蕾莎了。这家人生活优渥，热情好客。甘巴府建于十七世纪晚期，层台累榭，占地数亩，是夏日避暑的地方，所以一楼有一个巨大的开放式客厅，楼上有几间卧室，由一条走廊贯穿。在炎热的夜晚，卧室的门总是开着的，谈话声轻松地从一间房飘到另一间房。按照特蕾莎后来的情人马姆斯伯里勋爵的说法，甘巴家族一家都性格开朗，"完全可以称为意大利的奥斯波罗底翁族。他们知识渊博，个个都是打猎好手。他们有一只不算迅捷的指示犬，找到它就能在森林和葡萄园里找到山鹬或山鹑"。[38]自从在沃斯蒂扎打伤一只小鹰，拜伦就再也没有参加过射鸟活动。他也不喜欢钓鱼。但他倒喜欢和甘巴家的人打保龄球。

拜伦遇到了特蕾莎的弟弟，即刚从罗马的学校回来的彼得罗。"我非常喜欢你的弟弟，他有个性，有才华。"[39]他喜欢彼得罗的浓密眉毛和大长腿。彼得罗到底有多大？那时他大概十九岁到二十岁，相貌英俊，血气方刚。他和拜伦结成了联盟，可惜二人都不知道自己的生命有多短。拜伦还认识了特蕾莎的妹妹们，对她们"爱不释手"。[40]恍惚之间，当年在艾伍德别墅与牛津一家度过的日子仿佛再现，他成为家族的一员。被家族接受，他感觉自己完全融入了意大利："现在，我住在他们家里,这里是全意大利空气最清新的地方,没有外人,他们的期望、担忧、热爱就是我的期望、担忧、热爱,我几乎成了他们家的一员。这才是人和事本来的面目。"[41]

　　九月的一天晚上,特蕾莎邀请拜伦来家里一起看日食。当他到的时候,特蕾莎和客人已经在花园坐好了,"手持光学仪器,戴着彩色眼镜",开始观看日食。[42]拜伦坐在他们中间,不想打扰他们,很快就全神贯注于天象。占有欲一向很强的特蕾莎细细打量着这个男人,觉得他的脑海里一定在上演一出宗教剧,她都可以看出来,"伟大的思想"马上就要呼之欲出了。

　　一八二〇年春夏,拜伦仍一直为《唐璜》忧心忡忡。公众对前两章的反应不佳,他失去了信心,甚至提出要退还约翰·默里预支的版权费。班克斯在威尼斯那段时间,唐突地说出了一句评论,这句评论是当时一位住在威尼斯的英格兰人说的:"《唐璜》就是个穷书生写的,透着穷酸气儿。"[43]听到后拜伦心烦意乱,好几个星期都没有再碰这首诗。然而,今年二月,他寄给默里第三章和第四章。故事中,岛上的海黛和胡安惊讶地发现海黛的父亲兰布罗回来了,兰布罗是一个讲仁义的海盗——其原型是阿尔巴尼亚的阿里帕夏——胡安被送上海盗船,准备在君士坦丁堡的奴隶市场出售。这两章原本是一章,但拜伦在誊抄的时候,决定把它一分为二。有传言说,他这样做是为了得到两份报酬。但从拜伦的信件中可以清楚地看出,这个决定是出于艺术考量,并不是图利。

383　　拜伦寄出手稿之后,默里没有马上从伦敦的阿尔贝马尔街回复,让他心情烦躁。到了四月,他对默里怒吼道:"你那么忙,我也不指望你给我回长信。但是,当那些耗费大量心血创作、誊抄的稿件到达之时,你至少应**按照原地址**尽快向拉文纳发一份回执,好让我不再提心吊胆。"[44]其实,默里三月七日已收到稿件,就在半小时后发送了回执,并承诺:

"这两章我会立即公布,并无惧无畏地直接发表出去。"[45]

但两个月后,默里和霍布豪斯、金奈尔德带着沉重的心情进行了一番讨论,他改了主意,给拜伦又写了一封信,尴尬的表情跃然纸上:"我凭我的灵魂发誓,我从没有像现在这样语无伦次:我们都觉得第三章没有前两章好。"[46]"评审们"对拜伦译的浦尔契的《巨人莫尔甘特》也不看好,对他为教皇辩护的长文,甚至是《但丁预言》也不感兴趣。《但丁预言》"虽然很好",但分量不够,无法独立出版。默里说,最明智的做法是推迟出版,等到拜伦再一次写出"轰动社会"的作品为止。

拜伦在一定程度上同意默里对《唐璜》的批评。他向金奈尔德承认"这一次的垃圾并不是很精彩"[47],第三章的思辨和讽刺较多,缺少了前几章的故事性,语言也没有那么华丽。拜伦同意删除辱骂"骚塞和华兹华斯两个人装模作样"的六节,但他坚决拒绝做整体修改。[48]

几个月来,默里一直在恳求拜伦:"只要您能满足我们关于《唐璜》的共同期盼,我就可以卖出去数百万本。在任何语言中这首诗将成为最佳的,到时候你就有想不尽的荣华富贵了。"[49]拜伦仍抵制"润色"的要求,辩称他改不了:"我就像一只老虎(诗意地说),如果错过了第一个春天,我会咆哮着扭头回丛林。"[50]他说,默里不必急着给他付款:他宁愿把作品送人,也不愿"对着它胡劈乱砍"。还说,默里没有义务出版他的作品。默里的那些"如果……就应该……"式的婉言劝说最终把他逼急了,他甚至要求默里看在血统的分上对他区别对待:"你不能像对待劣马那样对待纯种马,否则他会冲出赛道。"[51]

尽管和默里争吵不休,拜伦仍反复要求默里给他寄东西,包括苏打粉这样的生活必需品,还有沃尔特·司各特新出版的小说。"《艾凡赫》讲的是什么?"他问。[52]他想让默里给他寄一张女儿艾达的肖像,他和夫人已经商量好的。看来,他还得让出版商默里当秘密的中间人。

384

在一八二〇年一封写给奥古斯塔的信中,拜伦对自己的性格做了一番剖析:

> 我的性情没有因为丰富的经历而变得温柔,我的心却已失去了追求任何事物的兴趣,但在压迫或刺激下仍有努力和变强的可能。我没有雄心壮志,我内心里觉得人类所有的尝试都是徒劳;就算尝试了,也得不到任何实在的好处。[53]

他知道自己是个无情的人,心思很难摸透,一旦受环境压迫,就会化身“史上最具破坏性、最危险的动物”。这股力量释放在罗马涅解放运动中,他要将这一地区从教皇、从奥地利的统治中解放出来。一八二〇年七月或八月,拜伦参加了一个秘密革命组织“卡博那里”,即“烧炭党”。经过多年的彷徨徘徊,拜伦终于找到了一个合适的身份。

自从回到拉文纳,他对当地的政坛产生了极大的兴趣。城里,除了雅各宾派(即拿破仑留下的自由主义者),除了由奥地利人主导的教会党派外,还有第三种力量,即致力于解放意大利的秘密自由战士。春天,拉文纳酝酿着革命。四月三十日,拜伦向英格兰写信报告说:“这里马上就要起义了。”[54]街上的孩子们开始高呼革命口号。反叛者在城墙和宫殿墙上写口号,诸如“建立共和国”和“教皇去死”,等等。圭乔利伯爵府的外墙贴的全是口号。对此拜伦评论道,这在伦敦不算什么,在伦敦,海德公园的墙壁从来不缺下流话和对王室的死亡威胁。但拉文纳不习惯看到这种激烈的政治口号:“警察都处于戒备状态,红衣大主教怒目圆睁,脸色苍白。”

起初,拜伦只是袖手旁观,他觉得自己能见证这一切很是幸运:“看到意大利人把所有蛮族赶回老巢,我认为这是迄今为止我见过的最有趣的场面和时刻。”[55]但现在,他与意大利已产生了认同感,“受民众思想影响",不可能独善其身。[56]特别值得一提的是,拜伦不仅对特蕾莎,而且对甘巴家族都产生了依赖性,因此最终卷入起义几乎是不可避免的。中年的鲁杰罗伯爵搞革命颇为老道,一八一四年拿破仑势力败退后,教皇、奥地利占领军就把他暂时流放出了罗马涅地区。他的儿子,即年轻的彼得罗伯爵,拜伦眼中善良勇敢的小伙子,"追求自由近乎狂热"。[57]甘巴伯爵的侄子安东尼奥·卡瓦利在罗马涅烧炭党中非常活跃。拜伦在伦敦加入的俱乐部数不胜数,他引以为豪。这些俱乐部的入会规则是不公开的,且有竞争性,这正好满足了他天生想被团体接纳的渴望。他加入过的俱乐部包括:阿尔弗雷德、可可树、瓦蒂尔、联盟、拳击手、猫头鹰或者"夜色飞翔"、汉普登。现在,可以在这个名单后面加上"意大利烧炭党","虽是最后一个,**却分量不轻**"。[58]

烧炭党的气氛与瓦蒂尔的相当不同。拉文纳烧炭党是活跃在意大利教皇势力范围内的一个叛乱团体。历史上,他们与共济会的联系很明显,如工作高度保密性,讲究仪式和精神价值。这些人是因为追求相同的道德品质才聚在一起谋事的,成员来自社会各个阶层:心怀不满的商人、工薪阶层的共和党人,以及哪儿也少不了的专业投机者、嫌疑犯和天生不满现状的人。

拉文纳烧炭党的仪式很复杂,拜伦的私人秘书莱加·赞贝利曾对此做过一番描述,他偷偷地记录下来,这份文件现在存放在大英图书馆,叫"莱加·赞贝利档案"。看来拜伦的管家也入会了。新加入的拜伦是否经历了完整的入会仪式,刚进去是否只是"学徒"?蒙眼受分会会长审问?蒙眼在会场绕行,即进行所谓的"航旅仪式";洗礼?宣誓,然后用密文签字、握手、获得进入场地的通行暗语?当然,拜伦后来告诉霍布豪斯,说虽然烧炭党人的目的很是单纯,但他们的仪式幼稚可笑。

在这场运动中,拜伦的作用举足轻重,他是阿尔博盖蒂伯爵的朋友,这位伯爵是当地教皇使领馆的秘书长,他心大,不管事,拜伦可以动用关系,把有关敌方奥地利的官方文件的情报传递过来。拜伦很就升职了,成了拉文纳烧炭党控制的第三个地区的首领之一,烧炭党在该区很受欢迎,大家都叫这个区"图尔巴"或者"暴民区"。他手底下有人有枪,武装力量叫"美洲烧炭党"。他们最早是森林里的一群猎人,现在的制服是红帽子、红衬衫和红白相间的条纹裤子。拜伦写信给约翰·默里,自豪地说他的部队有"几千余人"。[59]他应该没有夸大,因为他怕警察拦截他的信件。据估计,一八二〇年夏天,超过一万五千名自由战士加入了罗马涅的烧炭党。一八二二年,拜伦给出一个数字:奥地利占领的意大利地区共有八十万名烧炭党人。

386 　　他们每次都在菲莱托镇附近的松林里开会,以便保持隐蔽。很明显,拜伦喜欢这种"披风加匕首"的排场。当然,他也十分清楚地意识到意大利革命力量的缺点:"他们又想要联盟,又想要原则,他们能成功吗?我深表怀疑。"[60]从特蕾莎那儿我们可以知道,松林会议往往激烈而冗长,拜伦容易发脾气,敦促大家制订前后一致的行动计划。从中我们可以看出拜伦很务实,虽然面对一个前途未卜的事业,仍能倾尽全力,目的很单纯,不久我们将在希腊看到。

　　一八二〇年七月初,经过烧炭党和其他秘密组织的策划,那不勒斯爆发了针对奥地利人的反抗运动,国王费迪南德随即被废黜。人们预计,这会引爆北边的更大规模的革命。拜伦描述拉文纳的局势"像回到了中世纪,一切变得未知"。[61]多位政治人物被暗杀。八月十二日,他称:"意大利已经做好准备,蓄势待发。许多人都迫不及待想要扣动扳机。"[62]两周后,"意大利晚祷仪式"定于九月十日举行。[63]来自博洛尼亚的叛军撤退,烧炭党人发起的联合行动因此被迫终止,令拜伦懊恼。

　　整个秋天,情况越来越危险。一支庞大的奥地利军队现在正在南下,以镇压那不勒斯的叛乱。拜伦在九月描述了这一情形:"蛮族已抵达波河。一旦他们越过这波河,向那不勒斯进军,他们后方的意大利人都会揭竿而起。恶犬！豺狼！愿他们灭亡，像征服巴比伦的亚述王辛那赫里布！"[64] 他写信给拜伦夫人，告诉她奥地利军队横渡波河之后会造成经济混乱，拜伦警告她采取措施保护家庭投资："请你好好想一想，一场外国战争对你家的投资有多大影响。请允许我的受托人将我家剩余的财产投资到地产上，这样要比存在银行更安全，以免泡沫化，尽管这样投资可能会造成一定程度的损失。"[65] 他也写信给金奈尔德，让他给拜伦夫人吹风，让她快把他们家在柯比马洛里的地产的盈余从政府基金中取出来。"如果她不听，"拜伦威胁说，"我就亲自回去，做一件绝事，在我丈母娘见鬼之前，把柯克比庄园接管下来，不会太久的。"[66] 安娜贝拉的母亲诺埃尔夫人阳寿不多了，他急于保住属于他的那份遗产，这份遗产最终交给了奥古斯塔和她的孩子们。

　　他们计划在哈布斯堡的军队经过罗马涅的时候袭击他们，这个计划近乎疯狂。当局加大了对拜伦的监控，警察经常上门骚扰他，还和仆人吵架。有一次，警察抱怨说拜伦家仆人的制服和他们的警察制服太像了。"昨天他们派人来问，我为什么有这么多子弹，"拜伦愤慨地告诉金奈尔德，"事实上，正如你所知，我一直把手枪和步枪当作消遣方式，至今仍然如此，这一点我没有向警官交代。"[67] 特蕾莎现在已经回到了拉文纳，住在她父亲的伯爵府，她也成了针对的对象。可能是圭乔利伯爵在背地里使坏，警察威胁要把她关进修道院，这一招是为了吓唬拜伦和甘巴一家。

　　在圣诞节前两周，拉文纳的军事指挥官路易吉·达尔·平托上尉在离圭乔利伯爵府大门两百步远的街上被枪杀，这让拜伦无比清醒地认识到战争的两面性。当时是晚上八点。拜伦听到枪声时，正要穿大衣去甘巴家看望特蕾莎。走进大厅，他看到仆人们聚集在阳台上，叫喊着有人被谋杀了。拜伦叫来了手下最勇敢的仆人蒂塔，让他跟着下楼看看。他们看到仰面平躺的军官，"没死的话，也差不多要咽气了"[68]，心口有一处枪伤，腹部有两处，手指和胳膊各有一处。他的副官迭戈哭得像个孩

387

子,赶来的外科医生吓得身体瘫软,还有一个心有余悸的牧师,"呜咽地念着祈祷"。

这个垂死的人理论上是拜伦的敌人,但拜伦却主动为他料理后事,他派两名士兵去通知卫兵,派迭戈去告知红衣主教,并命令蒂塔和人群中的两名男子把指挥官抬到自己的住处里去。把他放在威廉·弗莱彻的床上时,指挥官已经咽气了。

拜伦把尸体剥光。他和外科医生进行了一次尸检,可能是为了在需要时为官方报告的撰写提供证据,但从拜伦的信件中也可以看到,这样做也是出于一种科学探索的精神。拜伦镇定地检查尸体,发现一颗子弹几乎穿透了躯干,到达了另一侧的皮下部位。谋杀用的枪在现场附近的人行道上被发现,是把旧枪,枪管被锉下去一半。指挥官身后留下了妻子和孩子,拜伦十分同情,形容他们"一贫如洗"。[69]红衣主教鲁斯科尼发布了一项官方法令,将该案定性为杀人案,并悬赏捉拿凶手,但凶手似乎一直没有追查到。

这件事给拜伦留下了深刻的印象。在写给托马斯·摩尔、约翰·默里,甚至拜伦夫人的信中,他用大致相同的措辞,详细地叙述了这件事。他在《唐璜》第五章中也运用了这段素材,创作时间为那年冬天:

388

　　　　　上周五晚上,
　　　　　　　这是真实发生的,不是诗意的寓言。
　　　　　正当我穿上大衣的时候,
　　　　　　　帽子和手套还在桌上没来得及穿戴,
　　　　　我听到一声枪响。八点钟刚过,
　　　　　　　我飞奔出去探究竟,
　　　　　看到军事指挥官
　　　　　躺平在大街上,眼看就要断气。[70]

事情的前后扑朔迷离。这是烧炭党人干的吗？或者，就像拜伦后来说的那样，军官是一个双面间谍，他自己就是烧炭党人？这次暗杀发生在拜伦住所附近，万一这是警方策划的，是否是为了栽赃给拜伦？警方追查案件懈怠，本身也让人怀疑。军官达尔·平托死后，有人企图暗杀拜伦本人，这可能是圭乔利伯爵怂恿的结果。他清楚地记得，"有一次，我像往常一样，在那个时候出门锻炼。我上马刚踩上脚镫，就听到一声枪声，马飞速地跑了起来。抬头一看，一个人扔下一把卡宾枪，撒腿就跑"。[71]

但是，拜伦最感兴趣的不是当地的政局，而是这起谋杀案反映出来的不同人的生死观，这对拜伦相当陌生。生与死的分界线是什么？他坐在达尔·平托的遗体旁思考着这个问题，平托看起来异常地安详，他生前也常出没于拉文纳**大大小小的沙龙**，是个勇敢却不受欢迎的人。他还注意到，在尸体旁值班的中尉抽着烟斗，"泰然自若，真是一群怪人"。[72]

一八二〇年和一八二一年之交的冬天的拉文纳，拜伦还只有三十岁出头，怀旧感又一次袭来，这次更加强烈。他在回忆录中添加了更多的片段，并在十二月九日给托马斯·摩尔寄去三个包裹，其中包括十八页新稿，供摩尔立传用。他知道摩尔现在手头紧，建议摩尔把这些东西卖给朗文或约翰·默里。他还是坚持回忆录在他死后再出版，"因为一个人的一生成了稿，这个人看起来就像死了一样"。[73]拜伦的这一建议为次年十一月摩尔和约翰·默里达成的协议提供了基础。默里为获得死后的出版权支付了两千英镑，金奈尔德和霍布豪斯听说这笔交易后又惊又愤。霍布豪斯认为这是对拜伦人格的侮辱，他在日记里大骂摩尔、默里和拜伦，说他们唯利是图，俗不可耐：

　　事实上，我的朋友拜伦有一种特别的焦虑，那就是他的每一个

389

行为,甚至是最微小的特征,包括他生命中的所有事件,以及他的思想历程,在面对世界的时候,都应该有个样子,有一个这样或那样的形象。[74]

新年伊始,拜伦又开始记日记了,自一八一六年离开瑞士以来就一直没写。这本日记断断续续地写到一八二一年,让我们清晰地看到他的日常生活面貌。例如,一月五日:

> 起得很晚,无精打采,无聊。空气潮湿得可以拧出水。地上仍有积雪,来自非洲的沙尘飘浮在空气中,一如昨日。道路积雪堆到了马腹,不便骑马出去玩。给默里的信上加了些附言。司各特所有的小说都读过至少五十遍,《房东的故事》第三部的结尾读完了第五十遍,真是伟大的作品!他是"苏格兰的菲尔丁",也是伟大的英国诗人,了不起!我真想和他喝个烂醉。
>
> 吃过饭,已经六点钟了。忘了还有李子布丁。我继承了"家族许多恶习",现在爱上**吃**了,这也是恶习之一。之前吃过一顿,竟然忘记了。喝了半瓶烈酒,可能是葡萄蒸馏酒,即所谓的白兰地、朗姆酒等,这里除了葡萄烈酒之外,什么都没有,只不过颜色不同。甜点是两个苹果,但是我**没有**吃。喂了两只猫,鹰和比较乖的乌鸦,这乌鸦可**还没被驯服**。读米特福德的《希腊史:色诺芬的万人大撤退》。写到现在这会儿,还有六分钟就八点了。这是法国时间,不是意大利时间。
>
> 听到马车来了,我订购了手枪和大衣,还有些生活必需品,跟往常一样。天气寒冷,马车门大开着。这里的居民们还是有些野蛮,不可信,政治上容易走极端。不过,做国家栋梁还都是好样的。上帝从混沌中创造了一个世界,从激情中创造了这个民族。

时钟敲响,是时候出去寻欢作乐了。有点危险,但不体验还是
不行的。对了,今天新竖起一面屏风,古色古香的,稍微收拾一下还
能将就用。[75]

拜伦的日记了不起的地方在于,不仅仅是身边细节流水账,而是将
思考融入那些无关紧要的小事,从而形成一种内在的和谐,从他那迷宫
般的生活中将作家拜伦和革命家拜伦清晰地勾勒出来,栩栩如生。他的
当下被过去的回忆笼罩着:他出生的阿伯丁、哈罗公学、剑桥三一学院、
还有伦敦的上流社会、决斗、演讲、老掉牙的笑话、泽西俱乐部的狂欢、差
点被遗忘的上议院对峙,那种忧伤似乎可以触碰。

390

一切已物是人非。老管家乔·默里去年十月去世了。拜伦觉得
"萦绕祖宅的幽灵"随他也一并离去了:"我的祖产纽斯特德庄园和他一
起消逝了。"[76]他在伦敦的牙医韦特和理发师布莱克也去世了,这对他
来说是个突然的打击。五年前拜伦离开的时候,牙医和理发师布莱克还
都"神采奕奕"。[77]他一直努力不让自己陷入负面情绪中,但一想到虚度
的光阴,他就愈加沮丧。三十三岁生日那天,他带着惊恐的眼神自省,写
了一首墓志铭,哀叹道:

在第三十三个

荒淫无度的年头,

在几个月的病魔缠身之后,

他陷入颓废,

消失殆尽

于公元一八二一年一月二十二日。[78]

一八二一年三月一日,星期四,四岁的艾蕾歌被送进入巴尼亚卡瓦洛的

圣乔瓦尼·巴蒂斯塔修道院学校,小镇巴尼亚卡瓦洛最早是一个古罗马堡垒,位于拉文纳以西十二英里的沼泽平原上。自从回到父亲身边,小女孩就变得任性难管。拜伦形容她"固执得像骡子,贪婪得像秃鹰……她要是不那么虚荣,不那么倔,脾气还可以容忍。她自以为漂亮,怎么开心怎么来"。[79]在那些脸色蜡黄的意大利孩子中,她的皮肤白皙,因此被百般娇惯。

特蕾莎对她的**官宣情人**的私生女爱恨交加,时而宠爱,时而嫌弃。拜伦对特蕾莎坦白的时候带着一丝焦虑:"艾蕾歌把你的礼物弄坏了,弄坏了一辆玩具小马车。"[80]特蕾莎说,女儿在巴西内蒂别墅那段时间爱唱意大利流行歌曲,还模仿仆人的动作。拜伦则搬出一副尽职父亲的口吻,说她这样"戏仿别人"不是好习惯,"迟早会惹出麻烦"。[81]这个道理拜伦比其他人更懂。

391 艾蕾歌的生母一直要求他把孩子送回她身边。克莱尔·克莱蒙特当时和雪莱一家住在比萨,她在一八二〇年三月写信告诉拜伦,"我已经快一年半没有见到女儿了"[82],并恳请拜伦,让孩子夏天来她这里过。但是拜伦坚决反对,他认为把艾蕾歌送去雪莱家会受到精神污染。他写信给霍普纳:"关于艾蕾歌,我只能对克莱尔说,我完全不赞成雪莱一家的育儿理念。孩子待在雪莱家,就像待在医院一样,不是吗? 他们养过孩子吗?"[83]他在这里是在揭雪莱家的伤疤:一八一九年六月,他们的孩子——三岁的威廉在罗马夭折。这时候的拜伦就好像传统家长,恶毒地攻击雪莱夫妇的素食主义和无神论倾向:"孩子不可能再离开我半步。不可能让她饿坏,靠吃水果为生。不可能让她学着不信神灵。"克莱尔·克莱蒙特这会儿才知道拜伦的真面目。霍普纳夫人把这封信抄了一遍转寄给了她,她在日记中都要气炸了:"我想了一整天,我在和一个禽兽通信。"[84]

艾蕾歌夭折前,拜伦早就在考虑把她送去修道院接受教育。他天然对罗马天主教有好感,认为它"是基督教各派中最上古的一支":毕竟,他曾在上议院发表过支持"天主教徒解放法案"的演讲。[85]他天性多疑,这让他更容易依赖道德上的教条主义,从宗教中找依靠。从这个意义上讲,天主教相当于他儿时接受过的加尔文主义。拜伦习惯感情用事,生活中处处都在演戏,这两点正好契合天主教较强的仪式感和表现性:"正因为有焚香、图画、雕像、祭坛、神龛、圣物,以及真实在场的存在、忏悔、宽恕,就有一些可以让你去把握、去触摸的东西。"[86]他喜欢天主教仪式中的这种奢侈感。拜伦觉得,如果人们有任何宗教信仰,那么他们就不会满足。

至于艾蕾歌的未来,拜伦认为在修道院上学要比回英格兰上学好。在英格兰,她这样的私生女嫁人都是问题。但在意大利就没有这个顾虑,新娘的嫁妆才是最重要的。拜伦已经给遗嘱增加了附录,为女儿准备了五千英镑。他的另一个女儿艾达据说小小年纪就表现出超群的智力,这更让他下定决心要给艾蕾歌创造优良的教育条件。看看特蕾莎,博览群书却为人低调,有情调,有品位,她的存在让拜伦领教了意大利修道院的教育水平。

拜伦之所以做这个决定,很可能是因为听到了一八二〇年的一则传闻,即所谓的"霍普纳丑闻"。传闻最早是雪莱家的瑞士保姆埃莉斯传出来的,在威尼斯的时候,是她负责照顾艾蕾歌。她后来在一位英国女士那里找到了新的工作,一八二〇年夏天在威尼斯的时候,她在谈笑间透露给霍普纳一个耸人听闻的故事。她说,一八一八年十二月二十七日,雪莱一家在那不勒斯过冬的时候,生了一个叫埃琳娜·阿德莱德·雪莱的女孩,两个月后他们为这个小婴儿举行了洗礼;这个孩子是雪莱和克莱尔·克莱蒙特的。一八二〇年九月十六日,霍普纳写信将这一传闻告诉了拜伦:

　　我在这里向你透露一件事关艾蕾歌的事,这件事你确有必要知晓,好让你下定决心,不把孩子交给母亲照顾。你要知道,雪莱一家在意大利的时候,克莱尔已经怀上了雪莱的孩子:你可能还记得,克莱尔在意大利那段时间身体一直不好,吃了大量的药,那些药并不是帮她恢复健康的。我现在也才明白,为何克莱尔那么怕鬼、怕入室抢劫,却宁可一个人待在埃斯特镇而不和雪莱一家待在一起。

　　尽管如此,三人还是从威尼斯南下去了那不勒斯;有一天晚上,有人上门找雪莱,请他去看看病重的克莱尔。他的妻子玛丽自然觉得叫他去很奇怪。虽然她不知道二人的关系发展到哪一步,但雪莱明显已对她冷淡起来,况且克莱尔也对继姐怀恨在心。但雪莱不让玛丽过问,因此她不敢干涉。产婆请来了,二人怎么看也是知书达理的人,却没有为这个不幸的新生儿的降生做任何准备;孩子出生才半小时,他们就贿赂产婆,托她把孩子交给圣母院。他们还给了医生一笔可观的封口费。

根据埃莉斯的说法,玛丽一直不知道那两人在"那不勒斯搞出来的"肮脏的事情。婴儿不久就夭折了。故事的真相至今扑朔迷离。但可以确定的是,拜伦信了这个丑闻,毕竟为了让孩子远离母亲的影响,这件丑闻是个方便的筹码,绝佳的理由。

　　到了一八二一年二月十日,拜伦告诉霍普纳,他受不了艾蕾歌的行为举止了:"艾蕾歌是个好孩子,但脾气不好,太执拗了。"[87]她太任性,仆人们管不住她。拜伦进一步说,"无论如何她都不适合再和仆人们待在一起了"。[88]雪莱也这样看。八月,雪莱来拉文纳拜访拜伦,看见圭乔利家里"全是品性堪忧的男仆,他们一个劲地对艾蕾歌使坏"。[89]克莱尔突然意识到,威胁女儿的可能还有拜伦本人。

　　当拜伦把艾蕾歌送去修道院时,雪莱一家和霍普纳一家还以为是送去临时托管一段时间。那所学校是圣芳济教会的修女们不久前才建好的，艾蕾歌是年纪最小的。她来时带着床、洗脸台、衣箱、两把椅子、十八件衬衣和一件黑色毛料连衣裙。她还带来了自己的洋娃娃，这些洋娃娃打扮得非常考究，后来修道院木匠的妻子就把洋娃娃的衣服剥去给自己的孩子穿。拜伦将他自己的贵族长袍捐赠给修道院，是通过特蕾莎的管家送去的，他特意要求用长袍的料子为女儿做条连衣裙。这些长袍改成了修道院礼拜堂的窗帘。

艾蕾歌入校当天，仪式性地请修女们吃了一顿饭，一个修女的兄弟写信告诉拜伦勋爵：

> 我认为我有责任立刻向您报告您孩子艾蕾歌的情况。她的名字起得好，正适合她快乐的天性。她一来就和其他几个小女孩打成一片。昨晚她安安静静地睡了一觉，今天早上比之前更加开朗活泼。学校这么多孩子，她已经选好玩伴了。[90]

女修道院长负责照顾她。一听说女儿被送去修道院，克莱尔就给拜伦写了一封信，斥责他不负责任，竟让女儿"沦落到修道院，那是一个无知且堕落的地方"。[91]

把女儿送走几周后，拜伦写信给约翰·默里，托默里把袖珍画画家詹姆斯·霍姆斯请到意大利，路费拜伦出。拜伦请他来给艾蕾歌、圭乔利伯爵夫人作画，"再给一个农家女孩画一幅头像，拉斐尔在世定会找这个女孩作画。这个农家女有一张地地道道的**村姑**脸，一张**意大利**村姑脸，而且很像拉斐尔《福尔娜瑞娜》里的那个女孩。她个子高，块头大，一点也配不上她的脸。这也挺好！她还不到十七岁，趁着她年轻，我非常想把她的容颜永久保留下来"。[92]他特意叮嘱默里："一定是**霍姆斯**，别人不行。我喜欢他，因为他的画总是惟妙惟肖，可谓'积习难改'

393

啊。"[93]这段故事之前的说法是,他以为霍姆斯是在为摄政王作画,所以不能领命,拜伦为此非常恼火。但事实并非如此。默里档案里新近发现一封短笺,从中可以得知,拜伦知道霍姆斯是在为国王作画。尽管如此,他仍向默里抗议:"让他'给你们的王画像'去吧!画一个陵墓⋯⋯干脆给他**粉刷**一遍,他要的就是那种效果!"这下他对英国的君主制更加蔑视了,新国王乔治四世已年过六旬。

> 王国的时代快要结束了。到时候,必将血流如注,泪涌如雾,但万民终将胜利。有生之年,我可能看不到了,但可以预见。[94]

拜伦是一个善于分析历史沿革的诗人。美国独立战争和法国大革命之后,英国正酝酿着共和制改革,拜伦亲历了这一重大的历史变革。南美洲的一个个国家挣脱西班牙和葡萄牙的统治,先后上演了人民革命。拜伦相信,葡萄牙和西班牙本土不久也会爆发革命。他告诉霍布豪斯:"我当然倾向于建立共和制。所有的历史经验,包括法国人的经验,都证明共和制更好。尽管他们一开始屠杀了成千上万的公民,但在任何一场大规模战争中丧生的人远比在任何一场民主运动中死去的人**要多**。尽管美国的人民粗野无礼,但美国还是力量、自由和节制的典范。"[95]他甚至预见,在不久的将来,英国成为共和制也是不无可能的:"也许十年或二十年后都不会实现,但这一趋势是不可阻挡的。"

与此同时,在拉文纳,他家门口的革命开始让他忙活起来了。奥地利的平叛部队准备南下横穿罗马涅地区,拉文纳的军政府随即加强了管制措施。拜伦制订计划,在必要的时候把受困的意大利爱国者安置在自己家里,或者更确切地说是伯爵家里;他给仆人分发武器,好叫他们保卫爱国者。他估算,府邸的二十个人御敌长达二十四个小时不在话下。

这正是拜伦把艾蕾歌送去巴尼亚卡瓦洛的修道院的另一个原因,他难免要参与烧炭党的计划。他不想让女儿陪他"经历战火"。[96]甘巴伯爵没有事先通知拜伦就把一批武器送到了伯爵府,这让拜伦猝不及防,因为他的仆人里只有莱加·赞贝利、蒂塔和弗莱彻拥护革命;万一出了事,其他人到底把枪口指向谁还不知道。一八二一年二月十八日,拜伦描述府邸的地下室"满是刺刀、枪管、子弹,要什么有什么。我猜,万一有什么不测,他们肯定要把我当成替罪羊供出去"。[97]说到这里,他拔高了声调:"无妨,只要意大利能解放,牺牲谁、怎么牺牲,我都在所不辞。"[98]

革命的现实很快打破了拜伦的幻想。一月底,眼看就可以集中力量对奥地利军队发动进攻,包括彼得罗·甘巴和一名同僚在内的拉文纳烧炭党领导人却骑马去打猎数日。拜伦愤怒地写道:"这甚至不是一次真正的狩猎探险,一个个冻得抽抽涕涕的,'砰砰'放上几枪,走近一瞧,打中几只水鸭,还不够火药的费用,他们却乐此不疲。"

烧炭党对拜伦渐渐失去了魔力。二月下旬,那不勒斯叛军居然投降,全然背弃与北部各州烧炭党人的联盟,这让拜伦更加沮丧:"这个**计划**落空了,军队首领被出卖了,民众首领也被出卖了。"[99]他认为根本问题是这个民族缺乏团结,革命动力薄弱。当他看到一位拉文纳女子坐在拨弦古钢琴前泪流满面的时候,拜伦意识到意大利人应该回去写歌剧,还闹什么革命?

一八二一年夏天,当局出兵镇压拉文纳的反叛势力,逮捕了许多烧炭党人。一向不知道遮掩的仆人蒂塔·法尔切里公然在街上与一名尉官争吵,被逮捕了。[100]尉官称蒂塔无缘无故用刀袭击了他。红衣主教通过中间人阿尔博盖蒂命令拜伦解雇仆人,说这些人早晚要被驱逐出罗马涅。拜伦毅然决然地驳回了要求,他可受不了这种气;他要求当局按照正当的法律程序公开审判蒂塔,同时要他们别来骚扰他本人。竟然有人张贴海报,公开悬赏拜伦的人头。当局显然感到理亏,便让步了,只是刑拘蒂塔三天,并要求他公开道歉。

　　屋漏偏逢连夜雨。七月十日,彼得罗·甘巴离开剧院时遭到警察逮捕,直接被逐出罗马涅。第二天,甘巴伯爵府遭到搜查,鲁杰罗·甘巴伯爵也被勒令二十四小时内离开拉文纳。拜伦赶紧动用一切可用的关系,写信给德文希尔女公爵伊丽莎白夫人,据说她当时正住在罗马,与教皇的秘书康萨尔维红衣主教交好。他希望伊丽莎白通过梵蒂冈的盟友和教廷通融一下,解除对甘巴家的两位伯爵的判决,实在不行,解除一位的判决也行。为了和伊丽莎白拉近关系,拜伦特意模仿贝斯伯勒夫人(即卡罗琳的母亲)的笔迹,说"您和贝斯伯勒夫人那么熟,一定看惯了她的笔迹,应该也能看懂"他这潦草的笔迹。[101]之所以绕了这么远拉关系,他是在努力不让伊丽莎白想起她曾把皮卡迪利大街13号租给了他,闹出了那么多事。但不论拜伦如何努力,这位丧了夫的女公爵那时也已离开罗马,等到她回信,已于事无补。

　　七月二十五日,当局再次威胁要把特蕾莎送进修道院,无奈的她只能去佛罗伦萨投奔父兄,留拜伦一人在拉文纳,郁郁寡欢。

　　一八二一年七月,拜伦一直忙于《福斯卡里父子》的创作,这是他在一年写出的第三部悲剧。这是三部曲的其中一部,第一部是去年四月开始创作的《威尼斯总督马里诺·法列罗》,第二部是一八二一年一月至五月之间创作的《萨丹那帕露斯》,那时他一直在拉文纳。拜伦这是在尝试一种新的英语戏剧,他深信莎士比亚和他的拥趸所创作的素体诗悲剧虽然情节跌宕起伏,但已经过时。在他看来,伟大的悲剧"不是要按照老剧作家的套路来创作。他们那些优美的语言是为了掩盖通体的硬伤。伟大的悲剧语言应该自然**流畅**,我们应该像**古希腊人**那样创作**普通人的悲剧**"。[102]在结构上,他受古典学的影响,一心想要遵循三一律,让地点、时间与情节保持一致。拜伦还推崇法国十七世纪的剧作家柯奈和拉辛,以及十八世纪的意大利剧作家阿尔菲耶里。

　　他在英国伦敦特鲁里剧院的实践证明了戏剧这种艺术表现形式的局限性。拜伦写的剧不是用来表演的,而是要读者"**在心里搭台上演**"[103];他的剧中没有俗套的母题,没有你情我爱,没有插科打诨,没有身份错换,没有"骂骂咧咧的大坏蛋"[104]。他告诉约翰·默里,他不是图名,而是要创造一种新的戏剧形式,"简单而严肃"。可以想象,收到这封信的默里心情定是"一落千丈"。

　　十九世纪二十年代初,偏远小城拉文纳暗流涌动,在这里创作的悲剧一定非同一般。拜伦用放大镜仔细审视当地人的权力斗争,用朴素的语言在他的悲剧中展现得淋漓尽致,他在剧中关注道德责任和一个人能承受苦难的最大限度。《威尼斯总督马里诺·法列罗》是一部改编于历史事实的五幕悲剧:一三五五年,威尼斯总督马里诺·法列罗密谋反抗威尼斯腐败的统治者。公爵府会议厅中陈列着一系列前任总督的肖像,被污名化了的马里诺·法列罗却没有自己的肖像,他的位置上挂着一面黑色长方形的布,上面赫然写着"**这里是因罪断首的马里诺·法列罗**"。正是在威尼斯看到这一幕,看到当局公然篡改法列罗的历史,抹去他的真实形象,拜伦才有了写这部悲剧的灵感:

　　　　一排总督像中那块挂在马里诺·法列罗肖像前的黑布,他获得加冕、罢免乃至斩首的那个宽大的楼台阶,连同他坚毅的性格和神奇的故事,猛烈地撞醒了我的想象。[105]

　　威尼斯总督法列罗坚定地捍卫自己的信仰,他面对背叛孤身奋战,面对死刑大义凛然,他的故事对当时意大利和英国都具有现实意义。"这是一则共和主义故事,"拜伦坚持道,"所以不可能受到**阿尔贝马尔**街的青睐。"[106]一八二一年四月出版后,《威尼斯总督马里诺·法列罗》

给约翰·默里惹出了新麻烦。尽管拜伦一再反对篡改原作，尽管默里为了在暗地里阻止该剧上演甚至尝试向内廷大臣张柏林勋爵申请禁演令，但该剧的删减版还是在特鲁里巷连续上演了七场。虽然不算彻底的失败，但也没有取得多大的成功。

拜伦为下一出戏的题材考虑了很久。新剧"叫作《萨丹那帕露斯》"[107]，按照亚里士多德三一律创作，但去除了拜伦无法接受的合唱部分。该剧参考了古代希腊历史学家迪奥多拉斯的《历史文库》第二卷

397　和一八一八年威廉·米特福德所著的《希腊史》，讲述了一位年迈却英勇的国王的故事，他就是亚述最后一位国王萨丹那帕露斯。

拜伦尽其所能向默里保证，他的戏剧并不会像他担心的那样讽刺当代的君主制，不必"战战兢兢"。[108]事实上，这戏有着更个人的、更复杂的内核。在《萨丹那帕露斯》中，拜伦创造了一个慈眉善目的反面角色，他自知不是好人，好跟别人比狠，有些莎士比亚笔下理查三世的人格魅力；他对他那娘娘腔的举止毫无遮拦。剧中，国王"差人搬来**镜子**，端详穿盔甲的自己"[109]，拜伦承认这样写有些庸俗，因为大家都会照镜子。对此，他带着些许歉意解释道："这个特征也许过于常见，但对于一个活生生的女性化的男子而言，照镜子是很自然的事，而且符合历史事实。"汤姆·摩尔很喜欢萨丹那帕露斯这个角色的人物刻画，"狡猾，说话总会含沙射影"[110]，非常新颖。摩尔肯定认出这就是拜伦自己。

谁说不是呢？故事里，一个放浪形骸的君主在王国即面临危机的时候变得坚强起来，化身为一个勇敢无畏、勇于自我牺牲的军事将领，这样的编排既滑稽，又不乏挑战性。这并不是简单地复述拜伦自身的转变，即从威尼斯一个游手好闲的花花公子摇身一变成为烧炭党的中流砥柱。这出戏从多个角度展现出拜伦人格的多面性，妙趣横生：《萨丹那帕露斯》里那个娘里娘气、寻欢作乐的国王摇身一变，竟然升华为军队首领，血气方刚，一身傲骨。即便失败，他也死得像个英雄。

最终，萨丹那帕露斯和他最喜欢的希腊奴隶默哈被烧死在柴堆上祭神，默哈应该是特蕾莎·圭乔利。他在古典悲剧创作中有意回避爱情母题；但他架不住特蕾莎"如圣女基娅拉的雄辩力"[111]，在那三寸不烂之舌的感染力下，最终还是加上了爱情元素。

下一部作品叫《福斯卡里父子》，拜伦把场景搬回威尼斯，讲述另一个总督和他儿子的故事，他们姓福斯卡里，父亲叫弗朗切斯科，儿子叫雅各布。雅各布从流放地被召回，因叛国罪而受审。一开场，我们就看到雅各布被捆在行刑架上受审的场景。剧中，父亲不得已签署流放保证书，将自己的骨肉再次流放，拜伦用朴素的语言再现了这种为了国家而牺牲骨肉的悲壮场景，写到这里，拜伦取用了他最近在拉文纳的革命生活。作品花了不到一个月的时间，很快就写完了。

约翰·默里收下了《萨丹那帕露斯》《福斯卡里父子》和《唐璜》第三、四、五章，这第五章是一八二一年初收到的，默里却只支付了两千几尼，让拜伦很恼火。现在看来，默里手底下最出名的作家非拜伦莫属，但给他的报酬却越来越少；拜伦若公开出售这些作品，获得的报酬都要比默里给的多。况且，默里给手底下其他作家的报酬也比给拜伦的多。拜伦气得有些口无遮拦。下面这些诗句中提到的其他作家和作品是奥福德伯爵霍勒斯·沃波尔的《乔治二世执政记》和沃尔德格雷夫伯爵詹姆斯的《回忆录》：

　　　　对奥福德和沃尔德格雷夫

398

　　　　你给的竟然比**给**我的多，

　　　　这可不地道啊，

　　　　　　　　我的默里！

　　　　据说一只活狗

　　　　抵得过一头狮子，

那一个**活着的**勋爵还抵不过**两个死人**？

我的默里！——

如果，

诗歌比散文更畅销，

那我应该改写散文，对吗？

我的默里！

这页纸眼看就要写到底了，

你若答应，就别让**我**吃亏，

你若**不答应**，你就去死吧，

我的默里！[112]

  几周后，拜伦给默里送去了一部新剧《迷之该隐》，默里出价两千五百几尼，让拜伦更加愤怒了。他向金奈尔德抱怨说，三部戏外加《唐璜》的三章，掏"**三千**"几尼还差不多。毕竟，"比前三章质量略差的《恰尔德·哈洛尔德游记》第四章"[113]默里都支付了两千五百几尼左右的价格。看吧，曾几何时亲密无间的文学创作团队现在堕落到了讨价还价、恶言恶语的地步。

  一八二一年八月，《唐璜》第三、四、五章终于出版，拜伦似乎重获辉煌。专门为默里立传的塞缪尔·斯迈尔斯记录道，前来采购的"书商把阿尔贝马尔街的门店围得水泄不通，他们订购的数量非常大，工作人员只能把一捆捆的诗集从窗户递给他们"。[114]不过，较为客观的出版史学家指出这样的描述可能言过其实。

  《唐璜》确有其拥趸。但相比《恰尔德·哈洛尔德游记》和《东方叙事诗》，《唐璜》的印刷数量不多。一八二一年，只印了一千五百份八开

版。默里还出版了一个更小、更便宜的版本,希望能抑制盗版,《唐璜》第一、二章出版后很快就出现了盗版。拜伦流亡海外,他的传统读者群逐渐减少,决定他未来影响力的主要是这些廉价版,甚至是盗版。

雪莱像以前一样,毫不吝惜对《唐璜》的溢美之词。一八二一年 **399** 八月六日,他来到拉文纳,二人一见面,拜伦就花了几天时间为他朗读第五章,即胡安在君士坦丁堡的经历。雪莱写信告诉玛丽,这首诗"写得特别好"[115],他说得很细:

> 能写出这首诗来的人远比当代任何诗人都要强:每一个字都可以流芳百世。他是众人攀比的唯一对象,但即便我可以,我也不想和他一争高下。这一章风格独特,自成一派,写得行云流水,一气呵成,堪比第二章的结尾。若要捍卫人性尊严,这诗里一个词都不能改:它在一定程度上实现了我长久以来所要宣扬的,即要创造出一种全新的、呼应时代的,同时又瑰丽无比的东西。说这话可能有些虚荣,但我想,我看到了我努力的成果:很长一段时间,我都在恳切地劝说他创造出一些全新的东西,现在他真的做到了。

自从拜伦离开威尼斯,雪莱这是第一次见到他,很开心。上一次见他,拜伦似乎自暴自弃了。而现在,似乎他的身体和人生观都发生了巨大变化:"他当时在威尼斯花天酒地,染上了恶习,成天郁郁寡欢,而现在,他洗心革面了。"[116]雪莱把这一变化归功于拉文纳那位"地位显赫的女士",是她让拜伦有了家的感觉。他靠自己的收入生活,每年收入约四千英镑,他将其中四分之一捐给慈善事业:"这才是他该有的样子,德才兼备。"[117]雪莱还注意到,远离了威尼斯放荡的社会氛围,威廉·弗莱彻英俊的外表又回来了,过早变白的头发中间竟长出了"亚麻色的新发"。[118]

雪莱大赞拜伦的改变未免有些天真，但我们的确可以从中看到他在拉文纳最后几个月被困在圭乔利伯爵府的样子。那段时间，拜伦下午两点才起床，吃完第一顿饭，就和雪莱促膝长谈到傍晚。从六点到八点他们骑马，让马儿小跑穿过松林，用南瓜做靶子，练习手枪射击。之后，他们回到府上用餐，一口气聊到早上六点。在这期间，仆人们、八只獒犬、三只猴子、五只猫、一只鹰、乌鸦和猎鹰都在拜伦的公寓里溜来溜去，"把这里当家一样"。[119]楼里时不时回荡起动物的叫嚷声。雪莱觉得拜伦像一个古怪而仁慈的魔术师，在一个不起眼的城市里掌管着"喀尔刻宫"。雪莱给邻居兼好友托马斯·洛夫·皮科克写完信，结尾又附上拜伦圈养的其他野生动物的信息："我刚刚在主楼梯上碰到了五只孔雀、两只珍珠鸡和一只埃及鹤。我纳闷那些动物都是什么样的人变的。"雪莱在暗示他上次来看到的访客吗？

雪莱来拉文纳的主要目的是看看艾蕾歌过得怎么样，他仍把她视为自己的家人。他骑马到巴尼亚卡瓦洛，他的生父拜伦显然都没去看过她，在修道院陪了她三个小时左右。他告诉玛丽，这孩子"相比同龄人，长得又高又瘦"。[120]她的容貌长得更精致，但脸色也更苍白，"可能是因为吃得不好"。她的头发仍然金黄，卷曲着垂在背上。她穿着一件白色面纱连衣裙，"黑绸围裙配长裤"，非常漂亮。艾蕾歌"身材高挑，举止轻盈飘逸优雅，和其他孩子形成了鲜明的对比，一眼就能看出她的优良血统和高贵出身"。修道院的纪律已经深深影响了她。雪莱意识到，她变得顺从了。

起初见到雪莱，她还害羞。但是雪莱对她关心备至，还从拉文纳给她带了一条金项链，以此换取了她的好感。不久，她就领着他看花园和修道院的各个房间，跑来跑去，蹦蹦跳跳，炫耀她的小床和餐椅，还有她和玩伴一起玩的玩具马车。雪莱带来了一篮子糖果和蜜饯，在自己吃之前，她把它们分给了小朋友和所有的修女。"这可不是以前的艾蕾歌啊。"他感慨道。雪莱问她要给父亲捎什么信时，她要求父亲带"**我的妈妈**"（*la mammina*）一起来：雪莱以为她说的是克莱尔，但实际上是特蕾莎。从雪莱的叙述看，孩子不知道母亲是谁，不知道自己属于谁。这一趟让他坚信，艾蕾歌应该尽快离开巴尼亚卡瓦洛，回英格兰接受博雅教育："他是怎么想的，在这个鬼地方把这么可爱的小东西养到十六岁！"

　　雪莱在拉文纳的这两周，"霍普纳丑闻"又酝出了新麻烦，笼罩在雪莱心头。霍普纳曾告诫过拜伦，让他守口如瓶，一是为了给玛丽·雪莱留些面子，二是霍普纳夫妇不想让人知道是他们私下把秘密泄露了出去。但拜伦怎能忍住不惹麻烦呢？让利·亨特说，拜伦"在谈论自己的私事时口无遮拦，他还会给你看别人的来信，这一点绝了。他甚至觉得向你透露秘密是给你送一个大礼，他给我送过一两个，我就让它到此为止了"。[121]另一位朋友评价他像一个脚夫，对传播坏消息有一种特殊的癖好。此外，他很可能知道雪莱想要接女儿走，为了让他打消这个念头，他需要动一些手腕。雪莱刚到府上的那晚，拜伦就给他看了霍普纳去年九月的来信，信中详细叙述了护士埃莉斯的指控，说在那不勒斯出生的神秘婴儿是雪莱和克莱尔的孩子，说雪莱给克莱尔买了"药性最强的堕胎药"[122]，但药物没能起作用，孩子一出生，就被送到弃儿养育院。我们从雪莱写给玛丽的信中可以看出，他这时候才知道有这样的谣言存在，字里行间充满了恐惧。雪莱催玛丽快给霍普纳夫妇写信，告诉他们"解铃还须系铃人，叫他们站出来否认指控"。

　　一八二一年八月十日，玛丽从比萨给伊莎贝尔·霍普纳写了一封长信，虽然愤慨，但措辞恰当，她坚称埃莉斯传出去的故事是恶意虚构的，她这样做是受情人保罗·福吉的怂恿，这情人现在已是她的丈夫，以前是雪莱家的仆人，是他企图勒索雪莱。玛丽按照雪莱的吩咐，把信寄给了在拉文纳的雪莱，雪莱再将信转交给霍普纳夫妇。她渴望拜伦能读到这封信，她猜想"拜伦不会相信这个谣言的"。[123]事实上，拜伦当然相信

401

这个谣言,自以为是地对霍普纳说:"他们三个就是这样,没错。"[124]估计玛丽的信没有送到霍普纳手里,因为拜伦死后从他的遗物中发现了这封信。他这仅仅是忘记了,还是他觉得给克莱尔抹黑对他有利? 后者可能性更大。

雪莱离开拉文纳时,拜伦决定了未来的去处。他想起了一八一六年夏天那个令他心痛的日内瓦,耳根子又软,就放弃和甘巴一家去日内瓦定居的主意了。雪莱想带他去比萨。八月十一日,他写信给玛丽,请她给拜伦兄弟找一幢"又大又漂亮的房子"。[125]之所以要他去比萨,是因为他们商量好要在那里创办一个文学评论杂志。他们邀请利·亨特出国来此加入这项事业。这个主意深深吸引了拜伦。他之前曾和摩尔商讨过创办评论期刊的事,但最终作罢。

在返回比萨的路上,雪莱在佛罗伦萨停留,拜访特蕾莎、甘巴伯爵和特蕾莎的弟弟彼得罗,请他们一起去比萨定居。特蕾莎利用这个机会仔细打量了雪莱一番,这是她第一次见雪莱。拜伦之前就向她描绘过雪莱这个人,说他是个非同一般的人。一见面,特蕾莎觉得雪莱远超她的想象。她在回忆录里说,"雪莱非常特别"。[126]她倒没觉得雪莱有多么帅,比她帅气的情人差远了,拜伦那是传统的帅。他笑起来很难看,牙齿龃龉不齐,皮肤上全是雀斑,头发蓬乱,还有些少白头。"他个子很高,但背驼得很厉害,所以他看起来不比一般人高多少;虽然身板细长,但骨头和关节却异常突出。"但雪莱有一种特别的美,"他的面庞严肃得像神一样",让她想起"古朴的意大利画派中那一张张空灵、无邪的面孔"。雪莱像太阳,散发着热诚和智慧的光芒。

八月二十六日,拜伦从拉文纳写信给雪莱,说自己和仆人沉浸在"收拾行李的痛苦中"。[127]他要把家具提前送过去。但他拖拖拉拉,莱加·赞贝利也笨手笨脚的。像以往一样,拜伦心里觉得不舒服,等他平复下来再出发，又过了两个月。

在那几个星期里，他写了三首有分量的诗：《爱尔兰的阿凡达或弥赛亚》，这首诗带着愤怒的情绪和奔放的语词评价了一八二一年八月和九月乔治四世加冕后对爱尔兰的访问。还有《天与地之谜》第一幕，这是一部"小抒情戏剧"[128]，讲述了《圣经·旧约》中的大洪水的故事。还有《审判的预示》，这是他的讽刺作品中最具杀伤力的，是他对骚塞写的《审判的预示》的回应，后者是桂冠诗人对已故君主乔治三世的深情悼词。所有这些作品都寄给了默里，但从未出版过。

拜伦还在忙着为汤姆·摩尔的回忆录整理材料，他提醒摩尔，现在和约翰·默里搭上了关系，他应该可以收集到他大量的书信，他自己编辑传记时可以用，将来遗嘱执行人也可以用。他提醒默里，霍布豪斯那里还保管着从他十六岁以来收到的所有来信，还有"自从上次流放以来"[129]收到的来信，数量不断增多，几乎翻了一倍。拜伦希望摩尔能够接触到这些信件，他叮嘱说，给他这些资料，"**不是为了让他窥探隐私，不是为了伤害**在世的通信者的感情，也不是为了伤害死者的形象"，而是为了给拜伦盖棺定论提供证据。但这"定论"有几分真呢？拜伦心里清楚，他所有的秘密都在这些信中，所以真正处理起来还是需要"分寸"的。

在他这些信中，他特别希望能把他写给墨尔本夫人的信找回来："信太多了，很久以前就该要回来了。"[130]他告诉默里，这些信可以展现他对婚姻的"真实看法和感受"。"**如果**你有办法的话，可以向卡罗琳·兰姆夫人索要我写给她的信，可能对你有用。但要当心她**伪造**一封给你，这种事她以前做得多了。"

拜伦为默里列出了可能保存他信件的人：牛津夫人；弗朗西丝·韦伯斯特夫人；索斯维尔的伊丽莎白·皮戈特小姐；甚至可能是玛丽·查沃斯，"后面这几位很可能把我的信都烧了，或者找不到了"。拜伦还提醒默里,他在婚前和婚后写给拜伦夫人的所有信件依然在她手中。但他暗示,拿到这些信还得他自己出面:"不要紧,没这些也无妨。"很明显,拜伦似乎很享受别人踏入他的情感雷区,好像他有意识要为子孙后代留一个笑话。

圭乔利伯爵府已被搬得空荡荡,他的日记开始变得更像散文:

> 人的肉体天生向往**热情**——心灵之泉中却有一种内生的、神秘的向善倾向——愿上帝助人!——他现在成了装着微粒的沙罐。[131]

一连五天的秋雨将拜伦带到了十月。拜伦抑郁的老毛病又犯了。他让默里给他寄一本叫《忧郁的解剖》的书,是罗伯特·伯顿写的。他抱怨管家莱加在以龟速为他收拾行李。无奈之下,拜伦只好出门,趁着新月如弦,和一位拉文纳的小姐散步。这是"一个**新**女人,刚认识的"。[132]显然,这个女孩把自己送上门是不无目的的。但拜伦只和她"随便寒暄了几句,仅此而已"。看来,现在拜伦已没了见色起意的冲动。

终于,在十月二十九日,为了"早起"[133]离开拉文纳,拜伦熬了一整夜。他扔掉了动物园中老弱病残的那些:断了一条腿的山羊,一点都不好看的串种狗,挑剔到只吃鱼的苍鹭,拴着链子的獾和两只又老又丑的猴子。他还把女儿丢在修道院不闻不问。拜伦本想把女儿带在身边的。但特蕾莎认为艾蕾歌待在修道院更好。

拜伦刚要动身,收到了一封修道院院长的来信,信的背面是女儿用意大利语吃力地写下的一段话,女儿求他来看看她。她说,集市马上就要开了,她想让他来给她买好东西:"我这么爱您,您就不来疼一疼您的艾蕾歌吗?"[134]不想,拜伦却回了一句冰冷的话:"听起来还算真诚,但不怎么会哄我开心——她想见我只是因为'集市',只是因为她想要我给她买些姜饼之类的甜食罢了。"[135]拜伦在拉文纳最后那几天,唯一提到女儿的话是"为女儿安排好一些事"^[136]，但没有迹象表明他亲自去看望过。

最近，拜伦心里总念着克莱尔伯爵，他告诉约翰·默里，在哈罗公学的时候，两人通信"非常频繁"。^[137]行进在伊莫拉和博洛尼亚之间时，他们偶遇了。他们下了车热情地寒暄了一番。拜伦这样描述道："当时有一种莫名的感觉，自己好像从坟墓里复活一样，以前从未有过"，他和克莱尔好像从未分开过。^[138]"克莱尔**看起来**比我更激动，因为我的指尖能感觉到他的心跳。如果不是如此，那一定是我心跳得太快。"几天后，拜伦在日记里记下了这段经历，他的字迹游离，涂改甚多，有些词句下面划了很多条线，可见当时他那莫名激动的心情。

他和克莱尔只见了五分钟，虽说是在公路上，"但我想不起来生命中还有哪些时刻可以和它相提并论"。他们分开后，克莱尔南下罗马，拜伦北上比萨，二人约好来年春天再会。

注释

[1]《拜伦书信与日记》，1813 年 11 月 23 日。

[2]"在拉文纳写下的日记"，1821 年 2 月 18 日。

[3] 拜伦致奥古斯塔·利的信，1819 年 12 月 23 日。

[4] 拜伦致理查德·贝尔格雷夫·霍普纳的信，1820 年 1 月 31 日。

[5] 拜伦致威廉·班克斯的信，1820 年 2 月 19 日。

[6] 乔瓦尼·吉纳利亚，"署名证词"，1865 年 9 月 13 日。（济慈-雪莱纪念馆，罗马）

[7] 托马斯·梅德温，《拜伦勋爵比萨谈话录》。

[8] 拜伦致拜伦夫人的信，1819 年 7 月 20 日。

[9] 拜伦致道格拉斯·金奈尔德的信，1820 年 5 月 3 日。

[10] 珀西·比希·雪莱致玛丽·雪莱的信，1821 年 8 月 8 日。（牛津大学

博德利图书馆,雪莱手稿,文档1,第443–448号文件)

[11] 拜伦致约翰·默里的信,1820年2月21日。

[12]《一些不切实际的思考》,第85条。

[13] 托马斯·梅德温,《拜伦勋爵比萨谈话录》。

[14]《唐璜》,第四章,第104节,第825行。

[15] 同上,第三章,第105节,第929行。

[16] 拜伦致约翰·默里的信,1820年2月21日。

[17] 拜伦致约翰·卡姆·霍布豪斯的信,1820年3月3日。

[18] 拜伦致特蕾莎·圭乔利的信,1820年1月–2月。

[19] 彼得·科克伦编辑,迈克尔·里斯翻译,《拜伦在意大利》。

[20] 拜伦致托马斯·摩尔的信,1820年1月2日。

[21] 拜伦致约翰·默里的信,1820年2月21日。

[22]《新歌》('New Song'),1820年3月23日。

[23] 约翰·卡姆·霍布豪斯(布劳顿勋爵),"日记手稿",1820年4月16日。

[24] 拜伦致弗朗西斯·霍奇森的信,1820年12月22日。

[25] 拜伦致约翰·卡姆·霍布豪斯的信,1820年3月3日。

[26] 奥古斯都·福斯特致德文希尔公爵夫人伊丽莎白的信,1821年7月20日。见《两位公爵夫人》。

[27] 詹姆斯·韦德伯恩·韦伯斯特致拜伦的信,1819年11月11日。

[28] 拜伦致特蕾莎·圭乔利伯爵夫人的信,1820年5月(日期存疑)。

[29] 同上,信件残篇,1819年6月–7月(日期存疑)。

[30] 同上,1820年1月3日。

[31] 外交部有关提货单的信,威尼斯,1820年1月26日。(剑桥大学三一学院)

[32] 拜伦致约翰·默里的信,1820年10月8日。

[33] 同上,1820年5月20日。

［34］圭乔利家里仆人的陈述。（艾略特文献,济慈-雪莱纪念馆,罗马）

［35］拜伦致约翰·默里的信,1820 年 5 月 20 日。

［36］鲁杰罗·甘巴伯爵致红衣主教鲁斯科尼的信的草稿,1820 年 6 月 23 日。（甘巴藏品,克拉森塞图书馆,拉文纳）

［37］拜伦致托马斯·摩尔的信,1820 年 8 月 31 日。

［38］马姆斯伯里伯爵,《前任大臣回忆录》,第一卷(1884)。

［39］拜伦致特蕾莎·圭乔利伯爵夫人的信,1820 年 7 月 29 日。

［40］彼得·科克伦编辑,迈克尔·里斯翻译,《拜伦在意大利》。

［41］拜伦致托马斯·摩尔的信,1820 年 8 月 31 日。

［42］彼得·科克伦编辑,迈克尔·里斯翻译,《拜伦在意大利》。

［43］托马斯·摩尔,《拜伦传》。

［44］拜伦致约翰·默里的信,1820 年 4 月 16 日。

［45］约翰·默里致拜伦的信,1820 年 3 月 7 日。

［46］同上,1820 年 6 月 13 日。

［47］拜伦致道格拉斯·金奈尔德的信,1820 年 4 月 30 日。

［48］拜伦致约翰·默里的信,1820 年 4 月 23 日。

［49］约翰·默里致拜伦的信,1820 年 10 月 16 日。

［50］拜伦致约翰·默里的信,1820 年 11 月 18 日。

［51］同上,1820 年 7 月 6 日。

［52］同上,1820 年 3 月。

［53］拜伦致奥古斯塔·利的信,1820 年 1 月 2 日。

［54］拜伦致约翰·默里的信,1820 年 4 月 23 日。

［55］同上,1820 年 4 月 16 日。

［56］拜伦致道格拉斯·金奈尔德的信,1820 年 4 月 14 日。

［57］拜伦致托马斯·摩尔的信,1821 年 9 月 19 日。

［58］《一些不切实际的思考》,第 31 条。

［59］拜伦致约翰·默里的信,1821 年 9 月 4 日。

［60］同上，1820 年 4 月 16 日。

［61］拜伦致道格拉斯·金奈尔德的信，1820 年 7 月 20 日。

［62］拜伦致约翰·默里的信，1820 年 8 月 12 日。

［63］同上，1820 年 8 月 25 日（日期存疑）。

［64］同上，1820 年 9 月 7 日。

［65］拜伦致拜伦夫人的信，1820 年 10 月 25 日。

［66］拜伦致道格拉斯·金奈尔德的信，1820 年 10 月 25 日。

［67］同上，1820 年 8 月 31 日。

［68］拜伦致托马斯·摩尔的信，1820 年 12 月 9 日。

［69］拜伦致拜伦夫人的信，1820 年 12 月 10 日。

［70］《唐璜》，第五章，第 33 节，第 257 行。

［71］托马斯·梅德温，《拜伦勋爵比萨谈话录》。

［72］拜伦致托马斯·摩尔的信，1820 年 12 月 9 日。

［73］同上，1821 年 1 月 20 日。

［74］约翰·卡姆·霍布豪斯（布劳顿勋爵），“日记手稿”，1821 年 10 月 28 日。

［75］“在拉文纳写下的日记”，1821 年 1 月 5 日。

［76］拜伦致奥古斯塔·利的信，1820 年 10 月 18 日（日期存疑）。

［77］拜伦致约翰·默里的信，1820 年 11 月 18 日。

［78］“在拉文纳写下的日记”，1821 年 1 月 22 日。

［79］拜伦致理查德·贝尔格雷夫·霍普纳的信，1820 年 3 月 31 日。

［80］拜伦致特蕾莎·圭乔利伯爵夫人的信，1820 年 8 月 7 日。

［81］同上，1820 年 8 月 30 日。

［82］克莱尔·克莱蒙特致拜伦的信，1820 年 3 月 16 日。

［83］拜伦致理查德·贝尔格雷夫·霍普纳的信，1820 年 4 月 22 日。

［84］“克莱尔·克莱蒙特日记手稿”，1820 年 5 月 1 日。

［85］拜伦致理查德·贝尔格雷夫·霍普纳的信，1821 年 4 月 3 日。

［86］拜伦致托马斯·摩尔的信,1822 年 3 月 8 日。

［87］拜伦致理查德·贝尔格雷夫·霍普纳的信,1821 年 2 月 10 日。

［88］同上,1821 年 4 月 3 日。

［89］珀西·比希·雪莱致玛丽·雪莱的信,1821 年 8 月 15 日。(牛津大学博德利图书馆,雪莱手稿,文档 1,第 453–458 号文件)

［90］费利斯·特拉里尼(Felice Tellarini)致拜伦的信,1821 年 3 月 11 日。

［91］克莱尔·克莱蒙特致拜伦的信,1821 年 3 月 24 日。(大英图书馆)

［92］拜伦致约翰·默里的信,1821 年 3 月 13 日–16 日(日期存疑)。

［93］同上,1821 年 8 月(日期存疑)。

［94］"在拉文纳写下的日记",1821 年 1 月 13 日。

［95］拜伦致约翰·卡姆·霍布豪斯的信,1821 年 10 月 12 日。

［96］"在拉文纳写下的日记",1821 年 1 月 23 日。

［97］同上,1821 年 2 月 18 日。

［98］同上,1821 年 1 月 24 日。

［99］同上,1821 年 2 月 24 日。

［100］关于蒂塔·法尔切里的这次争执,参见安德里亚·卡萨蒂奥(Andrea Casadio),《新发现的两封拜伦在拉文纳的信》('Two letters from Byron's stay in Ravenna'),载《拜伦研究》,2001 年。

［101］拜伦致德文希尔公爵夫人伊丽莎白的信,1821 年 7 月 15 日。

［102］拜伦致约翰·默里的信,1821 年 1 月 4 日。

［103］同上,1821 年 8 月 23 日。

［104］同上,1821 年 2 月 16 日。

［105］《马里诺·法列罗》的序言,1820 年 7 月–8 月。

［106］拜伦致道格拉斯·金奈尔德的信,1820 年 10 月 8 日。

［107］拜伦致托马斯·摩尔的信,1821 年 6 月 22 日。

［108］拜伦致约翰·默里的信,1821 年 5 月 25 日。

［109］同上,1821 年 5 月 31 日。

［110］《托马斯·摩尔日记》,1821 年 10 月 30 日。

［111］彼得·科克伦编辑,迈克尔·里斯翻译,《拜伦在意大利》。

［112］《致默里先生》,1821 年,第 1 行。

［113］拜伦致道格拉斯·金奈尔德的信,1821 年 11 月 29 日。

［114］塞缪尔·斯迈尔斯,《约翰·默里回忆录和书信集》,第一卷。

［115］珀西·比希·雪莱致玛丽·雪莱的信,1821 年 8 月 10 日。(牛津大学博德利图书馆,雪莱手稿,文档 1,第 443–448 号文件)

［116］珀西·比希·雪莱致托马斯·洛夫·皮科克的信,1821 年 8 月 10 日(日期存疑)。(卡尔·普福尔茨海默图书馆,纽约)

［117］珀西·比希·雪莱致玛丽·雪莱的信,1821 年 8 月 10 日。(牛津大学博德利图书馆,雪莱手稿,文档 1,第 443–448 号文件)

［118］同上,1821 年 8 月 7 日。(第 440–442 号文件)

［119］珀西·比希·雪莱致托马斯·洛夫·皮科克的信,1821 年 8 月 10 日(日期存疑)。(卡尔·H.普福尔茨海默图书馆,纽约)

［120］珀西·比希·雪莱致玛丽·雪莱的信,1821 年 8 月 15 日。(牛津大学博德利图书馆,雪莱手稿,文档 1,第 453–458 号文件)

［121］利·亨特勋爵,《拜伦勋爵及其同代人》。

［122］同上,1821 年 8 月 7 日。(第 440–442 号文件)

［123］玛丽·雪莱致伊莎贝尔·霍普纳的信,1821 年 8 月 10 日。

［124］拜伦致理查德·贝尔格雷夫·霍普纳的信,1820 年 10 月 1 日。

［124］珀西·比希·雪莱致玛丽·雪莱的信,1821 年 8 月 11 日。(牛津大学博德利图书馆,雪莱手稿,文档 1,第 449–450 号文件)

［126］彼得·科克伦编辑,迈克尔·里斯翻译,《拜伦在意大利》。

［127］拜伦致珀西·比希·雪莱的信,1821 年 8 月 26 日。(卡尔·普福尔茨海默图书馆,纽约)

［128］拜伦致道格拉斯·金奈尔德的信,1821 年 12 月 14 日。

［129］拜伦致约翰·默里的信,1821 年 9 月 20 日。

［130］同上，1821 年 9 月 28 日。

［131］《一些不切实际的思考》，第 96 条。

［132］拜伦致托马斯·摩尔的信，1821 年 10 月 1 日。

［133］同上，1821 年 10 月 28 日。

［134］玛丽安娜·法布里修女致拜伦的信，1821 年 9 月 28 日。（皮尔庞特·摩根图书馆，纽约）

［135］拜伦在上述文献上作的批注。

［136］拜伦致塞缪尔·罗杰斯的信，1821 年 10 月 21 日。

［137］拜伦致约翰·默里的信，1821 年 9 月 28 日。

［138］《一些不切实际的思考》，第 115 条。

第二十四章　比萨（1821-1822）

自上次我们分别

已过去很多年；这短短五载

诉说了太多！他那一缕缕卷发

变得花白；他已不再怀念

从塞斯托斯游到阿比多斯的青春岁月；但他的声音

依旧悦耳；眼里折射出的思想之光

势如闪电，他不再徘徊，

等别人说话。我们久坐聊天

直到深夜，我们的相遇

每一刻都难舍；曙光来临，

出发，一起攀爬那陡峭的亚平宁。[1]

一八二一年十月底，拜伦途经托斯卡纳前往比萨，打算会一会比他年长的塞缪尔·罗杰斯。罗杰斯曾在《意大利》一诗中记录了这次重逢。从中可以看出，拜伦仍不失那种随叫随到的亲和感。

拜伦和罗杰斯在博洛尼亚会面，二人乘坐四轮驿车一同南下，家长里短地聊了一路，说共同的熟人的坏话。路过切尔托萨市，他们停下来拜访拜伦的一位教堂司事朋友,在修道院墓地里待了大半天,看管墓地的司事好奇地打量着罗杰斯骷髅似的脑颅。有罗杰斯这样一位专业鉴赏家陪伴,拜伦打算再去一趟佛罗伦萨的美术馆,一八一七年他就曾去过一趟。没想到,这次去正赶上游客如织,"什么也**感受**不到"。[2]"一个自以为是的英国佬"挽着一位女士的胳膊对着意大利画家提香的《维纳斯》不懂装懂地说道:"这幅画啊?还是蛮不错的。"这话让拜伦打了一个冷战。

拜伦和罗杰斯在佛罗伦萨市分道扬镳。抵近比萨,在大概刚过恩波利市的地方,拜伦碰到了克莱尔·克莱蒙特,她可能是为了躲拜伦才搭乘公共马车离开比萨,不想偏偏碰到了"拜伦勋爵和他的马车队"。[3]

欧洲各国的间谍都没有闲着。卡瓦利耶里·路易吉·托雷利是个间谍老手,他在日记里写下一篇报告,叫《烧炭党恶行录》,其中记录道:"著名诗人拜伦勋爵租下了兰弗郎契公馆,计划租一年,共计两百几尼,已预付六个月的房租。要不是传言他是个疯子,全欧洲警察都应该对其严加监视。"[4]拜伦来时后面跟了一大群侍从,除了一名仆人和马夫来自英格兰,其他不是来自博洛尼亚市就是来自罗马涅区。除此之外,还带了十四匹马。所有马车都有武装保护,还挂着用拉丁语书写的横幅——"相信拜伦"。在托斯卡纳浑浊的政治语境下,就连这句座右铭听来都让人警觉。

拜伦那时候到达的比萨还是个美丽而让人伤感的地方,四处都是近乎废弃的纪念碑,还有那个斜而不倒的塔。雪莱首次来比萨的时候,就说"比萨这个大城市几乎没人住,不讨人喜欢"。[5]除了有古老的大学外,比萨似乎没什么**存在的意义**。雪莱夫妇为拜伦找到的房子是兰弗郎契公馆,它建于文艺复兴中期,亚诺河从这里缓缓地拐了一个弯,对面是圣墓堂。拜伦则跟默里夸张地描绘道:"我住的兰弗郎契公馆位于亚诺河畔,是封建领主遗留下来的古堡,相当有名。它大到足以驻军,下面有地牢,墙里还凿出单间牢房。这里有**恶鬼**盘踞,我的男仆弗莱彻,那么一个见多识广的人,竟然都不停恳求要换房间住,但换上了**新房**还是不愿意住,说新房的鬼竟比别的房的还多。"[6]拜伦想象古堡的楼梯是米开朗琪罗建造的,但并没有证据。

　　和比萨这座城市一样,兰弗郎契公馆也有一种阴森森的味道。去过那里的托马斯·梅德温说它"大,昏暗,让人不舒服"。[7]让雪莱说,主厅前的门廊高得"像是为巨人建的"。[8]兰弗郎契公馆的原房主和但丁《炼狱》中那个折磨乌戈利诺伯爵的兰弗郎契属于同一个家族。**楼上**拜伦那间宽敞的房间里不光挂着女儿艾达的袖珍肖像,还挂着乌哥利诺及其儿子们的画像。从威尼斯带来的斗牛犬莫雷托现在已经长大,拴在一楼门外,吓唬那些不受欢迎的人。几年后拜伦的私人律师牛顿·汉森来参观别墅,有人向他展示了门框一侧用铅笔写下的一句话,用来标记身高。汉森只模糊地记得上面说:"一个人不能给自己的身高增加一寸,也不能让自己的生命延长一分钟。"[9]汉森可以确定那字迹是拜伦的。拜伦又在象征性地声讨所有权,孤独的时候他在一个地方做个性化的记号,让这地方看起来像自己的,当年他在牛津夫人的别墅的门框高处也刻过字。

407　　拜伦在比萨过着与世隔绝的生活。他用傲慢的态度避免与当地大学教授见面,因而在当地知识分子中不受欢迎。托斯卡纳的贵族为了过冬、庆祝狂欢节,每年都会来比萨过几个月,随之而来的是一系列社交活动,但拜伦对此无动于衷。一个个化装舞会、一位位公爵夫人拜伦已经玩腻了。拜伦跟道格拉斯·金奈尔德说:"我在意大利的亲朋好友大部分都离我很近。"[10]甘巴一家当时住得不远,就在伦卡诺的帕拉别墅。临近生命的尽头,拜伦才觉得家庭重要。

　　就这样,拜伦奔着雪莱夫妇和类似的英格兰文学界、军界的侨民去了。雪莱一家就住在附近,即三层的基耶萨别墅顶层,位于亚诺河南侧,拜伦的别墅对面。玛丽写信告诉朋友玛丽亚·吉斯伯恩,公寓布置得

"非常漂亮"，"你瞧，比萨成了'啼鸟之巢，诗人之家'"。她一点也不嫌弃特蕾莎·圭乔利，"漂亮、低调、友善、亲切，她家人因为参加烧炭党而被逐出了罗马涅区"。[11]

拜伦到达比萨四天后，雪莱给他介绍了一位新朋友爱德华·威廉姆斯。威廉姆斯是一名年轻的军官，最近刚从印度回来，嘴边挂着的还是他在印度打到了狮子、老虎等猎物。这位威廉姆斯在印度没少惹出绯闻：他把同僚的妻子拐走了，现在移居意大利，情人自动换上了他的姓，成了简·威廉姆斯。雪莱评价他们说："为人和善，喜欢跟你聊文学、聊哲学，温文尔雅的，其实懂得不多。"[12]要不了多久，雪莱就会看上威廉姆斯的情人。实际上，爱德华对文学的兴趣要比雪莱以为的要强烈，他很快就喜欢上了自来熟的拜伦。他在十一月五日星期一的日记里写道：

> 雪莱给我读了几行他的诗歌《希腊》，非常优美，还有他翻译的唯一一部流传下来的希腊闹剧[欧里庇得斯的《独眼巨人》]。晚上，雪莱把我们介绍给了拜伦勋爵，我们就这么称呼他。拜伦的言谈举止看不出一丝傲慢，而是自然优雅，风度翩翩；他也远非人们传言的那样忧郁，而是开朗乐观，有着阳光般的灿烂心情。我们离开之时，拜伦从桌子上拿起一本书递给他："明天我再借给你其他书。这次你就好好读一读这本《宇宙历史年鉴》，除了主要内容之外，其他的东西也非常有趣。总之，读到最后，你会发现，这本书费了九牛二虎之力就是为了证明我就是魔鬼。"[13]

从这段日记看得出，威廉姆斯是发自肺腑地欣赏拜伦，我们也可以看到拜伦在比萨的日常生活。

雪莱朋友圈里还有一位约翰·塔夫，他是爱尔兰劳斯郡一个显赫的 408 天主教家庭的长子，未来想要成为一名知识分子，但拜伦却讽刺他是

"穷山沟里走出来的爱尔兰天才"。[14]塔夫在爱丁堡也惹出一桩丑闻,为了避嫌才逃到这里,他现在对一个叫艾尔特米西亚·卡斯特里尼·雷格尼的法国女人"渐生情愫"[15],这位法国贵妇又在托斯卡纳贵族圈里有广泛的人脉。塔夫当时在翻译但丁的作品,身为意大利人的特蕾莎评价他的译文"情感热烈,又不乏头脑"。拜伦觉得在爱尔兰人中他的诗歌算好的,可能是出于面子,也可能是故意捉弄,拜伦要约翰·默里发表塔夫写的一篇评论文章,文章名字大气——《评但丁的〈神曲〉》。"如果**没**发表,他会急死;如果**发表**了,他会被骂死;但**他**不在意骂声。我们必须帮他发出去!"[16]默里可没上拜伦的当。

十一月中旬,和雪莱两边亲的堂兄托马斯·梅德温上校也来到意大利,加入了他们的队伍。和威廉姆斯一样,他曾是一名印度军官,现在因健康状况不佳,领着一半的工资退休了。梅德温现在的职业就是游荡,偶尔写写东西,和前战友爱德华·威廉姆斯在日内瓦租了一所房子,在那儿待了一年。雪莱之前邀请过梅德温来比萨,但他却去了佛罗伦萨、罗马和威尼斯,绕了一圈又回到日内瓦,这时雪莱又去信告诉他拜伦要来,梅德温这才火速赶到比萨。梅德温是一个善于把握机遇的人,他来是要充当那个为约翰逊博士立传的博斯韦尔的角色,记录下大诗人生活的点滴。他心虽热,但不太靠谱。

头几个星期里,拜伦天天和雪莱在一起,围在身旁的有威廉姆斯、塔夫和梅德温,他们一起骑马、射击、打台球、朗诵诗歌。无奈玛丽·雪莱和特蕾莎只能互相作伴,二人的关系时好时坏。每晚,男人们习惯性骑马出城,来到一间农舍附近练习射击,有时画个靶子打,有时打半克朗的硬币。拜伦最喜欢打靶了。他枪法好,还在伦敦的时候常在曼顿俱乐部练习,但在瞄准时手仍会不自觉地抖动。没过多时,罗杰斯也来比萨参加射击比赛,他注意到农舍家漂亮的女儿弗朗西丝卡手上戴着一副手镯,拜伦后来说,那是他送给女孩的礼物。

拜伦十一月到达比萨时,天气仍温暖如夏。拜伦兴奋地在果园里摘橙子,摘得太多,导致腹泻。但随着圣诞节的临近,亚诺河时而浓雾不散,时而狂风肆虐。拜伦拿出从里窝那买来的"英格兰高级货"[17],如英国芥末和上等红葡萄酒,这些奢侈品都是从买办亨利·邓恩那儿订的。住在拉文纳的那段时间,他不再严格节食,开始吃蔬菜和鱼之外的食物,他告诉威廉·班克斯:"唉,你来了就知道,我现在和你一样,也开始吃动物肉了,活得像个食人族,不过星期五不吃。"[18]他发现,越是对罗马涅的政治局势上心,他犯胃病的几率就越小。拜伦年轻时的苏格兰朋友约翰·海船长来比萨旅游,顺便送给他一份礼物——一头在近海岸沼泽地捕获的野猪,拜伦欣然收下这份大礼。

拜伦每周三晚都要邀请男性朋友来兰弗郎契公馆享用晚宴,这渐渐成了一种仪式。这种聚会后来被人称作"拜伦勋爵的手枪俱乐部"。雪莱淡淡地说道:"我们每周都会见一次拜伦勋爵,一起吃一顿饭,然后一口气坐到凌晨三点,我两眼直瞪瞪地看着剩下的人干掉一缸一缸葡萄酒,真把我累得精神崩溃。"[19]一般是拜伦主导谈话,他一直乐呵呵的,不失风度,好像又回到了当年在皮卡迪利大街住的时候被好友簇拥的快乐时光。

一次晚宴上,拜伦回忆起自己年轻时在戏剧方面的作为,有人立即提议在兰弗郎契公馆搭台演演戏。眼尖的特蕾莎在一旁附和道:"这不演员都在这儿么。"[20]况且,还有成功的先例:阿尔菲耶里之前在比萨就成立过一个戏剧社。他们决定,先演莎士比亚的《奥赛罗》,拜伦扮演伊阿古,他一直钦佩埃德蒙·基恩演的这个角色。说干就干,他们马上排练了一次。托马斯·梅德温见识了拜伦的演技,直夸他完全可以成为"世界上最伟大的演员":"他的声音灵活多变,各种音色都能驾驭,他的表演有一种爆发力和感染力,我从未见过。他的表情既能表达最温柔的情感,也能表达最强烈的情感。我永远也忘不了他演的伊阿古放手绢那场戏。"[21]据说拜伦甚至长得像伊阿古。演到这儿,特蕾莎吃醋了,她看不惯演苔丝狄蒙娜的里格尼夫人,也就是约翰·塔夫的女朋友,特蕾莎认为里格尼在追求拜伦,最后把戏搅黄了。威廉姆斯在日记中惋惜地写道:"我们要演《奥赛罗》的计划被搁置了。"[22]

一八二二年新年伊始,拜伦的餐桌上出现了新成员爱德华·约翰·特里劳尼,他是这群人中最像演员的。特里劳尼是个冒险家,身高六英尺(约等于1.83米),一头乌发,皮肤黝黑,他在日内瓦时认识了爱德华·威廉姆斯,经他邀请,于一月十四日来到比萨。特里劳尼生于康沃尔郡,乡绅家庭出身,在海军工作了一段时间,不知道什么原因突然退伍了。知道拜伦和雪莱都住在比萨,他就跟着来了。第二天,拜伦在兰弗郎契公馆接待了他。让他没想到的是,他的作品对特里劳尼产生了深远的影响。他告诉特蕾莎,特里劳尼自打孩提起就立志过上《海盗》主人公的生活,"特里劳尼竟把这部诗放在枕头下面"。[23]听说,他在印度的冒险经历是受到拜伦的影响。可见,他就是活生生的"拜伦效应"。

410

特里劳尼自有一股坏人特有的魅力。玛丽·雪莱说他"就是唐璜在世,那种浮夸的做派部分是他的本性,部分是他装出来的,但非常适合他"。[24]拜伦和他每天见面,骑马、射击,分享过去精彩的经历。拜伦渐渐发现自己和这位狂野、率真、英俊的特里劳尼在很多方面都很相似,不知道自己是喜欢他,还是讨厌他。两人的关系时好时坏,但之所以仍能交往,或许因为两人身份相同:都是会讲故事的人,都是航海家。特里劳尼和拜伦一样,迷恋大海。他委托热那亚那边的海军工厂为雪莱、威廉姆斯和自己建造一艘敞舱船,由英国海军军官丹尼尔·罗伯茨上校监制。拜伦不能显得小气,请特里劳尼托罗伯特上校再建造一艘纵帆船。特里劳尼给这艘纵帆船提出了很高的配置要求,极尽奢华:"龙骨得是铁的,用的钉子得是铜的,船底要用铜皮包裹,船舱要尽可能**高大**、**宽敞**,一定要**尽善尽美**,**不差钱**!要装四架炮,船艏两架,船艉两架,为了确保**安全**,炮的型号要多**大**就配多**大**,声音要多响就多响!"[25]最后装上了两架炮。船原本叫作"女伯爵圭乔利夫人"号,但后来又被重命名为"玻利瓦尔"号,不能不说,有些草率了。

一帮男人相互较劲,心猿意马,而梅德温则在一旁为拜伦立传做印制工作。深夜时分,等到让雪莱崩溃的欢宴一结束,梅德温就抓住机会向拜伦提问,他像老练的记者,引诱着他聊起过去的事。拜伦死后,梅德温将这些访谈写成一本书出版,叫《拜伦勋爵比萨谈话录》。有人批评说,梅德温只不过把拜伦讲的一桩桩故事拼凑在了一起。男仆威廉·弗莱彻最为不满,这本书一出版,他就写信给奥古斯塔:"谁看了都会纳闷,这本东拼西凑攒出来的书是怎么写出来的,没有一句是我们大人说过的。"[26]确实,梅德温的传记有许多地方与事实不符。但话说回来,这些记录是访谈之后马上写下来的,而且口吻和拜伦书信里的语气很接近,说明他的确逐字逐句地记录了一些原话。我们至少可以看到餐后的拜伦侃侃而谈,听到他对另一个男性如何说话,窥视他那些秘密,听到他讲出格的故事——有些明显是在吹牛,但吹得也够精彩,让沉闷的气氛活跃起来。拜伦的朋友们常说梅德温利用了拜伦。但某种程度上也可以说,是拜伦利用了梅德温,他通过重写自己的事迹来取乐。评价该书的布莱辛顿夫人说得没错:拜伦很清楚梅德温的意图,"他知道他要把这些话刊登出来,这事他**默许**了"。[27]

丈母娘诺埃尔夫人的去世给拜伦的处境带来了很大的改变。多年的通信让他和安娜贝拉学会了相互包容对方。二人通信一般都是围绕女儿,而且有趣的是,拜伦觉得安娜贝拉也支持意大利的解放事业。但拜伦仍然对丈母娘怀有怨气,恨意难平,他认为是诺埃尔夫人一手造成了他们的分离。一八二一年圣诞节,拜伦和朋友在兰弗郎契公馆聚会,席间,他和雪莱打了一个没心没肺的赌,赌诺埃尔夫人会比雪莱的父亲蒂莫西爵士活得更久，赌注为一千英镑。拜伦觉得，"诺埃尔那条老毒蛇"[28]可是要祸害遗千年的。但是可惜的是，诺埃尔夫人于一八二二年一月二十八日去世了。两周后，拜伦收到了噩耗，出人意料地感慨了一番，随即原谅了她的所作所为。拜伦还是相信死者为大的。[29]

根据离婚协议的条款，娘家的温特沃斯庄园的收益应由两家平分。岳母去世后，他每年获得大约两千五百英镑的遗产。除去约翰·默里付给他的稿酬，他现在的总收入至少达到六千英镑，这样一来，他在国外过得就不必那么拮据了。他转头就为拜伦夫人买了一份一万英镑的人寿保险，因为她一旦去世，温特沃斯庄园的收益就要重新分配，他定是输家。他写信给约翰·汉森，请他寄来"一枚刻有新纹章的印章"，再加上一枚小一些的，上面刻有冠冕和冠上新姓的姓名首字母："NB"。从现在起，拜伦签名时只写"诺埃尔·拜伦"。

丈母娘的遗嘱中提到，她一八一五年买的那幅拜伦的肖像画就是托马斯·菲利普斯给拜伦画的、他穿着阿尔巴尼亚民族服饰的那幅画，必须要封藏起来，箱子要上锁，存在他们在柯克比马洛里的家；女儿艾达长到二十一岁，征得安娜贝拉的同意，才能打开看画。拜伦听到此事，心里刚升起的那份对丈母娘的情义瞬间就又消退了。拜伦大骂这是丈母娘的"幺蛾子"[30]，她这么做就是为了不让艾达认他，教女儿质疑父亲。

一八二二年初，威廉姆斯拜访拜伦，看到他"正端坐着让巴托利尼给自己塑半身像"。[31]过了一周，威廉姆斯再次来访，看到巴托利尼对一尊"精美的半身像"精雕细琢。[32]洛伦佐·巴托利尼是当时佛罗伦萨一位小有名气的雕塑家，他不属于常年游走于意大利的托尔瓦森的那个圈子，但英格兰人认他。巴托利尼崇拜拿破仑，他仔细研究过《大卫》那座雕像，是法国画家安格尔的朋友，一八〇五年为拿破仑制作了一尊高大的青铜半身像。没错，正是因为拿破仑，他才毛遂自荐找上门来为拜伦塑像。拜伦一开始犹豫了,之前托尔瓦森为他塑像也是这样,因为他觉得只有人死了才塑大理石像。但拜伦还是同意了,条件是他为特蕾莎也塑一尊。

拜伦原本打算把这对半身像送给约翰·默里,之前他把托尔瓦森塑的像寄给了默里,托他转交奥古斯塔,但默里却以为塑像是送给他的,双方都很尴尬。这次再送他一尊像是为了弥补上次的误解。没想到,塑造的过程并非一帆风顺。特蕾莎看到自己的像后很不满意,她抱怨嘴唇太扁,颧骨太高,"头发的造型也很奇怪"。[33]她不光挑剔自己的像,还挑剔拜伦的像。她担心世上没有雕刻家能捕捉到拜伦那"惊世骇俗的俊美",花了好多功夫帮拜伦摆造型,恳求他把头发捋到耳后,这样巴托利尼就能全方位地捕捉到"拜伦那神一般的面庞"。做出来后,拜伦很失望。这尊像后来被画家拉斐尔·莫尔根刻成了雕版,拜伦看到雕版画后惊呼"这简直就是一个年迈的耶稣会士"[34],看起来有七十多岁。他没明白岁月催人老的道理啊。

一八二二年五月,约翰·默里询问半身像的进展,拜伦提醒他说,从模型到大理石雕像,中间要花很长的时间,"巴托利尼的拖延症是出了名的,和你一样"。[35]正手一巴掌后,次年十月,反手一巴掌也来了:"半身像已经完成了,但你配吗?"[36]巴托利尼做的半身像现在成了拜伦和默里吵架的筹码,因此最终也没寄到默里手里。

拜伦仍对默里对待《唐璜》的态度耿耿于怀。他指责默里对《唐璜》的态度就"像后妈"[37],不知是羞耻还是害怕,迟迟不愿署上拜伦的大名。拜伦说他"这样做生意是两面三刀,你短时间是出不了好诗的"。他长篇累牍地抱怨默里手底下的印刷厂出了错,彻底让《唐璜》毁容了。但其实,《唐璜》的歇笔另有原因。他原本的设计是:胡安像拜伦一样周游欧陆一番,成为一名普鲁士男爵,最后卷入法国大革命。他不这么写倒不是默里的缘故,而是后宫干政的结果。

特蕾莎读了《唐璜》法文译本的前两章后开始"忧心忡忡"[38]，她担心的不只是里面的故事，还有从中反映出来的拜伦的过去，特蕾莎这才清晰地认识到他的两性观和他的政治立场均是非常具有爆炸性的观点，足以引火上身。《米兰公报》上刊出的一篇针对拜伦道德的檄文让她警觉了起来。她担心，拜伦再这么写下去，会不会给娘家引来杀身之祸。拜伦则感到特蕾莎要比其他女人更反感《唐璜》：拜伦把女人都写成了色鬼，对女人没有一丝共情力；但拜伦认为，她不喜欢这首诗是因为"她希望所有的女人把情放在性事之上，以维持她们虚构的那个帝国"。[39]拜伦最终听了她的话，作了修改。为表感谢，特蕾莎给他写了一封信，末尾附了一句话："只可惜《唐璜》没被您落在炼狱里。"[40]

一八二一年冬，拜伦手头没有可写的东西，就重操旧业，继续创作那个发生在德国的悲剧《沃尔纳，或继承》，实际上他在结婚前就开始写了，只不过由于闹分居不得不停了下来。拜伦请霍布豪斯从他留在伦敦的文件中"翻出"稿子，寄到比萨。[41]但似乎原稿还没收到，他就开始写了。据梅德温说，这部五幕戏剧在二十八天内完成，其中有一整幕是一口气写完的。就算梅德温有些夸张，我们还是可以看出拜伦有多用心。拜伦改编的悲剧最后命名为《克鲁茨纳——一则日耳曼人的故事》，他小时候就时常想起里面的主要情节，现在又在上面附上了自己的经历：他的惆怅、流放和旅行；它散发着一种精神上的空虚，探讨一个人在所有希望都破灭的情况下苟活下去的可能性。

沃尔纳被神抛弃，心里愧疚，某种程度上是一个典型的拜伦式人物。故事讲了一个"上梁不正下梁歪"的道理，让我们很快想起了老拜伦"疯子杰克"那跌宕起伏的一生。不仅如此，故事取材于生活，因此不乏当时陪在他身边的人的影子，十分有趣。比如，沃尔纳对约瑟芬的爱是拜伦对特蕾莎的爱的深情演绎：

一个意大利女孩，

流放者的女儿，

和沃尔纳一起靠着爱情和贫穷度日。[42]

沃尔纳的儿子乌尔里克是个强盗，拉帮结派搞政治，还是个恐怖分子，后来成了一名自由战士，领导着一支忠实的武装力量。这与拜伦十分相似：起初他也是个叛逆分子，看什么都不顺眼，后来参与了政治活动，加入罗马涅的烧炭党，涉足有建设性的领导工作，最后卷入希腊独立运动。

拜伦正在寻找替代默里的人选，就请玛丽·雪莱把《沃尔纳》誊抄好，把清稿寄给了巴黎的汤姆·摩尔，希望法国出版商加利尼亚尼会感兴趣。

几乎在同一时间里，也就是一八二一年十二月十九日，约翰·默里在伦敦出版了拜伦最新作品合集，包括《该隐》《萨达那帕勒斯》《福斯卡里父子》。默里在给拜伦的信中只是淡淡地提了一句"围绕《该隐》的杂音"。[43]但事实远比"杂音"严重得多。这首戏剧诗取材于《创世记》中有关该隐的故事，他杀害了兄弟亚伯，从此堕落。这首诗引发了强烈的抗议，大家指责拜伦这是在公然篡改教旨，这种批评的声音到十九世纪末都还能听到。

这段圣经故事早已经在英语世界中再现过了，即约翰·弥尔顿的史诗《失乐园》。拜伦和支持他的人都认为，既然弥尔顿质疑过神的地位，拜伦也可以质疑神的地位，他和弥尔顿在质疑的程度上是相近的。这首诗是献给沃尔特·司各特的，他站出来说，如果"谁谴责《该隐》的话，他要保持前后一致的话，应该也要谴责《失乐园》"。[44]但平心而论，拜伦和弥尔顿之间也存在差异。拜伦的这首诗吸收了伏尔泰式的宗教怀疑论思想，只是用他自己独特的话语诉说一种信仰的两难。拜伦一向捍卫质疑的权利。剧中的该隐这样说他的造物者：

414

> 我在荒芜的夜里
>
> 寻找他;……
>
> 我寻找自认为是他的迹象;
>
> 害怕生出了渴望,我渴望知道
>
> 到底是什么震撼了我们。但什么也没来。[45]

霍布豪斯早就预料到这个结局,私下里评价《该隐》这首诗"荒诞、无聊"[46],他也预料到拜伦准备好了挨骂,骂他亵渎神明。霍布豪斯写信说了他两句,拜伦则轻描淡写地回复道:"恐怕你说得没错。"[47]当然,也有人持不同意见:爱拍马屁的摩尔觉得这首诗"写得让人毛骨悚然,精彩绝伦,让人过目难忘"。[48]到底怎样,得让读者评判。

约翰·默里写信恳请拜伦将作品中撒旦的话改得柔和一些,他斩钉截铁地回绝了:"这两段要是改了,路西法说话恐怕就要像咱们的林肯主教了,但两人不是一种性格啊。"[49]拜伦诙谐而固执地解释说,这只不过是一场戏,一段讨论,一种消遣。作者不用对他创作的人物所表达的观点负责。毕竟,"区区一首诗能改变**谁**?"拜伦批评约翰·默里是个自私自利、抱残守缺的人。

《该隐》出版后不久,牧师们开始在全国各地布道会上谴责《该隐》,说它"刻意散布对神不忠的错误思想"。[50]对拜伦的攻击上升到了人身攻击,甚至歇斯底里。例如,在肯宁顿荷兰教堂布道的牧师约翰·斯泰尔斯谴责拜伦"不是一个正常人,他已经耗尽了所有感官的满足感,干尽了杯中的罪恶之水,只剩下苦涩的渣滓,到头来甘尽苦来,这一切都表明,拜伦尽管脆弱,但丧失了人性,现在是一个冰冷的恶魔"。[51]眼看鸡奸罪的指控就要浮出水面了。

希伯主教在《评论季刊》上对《该隐》的评论更是切中肌理。有趣的

是,这部《评论季刊》是默里手底下的刊物。希伯指出拜伦耍小聪明,在作品中藏毒,会造成极大的危害:

> 《该隐》一诗的作者可谓居心叵测:他以羞辱受难之人为乐,怂恿人滥情,冷眼讥笑我们的善男信女,毫无人性。但这也不足以概括这个诗人所有的恶,他胆大妄为之处在于,除了勾引良家妇女,行乱伦之事,作恶多端,毫不遮掩,他还公然宣扬摩尼教、自然神论,否认三位一体;不,不仅如此,他甚至还在道德层面鼓吹无神论,讲无神论的道理,行无神论的事。[52]

拜伦勋爵最大的危险在于魅力和吸引力。还是那样,主教攻击他的一个主要依据仍是他的性变态行为。

作为《该隐》的出版商,默里本人也受到牵连。一八二二年初,一本匿名的简论在社会上出现,署名为拉丁语的“牛津之声”,简论题为《就最近出版之事与约翰·默里先生商榷》。由于这首诗的内容备受争议,大法官埃尔登勋爵甚至拒绝为默里发布禁止盗版的律令。眼看默里就要遭公诉了,拜伦还是按照惯常的做法,一跃而起为四面楚歌的默里摇旗呐喊。拜伦写信告诉约翰·默里,任何针对《该隐》的诉讼都务必转寄自己,“我愿意,也应该主动承受着一切”。[53]默里如果赔了钱,拜伦会退还版权费。默里如果遭到起诉,拜伦将返回英格兰。拜伦之前将《沃尔纳》的手稿交给了在巴黎的摩尔,现在他叫摩尔再把手稿转寄给默里,算是补上一个人情:“我不能离开他,也不该离开他。”[54]默里多年的心意和感恩终于有了回报。

一八二二年二月中旬,拜伦从比萨给默里写信求和解:

> 我写信给你,想给你解释一下最近咱们吵架的事。是我脾气不

好,现在想来甚是荒唐。我们这儿的冬天比你们那三伏天视线还好,**夏日般的**月光洒在蜿蜒的亚诺河上,照亮了河畔的房屋和小桥,恬静安详! 在这群星底下,我们那些都不叫事![55]

可惜这种"静夜思"的好氛围并没有持续多久。

一八二二年春,所谓的"比萨斗殴事件"发生后,托斯卡纳警方关于这方面的报道就一篇比一篇长,读来也一篇比一篇刺激。这一切始于三月二十四日周日傍晚,当时拜伦、雪莱、特里劳尼、彼得罗·甘巴和来旅游的约翰·海船长正从乡下的手枪练习场地往城里返回。拜伦的信使朱塞佩·施特劳斯也在场。玛丽·雪莱随特蕾莎坐在她的马车里,跟在男人后面,赶车的是拜伦的马车夫温琴佐·帕皮和特蕾莎的仆人安东尼奥·马卢奇耶利。他们快到城东门时,那个爱尔兰文人约翰·塔夫也骑马赶来加入其中。

这时,从队伍后面窜出一名骑兵,横冲直撞地往前赶,导致塔夫的马受惊前仰,往前冲了几步,撞到了拜伦骑的马。盛怒之下,拜伦骑马追赶,雪莱和特里劳尼跟在后面。追上以后,双方一番激烈地争论,拜伦注意到这人身着军装,佩戴肩章,坐骑不凡,以为他是一名军官,便向他发出决斗挑战。谁料到,这位叫斯蒂芬尼·马西的人仅是托斯卡纳皇家轻骑兵的一名军士长,不是什么军官或绅士,不配接受决斗挑战,否则就坏了贵族阶级的规矩。但拜伦他们都不知道,结果得不偿失,令人尴尬。[56]

决斗的场面极其血腥。彼得罗·甘巴用马鞭狠抽军士长的胸膛,用意大利语骂他是"傻子"。马西向城门口的警卫大吼,叫他们逮捕这群"该死的英国佬"。[57]拜伦骑着马穿过大门,后面跟着彼得罗。雪莱、特里劳尼、海和信使朱塞佩·施特劳斯也卷入其中;火拼时,雪莱被马西的刀柄击昏,海的脸被严重割伤,施特劳斯胸部也被剑刺伤,肺部出血。

拜伦和甘巴冲了出来,回去拿武器、搬救兵。拜伦派莱加·赞贝利去报警,然后自己沿着伦加诺河往东门赶。天色渐暗。没走多久,拜伦遇到了马西,马西骑着马走过来,仍然气焰嚣张,叫嚣道:"我把你们都打败了,你们服了吗?"拜伦的手杖里藏着剑,他把剑拔了一半,向马西表明他有武器。这时,仆人蒂塔·法尔切里也从兰弗郎契公馆气势汹汹地赶了出来,挥舞着两把军刀,一把抓住了马西的缰绳。拜伦叫蒂塔放了马西,马西见势不妙,乖乖溜走了。

拜伦当时不知道的是,马西遇到他之前遭遇了马夫温琴佐·帕皮的拦截,据说被干草叉刺中了腹部。周日晚上,马西穿过混乱的人群,趔趔趄趄地走进一个咖啡馆,捂着肚子。后来有人把他送去圣基亚拉医院,大家觉得他活不过那晚了。

威廉姆斯的日记清晰地记录了当时混乱的局面。那天晚上雪莱家 417 里像是上演了一台戏:"拜伦勋爵挽着昏迷不醒的圭乔利夫人走进来,雪莱挨了一记重击萎靡不振,拜伦勋爵和特蕾莎的伯爵弟弟气得冒火,雪莱夫人若有所思地观察着一切,我和简纳闷接下来会发生什么鬼事情。"谣言传得飞快,说拜伦在领导一场农民起义,这次是他号召农民袭击警卫,"面对大规模武装叛乱,卫兵坚守阵地,最终将他们击溃,冲突使一名叫特里劳尼的英国人在城门附近身亡,拜伦勋爵受到致命伤。但实际上,拜伦勋爵正在给我回忆整个过程,我在一旁喝白兰地和水"。

马西活了过来。他在医院里得到了著名外科医生维卡大夫的治疗,费用由拜伦负担。马夫温琴佐·帕皮已向拜伦承认是他先动手的,随即被逮捕。为了救他,其他马夫为他做了不在场的伪证,称还在口角的时候他就赶着伯爵夫人的马车去了马厩,之后一直在那里,帕皮因此第二天就被放了出来。特蕾莎担心这件事可能会升级,牵连到她的家人,认为应解雇帕皮,但拜伦决意要护着帕皮。我们有理由怀疑,这个帕皮可能是托斯卡纳当局安插在拜伦身边的奸细,他主动挑起事端,为的就是破坏他和同党的声誉。

仆人蒂塔·法尔切里也被逮捕,关在监狱里。蒂塔和烧炭党有联系,而且对拜伦很忠实,情况对他不利。拜伦为失去这个"最好的仆人"[58]痛心疾首,多次出手相助。拜伦给警局送了一笔钱,免去了蒂塔因携带武器而本要受的刑罚和拘留;还另外给蒂塔一笔钱,让他在狱中吃好,蒂塔则用这笔钱请十几个狱友一起吃。但是,蒂塔在狱中只享受了一天的相对自由,可以和狱友混在一起。第二天就被单独关了起来。四月份,蒂塔被判流放。蒂塔之前一直留着大胡子,人们都叫他"流浪汉"。在佛罗伦萨服刑期间,大胡子被剃掉了。拜伦的眼线托雷利说:"蒂塔得知要剃须,以为胡子剃下来会交给主人拜伦勋爵;但后来才知道并非如此,便小心翼翼地用张纸包了起来。"[59]剃了胡须的蒂塔少了几份阳刚气。出狱后,他竟然被押去托斯卡纳前线,这样做就是为了报复拜伦。

另一个噩耗是特蕾莎的仆人安东尼奥·马鲁基耶利也被监禁,尽管还找不到什么对他不利的证据。这样做的也是为了断拜伦和甘巴家族的左膀右臂。约翰·塔夫佐证的时候有些含糊其词,他不敢光明正大地承认马西撞到的第一个人是他,如此一来,情况对拜伦更不利。大家都对他很失望,给塔夫起了一个外号叫"福斯塔夫"。这场斗殴引发的一系列闹剧让这个圈子出现了裂痕。

一八二二年二月,雪莱的小姨子克莱尔·克莱蒙特在意大利过得非常不开心,打算去维也纳投奔哥哥查尔斯。走之前,克莱蒙特给拜伦写了一封信,现我们只能找到这封信的草稿。她说:"走之前我必须先见一面艾蕾歌,要抱一抱她,否则我就不走。"克莱尔恳求拜伦不要让她们母女分离:"我亲爱的朋友,求求你不要让我的世界变得灰暗,不要让我觉得我的宝贝女儿像是死了一样。"[60]

　　事实上,克莱尔没有去维也纳。玛丽·雪莱叫她来比萨见面说话,说完后她又去了佛罗伦萨。接下来的几周,克莱尔越想越糟心。三月十九日,克莱尔甚至计划直接去修道院把艾蕾歌抱走,她想征得雪莱一家的支持,但玛丽认为这样做太过鲁莽,给她摆出一连串具体困难,之后安慰她说:"我比谁都能理解你的心情,那个人既无悔改之意,也没有原则可言,我们应该尽快把艾蕾歌从他那里要过来。"[61]

　　四月九日,克莱尔再次写信给玛丽说:"有好长一段时间没有听到艾蕾歌的消息了,我真的担心死了,怕她生病。"[62]的确,艾蕾歌在四月真的生病了,真是母女连心。巴格纳卡瓦洛修道院的院长嬷嬷让在拉文纳替拜伦管账的佩莱格里诺·吉吉给拜伦传个口信,这位佩莱格里诺于四月十三日又托当时在比萨的莱加·赞贝利给主子传话:艾蕾歌几个月前发烧刚好了点,现在又复发了。她们派人去拉文纳请名医拉西大夫。艾蕾歌在这个时候突然发烧,症状看起来很轻,恢复却很慢,几乎可以断定是当时肆虐罗马涅的斑疹伤寒。[63]

　　这条消息于四月十七日到达比萨。莱加想必是把消息传给了拜伦,拜伦当时正忙于处理前面打架斗殴的事,而且老同学塞缪尔·罗杰斯来访了。四月十九日,女修道院院长通过吉吉又传来短笺,说艾蕾歌烧得厉害,现在肺部已感染,拉西大夫和女修道院的医生商量后,决定给艾蕾歌放血。听上去不算什么急症,况且他们说艾蕾歌正在好转。万一病情突然恶化,吉吉会雇特快信使把消息传到比萨。之后拜伦一直没有收到任何病危的消息,直到四月二十二日特快信使传来噩耗:艾蕾歌死了。拜伦给雪莱写信说:"晴天霹雳啊! 上次还说有所好转,我一直以为她转危为安了。"[64]

　　是特蕾莎给拜伦报的丧,据她说,拜伦一听到,"脸'唰'的一下就变得惨白,人就像抽去了筋儿,瘫倒在椅子上……一动不动地在那里坐了足有一个钟头之久,耳朵听不到任何人的安慰,也听不到自己的心跳声"。[65]拜伦有一年之久没见过女儿了,即使艾蕾歌一再恳求,他也没去修道院探望过,他现在如此悲伤,有几分是发自内心的?就算怀疑他的真挚,我们也不能低估拜伦在短时间内爆发性地调动情绪的能力,在这方面他可是个奇才。玛丽·雪莱尽管对拜伦的态度有所保留,但也察觉到"噩耗袭来之时拜伦的失落、痛心和懊悔"。[66]

克莱尔四月十五日就来到了比萨,跟着雪莱一家避暑,艾蕾歌去世的那天她也在比萨,但拜伦不知道。当天上午,克莱尔跟着爱德华和简夫妇去斯佩齐亚湾寻找海边避暑的房子,因此没有第一时间收到噩耗。他们在勒里奇镇找到一所叫"马尼别墅"的房子,然后掉头回到比萨。为了拖延时间,雪莱没有立即告诉她,而是等到他们带上行李和财产一起来到海边的"马尼别墅",在这空荡荡的房间内才告诉了她。

让玛丽没想到的是,克莱尔听到后大哭了一场,之后"就陷入了平静。她料想到会有不测发生,她预感女儿在那里早晚要出事,她一直在想办法把她救出来。现在的她要比那时候还要平静"。某种程度上讲,艾蕾歌的去世,以及随之而来的和拜伦的疏远,让克莱尔的心沉了下来。她默默服丧。几个月后,克莱尔终于走了出来,去维也纳找了一份家庭教师的工作。她告诉一个朋友:"我一路上都听你的建议,把注意力放在沿途的景色上,但亲爱的,没有用,我眼里只有宝贝女儿。"[67]

拜伦决定把艾蕾歌的遗体送回英格兰。遗体经过防腐处理,装在一口铅棺里,运往意大利的里窝那港。拜伦发现处理尸体的药师给开的用于防腐的香料的账单不对劲,说付的钱足够给成年人做防腐了,要求把费用减少三分之二。两名信使负责把棺椁送去里窝那港,其中一名还是牧师。送毕,二人回到比萨知会主家遗体已送到,但拜伦拒绝见他们,可能是懒,可能是接受不了现实。遗体寄往伦敦,交给约翰·默里。拜伦托默里给他办了许多事,但最离奇的要数这次:他要求默里把艾蕾歌的葬礼安排在哈罗公学的教堂,因为拜伦一度希望自己死后葬在那里。拜伦希望葬礼办得"低调、隐秘"[68],还希望自己在哈罗公学的昔日导师亨利·德鲁里主持仪式。

但我们知道,与拜伦有关的事不可能"低调、隐秘"。根据默里的账本记录,将艾蕾歌的遗体从伦敦码头运到哈罗公学的整个流程让默里安排得细微周到:包括一辆灵车和一辆送葬的马车,每辆车各配四匹马,马饰包括羽毛和天鹅绒;还雇佣了两名搬运工,四个抬灵柩的人,两个马车侍从;还有为丧礼主持人亨利·德鲁里准备的权杖、披肩、帽带和丝绸手套,为教堂神职人员、司事和执事准备的多套丧服。虽然花了不少钱,但麻烦一个都没有少:当地的约翰·威廉·坎宁安牧师在教会委员的怂恿下,不同意让一个私生女埋在教堂里,他也不允许在墓碑上写拜伦指定的铭文。拜伦希望碑上写上这是"乔治·戈登·拜伦"的女儿,写明年龄和死亡日期,再引用一句从《撒母耳记下》中摘出的话:"我必往她那里去,她却不能回我这里来。"[69]坎宁安告诉默里:"我不得不说,任何一个道德高尚的人,甚至任何一个道德健全的人,都会认为拜伦的题词是一种对社会伦常的冒犯。"[70]老练的默里经过一番商量,争取到了最好的结果:艾蕾歌可以葬在教堂墓地里,可能是在教堂南门廊右手边那条朝南的小道上,但碑文上没有名字。

流言更是像洪水猛兽,挡也挡不住。《先驱晨报》报道说:"最近有一个神秘的包裹到达伦敦,据说里面装着'**爱情信物**',收件人是一个公众熟悉的人,寄件人是一位鬼才,这位鬼才离开阿尔卑斯山已有多时。"[71]据说艾蕾歌的遗体被分成两个包裹托运,以避免别人发现。事实上,孩子的心脏和其他器官放在外层棺材内的两个铅制花瓶里。另有传言称,拜伦之所以选择哈罗教堂作为埋葬之地,是因为知道拜伦夫人在那里做礼拜,并早已要求把这段题词挂在拜伦夫人常坐的长凳的正对面的墙上。"天啊!"拜伦怒气冲冲地说,"我都不知道她曾经去过哈罗教堂,还一直以为那里是她最不愿意去的地方。"[72]拜伦之所以选哈罗教堂作为艾蕾歌长眠之地,仅仅是因为它靠近一座碑,拜伦小时候曾对着那座碑发呆。

这桩事过去之后,拜伦又开始自怨自艾。他对奥古斯塔哀叹道:"我这辈子**从未得到宽恕**,而且几乎总是**被误解**,这就是我的命。"艾蕾歌下葬遇到的事似乎是"我这辈子经历的事的一个缩影"。

剩余的夏日里,拜伦写信时不时就会提丧女之事。拜伦担心起另一个女儿艾达,急着想找一个替代艾蕾歌的人。一八二二年五月,拜伦找到里窝那港的一个叫亨利·邓恩的商人谈判,打算花钱从他那儿赎一个十六岁的土耳其女孩,拜伦以为女孩被一名希腊船长捕获,此后一直做他的奴隶,和他住在一起。但后来才知道,这名土耳其女孩对船长很满意,船长也不是什么居无定所的希腊人,而是里窝那的常住居民,生活体面;是他保护女孩免受"本国人对她的辱骂"[73],拜伦的计划就这样不了了之。这个土耳其女孩也不想回国。

在《唐璜》第十章,我们也能看到艾蕾歌的身影,这就是十岁的利拉——一个经历坎坷的土耳其孤儿,温柔懂事,有一双东方人特有的眼睛,胡安收养了她,带她环游欧洲。

> 他要保护什么**自然**就会爱什么:
> 因此,他们成了有趣的一对父女;
> 监护人也年纪轻轻,女孩和他
> 既没有血缘关系,也不是同乡;
> 但这反而让他们更加亲密无间。[74]

对拜伦来说,古怪的关系才有意思。正常的爱招手即来;他就要招惹说不清、道不明的关系。

特蕾莎在玛丽·雪莱的劝说下，允许拜伦继续创作《唐璜》。玛丽·雪莱不忍看到《唐璜》中断，毕竟还是这首诗让拜伦"一骑绝尘于其他诗人"。[75]拜伦曾对他这位"女性审查官"承诺，《唐璜》的剩下部分绝对无可挑剔。一八二二年春夏交替之时，拜伦灵光一现，给《唐璜》注入了一股新的活力：胡安男扮女装，冒险潜入奥斯曼帝国的后宫，这一段写得既滑稽，又魔幻；还有，伊斯梅尔的土耳其要塞被洗劫一空，拜伦在这一幕讽刺雇佣兵是"做大买卖的屠夫"[76]，写得辛辣，读着解气。

这年夏天异常闷热。五月中旬，和马西斗殴那件事仍在发酵，特蕾莎天天提心吊胆，拜伦盘算着把家搬出比萨，根据维卡大夫的建议，得去一个空气新鲜、能泡海水浴的地方，帮她放松心情。拜伦租下了里窝那以南几英里的杜普伊别墅，位于蒙特内罗市的海岸。杜普伊不算别墅，只是连在一起的几间平房，房子都被漆成粉红色，当地人称其为"玫红别墅"。拜伦在当地雇的买办亨利·邓恩夸它"绝对是蒙特内罗最好的房子"。[77]"玫红别墅"位于里窝那港的高坡上，往下俯瞰，景色壮观，拜伦生动地将美景描述给伊萨克·迪斯雷利听。伊萨克也和拜伦一样，是默里的签约作家，他刚给拜伦送了一本自己的专著——新版的《文学家》，该书是一本研究文学家特有品质的书，拜伦为这一版出过不少力。拜伦写道：

> 我在莱克亨附近的杜普伊别墅给您写信，从我的阳台上可以看 422
> 到厄尔巴岛和科西嘉岛，老朋友啊，地中海在我脚下泛起蓝色的浪
> 花。只要我还热爱大自然，我就能控制自己的情绪，对他人也变得
> 和善宽容。[78]

在蒙特内罗的五月和六月,拜伦享受到了短暂的夏日时光。他通宵写作,天亮才睡觉,很晚才起,游泳,傍晚陪着特蕾莎坐在露台上的遮阳棚下。花园里飘来阵阵清香,那是西班牙茉莉花、向日葵和玫瑰的香味。有时两人下跳棋,但拜伦总耍赖。天太热,为了消暑,拜伦常定制"一次雪崩那么多量的冰冻果子露"[79],分发给全家人,包括仆人。一天晚上,拜伦和特蕾莎坐在遮篷下,远眺比萨的灯节,灯节每五年举行一次,届时有上万支蜡烛沿着亚诺河点燃,场面壮观。空中流星划过,城市烟花升起,比萨"漂浮在地平线上,好似北极光"。

此时,美国的地中海舰队正停泊在里窝那港。船上的美国海军准将盛邀拜伦来参观护卫舰"宪法"号。一方面,拜伦和华盛顿的继任者们在政治倾向上气味相投;另一方面,拜伦自我感觉在美国要比英国**更受欢迎**(*persona grata*),就欣然接受了邀请。拜伦后来写信告诉道格拉斯·金奈尔德,说自己受到了"莫大的**好意和近乎烦冗的礼待**"。[80]

船上有一个美国学生叫乔治·班克罗夫特,后来成了出名的历史学家,他记下了拜伦登舰参观的全过程。拜伦带着仆从莱加·赞贝利,于中午时分登上舷梯。拜伦天生跛脚,爬梯姿态不雅,况且他一向认生,因此面色难看。一到达甲板,他发现美国人一个个都笑容可掬,便马上"放松了下来,变得开朗,有说有笑"。[81]船上的军官和客人都挨个给他介绍了一遍。没想到,拜伦在这里也遭遇了崇拜者的围堵。一名叫凯瑟琳·波特·斯蒂斯的军官夫人索要拜伦别在领口上的玫瑰,她要带回美国。拜伦祝福了一个刚出生的男婴,父亲是船上的水手,大家请拜伦给孩子取名。由于孩子降生在"宪法"号上,最终就叫"宪法·琼斯"。[82]

拜伦还参观了另一艘护卫舰"安大略"号。他在下级军官宿舍里发现了自己诗集的纽约版本,很高兴。他还听那位后来成为历史学家的学生说,日耳曼人也常说起拜伦,他更开心了。拜伦虽然觉得自己的作品译成外文时会损失文学性,但还是很喜欢有人翻译他的作品,毕竟思想可以传播出去，本人还能享誉国际。他转过头向默里发脾气，"所有这一切都是对你今年在英国本土对我的作品实施的暴行的补偿"。班克罗夫特曾在魏玛和耶拿拜访过歌德，说歌德也夸赞《唐璜》。拜伦忍不住向默里炫耀："歌德和日耳曼人特别喜欢《唐璜》，认为它是一件艺术品。"此前，拜伦要求默里在印制《萨丹那帕露斯》时印上"献给歌德"的字样，显然默里没听他的，让他置气；现在，听到了歌德的赞赏，拜伦更是要默里将《沃尔纳》献给歌德。

一位名叫乔治·H.布鲁恩的纽约商人来到意大利，他委托在意留学的费城画家威廉·爱德华·韦斯特画一幅拜伦的肖像，他要带回美国去。此类要求，拜伦一度唾弃，觉得乏味无聊，现在却欣然接受了。这或许反映了拜伦当前的亲美情绪，毕竟现在的他变得脆弱了。拜伦向默里炫耀道："奇怪，奇怪，真奇怪！英国人民不喜欢，美国人民群称赞！就在我岳母诺埃尔夫人留下遗嘱禁止女儿看我的肖像的同一年，一众不喜欢阿谀奉承的国民，一众尤其不喜欢英国人的国民，正不远万里来意大利求我的'笑'像。"他这是在模仿司各特《威弗利》里那个布拉德沃丁男爵打趣时说的话。

画师和他约好，来玫红别墅作画。韦斯特和之前为他画过像的霍尔姆斯、托尔瓦森都认为，拜伦不怎么会摆造型，他要么絮絮叨叨、闭不上嘴，要么一言不发、造作忸怩。不管怎么摆，"他都要装出一副本不属于他的表情，他好像觉得这是在画《恰尔德·哈洛尔德游记》的封面人物"。[83]这时，特蕾莎出现在窗前，他这才放松下来，后来干脆请特蕾莎进来陪他。拜伦对特蕾莎"有说有笑"，这才是最好的状态。拜伦顺便花钱请画师为特蕾莎也画一幅肖像，就这样，两人一起坐在那儿许久。这幅肖像现陈列在苏格兰国家肖像画廊里，属于菲利普斯"斗篷肖像"派，只能算是一种伪浪漫派风格的衍生物，在现存拜伦肖像画中只能算下品，没有捕捉到他特有的狡猾和机智。可惜他的一番周折了。

一八二二年六月，克莱尔勋爵返英之前，从热那亚赶来，短暂拜访了拜伦。看到哈罗公学时期的偶像也在蒙特内罗，拜伦很激动。特蕾莎注意到，拜伦在送别克莱尔时眼里含着泪水，好像他知道以后再也见不到了。拜伦写信给霍布豪斯："和老朋友的短暂一面让人痛苦——克莱尔勋爵从我这儿走了几天，我才意识到这一点。"[84]老朋友好像"一剂鸦片酊，镇静安眠，还有随之而来的倦怠感"。克莱尔带走了拜伦在拉文纳写下的日记，包括几篇在比萨写的，日记题为《一些不切实际的思考》，拜伦托他将日记转交给阿尔贝马尔街的约翰·默里。

拜伦漂亮的新船"玻利瓦尔"号完工了，"这个小玩意儿，足有二十二吨重"[85]，于六月十八日抵达里窝那。同为冒险家的特里劳尼带着船员开着"玻利瓦尔"号从热那亚顺流而下。没想到，"玻利瓦尔"号一到托斯卡纳，官方就下令禁止这艘船入港：这艘船建得像战舰，船名"玻利瓦尔"带有革命的意味，具有挑衅性，当局怀疑拜伦要用它在托斯卡纳区沿岸来回穿梭，让它成为政治煽动者的接送船和庇护港。拜伦喜欢游泳，他嫌附近的水深不够，就游到了深水区。他想随身带一条小船，好把衣服放在船上，没想到官员也不允许。

424

六月底，烦心事就接二连三地来找拜伦了，"玻利瓦尔"号的禁运只是其中之一。此前，甘巴父子一直在佛罗伦萨等待上次斗殴事件的最终裁决。奥地利和教会向托斯卡纳法院施压，要求驱逐甘巴父子，把他们流放到另一个大区。六月二十九日，特蕾莎的弟弟彼得罗带来一个坏消息。

天气酷热难耐。玫红别墅的窗台上摆放了各种绿色植物，为了降温，需要时不时给这些花喷水。拜伦选择这栋别墅时特意要求用水要方便，但除了日常用水，还需要浇花，因此家里经常缺水，为了这件事，他和房东弗朗西斯科·杜佩打官司，直到后来他去了希腊，官司也没有了结。

眼看储水罐里的水就要见底了,只能另寻水源。而最近的水源是一英里开外的山泉。每次都得带上几头骡子,拉上几个大木桶,为全家人打水。承担这项艰巨任务的是车夫温琴佐·帕皮。但这个帕皮从比萨的监狱放出来后,愈发成了拜伦的累赘。有一天,据说帕皮撂挑子不干了,死活也不愿去打水,嘴里嚷嚷着"王侯将相宁有种乎,我要自由平等博爱"[86]之类的话,惹得其他仆人和他大吵了一架。这一次,车夫帕皮更像是在故意挑起事端,把拜伦在罗马涅搞的起义活动搬回了家里,以其人之道还治其人之身。

特蕾莎正在让画家爱德华·韦斯特为她画肖像,一个男仆冲了进来,脸色苍白,大叫说帕皮拿了一把刀,威胁要杀他。拜伦和特蕾莎的弟弟彼得罗也在房间里,后者外出一探究竟。这时传来女人的尖叫声。大家急忙跑进大厅,只见彼得罗两手各拿一支手枪站在那里,满脸是血,胳膊也受伤了,帕皮刚才拿刀砍了他。特蕾莎吓傻了,想着大家都要没了命。拜伦也抄起一把手枪,大家跟着把房子里能找出来的火器都拿了出来,用韦斯特的话来说,"家伙还不少"。[87]他们堵住门,派威廉·弗莱彻去叫警察。

这就是当天利·亨特抵达蒙特内罗时,用惊愕的目光看到的一幕:

> 天气很热;去蒙特内罗的路上很热,要经过尘土飞扬的郊区;我到了那儿,看到一座一看就会让你热得受不了的房子。说它"红"不足以表达,那涂的是一种玫红,就像三文鱼身上的颜色,是所有红色中最不合适当季的那种。
>
> 但最热的还是屋内。[88]

425

拜伦和雪莱邀请他来比萨办刊物是一年半以前的事了。一年过去了,他才答应来找他们。拜伦答应给他垫付两百五十英镑的路费,虽然心里也不痛快。尽管这样，又过去约四个半月，亨特这才带着妻儿姗姗来迟。他两天前抵达里窝那。托斯卡纳对亨特来说仍然陌生，玫红别墅里的气氛也更是谲诡怪诞：

> 这里一切对我而言都是新的、陌生的、充斥暴力的。有一位夫人，披头散发，满脸通红，对着"**罪犯**"（*scelerato*）大喊大叫；年轻的伯爵受了伤，仍咄咄逼人；杀手拿着刀，等我们上；最后，我那英国朋友，竟然胖到完全变了形，他身着夹克，试图用镇定舒缓的语气和慵懒奢逸的神态浇灭大家的火气。

最让亨特惊讶的是，拜伦已经胖得几乎认不出来了。

这次冲突过后，在特蕾莎的一再催促下，拜伦终于把帕皮解雇了。晚上，男人们像往常那样出去骑马休闲，路上又遇到了回来求情的帕皮。他横在前门的长凳上，非常后悔，神志恍惚，这一幕过于辣眼，情绪内敛的英格兰访客亨特哪里见过这个阵势。帕皮哭哭啼啼地请求拜伦原谅，"最让人无法接受的是，他竟然求拜伦勋爵吻他"。拜伦原谅了他，但解雇他的决定不能收回。但后来，帕皮还是跟着拜伦去热那亚为他赶车，一八二三年还随他去了希腊的凯法利尼亚岛。

七月二日，甘巴父子被传唤，里窝那法庭裁决二人限期离开托斯卡纳。玫红别墅这次纷争可能给了法庭充足的理由流放他们。父子二人有四天的时间准备。拜伦的信使朱塞佩·施特劳斯也要被流放，此举意在孤立拜伦，企图让他自觉地离开托斯卡纳，而非公然驱逐。"当然，这么做就是要流放我，"拜伦在听说甘巴父子要被流放后写道，"他们去哪，我也去哪，不为面子，就为这份情。"[89] 甘巴一家在卢卡市找到了临时的栖身之所。拜伦带着特蕾莎和仆人们回到比萨，继续住在兰弗郎契公馆。特蕾莎现在也只能跟着拜伦过了，圭乔利伯爵已经获得教皇的批准,有权停发她的抚养费,就是因为妻子和拜伦在玫红别墅住在了一起。

七月四日,雪莱在勒里奇镇给玛丽写道:"没有一个人不绝望,没有一件事能理得清。"[90]拜伦已经考虑要离开,想着要不要去热那亚,或者干脆去美洲。利·亨特来得太不是时候了。

雪莱在里窝那见到了利·亨特,和他一起去了比萨。拜伦是一天后到的。亨特一大家子人要住在兰弗郎契公馆的一楼,玛丽·雪莱为他们收拾好了房间。拜伦花了五十英镑为他们置办家具。拜伦回到兰弗郎契公馆,大家为他准备了一场欢迎仪式。一位年轻的男仆满面春风地走了进来,身后是他漂亮的妹妹,女孩的连衣裙和袖子是别致的乡村风格,披着一头飘逸的棕发。她献给拜伦一篮花,握住他的手吻了一下;转向利·亨特,又吻了他的手。这就是拜伦在城外练习射击时与之搭讪的那个乡下女孩弗朗西丝卡。

麻烦一个接一个地来,大伙快要把最初的约定忘记了。亨特来意大利的本意是和拜伦合伙创办一个新的文学季刊,也就是后来的《自由党人》。这个主意最初是拜伦想出来的,当时的目的纯粹是表达政见,给自己一个独立的传声筒,这一点今天的我们可能很难理解。利·亨特和他哥哥约翰长期维持着改革派周刊《检查者》,用新闻媒体大胆传播进步思想,拜伦钦佩他们的骨气和勇气。后来,《自由党人》真就交给了他们兄弟两人运营。

到了这个阶段,拜伦乐于和下层文人交好,他们和默里隔着一整条政治光谱。亨特兄弟出身卑微,和兰姆、哈兹利特和济慈是天然盟友,史称"伦敦佬派",而默里则和沃尔特·司各特爵士一样属于贵族保守党。拜伦那部讽刺骚塞的长诗《审判的预示》给他挣得了不少稿费,他把这笔钱尽数给了亨特,除了请他帮忙办期刊,也是为了给亨特赔不是,毕竟迎接他的是一场斗殴,不成体统;再有一个原因:拜伦觉得前途未卜,需要花钱在下层关系中铺好路。况且,他还有几部作品压在默里那里落灰。他要考虑为这些作品找一个新的出路。

拜伦和利·亨特的合作不可能一帆风顺：二人不仅地位不同，而且文才也有差距。一个是当时大名鼎鼎的贵族诗人，另一个则是穷苦教士的孩子，念的是基督公学这种慈善学校，况且一直觉得自己怀才不遇，总想在文学界出人头地。摩尔听说拜伦、雪莱和亨特要合伙搞创作，他对这个主意嗤之以鼻也并非没有道理。他劝拜伦道："你**一个人**能成事，但要说合伙出名，就像做生意似的，天塌下来让大个子顶着，我想一想就发凉。你们这样的**合作**早晚要完蛋。"[91]是雪莱牵的线、搭的桥，但就是他也不看好："蒙鸠和老鹰联盟能持续多久？无须我预言。"[92]渐渐地，拜伦自己也对这项事业产生了严重的怀疑。亨特到达十天后，拜伦给摩尔去信："亨特看起来对这件事很乐观，但话只跟你说，我不怎么看好。但我又不好直接拒绝他，他脾气不好，怕他身体接受不了打击。"[93]

拜伦明显尽了最大努力。亨特后来写了一部叫《拜伦勋爵及其同代人》的回忆录，虽然从整体的基调中可以看出他对拜伦有戾气，但刚到比萨的那段日子还是和谐的，大家都满怀信心。拜伦热情地叫亨特"莱昂提乌斯"，这个意大利语名字是雪莱为他起的，方便当地人称呼，他们发不出"利·亨特"的音。亨特的回忆录记录了不少拜伦的轶事。拜伦"吃过早饭，读一会儿书，懒洋洋地踱来踱去，哼唱着小曲，一般都是罗西尼歌剧里的旋律，迈着四方步去冲凉，更衣；下楼，嘴里的曲儿没停，来到庭院，看看后面花园的花花草草"。[94]"庭院一角有一棵橘子树，对面有一间小房"，亨特通常在里面写作，拜伦知道他在那儿，便会进去和他寒暄两句。

如果雪莱没死，拜伦和亨特的关系是否就可以挽救回来？雪莱能让他们握手言和吗？《自由党人》期刊是否就能撑得久一些？这些都是文人们爱问的假设。七月八日，雪莱和威廉姆斯把亨特送到兰弗郎契公馆，掉头回到了里窝那，登上了之前定制好的船。新船原本定好叫

《拜伦勋爵在比萨和热那亚的每日骑马后留影》，雕版印刷品，塞缪尔·弗里曼作，临摹自玛丽安娜·亨特的剪纸画。

"唐璜"号，中间雪莱改了主意，想叫它"阿列尔"。然而，船两个月前就交付了，监理人按照拜伦的要求，已将"唐璜"的字样印在主帆上。雪莱和罗伯茨上校不甘心，决定把"唐璜"字样剪掉，不惜损害主帆的完整性。他怎知道这是白忙活，今天的人们还是叫它"唐璜"号。紧接着，二人乘坐"唐璜"号从里窝那向北驶向勒里奇镇的一座叫"大房子"的旧船库，雪莱当那里是"世外桃源"一般的临时居所。抵近维亚雷焦镇附近的水域，他们遇上了狂风。我们至今无法得知事故是怎么发生的。有一种可能："唐璜"号遭到抢劫，被匪船撞沉。不论发生了什么，雪莱、威廉姆斯及英籍见习水手查尔斯·维维安都溺水身亡。

　　"唐璜"号失踪后过了一个星期，尸体才被发现。这一周对于拜伦来说可谓屋漏偏逢连夜雨。七月十一日，和拜伦齐名的冒险家特里劳尼来比萨把消息告诉了他，只见他"嘴唇微颤，问我时声音都在抖"。[95] 第二天，玛丽拖着流产后虚弱的身体和简·威廉姆斯一起从勒里奇镇连夜赶到兰弗郎契公馆打听消息。二人半夜敲门，拜伦和特蕾莎出去迎接，特蕾莎说玛丽憔悴得像鬼一样。

　　得到消息后,特里劳尼和罗伯茨上校开始沿海岸搜寻幸存者,找了整三天。拜伦让"玻利瓦尔"号在海上搜寻。可惜为时已晚。七月十六日,有人在维亚雷焦镇以北三四英里的海滩上发现两具尸体,显然是被冲上岸的。拜伦和利·亨特迅速前去辨认尸体,先是去了亚诺河口,又去了塞尔基奥河口,最后却被告知,按照卫生部门的规定,尸体已被就地掩埋。两天后,在离维亚雷焦更近的地方,第三具身体被冲上岸。这是雪莱的。由于尸体已严重腐烂,特里劳尼从尸体夹克口袋里装的济慈诗集才辨认出来。

　　先是艾蕾歌夭折,后是雪莱溺亡,拜伦一年中遭受两次打击,再没有比这更凄惨的了。更让他心痛的是,雪莱和他的关系渐露龃龉,尽管如此,雪莱离开比萨时,拜伦还是借给他五十英镑。两个诗人住得太近,雪莱觉得拜伦遮蔽了自己的才华。那年早些时候雪莱承认:"我写不出来,我在拜伦勋爵附近住得太久了,太阳的光芒盖住了萤火虫的微光。"[96]艾蕾歌的事也让关系雪上加霜。奥斯卡·王尔德认为,二人关系起初不错;但后来拜伦开始试探雪莱,看他有没有同性恋倾向,这一举动就宣判了友谊的终结。王尔德的解释虽然在细节上不能令人信服,但的确肯定了两人关系中相互依靠、若即若离的复杂性。拜伦显然把雪莱视作兄弟,二人同为天涯沦落人。他在信中对摩尔愤怒地说道:"就这样,又走了一个人,他被所有人错怪,被那些恶毒、无知、残暴的人冤枉。现在好了,人一死倒像是遭了报应,再也没有翻身的机会了。"[97]

　　两场火化葬礼都在海滩上举行。一场是八月十五日爱德华·威廉姆斯的,另一场是次日雪莱的。他们获批将尸体从混着生石灰的沙地中挖出来。特里劳尼从一家五金店订制了一张特殊的铁床当作焚尸架,长约四点五英尺,宽约十八英寸,边高三或四英寸,有四条腿。柴火他也拾好了。拜伦把香料、糖、盐、酒、油和熏香等祭品装上马车。拜伦向汤姆·摩尔描绘道:"荒无人烟的海岸上伫立着柴堆和焚尸架,后面是大海、群山;将盐和乳香撒到火焰上,那个场景你无法想象。"[98]

火熄灭后,爱德华·威廉姆斯的尸体所剩无几。拜伦是这方面的专家,凭牙齿认出了他。找到了他的一只靴子,拿来和在比萨找到的另一只一比,正好是一双。拜伦望着这一大堆焦黑、变形的尸肉说道:"我们最后不都变成这样? 为什么我觉得有些像羊?"[99]威廉姆斯脖子上系着的黑色丝绸手巾仍完好无损,莫非蚕丝制品比"人体"更耐久?[100]带着这个想法,拜伦把威廉姆斯的骨灰瓮带回比萨,交给简。回家后他已筋疲力尽,特蕾莎劝他第二天别去了,让其他人料理雪莱的火葬好了。

雪莱被埋在离威廉姆斯南边一英里开外的海滩上,靠近马萨市。埋的时候没有标记清楚,大家花了大约一个小时才找到。刚找到,拜伦和利·亨特就从比萨赶来了,随行的还有两名龙骑兵和四名步兵,万一有围观者,他们负责驱散。尸体已经腐烂发臭。雪莱身上外衣和麻布现在被泅成了黑色,皮肤暗紫。特里劳尼去焚尸架下点火;火焰熊熊燃起,他嘴里念念有词:"金木水火土,本为自然有。生来借一用,现在归原主! 万物皆变化,元素永不腐。生前崇拜之,死后为其伍。"[101]站在旁边的拜伦说:"我知道你是个异教徒,但不知道你还是个异教主;念得不错。"

拜伦要求特里劳尼把雪莱的头骨留下来,他要留下作纪念。特里劳尼知道拜伦在祖宅纽斯特德庄园有一个人头骨做的酒杯,他担心拜伦会把雪莱的头骨拿回去"亵渎"。[102]结果,特里劳尼在拆骨的时候把它弄坏了,"头骨裂成了碎片,非常薄,而且整体出奇地小"。[103]

大家还注意到了雪莱的心脏。他的心脏也特别小,用拜伦的话来说,"点不着"。[104]特里劳尼清晰地记得:火"烧到了心脏,但它就是着不起来"。大家等了一个小时,不停地加柴,最后"天色已晚,大家都认为心脏着不起来,这么烧也是白烧;只是偶尔会有汁液从中渗出,这汁液易燃,火就旺一会儿。大家作罢了,我就上前把焚尸架拖到海水里,顺手

430

将心脏拿起来端详；我用水把它冲洗了一下，但还是烫坏了我的手，仍有油脂不断渗出"。[105]

　　大家都以为这时候拜伦在场，况且这一幕已成了浪漫主义运动的标志性画面。在路易·爱德华·富尼耶于十九世纪中叶创作的油画《雪莱遗体火化仪式》中，拜伦站在哀悼者的最前列，而雪莱衣着整齐、遗容完好，平躺在柴堆上，身旁是大海。在广泛流传的《维亚雷焦镇海滩寻回的雪莱遗体》一画中，拜伦站在中央，格子呢斗篷在海风中飘扬。其实，到了葬礼后半段，还没等到雪莱的心脏烧着，拜伦就跑到海里游泳去了。前一天他游到了很远的地方，今天还要游那么远。

　　拜伦朝着停泊在海湾的"玻利瓦尔"号游去。趁他不在，利·亨特向特里劳尼讨要雪莱的心脏，当时已烧得炭黑。拜伦回来则发话，心脏应该归玛丽。第二天，亨特向玛丽愤怒地抗议："拜伦勋爵他算什么？他没有权利把心脏交给你。他非要我把心脏给你，就是觉得我好说话，逆来顺受。"[106]话虽如此，他最终还是乖乖地把心脏交给了玛丽。她死后，那颗早已干瘪的心脏被人发现夹在雪莱的一本长诗中——《阿多尼斯》。

　　拜伦在雪莱葬礼那天，在海滩和"玻利瓦尔"号间游了一个来回，结果把他累出病了，回去后又开始发烧。海水泡，烈日照，手臂和背部的皮肤都晒伤了，起了水泡，两天后开始大面积脱皮，特蕾莎特意存留了一小块。她回忆道，拜伦从那以后就一下子瘦了下去，"落下病根了"。[107]

　　雪莱去世后，比萨的"啼鸟之巢、诗人之家"也随之破裂。惨痛的事实证明，拜伦和亨特一家不和。让利·亨特说，"双方都有误会"。[108]要是在伦敦，两人一东一西，还能凑合着一起共事。可在比萨，亨特急切地想要依附拜伦，让两人本就脆弱的关系出现了裂痕。

　　拜伦刚搬进兰弗郎契公馆时，曾慷慨地邀请奥古斯塔带着孩子和"工蜂模样的丈夫"[109]和他一起来度假，至少人家本家是贵族。但和一大家子下层中产阶级伦敦市区人住在一起则是完全不同的。画家本杰明·罗伯特·海顿一针见血："利·亨特这个人说起话来黏糊、造作、娘娘腔，拜伦怎能得看上他？他骑马、游泳、射击、喝酒哪个都不会，要说寻欢作乐，他倒有那色心，却没那色胆，一副猥琐的模样，骨子里就是个伦敦本地的下层！"[110] 他没少受拜伦的接济，却什么时候都缺钱花，拜伦觉得好像刚把他从水里救出来，他就又要往水里跳，这让他非常恼火。

拜伦对亨特妻子玛丽安娜的反感更是毫不遮掩。玛丽安娜到的时候已经病了，维卡大夫觉得她危在旦夕。尽管如此，拜伦都没有去看望她，觉得丝毫没有屈尊降贵的必要。拜伦讨厌玛丽安娜的自艾自怜，讨厌她对意大利人的猜度，讨厌她对自己的家事说三道四且毫无遮拦，讨厌她那种好像无所不知的中产阶级做派。这位亨特夫人在看到画家哈洛于一八一五年为拜伦创作的、后来流传广泛的雕版画后风趣地评价道：这画中的拜伦"看起来就像一个大个头的小学生，闷闷不乐的样子，好像他想要个李子，别人却给了他一个餐包"。[111] 拜伦对她的话不屑一顾，根本不和她一般见识。

住在一楼的还有亨特的六个孩子：桑顿、约翰、玛丽·弗洛里梅尔、斯温伯恩、亨利·西尔万，以及一个叫珀西·比希·雪莱·利·亨特的老小。六个孩子从十三岁往下排，个个都是拜伦的眼中钉、肉中刺。他写信向玛丽·雪莱抱怨："我特别不喜欢让雪莱和亨特先生的六个孩子有任何层面的联系。他们比野蛮人还脏、还淘气。凡是他们弄不脏的，就会弄坏。"[112] 亨特家的孩子让拜伦显露出了暴虐的一面。

都这么深恶痛绝了，为什么拜伦要继续忍下去？为什么不干脆退出《自由党人》的创刊计划，反正也不见得能办起来？他这是天性使然：一种受虐的倾向，一种对亨特的感恩之情。当年，在他最困难的"一八一六年，所有人动摇了，也有人犹豫了，亨特却一直陪着我走过风风雨雨"。[113]拜伦说话的确有时候会推诿搪塞,却是个守信的人;他许诺要支持《自由党人》,就不会食言,再说,也不能把亨特一大家扔在意大利不管。拜伦虽然装出一副铁石心肠的样子,但能看到人间疾苦,毕竟,亨特也受尘烦之困,也是世间一个俗子。"雪莱一死,两人四目相对,不知所措了。"[114]

这个夏天,艾蕾歌死了,甘巴父子流放了,雪莱溺亡了,拜伦顶着悲恸继续创作《唐璜》。七月二十四日,拜伦告诉道格拉斯·金奈尔德:"我需要转移注意力,让大脑忙起来,我仍在创作,又写了差不多三章。"[115]拜伦这时已写到第八章结尾了。亨特回忆道,拜伦夜晚写作,靠着杜松子酒和白水撑过一夜。就这样,拜伦一股劲儿,用了一个月的时间又写完了第九章。在这一章,胡安被卖到了圣彼得堡,巧得俄国女皇的宠幸,也就是那位放荡、善变的叶卡捷琳娜大帝。这一章包含一种特有的张力,像一个弹簧左右横跳:时而光明,时而黑暗;时而得体,时而下流;时而是风景如画的游记,时而是对异性辛辣的讽刺。拜伦大笔一挥,写到了当时科学对未来的想象,他想到了法国地质学家乔治·居维叶关于世界毁灭和再造周期轮回的理论,便开启了一番地质学猜想:

> 凭它去吧! 我们这个世界
>> 总有一天会像如今的古代遗迹一样被掘出。
> 世界作"古"之前,总需被
>> 粉碎,扭曲,压折,火烧
> 油炸,水浸,甚至颠来覆去,
>> 然后被掩埋——如一切逝去的世界。
> 落叶总要归根,它源于混沌,没于混沌,
> 啊,原来就是这混沌要吞噬我们。

法国人居维叶曾说：

　　新世界总诞生于旧的废墟上；

而那时披着轻纱的人唱着歌谣

　　将废墟里掩埋的神秘的远古弹奏，

就像泰坦神族——

　　百尺巨人，或什么长数里

的巨龙，以及你们书本上

能翔的鳄鱼，还有古生代的巨象。[116]

433

八月份，拜伦听到从伦敦传来的一则趣闻：克洛赫主教珀西·乔斯林在干草市场附近的白狮酒馆被捕，那个酒馆是一个众人皆知的同性恋聚集地，和他一起被捕的是一个叫莫弗利的警卫。据说逮捕过程中主教负隅顽抗，要不是裤子没穿，可能就成功逃脱了。不一会儿，酒馆门口就被好事的群众围了起来，出现了聚众闹事的迹象。主教保释后马上逃离了英格兰。"你觉得这位爱尔兰主教怎么样？"拜伦问同为爱尔兰人的汤姆·摩尔。"你还记得斯威夫特的那句话吗？'给我来一个营的汉子，别理那群教士。'这好像是主教大人的座右铭吧？"①[117]拜伦到这里还没写完，但在摩尔的传记里却换成了省略号，他这样的自我审查确实能让人发疯。

拜伦喜欢用时事指涉点缀作品，他在《唐璜》第八章中提到了克洛赫主教。一群哥萨克士兵在伊斯梅尔战役中被困：

---

　　①　此语出自斯威夫特的讽刺长诗《大讨论》：到底是将旧房改成酿酒厂好，还是兵营好？主家夫人和侍女坚持建兵营，因为有大兵围着她们转，附近的教士们就不会常来骚扰她们了。

> 就这样,他们被擒住了尾巴——
>
> 　这对主教和士兵来说都是要命的——
>
> 结果天一亮,就被剁成两截。[118]

倘若剑桥的同学查尔斯·斯金纳·马修斯没死,听到"尾巴"这个双关语,他定要会心一笑。

　　拜伦接下来的目的地现已确定。一八二二年九月十五日,霍布豪斯到达比萨,发现拜伦正在收拾行李,要去热那亚。霍布豪斯看得出来,拜伦变了,眉宇间多了伤痛留下的痕迹。亲眼看到"年轻貌美"[119]的特蕾莎,他开始发愁,尤其知道他们的婚外情还是公开的。他也不赞成拜伦和利·亨特在文学上有来往,劝他退出《自由党人》创刊的事。霍布豪斯甚至担心兰弗郎契公馆阴森的地牢里关着不该关的东西。没想到,曾经形影不离的朋友竟花了两天时间才聊到一起。

　　霍布豪斯现在贵为威斯敏斯特选区的议员,政见激进,他仍不忘拜伦在他入狱时写的嘲弄他的打油诗,心里还隐隐作痛。拜伦也没有原谅他对《该隐》的批评。拜伦给霍布豪斯大声朗读他写的讽刺卡斯尔雷勋爵的几首小诗,写得轻快幽默,鞭辟入里。卡斯尔雷是英国外交大臣,不久前可能因为同性恋的事遭到勒索,被迫自杀。其中几首颇为露骨:

> 卡斯尔雷这就刎颈自杀了;——可最糟糕的是——
>
> 这种事并非只有他一人。[120]

另一首反映了他向来对卡斯尔雷推行的政策持反对态度:

> **他**就这样了断了自己的生命!他?是谁?
>
> 他是那个早已了断国家前途的人。

霍布豪斯又担心这些攻击性的话一旦发表,会给拜伦惹麻烦,强烈建议他要谨慎。但拜伦"还是我行我素"。[121]

不在一起,他们相互思念;在一起了,他们又相互嫌弃。九月二十日,他们彼此道别。临走前,霍布豪斯说了一句没轻重的话,他说拜伦"应该少写点东西,别认为全世界都很喜欢他的作品,别认为全世界都很喜欢他"。[122]一周后,拜伦在去热那亚的路上,乘坐的是他那辆拿破仑式的四轮大马车,后面还跟着两辆四轮马车。有一辆马车坐的是亨特一家。仆人带着大件行李先去了里窝那,准备从那里乘小帆船向北走水路。到达卢卡市,甘巴父子和彼得罗加入了队伍。另外还有三只肥鹅,准备在九月二十九日米迦勒日那天吃。拜伦很迷信,他认为米迦勒日不吃鹅肉会倒霉。鹅关在笼子里,挂在马车后来回晃悠。

拜伦只把热那亚当作一个临时避难所。老同学克莱尔勋爵认识英国驻撒丁王国的驻外使节威廉·诺埃尔·希尔,克莱尔勋爵出面动用这层关系,让撒丁王国给予甘巴父子和拜伦一年的庇护,允许他们租住在阿尔巴罗的萨鲁佐公馆。"这千疮百孔的欧洲"让拜伦仍没有放弃移民的想法,他在掂量移居南美洲好还是北美洲好;甚至考虑过"范迪曼斯地,据说是一块宝地"。[123]他说的是现在的塔斯马尼亚岛,当时正处于殖民发展的早期。可能是上苍的安排,希腊独立战争的第一枪已于去年(1821年)打响:为了反抗奥斯曼土耳其人的暴虐统治,希腊人先后在瓦拉几亚和摩尔达维亚这两个位于今天罗马尼亚的地方发动起义。拜伦一心想着希腊,远居他乡的想法就被永久搁置了。

注释

[1] 塞缪尔·罗杰斯,关于博洛尼亚的诗句,《意大利》,1820年7月-8月。

[2] 《一些不切实际的思考》,第115条。

[3] "克莱尔·克莱蒙特日记手稿",1821年11月1日。

[4] 卡瓦利耶里·路易吉·托雷利，《烧炭党恶行录》。（佛罗伦萨官方文献，济慈-雪莱纪念馆，罗马）

[5] 珀西·比希·雪莱致托马斯·洛夫·皮科克的信，1818 年 6 月 5 日。（牛津大学博德利图书馆，雪莱手稿，文档 1，第 233–234 号文件）

[6] 拜伦致约翰·默里的信，1821 年 12 月 4 日。

[7] 托马斯·梅德温，《威尔士的垂钓者》。

[8] 托马斯·梅德温，《拜伦勋爵比萨谈话录》。

[9] 牛顿·汉森，"少年拜伦：约翰·汉森回忆录手稿"。

[10] 拜伦致道格拉斯·金奈尔德的信，1821 年 11 月 15 日。

[11] 玛丽·雪莱致玛丽亚·吉斯伯恩的信，1821 年 11 月 30 日。（牛津大学博德利图书馆，阿宾格文献，文档 562，第 42 号文件背面）

[12] 珀西·比希·雪莱致克莱尔·克莱蒙特的信，1821 年 6 月 16 日。（大英图书馆）

[13] 爱德华·埃勒克·威廉姆斯，"日记手稿"，1821 年 11 月 5 日。（大英图书馆）

[14] 拜伦致托马斯·摩尔的信，1821 年 11 月 16 日。

[15] 彼得·科克伦编辑，迈克尔·里斯翻译，《拜伦在意大利》。

[16] 拜伦致约翰·默里的信，1822 年 3 月 6 日。

[17] 拜伦致道格拉斯·金奈尔德的信，1821 年 12 月 18 日。

[18] 拜伦致威廉·班克斯的信，1820 年 2 月 19 日。

[19] 珀西·比希·雪莱致霍勒斯·史密斯（Horace Smith）的信，1822 年 1 月 25 日。见《珀西·比希·雪莱书信集》，第二卷。

[20] 彼得·科克伦编辑，迈克尔·里斯翻译，《拜伦在意大利》。

[21] 托马斯·梅德温，《拜伦勋爵比萨谈话录》。

[22] 爱德华·埃勒克·威廉姆斯，"日记手稿"。（大英图书馆）

[23] 彼得·科克伦编辑，迈克尔·里斯翻译，《拜伦在意大利》。

[24]《玛丽·雪莱日记》，1822 年 1 月 19 日。（牛津大学博德利图书馆，

阿宾格文献,第311–313号文件)

[25] 同上,1822年1月19日。

[26] 威廉·弗莱彻致奥古斯塔·利的信,未标日期。见《拜伦著作、书信和日记》,第六卷。

[27]《亨利·克拉布·罗宾逊日记、回忆与书信》,第二卷,1872年9月28日。

[28] 拜伦致道格拉斯·金奈尔德的信,1821年8月16日。

[29] 拜伦致约翰·汉森的信,1822年2月27日。

[30] 拜伦致道格拉斯·金奈尔德的信,1822年3月22日。

[31] 爱德华·埃勒克·威廉姆斯,“日记手稿”,1822年1月8日。(大英图书馆)

[32] 同上,1822年1月11日。

[33] 彼得·科克伦编辑,迈克尔·里斯翻译,《拜伦在意大利》。

[34] 拜伦致约翰·默里的信,1822年9月23日。

[35] 同上,1822年5月16日。

[36] 同上,1822年12月25日。

[37] 同上,1821年11月3日。

[38] 彼得·科克伦编辑,迈克尔·里斯翻译,《拜伦在意大利》。

[39] 拜伦致约翰·默里的信,1821年7月6日。

[40] 特蕾莎·圭乔利伯爵夫人致拜伦的信,随附拜伦致约翰·默里的信,1821年7月6日。

[41] 拜伦致约翰·卡姆·霍布豪斯的信,1821年9月27日(日期存疑)。

[42]《沃尔纳》,第二幕,第2场,第396行。

[43] 约翰·默里致拜伦的信,1822年4月16日。

[44] 沃尔特·司各特致约翰·默里的信,1821年12月4日。

[45]《该隐》,第一幕,第1场,第270行。

[46] 约翰·卡姆·霍布豪斯(布劳顿勋爵),“日记手稿”,1821年10月

28 日。（大英图书馆）

[47] 拜伦致约翰·卡姆·霍布豪斯的信,1821 年 11 月 23 日。

[48] 托马斯·摩尔致拜伦的信,1821 年 9 月 30 日。见《拜伦著作、书信和日记》,第五卷。

[49] 拜伦致约翰·默里的信,1821 年 11 月 3 日。

[50]《亨利·克拉布·罗宾逊日记、回忆与书信》,第二卷,1822 年 3 月 9 日。

[51] 约翰·斯泰尔斯牧师,《从基督教和社会责任观看拜伦勋爵的作品》（'Lord Byron's works, viewed in connexion with Christianity and the Obligations of Scial Life',约 1821）。见《拜伦著作、书信和日记》,第五卷。

[52] 希伯主教,《评论季刊》对拜伦戏剧的评论,第 27 卷,1822 年。

[53] 拜伦致约翰·默里的信,1822 年 2 月 8 日。

[54] 拜伦致托马斯·摩尔的信,1822 年 3 月 6 日。

[55] 拜伦致约翰·默里的信,1822 年 2 月 8 日。

[56] 拜伦致爱德华·J. 道金斯的信,1822 年 3 月 31 日。

[57] 爱德华·埃勒克·威廉姆斯,"日记手稿",1822 年 3 月 24 日。（大英图书馆）

[58] 拜伦致爱德华·J. 道金斯的信,1822 年 4 月 18 日。

[59] 卡瓦利耶里·路易吉·托雷利,《烧炭党恶行录》。（佛罗伦萨官方文献,济慈−雪莱纪念馆,罗马）

[60] 克莱尔·克莱蒙特致拜伦的信,信件草稿,1822 年 2 月 18 日。（大英图书馆）

[61] 玛丽·雪莱致克莱尔·克莱蒙特的信,1822 年 3 月 20 日。（哈里·兰塞姆人文研究中心,得克萨斯大学奥斯汀分校）

[62] 克莱尔·克莱蒙特致玛丽·雪莱的信,1822 年 4 月 9 日。（牛津大学博德利图书馆,阿宾格文献,文档 478）

[63] 佩莱格里诺·吉吉致莱加·赞贝利的信,1822 年 4 月 13 日。（大英

图书馆）

［64］拜伦致珀西·比希·雪莱的信,1822 年 4 月 23 日。

［65］彼得·科克伦编辑,迈克尔·里斯翻译,《拜伦在意大利》。

［66］玛丽·雪莱致玛丽亚·吉斯伯恩的信,1822 年 6 月 2 日。（牛津大学博德利图书馆,阿宾格文献,文档 566,第 6-7 号文件正面）

［67］克莱尔·克莱蒙特致芒·卡谢尔（Mount Cashell）女士（梅森夫人［Mrs. Mason］）的信,1822 年 9 月 24 日（日期存疑）。见《克莱蒙特书信集》,第一卷。

［68］拜伦致约翰·默里的信,1822 年 4 月 22 日。

［69］同上,1822 年 5 月 26 日。

［70］J. W. 坎宁安牧师致约翰·默里的信,1822 年 8 月 20 日。

［71］《先驱晨报》,1822 年 11 月 21 日。

［72］拜伦致奥古斯塔·利的信,1822 年 12 月 12 日。

［73］亨利·邓恩致拜伦的信,1822 年 5 月 12 日。

［74］《唐璜》,第十章,第 57 节,第 452 行。

［75］彼得·科克伦编辑,迈克尔·里斯翻译,《拜伦在意大利》。

［76］拜伦致托马斯·摩尔的信,1822 年 8 月 8 日。

［77］亨利·邓恩致拜伦的信,1822 年 4 月 9 日。

［78］拜伦致伊萨克·迪斯雷利的信,1822 年 6 月 10 日。

［79］彼得·科克伦编辑,迈克尔·里斯翻译,《拜伦在意大利》。

［80］拜伦致格拉斯·金奈尔德的信,1822 年 5 月 26 日（日期存疑）。

［81］乔治·班克罗夫特,《拜伦勋爵的一天》（'A Day with Lord Byron'）,转引自《伊利湖战役史与杂文数篇》（*History of the Battle of Lake Erie and Miscellaneous Papers*, 1891）。

［82］拜伦致约翰·默里的信,1822 年 5 月 26 日。

［83］威廉·爱德华·韦斯特,《拜伦勋爵的最后一幅肖像》（'Lord Byron's Last Portrait'）,载《新月刊》,第 16 期,1826 年。

［84］拜伦致约翰·卡姆·霍布豪斯的信,1822 年 9 月 2 日。

［85］拜伦致爱德华·J.道金斯的信,1822 年 6 月 26 日。

［86］彼得·科克伦编辑,迈克尔·里斯翻译,《拜伦在意大利》。

［87］威廉·爱德华·韦斯特,《拜伦勋爵的最后一幅肖像》,载《新月刊》,第 16 期,1826 年。

［88］利·亨特勋爵,《拜伦勋爵及其同代人》。

［89］拜伦致爱德华·道金斯的信,1822 年 7 月 4 日。

［90］珀西·比希·雪莱致玛丽·雪莱的信,1822 年 7 月 4 日(牛津大学博德利恩图书馆,雪莱手稿,文档 1,第 504-505 号文件)

［91］彼得·科克伦编辑,迈克尔·里斯翻译,《拜伦在意大利》。

［92］珀西·比希·雪莱致霍勒斯·史密斯的信,1822 年 6 月 29 日。(济慈-雪莱纪念馆,罗马)

［93］拜伦致托马斯·摩尔的信,1822 年 7 月 12 日。

［94］利·亨特勋爵,《拜伦勋爵及其同代人》。

［95］爱德华·约翰·特里劳尼,《雪莱和拜伦最后的日子》。

［96］珀西·比希·雪莱致霍勒斯·史密斯的信,1822 年 5 月 21 日(日期存疑)。(济慈-雪莱纪念馆,罗马)

［97］拜伦致托马斯·摩尔的信,1822 年 8 月 8 日。

［98］同上,1822 年 8 月 27 日。

［99］《爱德华·埃勒克·威廉姆斯火化记》('The Cremation of Edward Ellerker Williams'),见《爱德华·约翰·特里劳尼书信集》,1822 年 8 月 13 日。

［100］彼得·科克伦编辑,迈克尔·里斯翻译,《拜伦在意大利》。

［101］爱德华·约翰·特里劳尼致威廉·迈克尔·罗塞蒂的信,1878 年 12 月 18 日。见《爱德华·约翰·特里劳尼书信集》。

［102］爱德华·约翰·特里劳尼,《雪莱和拜伦最后的日子》。

［103］《珀西·比希·雪莱火化记》('The Cremation of Percy Bysshe Shelley'),见《爱德华·约翰·特里劳尼书信集》。

［104］拜伦致托马斯·摩尔的信,1822 年 8 月 27 日。

［105］《珀西·比希·雪莱火化记》,见《爱德华·约翰·特里劳尼书信集》。

［106］利·亨特致玛丽·雪莱的信,1822 年 8 月 17 日。(大英博物馆)

［107］彼得·科克伦编辑,迈克尔·里斯翻译,《拜伦在意大利》。

［108］利·亨特勋爵,《拜伦勋爵及其同代人》。

［109］拜伦致奥古斯塔·利的信,1821 年 11 月 4 日。

［110］本杰明·罗伯特·海顿,对托马斯·梅德温《拜伦勋爵比萨谈话录》的批注。(罗伊-拜伦藏品,诺丁汉市博物馆,纽斯特德庄园)

［111］利·亨特勋爵,《拜伦勋爵及其同代人》。

［112］拜伦致玛丽·雪莱的信,1822 年 10 月 4 日。

［113］拜伦致道格拉斯·金奈尔德的信,1822 年 2 月 23 日。

［114］拜伦致约翰·默里的信,1822 年 10 月 9 日。

［115］拜伦致道格拉斯·金奈尔德的信,1822 年 7 月 24 日。

［116］《唐璜》,第九章,第 37 节,第 289 行。

［117］拜伦致托马斯·摩尔的信,1822 年 8 月 8 日。

［118］《唐璜》,第八章,第 76 节,第 601 行。

［119］《霍布豪斯日记》,1822 年 9 月 15 日。

［120］《献给卡斯尔雷勋爵的小诗》('Epigrams on Lord Castlereagh'),1822 年。

［121］《霍布豪斯日记》,1822 年 9 月 17 日。

［122］同上,1822 年 9 月 20 日。

［123］拜伦致道格拉斯·金奈尔德的信,1822 年 9 月 24 日。

第二十五章　热那亚（1822-1823）

拜伦最后一首也是最古怪的一首长诗是《畸形变形记》，他在热那亚的时候开始创作，没有完成，属于断章残篇。这是一部以变形为母题的戏，是哑剧和浮士德式的道德冲突剧结合的产物。驼背的阿诺德被母亲奚落，变形为一个好战的阿喀琉斯的形象。总而言之，畸形的怪物也有特长：

> 畸形让人大胆，
> 其本质是在内心和灵魂上
> 超越人类，寻求平等——
> 是的，它让你变成人上人。[1]

没错，热那亚的确是拜伦转型的地方。

热那亚是他在意大利的最后一站，他称赞这里"棒极了"。他突然瘦了下来，个子显得更高了，因此在这段时期的肖像画里，他好像被有意拉长了一截。他的性格也变了：他收了心，整个人变得紧张严肃，社交少了，写信的时候也不打趣了，更加实用。和四年前刚到威尼斯的拜伦相比，最大的变化就是有了更高的使命感。特蕾莎说，拜伦最不愿意听到说他"被湿热的气候抽干了锐气"[2]这样的冷嘲热讽。他感到岁数大了,年轻时喜欢的东西现在已失去兴趣,转而在乎起后世的声誉。他向道格拉斯·金奈尔德倒出内心的焦虑:他想给亲戚留下"一些东西,而不仅仅是一个名字而已;还要行善"。他补充道:"如果没有别的事可做,我定要试试只吃面包和水。顺便说一句,别小看面包配水,如果品质够好的话,是很养人的。"[3]

要论是谁让拜伦成为传奇,那只能是他自己。是他为自己打造了一个传世的身份,提高自己的声誉,为此他加入了希腊独立事业,这要比他在意大利罗马涅地区支持反抗势力更具显示度,当然也更难。但是,要说他投身希腊独立事业是精算的结果,那也有失偏颇。和以往一样,驱动他的是情感,是隐秘的忠诚和时机的眷顾。希腊是他人生的重要组成部分,可以追溯到他在哈罗公学阅读的经典名著,追溯到一八一〇年他去雅典的旅行,背后驱动他的是怀旧感。他说希腊是"唯一让他满意的地方"。[4]毕竟,他在希腊短暂体验过性自由和精神自由,自然也希望为这个国家争取政治自由。

一八二一年和一八二二年初,希腊革命的消息就传到了比萨。一八二二年一月十三日,由希腊爱国领袖们组成的国民议会通过了《埃皮达鲁斯自由共和宪法》;一月二十七日,希腊正式公开宣布独立,外国志愿者开始陆续抵达,与希腊人并肩作战。拜伦和雪莱对希腊革命都怀着一腔热血,这也成了联结两人的纽带。一八二一年,雪莱发表长诗《希腊》,献给解放事业。当时有一群希腊贵族流亡在比萨,其中就有一个叫亚历山大·马夫罗科达托的亲王,是流亡海外的希腊人的核心,他和雪莱夫妇交好,他给玛丽·雪莱教希腊语,玛丽给他教英语。拜伦一八二一年抵达比萨的时候,马夫罗科达托亲王刚好于六月回国,没有见上他。但拜伦联系上了另一位亲王,即马夫罗科达托的堂兄阿尔吉洛波利,并获取了有关希腊革命政治的一手情报。

436

　　此外,促使拜伦加入希腊革命的还有那个"自由男孩"[5]彼得罗·甘巴,即特蕾莎的弟弟。他们之前参加的罗马涅革命失败了,他渴望将一腔热血投入到另一场革命中去,只要是革命就行。意大利烧炭党被击垮后,他们纷纷投奔希腊积蓄力量。拜伦疼爱彼得罗,欣赏他的青春之火。根据特里劳尼的说法,他的思绪"暗流涌动",正头也不回地向东流去,怀着希望和内疚,去"希腊群岛寻找当年他那青涩的爱情"。[6]

　　一八二二年十月初,拜伦和特蕾莎还有甘巴夫妇抵达热那亚。拜伦在路上生病了,病得很厉害。山路崎岖危险,他们选择走海路,从莱里奇镇坐船去塞斯特镇。在莱里奇,拜伦病得站不起来了。特里劳尼将"玻利瓦尔"号开过来和他们会合,拜伦一时脑子发热又游了个泳,结果折腾了四天:风湿病发作,吐胆汁,便秘,还躺在"最糟糕的客栈里的最糟糕的房间"[7]的床上。来了一位不称职的年轻医生给他做了肛门灌肠。接受治疗后他恼羞成怒,甚至因此质疑起了乔斯林主教那桩鸡奸案的正当性,当时这位爱尔兰主教和一个士兵在同性恋常出没的酒吧约会,据说捉住的时候裤子没穿,画面非常辣眼。拜伦心想,这么痛苦的事本身就是受罪,何必还要另外定罪:"主教大人那家伙要是和这位意大利土郎中的灌肠器是一回事的话,这鸡奸犯在定罪之前就受过罪了。"情急之下,他搜出默里送给他的一本处方集,是一位叫汤普森的大夫写的,他在书里找了个方子给自己治疗。别说,还真奏效了。船开往塞斯特里的路上,他来了精神头,甚至还和水手们吃鱼生,喝了"一加仑的乡村葡萄酒"。一到热那亚,拜伦晚上就咳嗽不止。特蕾莎说他烧心、易怒、嗜睡。在热那亚的九个月里,拜伦一直没有恢复过来。

　　热那亚,一个美丽的地中海海港,它宛如一座城堡,守卫着广阔的海湾。它历史悠久,人杰地灵,这些从那些堪称奇迹的建筑中都看得出来:一整条街的大理石豪宅都建于文艺复兴时期,包括多利亚家族、杜拉齐家族和布里格诺利家族的纪念馆,里面收藏着伟大的艺术作品。十八世纪以前,热那亚还是一个强大的共和国。然而,一八一五年维也纳会议后,热那亚就被老对手皮埃蒙特区吞并,现在名义上归撒丁国王管辖,实际上受一群教士管理,因此饱受压迫。热亚那,这样一座曾经强健发达、贵族气质浓厚的商业城市,在拜伦心中成了和威尼斯一样元气大伤、锐气大减的地方。

　　拜伦租下了一座叫萨鲁佐公馆的大宅,房租一年二十四英镑,按当时的物价,相当便宜。豪宅坐落在城区以东两英里的阿尔巴罗镇的一座小山上,视线很好。这块地方在那个时期还属于城乡结合部,石子铺成的小径两旁是葡萄园和橄榄园,出门就能看到蜜蜂、蝴蝶、萤火虫和蜥蜴。一条狭长的路穿过高高的铁门,通向庭院入口,庭院里种着紫杉,紫杉被雕刻成奇怪的造型。这里尽管风景如画,但住起来却一点也不舒适。尤其是在冬天,五六十个房间只靠一个烟囱供暖。据参观者描述,进门是一间巨大的前厅,中央摆放着一张台球桌,往里走是数间没有人气的房间,拜伦的房间在最里头,家具摆设是英式的,还有许多书,看起来温馨典雅。

　　特蕾莎和她的父亲还有弟弟一起住在拜伦的房子里,这个主意是英国驻外使节威廉·希尔提出的,因为这样他们就算是拜伦的随行人员,会受到官方保护,更安全。拜伦给他们分了一套专属的套间,吃饭的时候他和特蕾莎也是分开的。弗莱彻已经七年没和英格兰的妻子团聚了,还在照料主子。之前一直流亡在外的蒂塔·法尔切里现在又找上门来,要求在拜伦家里做事。他的大胡子又长出来了。一位来访的牧师说,一到镇上,出来迎他的是一个样貌可怖的人,他"身材高大魁梧,胡须垂到了胸前,长得令人生畏"。[8]在萨鲁佐别墅,拜伦给动物园增加了新成员:本来养着狗、猴子、兔子和各种各样的鸟,现在又新增了他从比萨带回来的鹅。毕竟,到了米迦勒节那天,他也不忍心吃这两只鹅。

　　亨特夫妇和他们的"六个小流氓"[9]不再跟拜伦住在一起了,而搬去和玛丽·雪莱合住一所房子。他们租的房子也在阿尔巴罗镇,叫内格罗托公馆,又大又空,在萨鲁佐公馆山下一英里左右的地方。玛丽安又怀孕了。一八二三年六月,亨特夫妇的第七个孩子文森特·利于热那亚出生。拜伦身边密密麻麻地围着一群人,吃他、靠他、指望他,不论是在经济上、文学创作上,还是在精神上,都让他透不过气来。这种尴尬的局面加剧了利·亨特一家对拜伦的怨气。在他的回忆录中,拜伦被描述成一个专横残暴的主子,"根本不把我们放在眼里,玩笑之间就把我们打发了"[10],也只有晚上喝了酒抹眼泪的时候脾气才温和一些。

拜伦和玛丽的关系也有问题。雪莱指定拜伦当他的遗嘱执行人,他虽然答应了,但实际上没做多少事,只是写信给雪莱的父亲蒂莫西爵士,告诉他玛丽和儿子珀西·弗洛伦斯被困在意大利,生活拮据,没钱回英格兰。拜伦和玛丽的关系现在也暧昧不清:虽说玛丽因为拜伦对待克莱尔·克莱蒙特和艾蕾歌的态度而恨他,但对他也不是没有一点意思。拜伦心思细腻,阅人无数,他看出玛丽的心思,因此一直避免见她。雪莱死后,她的精神还没有缓过来,拜伦的出现会让她想起亡夫。的确,玛丽在日记中真就写道:"当我和拜伦在一起的时候,雪莱清晰的身影就浮现在我的脑海里,足以乱真,恍惚间让我感觉他可以代替雪莱和我过日子。"[11]

在这里,就像在比萨一样,拜伦又怀念起奥古斯塔那温暖的笑声和家的感觉。为什么她不来比萨附近的尼斯住呢?拜伦愿意支付她全家的旅费。他还说,孩子们在国外的生活会更好,花销也更少。"你也可以离我更近,如果这也算一个诱惑你的条件的话。"[12]不过看样子,奥古斯塔并没有认真考虑过他的提议。

一八二二年九月下旬,艾蕾歌的葬礼在哈罗公学如期举行。约翰·默里按照拜伦的指示一手操办,参加完葬礼后就回伦敦了。一到家就发现拜伦的两封来信,紧接着又来了三封,这些信都是在拜伦离开比萨时前写的,但在约翰·默里的档案馆里找不到。也许,默里觉得信写得过于刺耳,没有保存。从现有的证据中我们可以推测,拜伦在信里大放厥词,抱怨默里私自删去了《该隐》里的一些语句,抱怨他对《唐璜》的态度摇摆不定。拜伦事先托金奈尔德给他捎去一封短笺,警告他不要再随便篡改原文,这起到预防针的作用,然后他寄去第六章、第七章和第八章。现在,默里不用说,拜伦都知道他会擅改:"堂堂绅士约翰·默里先生,请不要对我指手画脚。"[13]

九月二十五日,受伤的默里给拜伦回了一封信,信中的他一副傲骨铮铮的形象:

> 倘若大人您宽宏大量,仁爱崇德,继续留我为您督办出版事宜,鄙人三生有幸,必献犬马之劳,让新作与前作齐名,再复旧日辉煌。然恕鄙人赘言,倘若大人您另有他意,鄙人对您的忠心不变,情谊不变。如您所言,倘若一日鄙人的陋店痛失大人青睐,无法继续效劳,然大人与鄙人之恩情尚在,届时望速修旧谊,重赐人生之大幸为盼。[14]

拜伦十月九日给他回了信,他表明他反对的并非删减本身,而是他不打招呼就随意删减,在受到质疑时他不敢站出来替作者说话:"我并不想和你断绝来往——但是如果你再这样随风摇摆,毫无主见——那我又有什么办法呢?"[15]拜伦把作者的尊严看得越来越重,整个秋天,拜伦与约翰·默里的关系越来越僵。拜伦告诉默里:"我的信念不可动摇。"他若要办成一件事,就从来没有想过妥协的可能性。

造成二人关系紧张的还有另外两个外在因素。拜伦和出版商关系的破裂,同他的经纪人道格拉斯·金奈尔德脱不了关系。金奈尔德直言直语,说话习惯性伤人,根本就不把默里放在眼里,而默里也觉得和金奈尔德根本没办法打交道。一八二二年秋,金奈尔德对拜伦抱怨道:"默里屈屈一个生意人,老头儿一个罢了。"[16]默里的出版社在当时可算是托利党的心脏,谁要是能把它打倒,把它浮夸的气球戳破,谁就算是砸碎了旧世界。这一点对金奈尔德极具吸引力。因此,为了一战,他给《唐璜》另找一家出版商。待悲剧长诗《天与地》最终在《自由党人》上出版的时候,金奈尔德觉得自己大获全胜:"默里先生还能说什么?他现在肯定后悔死了。"[17]

比起金奈尔德的傲慢自大,默里更受不了和他争抢拜伦著作出版权的竞争对手约翰·亨特,这个人完全就是默里的阶级敌人,在社会和文学上全然是他的对立面。有一天,亨特来到阿尔贝马尔街拜访默里的办公室,向他索要拜伦的稿件,以刊发在他的《自由党人》上。听听他对这件事的叙述,就知道默里有多恼火:

> 关于约翰·亨特先生来访一事:我是真的不知道您见过他。他让仆人传话上来,说"一位绅士"要给我一封拜伦勋爵的信,我立刻欣然下楼去接待他,这就见到了亨特先生,旁边还有一个人,显然是证人。他把信递给我,神情严肃得像法警,紧盯着我,仿佛给我下了一剂砒霜,迫不及待地要看药效。我谦恭而简短地做了回应。这时,他脸上浮现出杀手的表情,竟然反复说着同样的话:"先生,这就是你要说的话吗?""先生,这就是你的答复吗?""我要把这些话转述给拜伦勋爵吗?"最后,如果您知道这个人说话有多么放肆,多么无礼,您一定会原谅我在未经您允许的情况下做的如下决定:我让我的书记员告诉他,凡是拜伦勋爵吩咐我转交给他的稿件,我将遣人火速且妥善地呈送到他府上,省得他登门拜访。恕我冒昧,与这个人的交往实在太不愉快,也没必要。您的一位朋友!!![18]

440

拜伦从热那亚三言两语就把默里的怒气打发了："关于亨特先生，我怎么知道他侮辱您了？当然，如果他真这么做了，告诉他门在哪儿，告诉他窗户在哪儿。我只给了他一封信，没给他任何授权。"[19]

十月十一日，心烦意乱的默里又来信了："我恳请大人您不要再让约翰·亨特先生私下和我来往，我真的一点都不想认识他，原因不用说您也懂。至于有传言说我在摆谱，说我大谈什么损失之类的话，都是一派胡言。从有幸认识您那一天起，我对您的忠诚无人可以撼动。"[20]有人说默里向别人抱怨拜伦已江郎才尽，写的东西不赚钱。拜伦拿这话与他对峙，他矢口否认："您是世上无人能比的天才，才高八斗，学富五车，只有蠢货才有眼不识泰山，请大人您不要拿我和蠢货相提并论。"看得出来，默里越说越激动，已经顾不上措辞了。他的办公室挂着一幅拜伦披斗篷的画像，是托马斯·菲利普斯画的。信结尾处，他绝望地附上这句话："我生命中的每一天无不在瞻仰勋爵大人您的肖像。"

十月十五日，《自由党人》第一期问世，上面刊登了拜伦的政治讽刺长诗《审判的预示》。该诗算是对国王乔治三世的一种"辉格党式的封神演义"[21]，给默里十个胆他也不敢发。付梓后，拜伦惊讶地发现作品没了前言，最后寄给他的勘误目录也没有体现出来，他怀疑默里故意没有把全稿交给亨特，为的就是故意搞破坏，这让他对默里发起了新一轮进攻。

从默里这一轮的回信可以看出，他的心都要碎了。十月二十九日，他写信向拜伦哭嚎道："《自由党人》出版后，公众对它很失望，纷纷开始谴责。拜伦勋爵，一想到您和这些社会弃子有染，我就心生畏惧。我保证，除非您亲自过来感受一下，否则您真的想象不到您和他们有染一事一旦被大众知道，会有多恐怖。"[22]怕什么，来什么。十二月，英格兰大陪审团在米德尔塞克斯举行会议，以诽谤罪起诉约翰·亨特，理由是他出版的拜伦的《审判的预示》一书有损乔治三世和四世的形象,玷污了君主制的名声。默里最害怕的事情终于发生了。

这实际上是默里写给拜伦的最后一封信。是他成就了拜伦的盛名,作为道别信,他极为少见地坦率表达了对《唐璜》新章节的看法。金奈尔德大声为他朗读完之后,他说:

> 我向你坦言,这几章写得太吓人了,就算你把财产、头衔、天赋都给我,我也不会发表它们。看在上帝的分上,修改一下吧!看得出来,这几章写得和之前那些作品一样都很有才气,所以还是把那些伤害英国人民情感的、伤害你自己的名誉的东西删去!
>
> 我一度很乐意和你谈话,现在的情况截然相反。作为连锁反应,你以前的作品都很难卖出去了。

默里恳请拜伦谨慎行事,这既是为了拜伦,也是为了他自己。因为他和拜伦可谓一荣俱荣,一损俱损。此外,这里还牵扯到了奥古斯塔。他们怕姐姐被革去宫廷侍女的职位,被赶出王宫。他最后说:

> 望你发发善心,少些戾气,让胡安学着别波讲话。请相信,只有像我这样对你如此忠诚的朋友才会同你说这些。我将永远是
>
> > 勋爵大人您
> >
> > 忠实的朋友
> >
> > 约翰·默里

默里的信寄出之时,拜伦的信也在寄来的路上。一八二二年十月三十一日,拜伦写信让他把所有手稿都交给道格拉斯·金奈尔德,包括新

创作的六章《唐璜》，但不包括回忆录，回忆录原本是交给汤姆·摩尔写的，但拜伦看他经济拮据，就让他把回忆录的版权卖给默里。从现在开始，拜伦的主要出版商是约翰·亨特。但他与约翰·默里的关系也并没有全断。一八二二年十一月，默里刊出了悲剧诗《沃尔纳》。圣诞节前后，拜伦考虑是否要去一趟那不勒斯采风，再给《恰尔德·哈洛尔德游记》续上两章，这事还得找默里，因为前四章是他出版的。但二人之间已不常联系，要知道此前拜伦有个家长里短都会给默里写信。拜伦曾挖苦默里："不管你是商人还是绅士，和各阶级的人交往的时候你都应该言行得体，谦虚谨慎。"[23] 阶级差异的鸿沟横亘在他们之间，这才是最伤默里心的。

拜伦选择热那亚作为临时避风港，部分原因在于他以为英国人一般不会来这里旅游。他想错了，热那亚在交通要道上，人来人往都会从这里经过，比萨反而不是。尽管拜伦一心想要开启一段新的生活，但以前的朋友和熟人老找上门来，强行把他拉回过去的那个他。访客之一包括剑桥老同学詹姆斯·韦德伯恩·韦伯斯特。拜伦一直对这个人有看法，倒也说不上讨厌。上次他俩在伦敦花天酒地还是十年前的事，之后就再也没有见过。韦伯斯特十月份到达热亚，拜伦惊恐地发现他居然戴着黑色假发。他好奇地给金奈尔德写信说："我发现他个子比以前高了，但不多；面色有些像老人那样发红了，但还算粉嫩；唯独脑子一点都没长进，说话还是不着调。"[24]

说话鲁莽的"大嘴巴"韦伯斯特受封骑士爵位，现在叫"詹姆斯爵士"。这个爵位是一八二〇年他参与了国王对卡洛琳女王的"审判"后赏赐的，让拜伦不齿。没几天，拜伦就重拾老毛病，拿他这位朋友开玩笑。拜伦找到了韦伯斯特在马耳他克罗齐饭店登记簿上登记的姓名，上面赫然写着"准男爵"，把自己的年龄填成了三十二岁。拜伦大笔一挥，给他改成了"骑士,年龄四十岁"。[25]拜伦离开英国前还借给他一千英镑,连本带利到今天还没有还,这事拜伦一直没忘。

韦伯斯特现在和妻子办了分居协议,但他还想复合,便请拜伦出面撮合关系。到这个时候,拜伦提及同学的妻子弗朗西丝夫人的时候还在说她是"她们中最好的"[26],明显是一块没吃到嘴里的肉。韦伯斯特嘴上说想复合,却在追求哈代夫人,就是托马斯·马斯特曼·哈代爵士的遗孀。这位哈代爵士来头可不小:他曾和纳尔逊将军一起在"胜利"号军舰上作战,将军不幸身负重伤,挣扎了三个小时后,模糊地说了一句话就死了。据说他说的是:"吻我吧,哈代!"这句话在维多利亚时期的男校里传疯了。哈代爵士的遗孀安妮·路易莎·艾米丽·哈代三十岁出头,现在正在意大利散心,她对韦伯斯特不太感兴趣。说来也巧,她和拜伦是远亲:她在伯克利的曾祖母是第四代拜伦勋爵的妻子,她本人于一八一四年在伦敦的"某个化装舞会还是聚会"[27]见过拜伦一面。她主动给拜伦写道:"我亲爱的表哥,我们应该是表亲吧!听到您的消息我非常开心,如果一切都方便的话,我很想去见您。"拜伦当时给自己立了一个规矩:那些从伦敦"维尔贝克街和德文郡广场放出来的妖魔鬼怪"一个都别来,"地狱来的"时髦人物一个都不接待。但这条规矩显然不适用于表妹。

443 　　一八二二年十一月初,拜伦在热那亚见到了哈代夫人。接下来的一年里,他俩一直保持书信往来。拜伦曾说自己太老了,早就对爱情不抱幻想。但他俩的确在书信里谈情说爱,而且亲缘关系在他俩之间提前画好了界限,所以两人放得很开,说的话读起来很刺激。拜伦能用温柔的笔调说出看破红尘的话:

　　　　现在,**我**生命中的爱情历险记差不多快要结束了,但你的还没有开始。让我们做好朋友吧,这样对你我都好!这样一来,我们就可以把我们身边的人从左到右挨个爱一遍，管他呢。[28]

她用同样的口吻回答：

> 我非常同意你说的关于**友谊**的这一点。老实说，男女之间的关系远比同性之间的关系更值得信赖，更令人愉快，我明白你永远不会爱上我，我也不指望你爱上我。我觉得我们会是**一生的好朋友**。[29]

他们之所以能走得这么近，是因为和奥古斯塔一样，他们有共同的背景：说出一句话，就知道对方会是怎样的反应。拜伦和哈代夫人聊起了国内的家长里短，那种多年未有的温馨感，那种来自英格兰上流社会的温文尔雅的暖意又回来了。他们聊到了孩子，哈代夫人的三个孩子正和她一起旅行，拜伦也说了艾达的事。他刚收到一张女儿最近的肖像画。他对哈代说："她一个月大后，我就再也没有见过她。"[30]

拜伦和哈代夫人交往的过程中，还是改不了在背后揭人老底、说人坏话的臭毛病，况且说的都是离他很近的人。他嘲讽、抹黑"骑士"韦伯斯特，说他"非要称自己是堂堂绅士，却跪在你的石榴裙下被你踩躏；说你是冷酷的海妖卡利普索，用海水浇灭他火热的心，一丝柔情都不给"。[31]哈代夫人可是心思细腻、见过世面的英格兰女性，和她调情的时候拜伦毫无顾忌，就连特蕾莎也未能幸免于难。他说性爱本质上是一种自私的交易，很明显是在指特蕾莎："我宁愿把爱情看作一种交易，交易双方都各怀鬼胎；男女之间的悲欢离合对于这个世界的正常运转而言很有必要，但对于双方当事人而言却绝非儿戏。"

与哈代夫人的这段暧昧关系从一个侧面说明拜伦即使接近中年、头发花白、牙齿松动，依旧有女人喜欢，这种吸引力都要拜他的同理心所赐。很明显,哈代夫人嘴上说要做朋友,但心里面是决不甘心只做朋友的。她到了凯法利尼亚岛继续给他写信,就是想知道什么时候能见一面。

444   拜伦的魅力仍未消退:近有意大利的哈代夫人,远有英格兰的一位叫作伊莎贝拉·哈维的女孩子,她知书达理,化名佐丽娜·斯坦利给他写信,倾诉心声:

> 我清楚地记得,当年在学校的时候,我爱屋及乌,喜欢作品,也就喜欢作者,很是自然。但不知为何,越往后,作者在我心里的地位就越来越比作品重要;终于,他成了我思想的食粮,成了我生活的动力。也许我的想象力给你赋予了并不真正属于你的特质。但就像我想的那样,你是我生命中闪光的梦。[32]

她让他把回信寄到菲茨罗伊广场的邮局。他写了回信。就这样,他们保持了数月的频繁通信。拜伦称伊莎贝拉为"我的孩子",而她以"我亲爱的爸爸"回敬。

一八二三年一月二十二日,拜伦三十五岁。那年开春,他陷入了重度抑郁状态,之后转为躁郁,时而伤心,时而癫狂。他找霍普纳诉苦:"我的情绪全都乱了套,喜怒无常,我自己也把控不住。"[33]来热那亚的路上他生了病,之后就又开始节食,变得骨瘦如柴。特蕾莎常把手指按在自己脸颊上,模仿他凹陷的脸颊。

现在,开源节流是他的当务之急。除了在"玻利瓦尔"号上花了一千英镑、给利·亨特赞助了三百英镑外,他去年总共存下了三千三百英镑。他把这艘纵帆船封存在热那亚的军火库过冬,无情解雇了船员。他卖掉了五匹马,解雇了多余的佣人。他现在亲自查账,不叫莱加·赞贝利管了,而且每天都要算开销,沾沾自喜地向金奈尔德炫耀道:"每天的开销都不一样,差异很大,大到你想都想不到。"[34]他在罗奇代尔的地产还没有卖掉,很多英国的旧债也没有还清,好在丈母娘留下的那份遗产的钱开始进账了。拜伦想要尽快离开这里,又觉得有义务资助奥古斯塔和她的孩子,所以火急火燎地筹集资金。此外,他多了一个用钱的地方:希腊的解放事业。

一八二三年的头几周里,拜伦满脑子都是钱,所以写出来的诗歌也和钱有关。《青铜时代》是一部复杂的讽刺作品,拜伦采用一种"早期英格兰吟游诗人的语言风格"[35]对当下的政治局势发表了一翻针砭时弊的评论。诗歌的素材取自一八二二年末的维罗纳首脑会议,会议旨在解决后拿破仑时代的欧洲事务。拜伦用精妙的言辞无情地讽刺了参与其中的各国领导人,他们老谋深算,表面上在商议政策,私底下各自打着各自的经济算盘。可以看出,他反感国际政治中的尔虞我诈和道貌岸然,以期通过这首诗揭露政治掮客的不公行为,从而影响大众舆论。亨特负责刊印,四月一日第一版问世,两千本不到一周就销售一空。

写完《青铜时代》一两天后,拜伦开始写一首风格迥异的诗。谁能知道,《海岛》竟是他最后一首完整的叙事长诗。故事像一场乌托邦大梦,发生在郁郁葱葱的南太平洋岛屿上,充满异国情调。诗歌的素材来源有二:一是约翰·马丁对汤加群岛风土人情的描述;二是一七八九年发生在"赏金"号远洋船上的叛变,这是一个真实的故事,布莱船长被船员赶下船,乘着一只小船漂泊在大海上。这一回,拜伦式的英雄是叛军首领弗莱彻·克里斯蒂安,也是最后一位。他折磨自己,也折磨别人:

> 但克里斯蒂安,一个地位更高的人,站在
> 那里,心像一座死火山;
> 沉默、悲伤、无情——但一丝激情竟然

爬过他阴森的脸。[36]

被流放的船长大骂克里斯蒂安忘恩负义,他则高声说道:"我就在地狱!就在地狱这里!"[37]同样的话拜伦当年在婚礼上也大声吼过,一语惊醒了梦中的安娜贝拉,搅黄了那次在哈尔纳比公馆举行的婚礼仪式。

　　从本质上讲,这是一个发生在波利尼西亚的田园故事,主要人物为生活在当地的无拘无束的女孩纽哈和苏格兰高地男孩特布里克尔,该名意为"蓝眼睛的北方孩子"。[38]一个有趣的主题为:是女人教导了男人。他的爱情叙事诗中经常出现这样的情节。另一个主题是梦想在异域环境里成真,该主题取材于拜伦当年和牛津夫人在风景如画的艾伍德别墅相处的那段难忘的经历,并且与《唐璜》中海蒂和胡安的爱情故事高度重合。此外,从这首诗中还可以看出,拜伦迷恋"高贵的野蛮人"这一概念:真正的自然是什么?社会的熏陶又是什么?在热那亚的最后几个月里,他的脑海里全是田园般的荒野。如果希腊的运动失败了,他计划给自己买一个南太平洋小岛,在那里度过余生。

　　他疯狂地写,仿佛预见了短暂的余生。他的创作思绪从南岛飘回了英伦故土。从二月到四月,他都在创作《唐璜》的最后几章,即发生在英国的故事:胡安一回到国内,就立即陷入了一场接一场令人眼花缭乱的舞会,一波又一波沉闷的家庭聚会,以及没完没了的射击和猎狐之类的户外活动。每次活动场面盛大,但无外乎大大小小的家庭仪式,无聊透顶,这就是他对整个英国社会的看法。他坦言,所有角色的原型都是他认识的人:女主人、天真无邪的少女、顺从的丈夫、鉴赏家、建筑师和过于喜气的牧师。拜伦用这几章毫不留情地揭露了英国社会背后那种"说一套、做一套"的结构性虚伪。拜伦曾费尽心机要让自己顺从这个社会,但最终却被它无情地抛弃。现在,他要在《唐璜》里狠狠报复社会。当然,这几章里也有一首献给英格兰的情诗,抒发了他对家乡的怀

念;这首诗闪烁着记忆的点滴,在英格兰的那一幕幕生活细节虽然被他几度质疑、反复嘲弄,却让他无法忘怀:

> 一种美味称作"淑女汤",名字的
> 　　来源只有天知晓! 还有就是比目鱼。
> 是吃腻了宴席的人士的换口菜,
> 　　吃完还可品尝培里柔式的火鸡;
> 还有——唉,我这凡夫俗子,怎能
> 　　指指点点这讲究的丰盛筵席?
> 配包弗味的汤,还有舫鱼,
> 再啃块猪排,就更能称心如意……
>
>
> 日内瓦的酱油,外加几片三文鱼,
> 　　孔台味的野禽,还有鹿腰肉,
> 呵,还有能让贪杯的亚历山大再喝倒的酒
> 　　我希望这种人越来越少;
> 维斯特菲利亚的火腿也光滑肥腻,
> 　　其美味也能使古罗马美食家阿比歇斯津津乐道。
> 再加上喷涌在香槟酒中的气泡,
> 　　好像克利奥帕特拉的珍珠在酒里翻滚。[39]

他现在能从琐碎细节中把握道德要义,这种心境他以前是没有的。

《唐璜》没写完。十六章末尾,欲壑难平的菲茨-福尔克公爵夫人藏在修士袍里溜进胡安的房间,故事到这里戛然而止。下一章前十四段的稿件被打包在行李里,随拜伦去了希腊。

朴茨茅斯丑闻死灰复燃,蔓延到了热那亚。那是一八一四年三月的一个早上,拜伦领着约翰·汉森的女儿走过圣乔治大教堂的过道,把她嫁给了精神失常的朴茨茅斯伯爵,整个过程有说有笑。伯爵的兄弟牛顿·费洛斯阁下很早就想以伯爵精神不正常为由通过法律宣布此次婚姻无效,但一直未果,现在他终于收集到了足够的证据,打算在一八二三年二月发起第二次诉讼。[40]

447　　英国和欧陆的大小报纸都在报道这次闹剧,拜伦饶有兴趣地读着报道里那些陈芝麻烂谷子。伯爵的精神反复无常,经常演变成暴力行为。他掐仆人,抽牲畜,抽得血肉模糊。他亲自把牛赶到屠宰场,用斧头把它们砍死,然后兴奋地大喊:"活该,你们这些野心勃勃的癞蛤蟆!"朴茨茅斯勋爵对参加葬礼有一种癖好。他称之为"黑活儿",还会在家里举办葬礼。他强迫仆人肩扛着巨大的圆木,假装木头是棺材。

年轻的妻子玛丽·安试图给他讲道理,把逆来顺受的仆人都解雇了。但不久,她自己却变成了施暴狂,一家子陷入恶性循环。有证据表明,早在一八一五年,她就开始反过来对伯爵施暴,扒光他的衣服用皮鞭抽打他。她和律师威廉·奥尔德成了情人,还和他生了孩子,两人合伙以暴抗暴,在家里像对待恶兽一样对待他,用言语羞辱他,打得他连滚带爬。汉森的其他女儿也在一旁出谋划策。霍布豪斯告诉拜伦:"你还记得当年的劳拉·汉森,那个长得挺漂亮,就是面色不好看的女孩吗?那个黄油放嘴里都不会化的女孩?嗯,现在的情况是,她经常虐待那个可怜的疯子,用皮鞭抽他,向他吐口水,还叫上其他人一起对他施暴。"[41]最终,朴茨茅斯的陪审团一致裁定伯爵自一八〇九年以来就已精神失常,因此那次婚姻被宣告无效。

对这件事的报道怎能放过拜伦在其中扮演的角色?故事写得绘声绘色,气得拜伦咬牙切齿。像以前一样,他不停辩解,说他从不知道两个人的婚姻竟然过得如此不堪入目,说他做证婚人的时候也无法预见后来的把人当马去抽的丑闻和所谓的"黑活儿"癖好，更不知道伯爵竟是个性无能。

> 我曾担心这女孩会不会接受他，而不是他能不能接受这个女孩。所以在得知这场婚姻是一个陷阱的时候，我也不觉得有什么奇怪的，反正是他俩互相陷害。但我真不知道他对那个"嘿嘿嘿"的事一无所知，这个说法我是从切克斯·切斯特那儿学来的。虽说伯爵没壮过所罗门王，但也算人高马大，我自然觉得他不会比常人差。[42]

伯爵有个怪论：用手术刀给女人放血，可以让女人获得性刺激。对此拜伦评论道：

> 尽管如此，我们还得说，伯爵大人的理论是自哈维大夫以来关于血液研究的最伟大的发现；我想知道这法子是否真有效果。我这辈子从来没有放过血，倒是被水蛭咬过，这鬼东西我最讨厌了。也许用绷带和手术刀效果会不错，下次有紧急情况的话我就试一试。

认定婚姻无效的判决把伯爵夫人打回了汉森小姐。后来，她的哥哥给约翰·默里三世写了一封求助信。里面说，到了一八五八年的时候，她流落到了英格兰最北部的贝里克，一贫如洗。

448

一八二三年春，拜伦染上了流行于当地的疾病，面部发炎肿胀，还疼。他顶着肿脸去和英国驻外使节希尔共进晚餐，回家的路上马车抛锚了，他只能冒着寒风步行登上阿尔巴罗山，这才一瘸一拐地回到了家，他的病因此加重了。这个节骨眼上，来了两波英国游客，接待他们的时候，拜伦因为肿脸觉得有些不好意思。访客不是别人：一波是布莱辛顿勋爵夫妇，另一波是霍兰勋爵的小儿子亨利·福克斯，他小时候拜伦就特别喜欢他，这回来拜伦一看，长得更是"面如桃花"。[43]

话说在意大利最后这几个月里，拜伦愿意接待这些老朋友，被动回味过去在英格兰的那些日子吗？再次见到福克斯他当然很高兴，福克斯也有跛脚，这让二人同病相怜；他和布莱辛顿夫人也能谈笑风生，丝毫没有生疏感。他向他们共同的好友汤姆·摩尔说："夫人看起来很有才气……刚起床也那么美丽，光彩夺目得像一顶吊灯，在意大利的日光下实属罕见。真的，英国女性的穿着的确比欧陆女性的要好。"[44]

伯爵夫人全名叫玛格丽特·布莱辛顿，崇拜者称她是"最美的女人"。[45]她是爱尔兰东南部的沃特福德郡一个小地主的女儿，天生丽质，平时爱写游记，名声毁誉参半。十五岁时，她的父亲强迫她嫁给步兵团第四十七团的上尉莫里斯·圣莱格·法默，这个人相当暴虐。婚姻没有持续多久，她就走南闯北，先有詹金斯上尉当护花使者，后又攀上了芒特乔伊勋爵。一八一六年，芒特乔伊勋爵被封"布莱辛顿伯爵"头衔，成为该头衔的第一任。瞌睡时正好有人递枕头：她暴虐的丈夫法默上尉恰到好处地从王座法庭的监狱窗户坠落身亡。两年后，二人顺理成章结了婚。

他们在伦敦的家位于斯坦姆斯广场 11 号，女主人天性活泼，吸引了许多异性仰慕者登门拜访：有头有脸的政客、律师、艺术家、演员，甚至神职人员。当然，大多数女性都对她另眼相看。听说布莱辛顿夫人在意大利，拜伦远房表妹哈代夫人给他写了一封信，我们从中可知当时的女性怎么看她："我在公园里见过布莱辛顿夫人，我觉得她非常漂亮，但一听说她是个才女，便十分惊讶，我一直以为她是在爱尔兰的蒂珀雷里郡学的识字，那里有许多湖，风景不错。一旦女人开始写作，很难说她会写到哪条路上去。"[46]

去年秋天，布莱辛顿夫妇离开伦敦，开始了欧陆之行。到了法国，二 449
人多了一个伴儿：俊美的阿尔伯特·多尔赛伯爵，当时年仅二十二岁，
他的父亲是大名鼎鼎阿尔弗雷德·多尔赛伯爵，当年是拿破仑手底下的
一名将军。多尔赛极具艺术天赋，也善于和女人搞暧昧；三人于三月三
十一日到达热那亚。拜伦记录道：

> 伯爵夫人带着伯爵，后面还跟着一位长相英俊的小伙子，穿着
> 打扮像一个"法国伯爵"（按照剧作家法夸尔的喜剧《花花公子的计
> 谋》里的说法），风度翩翩，像丘比特下凡，这才是理想中法国人的
> 样子，可惜大革命后就很难见到了。老朋友长着新面孔，我以为我
> 再也见不着了呢。[47]

布莱辛顿夫人是冲着拜伦的名声来的："我真的和拜伦在同一个镇
上？"[48]她一到热那亚就欢呼起来。她熟悉拜伦的作品，现在马上就要
见到作者，她从未如此激动过。她最担心拜伦变胖了，摩尔见他的时候
他已经胖了，实际上直到利·亨特见到他的时候他还胖着："在我看来，
诗人就不该胖，胖子就不该是诗人，胖诗人是违背自然规律的存在。"幸
好拜伦不胖了。但第一次在萨鲁佐别墅的会面还是让夫人失望：她觉
得拜伦举止轻浮，"缺乏自持力，没有威严的气质"，像他这样出身高贵、
名声显赫的人不应该是这样的。

接下来的十个星期里，布莱辛顿一家留在热那亚，住在格调高雅的
维拉饭店，布莱辛顿夫人和拜伦建立起了友谊。拜伦很会和年长于他的
女人打交道，但夫人和他几乎同龄，所以两个人有一样多的人生经历可
以相互分享，这一点倒像是他和墨尔本夫人的交往：两个阅历丰富的人
在热那亚城外的乡下骑马，交流彼此对生活和爱情的看法。为此，特蕾
莎吃醋不是没有缘由。拜伦给布莱辛顿夫人写诗，虽说初衷大方、目的

纯正,但还是有暧昧的味道,例如,其中有一首赞成夫人留在热那亚的诗。她在考虑是否要租下一栋名叫"天堂"的别墅,拜伦不光赞成,还不忘调情:

> 布莱辛顿眼下
> 有一片从魔鬼那里收复的天堂
> 那里将重获自由。
> 但如果夏娃为吃不到禁果而悲伤
> 哪个凡人不愿意来扮演魔鬼?[49]

450　布莱辛顿夫人记下了她和拜伦的谈话内容。她提的问题不拘一格,采访技巧相当专业。后来到了一八四六年,她丈夫去世后,她手头吃紧,便和新创办的《每日新闻》报纸合作,成为一名记者。轻信的拜伦毫无防备,她利用这一机会,巧妙地问了一些深入的问题。她通过采访收集了许多信息,捕捉了拜伦生活的方方面面,是让他成为传奇人物的重要推手之一。一八三二年和一八三三年,布莱辛顿夫人把访谈以《拜伦勋爵对谈录》为名连载在《新月刊》上。一八三四年,访谈录的集合本由亨利·科伯恩编辑成书出版。与梅德温的《拜伦勋爵比萨谈话录》相比,她的访谈更加敏锐、细腻。布莱辛顿夫人本身就是一位贵妇,可以更好地把握拜伦的俗气,例如,他将家族的座右铭"相信拜伦"制成横幅挂在去拉文纳的车队上。她见多识广,对性别的差异性有切身体会,因此更能理解拜伦的娘娘腔的做派和矫揉造作的风格。

比这段关系更有趣的是拜伦与阿尔弗雷德·多尔赛伯爵的关系。这位巴黎的花花公子身高六英尺三英寸,又高又帅,发蜡、香水时刻伺候,衣着光鲜,是当时公认的美男子。他和拜伦一样,男女通吃。布莱辛顿夫人喜欢这位"巴黎圣骑士"[50]的性情,而布莱辛顿勋爵也为他着迷。

他告诉拜伦,他当多尔赛是自己的亲生儿子或兄弟,夸他的"心比黄金更珍贵、更纯洁。他和我们一起旅行,我们一开始叫他'小狮子'"。[51]布莱辛顿后来把十五岁的女儿哈丽雅特·加德纳嫁给了他,但婚姻很快就破裂了,显然是有名无实的夫妇。

卡莱尔称多尔赛伯爵是"花花公子界的太阳神菲伯斯·阿波罗"[52],他有男人的追求,但也像女人一样爱惜羽毛,拜伦从他身上看到了当年的自己。多尔赛请他读一篇他在伦敦时写的游记,一八二一至一八二二年,他住在时尚之都的中心。这篇文章让拜伦感觉自己重生了一会儿:年仅二十二岁的多尔赛敏锐地察觉到"英格兰上层阶级的空寂,并对其做了鞭辟入里的分析,而非蜻蜓点水般的叙述"。[53]当年拜伦二十二岁的时候,对伦敦的社交生活也有同样的见地。

在拜伦的邀请下,多尔赛为拜伦画了几幅肖像画,现在仅存四幅铅笔画,其中两幅是全身像:纤瘦的拜伦依着拐杖立在地中海海滨长廊上,裤腿裁得很宽,好遮住他的跛足。另外两幅是半身画,一幅把拜伦光秃秃的大额头和渐退的发迹线给画了出来,另一幅里拜伦穿着短款军礼服,神气地戴着鸭舌帽。最后这幅里的帽子很可能是在拜伦的要求下加上去的:"请允许我向我的朋友阿尔弗雷德(他允许我这么称呼他)提一个要求,即能否请大人您在这位身穿军礼服的绅士头上添加一顶军帽?这样看起来才完整,他的前颅也不会显得那么突兀。没办法,您画得过于逼真。苍天啊,还我头发!"[54]

多尔赛伯爵离开热那亚之前,拜伦通过布莱辛顿夫人送给他一枚由熔岩制成的超大号戒指,"至少让我现在看,这枚戒指和他火一般的年纪和性格非常搭"。[55]又嫉妒又羡慕的拜伦准确抓住了他火山一般的脾气。

四月五日下午,爱德华·布拉基埃和安德烈亚斯·卢里奥蒂斯拜访了拜伦。布拉基埃上校是一名海军军官，他积极宣传政见，是伦敦希腊委员会的创始人之一。卢里奥蒂斯被希腊政府派往伦敦，寻求英国的支持，一起组织革命，联手对抗土耳其的统治。他们受命返回希腊开展社会调查，正在返回的路上。对拜伦来说，这次会面具有决定性意义。两天后，他写信给霍布豪斯：

> 上周六，我见到了布拉基埃上校和随行的希腊人。我主动请缨，表示想为他们的事业尽一份力。如果希腊临时政府认为我能帮上忙的话，我提议七月份去一趟黎凡特地区。不是说我在吹嘘自己的军事才能，我可没说我有以弗所的哲学家赫拉克利特的本事，能给汉尼拔讲授战争艺术；一个外国人可以做的事情毕竟不多；或许我可以去做一名战地记者，或者当信使，在希腊和西方国家之间传递情报。我还是能派上用场的，无论如何我都会试一试。[56]

务实，现实，带有一点试探性：自从拜伦投身于希腊解放事业，他的口吻听起来就严肃起来，像是准备好干一番大事业。

与欧洲其他地区特别是德国、瑞士和法国相比，英国对希腊革命的支持一直不够干脆。但一八二二年春希俄斯岛发生了大屠杀，总人口十万的希腊人就被屠戮了两万五千人，整个岛惨遭蹂躏，这才激起了英国人的同情。伦敦希腊委员会成立于一八二三年一月，第一次会议于二月二十八日在伦敦河岸街的皇冠与锚地酒馆举行。保守党政府不愿意支持这场革命，他们担心如果土耳其人被击败了，希腊将被俄国人控制，进而破坏欧洲的力量均衡。辉格党改革派大多支持希腊革命。主导伦敦希腊委员会的人大都是拜伦的亲信、熟人和对手，如弗朗西斯·伯德特爵士、亨利·布劳厄姆，还有伟大的自由派功利主义者杰里米·边沁、约翰·卡姆·霍布豪斯，以及道格拉斯·金奈尔德阁下。

452

早些时候,已经有人代表委员会和拜伦取得了初步联系。威廉·史密斯曾于三月八日在皇冠与锚地酒馆写信告诉他,"希腊人民的几个朋友在这里会面,大家对希腊解放事业深表同情,并表态要采取行动","他们相信,希腊的解放事业将在全国范围内得到广泛支持"。[57]他请求拜伦允许他把拜伦的名字也写入名册。一周后,委员会文书约翰·鲍林阁下在霍布豪斯的引介和鼓励下给拜伦写信说:"勋爵大人,唤起大家对希腊的同情之事您功不可没,无人能比。但要将同情转化为**具体行动**。我们仍盼望您动用才智和影响力,助力我们共同的目标,以得成功。"[58]

布拉基埃还从特里劳尼那里得知拜伦很可能会支持他们。他们有两个宣传策略:一是渲染希腊人在奥斯曼异教徒的铁蹄下遭受的苦难,二是在古希腊的文化价值观和十九世纪的不列颠现代文明之间建立一种隐性的思想勾连。拜伦在这两点上都大有可为。拜伦是个诗人,一个自由派诗人,一个公认的希腊精神代言人。委员会光顾着吸收拜伦参加希腊革命事业,早就把他那些黑历史抛到脑后了。

布拉基埃来到热那亚,向拜伦转达他已全票通过成为希腊委员会的成员。他带来了证书和大量关于拥护他入会的报道;他还说,在皇冠与锚地俱乐部一提到他的名字,那可是如雷贯耳,仅他的名字就能"呼风唤雨,撒豆成兵"。[59]现在,他获得了一个新的身份。拜伦的加入不仅对委员会和希腊革命有用,对他自己也有用:这样一来,他就有了洗心革面的机会,有了被贵族阶级接纳、赏识的机会。特里劳尼评论道:"委员会的决议来得正是时候:去过希腊朝圣的人对他这个人和他的地位不满。但希腊欢迎他,希腊给他留下的那些美好记忆在召唤他,他将迎来一个崭新的事业。"这话也不完全对。一向精明的布莱辛顿夫人赞成拜伦去希腊,知道他"需要亲自证明诗人也可能是一名士兵"。[60]但她也知道这并非易事。

希腊委员会在试图联系拜伦的时候,并没有对他抱太大期望:也许
仅仅挂个名或者提供一些经济援助就足够了。但当听说拜伦可能愿意
亲自去希腊时,布拉基埃高兴得不得了。三个星期后,他启程去希腊,途
中在赞特岛写信给拜伦,敦促他尽快出发:"你一来,我们的福将就到
了。这片土地有着光辉的历史,有你所珍视的一切,它等你快要等不及
了。"[61]他乐观的口吻近乎夸张,"我们的事业如火如荼"。现在他到了
爱奥尼亚群岛,一提到拜伦即将亲临,现场的人就"欢呼雀跃"。布拉基
埃在结尾写道:"殷切期盼在这片英雄的土地上见到大人您的到来,我
仍然是您最真诚、最忠实的朋友。"

拜伦已经当自己是这场运动的领袖了。五月十二日,他就当选会员
一事写信给鲍林:"收到您的来信我很高兴,能成为委员会的一员是我
的荣誉。我会努力不辜负他们的期望与信任。"[62]他列出了他设计的工
作重点:"希腊人想要的主要物资似乎首先是一组野战火炮,必须是轻
型的,适合山地使用;其次是火药,然后是医院或医疗用品。"他向鲍林
宣布,他本人将向希腊先运送一批火药和医疗用品。他还从一个叫尼古
拉斯·卡维拉斯的希腊人那里打探战事情报,卡维拉斯当时正在比萨学
习。这一步拜伦就走错了。卡维拉斯提供的情报没有任何用处,他反而
向拜伦借了一笔钱自用。霍布豪斯直接当他的情报是垃圾。

拜伦第一次正式给鲍林写信,谈了他认为军事介入希腊战争的最佳
方式。他指出,不便"直接把英国大兵调来",这些人"难以驾驭,在非正
规战争中派不上用场的,何况这还是在为外国人打仗"。他以为应该依
靠精英领导,敦促委员会不用急着先招募一个旅的士兵,而是要专心遴
选出一支小而精的队伍,由"经验丰富的军官"构成,尤其要有炮兵和工
兵军官;应该优先考虑会说意大利语的人,希腊人普遍通意语,还要注意
招募曾在地中海服役过的人。写着写着,他就绕到了他惯常的话题上:

453

而且，这些人需要认识到，叫他们来可不是来"大嚼牛排、痛饮葡萄酒"的；他们要清楚，希腊的酒和肉不多，唯一多的就是乱，且导致乱的因素太多；他们要明白，现在希腊**物资贫乏，什么都缺**。这话不是耸人听闻，我可是亲眼见过。许多**外国**军官都来效过力，意大利的、法国的，偶尔还有日耳曼的，他们无一例外都失望而归。他们来总想着图一乐，领高薪，火速提拔，却只做闲职。他们还抱怨说当地政府和居民对他们不重视。这群人牢骚满腹，大都是军事冒险家，来希腊打仗是为了满足权欲，搜刮民财。结果两样都没有得到，离开时才垂头丧气。

拜伦的话不假。在希腊独立战争中，外国志愿人士的流失率很高，队伍打着打着就作鸟兽散，三五成群地结伴步行往家乡逃。五月，萨鲁佐别墅来了两个衣衫褴褛、穷困潦倒的日耳曼人，拜伦向他们了解情况，彼得罗·甘巴赠给他们早餐。可惜，这样的真话是不能讲出来的。拜伦和伦敦希腊委员会正式沟通的时候不免会露出讽刺的口吻，霍布豪斯批评他不会审时度势："你不能再像前两封文件里那样胡说八道了，我都不知道该不该把它们送到委员会去，我担心这些严肃的绅士会认为是你没有严肃对待。"[63] 他写给伦敦希腊委员会的信得要经过审查才能发表。

虽说第一次在上议院演讲已是很久以前的事了，但他还是改不了讲真话的冲动，这是本能。他拒绝碌碌无为，这就成了限制他成为政治家的障碍。现在，就像往常一样，尽管是正式演讲，他见长的幽默和辛辣也毫无遮拦。

尽管拜伦与伦敦希腊委员会的沟通已涉及如此细节的问题，但到底要不要离开，他仍在犹豫。特蕾莎是问题。爱情与荣耀孰重孰轻，这是拜伦诗歌中常见的主题,但在现实中他却不能回答。旁观者已察觉到他开始对特蕾莎的占有欲厌烦。他一向认为一场爱情的寿命不过三年,他们的关系已超过三年。他向布莱辛顿夫人吐露,他已没有精力再维系这段感情了。他哪里像是一个三十多岁的人,倒像是六十岁,"女人要的那种关心,尤其是意大利女人要的,那种莫名其妙的渴望,我现在愈发觉得自己已无法兑现了"。[64]哈代夫人提议特蕾莎女扮男装跟他去,他也没勇气采纳。她写道:"如果我是她,我倒要看看,我能否为那个叫劳拉的东方叙事诗英雄做一个小跟班;那才够英雄! 当然也够麻烦。"[65]

拜伦从未想过带特蕾莎一起走。但他又没有一刀两断的狠心。他仍与特蕾莎和甘巴夫妇有着千丝万缕的联系:义务、情谊、记忆、爱情让他难以割舍。

455　　他害怕特蕾莎关键时刻闹不愉快,给他找事。拜伦的旧账她已经了如指掌,"随时可以翻出来对付我,什么卡罗琳夫人的事、拜伦夫人的事、《格伦纳冯》里面的事,信手拈来"。[66]拜伦哀叹道:"从来没有男人像我这样为女人放弃了这么多。我从中得到唯一教训就是:不能对她们太善良。"拜伦对待女人的总基调越来越歪。

这时,一则消息的到来解了拜伦的围:甘巴伯爵获准回到拉文纳,条件是他必须带上特蕾莎,这背后有圭乔利伯爵的施压。拜伦不敢亲口告诉她计划动身去希腊的决定,他将委托彼得罗告诉他的姐姐。当然,一向多疑的特蕾莎早就从他的表情中读出了"一种悲伤,他常含糊其词,话到嘴边却停住,她知道这不是好事"。她明白,对于拜伦,写诗是不够的,"写作,即使再有天赋的文学创作也无法履行男人的职责;必须要付诸行动"。[67]所以,得知消息的她并不震惊。从某种意义上说,特蕾莎早就料到有今天了。

跨过了那道坎,拜伦就可以专心准备离开的事。每天晚上,他都会坐在庭院和彼得罗长谈,小镇和蓝色的地中海从他们的脚下绵延开去。

有一次，一名叫斯蒂茨的威斯特伐利亚上校前来交流在希腊作战之事，一进庭院，他就看到拜伦坐在一张堆满书籍和文件的桌子前研究一张希腊地图。一八二三年五月下旬和六月，拜伦的信里写的全是事无巨细的印制工作。他从金奈尔德那里收到了一张四千英镑的贷款函，他自己已经存了两千英镑。他开始变卖家具、书、鼻烟盒、手表，任何卖得上钱的东西都拿去换成了军饷。这时候，他贪婪的本能从他订购军事装备一事中可见一斑：他通过热那亚的英国医生詹姆斯·亚历山大，花了七十英镑购买了足够一千人用两年的医疗用品。

布莱辛顿夫妇和多尔赛伯爵于六月二日离开热那亚。对拜伦来说，他又要伤感一次，这是他最后一次向那个花花世界道别，他再也回不到那个流言满天、男欢女爱的大都市了。布莱辛顿夫人记得在他们离开前的那天晚上，他们吃完饭，拜伦躺在沙发上"突然哭了起来"。[68] 特蕾莎的回忆录则说是布莱辛顿夫人在哭。走之前，拜伦买下了布莱辛顿夫人的阿拉伯良驹，他要带去希腊。拜伦竟和她讨价还价，让她不满。与此同时，布莱辛顿勋爵看上了拜伦的纵帆船"玻利瓦尔"号，开始通过拜伦在热那亚的账房查尔斯·巴里和拜伦展开旷日持久的谈判，期间的交锋相当激烈。拜伦要求留下船上的大炮，外加一些美国国旗和两把印有拜伦家族冠冕标志的椅子，他认为这些东西对布莱辛顿勋爵没什么用处，但对他来说很有意义。

456

一开始，拜伦只打算在希腊战争中扮演配角。他之前对布莱辛顿勋爵说："不管怎样，能帮上忙我就很高兴了，有没有功绩不重要。""我这辈子听的掌声和赞许够多了，知道它们值几个钱。"[69] 但随着计划的进展，他禁不住想出风头。他通过账房巴里租了一艘叫"大力神"的英国双桅横帆船，把他和随行人员送到爱奥尼亚群岛。他在热那亚定制了一批深红色配金色的军装，为登陆希腊做准备。他从老铁匠贾科莫·阿斯佩那里订购了三顶古希腊人才戴的头盔。这其中最低调的一顶是给彼得罗·甘巴戴的,黑色皮革基底,上方是黄铜,外面蒙着深绿色的布料。他给特里劳尼订了一顶大号镀金的。最华丽的那顶上面插着羽毛,下面是他家族的纹章,写着家族座右铭——"相信拜伦"。"你看到我那三顶头盔了吗?"[70]他竟然问利·亨特的看法,而亨特死活看不上他这作派,可见拜伦太没心眼了。

这台戏怎能少得了特里劳尼?他在罗马的新教公墓里看着雪莱的骨灰重新安葬好后,拜伦把他从佛罗伦萨叫了回来。"我亲爱的小特,"拜伦连哄带骗,"你一定听说我要去希腊了吧。你为什么不来找我呢?我需要你的帮助,我非常渴望见到你。"[71]这样的邀请,爱冒险的特里劳尼怎能拒绝?更令人费解的是,拜伦明知道他是个夸夸其谈、不可靠的人,却为什么如此急于向他求助?后来,特里劳尼真就做了海盗。答案是:拜伦宁愿选择有问题的熟人熟路,也不愿尝试未知,怕有不测。

在热那亚的最后几周,拜伦才把身上的各种担子一一卸下来,但也留了一地鸡毛。《自由党人》出刊后反响很差,赔了不少钱;他一步步退了出来,说服自己:作为"英国最不受欢迎的人"[72],他搅和进去对亨特兄弟和他都没有什么好处。一八二三年一月一日,拜伦的《天与地》发表在第二期中。四月二十四日,讽刺女性知识分子爱去沙龙的《蓝色妇人》发表在第三期上。他翻译的《巨人莫尔甘特》终于在七月三十日的第四期上出现,之后《自由党人》就停刊了。由于发表了《审判的预示》,利·亨特吃了官司,当时诉讼程序还没有完成,拜伦答应替他支付所有费用。他还一直说要为亨特全家支付返回英格兰的路费,并确实给了亨特从热那亚到佛罗伦萨的路费。但亨特一点也不领情。

457　　眼看出发的日子越来越近,玛丽·雪莱对他的怨气越积越重,她觉得自己被抛弃了,没人管她了。二月份的时候,在维也纳的克莱尔·克莱蒙特重病缺钱,玛丽赶紧让拜伦给克莱尔寄些钱去;玛丽还说,要是他不想直接联系她的话,玛丽就自己先垫上,让拜伦再把钱给她。拜伦搪塞了过去。眼看拜伦就要走了,他还许诺出资送玛丽回英格兰,现在也没有下文了,这让玛丽更生气了。六月二十八日,他心烦意乱地写信给亨特:"我又收到雪莱夫人的信件了,这是她第五次还是第六次改计划了——也就是说——她不想走了,就是因为她所谓的'疏远',她说我'疏远'她了。对此我无话可说。"[73]

他提议通过亨特将钱交给玛丽,不让她知道,"这样可以顾全她的面子"。现在,拜伦拒绝继续扮演雪莱遗嘱执行人的角色,也拒绝了雪莱留下的两千英镑的遗产。亨特在两人中间煽风点火,他让玛丽不要忘记,拜伦的丈母娘诺埃尔夫人死在了雪莱父亲蒂莫西爵士之前,因此拜伦输掉了和雪莱在一八二一年圣诞节打的赌,拜伦因此仍欠他一千英镑。亨特空口白牙地说拜伦不喜欢她,烦她;虽然愿意给她出路费,但再也不想见到她。这话没错,在这个节骨眼上,雪莱的遗孀的确不是拜伦首要考虑的事。

最困难的事是摆脱特蕾莎。虽然她已为他的离开做好了准备,但真到了那一刻,她是不会轻易放弃他的。在那几个星期里,她哭,她祈求。一个个不眠之夜,她疯狂地给拜伦写短笺,大部分都被她撕毁了。她回忆道:"有一天,拜伦勋爵来到圭乔利夫人的起居室,当时夫人不在。他发现了撕成碎片的信,是写给他的。他读完信,把它存了起来;这些碎片几乎被他供了起来,后来从希腊运回了英格兰。"[74]当拜伦告诉特蕾莎,他已经让查尔斯·巴里重新起草一份遗嘱,她疯了;为了安抚她,拜伦答应不做。他曾想把之前留给艾蕾歌的五千英镑遗产转给特蕾莎,但她拒绝任何遗产。不久,他带着一大包手稿来到她房间:"这里有一些我的手稿,写得很潦草。"他建议特蕾莎把手稿存在家族档案里,当然,一把火烧掉也行。"可能有一天,有人会来找。"

剩下的时间不多了,拜伦走后特蕾莎到底去哪里?去圣母降临会在尼斯的修道院?还是托付给热那亚的某位德高望重的贵妇?特蕾莎发现圣母降临会的规定非常严格,不允许海浴,这个选项就排除了。艾蕾歌就是死在修道院的,这才刚过一年,他又要送人去那儿,他缓得真快。热那亚也找不出一位德高望重的贵妇。没办法,特蕾莎只能按原先计划跟着父亲鲁杰罗伯爵回老家拉文纳。拜伦努力让她平静,说保证会回来。但特蕾莎有种"不祥的预感,一种说不清、道不明、看不透的预感,一种沉寂许久但真切存在的预感"。

他计划于一八二三年七月十三日傍晚时分离开阿尔巴罗镇,计划第一个晚上在双桅横帆船"大力神"号上度过。他从三点到五点一直陪在特蕾莎身边。他事先请来玛丽·雪莱,这样他起身离开那一刻,就有人在她身边安慰她。接下来的几天,特蕾莎像半疯一样,潦草地写下一封封短笺,读来令人心痛:"我承诺的事情我做不到,你要我做的事情我做不到。上帝啊,帮帮我!拜伦,如果还想见我活着,就来接我,或者许我离开这里,我要跟你走,不惜一切代价。"[75]

终于,拜伦启程向意大利告别。他让账房查尔斯·巴里负责料理萨鲁佐别墅退租的事。忠于职守的巴里让手下把拜伦所有的藏书都锁在他常住的房间里,他"打算自用"[76];这时候特里劳尼也在帮巴里打下手。巴里还要处理拜伦那辆拿破仑式的四轮马车,外加两辆小马车,还有一个再次被遗弃的动物园。他的妻子骑上那匹老灰马,反正也卖不出去。让她头疼的是,还有两只上次米迦勒日没忍心宰的鹅,他不知道怎么处理。

拜伦还要向英国道别。他请布莱辛顿夫人回到伦敦后替他要来一幅拜伦夫人的袖珍肖像寄给他,他说的是安娜贝拉留给丈母娘的那幅。他说他那里一直没有拜伦夫人的照片,"任何纪念性的东西都没有"。[77]他开始承认那段历史了,毕竟这是女儿的母亲。几个月前,他曾说他已不记得她长什么样了,很久没有见过面了。

《泰晤士报》在报道拜伦的行程时称"有多达一千五百人的队伍乘船浩浩荡荡地驶向希腊,许多当时侨居在意大利的军官加入了他的队伍,已提前领到一半的军饷"。[78]可见有关拜伦的消息变成传奇有多么迅速。其实,七月十三日登上"大力神"号的除了拜伦,还有特里劳尼、彼得罗·甘巴、年轻的意大利医生弗朗切斯科·布鲁诺。布鲁诺是由一个叫詹姆斯·亚历山大的英国大夫在热那亚给他推荐的。此行有八个仆人:管家赞贝利,男仆弗莱切,大胡子蒂塔,回归的车夫帕皮,以及一个美国黑人本杰明·刘易斯,刘易斯之前受雇于特里劳尼,现在跟随拜伦。刘易斯会讲一些法语和意大利语,善烹饪和驭马。拜伦还顺路捎上了一位来自君士坦丁堡的希腊贵族希利齐亲王。拜伦带了五匹马,其中一匹是布莱辛顿夫人的阿拉伯骏马,叫马穆鲁克。船上还有凶猛的斗牛犬莫雷托和威严的纽芬兰犬里昂,这是启航几周前一位仰慕他的前海军军官爱德华·勒·梅苏里耶送给他的。

第二天早上十点,万事俱备,只欠东风。

他想过回萨鲁佐别墅,但当听说特蕾莎已在黎明时分离开,他就和巴里、特里劳尼和彼得罗去了六英里开外的一个海滩别墅,叫洛梅利纳,十分美丽,位于热那亚的西面,他曾和布莱辛顿夫人在那里骑过马,是一个他喜欢的地方。他们在树下野餐,吃奶酪和水果。"这是最难忘的一天。"巴里写道。[79]

那晚他们睡在船上。第二天日出,即七月十五日,他们再次出发。白天没走多远,热那亚的港口仍在视线内。白天的天气非常好,是典型的地中海天气,微风和煦,阳光明媚。夜里刮起了强劲的西风。起初他们航行了一段距离,但随着暴风雨的来临,船长被迫转舵返回热那亚。特里劳尼曾一脸不屑地形容这艘船是"重达一百二十吨的方头圆尾运煤盆子"[80],现在在海浪里前后颠簸,上下起伏。马受了惊,在临时搭建的马厩里横冲直撞。为了控制住马,拜伦在甲板上忙活了一夜。眼前的

拜伦在热那亚的画像，根据在米兰伊索拉区定制的袖珍肖像绘制，可能是拜伦离开希腊前最后一幅肖像画。

风暴让他兴奋，让他思考自然的伟大，大自然总能给他一种崇高感。大多数船员都晕船，但拜伦没有。早上六点，船终于驶入热那亚港。

第二天，也就是七月十六日，大伙不得不用一天时间修船。拜伦在彼得罗和巴里的陪同下回到了空无一人的萨鲁佐别墅，一路上情绪低落。他在路上问彼得罗："一年后我们会在哪儿？"[81]他是不知道，一年后的今天，他已经埋葬在诺丁汉郡的家族陵墓里了。一进别墅，拜伦就沮丧地躺倒在自己的房间里，苦思了三四个钟头，独自吃了不少奶酪和无花果。那两天，巴里看出拜伦内心在挣扎。到了这一步，他竟然在考虑放弃。巴里后来告诉汤姆·摩尔："他好像后悔没选择回国；他对眼前的事业已不抱希望，能撑到现在全凭责任感和面子。"[82]他顾忌另一件事：他要是反悔不去了，一定会遭到霍布豪斯和伦敦好友的嘲笑。

七月十六日晚，他们准备好再次出发。巴里眼里含着眼泪，乘船把他们送到防波堤，为的就是看他最后一眼。五天后，"大力神"号到达里窝那。拜伦热情洋溢地给歌德写了一封信，盛赞他是"欧洲文学无可争议的君主"[83]，并感谢他送来的诗词。歌德听说拜伦要英勇赴希腊参战，立即作了几首诗要赠予他。彼得罗在这里给特蕾莎寄出一封告别信，拜伦在信的结尾附上下面的话：

> 我最亲爱的特蕾莎，我只有几分钟的时间，就是告诉你我们都好。我们就要从这里去黎凡特地区了。千言万语汇成一句：我永远爱你。
>
> 　　　　　　　　　　你最最亲爱的
> 　　　　　　　　　　NB[84]

从此以后，他写给特蕾莎的信全都这么简短干练。

"大力神"号在港口待了两天，装上商人亨利·邓恩为他们提供的火药和英国货。许多侨居在里窝那的希腊人前来向拜伦表示欢迎。住在比萨的希腊爱国人士阿尔塔大主教伊格纳修斯寄给他一封介绍信，向他引荐希腊的爱国将领，如马夫罗科达托亲王和西希腊地区阿卡纳尼亚的军队领导人马科·博萨里斯。博萨里斯现在正领兵在迈索隆吉翁以北与土耳其军队对峙。船上又多了两名新客人：年轻的苏格兰人詹姆斯·汉密尔顿·布朗，热爱希腊文化，打算加入革命的部队；另一位是希腊人乔治·维塔利上校，背景不明，拜伦答应送他回家。

船前往爱奥尼亚群岛花了十天时间，布朗在这段时间里详细记录了甲板生活，尤其是拜伦的生活细节，我们得以看到他在船上的样子。他选了一套休闲但仍繁复的航海行头：淡黄色绣花上衣里面是白色马赛马甲，纽扣"从下到上开得有点高"，细亚麻衬衫的领子"系得高高的，几乎遮住了脖子"，浅黄色的短靴上有时打绑腿，头戴一顶孩子气的托斯卡纳草帽。[85]布朗看他在甲板上有时和特里劳尼打拳击,有时和彼得罗练击剑。拜伦不喜欢捕鸟,但有时还是会和特里劳尼在船上打海鸭。他们在主桅下帆的横桁上放了一个柳条篮子,有时候会有鸭子飞到篮子里。他们要是打中,晚餐就有鸭肉吃了,但拜伦只打不吃。他一般单独在甲板上吃自己的,"熟烂的柴郡奶酪配腌黄瓜或红卷心菜",用一瓶苹果酒送下肚去,或是沿途买的伯顿啤酒。

他们沿着意大利西海岸航行,看到了厄尔巴岛和科西嘉岛。拜伦刚刚读了拉斯凯斯伯爵的圣赫勒拿回忆录第一卷,所以他开始和人聊拿破仑,拜伦对这位欧洲皇帝的情感很复杂,既钦佩又厌恶。在一个晴朗的夜里,"大力神"号驶过斯特朗博利火山。没看到火山爆发,拜伦很失望,他从未见过火山喷发。但到了西西里,迎接他们的是埃特纳火山壮美的景观,整个山体笼罩在喷出的浓烟中。

462

拜伦在船上的时候有说有笑,喜欢开玩笑,谁跟他说话他都会理。布朗没想到他说起话来"虽然有趣,但有时候却阴阳怪气的",他不怎么喜欢。有一次,希腊亲王希利齐过去奉承他,说他那些亲君主制的希腊贵族同胞可能会拥护拜伦做他们的国王,拜伦听后似乎并无不悦,只是说,如果真有人提议,他也许不会拒绝,"但朕要有自己的财权;如果哪天不想理政了,朕起码可以像堂吉诃德手下的桑丘一样,干不好就退位,反正这个职位也是堂吉诃德许的"。君主制可以接受,但得按他的条件来。

对于船上另一位希腊人维塔利上校,拜伦则习惯性地开起了恶作剧式的玩笑。"大力神"号的船长斯科特是个传统的英国人,恐同心理严重。拜伦却告诉他维塔利"嗜好不良,但这在黎凡特地区太常见了"。斯科特吓坏了,"纳闷这样一个不要脸的货怎么有脸在我的船上进进出出"。维塔利也弄不清斯科特为何对他冷眼相待。有一次,维塔利只穿一条短裤就站在船舱的桌子上睡着了,斯科特发现后气不打一处来,一桶脏水把他浇醒。拜伦在一旁笑抽了。他还和斯科特船长开恶作剧玩笑。特里劳尼回忆道：

> 我们的船长穿衣服看场合,大场合的时候,为了显气派,他会穿一件艳红色的马甲;他很胖,拜伦非要看看那件马甲是否能穿进去两个人。有一天,船长正在午休,拜伦让男孩提前把马甲偷出来。
>
> 不久,拜伦勋爵站在舷梯上,一只胳膊穿上那件扎眼的艳红马甲,对我说:"小特,过来过来,把你的胳膊放进另一个袖口里,咱们穿这马甲跳下船去,给这衣服做旧一下。"我就照做了。[86]

有几次,拜伦突然变脸,可以看出他心事重重,进退维谷。布朗观察到,午睡后,大伙聚集在甲板上品尝葡萄酒和其他饮料,"气氛十分欢快",拜伦就瞬间戴上了那副悲剧面罩:"好像头顶突然来了一片乌云,让他顿时陷入痛苦的回忆,泪水润湿了眼眶;这时他起身离席,不让我们看到他的神情。"

拜伦对即将赴死的预感有多强烈呢? 也许并不多。但他意识到这次使命凶多吉少,事实上,他心里最清楚这一趟定要使枪动炮,流血死人。他这是在追求功名。他谈到过死在希腊的可能性:"我希望死在战斗中,也好了结我这**悲伤的**存在。"[87]一八二三年八月三日,"大力神"号抵达凯法利尼亚岛的阿尔戈斯托利镇。

463

注释

[1]《畸形变形记》,第一部分,第 1 场,第 313 行。

[2] 彼得·科克伦编辑,迈克尔·里斯翻译,《拜伦在意大利》。

[3] 拜伦致道格拉斯·金奈尔德的信,1823 年 1 月 18 日。

[4] 拜伦致爱德华·约翰·特里劳尼的信,1823 年 6 月 15 日。

[5] 拜伦致约翰·卡姆·霍布豪斯的信,1823 年 5 月 19 日。

［6］爱德华·约翰·特里劳尼,《雪莱和拜伦最后的日子》。

［7］拜伦致约翰·默里的信,1822 年 10 月 9 日。

［8］匿名牧师,《拜伦勋爵》('Lord Byron'),载《布莱克伍德爱丁堡杂志》,1824 年 6 月。

［9］拜伦致约翰·默里的信,1822 年 10 月 4 日。

［10］利·亨特勋爵,《拜伦勋爵及其同代人》。

［11］《玛丽·雪莱日记》,1822 年 10 月 19 日。(牛津大学博德利图书馆,阿宾格文献,文档 311–314)

［12］拜伦致奥古斯塔·利的信,1822 年 10 月 20 日。

［13］拜伦致道格拉斯·金奈尔德的信,1822 年 9 月 10 日。

［14］约翰·默里致拜伦的信,1822 年 9 月 25 日。

［15］拜伦致约翰·默里的信,1822 年 10 月 9 日。

［16］道格拉斯·金奈尔德致拜伦的信,1823 年 9 月 7 日。

［17］同上,1823 年 1 月 3 日。

［18］约翰·默里致拜伦的信,1822 年 9 月 25 日。

［19］拜伦致约翰·默里的信,1822 年 10 月 9 日。

［20］约翰·默里致拜伦的信,1822 年 10 月 11 日。

［21］拜伦致托马斯·摩尔的信,1821 年 10 月 1 日。

［22］约翰·默里致拜伦的信,1822 年 10 月 29 日。

［23］拜伦致约翰·默里的信,1822 年 11 月 6 日。

［24］拜伦致道格拉斯·金奈尔德的信,1822 年 12 月 1 日。

［25］E. J. 特里劳尼,注释手稿。

［26］拜伦致道格拉斯·金奈尔德的信,1822 年 12 月 1 日。

［27］拜伦致哈代夫人的信,1822 年 11 月 7 日。

［28］同上,1822 年 12 月 1 日。

［29］哈代夫人致拜伦的信,1822 年 12 月 9 日。

［30］拜伦致哈代夫人的信,1822 年 11 月 7 日。

［31］同上,1822 年 12 月 1 日。

［32］伊莎贝拉·哈维("佐丽娜·斯坦利")致拜伦的信,1823 年 3 月 13 日。

［33］拜伦致理查德·贝尔格雷夫·霍普纳的信,1823 年 2 月 27 日。

［34］拜伦致道格拉斯·金奈尔德的信,1822 年 12 月 16 日。

［35］拜伦致利·亨特的信,1823 年 1 月 20 日。

［36］《海岛》,第三章,第 6 节,第 139 行。

［37］同上,第一章,第 8 节,第 164 行。

［38］同上,第二章,第 8 节,第 163 行。

［39］《唐璜》,第十五章,第 63 节,第 497 节。

［40］关于汉森家卷入的朴茨茅斯案,参见多丽丝·兰利·摩尔,《众中眼中的拜伦勋爵》。

［41］约翰·卡姆·霍布豪斯致拜伦的信,1823 年 3 月 2 日。

［42］拜伦致约翰·卡姆·霍布豪斯的信,1823 年 3 月 19 日。

［43］拜伦致道格拉斯·金奈尔德的信,1823 年 4 月 2 日。

［44］拜伦致托马斯·摩尔的信,1823 年 4 月 2 日。

［45］帕尔博士(Dr. Parr),转引自《拜伦著作、书信和日记》,第六卷。

［46］哈代夫人致拜伦的信,1823 年 6 月 7 日。

［47］拜伦致托马斯·摩尔的信,1823 年 4 月 2 日。

［48］R. L. 马登(R. L. Madden),《布莱辛顿伯爵夫人的文学生涯与书信》(*The Literary Life and Correspondence of the Countess of Blessington*),第一卷(1855),1823 年 3 月 31 日。

［49］布莱辛顿伯爵夫人表达购买热那亚"天堂别墅"的意愿,1823 年 5 月 6 日。

［50］拜伦致哈代夫人的信,1823 年 6 月 10 日。

［51］布莱辛顿伯爵致拜伦的信,1823 年 4 月 6 日。

［52］J. A. 弗劳德(J. A. Froude),《托马斯·卡莱尔:伦敦岁月,1834–1881》

（*Thomas Carlyle: a History of his Life in London, 1834-81*），第一卷。

［53］拜伦致布莱辛顿伯爵的信，1823 年 4 月 5 日。

［54］拜伦致布莱辛顿伯爵夫人的信，1823 年 5 月 6 日。

［55］同上，1823 年 6 月 2 日。

［56］拜伦致约翰·卡姆·霍布豪斯的信，1823 年 4 月 7 日。

［57］威廉·史密斯致拜伦的信，1823 年 3 月 8 日。

［58］约翰·鲍林致拜伦的信，1823 年 3 月 14 日。

［59］爱德华·约翰·特里劳尼，《雪莱、拜伦和作家的记录》（1878）。

［60］M.加德纳（布莱辛顿伯爵夫人），《拜伦勋爵对谈录》。

［61］爱德华·布拉基埃致拜伦的信，1823 年 4 月 28 日。

［62］拜伦致约翰·鲍林的信，1823 年 5 月 12 日。

［63］约翰·卡姆·霍布豪斯致拜伦的信，1823 年 6 月 11 日。

［64］M.加德纳（布莱辛顿伯爵夫人），《拜伦勋爵对谈录》。

［65］哈代夫人致拜伦的信，1823 年 6 月 17 日。

［66］拜伦致道格拉斯·金奈尔德的信，1823 年 5 月 21 日。

［67］彼得·科克伦编辑，迈克尔·里斯翻译，《拜伦在意大利》。

［68］《托马斯·摩尔散文诗歌选》。

［69］拜伦致布莱辛顿伯爵的信，1823 年 4 月 23 日。

［70］利·亨特勋爵，《拜伦勋爵及其同代人》。

［71］拜伦致爱德华·约翰·特里劳尼的信，1823 年 6 月 15 日。

［72］拜伦致约翰·亨特的信，1823 年 3 月 10 日。

［73］拜伦致利·亨特的信，1823 年 6 月 28 日。

［74］彼得·科克伦编辑，迈克尔·里斯翻译，《拜伦在意大利》。

［75］"特蕾莎·圭乔利伯爵夫人笔记手稿"。（哈里·兰塞姆人文研究中心，得克萨斯大学奥斯汀分校）

［76］查尔斯·巴里致拜伦的信，1823 年 7 月 23 日。

［77］拜伦致布莱辛顿伯爵夫人的信，1823 年 5 月 3 日。

［78］《泰晤士报》,1823 年 9 月 18 日。

［79］彼得·科克伦编辑,迈克尔·里斯翻译,《拜伦在意大利》。

［80］爱德华·约翰·特里劳尼,《雪莱和拜伦最后的日子》。

［81］彼得罗伯爵,《拜伦勋爵最后的希腊之行》(1825)。

［82］托马斯·摩尔,《拜伦传》,第二卷。

［83］拜伦致约翰·沃尔夫冈·冯·歌德的信,1823 年 7 月 22 日。

［84］拜伦致特蕾莎·圭乔利伯爵夫人的信,1823 年 7 月 22 日。

［85］詹姆斯·汉密尔顿·布朗,《希腊之行》,载《布莱克伍德爱丁堡杂志》,1834 年 9 月。

［86］爱德华·约翰·特里劳尼致威廉·迈克尔·罗塞蒂的信,1878 年 1 月 14 日。见《爱德华·约翰·特里劳尼书信集》。

［87］M.加德纳(布莱辛顿伯爵夫人),《拜伦勋爵对谈录》。

第二十六章　凯法利尼亚岛（1823）

　　"大力神"号缓缓行驶在海上。渐渐地,凯法利尼亚岛和桑特岛映入眼帘,海峡之间浮现出希腊大陆的海岸线。[1]瞧见这番景象,拜伦顿时来了精神。他想起上一次来这里的经历,想起了第一次望见希腊的感受,那次也是在这海峡之间望见了他向往已久的古希腊。拜伦对特里劳尼说:"我上一次来这里还是乘着老巴瑟斯特船长的护卫舰飞驰在海面上,那叫一个畅快。不知道为什么,一回到这儿,我这十一年来遭受的痛苦仿佛就烟消云散了。"[2]一八二三年八月初至十二月底,拜伦在凯法利尼亚岛待了近五个月。

　　凯法利尼亚岛被威尼斯统治了四个世纪之久,于一七九七年又被法国吞并。随后十年,凯法利尼亚岛的领土主权问题一直存在争议,"二战"时期这一争议又被列强拿到了桌面上。一八〇九年,英国从法兰西帝国手中夺取小岛。到一八二三年,凯法利尼亚岛一直受英国管控,成为受其保护的七个爱奥尼亚群岛之一,这七个岛同意受英国驻科孚岛的一名高级专员公署管理,拜伦称这位名叫托马斯·梅特兰的酷吏"不太仁慈"[3],是个狠角色。梅特兰代表官方在希腊和土耳其的对抗中保持中立。

　　拜伦发现,这里虽然处在战区边缘,但驻扎当地的英国官员和居民自然形成了一个等级森严的英国小社会,可谓麻雀虽小,五脏俱全:将领、军官和士兵;工程师、军医、牧师及妻子、职员、仆人和随从,自上而下的等级制度一目了然。十九世纪早期英国海外殖民地的人员构成不过如此。拜伦看得出来,他们把英国那套直接搬到这里来,但他还是让自己融入其中,在一桩桩荒唐人和荒唐事中看到英国社会固有的那份尊严、魅力和善良;这个社会对他而言那么熟悉,好像他的父亲还有哈罗的那帮同学就在身边。一天,约翰·达菲中校碰到拜伦在骑马,就顺便带他参观了军营。达菲中校是驻扎当地的皇家第八步兵团的二把手。一趟下来,看到士兵英姿飒爽,拜伦深受鼓舞,称赞说"英国的士兵威武帅气,无人能及"。[4]

465

担任该岛总督和军事特派代表一职的是陆军军官查尔斯·詹姆斯·纳皮尔中校,他后来因拿下印度的信德地区而闻名。但早在一八二三年,纳皮尔就享有传奇般的威名。拜伦早就知道他就是陆军名将约翰·摩尔爵士大赞的几个陆军少校之一。[5]纳皮尔在半岛战争科鲁纳战役中表现突出,英勇奋战,在率领营队撤退过程中受伤五次。一般来说,拜伦和陌生人第一次接触,尤其和那些颇有名气的人首次接触的时候,戒备心都很强。但熟了之后,两人建立了友谊,互相欣赏。他们有着太多的相似之处。都是贵族出身:纳皮尔祖父是纳皮尔勋爵六世,母亲萨拉·伦诺克斯夫人是里士满公爵二世的女儿,母亲和其他三个姑姑当年都个顶个地漂亮活泼。再则,纳皮尔和拜伦一样都魅力十足,即便在科鲁纳战役中负伤落下残疾,身上满是疤痕,而且年轻时一条腿也因骨折落下残疾,也丝毫不影响他的个人魅力。最后,在男女之事上他也相当开放,一个叫阿纳斯塔西娅的当地女孩为他生下两个女儿。

如果说拜伦是想参军的作家,那么纳皮尔就是想当作家的军人。他写过关于殖民实践的论文,在回忆录中详尽地记录了凯法利尼亚岛上的道路重建工作,他还写随笔,翻译作品,甚至创作了传奇小说《征服者威廉的历史和传奇》。故事的主人公也叫哈洛尔德,和拜伦的恰尔德·哈洛尔德在冥冥之中凑成一对双胞胎。纳皮尔具有自由主义的世界观,极富想象力,但在行事上却是独裁的,说一不二。拜伦也是这个做派。两人都切实奉行人道主义,但也崇尚骁勇善战的英雄,盼望在战场上斩获荣誉,这是那个时代的典型追求。最蹊跷的是,二人竟然在这巨石漫山的凯法利尼亚岛相会:这是后拿破仑时代最有才干的两位英国人——三十五岁的拜伦和四十一岁的纳皮尔都在为自己寻找一个合适角色,都不再对逝去的年少追求抱有任何幻想。

　　拜伦原本是要去桑特岛的。他之所以将目的地改为凯法利尼亚,就是因为纳皮尔,纳皮尔对希腊革命的态度是纯粹的同情。詹姆斯·汉密尔顿·布朗曾在爱奥尼亚群岛服兵役,他也了解纳皮尔对希腊开明的态度。特里劳尼说:"我们本来的打算是去桑特岛,但后来我们知晓纳皮尔在凯法利尼亚坐镇,他可是为数不多的支持希腊人和希腊解放事业的军官。我们因此改变行程,转而去了那儿。"[6]一八一二年,纳皮尔匿名创作了一本名为《希腊战争》的政治简论,后来给了拜伦一本。面对希腊的独立事业,他们二人都是脚踏实地的实干家,而非追求古希腊文化的浪漫主义者。纳皮尔后来回忆:在所有前来支援希腊的外国人中,唯有拜伦和托马斯·戈登这两位对希腊战争的看法能保持中立客观。戈登是伦敦希腊委员会中的军事骨干,军事经验丰富。

　　　　所有人去时都觉得伯罗奔尼撒半岛上的人个个都似古希腊哲人普鲁塔克笔下的智者;但走的时候却都觉得伦敦西门的纽盖特监狱里的牢犯都比希腊人要纯良。拜伦勋爵却能将这碗水端平:半开化的人少不了罪孽,我们要宽容对待待解放的奴隶。他并不觉得他们有多好,但坚信能让他们变好。带着这种信念,他这才毅然决然地策马扬鞭来到那片土地。[7]

纳皮尔的语言虽然是典型的十九世纪殖民者的风格,但他却一语中的,点出拜伦对待希腊解放事业的耐心和冷静。

但是,拜伦的失望从船一抵达凯法利尼亚岛就开始了,往后几个月很少有让他顺心的事。"亲爱的先生,我已抵达凯法利尼亚,您眼下在何处?"[8]在岛上的第一夜,狂风大作,拜伦待在船里,借着灯笼微弱的亮光给爱德华·布拉基埃写了封信。布拉基埃是伦敦希腊委员会的驻地代表,负责接应拜伦,汇报战况,这本是商量好的事。但谁想这布拉基埃却早坐上回英格兰的船,现在人已到科孚岛,他正构思写篇雄文,好回去表功领赏。拜伦受到莫大的侮辱。拜伦带来了大量军饷,价值约九千西班牙银圆,有些是现金,有些是信用函。拜伦不知道委员会要怎么花这些钱,只能自己拿主意。气急之下,他在信里愤怒地质问布拉基埃,他所谓的"士饱马腾、生龙活虎"的景象在哪里?"一来就没什么好消息!"

战争已发展到了焦灼的状态。起初,希腊人进展顺利,所向披靡,从土耳其人手中夺回了伯罗奔尼撒半岛,建立了临时政府,理论上来讲奠定了民族国家的基础。坚持了两年,到一八二三年,土耳其的海上力量优势显现了出来,希腊西海岸被封锁。希腊大陆的战情也不乐观:部队没有任何推进,部分原因是组织纪律差,战士厌战,还有就是希腊人习惯性的内讧。

待到拜伦抵达爱奥尼亚群岛时,希腊战争早已进入了一个新阶段。为了争夺最终领导权,希腊内部形成了"三权分立"的割据状态:一方是希腊大主教,他们手握政权,但他们的权力又是奥斯曼朝廷下放给他们的;一方是手握军权的地方军阀;还有一方是西化的希腊人,他们常年流亡在外,看到国家复兴,回来想分一杯羹。明争暗斗背后的原因是三方对希腊的未来有不同的见解。大主教和军阀们享有既得利益,希望希腊成为半独立公国;即是说,除了赶走土耳其人,没有其他任何变化。而欧洲主义的希腊人则设想一个基于西式宪政的、由中央政府统一管理的新希腊。赞成后者的包括马夫罗科达托和安德烈亚斯·隆多斯两个人,他们是拜伦的老相识,早在一八〇九年就认识。

起初,欧洲主义者占上风,但军方也一直在招兵买马、积蓄力量,他们的首领是西奥多·科罗克特洛尼斯、亚历山大·希普西兰特亲王和奥德修斯·安德鲁斯(也叫尤利西斯)。按照一八二二年的宪法,马夫罗科达托原本是第一位希腊总统,但军队排挤他,将他流放到伊兹拉岛。这些拜伦都清楚。早在里窝那的时候,拜伦就发现希腊"分而不和,好窝里斗",但一涉及利益,大家就会齐声高呼"钱——钱——钱"。[9]一到凯法利尼亚,他就知道情况远比想象的差,更别提拿出希腊委员会特使的身份干预战事了,这是几乎不可能的事。

常听到有人批评拜伦,说他应该径直去希腊大陆,而不该在爱奥尼亚群岛上逗留那么久,否则他的事迹将会更有看头。可众人不知,他在此停留就是为了慢下脚步,给自己多些时间权衡利弊、研究方案、收集情报,可见他目的明确,伺机而动。在那几个星期里,他联系了迈索隆吉翁的总督康斯坦丁·米达萨达和位于西希腊地区阿卡纳尼亚的希腊军队苏利奥特指挥官马可·博萨里斯。他用伯罗奔尼撒语给黎波利扎地方政府写信,亮出自己的优势,把钱花在刀刃上。九月,他给霍布豪斯去了封信:"我之所以现在还没有去希腊大陆,说实话,完全是因为我现在做什么都免不了让人误认为我在偏袒某一方。但要真到了需要我出手的时候,我会义无反顾地加入他们。"[10]此刻,拜伦终于摆脱了以往所有轻浮和浪荡,一心奔着任务去。

船到达阿尔戈斯托利镇,前几个星期拜伦待在船上。船停泊的港口小而美,让他想起了威尼斯。凯法利尼亚岛上的房子全是威尼斯的建筑风格,优雅大气。当地盛产葡萄、棉花、油料和丝绸,因此商贾云集。在法国统治时期,坐镇该岛的法国人查尔斯·菲利普·德·博塞特少校在港口内修建了一座桥和一条供船行驶的堤道。纳皮尔上校想要以此为基础,在岛上新修一个更大的交通道路网。岛上还立有一座石头搭建的金字塔,用来"纪念一八一三年英国光荣登岛"。几年后,一位牧师造访该岛,惊呼这里简直是一个"小那不勒斯,干净得像一个英格兰矿泉疗养院"。[11]

尽管当地的英国人需要在希腊和奥斯曼帝国中间保持中立,但明面上支持希腊的拜伦一来,大家还是热情接待。纳皮尔的秘书约翰·皮特·肯尼迪上尉登上"大力神"号,代表纳皮尔向拜伦表示欢迎。纳皮尔当时有事外出,回来后邀请拜伦来官邸居住,拜伦婉拒了。表面上说是不想给纳皮尔添麻烦,但可能更多是因为害羞,况且他比较注重隐私。头几天,拜伦应邀去参加晚宴,纳皮尔有意没上干红葡萄酒,上的是当地的土法葡萄酒,拜伦也能对付。纳皮尔后来在日记里写道:"拜伦勋爵来了! 我太喜欢他了。"[12]

纳皮尔是该岛的特派代表,他在向位于科孚岛的英国高级专员公署汇报拜伦动向时不得不淡化他的军事意图,多着墨于他的慷慨和魅力。八月十日,纳皮尔致信副高级专员弗雷德里克·亚当爵士:"拜伦勋爵告诉我,他仅仅把自己看作伦敦希腊委员会在此的代理人,留在这里只是为了不想得罪爱奥尼亚政府。他才华横溢,一点也不弄虚作假,做事做人都公开公正,他不过是想尽自己最大的能力和财力来帮助希腊人民。"[13]

名声备受争议的拜伦勋爵来到这个由英国侨民构成的小地方,让这个乏味而封闭的社会团体议论纷纷,大家都在七嘴八舌地议论他。和往常一样,拜伦又玩起了先热后冷、欲情故纵的老把戏。他常穿戴得像个鞑靼战士,"帽子上插着长长的羽毛,戴着银色的肩章"[14],骑马下船,沿着码头一直骑到能望见瓜尔迪尼岛的地方。拜伦还顾了一队阿尔巴尼亚苏利奥特战士,他们都是流亡到这里的,纳皮尔答应让他们在此避难。

其中一位随从打扮得和他一样夸张,常常陪着主人一起骑马出去。岛民自然想趁着他出行之时一睹风采,这倒也是人之常情,可每当有一群女士出现时,他便双腿夹紧马肚,飞快地溜了。

他之所以有这种反应,是因为自从多年前的分居事件以来,他再也没有见过一大群的英国人;他想象自己的公众形象已变成魔鬼。他刚到的时候,就听说达菲上校要邀请他和步兵团第八营的官兵一同用餐;他紧张坏了,赶紧和特里劳尼和布朗商量要不要接受邀请,甚至怀疑这邀请是否是真的。他不相信那么多英国士兵会愿意和他一同用餐。

最终,他抗不过和善的上校和副官的盛邀,结果那次晚宴相当成功。起初年轻的军官见到他还有些拘谨,但拜伦的几个笑话过后,大家都放开了。晚宴最后,达菲提议大家举杯共祝拜伦大人身体健康(很是反讽),事业有成,拜伦听后相当动容。拜伦讲完话,赶紧追问达菲自己表现如何,并解释说他已不习惯当着这么多人的面讲话,也不习惯讲英语了。后来,据布朗所言,拜伦"常把那次晚宴当作坎坷一生中最闪耀的日子之一,说直到那一刻他才明白一个道理:他有太多事要感谢他的同胞了"。[15]这话可能有些夸张,但在凯法利尼亚的这几周,拜伦明显感到自己离东山再起又近了一大步。

这段日子拜伦精神饱满,心情愉悦,为人和善,仿佛是在度一个偶然的假期。就在这个时候,他交到一个有趣的新朋友詹姆斯·肯尼迪,他是部队的外科医生兼福音派传教士,比拜伦小五岁,是个勤学的苏格兰人。他后来把和拜伦的谈话写成《与拜伦勋爵的宗教对话》,于一八三〇年出版。他第一次遇到拜伦是在达菲上校的宴会上,两人一见如故,有许多共同语言,一起聊了诸如奇迹、启示录、预言的实现和教皇庇护七世的个人性格等话题。拜伦评价教皇说:"我热爱宗座,尤其得知他刚下令禁止任何新的神迹显现,我更是赞赏他。"[16]

军队中有四名苏格兰军官对宗教抱有怀疑,为让他们真正皈依宗教,传教士肯尼迪打算为这四名军官开设一系列课程,于每周日在镇卫生官员亨利·缪尔博士的家中进行。拜伦听说这个计划,便要肯尼迪也算上他。拜伦说:"你也知道,人们当我是一匹害群之马,但是我并没有他们想象的那么有害。"[17]肯尼迪第一次上课时,来听课的人比预期多了好多,除了拜伦,还有彼得罗·甘巴、詹姆斯·汉密尔顿·布朗和纳皮尔上校。拜伦坐在沙发上,上校坐在他旁边的椅子上,肯尼迪坐在对面桌子后面,其他人则围着他坐成一道半圆形。这期课肯尼迪安排了十二个小时的内容,拜伦本答应会老老实实坐着听,不会打断肯尼迪讲课。会议刚开始拜伦倒还守规矩,但不多时,他的演员本性就爆发了,开始和肯尼迪聊起来,大谈自己的过去,回忆小时候定期去教堂读神学著作,还否认自己是异教徒,"恰恰相反,他非常愿意相信宗教"。拜伦始终认为,他是因为在许多教徒身上看到了虚伪的一面,这才与正规宗教疏远。他同肯尼迪说:"祈祷不在于下跪,也不在于庄严地重复某些话。信仰是一种源于内心的情感,这个我有。"

470

　　这一幕真是难得一见:毫不敬神、因《该隐》而遭英国所有教会谴责的拜伦竟然能安静地坐下,和一位福音派布道牧师在礼拜天下午谈笑风生,无挂无碍。但这样上课可不行,会耽误其他学员的学习。好在拜伦后面就没有再来听课,而是登门和他促膝长谈。通过持续的交谈与观察,肯尼迪发现拜伦虽说不是一个传统意义上的信徒,但也绝非像那些质疑他、诋毁他的人所想的那样一点也不信,他自己也因此而欣慰。拜伦告诉查尔斯·巴里,虔诚的肯尼迪博士终于意识到拜伦"算得上是一位合格的基督徒,因为他竟然能够帮我补足缺失,教我成为一个更全面的信徒"。[18]拜伦性格就是如此,喜欢未决的悬念,喜欢在临界线旁试探,以前试探诱惑的边缘,现在试探信仰的边缘。

　　夏末的最后几周,等着也是等着,不如探索一下岛上的自然风光,尽管漫山遍野都是石头。他给霍布豪斯写了封信,说他们"按照老法子到山里徒步了一趟"。[19]八月中旬,拜伦和彼得罗、特里劳尼、布朗、布鲁诺大夫以及仆人们一起对伊萨卡岛进行了为期六天的探险,这岛对他来讲不陌生,一八一〇年他就曾考虑过要不要买下它。他们打算从岛上的圣尤菲米亚村出海。出发前,拜伦写信给特蕾莎。话说特蕾莎根本就没有到达拉文纳。虽然她的父亲鲁杰罗伯爵获得了教皇驻热那亚公使颁发的旅行许可证,但还是在边境被警察拦了下来,被扭送到费拉拉,在城堡里关了好几年。特蕾莎无奈只能改道去博洛尼亚,找以前的文学导师、自由主义者保罗·科斯塔避难,隐姓埋名住了一段时间。拜伦在海边给特蕾莎用英语写了一封比以往稍长、且更暖的信:

> 上帝保佑,当我们再次相见时,我要告诉你让你开心的事。我要亲吻你的双眸,如往昔般心动。[20]
>
> a. a. ine. + + + +
>
> 诺埃尔·拜伦

还是老样子,拜伦在信末署上"永远的朋友和爱人",后面还有代表爱情的一连串十字。

伊萨卡岛是《尤利西斯》里的传奇岛屿,与特洛伊隔海相望,拜伦期盼已久。八月十一日傍晚,他们渡过宽约九到十英里的海峡,登上毫无人烟的滩头,连间房子也看不见。拜伦提议随便找个洞穴应付一夜,但布朗和甘巴不放心,怕拜伦露天睡觉着凉生病,便上山寻找住处,拜伦和其他人去游泳。二人在山上发现了一间小木屋,主人是当地一位古文物爱好者,也是激进的希腊爱国主义者,他非要给他们讲一大段冗长无味的历史,以此来抵消住宿的费用。而拜伦带着彼得罗逃了出来,穿过了葡萄园,翻过陡峭的山丘,回想起上次来这里的经历。夜晚,大家挤在小木屋里和衣而睡。

天一亮，布朗就匆匆赶往伊萨卡的主城瓦西，将拜伦到访的消息通告给当地的特派代表怀特·诺克斯上尉。政府立即派船来前一天晚上抵岸的地方接拜伦。然而此时拜伦早已经离开小屋。他在路上找到了一块陡峭的岩壁，上面长满了常春藤和攀缘植物，这里据说是尤利西斯的堡垒。甘巴在快到山顶的一个洞口处找到了拜伦，他正在一棵野无花果树下酣睡。突然被甘巴吵醒，打搅了他的美梦，他还有些生气。甘巴一直纳闷，如此陡峭的岩壁，身轻体健的他爬起来都吃力，真不知道拜伦是怎么趴上去的。下山时，甘巴伸手要搀扶拜伦，却被他"一口回绝了"。[21] 他挪到一个别人看不到的地方，自己爬了下来。

到达瓦西的时候已经是下午，拜伦再度受到当地侨民的热烈欢迎。还是那样，大家没想到拜伦是如此和蔼，人情味十足。接下来的几天，诺克斯上尉和妻子尽心竭力地给拜伦安排了一系列娱乐活动。先是在名胜古迹旁野餐，即希腊神话中一个叫阿瑞塞莎的仙女的家，据说依山傍水，实际上就是一个石窟和一眼泉水。大家骑着骡子前往目的地，途中穿过橄榄林和树木繁盛的悬崖。那天极热，黑人仆人本杰明说赶上了西印度群岛的热。大家在一个巨大的洞穴前找了一个树荫停了下来，这里就是目的地。仆人铺开桌布，大家吃吃喝喝，一旁的山泉顺着峡谷倾入大海，海的对面是科林斯湾的入口和勒班陀堡，城堡后的伊皮鲁斯山和埃托利亚山在远处泛着紫光。大家在洞穴里偶遇了两名阿尔巴尼亚牧羊人，牧羊人大方地给他们吹笛子听，但让英国人听来都不在正经调上。布朗记录道，拜伦的精神状态"欢快而松弛；还是老样子，在这种场合，他有讲不完的趣闻轶事"。

第二天，诺克斯上尉计划带他们视察一条新修的碎石路面，这是英国政府在管理爱奥尼亚群岛期间的一个特色项目。第三天，他们去岛北部参观了一个据说是荷马学校的遗址。大家坐在一艘具有当地风格的精美游船上，四名划手为他们划桨，特里劳尼掌着舵柄，拜伦面向船头坐在船中央的座椅上，那里有遮阳篷。他唤蒂塔拿出一坛两加仑的英国杜松子酒。拜伦在里面加好水，将一杯杯调好的酒水分发给其他乘客。在荷马的遗迹附近，他们遇到了一位蓄着刚硬胡须的希腊老主教，浑身都散发着浓烈的大蒜味。这位主教认出了拜伦，说一八〇九年去阿尔巴尼亚的亚尼纳拜见阿里帕夏的时候见过他。拜伦就像尤利西斯一样，回到了伊萨卡岛，就像回到了家，找回了失散多年的自己，感到了那份熟悉而陌生的温暖。

拜伦是个自来熟。在伊萨卡待的那几天，拜伦和诺克斯一家处成了一家人，亲密无间。布朗对此言简意赅地分析道，拜伦将"诺克斯家平静的家庭生活与自己风雨飘摇、颠沛流离的生涯并置"。拜伦常和诺克斯谈政治，质疑他一张嘴就诋毁希腊人的习惯，教他看待事物要灵活，"想一想他们辉煌的过去，要心怀光复古希腊的志向，帮他们恢复昔日的自我，这样他们才能再次伟大，再次勇敢"。[22]

诺克斯夫人婚前姓也是戈登，拜伦在她面前也使了一个讨女人喜欢的小技巧，即让她以为凭一己之力可以将拜伦从颓废中拯救出来。夫人初见他时，拜伦"面色苍白浮肿、忧心忡忡的样子"，精神紧张，"不说话，像惊弓之鸟"。但在伊萨卡岛没待几天，拜伦就变了一个人，"开始喜欢逗孩子玩"；当时诺克斯夫人身怀六甲，诺克斯上尉干脆请他为要出生的孩子做教父。拜伦婉言谢绝了，他有点迷信，担心自己的霉运会传染给孩子，请他做教父的孩子、被他收养的孩子都活不长。说来蹊跷，这孩子还是在八岁的时候夭折了。

在那里他见到了许多希腊难民，他们的悲惨境遇深深地触动了他，他们大都是从战场上退下来的伤兵，有些是从希奥岛和帕特拉斯岛来的，有些是从希腊大陆来的，这些都是土耳其人控制的地方。他当即就给了诺克斯两百五十西班牙银圆，部分解燃眉之急，部分分期发放给孤儿寡母，以作每周的补助。他从帕特拉斯岛接来一个家道中落的家族，纪念物是没兴趣买了，就办一些值得纪念的事吧。这家姓查兰德里萨诺斯，是诺里斯夫妇向他推荐的；一个重病缠身的母亲带着三个年幼的女儿，急需拜伦的援助。拜伦把她们重新安置在阿尔戈斯托利镇，给了一些钱。这家还有一个远在伯罗奔尼撒半岛的儿子，叫作卢卡斯，才十五岁就已经在替酋长科罗克特洛尼斯效力了。他听说家人得了好心人的帮助，立即带着他的兄弟赶来向拜伦一行人道谢，英俊、任性的卢卡斯从此成为拜伦最后一位也是最忠心的随从。

　　拜伦一行怅然离开了伊萨卡岛。回程的路上，大伙聊起了沃尔特·司各特的韦弗利系列小说，聊天中拜伦亲昵地把沃尔特·司各特叫成"小沃"。船在凯法利尼亚岛圣尤菲米亚村靠岸，乘客们在那里用完餐后，就又随船去了西奥托科斯·阿格利翁修道院，修道院在海湾对面萨莫斯岛上的一个小山上，院里有圣母马利亚的雕像，大家要在那里过夜，一切都已安排妥当。起初拜伦兴致很高，他翻进修道院墙壁外的一块没加盖的石棺里，仰面平躺，高声朗诵起哈姆雷特手持骷髅的那段台词。但等他来到修道院里面的时候，他就跟变了个人似的，举止异常。大家惊恐地看着他"陷入了一种愤怒的情绪中不能自拔，像是旧病复发"。[23]主持原本已在院内等候多时，准备了一大段祝福词，身旁还站着诸多弟子。主持一见到拜伦，就开口致辞，没说几句，就看着拜伦情绪不对，竟在胡言乱语。只见拜伦抄起一盏灯，嘴里大喊："我的头要烧起来了，谁来救救我？这个疯子在把病传染给我，谁来把他赶走？"拜伦好像有中风的迹象。

　　他一边喊弗莱彻过去，一边穿过大厅，走进一间房，用桌椅堵在门口，胆子大的人一个个跟了过去，他还在大声咒骂，说陷入了地狱。布鲁诺大夫没见过这种阵势，吓得手足无措。最后还是布朗给拜伦喂了些药，他才平静下来。不久，他像个孩子似的闹腾了一阵后，便睡了过去。第二天早上，他怪不好意思地露出一副抱歉的神情，连大气都不敢出一声。大家骑马过黑山回到阿尔戈斯托利镇,这时他才回过神来,在马背上放声唱着街头小曲,还有摩尔收集的爱尔兰民歌。

474　　是什么造成了拜伦的脑震荡?三天前,在去阿雷图萨温泉区的路上,拜伦被一截树枝砸到了头,那力度之大,导致短暂昏迷。看样子是延迟性脑震荡。还有一种可能:启程那天,他等船等得不耐烦了,看正午阳光甚好,忍不住跳进水里游泳,游了太久。暴晒可能促发了脑疾。又或者是他自身机能孱弱,心思本来就重,过大的压力造成身心俱疲,促发了急症。

参加希腊独立战争的有多股势力,其中与拜伦走得最近的是苏利奥特人,他们是阿尔巴尼亚的东正教徒,因信仰被贬为军户,现在流浪至此,拜伦喜欢把他们想象成东方的苏格兰人,尤其是在作品里。上次旅行为他做事的那帮阿尔巴尼亚随从非常忠诚,他们隔那么远跑来追随他,让他特别感动,时不时还会想念他们。记得有一次船在海上遭遇风浪,眼看要翻船,拜伦还生着病,那些仆人不离不弃,陪在他身旁照顾他,"做事虽说有些粗糙,但心是热的"。这帮仆人里有一个叫德米特里乌斯·佐格拉弗的,后来还跟拜伦一起回了纽斯特德庄园,最近领导了雅典的起义。这种转变让拜伦都没有想到:"他是聪明,却看不出有什么大志向,真是时势造英雄啊!"[24]

拜伦刚到阿尔戈斯托利镇时,一群苏利奥特兵拼命涌上船要找旧主拜伦,那一刻可谓一见如故。布朗形容这时的拜伦:"他竟然蹦了起来,可见有多兴奋,带着喜悦的表情欢迎他们上船。"[25]他立即就选中了几个苏利奥特兵做自己的贴身保镖,还承诺,以后还会雇佣更多。只是当他们开始向拜伦漫天要价,而且要预付,拜伦才表现出一点失望。待到他从伊萨卡岛回来后,他总共雇用了四十名苏利奥特兵。说来这些兵毛病不少:到处惹祸,爱吵架,爱撒谎,爱占便宜。斯科特船长特别讨厌这帮吵吵闹闹的外国人,骂他们是"该死的十二生肖兵"。[26]但护犊情深的拜伦却不以为然,不管怎么说,这些兵都是他的手下,就算惯坏了,他也得护着。拜伦还专为他们创作了一首战歌,铿锵的诗句透露出他的深情:

> 准备战斗吧! 苏里奥特的子民,
> 起来,去尽你的责,
> 这里有城墙,这里有护城河,
> 杀啊! 杀啊! 苏利奥特人!
> 这里有美酒,这里有美人。
> 起来,七尺男儿,尽你的责,
>
> 在柳林下集结,
> 你们能与阿里的武力抗衡,
> 这是你的山地,这是你的群岛,
> 这是你的孩子,
> 起来,冲锋,我的苏利奥特战士,
> 杀啊! 杀啊! 苏利奥特人![27]

475

拜伦还非常看好这支部队的领袖马科·博萨里斯,当时他正带领部下与土耳其军队激战,试图阻止他们向迈索隆吉翁以北的安纳托利孔镇推进。拜伦八月初给马科写过一封信,这封信乘着小船突破土耳其人的重重封锁到达马科手中,马科立即回了一封热情洋溢的信。此前就有传闻称拜伦带来了一大笔钱,以资希腊军队奇缺的军饷。八月十八日,马科在给拜伦回信的时候不可能不知道这个消息,他的喜悦跃然纸上:"阁下驾到可谓雪中送炭啊!"[28]虽然大战在即,但马科无论如何都想要在开战前见拜伦一面，"带上了几个亲信"，希望说服他立即来希腊大陆。但是事与愿违，马科回信后不到一周，信还没到拜伦手里，他就在卡尔派尼西翁战役中牺牲，当时他带领几百名苏利奥特士兵向多达一万五到两万的敌军冲锋，可谓是一次自杀式行动。

拜伦在写给他的悼词中说，马科·博萨里斯是"一个好兵，也是一个值得尊敬的人，能两点兼具的人少之又少，其实能具备一点的也不多"。[29]博萨里斯的死，加上马夫罗科达托的流亡，更让他犹豫不决，不知道何去何从。若马科·博萨里斯没有暴毙，拜伦的人生可能会有另一番结局。

一八二三年九月初，斯科特船长的"大力神"号满载着一船格法罗尼亚葡萄干出发前往英格兰。特里劳尼和布朗也要离开小岛，南下奔赴伯罗奔尼撒岛的战场。特里劳尼认为拜伦磨磨蹭蹭，他不耐烦了，给玛丽·雪莱写信抱怨道："这位高贵的诗人又犯了老毛病，遇事优柔寡断，我要是他，就不叨叨，直接干。"[30]拜伦最初不愿意特里劳尼离开，但他最终还是从了他，让他带些信给特里波里的当地政府。

476　　特里劳尼凭借和拜伦的交情在派系林立的希腊政界很吃香，他最终投在奥德修斯·安德鲁斯麾下。奥德修斯在希腊东部备受拥戴，军事实力仅在科罗克特洛尼斯之下。没见过什么世面的特里劳尼将奥德修斯捧得很高，称他是"伟人，希腊的玻利瓦尔"，才干远比马夫罗科达托高，特里劳尼将后者贬称为"奥斯曼帝国养出来的希腊好人"。[31]特里劳尼后来娶了奥德修斯同父异母的妹妹，还开始穿起了苏利奥特人的民族服饰。他身材高大魁梧，肤色黝黑，是典型的康沃尔郡人，布朗夸"那套行头和他很搭"。[32]特里劳尼不久给拜伦写了一封信，叫他快来：

　　　　他们给我们提供了住房，还配了马匹，个个都讲礼貌，说话敢亮。吃食花样多,还便宜,只花一个半银元就可以解决我们和两个佣人的伙食。马料也足,还便宜。小丫头多得像黑莓果,而且买卖自由。[33]

拜伦不为所动,反而搬去了米达萨达村的一栋小别墅,位于阿戈斯托利斯镇东南方向,离海比较远。房子四周有成片的果园,宁静芳香,拜伦在这里开启了一本新日记。

田间,乡野,晚风,清月,小窗外夜幕低垂,群岛影映连绵,深蓝色的天空和海洋勾勒出摩里亚半岛的轮廓。大自然总能让我平静,给我创作的力量。[34]

在最终决定去希腊大陆之前,拜伦在凯法利尼亚岛这个小渔村里静默了几个月,从他零散的笔记中我们可以瞥见他的心境。伦敦希腊委员会邀请拜伦担任全权代表,协助希腊政府作战,并授权他负责分发马上就要运到的物资和弹药。承运这些货物的船"安恩"号正在从英格兰驶来,船上还有一位叫威廉·帕里的武器专家奉命来辅佐拜伦;除了负责机械设备,他还要在战地搭建一个武器实验室。

这个职位坐不好的话会闹出外交丑闻的。一番深思熟虑后,拜伦咬着牙打发他的苏利奥特卫兵去希腊大陆,和他们的同胞并肩作战。走之前,拜伦给他们发武器,发军饷。但这帮兵痞竟坐地起价,除了路费,还索要一笔服务费,否则就不走:真是锱铢必较、雁过拔毛啊。

到了米达萨达村拜伦才看透局势。有太多希腊的投机分子上门称自己是"真命天子"[35],向他索要援助。他这个时候要保持冷静,擦亮眼睛。马科·博萨里斯牺牲后,手下的苏利奥特人来信求助。迈索隆吉翁镇长米达萨达伯爵反复邀请拜伦;被流放的马夫罗科达托亲王和伊兹拉岛的大主教一起邀请他去;科罗克特洛尼斯也一直催拜伦尽快动身去伯罗奔尼撒半岛,他差点就被说动了。雪花般的希腊文求助信向拜伦袭来,这些信后来都被保存在默里档案馆,所有这些无一不表明拜伦所承受的压力之大,有些人是朋友,有些是政界要人,关系都不好处理。那段时期拜伦拿出了前所未有的耐心,在日记中写道:"我来希腊绝非为了援助某一方势力或是某个人,而是单纯地为了希腊民族。我希望与勇武正直之人为伍,远离投机取巧的小人。我听够了他们不同派系的相互诋毁。我不想偏心哪一方,我需要谨慎行事。"

拜伦可认得出谁在谄媚。他对希腊人的自私和阴险不抱幻想。"他们撒谎不眨眼,极其可恶,恕我话糙了些,但这是事实。夏娃以降,没有谁能像他们这样嘴里讲不出一句真话。"好在他多年旅居国外,也在各种国外家庭中生活过,因而对这类事情看得开。他对希腊人的性格有一套独特说法。作为诗人,他很看重语言创新,他说希腊人说话不靠谱的习惯源自希腊语的一个特点,这一点英语是没有的:

> 有一次,一个希腊人挑起了英语的毛病。他说用英语无法表达不同程度的否定;对比之下,希腊人却可以在"是"和"不"上添加修饰语,可以用"是"来修饰"不",反之亦然。由于希腊语中的这种不确定性,你可以用模糊的态度说任何话,随时可以在话里给自己留后路,这样一来,就算撒谎,对方也察觉不出来。

拜伦和伊萨卡岛上的诺克斯上尉和开明豁达的纳皮尔上校不同,他们俩向来认为希腊人很任性,跟孩子似的,而拜伦却能够坦然地看待希腊人的优缺点,甚至还很欣赏他们的特点。

整个秋天,来拜访拜伦的客人络绎不绝,就连米达萨达村这样偏僻的地方都有人寻过来。他跟特蕾莎抱怨道，访客有"英国人、日耳曼人、希腊人，各个国家的都有，访客里头有还没去但是打算去希腊的，也有的就是从希腊来的，都想和我交代些什么"。[36]拜伦不再给她写长信，这么说只是为了给自己开脱。访客里有一个是拜伦的远房亲戚，叫悉尼·奥斯本勋爵，即利兹公爵五世之子，不久前才从丑闻中摆脱出来，现在当了大英爱奥尼亚都护府秘书。拜伦评价他"保养得不错，和以前一样精明、散漫"[37]，非常适合和随军牧师肯尼迪博士聊一聊，帮他转变思想，成为一个更虔诚的基督徒。

478

登门拜访的还有一位叫乔治·芬利的年轻人，那时他还不过二十五岁。他的到来代表着希腊热的一个新动向，即冲着拜伦的参与而来。芬利熟读拜伦的诗歌，认同作品主题中的自由主义倾向。拜伦第一次见到他时，说他看到了雪莱的影子，夸得他满心喜悦。芬利后来成为一位知名的历史学家，他有过人的观察力。比如，和拜伦谈话时，他注意到拜伦"刻意用一种平缓的语调"说出大气的话："一旦聊到他深思熟虑过的话题的时候，聊到崇高、宏大的话题的时候，他反而会抑制自己的情绪，要么句子都不肯说完整，要么带着一种漠然的笑脸，要么就拿出这种令人厌烦的语调。"[38]芬利的观察没错，拜伦之所以这样是为了掩盖自己真实的情绪，"怕自己拿捏不好语调，露出真实情感"。

芬利后来也跟着拜伦去了迈索隆吉翁。在米达萨达村的那个秋天，陪伴拜伦走完最后几个月时光的小圈子凑齐了。十一月，伦敦希腊委员会的另一位重要成员莱斯特·斯坦霍普上校在前往迈索隆吉翁的路上改道而来，他虽然笃信边沁的功利主义，但还是比不上更加务实的拜伦，因此后来常和他意见相左。同月，伦敦希腊委员会派来的战地医生朱利叶斯·米林根也来了，这位年轻的外科医生十二月就去了迈索隆吉翁。多亏有这两位见证者，有他们生动的叙述，加上彼得罗·甘巴的回忆录，我们才能目睹拜伦在米达萨达村的生活图景。

拜伦的住所相当简陋。他和甘巴、布鲁诺大夫、赞贝利以及三位仆人(弗莱彻、法尔切里和本杰明·刘易斯)共住在山顶的一个别墅里。共有四间房,拜伦一人用两间,剩下的人就挤在剩下的两间里。客厅的陈设极其简单,两张大桌子,一张桌子用来吃饭,另一张用作拜伦的书桌,桌子和椅子上摆满了书。地板上也码放着书,司各特的大部分小说、米特福德的《希腊史》和西蒙德的《意大利共和国》都在地上。和他当时在意大利的住所相比,可谓云泥之别。

在这里,拜伦的生活作息发生了大的转变。早上九点起床,跟彼得罗一起工作,回复信件,讨论希腊事务。十一点吃早餐,就喝一杯茶。中午外出骑马,一直骑到下午三点左右才回来。吃饭的时候三人一起用餐,他只吃一点奶酪和蔬菜,规定自己一个月只能吃一次红肉或鸡肉。晚饭后,有时会和甘巴、布鲁诺练习射击,要不然就是坐在一起聊天聊到大半夜。肯尼迪博士一来,拜伦很热情,有时会开他的玩笑。有一次,拜伦告诉肯尼迪,说自己的坏习惯传染给了男仆弗莱彻。"威廉·弗莱彻人是好人,但和我一样,需要教育,才能洗心革面,重新做人。"[39] 据甘巴说,肯尼迪和拜伦两人一旦争论起宗教议题,就可以聊上四五个小时。

根据当时的记录,在凯法利尼亚岛时拜伦表面虽平静无澜,内心却幸福满溢。他突然思念起童年时光,据米林根的描述,他常"披着一件斯图亚特式的格子呢斗篷站在阳台上,没有苏格兰人的贝雷帽,他就戴一顶圆帽将就,他神情严肃地注视着希腊大陆西海岸那片广袤的水域,大陆中央的阿托利亚、阿卡纳尼亚和阿查亚三座青山下是一个风云万变、波谲云诡的世界"。[40]

与此同时,专业的米林根医生敏锐地察觉到拜伦变得越来越紧张。那段时间,拜伦每晚大量饮酒,超量服用减重药物,其中含有大量植物提取物,如药西瓜、藤黄和旋花草,还掺进了大量的藿盐,这些都是不同种类的泻药。拜伦曾坦白过:"人生至恐二事,一为发疯,二是发胖,这两种倾向都流淌在我的血液中。倘若要我二者选一的话，我真不知怎么选。"此外，他还失眠，严重的时候会在房间里踱来踱去到凌晨三四点。他的情绪摆荡愈演愈烈，一旦酒醒，他反而会陷入"绝望"。

听到远在英格兰的女儿艾达生病的消息，拜伦更焦虑了，连日记都写不下去了。快八岁的艾达头疼得厉害，影响到了视力，这得怪拜伦夫人，她给艾达布置了太多的功课。对此拜伦非常愧疚，对奥古斯塔说："我小时候也遭过相似的罪，但还没像她这么小，况且没影响到我的视力，倒是影响到了我的听力。"[41]后来，他养成了每天早上用冷水洗耳朵的习惯，耳疾才得以治愈。

他估计待到艾达来月经的年纪，视力可能就会自动恢复：

> 或许等她到了一个真正的女人的岁数，眼睛才能恢复。就是得 480
> 等一段时间，但看她性格开朗、血气充盈，应该会比普通人早一些到
> 达那个阶段。她要是能去一个气候更温和的地方，或许会更早。在
> 意大利或东方，小女孩一般十二岁不到就发育了。我在意大利见过
> 一个女孩，十岁就来月经了，但这种事情不多见。

即使是现在，拜伦依旧很喜欢研究小女孩的身体。

突如其来的焦虑让他突然意识到自己对女儿的了解太少了。手上最近的一幅艾达的袖珍画像已是四年前的了。他向奥古斯塔问了一大堆关于女儿性格、习惯、品性的问题："艾达想象力丰不丰富？""她善谈吗？爱说话吗？还是喜欢独处，不喜欢说话？喜欢读书吗？还是喜欢什么别的？""她有小毛病吗？有什么缺点？做事上心吗？我希望她别继承我写诗的天赋，家里有一个像我这样的傻子就够了。"信里聊的虽然是艾达，但字里行间都能感受到和姐姐的往日温情，那种亲密无间、自贱自嘲的轻松气氛又回来了。

　　十月里凯法利尼亚岛发生了好几次地震。据说地震的时候,达菲上校的一整队兵被颠到了空中,就像"船被海浪举了起来",拜伦听来饶有兴趣。有一次震了很长时间,大家不得不跑出别墅。待到拜伦一瘸一拐地走下楼梯,他发现大伙都在庭院,显然他们是从窗户跳出来的。从这以后,大家不再怕了,乖乖地躺在床上挨过余震,反正房要塌的话,跑也来不及。拜伦的那栋别墅其实挺结实,直到一九五三年那次凯法利尼亚岛地震才塌掉。

　　希腊大陆现在军阀林立,快到了内战的边缘。告诉拜伦这些情报的主要是德米特里厄斯·德拉迪齐马伯爵,他是凯法利尼亚岛的希腊人,米林根大夫形容他"精明,眼力老到,熟谙希腊人的思维"。[42]拜伦喜欢叫他"总之"[43]伯爵,因为他总喜欢把这个词挂在嘴边,两三句话里就有一个"总之"。"总之"伯爵完全不看好希腊临时政府,认为那帮人都是嘴里没实话的废物。

　　除了战报,拜伦还收到了两封长信和一份非常详细的备忘录,都来自年轻的退役海军士官弗兰克·阿布尼·黑斯廷斯。如今迈索隆吉翁的烈士陵园里,他的雕像和拜伦的并置。黑斯廷斯一八二二年曾服役于希腊海军,说起来这是一段极不愉快的经历。所谓的希腊海军不过是一群军纪松散的虾兵蟹将,只开过商船的船长也来滥竽充数,就连那些"军舰"都是东拼西凑的。况且希腊人耳根子天生就硬,听不进外国人的建议。

　　黑斯廷斯主张给希腊军队从英格兰弄一条蒸汽装甲船,这样才能赢得制海权。这一提法和拜伦的一拍即合,他终于有一个明确的目标了,而且他一听说有先进科技就兴奋。他扭头就将黑斯廷斯的提议上报给了伦敦希腊委员会,评价该建议"整体而言具有较强的科学性和创新性,对我大英有百利而无一害。黑斯廷斯先生本人和他的建议一样优秀,且有勇有谋,敢想敢做"。[44]直到拜伦去世,计划也毫无进展。但黑斯廷斯提议的蒸汽战舰"毅力"号和"卡特丽亚"号终将在希腊独立战争中发挥重要作用。

一八二三年十一月二日,在经历了多次波折后,拜伦终于将罗奇代尔庄园脱手。最终跟买主詹姆斯·迪尔登敲定的价格是一万一千二百二十五英镑。但钱多了也是事。他在当地的财务助理查尔斯·巴里给他推荐了一个当地的银行经理科贾雷诺先生,但这位经理竟称当地银行的金库里没有足够的现金来兑换拜伦的取款凭证,而且,如果真的要换钱的话,手续费也会离奇地高。拜伦认了,骂道"看这科贾雷诺的手腕,肯定是个犹太人"。[45]

最后,拜伦找到了一家英国商行来为自己做事,叫"巴弗莱和汉考克"商行,他们做贸易,也办理银行业务。塞缪尔·巴弗莱最早在桑特岛创立了公司,他资助了很多逃亡到爱奥尼亚岛的希腊难民,还帮助了很多思乡心切的希腊伤兵回家。他的合作伙伴查尔斯·汉考克在凯法利尼亚岛的中心城镇阿尔戈斯托利开了一家分公司。汉考克年轻,信仰贵格派,也同情希腊人。意大利人布鲁诺大夫总喜欢把汉考克叫成"安考克"[46]。汉考克很快就被拜伦的魅力折服,欣赏他的睿智、老练又没有架子。其实此前的财务助理,如热那亚的查尔斯·巴里和日内瓦的查尔斯·亨奇都喜欢拜伦的为人。

十一月初,詹姆斯·汉密尔顿·布朗带着一项任务回到了米达萨达村。随行的有两名希腊副官:伊欧尼斯·奥兰多和安德烈亚斯·卢里奥蒂斯,二人之前在热那亚经布拉基埃引荐见过拜伦。二人这是在北上去伦敦找希腊委员会,申请八十万英镑的战争贷款,以资下一阶段的战事。与此同时,希腊海军的几艘战船闲置在伊兹拉岛的港口里三四个月了。为此,奥兰多和卢里奥蒂斯受命向拜伦借六千英镑的临时贷款,来为水兵发工资,并重启舰队。拜伦最终只同意借四千英镑,相当于两万西班牙银圆,并称仅此一笔,以后请莫开尊口。

办理正式借款手续的时候乔治·芬利也在场,当时还特意在阿尔戈斯托利的一个卫生所举行了签字仪式,那是一八二三年十一月十三日的事。拜伦隔着栏杆见到了布朗和那两个希腊代表,后者正在隔离期间。在递汇票的时候,芬利对他说:"大人,这钱一旦出手可就再也回不来了。"[47]拜伦握着汇票大声说道:"我也不想这样啊。我今天就给道格拉斯·金奈尔德写信,让他向希腊政府要利息,该付多少就给多少。"他确实给金奈尔德写了信,但他清楚,这笔贷款是还不上的。

希腊代表继续北上,拜伦特意给他们开了一封言辞考究的介绍信让他们带上,他这是要把二人介绍给老监护人霍兰勋爵。信上说:

> 我想这二位您会想认识一下,我肯定**大人**一定能帮得上他们和他们的祖国。他们会向您汇报情报。您要是感兴趣的话,也可向他们打听一下您忠诚的诺埃尔·拜伦"现在在哪儿",状况如何。[48]

拜伦原则上是愿意借这一笔款项的,他深知,就现在的希腊局面而言,如果没有外部资金的援助,希腊想要实现民族独立、人民解放,根本没有希望可言。十一月三十日拜伦给希腊政府写信,劝他们不要窝里斗,而借款就是他手中最有力的筹码:

> 贵国希望得到他国的经济援助,这本身无可厚非。但我必须承认,如果希腊内部仍乱作一团、毫无秩序的话,那么所谓的贷款只不过是空谈,任何援助将会减缓或终止;更甚者,原本同情希腊、愿意帮助希腊人独立建国的欧洲各国将认为希腊人无法治理自己的国民,继而采取措施帮你们平乱,但那样就会让你们伟大的理想化为泡影,让你们的朋友对你们彻底失望。

　　并且请允许我最后一次重申我的初衷：我所做的一切，都是为
了希腊，别无他求；为了希腊，无论付出怎样的代价，我都在所不辞。
但我不容忍任何人蒙骗英国公众或任何一个英国人。我言尽于此，
好自为之。[49]

483

这封长信动之以情，晓之以理，有着政治家的气派，文风朴素，除了末尾
几句话略显花哨。拜伦为希腊人民所做的贡献除了他的慷慨解囊以外，
还有他留下来的这些谏言。

　　十二月，迈索隆吉翁发生了几件大事。土耳其又重新恢复了对帕特
拉斯湾的海上封锁，并派了一万六千多名士兵将帕特拉斯包围了起来。
拜伦的资金像一剂强心针让士气低沉的希腊舰队重整旗鼓，他们从伊兹
拉港启航，绕伯罗奔尼撒南岸向东进发。拜伦从窗户外可以看到军舰，
但他看不清是哪一方的。带领希腊舰队的是马夫罗科达托亲王，他们于
十二月十一日抵达了迈索隆吉翁，拜伦打算去那里和他会合。在众多谄
媚者中拜伦最终选择了马夫罗科达托亲王作为希腊的领导人并予以全
力资助，这个决定相当务实。马夫罗科达托亲王较其他竞争者而言更有
政治家风范。拜伦平时喜欢把乔治·华盛顿当作标准来衡量政治家的
好坏，显然这位亲王通过了他的考核。而且，马夫罗科达托在当地口碑
好，受到了德拉迪玛伯爵和纳皮尔上校的尊敬，拜伦相信后两位的判断
力。现在看来，拜伦这几个月坐山观虎斗是有道理的，到底谁来称王，希
腊人到时自有选择，不需要拜伦干预。

　　十二月六日，斯坦霍普出发前往迈索隆吉翁，两天后米林根也跟去
了。斯坦霍普一到就给拜伦写了一封催他快来的信，并附上了马夫罗科
达托的信："您是希腊人民的救世主。拜伦大人，请您一定要相信，希腊
的命运全掌握在大人您的手中。"[50]像拜伦这样好讽刺的人怎么会把这

样的赞誉放在心上？但谁听了这话不会心动呢？

伦敦希腊委员会没有料到拜伦真会去前线参战。霍布豪斯当初也只是建议他"去总部转一圈然后就赶紧离开，在莫雷亚待个一两周就行了"。[51]但拜伦显然没把这事当儿戏，他毛遂自荐要亲自带兵打仗，在新日记里说可以维持五百到一千名苏利奥特士兵，"需要养活多久，就能养活多久"。[52]他把自己看成这个"备受尊敬的部落"的首领，彻底改变了那个跛脚学生的形象，也终止了那条流传在英格兰的谣言：有人说这个秋天他在希腊小岛的别墅里百无聊赖之际又写起了《唐璜》续章。

临走前几天，拜伦写了好几封信。信里可以读出他难以掩饰的喜悦。表面上他摆出一副对权力不感兴趣的姿态，但还是忍不住给特蕾莎吹牛，说希腊政府在"某次授权"仪式中将他的名字和马夫罗科达托亲王的名字相提并论。[53]他还风轻云淡地跟金奈尔德说："毕竟，在国家之间把玩权力可要比在阿尔马克街或纽马克街的俱乐部打牌、击剑、聚餐喝酒有趣多了。"[54]

他铁了心要去前线，但并不是说他对危险一无所知。他在给汤姆·摩尔的信里罗列了一长串战死沙场的诗人和作家，比如西班牙的诗歌亲王加尔西拉索·德·拉·维加，他在攻打弗雷瑞斯觉附近的堡垒时重伤身亡；十八世纪的日耳曼诗人和军官埃瓦尔德·克里斯琴·冯·克莱斯特于一七五九年在库勒斯道夫战役中攻打俄国军队时腿部被炸飞，不久阵亡；卡尔·特奥多尔·科尔纳一八一三年在德国北部的什未林市附近与法国人激战，在写下名篇《痛苦之歌》后不到数小时就牺牲了；还有"俄国夜莺"瓦西里·安德列维奇·朱可夫斯基，他在切尔尼什尼亚河之战开战前写下了《俄国营地的行吟诗人》一诗；还有塞桑德，他在特洛伊战争中被忒勒福斯杀死。他恳求汤姆·摩尔："倘若你这位诗人兄弟不幸因高烧、疲劳或其他原因还没到不惑之年就结束了生命"，那么定要怀念他的"微笑和葡萄酒"。[55]

为了去凯法利尼亚岛接拜伦，马夫罗科达托派出他们能拿出来的最好的船——斯派赛斯双桅横帆船"莱昂尼达斯"号，船停靠在阿尔戈斯托利港，假装在补充淡水。英国当局需要保持中立，因此只同意该船停留港口二十四小时，并且禁止船员下船上岸。等了一天，"莱昂尼达斯"号不得不开到港口外等候。两天后，拜伦仍没有动身，只看到又有一艘希腊船驶向凯法利尼亚岛，这艘船带来了马夫罗科达托和莱斯特·斯坦霍普给拜伦的亲笔信，信中大意是让拜伦赶紧去跟他们会合，显然他们俩有点担心拜伦会改变心意。马夫罗科达托建议拜伦要么赶紧搭船来迈索隆吉翁，要么就坐着船回去。拜伦对于此类公开拉拢他的行为非常审慎，他宁愿自己安排去迈索隆吉翁的行程。

他租了两条船来运行李和马匹。大一些的炮舰给彼得罗、莱加·赞贝利和几个下人坐，上面还装着大件行李和希腊委员会委托他带去战地的各种补给，包括一台印刷机，斯坦霍普上校特意让他带上，到了那儿可以用来印刷小册子，宣传政治思想，启发民众。拜伦自己坐着一条米斯迪科双桅小帆船，细长轻快，船上坐着贴身男仆弗莱彻、医生弗朗西斯科·布鲁诺、纽芬兰犬里昂和他的一个希腊侍童卢卡斯·查兰德里萨诺斯。

十二月二十七日底，万事俱备，只欠东风——不巧遇上了暴风雨，刮起了逆风，船开不出港，他们只好在阿尔戈斯托利港口又停留了两天。拜伦住在财务助理查尔斯·汉考克家中，汉考克恰巧收到了一本沃尔特·司各特的新小说——《昆廷·杜沃德》，拜伦看了一眼就转不开眼了，把书拿回自己房间。门外，陆军第八军团的军官正在为他举行一场热热闹闹的告别晚宴，但他看书看得都没空露面，更别说上桌和汉考克一起吃饭。汉考克回忆说："他偶尔会出来一两趟，说他多么喜欢那本小说，然后拿一盘无花果扭头又回去继续看。"[56]

那几天他一门心思地读小说，全然不顾风向已变，甘巴已在船上等他。随军牧师詹姆斯·肯尼迪来汉考克家向拜伦告别,只见他孤零零一人捧着那本小说看得入迷。肯尼迪此番前来是托拜伦替他捎去一批宗教宣传材料分发下去,依据后来的情形,拜伦答应了他的要求:谁去了拜伦的战时办公室都可以看到堆积如山的福音材料。

两天后,也就是十二月二十九日下午,他们终于启程了。拜伦心情"轻松愉悦",他们要先乘小船驶出港口,才能登上那艘米斯迪科双桅帆船。军队卫生官员缪尔和汉考克送他去港口外登船。一路上,拜伦拿缪尔那副丧气的表情开玩笑,拿汉考克蹩脚的掌舵技术开玩笑,还和医生弗朗西斯科·布鲁诺讲意大利语,然后再和其他乘客讲英语,说"他是我见过的最真诚的意大利人",但布鲁诺听不懂英语。弗莱彻坐在船头,被浪花打得像落汤鸡,又变回了拜伦的惯用笑柄。为了躲避风浪,米斯迪科帆船下锚在圣康斯坦蒂诺修道院下面的一条河中,那里背风。缪尔和汉考克在这里把拜伦送上船,汉考克写道:"此一别,就再也没见过他了。"

身戴铁链,才知自由可贵;

体有疾患,才明健康难得。

血脉充盈,红光满面,

脉如波涛,双颊微光,

却不知终有一日

人注定与床为伴,与病为友;

一个个躺在硕大的发热病房里

说是有人照料,却没有人关心,

只靠义工看管。

病死了,救活了,哪有什么温情可言。[57]

这是这年夏日拜伦在阿尔巴罗别墅中留下来的一首短诗,他离开后才被人发现。这是一首和自由相关的诗,可以看出他对自由的认识源自他那些特殊的痛苦:跛足,容易忧郁,觉得自己的性取向和别人不同,这些差异都让他异常敏感。正因为认识到这些异常,他同情的对象才和同代那些养尊处优的英国人有本质差异,这些人包括他在凯法利尼亚岛的好友查尔斯·纳皮尔上校,纳皮尔活到了维多利亚时代,并将一生都奉献给了大英帝国。

在拜伦和纳皮尔打交道的数月里,他们对自由希腊的设想透露出两个年轻人的朝气,既有乐观主义,也不失现实主义。拜伦写信给希腊委员会的约翰·鲍林提到了这两点:"我们要敢于面对真实的希腊,接受它的美与丑。我们要相信,我们的胜利会让它的美胜过丑。"[58]拜伦和纳皮尔也许在米达萨达村的别墅或阿尔戈斯托利的官邸长聊过,二人一致认为纳皮尔应该卸任现在的凯法利尼亚岛特派代表的职务,转去为希腊委员会做事,率领苏利奥特士兵和志愿兵征战希腊大陆。十二月,纳皮尔带着拜伦的举荐书前去伦敦拜访委员会,拜伦称他是组建外国军队驰援希腊的最佳人选。

拜伦到了迈索隆吉翁,还盼着纳皮尔从英格兰回来,赶紧把军权交给他。但不想纳皮尔和委员会没有谈拢。纳皮尔没怎么看上这个组织,更不想放弃现有的军阶和薪酬。或许,这种让拜伦迷醉的自由纳皮尔享受不来。二人从此分道扬镳:纳皮尔在十几年后的信德战役中一战成名,军威显赫,特拉法尔加广场都为他竖起了巨大的青铜雕像,而拜伦最终登陆迈索隆吉翁的决定却没有得到世人的认可。

注释

[1] 关于希腊独立战争的背景,参见威廉·圣克莱尔,《希腊可以自由:独立战争中的援助希腊的人》(*That Greece Might Still Be Free: The Philhellenes in the*

War of Independence，1972）；大卫·布鲁尔（David Brewer），《自由之焰：希腊独立战争，1821-1833》（*The Flame of Freedom: The Greek War of Independence 1821-1833*，2001）。

［2］爱德华·约翰·特里劳尼，《雪莱、拜伦和作家的记录》。

［3］"凯法利尼亚日记"，1823 年 9 月 17 日。

［4］詹姆斯·肯尼迪，《与拜伦勋爵的宗教对话》（1830）。

［5］拜伦致约翰·卡姆·霍布豪斯的信，1823 年 9 月 14 日。

［6］爱德华·约翰·特里劳尼，《雪莱和拜伦最后的日子》。

［7］托马斯·摩尔，《拜伦传》，第二卷。

［8］拜致伦爱德华·布拉基埃的信，1823 年 8 月 3 日。

［9］拜伦致约翰·鲍林的信，1823 年 7 月 24 日。

［10］拜伦致约翰·卡姆·霍布豪斯的信，1823 年 9 月 27 日。

［11］理查德·伯吉斯牧师，圣约翰学院，剑桥，1834 年。（考佳莱尼奥斯历史文化博物馆，阿尔戈斯托利镇）

［12］威廉·纳皮尔爵士，《查尔斯·纳皮尔将军的生平和思想》（*Life and Opinions of General Sir Charles Napier*），第一卷（1857）。

［13］查尔斯·纳皮尔爵士致弗雷德里克·亚当少将的信，1823 年 8 月 10 日。（纳皮尔档案，大英图书馆）

［14］《托马斯·摩尔散文诗歌选》。

［15］詹姆斯·汉密尔顿·布朗，《希腊之行》，载《布莱克伍德爱丁堡杂志》，1834 年 9 月。

［16］詹姆斯·肯尼迪，《与拜伦勋爵的宗教对话》。

［17］《托马斯·摩尔散文诗歌选》。

［18］拜伦致查尔斯·巴里的信，1823 年 10 月 29 日。

［19］拜伦致约翰·卡姆·霍布豪斯的信，1823 年 9 月 11 日。

［20］拜伦致特蕾莎·圭乔利伯爵夫人的信，1823 年 9 月 11 日。

［21］詹姆斯·汉密尔顿·布朗，《希腊之行》，载《布莱克伍德爱丁堡杂志》，

1834 年 9 月。

［22］ 牛顿·汉森,"少年拜伦:约翰·汉森回忆录手稿"。

［23］ 詹姆斯·汉密尔顿·布朗,《希腊之行》,载《布莱克伍德爱丁堡杂志》,
1834 年 9 月。

［24］ 拜伦致拜伦夫人的信,1821 年 9 月 14 日。

［25］ 詹姆斯·汉密尔顿·布朗,《一八二三年与拜伦勋爵从里窝那乘船至凯
法利尼亚岛》,载《布莱克伍德爱丁堡杂志》,1834 年 1 月。

［26］ 詹姆斯·汉密尔顿·布朗,《希腊之行》,载《布莱克伍德爱丁堡杂志》,
1834 年 9 月。

［27］《苏利奥特之歌》('Song of the Suliotes'),1824 年,第 1 行。

［28］ 马科·博萨里斯致拜伦的信,1823 年 8 月 18 日。

［29］ "凯法利尼亚日记",1823 年 9 月 28 日。

［30］ 爱德华·约翰·特里劳尼致玛丽·雪莱的信,1823 年 9 月 6 日。见《爱
德华·约翰·特里劳尼书信集》。

［31］ 爱德华·约翰·特里劳尼致约翰·卡姆·霍布豪斯的信,1824 年 4 月
30 日。

［32］ 詹姆斯·汉密尔顿·布朗,《希腊之行》,载《布莱克伍德爱丁堡杂志》,
1834 年 9 月。

［33］ 爱德华·约翰·特里劳尼致拜伦的信,1823 年 9 月 14 日。(希腊国家
图书馆)

［34］ "凯法利尼亚日记",1823 年 12 月 17 日。

［35］ 同上,1823 年 9 月 28 日。

［36］ 拜伦致特蕾莎·圭乔利伯爵夫人的信,1823 年 11 月 29 日。

［37］ 拜伦致道格拉斯·金奈尔德的信,1823 年 10 月 29 日。

［38］ 莱斯特·斯坦霍普,《一八二三至一八二四年希腊行》(1824)。

［39］ 詹姆斯·肯尼迪,《与拜伦勋爵的宗教对话》。

［40］ 尤里乌斯·米林根,《希腊回忆录》(1831)。

［41］拜伦致奥古斯塔·利的信,1823 年 10 月 12 日。

［42］尤里乌斯·米林根,《希腊回忆录》。

［43］拜伦致亨利·缪尔博士的信,1824 年 1 月 2 日。

［44］拜伦致伦敦希腊委员会的信,1823 年 12 月 15 日。

［45］拜伦致查尔斯·巴里的信,1823 年 10 月 25 日。

［46］拜伦致查尔斯·汉考克的信,1824 年 1 月 2 日。

［47］莱斯特·斯坦霍普,《一八二三至一八二四年希腊行》。

［48］拜伦致霍兰勋爵的信,1823 年 11 月 10 日。

［49］拜伦致希腊军政府的信,1823 年 11 月 30 日。

［50］亚历山大·马夫罗科达托亲王致拜伦的信,1823 年 12 月。

［51］约翰·卡姆·霍布豪斯致拜伦的信,1823 年 6 月 11 日。

［52］"凯法利尼亚日记",1823 年 12 月 17 日。

［53］拜伦致特蕾莎·圭乔利伯爵夫人的信,1823 年 12 月 14 日。

［54］拜伦致道格拉斯·金奈尔德的信,1823 年 12 月 23 日。

［55］拜伦致托马斯·摩尔的信,1823 年 12 月 27 日。

［56］查尔斯·汉考克致亨利·缪尔博士的信,1824 年 6 月 1 日。见 H. 斯基·缪尔(H. Skey Muir),《拜伦热》('Byroniana'),载《按语与征询》,1884 年 2 月 2 日。

［57］《有关自由的思考》('Thoughts on Freedom'),1823 年,第 1 行。

［58］拜伦致约翰·鲍林的信,1823 年 12 月 26 日。

第二十七章　迈索隆吉翁城 (1824)

一八二三年十二月二十九日，拜伦一行驶离凯法利尼亚岛。头几个小时，拜伦一行乘坐的米斯迪科双桅帆船和甘巴他们乘坐的大些的船在晴朗的夜空中行进。乘客跟着水手唱起希腊爱国歌曲，海面上飘荡着铿锵的节奏。整船人，尤其是拜伦，都在兴头上。拜伦的船跑得快，驶出了另一条船的视野，两艘船就用手枪和卡宾枪相互示意："明天，明天就能到达迈城！"[1]他们的估计过于乐观了。

拜伦比原计划晚了六天才到迈城，没错，迎接他的群众像是在迎接救世主。十二月三十日，他临时停靠桑特岛，从账房巴菲夫和汉考克那里又取了八千枚西班牙银圆。之后一路向东，驶向奥斯曼帝国在希腊西部海岸设置的封锁区，抵近战区。十二月三十一日早，一艘土耳其巡逻艇盯上了拜伦的米斯迪科帆船，好在船快，逃脱了追捕；但甘巴他们坐的大船就没那么走运了，连人带货，连带拜伦的马和狗都遭截获。

拜伦的米斯迪科帆船虽没有落入敌手，但身后的敌兵穷追不舍，"从一条河追到另一条河"，拜伦几天后这样对身在科孚岛的悉尼·奥斯本勋爵写道。[2]由于不能登陆迈城，他们只好继续往前开，在城北的浅水区下锚观望。无奈之下，拜伦派侍从去岸上寻求军队前来接应。在这期间，奥斯曼舰队步步紧逼，直接将拜伦的船追到了迈城以北一百千米开外的德拉戈麦斯特港(今阿斯塔科斯港)。南下回来的路上遇到了风暴,两次险些触礁,差一点就全船覆没。

一连串惊心动魄的遭遇让拜伦精神大振。他把舱室内的床铺让给男仆弗莱彻,后者又晕船又害怕,受了大罪,拜伦自己搬到甲板上去睡,还跟奥斯本说,"感觉好极了"。"一连五天五夜都没换过衣服洗过澡,太有损形象了。我猜除掉身上跳蚤的最好办法就是脱光衣服去游泳,把它们活活淹死。"这是一月三日的傍晚,船已抵达迈城外的环礁湖,相对安全。

但彼得罗可就没这么幸运了。土耳其人捕获那艘大船后,将它押运到迈城对岸的帕特拉斯岛。甘巴多了个心眼,赶紧把拜伦与希腊方面往来的机密信件和铅块裹在一起沉入大海,作了销毁处理。他们的船长被押送到了奥斯曼船上,以待处决。千钧一发之际,他大呼自己是这艘土耳其船船长的救命恩人,曾在黑海一次沉船事故中营救过他、他的兄弟还有其他八个土耳其人。这种"刀下认恩人""刀下留人"的故事跌宕起伏,扣人心弦,像极了拜伦自己的东方叙事诗。

审讯不可避免,却无妨大碍,甘巴假装自己是游客,误打误撞闯入了战区。他们的船随即获释,一月六日抵达迈城,甚至比拜伦还早一天。看到大伙都有惊无险地"踏上了希腊的土地"[3],一直提心吊胆的彼得罗难掩激动的情绪。

拜伦将这些险象环生的经历都记录了下来,还好几次提到了他宠爱的卢卡斯·查兰德里萨诺斯,这位侍童的名字在这种语境中显得格格不入,让人觉得他这是在刻意为他留名。卢卡斯在出发很早以前就开始伺候拜伦。据甘巴说,拜伦不止一次给他念叨:等到了希腊,一定要帮他多物色些"年轻人"做侍童。他上次来东方,看到军阀大帅们被一群少男簇拥,那花团锦簇的景象让他羡慕。据米林根大夫描述,希腊的地方军事首领与门下同游，"三五成群，皆衣冠华美，垂发松而不散，垂至肩颈处随风飘扬，一人为主子举着饮杯，一人持着烟斗和烟袋"。[4]

卢卡斯的确俊美，也毫不吝惜他的姿色。甘巴夸他"有教养"。[5]英格兰来的火器官威廉·帕里在迈城见过卢卡斯，对他评价更高，称他为"绝世美男"。[6]卢卡斯会讲意大利语，拜伦不想耽误他的教育，想给他一个体面的身份，已答应照顾他的家人，便没让他当仆人，让他做侍童是最合适的。

来迈城一路上险象丛生，拜伦最担心的是卢卡斯的安危。十二月三 489 十一日，也就是奥斯曼追着拜伦的船北逃那次，拜伦他们临时停靠在斯克罗夫斯海湾避难，趁着这个机会他给斯坦霍普上校写信说道："恐怕情况不妙，我不是说我，我是担心卢卡斯，天知道这个希腊孩子落入土耳其人手上会怎样？若果真要那样，我宁愿自己亲手把他剎了，然后自尽，无论如何不能让他落入那些蛮人之手。"[7]言外之意是，一旦被俘，卢卡斯绝非丧命那么简单，更可能沦为男妓，这是拜伦无法忍受的。

一月二日那天，拜伦派了两个信使上岸去向斯坦霍普上校求助，其中之一就有卢卡斯，很明显，拜伦是为了让卢卡斯逃命。他直言道："一旦被俘，卢克最遭殃。"[8]注意，拜伦已用起了卢卡斯的昵称。第二天，拜伦的船又一次靠近海岸试图登陆，卢卡斯这才回到船上。后来，他们的船遭遇了大风暴，差点触礁沉船，拜伦盘算万一落水，他要怎么营救卢卡斯。他把这件事告诉查尔斯·汉考克，说他"对一个希腊男孩说，不论船怎么样，乘客是安全的。我让他放心，虽然他不会游泳，但我可以救他。水虽然深，但浪不大"。[9]拜伦想的是把卢卡斯驮在背上游到海岸。早年在哈罗公学的时候，他玩过这样的游戏：背上驮着一个人下水游泳。

拜伦将这一想法写入他在迈城写的为数不多的几首诗里。这首诗直白地表现出一种无法满足的欲望，它体现了拜伦迟到的保护欲：

当敌人逼近，我守护你，

准备好了结敌人的性命；但若你有不测，

与其与心爱的人分离，为了爱情和自由，

我会了结你的命，然后是我自己的。

惊涛骇浪中，我守护你，

船头撞上了礁石，狂风暴雨令人胆颤，

我要你在激流中抓紧我，

我的臂膀可能是你的浮木，我的胸膛可能是你的灵柩。[10]

490　　拜伦以公职形象来到希腊，他清楚自己好女色的毛病是一个容易被人利用的缺点，毕竟很多女人都成功过。他对查尔斯·巴里透露过这一担忧，说自己害怕某个希腊派系对他施美人计："但凡这些人起点歪心，发现我的弱点且加以利用，知道了我喜欢被人管着，派一个又聪明又漂亮的女人来勾引我，这女人有点计谋和野心，那我可就傻眼了。"[11] 话又说回来，"我要是能守住我的心，至少是对女人的心（说来也简单，我的心已安放在意大利了），不动真情，那其他种类的色诱来得再多也休想腐蚀我"。

拜伦这段文字到底是什么意思？要说女人，他像是在暗示想和特蕾莎一直好下去，毕竟这是他千挑万选才相中的。此外，他还给自己打开了通向另一种爱情的一扇门，毕竟他从小就好这口，现在想回味一下。他之所以回到希腊，另一个原因就是为自己创造条件，他渴望再一次沉浸在无拘无束的同性之爱中。至于卢卡斯，他是否只是这盘大棋中的一个子？从热那亚去凯法利尼亚岛的路上，拜伦一直在聊"热娜"，即他在剑桥的男朋友埃德斯顿，这不是没有原因的。

　　拜伦于一八二四年一月五日登陆迈城，当时场面盛大，万人空巷。为了迎接期盼已久的英雄，马夫罗科达托亲王举行了隆重的欢迎仪式，礼炮、火枪齐鸣，热烈的音乐奏起，士兵、市民、商人、牧师、官员甚至抱孩子的老妪在岸边伫立等候，拜伦乘着希腊海军的斯佩特塞斯精英战舰缓缓驶入港内。群众中还有外地来的主教、军阀头目和随从，这些人来迈城开一个有关西希腊地区事务的会议。彼得罗·甘巴也在人群中，他欣喜地发现"人人脸上都洋溢着期盼和满足"。[12]这一幕被画家西奥多罗斯·弗里扎基斯永恒地保存在《拜伦抵达迈索隆吉翁》一画中，这幅画现收藏于雅典国家美术馆，供后代回味这历史性的一刻。

　　希腊之行非常考验拜伦对自己形象的设计能力。马夫罗科达托亲王早先向拜伦交代，说他的到来必将"提振士气"。[13]为此，他身着深红色的外套配金色肩章。这套军装可能是他之前在热那亚定制的，也可能是杜菲上校在凯法利尼亚岛的时候赠送给他的，拜伦自嘲说穿上它就像"伊索寓言中驴子披上狮子的皮，或是像印第安人佩戴战利品以获得劲敌的威力，新主戴上旧主的东西，就会获得旧主的力量"。[14]

　　虽然拜伦觉得这身打扮十分滑稽，穿上它自己好像要去演"机械降神"话剧中的"神"，但它可不是一套简单的戏装，而是一种将他的形象和军事荣誉连接到一起的关键符号，在公众意识中留下了深刻印象。他这样给约翰·默里写道：

491

　　　　就审美目的而言，艺术**不**比自然低级。是什么让军人看起来比暴徒高尚？是武器、制服、徽章、**艺术**，是他们整齐划一的步伐和动作。苏格兰高地的格子呢、穆斯林的头巾或是古罗马的长袍就比三文治群岛上的土著人屁股上或有或无的文身要更有威名。[15]

这一点上,拜伦跟拿破仑甚至希特勒一样,都是善于用视觉形象达到政治目的的宣传高手。

希腊政府撰文,宣称拜伦的驾到是希腊独立事业的好兆头,感谢他长久以来对希腊热土的牵挂和支持,盛赞他的仁爱之心,并祈祷永世如此。为纪念拜伦的"仁爱",希腊当局决定为他塑像,"以表感激"。[16]政府称他是带来福音的天使,这话肯定是冲着他带来的钱说的。但是,该时期存留的大量希腊语文献和信件同时表明,很多人都惊讶于拜伦的动机:是什么让这位英国贵族柔弱的身影出现在希腊的土地上?是什么让这位跛足的英国勋爵毅然决然地投身于希腊民族解放事业?他可是当时红遍欧洲的大诗人啊。有一个钦慕他的希腊人在信中夸赞:"世上无人不晓他的盛名。他的诗歌会像荷马史诗和维吉尔的诗作一样流芳百世。"[17]或许他还会给希腊再写一部史诗。

这位身披赤甲的神秘英国人走下了船。看到人们摩肩接踵地欢迎他,拜伦难掩他内心的激动。光彩夺目的他被径直带到一个离岸不远的大厅,莱斯特·斯坦霍普上校、马夫罗科达托亲王以及一众欧洲和希腊军官在那门口恭候他的驾到。

迈索隆吉翁地处西希腊地区南岸,雄踞科林斯湾入口,俯视通往伯罗奔尼撒半岛的两条要道之一,历史上一直是军事重镇,但在那几年,却成了一个孤岛。一八二二年,马夫罗科达托亲王从该镇发动了一场军事行动,但在佩塔之战遭遇惨败,前来支援的希腊的志愿兵几乎被消耗殆尽。佩塔一战后,土耳其人重新控制了西希腊地区的大部分地方,只留迈城还在顽强抵抗。拜伦到达的时候,这座平凡的小城处处见出不平凡的地方,熟读史书的拜伦马上就感到一种特有的紧张气氛,那是一个兵临城下的小镇独有的气氛。

小镇建在一块沼泽地上,旁边就是一个不小的环礁湖。特里劳尼形容该镇就是"希腊本该扔掉的一道泥沟",认为拜伦去那就是个馊主意。[18]亨利·福克斯一八二七年来到此处,他在日记说这是"瘴疫之乡"。[19]拜伦本人也抱怨这里到处都是积水,他对汉考克说:"荷兰大坝一旦决堤,水漫四野,荒凉得像干涸的阿拉伯沙漠。"[20]他预测,"照这样推进下去的话,我们即使没有倒在刀剑下,也会在烂泥中死于疟疾"。的确,迈城的泥沼催生大量携带疟疾的蚊虫。他猜他没机会战死沙场了,只会病死泥潭。

迈城四面环水,宛若水中异境。放眼眺望,浅水区星星点点地立着吊脚木楼,好像水中楼阁。日光抹去了物体的边界,海天连成一片。凭借此时此景,没有哪一座希腊城邦比迈城更能激发希腊人为国殉难的勇气了:两年后的"大逃亡"事件中,被围困的迈城市民无路可逃,只能冒死穿越封锁线,而不愿留在城里被土耳其人生擒,堪称一次英勇的集体自杀行为。

拜伦住的三层小楼十分简陋,位于环礁湖岸、迈城西侧,从当时的印刷品看,小船直接可以开到小楼门口。拜伦和随从住在顶楼,从那里可以尽览整个湖面。莱斯特·斯坦霍普住在二楼,由于他是伦敦希腊委员会派过来的特使,并非军方,拜伦戏称他是"纸上上校"。[21]苏利奥特士兵住在一楼,自拜伦来到希腊大陆,他们很快就在此归建。楼前有一个庭院,庭院四周是简易搭建的小房,士兵和马匹住在这里。士兵平时在楼后的小块空地上操练。驻地人来人往,嘈杂喧闹,以至于一位英国访客吃惊地发现,"营地看不到一点组织纪律,倒像是一个客栈"。[22]

拜伦住的三楼布置得极具武将风格。英国海军军官詹姆斯·福里斯特在拜伦到达三周后悄然到访,他这样形容房间里的陈设:"我们的诗之骄子——拜伦坐在一张土耳其风格的沙发上;房间四壁上挂满了各种样式的武器,有卡宾枪、鸟枪、手枪、击剑、马刀、砍刀。"[23]拜伦在热那亚定制的那三顶荷马史诗里才能见到的头盔摆放在显眼的位置。

陪伴拜伦左右的随从衣着也不乏画面感:大力士蒂塔肩上垫着两

个高耸的银色肩章;"诚实但不机敏"的威廉·弗莱彻阴差阳错地出现在迈城海滩;"还有那个希腊小伙子,打扮得像阿尔巴尼亚人或马因奥特人,腰间别着一把精雕细琢的匕首",拜伦开始为他这位中看不中用的侍童一掷千金了,而卢卡斯看起来好像不开心。这其中最抢眼的还得是拜伦本人,虽然没有架子,但总是一副让人不放心的样子。福里斯特这样描述拜伦那天的装扮:"深绿外套,黑色袖口和领口,外套上有大量黑色点缀,像骑兵团穿的冲锋衣;头戴红边蓝帽;黑色马甲,下着宽松的红蓝条纹马裤,脚蹬马靴。"拜伦头上似有不少白发,但还不至于像他说的那么严重,他总感叹自己老得太快。他还蓄了八字胡,只不过胡子有杂色,看起来像白胡子,福里斯特对此评价不高。

我们仍可以从此类描述中看到以前那个拜伦。例如,开枪把对面塔楼的装饰物打掉,把那里的希腊女人吓得半死,他自己却笑嘻嘻的;跟宠物狗里昂聊天打趣。但话说回来,他来这里以后变化还是很大的。好友霍布豪斯现在代表希腊委员会常和他通信,他就说拜伦确实变了很多,包括日常生活习惯。以前的拜伦喜欢独处,闭门谢客是常有之事;自从来了迈城后,总会有人来找他。据甘巴说,拜伦刚安顿下来还没有休息好,就有"主教和当地大帅"领着二三十甚至五十人的队伍对拜伦"轮番轰炸"。[24] 刚来那几天,希腊人捕获了爱奥尼亚岛的一艘船,而爱奥尼亚群岛当时受英国托管;这种触犯英国中立原则的外交事件层出不穷,拜伦就得费心斡旋。总之,只要有需要,他必须露面,再无私人时间。

也许,这才是拜伦被称颂为希腊独立战争中的英雄的真正原因。他本性易怒,却要伴着零星的枪响处理各种军事集团之间的日常摩擦。曾极度厌恶战争暴行的诗人现在却要忍受血腥的冲突和野蛮的屠杀,要面对无审讯即处死的俘虏政策,要把恐怖行径当成家常便饭,可见他对卢卡斯的担心不是没有道理。从前那些放纵享乐的日子一去不复还了。带着一丝留恋,他给特蕾莎写道:"你该不会觉得这个地方还有狂欢节供我玩乐吧?"[25]

　　希腊委员会之所以要在一八二四年派一个特派员到西希腊地区,是为了尽快拿出一个行之有效的方案,但拜伦和莱斯特·斯坦霍普上校却存在分歧。两人可说是同辈人,斯坦霍普只比拜伦大五岁,亦是贵族,马上就要继承父亲哈林顿伯爵的爵位,但相似的家世背景并没有让他们俩的关系更为融洽,拜伦反而和纳皮尔走得更近。

　　尽管斯坦霍普上校出身背景和拜伦的差不多,但拜伦仍觉得他过于谨小慎微,不认同他的边沁主义立场,他认为帮助希腊人最有效的办法就是教他们什么是共和主义、什么是共和国。斯坦霍普拿出杰里米·边沁的政治简论《行动之源——愉悦和痛苦的分类表》,拜伦只看了一眼封面,就怒斥道:"**行动之源**? 我去他的**行动之源**。"[26]"那个傻呆子知道哪门子的行动之源?"[27]他驳斥说,人的行动之源来自他自身,不需要从外部灌输。边沁,或者说斯坦霍普的言论让我们再次看到以前那个毒舌的拜伦。

　　斯坦霍普谋求的是在迈城构建一个文明共和国的永固基础。为此,要打造一支纪律严明的军队,建立教育和医疗系统,成立出版社,完善邮政系统,等等;待到希腊独立,这些机构将作为遗产留给他们使用。但对于拜伦来说,尽管他一直认同这套美国人建立起来的建国理念,但就当前被战争蹂躏的希腊而言,这未免太不切实际。拜伦曾向伦敦希腊委员会的委员约翰·鲍林打过斯坦霍普的报告,指责他"脑子里净是些哈罗、伊顿公学里六年级生才有的天真想法(没到过希腊的人只知道纸上谈兵,夸夸其谈)"。[28]此外,他还说委员会援助的物资派不上用场:

　　　　就目前希腊的情形而言,计算工具是派不上用场的;希腊人不认识什么扑克牌局;当务之急是打胜仗,然后才好说下一步的计划。

唢呐也不知道能干什么用,除非君士但丁堡的城墙能像圣经里的杰里科城那样,唢呐一吹就倒。再说,希腊人也听不来号角,要么您派些人来这儿听唢呐如何?

495　　"纸上上校"斯坦霍普还在迈城创立了一本独立刊物,他自己交了五十英镑的订阅费,以表支持。刊物叫《希腊纪事》,为半月刊,从一月十四日开始发行;斯坦霍普办刊的初衷是传递信息,但拜伦不看好。该刊物发行量有限,原因是对话题感兴趣的外国人没几个认识希腊文的,况且希腊人自己大都不识字。历史学家乔治·芬利就对这份刊物颇有微词:"该刊通篇都是冠冕堂皇的法律术语"[29],就算大声读出来,恐怕平民百姓也很难听懂。

　　拜伦还特别讨厌该刊物的主编约翰·雅各布·迈耶,拜伦说这个无趣的瑞士人毫无原则可言:"主编迈耶博士一手遮天,大搞一言堂,只刊登他自己的文章和相似的文章;一面反对任何形式的限制,一面又大肆删减、篡改别人的文章。"[30]他曾经按下了一篇抨击奥地利君主专制的文章,理由是他认为该文章写得太具煽动性。后来他干脆把整期都扯了下来。现在,该轮到斯坦霍普指责拜伦"独断专行"了。

　　《希腊纪事》之后,他们又创办了一份叫《希腊邮报》的意大利语报纸,拜伦这会儿安插了一个自己的亲信做共同主编——善于变通的彼得罗·甘巴,并且规定该报主要报道每日的战事新闻,不许宣传共和主义思想。他与斯坦霍普在新闻自由问题上的分歧最终升级为"何为常识""什么样的道德标准适合战争语境"这样的争论。二人争执起来很凶,但拜伦却没能让此事影响他们的私交。毕竟,他已经过了与人为恶、到处树敌的年纪,就像他已经过了狎妓的年纪一样。他尽可能与斯坦霍普和平共事,吵完了架总会腆着笑脸过去言和:"来,握手言和否?"[31]

　　正当好高骛远的斯坦霍普费尽脑汁为希腊设计百年国策的时候,

拜伦已经摩拳擦掌了。七月中旬,迈城的海岸线上报告说发现巡弋着数十艘奥斯曼军舰。拜伦知道英方贷款还没到账前不可轻举妄动,但他却准备开展一次军事行动以表决心,他认为需要一次破冰式的冒险行动来打破沉寂数月的僵局。斯坦霍普则形容他是"一个彻彻底底的冒险家:今天说要使火攻船,明天说要奇袭勒班陀城,不多久也会笑自己想法太疯狂"。等着纳皮尔也是等着,不如自己亲自带兵练练手,这可是一个可遇不可求的机会啊。

相较而言,他最看中的行动计划是夺取勒班陀城。该城是迈城以东的海岸要塞,踞守科林斯湾,控制着来往船只,自古以来就是军事要地。496现在该城被土耳其人占领,但驻城的只有少量阿尔巴尼亚士兵。据说奥斯曼帝国数月未发军饷,这群士兵早就暗示,只要钱给够,他们随时投诚。一八二四年一月二十五日,在苏利奥特人诺塔·博萨里斯(即拜伦好友、已故将领马科·博萨里斯的权叔)领导的军事委员的支持下,马夫罗科达托亲王正式下达许可批文,同意拜伦的勒班陀计划,欲举全境军民之力,助他收复失地,并授予他"总司令"军衔,拜伦感到莫大的荣幸。

拜伦之所以将军事首秀选在勒班陀城,是别有用心的。一五七一年,西班牙和威尼斯联军在这里打败了奥斯曼军队,拜伦在《恰尔德·哈洛尔德游记》中再现了这场"血腥而惨烈"的战役:

> 他曾经看到过不少昔日的战场,
> 亚克兴、勒班陀、特拉法尔加那不吉的地方;
> 但他却是诞生在邪恶星宿的光芒下,
> 在古战场上无动于衷,因为他不向往
> 什么英勇的战斗,什么流血厮杀,
> 而且厌恶刺客的勾当,也常常嘲笑那些丘八。[32]

这是英雄主义和伪英雄主义的完美演绎——勒班陀计划充分体现了拜伦在希腊这最后几个月的矛盾心态。

希腊的武装力量毫无组织可言,让前来希腊志愿参战的外国人骇然。有一位志愿兵这样向伦敦希腊委员会描述道:"恐怕全欧洲都找不出像他们这样全然没有组织纪律性的军队了,就连西班牙游击队都比他们强点儿,倒有点像十四到十六世纪意大利的贡多铁里雇佣骑兵。"[33]

整个一月,拜伦都在为收复勒班陀城做准备,最终组建出来的俨然是一支私人雇佣军。之前抗土名将马科·博萨里斯留下的苏利奥特士兵现在还有约一千五百名在迈索隆吉翁和安纳托利孔两地,帮助当地希腊军队守城,但希腊当局无力为这些赤贫的苏利奥特士兵支付军饷,同时军属的日子过得非常苦。拜伦视这些阿尔巴尼亚籍的雇佣兵为自己的人,对他们的感情胜过对希腊人的。拜伦索性从这一千五百名左右的苏利奥特士兵中选了五百来人,自己掏钱给他们支付军费(尽管他怀疑有些人不是苏利奥特人)。加上希腊政府同意追加的一百个士兵,拜伦麾下共有六百人。

497　拜伦出行一般要带上五十个苏利奥特士兵。他们不骑马,但要跑起来也能跟上马匹。侍卫长带这些人在前头开路,拜伦同副官彼得罗·甘巴并驾齐驱,翻译官则在另一侧跟着。身后还有两个侍从,即改做马夫的黑人本杰明·刘易斯和大胡子威尼斯人蒂塔,"穿戴像跟在大使马队后面的骑兵侍卫"。[34]再之后是另一批士兵。

拜伦和斯坦霍普还打算出资组建一支五十人左右的炮兵团,也就是后来的"拜伦旅"。斯坦霍普上校向当地的希腊人传话,号召迈城的日耳曼义勇军残部来投奔拜伦,在他的麾下重整旗鼓。其他国家的人听到这个消息,为了从拜伦那儿分得一杯羹,都纷纷投奔其帐下。这些外国人有些是从希腊大陆来的,有些是从爱奥尼亚群岛来的,还有西欧的,大都冲着拜伦的个人魅力而来。伦敦希腊委员会曾收到过一封来自伦敦市郊的金斯顿市的信,写信人称自己是拜伦的崇慕者,他问冬天能否翻越阿尔卑斯山。一月又收到过一封,写信人在海军做文书,他说已经在来的路上了,身上仅揣九英镑:"虽然我不会讲希腊语,但讲英语的我也会负重行军,给枪上膛,扣动扳机,拔刀抽剑。"[35]这支队伍最多时有一百五十到两百人,其中三十余名是军官。拜伦称他们是"希腊境内唯一一支能发出军饷的队伍"。[36]没过多久,他就得自掏腰包了。

队伍虽小,但成员来自"五湖四海",拜伦甚是喜欢。随军的有一个意大利女人,她嫁给了队伍里的一个希腊裁缝。拜伦批准她招募来"一队了无牵挂的妇女,哪个国家的都有",有些还是黑人,她们"洗衣做饭,缝补衣裳,伺候男人"。[37]如此一来,她们自己的口粮和住宿问题也都解决了,但她们坚决不收钱。拜伦骄傲地说:"让我瞧瞧,我这部队的构成要比福斯塔夫的还要杂:冲在前线的是我们英勇的万国士兵,有英国人、日耳曼人、法国人、马耳他人、拉瓜人、意大利人、那不勒斯人、特兰西瓦尼亚人、俄国人、苏利奥特人、莫雷奥特人和西希腊人,垫后的是我们裁缝的妻子和她的姊妹团。英勇的战神阿波罗!这世上没有谁率领过这样的军队。"

虽说如此,他们的武器装备少得可怜。几门大炮年久失修,火药库存也见了底。实行勒班陀计划的时候,拜伦等火药师威廉·帕里等得心急如焚,一心期盼他快来把兵工厂搞起来,他以为这样就可以研制出各式武器,如"各式船只、投掷炮、迫击炮、子弹、爆破榴散弹,还有各种运输工具,还有火药、火箭、燃烧弹"。[38]在多次延误和绝望等待之下,二月五日,"潘尼"号和货船"安恩"号终于众望所归,现身在迈城的海岸线上,随船到来的还有八位英国的机械专家。斯坦霍普失落地写道:"不过帕里和他的几个同事看样子对迈城的景象大失所望,都在意料之中。"[39]

拜伦焦急地看着手下卸货。迈城以前留下的一座土耳其宫殿现在被改成了兵工厂，但负责改建的苏利奥特士兵懒散拖沓，到现在还没有完工。这些从阿尔巴尼亚来的人，大大小小的希腊节日一个都不愿意落下，该卸货的时候竟然给自己放假去过一个当地的什么节，导致几箱重要的军事物资被晾在沙滩上无人看管。怒火中烧的拜伦火速赶到岸边，亲自动手搬运笨重的箱子，让一旁的甘巴为他心疼。最后，那些士兵不好意思了，只好回来继续搬运。

他们最终放弃围攻勒班陀城的计划。原因之一是武器官没有带来火箭，而攻城是需要火箭的；要在当地生产的话，最少需要两个月，且费用高得离谱。其次，他们招不到能领兵攻坚的军官。留在希腊大陆的各国义勇军远比他们想象的要少，拜伦本以为会有两百人左右，但最终只找到二十六人，其中还有生病的、厌战的、打算返乡的。余下的人里，步兵军官居多，但拜伦当下所需是炮兵军官。再者，日耳曼人对服役协议十分挑剔，一个出身不错的普鲁士人看不惯武器官威廉·帕里功利且粗鄙的作风，拒绝服从命令，拜伦不得不教训他一顿。就连拜伦的小舅子兼首席副官彼得罗·甘巴都和他不是一条心。甘巴自己带了一支炮兵，他花大价钱为手下购置了制作制服、军靴、马鞭所需的原料，拜伦不禁在想："他这是过家家呢？之前的满腔热血哪儿去了？全部化成了这身天蓝色的军装了吗？"[40]

这些还都是次要原因，而放弃行动的主要原因是苏利奥特士兵从中作梗。苏利奥特的部队首领们争论不休，各自为政。他们伪造士兵花名册，好吃空饷。他们要求从五百余人里选出一百五十人做军官，导致队伍人员结构头重脚轻，人力资本陡增。斯坦霍普向伦敦希腊委员会感慨道："这些人永远喂不饱。"[41] 有人怀疑，是另一个军阀头子科罗克特罗尼斯指使他们搞的离间计，为的就是搅黄马夫罗科达托亲王在迈城的行动，好让亲王叫他们另投他主，他好拾便宜。

拜伦最终受够了。他不得不承认苏利奥特士兵不仅偷鸡摸狗,而且打起仗来个个都是狗熊。他无奈地告诉金奈尔德:"我们原本计划要围攻勒班陀城,但这些苏利奥特人却说不喜欢这种'跟石头墙过不去'的差使。"[42] 为了不让自己好了伤疤忘了疼,他写下一条决绝的话提醒自己:

> 为着希腊的胜利,为了他们自己的福祉,我用尽一切努力,克服重重阻碍,顶着莫大风险尝试团结这些苏利奥特人,却最终只是徒劳。无奈,我只能下此决心:从今以后,我与他们再无牵挂,他们若乐意,尽可去投奔那些土耳其人,投奔魔鬼我也不管!我意已决,决不反悔,哪怕将我碎尸万段。"万段",话说他们起内讧的次数也差不多有一万次了。[43]

他倒不是由于天真才如此信任苏利特奥人,而是因为他不愿承认这些人没有改良的可能性。拜伦解散了大部分苏利奥特人,"把他们都轰走了"[44],只留下五十个左右做护卫。

一月二十二日,拜伦三十六岁了。约翰·默里的档案资料中留存了一首希腊诗文,共六行,是希腊诗人玛玛多斯献给他的生日贺辞,他赞誉拜伦"像凤凰一样在希腊大地上展翅"。当天,拜伦自己也作了一首长诗,较以往更长更豪放。据说他拿着诗从卧室走出来,满面春风地对在场的斯坦诺普和余众说:"那天你们还说我怎么不写诗了。今天我生日,我写了点东西,你们给看看,是不是要比我平日里写得好。"[45] 只见他把诗文写在凯法利尼亚岛笔记本上,那页的题头写着:《今日我满三十六岁,一八二四年一月二十二日,迈索隆吉翁》。这首诗展现了一种张力:一方面,他要投身于繁忙的公务,处理复杂的政治纠纷;另一方面,他对卢卡斯的单相思煎熬着他的心:

这个时候心不应该动了，

　　有他人在，心已静止，

但是，尽管我得不到爱，

　　　　且让我去爱吧。

我的时日像泛黄的树叶，

　　爱情的花朵和果实早已凋谢——

留给我的

　　　　只有蛆虫、溃疡和悲伤

500　　我胸口燃起的烈火

　　　　孤独得像一座火山岛；

　　　它点不燃任何火炬，

　　　　　倒像是焚尸的柴堆！

我无法和人分享我的心声：

　　希望、恐惧、嫉妒，

痛的高尚，爱的力量；

　　　　我只能戴上脚链。

这些想法不会撼动我的灵魂，

　　不该**这样**，不该**在这里**，不该在这时；

现在，荣耀装饰着英雄的棺木，

　　　　荣耀紧锁着他的眉头。

让刀剑、旌旗、战场见证，

荣耀和希腊同在!

扛着盾牌的斯巴达人

那时是多么自由!

醒醒!(不是希腊,她醒着!)

我的精神快快醒醒,让他带领我的思绪,

将生命之血引回母湖,

然后一招致胜!

你还不像一个男子汉,

快把那重燃的激情踩灭;

别去理会

美人那一颦一笑。

如果你为虚度青春而懊悔,那为什么还要活下去?

这里就是让你

光荣牺牲的地方!

让你咽气的沙场。

去找一块普通士兵的坟地,

尽管可遇不可求;

环顾四周,选一截七尺的坑

躺进去长眠。[46]

　　生日当天,他走出卧室,是将这首诗递给了大家,还是给他们大声朗读了出来?"重燃的激情"在场的人听懂了多少? 由于相关文字记录实　501

在太少,很多细节我们都已经不得而知了。可能斯坦霍普听出了点东西。后来他回到英格兰,向霍布豪斯说了这件事情,后者在日记中写道:"斯坦霍普跟我说了拜伦在希腊最后那几个月的一些事,我一听就知道拜伦的老毛病又犯了。"[47]后来特里劳尼将拜伦的遗稿转交给霍布豪斯时,也隐隐意识到这首诗中不可告人的暗指:"这首近作是他生日当天写的,文词优美,真挚感人。他的信件您和金奈尔德先生一定要过目,不适合外人看的就赶紧删掉,我自不必多言。"[48]

吊人的胃口,拜伦不在话下。之前的埃德斯顿、考威尔、格奥尔吉奥、吉罗还有乌泱乌泱的女拥趸都是他的成功案例。但这个卢卡斯对他一脸的不屑却让他像一个女人一样拒绝接受一个不争的事实——时光流逝,容颜不驻,他没有以前帅了。内心的挣扎愤懑让他做出不少好笑、出格的事。就连忠诚的甘巴都承认,拜伦对卢卡斯太上心,好得太明显,卢卡斯成了他的"软肋"。[49]为了帮扶卢卡斯在凯法利尼亚岛的家人,拜伦还算大方,但不至于铺张浪费:他一度考虑过把这个男孩换掉,干脆叫女孩子来伺候他。在拜伦的爱护下,卢卡斯零钱无短,华服无缺,可谓穿金戴银:出行的时候,只见卢卡斯骑在三十余人的队伍的最前面,他身穿金线刺绣外套,这是他骑马专用的外衣,脖上系名贵围巾,马鞍上垫着丝制棱纹坐垫,腰上别着专为他定制的镀金手枪。不仅如此,拜伦每天还要辟出半小时跟他朗读现代希腊文,当年在雅典的时候他也是借着学意大利语的机会和男孩尼科拉斯·吉罗拉近了关系。但拜伦对他越是照顾,卢卡斯越是放肆。

二月一日,拜伦乘坐一艘平底船来到安纳托利孔镇,该镇位于沼泽中央的小岛上,两个月前,有两万四千名土耳其士兵为了围攻小镇驻扎在四周的沼泽中,大部分是骑兵。现在,土耳其人已撤离,拜伦来此进行礼仪性访问,会见当地领袖。接待仪式热情洋溢,枪炮齐鸣,盛宴琼浆包括海鲜鱼脍、英国布丁、香槟美酒。在当地人陪同下,拜伦参观了圣米迦勒教堂,据说该教堂最近发生了一桩奇事:两个月前小镇被围时,一枚炮弹落在教堂顶上,牧师的母亲不幸被炸死;弹片从房顶落下,却砸开了一口隐蔽的泉眼,解了被困人民的舌灼之渴。拜伦一向不信此类迷信,对这个故事也半信半疑。行至街心,身后一大群民众慕名紧随,惊叫声、欢呼声、鼓乐声不绝于耳。妇女穿上节日盛装高高地站在自家阳台上,只等拜伦经过行注目礼。

好景不长。他们返程的时候赶上一场大雨。甘巴浑身湿透,回来时发高烧、腹痛。卢卡斯也病倒了,拜伦跟查尔斯·汉考克说:“路加(不是那个传福音的门徒,是我的门徒)情况也不太好。”[50]拜伦担心他的身体,干脆把床让出来给他的这位侍童睡。不让还好,一让还让出是非来。谣言传到伦敦,霍布豪斯赶紧向甘巴打探实情。甘巴坚称接下来的三四天,拜伦一直和仆人们睡在一间房,他睡在一张土耳其沙发床上;他说卢卡斯病得的确严重,必须睡床,而当时只有拜伦有床睡。他还说,拜伦有几次给他也让过床,况且在从凯法利尼亚岛来的水路上,他还把床让给了男仆弗莱彻。甘巴最后说:“大人没有他和睡在同一张床上,请不要理会流言蜚语。”[51]

二月十五日,拜伦病倒了。傍晚七点左右,甘巴去房间找拜伦,只见他躺在沙发上,甘巴见情况不妙,但拜伦朝他喊道:“我没睡着,进来吧!我这不是好好的吗?”[52]一个小时后,他起身下楼去找斯坦霍普。二人讨论《希腊纪事》这次要登些什么文章,看样子这回谈得不错,拜伦答应自己供几篇稿子。甘巴走时,看见他和斯坦霍普、帕里有说有笑,还和帕里一起喝了些苹果酒。没想到没过几分钟,他脸色大变,开始说膝盖疼;试着站起来,却发现两腿不听使唤;一阵眩晕,倒在斯坦霍普上校的床上了。见此情形,众人立刻把他的私人医生布鲁诺和炮兵军医尤里乌斯·米林根叫来。

拜伦有日期可考的最后一条日志记录了这次可怕的急症:

> 我只记得当时一阵剧痛袭来,这症状到底是抽搐、癫痫还是麻痹性中风,闻讯而来的两位医生也不确定。不知是否是其他什么病,反正非常疼;要是再疼一会儿,我估计性命不保。要说感觉的话,我当时讲不出话了,五官扭曲,好在**没有**口吐白沫。他们说我当时浑身抖得厉害,帕里和蒂塔按都按不住我。[53]

503　两位医生说他这次发病持续了两三分钟,拜伦自己估计有十分钟。

　　众人把拜伦抬到床上,虽然他身体还很虚弱,但面容已经舒展开来,也能开口说话了。第二天,两位医生决定给拜伦放血,那是时下最流行的疗法。于是,拜伦的额头上密密麻麻地挤了八条水蛭,但不幸的是,由于医师的失误,水蛭放得离太阳穴太近,导致颞动脉被咬破,顿时鲜血喷薄而出,斯坦霍普描述道,"场面一度失控"。两名医生开始为此争吵,拜伦却还"有气无力地拿他们打趣"。[54]二十号的时候,拜伦又犯了一次这种病,右边的残腿严重痉挛,而后又是一阵头晕眼花,他说感觉就像是喝醉了。他不大相信这是遗传病,但为了保险起见,还是写信给了奥古斯塔,托她转告拜伦夫人,注意提防艾达出现类似症状。

　　拜伦到底得了什么病? 甘巴说是因为缺乏运动,连绵阴雨将他困在室内太久。斯坦霍普则认为是让叛变的苏洛特人气坏了身体,拜伦生病正好是事发当天。另一个诱因是帕里给他惯出来的坏毛病,饮食起居不规律,而且喝了太多苹果酒。现代医学观点认为拜伦当时是癫痫发作,其后的眩晕症状则可能是贫血、过度焦虑或者是高血压所导致的。不过拜伦也自知,近来的躁郁的心境也是发病的诱因,他在日记中写道:"最近,太多事分我心神,政事上的,还有我的私事……尤其是那些内心深处隐秘的情愫,每每想起我都躁郁不安。"[55]这些文字表明,拜伦意识到三十六年以来的境遇流转和心境变迁,连同这些年混乱的个人生活早已折损了他的健康。

二月二十一日,迈城发生强烈地震。按照希腊当地的迷信说法,全镇须鸣枪驱邪。至此,卢卡斯生病,拜伦瘫倒,山摇地动,这一连串让人恐慌的事件,就像上一次"海难中营救卢卡斯"的虚构情节一样,都被拜伦写进《爱与死》一诗中:

> 我望向你,高烧的你目光暗淡,
>
>   我把床让给你,我自己躺在地上,
>
> 你久病不起,我守望着,
>
>   怕你过早撒手人寰。
>
> 地震晃得四壁摇晃,
>
>   人和自然就像喝了酒一样跌跌撞撞
>
> 在这摇摇欲坠的建筑里
>
>   最让我操心的就是你。
>
> 当抽搐和阵痛使我无法呼吸,
>
>   思绪将要泯灭,唯一想起的
>
> 只有你。甚至到了鬼门关,
>
>   我的灵魂也为了你久久不愿离去。
>
> 是的,我如此爱你,你却不爱我,
>
>   永远不会。我们注定不能相爱,
>
> 我也不能怪你。我依然爱你,力度不减,哪怕犯错,哪怕徒劳,
>
>   但这是我的命。[56]

504

这与拜伦前几日过生日时写的东西不太一样,那时还总有点为爱自戕的

意味,而现在的他似乎不愿再与这种久违的禁果刻意保持距离。

这首《爱与死》直到一八八七年才发表在默里之子约翰·默里三世创办的《默里杂志》第二期上。原稿写得相当潦草,于一八二四年随其他文稿从希腊一并寄回英格兰。为了预防误读,霍布豪斯附上了一句注释:"拜伦勋爵特地给这些诗行附了一条说明:该诗不为任何人而写,仅是自虐的诗意表达。"[57]且不论这是否真是拜伦的原话,或是霍布豪斯杜撰的,这样迅速撇清干系,很难不让人想起当年埃德斯顿死后那个突然谨言慎行的拜伦,又会让人继续追问当年那个"热娜"到底是谁。通过给这首诗加注,霍布豪斯又一次尝试抹去拜伦在集体记忆中那个同性恋的形象。

拜伦另一首不为人知的诗叫《致希腊的最后一言》,是与《爱与死》诗集一道刊印的。这两首诗的标题都是后人加上去的,且都有一种后维多利亚时期特有的雄风。

这些荣誉和声望
　　无论过去还是将来,对我有什么意义?
包括一个即将诞生的民族的呐喊,为了他们
　　我可以鄙视皇位,只图一顶桂冠,为此我可以去死;
激情冲昏了我的头脑,你的一次蹙眉
　　对我来说就像毒蛇的眼睛
盯着一只可怜的鸟,这鸟挺起胸膛,挥动翅膀,
　　却在向着死亡降落。
这种痴狂不停生长,
　　是它的魔力过于强大,还是我的定力过于孱弱?[58]

505　　无疑,诗里头写的还是卢卡斯,只不过,诗人这回是在嘲笑自己感情

过于脆弱。这个"被激情冲昏头脑"的人竟然是当时西希腊地区军事力量的总司令。这种对性爱的"痴狂"成为欧洲浪漫派的一个核心主题，后来发展成颓废主义。他描绘的这幅"蛇吓呆鸟"的意象成了拜伦的标志之一；这一意象不停演化，到了十九世纪末，成了新兴艺术作品中引人入胜的常见比喻。

这类"单相思"的诗，拜伦后来还写过其他的吗？一八二五年出版的斯坦霍普的回忆录《拜伦在希腊》中有一段他和霍布豪斯的密谈，更是坐实了拜伦对卢卡斯的痴迷。斯坦霍普说，他回国后目睹"霍布豪斯为了维护拜伦名声而销毁了他的一首诗作，那也许是拜伦一生中写的最后一首。霍布豪斯先生都要销毁那首诗作，我和他自然不能吐露它的具体内容"。[59]这种君子之约可谓掩耳盗铃，可见此类情诗拜伦还写了一首。

受他娇宠的除了卢卡斯以外，还有一个叫哈塔杰·阿加的土耳其女孩，拜伦亲切地叫这个八九岁的女孩"哈塔"。一八二一年，迈城被希腊独立军占领后，大批居住在当地的土耳其男性都被屠杀，女眷被贬为奴，发配给镇上的希腊人家为奴。哈塔杰的两个兄弟惨死在屠杀中，其中一个被希腊军人按着头猛撞墙，脑浆四溅。哈塔杰母女俩被分到了米林根医生家做杂役，虽然拿不到工钱，但日子比分到其他家要好得多。

二月初，拜伦见到了哈塔杰。他一向能不偏不倚地看待希腊人和土耳其人各有的优劣点，所以同情这些滞留异乡的土耳其女性。他甚至不惜自掏腰包，安排部下将二十四名妇幼护送回普雷维萨港，当时那里由奥斯曼帝国统治。面对哈塔杰这样含苞待放的花季少女，拜伦毫无抗拒力可言。米林根描述道："哈塔杰模样俊俏，答话时有股子天真，对兄弟遇害的看法又不乏见地，拜伦因此决意收养她。"[60]拜伦为哈塔杰母女购置了华贵的衣裙，送女儿一条珠缀亮片项链，还吩咐蒂塔去给孩子买糖果,一八一三年冬天,他也是这样讨好他的小表妹伊丽莎的。

506　　米林根医生每周让哈塔杰去拜访拜伦两次。"他总会亲昵地将她抱到怀里,像一个慈父一样抚摸她。"恍惚间,哈塔杰成了拜伦那两个看不到了的女儿。哈塔杰比卢卡斯更知恩领情,性子也更温和。在那些寄回英格兰的遗稿中,有一首用希腊语和意大利语写成的小诗,很可能是写给这个可爱的孩子的:

> 我步入花园,可爱的海伊蒂,
>
> 你每天早晨都会在那里采玫瑰花。

拜伦随即开始放飞他的遐想。他写信给特蕾莎,说他找到了一个非常漂亮的土耳其小女孩,"日后给你送过去养着。这孩子笑起来像一片艳阳天,活泼可爱,你来调教她"。[61]他还给奥古斯塔写信,夸哈塔杰性格机敏活泼,"尤其是她那双具有东方韵味的黑色明眸,还有亚洲人的面孔"。[62]他希望能让拜伦夫人抚养哈塔杰,让她做艾达的女伴。安娜贝拉得知此事,矢口否决了他的想法。

作为过渡,拜伦打算把哈塔杰送去凯法利尼亚岛,让她到肯尼迪那宗教氛围浓厚的家庭里熏陶一下。哈塔杰的母亲也想跟过去,但无疑会增加开销。不过肯尼迪夫人却答复说:"就算这是拜伦勋爵对我们的考验吧,基督教对阵穆斯林,虽说确实会有不方便,但还是让她们母女俩都过来吧。"[63]然而,随着拜伦的去世,所有这些计划都搁浅了,后来哈塔杰母女俩回到了佩特雷城,得以和父亲团聚。父亲见到被拜伦精心照顾后脱胎换骨的母女俩后惊呼道:"我还以为你们在那里为奴为隶呢,瞧啊!你们竟打扮得像光鲜亮丽的新娘。"[64]

拜伦对哈塔杰这般上心,也可看作是拜伦在卢卡斯那里碰壁后移情别恋的表现。或许是为了排解内心的郁结,拜伦玩了变装版的"仙人跳"把戏,把弗莱彻折腾得够呛。一名年轻的苏利奥特士兵扮成女人模样,来勾引弗莱彻,没想到傻乎乎的弗莱彻上当了,等他真把"她"带回寓所后,却立马杀进来一个自称她丈夫的苏利奥特兵,身后还跟了六个大汉。在一旁看戏的威廉·帕里打趣道:"这下可把老实巴交的弗莱彻吓傻了。"[65]

黑人马夫本杰明·刘易斯也被拜伦耍过。他之前认识的两个黑人妇女,以前是土耳其人的奴隶,现在主子被赶走了,虽说人身自由了,但吃饭活命却成了难题。于是刘易斯大着胆子到司令部向拜伦提请,要求把她们安置在军事总部。拜伦假装严厉斥责刘易斯,说这样做是不识抬举。帕里再次描述道:

507

> 小黑结结巴巴地找了一堆借口,准备做任何事来平息主人的怒火。他大睁着黄色的眼睛,从头到脚都在发抖,结结巴巴,东拉西扯地找借口,那副吓坏了的样子太好笑了,拜伦勋爵怕自己憋不住有失威严,让他闭嘴等自己发话。

拜伦命令帕里把最终决定记录到备忘录里:"这些黑人妇女所生的孩子(你可能是她们的父亲)将是我的财产,我来抚养他们。"这让刘易斯松了一口气。拜伦的自由观似乎有点粗糙,今天的人从情感上有些无法接受。

拜伦开起玩笑来毫无下限,就连他在迈城的亲信之一帕里都未能幸免。朴实无华的帕里和"手无缚鸡之力"的他在一起形成鲜明的对比,拜伦觉得这个组合非常有趣。地震后不久,他们正在一楼用餐,帕里突然听到楼上一阵轰隆声,以为又地震了。但事实并非如此,这是拜伦搞的恶作剧:一队苏利奥特士兵奉他命先是抓住房梁,然后全体一起松开手往下跳。

二月十五日拜伦康复后的一周发生了许多事,他记录道:

> 周二,一艘土耳其人的战船在迈城的海滩搁浅,随行船只在一旁保护。周三,为了捕获该船,我们做好了充分的准备,但土耳其船员自己将它付之一炬,船员回到了佩特雷港。周四,苏利奥特兵和军火库的法国卫兵发生争执,一名瑞典军官被杀,一名苏利奥特兵受重伤。可能要发生更大规模的斗殴,没有办法阻止。周五,阵亡军官下葬。帕里上尉的手下叛变,称他们的性命不保,说要回国。他们做得出来。[66]

这还没完:周日又传来消息称,土耳其军队已经抵达希腊东部的拉里萨城,据说有超过十万人。

值得注意的是,这封拜伦在迈城写的最生动的信是给约翰·默里的,就好像他们之间没有裂痕一样,拜伦又回到了想说什么就说什么的状态。同样值得注意的是拜伦的语气,听来令人振奋,让人觉得他生龙活虎。根据斯坦霍普、帕里和米林根等身边人的记载,拜伦康复后好几周都没缓过劲儿来,让人觉得他丢了士气,但我们要注意到,这些人的回忆录里不乏自吹自擂的嫌疑,他们这样写拜伦是为了衬托他们自己的作用。相比之下,当我们读到拜伦自己的信,以及不那么爱自吹自擂的甘巴的日常记录,我们会看到另一个拜伦:忙忙碌碌,有求必应,干劲十足,意志坚强。他在努力克服病痛,尤其是头痛。我们从没有见过拜伦如此有责任心。

他告诉约翰·默里:"我的职责非同小可。"这话轻描淡写。他在一封信中提到那件苏利奥特士兵杀害瑞典志愿军军官萨斯中尉的案子,可见当时情况矛盾重重,冲突一触即发,毕竟有这么多来自不同国籍和信

508

仰的军人聚集在一个沿海小镇里。苏利奥特人被解雇后最终离开已经是三月了。工钱给他们算到了走那一天，但这些人还向他索要"拖欠的工资"，否则就不走，拜伦只得再出一笔。尽管如此，他们仍在捣乱。

苏利奥特士兵飞扬跋扈，导致帕里的六名熟练的技工闹着要离开。萨斯在兵工厂被杀后，技工们罢工了，坚称他们可没有答应在战火纷飞的地方工作。拜伦试图说服他们，说萨斯的死是一场意外，那些苏利奥特士兵马上就走了；有他坐镇迈城，不会再有危险发生。但他的话没用："他们说工作的时候可以听到弹丸从他们头上呼啸而过，他们怕有个三长两短，非要走。"[67]

除了要解决争端，拜伦还在焦急地等待着从英格兰来的贷款，他明白，有了这笔钱，希腊的各派领导人就不会再窝里斗。他给账房巴夫解释道："几乎所有事都取决于这笔钱，至少预支一部分钱也行，这样他们就能握手言和。要是他们的头脑够用，他们可以组成一支强大的力量抵御任何对手。我们的表现已经非常好了。"[68]

拜伦的方针是保持谈判，不把话说死。曾经最讨厌斤斤计较的人现在努力劝自己要圆滑。有段时间，传言说拜伦在迈城的时候和马夫罗科达托亲王闹翻了。尽管亲王的所作所为的确让人大跌眼镜，尽管这位亲王不比其他希腊领导人好到哪里去，但从甘巴的日记看，他们二人的交流一直很频繁，关系不错。拜伦尊重他，对他很慷慨，甚至还补贴过他一些钱供他"私用"。[69]他同情亲王，知道他有压力，他告诉默里："马夫罗科达托亲王是一个优秀的人，他尽其所能，但他的处境令人担忧。"[70]

这时军阀头目之一奥德修斯·安德鲁斯向拜伦抛来媚眼，想拉拢他，拜伦非常谨慎。这位奥德修斯又名尤利西斯，年轻的时候在阿里帕夏宫里做侍童，现在简直就是阿里的化身。特里劳尼早先去雅典投奔他，为他跑腿，看上的就是他的排场，这让拜伦起了疑心，可他已经对东方那套浪漫文化不再感兴趣了。他可以看出，奥德修斯意在离间他和马夫罗科达托,他要和亲王争夺希腊最高领导人的地位。当时有传言说亲王要把希腊出卖给英国人,这种谣言很可能是奥德修斯叫人散布的。

拜伦也很清楚奥德修斯垂涎他的金钱和物资。在抵达希腊的头几天里,奥德修斯通过特里劳尼向拜伦索要伦敦希腊委员会计划提供的军事装备,包括炮弹、火箭弹、火药和枪支。一八二四年二月二十一日,希腊代表奥兰多和卢里奥蒂斯在伦敦签署了八十万英镑的贷款,以资助希腊独立战争。这笔贷款是以伦敦希腊委员会的名义提供的,该委员会指定拜伦、斯坦霍普和纳皮尔为款项执行人。奥德修斯显然急于来分一杯羹。

奥德修斯邀请拜伦和马夫罗科达托一起参加在东希腊地区德尔斐的萨洛纳城举行的一次大会,他想要通过这次会晤团结东希腊和西希腊地区的领导人,让军国主义者和立宪主义者和解。拜伦起初支支吾吾,怕是鸿门宴,况且那里土耳其人的势力不可小觑。但他不愿直接拒绝这种明显有利于希腊事业的会议:"如果我到场后对调解两方或多方有帮助,无论如何我都愿意去,哪怕做了人质。"[71] 拜伦现在真的能屈能伸了。

莱斯特·斯坦霍普现在已经被奥德修斯收买了,这位边沁派共和党人看上了这位枭雄随性的做派和两面三刀的手段,类似的反讽常出现在这场战争中。斯坦霍普于二月二十一日离开迈城,奔赴雅典投靠奥德修斯,在那里继续招兵买马。现在,特里劳尼和斯坦霍普联手来拉拢拜伦,在他身边夸赞奥德修斯,试图说服他参加在萨洛纳城举行的大会。最后,奥德修斯委任拜伦的年轻仰慕者乔治·芬利(当时也在雅典)做自己的私人特使来迈城请拜伦。看来他不去不行了。

拜伦最终从了命。三月二十二日,他写信给账房塞缪尔·巴夫:

再过几天,我和马夫罗科达托打算应尤利西斯(奥德修斯)和东希腊地区军事首领的邀请去萨洛纳城开会,讨论东希腊和西希腊会师之事,并讨论随后的防守或进攻战役。[72]

幕后有传言说,马夫罗科达托可能重获希腊领导人的职务,或者和拜伦一起联合执政,届时拜伦将通过一个委员会管理西希腊地区事务,其中包括他的老朋友安德烈亚斯·隆多斯。让拜伦出任要职可能是权宜之计。但霍布豪斯后来和前来伦敦的希腊代表讨论时得知,要是拜伦没死,他很可能在一八二五年"成为希腊的领袖"。[73]拜伦成为希腊国王并非天方夜谭。一八二五年,运营不善的希腊政府寻求英国的庇护;一八三二年希腊最终获得独立时,第一位国王奥托一世正是一个外国人,即巴伐利亚国王路德维希的儿子奥托。

拜伦最终还是没去成萨洛纳开会。迈城连日阴雨。出城的道路泥泞不堪,无法通行,拜伦无奈地说:"每走一百码就是一条小溪或一道沟渠,看看从外面回来的马队,我就知道那些沟渠有多深、有多宽,就知道沟渠里面的污泥的颜色。"[74]正值三月底到四月初,有太多冲突和决定等着他拿主意,日理万机的拜伦脱不开身。

这个时候,希腊军队正在围剿帕特雷要塞,这是奥斯曼帝国在伯罗奔尼撒半岛北部海岸的一个重要据点,他们需要四门大炮,向拜伦提要求。三月二十五日,拜伦写信给在加斯图尼镇的格奥尔吉奥斯·西西尼斯,说他深表同情,但态度坚定地拒绝了请求。原件是希腊文的,至今未发表:

> 为了围攻帕特雷要塞,您向我索要若干大炮。先生,我想您知道,这些武器都是希腊委员会从伦敦送过来的,委员会委托我保管好这些武器,让我等待政府的指示行事。如果我在这方面帮不上忙,我相信您会原谅我的。我十分乐意协助您做其他任何我力所能及的事。[75]

511

三月二十八日，拜伦旅里的一名意大利士兵因在市场抢劫一名贫农而被判刑，这种事也要请拜伦来做决断。争议的焦点不是犯没犯罪，而是应该如何量刑。将这名男子送上军事法庭的是几个日耳曼军官，他们主张用一种东方特有的刑法惩罚他，即打脚底板。但是，希腊军队中实行的是法国的军法，这种打脚底板的惩戒方式不符合法国军法。况且，拜伦竭力减少双方的暴行，出于人道主义原则反对这种刑罚。他建议脱掉罪犯的军装，背上贴上标签，上面用希腊语和意大利语写上他犯的罪，让他游街示众。根据甘巴的描述，拜伦勋爵最终说服日耳曼军官，"靠的不仅是口才，还有威信"。[76]

三月三十日，拜伦获得了迈城荣誉市民称号，但随之而来的又是更多登门借钱的人。现在他几乎成了全城人的债主。四月一日，一名普鲁士军官大闹营地，拜伦"按照军法"逮捕了他，但他的同乡军官不服。拜伦坚定地说："那些不服从本地法律和军法的人可以从我的队伍中退出，但凡留下的，不论是外国人还是本地人，都必须遵纪守法，否则就是和我过不去。"[77]几天后，他又平息了一场小规模的起义：安纳托利孔地区的军阀头子乔治·卡莱斯卡西斯的侄子在迈城和人发生争执且受了伤，军阀的手下为了报复竟然占领了迈城外的瓦西拉迪要塞。听到这个消息，拜伦可没有袖手旁观，漠不关心。记录显示，在他能走动的最后一周里，拜伦表现出了最足智多谋的一面。

拜伦一面忙于处理政务，一面也没有忘记他年轻时生活的点滴。几个星期前，芬利来访，他们聊得很热乎，提到了剑桥、布莱顿、伦敦，回忆起近二十年前的事情，把霍布豪斯和斯克罗普·戴维斯的轶事又讲了一遍。他继而又想起了更远的时候，想起了阿伯丁和纽斯特德庄园，他的记性还是那么好，各种细节他都记着。芬利去过纽斯特德庄园，那里已经成为拜伦崇拜者的朝圣之地；芬利还提到了他的宠物狗"水手长"和它的墓。拜伦说纽芬兰犬和他有缘，两次救过他的命，所以身边一直得有一只。说到这儿的时候，他应该是在望向现在养的里昂。

看到大学同学芬利听得入神，拜伦又聊起了中学时代。芬利在读一份刚送到的英文报纸，念出了奥布里·德维尔·亨特爵士的名字，拜伦突然来了劲儿："我记得奥布里爵士，他也在哈罗上过学，比我小。他是一名游泳健将，曾经救过一个男孩的命。"[78] 奥布里爵士后来去了印度服役。他也许让他想起了哈罗的另一位同学克莱尔伯爵，他便起意给他写一封信。

自从上次在意大利偶遇，他们一直保持着联系。当听到拜伦即将奔赴希腊战场，克莱尔试图劝阻他："请别去！"[79] 去年八月他写道："虽说我们要念他们的先祖，但不值得！他们只比他们的土耳其主子好那么一点儿。但如果你执意要去，我亲爱的拜伦，请你记住，我永远不会忘记你。"他还说，有望邀请拜伦去爱尔兰参观他的克莱尔庄园，"就那片土豆地"。三月三十一日，就在土耳其舰队大军压境、开始新一轮封锁之际，拜伦给克莱尔回信说："我希望你不要忘记，我一直把你当作我最好的朋友。我一直像我们小时候在哈罗那样爱你。这话我不经常挂在嘴边，因为你清楚的事情我不必赘述。"[80]

自从二月中旬生病以来，拜伦一直抱怨头疼得厉害。当时大夫治病的时候，把水蛭放得离太阳穴的颤动脉太近，导致他失血过多，也可能加剧了头痛。他日渐消瘦，情绪焦躁，总会莫名其妙地害怕，也不知道在怕什么。四月九日，奥古斯塔来了一封信，说他二月生病的时候她也大病了一场。原本就迷信的他听到这一巧合后更害怕了。

天气恶劣，他一直出不了门，他实在待不住了。四月四日天气转晴，他赶紧和彼得罗一起骑马出去。第二天又下雨了。四月九日，他处理完他的行政事务，给桑特岛的账房巴夫和在热那亚的巴里写完信后，非常想出去锻炼身体,尽管天空阴雨密布,他仍要骑马外出:他和彼得罗骑到离小镇三四英里的地方时遇到了倾盆大雨。骑着马很难蹚泥路,他们一般是到了城墙下马,然后乘船绕过城区,从环礁湖那儿返回驻地。由于这次没有准备,且拜伦浑身湿透,大汗淋漓,彼得罗催他穿过城区回到驻地。但拜伦拒绝了,他不服软,偏要乘一艘敞篷小船从环礁湖返回,结果在水上花了半个小时。

回到房子两小时后,拜伦开始浑身发抖。他有点发烧,浑身关节疼痛,类似风湿,他被雨淋之后都是这种反应,上次在凯法利尼亚岛也是这样,但这会儿症状似乎更重。晚上八点,彼得罗走进他的房间,看到拜伦躺在沙发上魂不守舍的样子:"疼死我了,我不怕死,但受不了这疼。"[81]到了晚上,他反复叨叨一个预言:他小的时候母亲请过一名占卜师为他算卦,占卜师说他三十七岁那年是凶年。

晚些时候,拜伦的私人医生弗朗西斯科·布鲁诺也赶来了。另一位医生尤里乌斯·米林根碰巧也来了。回头看来,要说这两位年轻大夫完全没有责任是不可能的:一个是刚从热那亚大学毕业的身材矮小、感情用事的意大利医生,另一个是"三根筋挑一个头"、遇事爱内省的尤里乌斯·米林根,荷兰血统,在英国接受教育,最近刚从爱丁堡皇家医学院毕业。两个人相互沟通一直不畅,这种事更让他们抓瞎。他们对拜伦病情的描述和彼得罗·甘巴的对不上,他们俩相互也对不上。但对于拜伦最后这一段痛苦的经历而言,布鲁诺和甘巴的叙述更可靠,这两位的日记一直没有停。相比之下,米林根的记录都是事后补记的,话里话外都在为自己找开脱、谋私利,这种"事后诸葛亮"式的记录往往不可靠。

四月九日晚上,拜伦瘫倒在沙发上后发生了什么?米林根后来否认他们在这个时候听了他的意见,但甘巴坚称两位医生都建议流血,但拜伦坚决反对:"除了放血,你没有其他治疗方法吗?死在柳叶刀下的人要比死在军刀下的人还要多。"[82]甘巴坚称,"当时米林根过于迁就拜伦,还说真没有必要放血"。这就成了日后争论的关键点。和现代医学的知识不同,那个年代的医学认为,导致拜伦死亡的主要原因是未能及早给他放血。

第二天,也就是四月十日,拜伦还是止不住地发抖。布鲁诺大夫帮他洗了一个热水澡,并给他灌了一剂蓖麻油,根据他的记录,"导致三次排泄"。[83]但他仍拒绝放血。拜伦还在坚持处理紧急政务,但没有出门。四月十一日,他决定出门骑马,而且比以往早一个小时,为的就是避雨。他和甘巴在橄榄林中骑了很长一段路,随行的还有剩下的苏利奥特军官之一兰布罗和拜伦的保镖团。路上,拜伦侃侃而谈,看起来心情很好。晚上回来正赶上一桩案子:警方报告说有一名土耳其间谍藏身于他租住的房屋里,说他是房东阿波斯托利·克里斯托斯·卡普萨利的亲戚,故来此避难。拜伦立即下令逮捕这名男子。

四月十二日,病情加重了。他一直吃得很少,只吃了三四勺葛粉粥,还是弗莱彻连哄带骗让他吃下去的。风湿热的症状加重,他喊头疼、直肠疼。大家怪马夫刘易斯没有更换拜伦的马鞍,拜伦第二次骑时马鞍仍是湿的。第二天,烧有减退,但头和关节还痛。他睡不好,变得烦躁。大伙商量是否要把他和仆人送到桑特岛去,他通过账房巴夫认识一个叫托马斯的英国医生。几周前,他让托马斯大夫给他寄一些"上好的英格兰氧化镁治疗胃疾"。[84]但赶上暴风雨的天气,他们无法登陆桑特岛。

四月十四日,他能站起来了,要求马上出去骑马。但天看起来不怎么样,大家劝他别出门。他现在有些神志不清了。除了医生、彼得罗·甘巴、仆人弗莱彻和蒂塔,以及火器官帕里之外,其他人一律不许见他。重病的拜伦一反常态,拉着那个会讲一大堆小酒馆笑话的"糙汉"[85]帕里不让走,医生怎么劝也不听。据帕里描述,房间里的人七嘴八舌,但都是鸡同鸭讲,场面乱作一团:

514

> 由于拜伦没有授权任何人代管政务和家务,他生病后,大伙乱作一团,既拿不出办法,也没人维持秩序……而且,病人需要舒适的环境,但谁都没想起来这码事,大家七嘴八舌的,但谁都听不懂谁。急躁的布鲁诺大夫讲起英语来吭吭巴巴,听不懂;弗莱彻的意大利语也好不到哪里去。我只会说英语;蒂塔只会说意大利语;而普通的希腊家佣说什么话我们谁都听不懂。由于语言不通,大家都在瞎忙活,像极了热锅上的蚂蚁。[86]

帕里没有提到拜伦的管家(他在意大利时的账房)赞贝利。似乎卢卡斯·查兰德里萨诺斯也不在现场,这可能是拜伦的旨意。

515　　四月十五日,情况有所好转。奥斯曼帝国驻摩里亚地区(即伯罗奔尼撒半岛南部)的总督从驻地(即现在的佩特雷市郊的里约镇)寄来一封信,感谢他释放了四名土耳其囚犯,他们"安然无恙"[87],拜伦读到信非常开心。但拜伦的病眼看着越来越重。彼得罗受特蕾莎委托要照顾好"姐夫",现在这个样子让他愧疚。布鲁诺大夫也是如此,感觉肩上的担子太重。很明显米林根早些时候一直在场,而照他自己说,他是这个时候才被叫来和布鲁诺会诊的。二人都提议放血,但拜伦坚决不同意,米林根说他都到了"发脾气的地步",找出了一切可能的理由抵制:他说"在他所有的偏见中"最反对的就是放血;他还搬出母亲,说母亲临死前逼他许诺永不放血。[88]要么米林根在撒谎,要么就是拜伦在撒谎:他的母亲在他临终前很久就说不出话来了。那天深夜里,拜伦咳嗽到呕吐,他这才答应第二天放血。

　　第二天早上,拜伦反悔了。他夜里睡得不错,就不答应了。他为何这么反对放血?部分原因可能是因为他认为这是对身体的近似于性侵的侵犯,是对他的终极隐私的侵犯。米林根郑重地向告诫他,如果他再不同意,他和布鲁诺大夫就不再为后果负责;他还说,这种疾病可能会

"使他的大脑和神经系统出现紊乱,导致他完全丧失理智"。米林根明白,拜伦知道自己精神脆弱,听到这话,他是没有理由拒绝的。拜伦"怒视两位医生,伸出胳膊,用愤恨的语气说'来吧,我看你们就是一群该死的屠夫。你想抽多少就抽多少吧,一次抽个够'"。他们赶紧用了两个小时抽了整整一磅的血,两小时后又抽了一磅。血"看起来非常稀薄"。[89]此后,拜伦相对平静地睡了一会儿。

但放血并没有带来预期的效果。晚上,拜伦烧得更厉害,讲话也越来越语无伦次。神志不清的他英语和意大利语同时说。十七日一大早,大夫给他再次用了泻药,又放了十盎司的血。快到中午的时候,彼得罗一瘸一拐地来看他,他扭伤了脚踝。

> 他的脸色非常难看,但也镇静。听说我扭伤了脚踝,他的语气　516
> 非常亲切,但语调却空洞、阴沉。他说:"看好你的脚,我可知道脚
> 出了问题是很痛苦的。"泪水涌出我的眼眶,我在他的床边待不下
> 去,只得转身离开。[90]

一点钟的时候,仆人扶他起床,整理床铺。两个仆人把他搀扶到隔壁房间。布鲁诺紧随其后,哭着恳求拜伦听话,让他再放第四次血。但他说不想了:"如果我注定要死于这病,不论放不放血,我都会死。"[91]不久,他要求回床躺下。这时的他不再说话,脸色难看。

随着病情恶化,大家觉得有必要征求其他医生的意见。弗莱彻一直在恳求拜伦派人去桑特岛请托马斯大夫来,拜伦自己已经动弹不得。同时,布鲁诺和米林根现在惊慌失措,乱了阵脚,正在向两名当地医生寻求建议。其中一位是被誉为迈城名医的鲁卡斯·瓦亚大夫,他先后是阿里帕夏和马夫罗科达托亲王的御医;另一位是米林根的助手恩里科·特雷伯大夫,他是拜伦旅的一名日耳曼随军医生。布鲁诺说,会诊日期是四

月十七日,不过米林根和甘巴都说是十八日。事实可能是有两次会诊。拜伦起初不太愿意见他们,但最终还是答应,条件是他们只诊断,但莫开尊口。当其中一人把了把他的脉,张口想说什么,却被拜伦噎了回去:"收起你们的吉祥话,就到这里吧。"[92]

但不论怎么谈,医生们的意见总是有分歧。瓦亚、特雷伯和米林根看到拜伦放血放得越来越虚弱,主张让他就这么烧着,等他自愈。但布鲁诺坚持还要放血,再放多一些,否则他很快就会死。在瓦亚的同意下,布鲁诺给他服用了一种止痉剂,实际上是鸦片酊和乙醚的混合物,气味浓烈,拜伦好不容易才咽了下去。医生们还决定给他的大腿上各拔一个火罐,要拔出水泡来,再把水泡挑破以排毒。米林根正要给他拔,拜伦问能否在一条腿上拔两个火罐。他不想让别人看到他畸形的脚。米林根同意在左腿膝盖以上放两个玻璃罐。

那天夜里,拜伦反复痉挛,肌肉抽搐,熬过痛苦的一夜,四月十八日早上不得不答应再次放血。医生在他的太阳穴处敷上十二只水蛭,抽去了大约两磅的血。不久他就叫停了。这时,位于君士坦丁堡的伊格纳修斯大主教来信告知拜伦,苏丹在国务会议上正式将拜伦认定为奥斯曼朝廷的敌人。收到这封信的彼得罗没有将这个消息告诉拜伦。但拜伦算到希腊驻伦敦的代表卢里奥蒂斯的信应该已到,他要向马夫罗科达托亲王汇报向英政府申请贷款事宜的进度。拜伦让仆人把信拿来,自己拆开,发现信一部分是用法语写的,一部分是用希腊语写的。甘巴提议找人把希腊语译成英语让他读,他没有理睬;他懂法语,吃力地读完剩下的希腊语,基本把握了信的要义:贷款已谈妥,第一笔款项正在运往希腊的途中。幸运的是,病榻上的拜伦不知道,原本计划的八十万英镑贷款在多方的"连吃带扣"下,留给希腊的只剩三十万。

四月十八日恰逢复活节星期天,迈城上下正在准备庆祝活动,希腊人的庆祝方式是中午鸣枪开炮。大家商量后决定把拜伦旅开出去,在驻地周围划出一条警戒带,并鸣枪驱散试图靠近的人群。与此同时,总督命令城镇警卫在迈城的街道上巡逻,为了对"他们的大恩人"表示尊重,让市民保持安静。[93]马夫罗科达托已代表希腊总指挥部写信给甘巴,请他和当地政府协商,采取必要措施以确保拜伦的财产安全,"以防不测"。[94]

下午三点左右,拜伦挣扎着从床上爬起来,慢慢地走到隔壁房间,一头靠在巨大的蒂塔身上。他要看一本书,让蒂塔帮他拿。到底是什么书,我们不知道。他读了几分钟书,然后又觉得头晕了;挽着蒂塔的胳膊,蹒跚着挪回房间又躺下了。

拜伦气若游丝,窗外依然风雨飘摇。帕里这样描述这一场景:"这西洛哥风像瘟疫一样,卷来狂风暴雨,雨水猛烈得像热带风暴。房间里安静得有一股死亡的味道,整个小楼孤零零地伫立在暴风雨中。"[95]那天下午,甘巴才渐渐认识到,拜伦大限将至。米林根和仆人弗莱彻、蒂塔围在床边,后面这两位陪伴拜伦最久。米林根和弗莱彻很快就离开了房间,他们无法控制自己的情绪。蒂塔不能走,拜伦紧握住了他的手,但他控制不住情绪的时候也得扭过头去。拜伦看向他,努力微笑着用意大利语对他说:"这一幕是不是很美?"[96]拜伦总觉得自己在演一出戏,他时刻在舞台中央,这种戏剧感还在。

帕里处理完警戒任务后,回来正赶上了这个凄凉的场面。他劝拜伦吃一些医生开的树皮:"大人啊,它会对您有好处,可以恢复大人的健康。"[97]拜伦握着他的手说:"给我。"他只能吞下大约四口。他好像很痛苦,紧握双手,不时痛苦地呻吟:"啊,老天!"头上的绷带是用来把冷敷固定到太阳穴位置的,但绑得太紧;帕里赶紧松开绷带,他顿时放松了,流下了眼泪。

傍晚时分,他已经不认识人了。他从五点睡到五点半左右。甘巴不忍进房间看他。帕里进去看他,听他喃喃地说了几句语无伦次的话。

医生又用番泻叶、泻羊藿盐和蓖麻油给他灌肠,不久他起身排便,这是最后一次。六点钟,他说他想再睡一次。医生给他太阳穴上又放了一些水蛭,一晚上流了大量的血。

在接下来的二十四小时里,他一直处于昏迷状态,时不时呻吟一两声。他呼吸困难,似乎要窒息。每半个小时,他的喉咙会发出咯咯声和哽咽声,这时弗莱彻和蒂塔会帮他把头抬起来。四月十九日晚上六点一刻,拜伦睁开眼睛,又闭上了。医生给他把了把脉,才知道他已经死了。他最后走得还挺安详,没有遭罪。彼得罗给奥古斯塔写信说:"他虽死在了一片陌生的土地上,死在陌生的人中,但他却从未如此深受民众爱戴和悼念。"[98]

那是一个风雨交加的夜晚。他死后,蒂塔剪下一缕头发作纪念,从手指上摘下约翰·埃德斯顿送给他的那颗红玉髓戒指。他房间里有一大笔西班牙银圆不翼而飞。头号嫌疑犯是他的侍童,但这起盗窃案没有追究。甘巴后来告诉霍布豪斯,当质询卢卡斯时,他回答说拜伦许了他一些银圆以帮助他的家人;"我们不想追问这件事,因为追回这笔钱显然是无望的,而且还可能引发舆情,有损我们这位朋友的声誉。拜伦的每一个朋友都不会希望看到这件**不光彩的事**持续发酵"[99]。霍布豪斯肯定会同意的。

拜伦勋爵的死因到底是什么?[100]他身边的人都在为他的死推卸责任,相互指责,但最容易被指责的是死者本人。他们都认为,如果他听了医生的话,让他们早点放血,就不会死了。米林根指责布鲁诺,作为拜伦的私人医生缺乏经验,未能把控局势。米林根还暗示布鲁诺开出的树皮药酒和乙醚药水加速了拜伦的死亡,对此他也撇清了干系。两位医生指责帕里打乱了拜伦的饮食,带他喝酒吃肉。这么说实在不公。

现代医学观点认为拜伦死亡的主要原因是感染,而直接原因是失血过多。雷蒙德·米尔斯大夫对拜伦最后一次患病进行了专门研究,他认为四月九日开始的发烧与两个月前在凯法利尼亚岛的西奥托科斯阿格利翁修道院的那次发疯没有直接关系。他认为是地中海蜱热(而非疟疾)直接导致了拜伦的死亡,这是一种由狗蜱传播的传染病。如果是这样的话,纽芬兰犬里昂和斗牛犬莫雷托就成了新的罪魁祸首。米尔斯大夫计算出拜伦通过柳叶刀和水蛭总共流失两升半的血,相当于他总血量的百分之四十三,这个比例的失血足以致命。此外,催吐、灌肠、发水泡导致他进一步脱水。

拜伦死后第二天,布鲁诺和米林根两位医生当着《希腊纪事》的主编迈耶的面给拜伦做了尸检。米林根在实践报告的开篇写道:"仅在几天前,他还是一个国家的希望,闻名世界、受众人仰慕的偶像,如今却成了一堆将要化作泥土的东西。开始前,我们不得不沉思片刻,以为默哀。"[101] 他们赞叹拜伦躯体的"完美对称"。

> 他的面容几乎没有什么变化,仍然保持着惯有的傲慢的表情,像在挖苦人。他的胸腔宽厚,腰围很小,骨盆较窄;肌肉系统显著,特别是上肢末端的肌肉,这是身材结实的表现。

写到这里,兴奋的米林根有失专业水准,将拜伦"唯一的缺陷"描述为左腿畸形,实际上是右腿。

通过尸检,米林根发现了拜伦的"头盖骨看起来像一个老人的"。心脏的外观也很奇特,比正常的大,但心肌松弛,它软塌塌的样子像一个老死的人的心脏。拜伦的肝脏"开始发生像酗酒者那样的变化":与健康的肝脏相比,它小,质地硬,颜色浅。

早在一八二〇年,恨透了拜伦的克莱尔·克莱蒙特为了讽刺他,在日记中想象出一篇尸检报道:

520　　　　艾尔比(拜伦的绰号)的漫画……他的死亡。他躺在床上,全身伸展,露出胸膛;许多戴假发的医生切开他的胸膛,想知道(有人可能真会说的)这位伟人死于什么非同寻常的疾病。他的心脏赤裸在那里,心脏表面长着一个大写的"我"字,如此之大,以至于要刺破胸腔,大家无不为之惊讶。一个人说:"这是一种新型的疾病。"另一个人说:"我以前从来没有遇到过这样的情况。"第三个人说:"该用什么药呢?"第四个人说:"把他放到荒岛上吧。"[102]

她这尸检报告读来瘆人,却预测得相当准确。

他的临终遗言没有几句是听得懂的,根据威廉·帕里的记录,"他临走的那几天时常呓语"。[103]他一会儿说英语,一会儿讲意大利语,有时候慨叹,有时候立遗嘱,虽然语无伦次,但身边的人还是能听出他说的人名和钱数。他放心不下他的仆人。拜伦答应威廉·弗莱彻"这辈子衣食无忧",让他带个口信给艾达,告诉她没在来希腊之前回去看她有多惋惜。[104]"我可怜的亲爱的孩子! 我亲爱的艾达! 天啊,我要是看到她就好了! 代我向她和亲爱的姐姐奥古斯塔和孩子们问好,你还要去找拜伦夫人,告诉她一切,你们关系应该不错。"根据弗莱彻的说法,拜伦在最后几天还提到了霍布豪斯和金奈尔德。

彼得罗·甘巴记得他用意大利语说:"这世上有些砖瓦让我珍视这个世界,此生足矣。"[105]甘巴认为这是他向姐姐特蕾莎说的最后一句话。很明显,在场的人听到的、重复的都是他们各自想听到的。弗莱彻后来还给玛丽·雪莱报告说,拜伦在临终前提到了克莱尔·克莱蒙特,但克莱尔她自己都不相信。拜伦说的很可能是克莱尔伯爵,即他在哈罗的小弟。

然而,可以肯定的是,希腊男孩卢卡斯·查兰德里萨诺斯在拜伦心中占据着重要的地位。他最后说的话虽然漫无边际，但几次提到他这个侍童，要把他的事安排妥当。除了卢卡斯自己偷过一些钱以外，拜伦还留给他一笔正式的遗产，他想让迈城把欠他的两千六百西班牙银圆直接付给卢卡斯和他的家人，但似乎未果。

操心希腊是另一个反复出现的话题。"我可怜的希腊，可怜的人民，我的家人，"甘巴记录道，"我把时间、金钱和健康都给了她；我还能做什么呢？现在我把生命也给了她。"[106]拜伦在一八二四年四月十九日去世的前一天晚上说的那句筋疲力尽的话大家都有印象："我要去睡觉了。"[107]

如果拜伦没有死，他未来会做什么呢？在他众多有趣的计划中，他曾设想待到希腊独立，他去做希腊的巡回大使，代表希腊访问美国。另一种选择是定居在解放了的希腊，也许是在阿提卡地区，那里有他年轻时所有美好的记忆，让他留恋。但他这个人闲不下来，悠闲的生活他享受不来。且去看看他的同辈人后来都担任了什么样的要职，想一想要是他来做这些工作会是何种景象。比如，像约翰·卡姆·霍布豪斯那样，在墨尔本首相和罗素首相执政期间做一名杰出的维多利亚时代的部长？霍布豪斯因此被加封为布劳顿·德·吉夫布勒男爵。或是像克莱尔伯爵那样，做孟买的总督？他定会觉得这些工作太荒唐，干不下去。况且，他也没那个长劲儿。归根结底，乔治·芬利说得对："拜伦勋爵的天赋不可能在政治和军事领域施展开来。他不适合担任公职，处理公共事务。"[108]

我们当然还要为未完成的《唐璜》惋惜，他曾许诺再写一百段。但现在的拜伦勋爵已是一个年事已高、身患风湿、头发稀疏甚至没剩几颗牙的拜伦勋爵。短短三十七年，他却透支了一生的健康。他英年早逝不是没有原因的。

拜伦死后五六天，一个衣衫褴褛的高个子身影顶着风雨涉水穿过迈城的街道来到拜伦的住处。这个男人正是英雄崇拜者和故事传播者特里劳尼。他当时正在萨洛纳城开会，听说拜伦病了，就跋山涉水赶来；路遇一个信使，他才知道拜伦已经去世。震惊的他加快脚步，幸好赶上看他最后一眼。他在意大利的维亚雷焦镇就记录了雪莱的火化仪式，现在他又要以同样镇定的笔触描述另一位伟大的浪漫主义者的遗体：

> 三个月以来，这座房子门庭若市，就像银行遭到挤兑一样。现在死神关上了房门，屋里静得像坟墓。只有弗莱彻在里面，这让我很高兴。他好像知道我的愿望，便领着我爬上狭窄的楼梯，走进一个小房间，里面只有一口棺摆放在架子上。我们谁也没说话；他掀开黑色的棺罩和下面白色的裹尸布，躺在里的是经过防腐处理的遗体，朝圣者的遗体。他死后的样子比活着时更美。[109]

从现在开始，拜伦的名声有了新的发展方向。伴着一浪接一浪的惋惜声，英年早逝的他逐渐被神化。实际上，比起同年龄段的中年人，拜伦留下的是一个年轻人的形象。在接下来的几百年里，他那些独特的吸引力——他的文字，那些挑战权威、含沙射影的妙诗，还有他这个人——都将铸成一把双刃剑。

注释

［1］ 彼得罗伯爵，《拜伦勋爵最后的希腊之行》。

［2］ 拜伦致悉尼·奥斯本勋爵的信，1824 年 1 月 7 日。

［3］ 彼得罗伯爵，《拜伦勋爵最后的希腊之行》。

［4］ 尤里乌斯·米林根，《希腊回忆录》。

［5］ 彼得罗伯爵，《拜伦勋爵最后的希腊之行》。

［6］威廉·帕里,由托马斯·霍奇金森协作,《拜伦最后的日子》。

［7］拜伦致莱斯特·斯坦霍普上校的信,1823 年 12 月 31 日。

［8］拜伦致亨利·缪尔博士的信,1824 年 1 月 2 日。

［9］拜伦致查尔斯·汉考克的信,1824 年 1 月 13 日。

［10］《爱与死》,1824 年 1 月 1 日。

［11］拜伦致查尔斯·巴里的信,1823 年 10 月 25 日。

［12］彼得罗伯爵,《拜伦勋爵最后的希腊之行》。

［13］拜伦致约翰·卡姆·霍布豪斯的信,1823 年 12 月 27 日。

［14］拜伦致约翰·达菲上校的信,1823 年 10 月 9 日。

［15］拜伦致约翰·默里的信,信的内容涉及 W. L. 鲍尔斯牧师对蒲柏生平和著作的批评,1821 年 2 月 7 日。

［16］希腊政府行政长官致拜伦的信的摘要,1824 年 1 月 17 日。

［17］克里斯托福罗斯·克拉特拉斯(Christoforos Krateras)①致拜伦的信,日期不详。

［18］爱德华·约翰·特里劳尼致拜伦的信,1824 年 4 月 30 日。

［19］《亨利·爱德华·福克斯阁下日记》,1827 年 5 月 12 日。

［20］拜伦致查尔斯·汉考克的信,1824 年 2 月 5 日。

［21］乔治·芬利,《希腊史》,第六卷。

［22］詹姆斯·肯尼迪,《与拜伦勋爵的宗教对话》。

［23］詹姆斯·福里斯特,《拜伦勋爵在希腊》('Lord Byron in Greece'),拜伦死后《检查者》重印的私人信件,1824 年。

［24］彼得罗伯爵,《拜伦勋爵最后的希腊之行》。

［25］拜伦致特蕾莎·圭乔利伯爵夫人的信,1824 年 2 月 24 日。

［26］莱斯利·A. 马钱德,《拜伦传》,第三卷。

［27］约翰·卡姆·霍布豪斯日记上的一条名为"拜伦勋爵"的注释。

---

① 一位感恩拜伦的普通希腊人。

（大英图书馆）

[28] 拜伦致约翰·鲍林的信，1823 年 12 月 26 日。

[29] 乔治·芬利，在尤里乌斯·米林根《希腊回忆录》中的注释手稿。
（英国雅典学院）

[30] 拜伦致塞缪尔·巴夫的信，1824 年 3 月 19 日。

[31] 莱斯特·斯坦霍普，《一八二三至一八二四年希腊行》。

[32]《恰尔德·哈洛尔德游记》，第二章，第 40 节，第 356 行。

[33] 拉法埃莱·帕埃维（Raffaele Paevi）上校致伦敦希腊委员会的信，1823
年 10 月 11 日。（希腊国家图书馆）

[34] 威廉·帕里，由托马斯·霍奇金森协作，《拜伦最后的日子》。

[35] 约翰·H. 希普曼（John H. Shipman）致约翰·鲍林的信，1824 年 1 月。
（希腊国家图书馆）

[36] 拜伦致道格拉斯·金奈尔德的信，1824 年 3 月 30 日。

[37] 威廉·帕里，由托马斯·霍奇金森协作，《拜伦最后的日子》。

[38] 拜伦致亚历山大·马夫罗科达托亲王的信，1824 年 2 月 5 日。

[39] 莱斯特·斯坦霍普上校致约翰·默多克（John Murdock）的信，1824 年
2 月 7 日。（希腊国家图书馆）

[40] 拜伦致乔治·史蒂文斯（George Stevens）的信，1924 年 1 月 19 日。

[41] 莱斯特·斯坦霍普上校致约翰·默多克的信，1824 年 2 月 15 日。

[42] 拜伦致道格拉斯·金奈尔德的信，1824 年 3 月 30 日。

[43] 有关苏利奥特的注释，1824 年 2 月 15 日。

[44] 拜伦致道格拉斯·金奈尔德的信，1824 年 3 月 15 日。

[45] 彼得罗伯爵，《拜伦勋爵最后的希腊之行》。

[46]《今日我满三十六岁，一八二四年一月二十二日，迈索隆吉翁》（'January
22nd 1824. Messalonghi. On this day I complete my thirty-sixth year'），第 1 行。

[47] 约翰·卡姆·霍布豪斯（布劳顿勋爵），"日记手稿"，1824 年 7 月
8 日。

［48］爱德华·约翰·特里劳尼致约翰·卡姆·霍布豪斯的信，1824 年 5 月 6 日。

［49］彼得罗·甘巴伯爵致约翰·卡姆·霍布豪斯的信，1824 年 8 月 11 日。

［50］拜伦致查尔斯·汉考克的信，1824 年 2 月 5 日。

［51］彼得罗·甘巴伯爵致约翰·卡姆·霍布豪斯的信，1824 年 8 月 11 日。

［52］彼得罗伯爵，《拜伦勋爵最后的希腊之行》。

［53］"凯法利尼亚日记"，1824 年 2 月 17 日。

［54］《托马斯·摩尔日记》，1824 年 7 月 14 日。

［55］"凯法利尼亚日记"，1824 年 2 月 17 日。

［56］《爱与死》，1824 年，第 9 行。

［57］约翰·卡姆·霍布豪斯对后来出版的诗《爱与死》的注释。（布罗特顿藏品，利兹大学图书馆）

［58］《致希腊的最后一言》，1824 年，第 1 行。

［59］莱斯特·斯坦霍普，《一八二三至一八二四年希腊行》。

［60］尤里乌斯·米林根，《希腊回忆录》。

［61］拜伦致特蕾莎·圭乔利伯爵夫人的信，1824 年 2 月 11 日。

［62］拜伦致奥古斯塔·利的信，1824 年 2 月 23 日。

［63］詹姆斯·肯尼迪，《与拜伦勋爵的宗教对话》。

［64］尤里乌斯·米林根，《希腊回忆录》。

［65］威廉·帕里，由托马斯·霍奇金森协作，《拜伦最后的日子》。

［66］拜伦致约翰·默里的信，1824 年 2 月 25 日。

［67］彼得罗伯爵，《拜伦勋爵最后的希腊之行》。

［68］拜伦致塞缪尔·巴夫的信，1824 年 4 月 7 日。

［69］威廉·帕里致约翰·鲍林的信，1824 年 3 月 20 日。（希腊国家图书馆）

［70］拜伦致约翰·默里的信,1824 年 2 月 25 日。

［71］拜伦致德米特里乌斯·帕鲁卡(Demetrius Parucca)的信,1824 年 3 月 11 日。

［72］拜伦致塞缪尔·巴夫的信,1824 年 3 月 22 日。

［73］约翰·卡姆·霍布豪斯(布劳顿勋爵),"日记手稿",1825 年 8 月 18 日。

［74］拜伦致塞缪尔·巴夫的信,1824 年 3 月 22 日。

［75］拜伦致格奥尔吉奥斯·西西尼斯的信,1824 年 3 月 25 日。

［76］彼得罗伯爵,《拜伦勋爵最后的希腊之行》。

［77］拜伦致塞缪尔·巴夫的信,1824 年 4 月 3 日。

［78］乔治·芬利,1824 年 6 月。见莱斯特·斯坦霍普,《一八二三至一八二四年希腊行》。

［79］克莱尔伯爵致拜伦的信,1823 年 8 月 1 日。

［80］拜伦致克莱尔伯爵的信,1824 年 3 月 31 日。

［81］彼得罗·甘巴伯爵致奥古斯塔·利的信,1824 年 8 月 17 日。原文为意大利语,由约翰·卡姆·霍布豪斯译成英语。

［82］彼得罗伯爵,《拜伦勋爵最后的希腊之行》。

［83］"弗朗西斯科·布鲁诺医生日记手稿"。

［84］拜伦致塞缪尔·巴夫的信,1824 年 3 月 22 日。

［85］爱德华·约翰·特里劳尼,《雪莱和拜伦最后的日子》。

［86］威廉·帕里,由托马斯·霍奇金森协作,《拜伦最后的日子》。

［87］维齐木克里斯·玉素甫帕夏(Vezir Mukhlis Yusuf Pasha),官方收据,1824 年 3 月。

［88］尤里乌斯·米林根,《希腊回忆录》。

［89］"弗朗西斯科·布鲁诺医生日记手稿"。

［90］彼得罗伯爵,《拜伦勋爵最后的希腊之行》。

［91］"弗朗西斯科·布鲁诺医生日记手稿"。

［92］彼得罗伯爵,《拜伦勋爵最后的希腊之行》。

［93］同上。

［94］亚历山大·马夫罗科达托亲王致彼得罗·甘巴伯爵的信,1824 年 4 月。

［95］威廉·帕里,由托马斯·霍奇金森协作,《拜伦最后的日子》。

［96］彼得罗伯爵,《拜伦勋爵最后的希腊之行》。

［97］威廉·帕里,由托马斯·霍奇金森协作,《拜伦最后的日子》。

［98］彼得罗·甘巴伯爵致奥古斯塔·利的信,1824 年 8 月 17 日。

［99］彼得罗·甘巴伯爵致约翰·卡姆·霍布豪斯的信,1824 年 8 月 11 日。

［100］有关拜伦的医学诊断,见雷蒙德·米尔斯博士,《拜伦勋爵的医学死因》,载《拜伦研究》,2000 年。

［101］尤里乌斯·米林根,《希腊回忆录》。

［102］"克莱尔·克莱蒙特日记手稿",1820 年 11 月 8 日。

［103］威廉·帕里,由托马斯·霍奇金森协作,《拜伦最后的日子》。

［104］威廉·弗莱彻,《西敏寺评论》(*Westminster Review*),1824 年 7 月。

［105］彼得罗伯爵,《拜伦勋爵最后的希腊之行》。

［106］彼得罗·甘巴伯爵致奥古斯塔·利的信,1824 年 8 月 17 日。

［107］威廉·弗莱彻,《西敏寺评论》,1824 年 7 月。

［108］乔治·芬利,《希腊史》,第六卷。

［109］爱德华·约翰·特里劳尼,《雪莱、拜伦和作家的记录》。

拜伦崇拜

第二十八章　遗体还乡

马夫罗科达托亲王曾用"轰动性"来形容拜伦抵达希腊这件事。乔治·芬利也用这个词形容公众得知拜伦的死讯的反应："只要是听得懂英语的地方,这一噩耗犹如晴天霹雳。"[1]几乎是街号巷哭。很多人甚至有丧亲的悲恸。

> 啊,悲痛!悲痛啊!欧洲的奇迹,英国的骄傲,朋友的偶像,希腊的救星——拜伦勋爵已不在。[2]

讣告刊发在《希腊邮报》上,很可能是彼得罗·甘巴撰写的。最先接到噩耗的当然是迈城居民,他们虽然操着不同的语言,但就算是最穷的人都在为着拜伦的病情操心,甘巴和仆人们在街上常被人拦住询问:"大人身体可有好转?"[3]拜伦去世那天,马夫罗科达托让手下在全城发散黑框讣告传单,要求取消复活节周的所有庆祝活动,停止一切商业活动和公共事务,全体市民去教堂为拜伦勋爵默哀、祷告二十一天。第二天破晓,堡垒的大炮台打了三十七响炮,代表拜伦的岁数。接下来的两天,迈城出奇地安静,甘巴觉得"静得像坟地"。

拜伦的葬礼原定于四月二十一日举行,但一场暴雨让计划泡了汤。

无奈,葬礼改在次日举行,地点为迈城的尼古拉奥斯教堂。几个月前,他的好友、希腊名将马可·博萨里斯恰巧也埋葬在此地。只见拜伦旅的军官肩扛着棺材,四周立着士兵、当地的希腊军队以及前来悼念的市民。527　可以说拜伦的葬礼很简朴:棺材是普通木板拼凑出来的,没有盖棺罩,就拿一件黑色斗篷来凑;棺罩上摆放着他的头盔和剑,他本打算在围攻勒班陀堡垒的时候用;还有一顶桂冠:当年雕塑家贝特尔·托瓦尔森在意大利就提议要为他塑一尊头戴桂冠的大理石半身像,当时他没答应。

正因为处处都显出一种临时拼凑的感觉,葬礼才更让人感动。彼得罗·甘巴记录道:“盛大的葬礼是没有这种效果的,也表达不出这种简单的仪式所蕴含的情感。这里毕竟是一方饱经苦难的荒凉之地。周围是半开化的战士,野性十足;他们那种发自肺腑的悲伤是演不出来的。大家缅怀拜伦勋爵的音容相貌,每个人脸上都写着悲凉。”人们唱起了庄严的安魂曲。在葬礼上致悼词的是出生在迈城的希腊人斯皮里迪翁·特里库皮,他刚从欧洲留学回来,一到家乡就接到这项令人悲痛的使命。雄心勃勃的特里库皮后来成了希腊独立战争下一阶段的领军人物之一。

拜伦的传奇有真有假,部分原因还要归咎于特里库皮的这篇演说。大家听了演讲都以为拜伦的心脏被留在了迈城,其实不然。特里库皮在演讲中对希腊呼唤道:“啊,女儿,你是他最爱的人。你将张开双臂迎接他,你的泪水将淋润他的坟墓,希腊孤儿的泪水将洒落在装有他心脏的瓮上。”[4]随后《希腊邮报》又误报,称拜伦的心脏已交由迈城保管。戏剧感十足的特里库皮说得没错,棺材里的确有一个瓮,里面装着拜伦的心脏,是两天前尸检时连同其他器官一起取出来的。甘巴称这颗心脏是“拜伦遗体中最宝贵的部分”。[5]起初,大家想着当天将遗体装到棺材里抬到教堂就可以了。但有人担心迈城的路不平,抬的时候怕弄翻了棺材,这才在最后一刻决定用他的心脏和其他重要器官代替。棺材就这样在部分拜伦旅士兵的看守下在教堂中央停放了一整晚。四月二十三日晚，棺材又被抬回其住所，拜伦终得以身心合一。希腊人当然希望留下拜伦的心脏：事实上，他们曾提议将拜伦的整个遗体埋葬在迈城或雅典的忒修斯神庙里。但最后心脏还是回到了英国，迈城圣斯皮里迪翁教堂里放着的是一个装着拜伦的肺和喉咙的瓮。不久后，这瓮就被偷走了。拜伦在迈城的房东阿波斯托利·卡普萨利的弟弟彼得罗·卡普萨利曾说，希望留住他的肺和喉咙，毕竟他曾用它们呼吸，用它们为希腊发声。[6]

　　至于拜伦自己想葬在哪儿，他自己也是一如既往地前后矛盾。在他去世的前一天，他亲口告诉米林根："我有件事求你，请给我留个全尸，也不要把我送回英格兰。把我这把老骨头扔到个角落里头发烂发臭，不用铺张浪费，也不要搞那些虚头巴脑的事情。"[7] 显然，这第一条已经被违背了。不过，拜伦也曾对火器官威廉·帕里说，如果他在希腊的时候就"蹬了腿"，那就"一定把我的遗体送回英格兰"。[8] 叶落归根的想法根深蒂固。

　　出于感情上的考虑，甘巴赞成将拜伦的遗体送回英国："最适合的做法就是把遗体送回祖国。"[9] 斯坦霍普一开始也想将拜伦的遗骨安放在雅典以慰藉希腊人，但他转念一想，若在伦敦大张旗鼓地为拜伦举行一次公开的葬礼，那可是一次难能可贵的宣传窗口！他很快改变了主意。伦敦希腊委员会的代理人爱德华·布拉基埃在拜伦死后几天恰巧乘坐"佛罗里达"号从英格兰前往桑特岛，船上载着希腊贷出来的第一笔分期款项。桑特岛港务长出海迎接即将到来的英国船只，向他们告知了这一轰动的消息。布拉基埃震惊了，整个希腊委员会对此事都没有预案，他强烈要求将遗体运回家。

　　但爱奥尼亚群岛的英国人对此事却提出了不同看法。拜伦的遗体和他活着的时候一样备受争议。拜伦在希腊战争上的所作所为与英国

528

ΕΛΛΗΝΙΚΑ ΧΡΟΝΙΚΑ.

Τιμὴ ἐτησία τάλλ. δίςπλα
Ἱσπανικά ἕξ, προπληρω-
τέα κατὰ τριμηνίαν.
Ἐκδίδεται δὶς τῆς ἑβδομάδος.

Ἀρ. 29.

Τὰ πλείω ὀφέλη, τοῖς πλείσι.

Φραγκλῖνος.

Μεσολόγγιον τῇ 9 Ἀπριλλίου 1824.

Μεσολόγγιον τῇ 7 (19) Ἀπριλλίου 1824.

Ἀπαρηγόρητα θρηνεῖ μεταξὺ τῶν χαρ-
μοσύνων τοῦ Πάσχα ἡμερῶν ἡ Ἑλλὰς,
διότι αἰφνιδίως ςερεῖται ἀπὸ τὰς ἀγκά-
λας της τὸν πολύτιμον αὐτῆς εὐεργέτην,
τὸν Λαμπρὸν Λόρδον Νόελ Βύρωνα.
Ὁ Ὑπέρτιμος οὗτος ἀνὴρ μετὰ δεκαήμε-
ρον ἀσθένειαν φλογιστικοῦ ῥευματικοῦ πυ-
ρετοῦ, ὅςις εἶχεν εἰσέλθει ἕως εἰς τὸν
ἐγκέφαλον, ἐξέπνευσε σήμερον περὶ τὸ
ἐσπέρας εἰς τὰς ὥρας 11 λ. 40(5 λ.40).(α)

Δὲν ἔπαυεν ἔτι ζῶν ὁ Λαμπρὸς
Φιλέλλην νὰ παραςαίνῃ τοὺς εὐνοϊκούς ὑ-
πὲρ τῆς Πατρίδος σκοπούς τον. Ὁ ὑπὲρ τῆς

ἀληθοῦς ἐλευθερίας τῆς Ἑλλάδος ζῆλός του
μεγάλως μᾶς ἐνεθάρρυνε, καὶ μᾶς ἐδίδε
τὰς πλέον χρηςὰς ὑπὲρ τοῦ ἔθνους ἐλπίδας.

Πικρῶς θλίβεται καὶ κατάκαρδα λυ-
πεῖται ὁ λαὸς τῆς Ἑλλάδος ςερούμενος
τοιοῦτον Πατέρα καὶ εὐεργέτην· Εἰς ὅλων
τῶν πατριωτῶν τὰ πρόσωπα ἡ θλίψις
καὶ κατήφεια φαίνονται ζωγραφισμέναι·
ἀλλὰ περισσότερον κλαίει καὶ ἀναςενάζει
ὁ λαὸς τοῦ Μεσολογγίου, διότι αὕτη ἡ
πόλις εἶχε τὴν καλὴν τύχην νὰ συγκατα-
ριθμῇ μεταξὺ τῶν πολιτῶν της ἄνδρα τῶν
ἀρετῶν καὶ προτερημάτων τοῦ Λαμπροῦ
Λόρδου. Αἱ πρὸς αὐτὸν τοῦ ἔθνους μας
ἐλπίδες ἀπέτυχον, καὶ πλέον δὲν μᾶς
μένει, παρὰ νὰ κλαίωμεν ἀπαρηγόρητως
τὸν τόσον σκληρὸν δι᾽ ἡμᾶς θάνατος

(α) Ἀγνοοῦμεν διὰ ποίας αἰτίας δὲν
ἠθέλησεν ὁ Λαμπρὸς Λόρδος νὰ συγκα-
τανεύσῃ εἰς ὅσας παρακλήσεις εἶχε κάμει
πρὸς αὐτὸν ὁ ἰατρός του Φ. Βρούνος,
καὶ ὁ ἰατρὸς τῆς Ἑταιρείας Ι. Μίλιγκεν
διὰ νὰ τὸν φλεβοτομήσωσιν.

的外交政策背道而驰,但驻地英国官员又不太敢限制他的遗体回国。提议将拜伦的遗体留在希腊的声音也不小。悉尼·奥斯本勋爵火急火燎地从科孚岛赶来和布拉基埃商讨办法,后者向委员会汇报说:"悉尼·奥斯本勋爵认为遗体应当在桑特岛火化掉!"[10]布拉基埃随即向霍布豪斯抱怨道:"那些想把遗体扣留在这儿的人发现了个大秘密,恐怕要过几天才能知道这个秘密是好是坏。"[11]最后,在账房塞缪尔·巴夫的斡旋下,双方就细节问题进行了商讨,决定将拜伦的遗体装在刚刚押送完希腊贷款的"佛罗里达"号上运回英格兰。

　　葬礼结束后,做了防腐处理的遗体被放回到棺材里,停在驻地,特里劳尼就是这时候回来的。彼得罗看了他最后一眼,这可是他敬重的英雄姐夫,他不无天真地写道:"他的表情在我眼里是那么崇高。"[12]五月二日,前来运遗体的数艘爱奥尼亚船到达了迈城,这些船是住在桑特岛的英国公民弗雷德里克·斯托文爵士好不容易才答应提供的。为了在旅途中确保遗体完好,他们在锡皮棺材上打了许多孔,然后将棺材整个浸入一个装有一百八十加仑烈酒的大桶里。拜伦火炮团里的四名军官将大桶扛到船上,船再将遗体运到离迈城不远的巴西拉迪岛的小港口,从那儿再换一条大船运往桑特岛。拜伦旅的全体士兵都列队站在房子外面,沿着海岸线一字排开。遗体一上船,他们就为旧主行鸣枪礼和鸣炮礼。拜伦旅的加农炮就架在海滩上,每分钟鸣放一发,共鸣放二十五发以示哀悼;迈城炮台又放九发,巴西拉迪岛上的要塞再放三发,加起来总共三十七发——这是一种近于神谕的纪念拜伦阳寿的方式。

　　目送拜伦遗体离港的有马夫罗科达托亲王和当地军政领导人。在街上为拜伦守灵的市民又赶来海滩致哀。据《希腊邮报》报道,"岸边聚集了一大群面色凝重的人,他们来是为向他们的大恩人、荣誉市民道最后一声别"。[13]现今英格兰和希腊的拜伦档案馆里留存着大量葬礼后的账单及信件,其中很大部分是寄给不知所措的彼得罗的,大家都在担心

529

拜伦的死会引发经济和政治上的不测。

运送遗体的船又遭遇了风暴。船队一度躲在岩石湾里过夜,要知道,拜伦来的时候,为躲避土耳其护卫舰的追击,也在这个岩石湾里躲藏过,那时他还为侍童卢卡斯·查兰德里萨诺斯操碎了心。最后,遗体和随行人员于五月四日抵达桑特岛,从此遗体由莱斯特·斯坦霍普上校接管。经过规定的隔离期后,遗体又被装回"佛罗里达"号,于一八二四年五月二十五日启航前往英格兰。斯坦霍普负责这次旅行,布拉基埃也在船上,他对船的方方面面都很满意:"非常棒的一艘船,像风一样在水面疾驰。"[14]

"佛罗里达"号上载着各式各样的奇怪的东西。甘巴细数了一遍:除了棺材,还有一个大木箱,里面装着四个瓮,分别是拜伦勋爵的心脏、大脑和部分肠子;此外还有两箱书、两箱武器、拜伦的床和行军床、五箱衣服和一桶香槟;还有密封好的信件包裹,有些是政务信件,有些是私人信件,以及七千枚西班牙银圆,这是拜伦四处散财后剩下的遗产。拜伦的五名手下也在船上:弗莱彻、管家莱加·赞贝利、布鲁诺大夫、蒂塔·法尔切里和黑人马夫本杰明·刘易斯。他们的感受独一无二:弗莱彻和法尔切里多次说拜伦的离世对他们来说犹如丧父之痛。五人中只有弗莱彻去过英格兰,但是一八一六年出国以来就再也没回去。旅途中,有人看到弗朗西斯科·布鲁诺拿着一本约翰逊博士的词典学英语。

彼得罗也去了英格兰,但没坐运遗体的船。他本打算和他们坐一条船,但一到桑特岛,他突然意识到自己身为拜伦情人的弟弟,和遗体乘一条船不大合适。他向霍布豪斯解释说,他不能亲自护送遗体"有很多原因":"如果你猜不出来,弗莱彻和上校会向您解释的。"[15] 他自己另乘一艘船,从桑特岛到利物浦,然后经陆路去伦敦。他不敢直接把噩耗告诉特蕾莎,只给父亲去了一封信。但特蕾莎听到消息后很勇敢地接受了,毕竟她已有了心理准备。

如果拜伦能够活下来,接管布拉基埃押运的贷款,那会是一番怎样的景象? 忠诚的甘巴对此很乐观:这笔贷款可以提升拜伦的威信,由此为希腊的独立事业奠定更坚实的基础。"他在这个组织里已经成为某种核心,他会把组织延展到希腊邦联的各个角落。"[16]有了新资金的注入,他们就可以拿下勒班陀要塞和内格罗蓬特要塞,希腊就可以从海陆两面发起进攻。但是,希腊内部军阀混战,芥蒂颇深,拜伦已敏锐地觉察到这种乱象。因此,甘巴的设想很可能无法实现。拜伦去世的那一年,几乎所有独立出来的希腊地区都陷入了混战状态。

但拜伦死后的影响却是确定的。在他加入伦敦希腊委员会后不久,约翰·鲍林就曾写信给他:"你将是希腊和英格兰的启明星和福星。"[17]逝世的拜伦显然要比在世的拜伦更具明星效应。这位诗人的自我牺牲在欧洲人的脑海里留下了深远的印记,他为之献身的事业成了关注的焦点。拜伦的死帮忙定义了希腊的国家性格和政治合法性。对于其他欧洲国家来说,拜伦拉近了希腊和欧洲的距离。如果他没有死,画家德拉克罗瓦也不会创作名画《迈索隆吉翁废墟上的希腊》。有些外国志愿者出门后听闻噩耗就扭头回家了,但毅然奔赴战场的人更多。

拜伦逝世的消息从科孚岛辗转至意大利安科纳港,于一八二四年五月十三日晚才抵达伦敦,那已是三周以后,《泰晤士报》称拜伦为"这辈人中最杰出的英国人"。[18]英国人的反应和迈城人的反应一样,那是一种丧亲之痛:据一家媒体报道,噩耗"传到了民众的耳朵里,就像自家人遭遇了大难"。[19]当时还是个孩子的约翰·曼纳斯勋爵还记得贝尔沃猎捕俱乐部的先生们在贝尔沃城堡举行晚宴时的一个场景:主家拉特兰公爵突然收到一封信,他起身宣读:"先生们,我刚获悉一个重大消息:拜伦勋爵在希腊去世了。"[20]刹那间,桌上一片寂静。等到大家缓过神来,他们开始相互交流起自己最喜欢拜伦诗歌中的哪些段落。

拜伦的离世对那些不太了解他的人已产生了如此剧烈的影响,对那些成天护着他的好友而言将是多么大的打击。由于拜伦在一八一五年结婚时立下遗嘱后就再没有另立遗嘱,约翰·卡姆·霍布豪斯和约翰·汉森随即成了他的遗嘱执行人。消息首先送到了道格拉斯·金奈尔德的办公室,金奈尔德转寄给霍布豪斯时又附上了一封潦草的信:"我几乎写不下去,但这事又不能拖。我不知道怎么安慰你,但我知道你比我坚强,应该比我像一个男人:拜伦已不在。我给你寄去了三封信。请尽快过来。"[21]一向油盐不进的金奈尔德告诉霍布豪斯,自己吃了药,出门必须有人陪同。他还警告霍布豪斯,在碰头之前不要销毁任何信件。他们已经开始着手洗白拜伦身后的名声了。

五月十四日早上八点,这些信送到了霍布豪斯位于奥尔巴尼的家,当时他还没起来。信使敲门的声音吵醒了他。读到金奈尔德的信,他难受极了,他上次这样难受还是听到剑桥大学同学查尔斯·斯金纳·马修斯去世,还有听到他自己的兄弟在滑铁卢战场上去世。其他的包括悉尼·奥斯本勋爵和彼得罗·甘巴分别写给他的信,以及男仆威廉·弗莱彻写给奥古斯塔·利的一封信:"我的夫人,万分抱歉,我强忍悲痛给您写这么一封让人不快的信,这件事对你、对我、对这个世界都是一个不幸,我从没写过种信。"[22]弗莱彻吃力的表达非常像当年拜伦假借男仆之口从威尼斯写给奥古斯塔的报丧信。

532　　向奥古斯塔报丧的艰巨任务落到了弗朗西斯·伯德特爵士肩上。当天傍晚,霍布豪斯去看她,看到她"悲痛得让人心疼"。[23]她把弗莱彻的信递给了霍布豪斯,后者在日记中坦言:"读到这封信时我的心都碎了。信里表露出他对我这位挚友的无尽的怀念!"霍布豪斯终于控制不住情绪,在奥古斯塔面前"失控地哀叹"了一番,但很快就恢复了平静。他提醒奥古斯塔必须对信中提到的一个具体事件守口如瓶。弗莱彻在信中写道,二月十五日拜伦恢复健康后,要求把奥古斯塔送给他的那本

《圣经》放在他每天早上用餐的桌上。霍布豪斯解释说："弗莱彻提到这件事应该挺欣慰的,但我担心别人听到后可能会觉得拜伦懦弱或伪善。这种小事看似无伤大雅,但可能有损拜伦的形象,都不应该传出去。"

拜伦的表弟,即那个在海军服役的乔治·拜伦上尉,自动继任了男爵头衔,成为第七任拜伦勋爵。按照朋友们的安排,他当晚准备前往肯特郡的贝肯汉姆村向拜伦夫人报丧。但不承想拜伦夫人不领情,冷冷地回道:"她不配让拜伦勋爵的朋友们为她操心,让她自己先消化一下情绪吧。"[24]霍布豪斯和金奈尔德度过了一个凄冷的夜晚,"怀念这位挚友生前种种的好"。[25]两天后,霍布豪斯读到了《泰晤士报》上的讣告,在日记里追溯那些服丧的日子,我们从中可以看出为什么拜伦的朋友会选择原谅他那些致命的缺点:

> 昨天《泰晤士报》的讣告基本反映了公众的态度,然而,作者却认为会有其他人**比拜伦勋爵更受人爱戴**。他说错了。没有人像他这样有一群忠诚的朋友,没有人像他这样对朋友有那么强烈的亲和力。接近他的人无不感受到他的人格魅力。他为人处世有一种不过火的霸气。他总是该严肃的时候严肃,该活泼的时候活泼。他很合群,和人谈话的时候,他既有春风化雨的一面,也有当机立断的一面,这两点很少有人能同时兼备。他和所有人都能坦诚相待,毫无保留,但他始终能把持住自己,对最亲密的朋友都不失敬重。[26]

拜伦的魅力在于他的超然,他一直都能保持强烈的神秘感。多年后,拜伦嘲讽人时那特有的笑声依稀还在霍布豪斯耳边回荡。

"佛罗里达"号载着"遗骸"(奥古斯塔习惯这么叫拜伦的遗体)于一八二四年六月二十九日抵达泰晤士河口的唐斯港,比霍布豪斯预想的早了两周。七月一日,霍布豪斯一听说船靠港了,就坐上邮车赶去

533

罗切斯特镇,在皇冠饭店过夜,一大早就动身去了十五英里外的斯坦盖特河,船就停在那里。迎接他的是斯坦霍普上校,他还没下船,和弗莱彻、布鲁诺大夫、蒂塔、莱加·赞贝利和马夫本杰明站成一列。布鲁诺大夫已经准备好了拜伦的病历,想办法用悲伤的叙述为自己开脱。弗莱彻一见到他就开始抽噎。霍布豪斯在日记中写道:"拜伦勋爵的三只狗在一旁打闹,我不忍看它们。"[27]其中一只是里昂,另一只是斗牛犬莫雷托。"遗骸就在甲板下面,我不忍去看。"

霍布豪斯登上"佛罗里达"号,船继续逆流而上五六个小时,向格雷夫森德镇方向行进。他想起拜伦一八一六年从多佛港离开英格兰时,他是最后一个与拜伦握手的人:"他们一行人驶离码头,在汹涌的海面颠簸,我还记得他挥舞帽子的样子。如今我却用这种方式陪他回到了英格兰。"大约在傍晚五点,船到达格雷夫森德镇。霍布豪斯与斯坦霍普一同下船,坐上了从罗切斯特市发往伦敦的邮车。路上,斯坦霍普给霍布豪斯讲了"希腊战争中一些有趣的片段"。霍布豪斯感觉身体不适,很早就睡下了。

七月五日,霍布豪斯又登上了停靠在伦敦码头的"佛罗里达"号,见到了负责抬棺的伍德森。他和手下正忙着清空木桶里的酒精,酒精中浸泡着开了孔的尸棺。他们把这粗糙的木棺材打开,把遗体转移到一口铅制棺材里。看到棺材打开,霍布豪斯扭头回到了船舱:开棺过程让他感觉像是喝酒上了头,又像是兴奋得冲昏了头脑。身体靠着本能还能走动,但脑子已经不会思考了。[28]他开始翻阅从凯法利尼亚岛寄来的密封文件,还好没有发现新的遗嘱。遗体安放好后,霍布豪斯不忍看,只保留了一小块棉制的裹尸布。他说:"我觉得我要是看一眼遗体,准会当即晕死过去。"他回到了甲板上,看到棺材盖已盖好,上面铺着船旗,他去棺材旁靠了一会。拜伦的纽芬兰犬里昂卧在他脚边。

斯坦霍普以为会在威斯敏斯特大教堂或圣保罗大教堂为拜伦举行

隆重的葬礼。他想让拜伦的遗嘱执行人安排"国礼驳船来接拜伦的
遗体"[29]船上载着重要的致哀者,,还有乐队演奏神圣的哀乐。斯坦霍
普幻想"惜才和热爱自由的英国人会涌向泰晤士河畔凭吊"。七月初,
《泰晤士报》和伦敦的其他报纸宣布拜伦勋爵的遗体将安葬在西敏寺的
诗人角。事实并非如此。尽管各大报纸都用宽恕的笔调报道了拜伦去
世的消息,但仍能听到阴阳怪气的声音。例如,《约翰牛报》提醒读者不
要忘记,"拜伦勋爵是在职业生涯中最不幸的时候才自我流放的,这种
离开英格兰的方式非常令人失望。他受到邪念的蛊惑,沉溺于病态的忧
思中,一生致力于创作一流的讽刺作品"。[30]

　　拜伦的遗嘱执行人委托不计前嫌、依然随叫随应的约翰·默里给西
敏寺的主任牧师爱尔兰博士带个话,看能否在西敏寺举行葬礼,但牧师
却在拜伦的道德品质上画了一个大大的问号。但报纸早已宣布葬礼将
在西敏寺举行,对此牧师只能表示遗憾,还告诉霍布豪斯,最好的补救办
法就是"默默把遗体运走,尽量少提这件事"。[31]无奈,遗嘱执行人只得
暂将遗体安置在哈克纳尔·托尔卡德村的家族墓穴中。

　　七月五日下午晚些时候,灵船逆泰晤士河而上。灵船吸引了大量好
奇民众前来河岸观望。遗体在西敏寺广场的台阶处上岸,之后的一周,
遗体停放在不远的大乔治街20号爱德华·卡纳奇布尔爵士的公馆里,
霍布豪斯特意将它租下来,方便民众前来凭吊。停尸的房间四壁挂满了
黑布,他们找来一块松木板,简单地把拜伦家族的纹章画了上去。第二
天,也就是七月六日,霍布豪斯看到有金奈尔德和汉森陪着,才鼓起勇气
瞻仰遗体:"金奈尔德先进了房间,我按捺不住也跟了进去。走进棺材,
我本以为会当场晕倒。我一点一点地靠近,这才看到了脸。"[32]

　　令霍布豪斯难过的是,拜伦的遗体已脱了相:"嘴巴半张着还有点
歪,露出了一口大黄牙,喝了太多葡萄酒,牙齿都染上了色,以前那口大
白牙他多么引以为豪啊。红色的小胡子盖住了上嘴唇,把他的脸衬出了

新的颜色。"约翰·汉森也说，要不是那副没有耳垂的小耳朵和他的跛足，他也认不出他。当年阿里帕夏还夸赞过他别致的小耳朵。托马斯·菲利普斯提议为拜伦画最后一幅素描，但被霍布豪斯拒绝了，毕竟，与曾经那位身着华丽的阿尔巴尼亚民族服饰的贵族相比，现在的他变化太大了。

535　　　七月十日至十一日的两天里，民众凭票参加拜伦的遗体瞻仰会。虽然官方态度不全是正面的，但民众的情绪近于歇斯底里。据《星期日观察》报道，西敏寺内外几乎演变成了一场骚乱，"人声鼎沸，接踵摩肩，比给乞丐发粮还要乱"。[33]伦敦警员都被叫过来维持秩序，棺材周围不得不立起栅栏以阻止民众靠得太近。据报道，"参观者趋之若鹜，大部分是女性"。

据霍布豪斯说，在众多的申请入场的人中，"有头有脸的人物却没有几个"。[34]七月十二日，遗体从西敏寺出发返回哈克纳尔·托尔卡德村，又出现了"万人空巷"的景观。按照当时的葬礼习俗，灵车启程后需要有空马车尾随一段路程。有四十七辆空马车加入了送葬队伍，其中大多数来自同情希腊的激进派和辉格党激进派等反对党。极少数保守派也派来马车，包括拜伦的亲戚卡莱尔伯爵和莫佩斯勋爵，还有同情希腊的阿伯丁勋爵，他也是从哈罗公学毕业的。尽管拜伦死了，还是有很多圈子不接受他。

在一个晴朗的夏日，送葬队伍于上午十一点离开西敏寺。第一辆马车上坐着霍布豪斯与约翰·汉森、乔治·利和理查德·拜伦上校。奥古斯塔看过了遗体，但没有来葬礼。新继位的拜伦勋爵也未到，称自己病了。第二辆马车上坐着金奈尔德、爱德华·埃利斯和亨利·特雷瓦尼翁等亲戚。第三辆马车上坐着摩尔、罗杰斯和坎贝尔、斯坦霍普上校和希腊代表伊欧尼斯·奥兰多。送葬队伍穿过伦敦市区，群众夹道围观，沿街的窗户都有人探出头来张望，但一个"有头有脸的人物都没有"[35]，让汤姆·摩尔不悦。为何是普通人在祭奠拜伦？因为他是希腊的英雄？《唐璜》的作者？还是因为这个定性不明的名人影响了大家，为他们的生活赋予了更多意义？大家悼念他，定是为失去了一个无畏而富有同情心的声音而惋惜。

　　围观的人群中还有乡村派诗人约翰·克莱尔。他不常来伦敦，当时是在牛津街遇到了送葬队。他虽与拜伦是同代人，但生活境遇有着天壤之别，也是拜伦狂热的崇拜者。他的身边站着一位年轻的女孩，只听她"深深地叹了一口气，说了句'我可怜的拜伦勋爵啊'"。[36]克莱尔对这一细节的描述为整个事件增添了生动的画色：

　　　　我抬头望向那个年轻女孩的脸，她皮肤黝黑但很美，她为诗人叹了一口气，让我立即爱上了她……就让那些尊贵的、道德高尚的、挑剔的人对拜伦勋爵指指点点、评头论足去吧！他仅凭自己的才能就获得了永生，没吃他们的、喝他们的，他可以出淤泥而不染，濯清涟而不妖。老百姓看到了他的功绩和才干，老百姓的声音才是指引一个国家的未来的预言。

536

　　送葬队伍经过托顿公馆时遇到了二十一岁的作家、旅行家乔治·巴罗，他把这次葬礼奇观写进了他的吉卜赛小说《拉文格罗》里。

　　送葬队伍行至圣潘克拉斯教堂附近，也就是鹅卵石路终止的地方，便掉头回城，只有灵车和随行的送葬人员继续北上。当灵车经过肯特斯镇，玛丽·雪莱和简·威廉姆斯透过窗户望见了他们的"艾尔比"的遗体缓缓驶过。玛丽之前去西敏寺瞻仰了遗体，她写信给特里劳尼说："拜伦勋爵的去世让我更加珍惜那些留在我身边的朋友，这一点不难想象。"[37]

　　剩下的送葬队伍出了伦敦城，来到了赫特福德郡地界，这里离墨尔本家族的布鲁克霍尔庄园很近。卡罗琳·兰姆后来向托马斯·梅德温描述了这一段戏剧性的相遇：当时的她大病初愈，准备驾车出去透透气；灵车眼看行进到了庄园的大门，她赶紧快马加鞭，将马车驶到山顶，这样就可以眺望到车队。她的丈夫威廉·兰姆继续前行，在收费关卡赶上了马队，他竟然天真地问这是谁的葬礼。要是卡罗琳的小说《格伦纳冯》晚写几年，这个情节肯定要被她写进去。第二天，卡罗琳又病倒了，心烦意乱的她给蓝颜知己约翰·默里写了一封信："拜伦勋爵的离世我无言以对，之前对他说过那么多恶毒的话，我现在深表歉意。"[38]她曾写信给默里说过拜伦许多坏话，现在她心里特别慌："这些信非常无理，幸好只有你知道；为了别人着想，最好把它们都销毁吧。"默里可没听她的，把她寄来的那些信都保存了下来。

队伍用了三天时间到达诺丁汉市，其间在韦尔温村、海厄姆费勒斯镇和奥卡姆镇过夜。一路上，好奇的人们前来围观，规模都是空前的。到了诺丁汉，霍布豪斯在佩勒姆街的布莱克穆尔海德旅馆又为拜伦举行了另一场遗体瞻仰会。这里尽管有诺丁汉警察的"铜墙铁壁"[39]，也管不住黑压压的一群人挤进房间瞻仰这位备受争议的本地老爷。黑边的标语牌在城里随处可见，邀请大家参加这位**伟大而杰出的爱国贵族**"[40]的葬礼。标语牌上明示道，来参加哀悼会不必穿全套丧服，因为"哀悼的核心是心意，而非表现"。拜伦的遗体离伦敦越远，就越不受官方的束缚。

第二天早上，也就是七月十六日星期五，市民们自发又组建了一支送葬队：第一辆马车上坐着霍布豪斯、约翰·汉森、代表奥古斯塔的乔治·利和怀尔德曼上校，怀尔德曼不久前买下了拜伦的祖产纽斯特德庄园，因此在致哀顺序中排名靠前。拜伦的牧师朋友弗朗西斯·霍奇森也来了，他还是那么虔诚，一副若有所思的样子，他是第一个将罗马诗人朱文诺的作品译成英语的人。灵车现在插上了十二根黑亮的羽毛，由六匹黑马拉着;灵柩前面安排了一名骑手,他骑的是一匹身披盛装的礼仪用马,手里托着一块金色流苏垫,垫上摆放着拜伦的冠冕。

送葬队伍驶出诺丁汉市,缓缓经过风景如画的城郊村庄,如帕珀威克村和林比村,沿途不断有群众加入队伍。到了安纳斯利山附近,他们进入了拜伦家乡的地界,纽斯特德庄园就在前面。怀尔德曼上校很会说话,他向霍布豪斯感叹这座山已被拜伦的诗歌《梦境》赋予了永恒。五个小时后,队伍终于到达哈克纳尔·托尔卡德村的教堂。小教堂里外被围得水泄不通,队伍眼看就要被挤散了。霍布豪斯注意到"棺材、瓮和冠冕组成的仪仗队华丽而气派,和这寒酸的小教堂形成了鲜明的对比"。仪式第一环节,棺材放置在过道;过后,拜伦被下葬到家族的墓穴内。霍布豪斯希望棺材能摞在拜伦母亲的棺材上,谁知母亲的棺木早已腐朽,没法把棺材放稳。无奈,他们把拜伦平稳地置放在那个"恶霸"拜伦五世的棺材上。

《泰晤士报》报道称,出席拜伦葬礼的鲜有重要人物,没有伟大的诗人,也没有伟大的政治家。但前来吊唁的老百姓却"真情流露,毫无顾忌"。[41] 所谓"可怜的黑人仆人"很可能是本杰明·刘易斯,下葬的时候,他的眼睛从未离开棺材。意大利仆人蒂塔"看起来就像是一个陌生人,没有朋友"。弗莱彻已经陪伴拜伦那么久了,他本可以和仆人们挤在致哀队伍的前排,但他悲痛不已,腿脚不稳,只得依靠在一旁的长椅上。

几个月后,彼得罗·甘巴孤零零一人赶到了这座寒酸的小教堂。他说这里让他想起了迈城,此话一出,遭到了霍布豪斯的断然反驳:"哪里都不像。"[42] 但毕竟,拜伦回到了另一群以质朴的方式爱戴他的百姓中,从这个意义上讲,甘巴说得很对。

早在拜伦的遗体被运回来埋葬之前,争夺拜伦的大家就开始争着写

538

拜伦的回忆录了。一八二四年五月十四日，霍布豪斯在日记中说，当他听到拜伦的噩耗，震惊之余，他就暗下决心，要着手留住他的精神火种："一阵悲伤过后，我决心保留好我这位好友在我这里的所有记忆，还有他的名誉，这是我的责任。我想到他交给托马斯·摩尔的那本回忆录，出于某种原因，现在默里先生那里保管。"[43]

同一天，汤姆·摩尔也产生了同样的想法。他去了科尔本图书馆才从店员那里得知拜伦去世的消息。摩尔在日记中写道："我顿时想起那份赎回《回忆录》的协议还没有拟完。"[44] 早在一八二一年，拜伦为了接济手头吃紧的摩尔，建议他以两千几尼的价格将原本交给他的回忆录转卖给约翰·默里。摩尔现在回想起来，觉得这笔交易不怎么明智，但木已成舟，他只得和默里商量把稿件赎回来。拜伦去世时，他正在为此筹款。

霍布豪斯现在一心想要销毁回忆录。朋友们纷纷出款要把回忆录从默里那儿买回来，金奈尔德和伯德特各自都出两千英镑，霍布豪斯自己也能出一千英镑。霍布豪斯从没有读过回忆录，为何急着让它从市面上消失呢？无疑，他怕里面有性描写。他听摩尔和其他读过的人说，第二部分里有拜伦在意大利与多个女人发生关系的劲爆故事。

回忆录里是否会有更见不得人的描述？霍布豪斯养成了帮助拜伦审查作品的习惯，他不能让任何拜伦对不正当爱情关系的指涉从他眼皮底下溜走，所以他这是习惯性谨慎。拜伦的早期日记就被他销毁过，里面记述了他在剑桥和阿尔巴尼亚的经历。他知道他这位朋友喜欢绕着弯子指涉那些事情，他怕汤姆·摩尔查得不够细。他清楚，早年那些有关鸡奸和乱伦的丑闻会在拜伦死后再次浮出水面，但这就会危及他的国会议员身份，谁都知道这位名声显赫的公众人物是拜伦生前的密友。但他这样做最主要的动机可能仅仅就是嫉妒：给拜伦的后世形象上滤镜的活儿他想要亲自操刀，不想交给摩尔。

一八二四年五月十七日，经过三天痛苦的讨论，回忆录在默里的阿尔贝马尔街的会客厅壁炉里被焚毁，这是文学史上最著名的祭祀场面。当时有六个人在场——摩尔和来帮他说话的爱尔兰诗人亨利·勒特雷尔，霍布豪斯，约翰·默里，奥古斯塔·利的代表威尔莫特·霍顿，拜伦夫人的代表多伊尔上校。要是默里这段时间忍住诱惑没有"近水楼台先得月"的话，那么读过回忆录的只有摩尔和勒特雷尔。起初摩尔提出抗议。他和亨利·勒特雷尔坚称"因为部分文字而全盘否定掉拜伦的回忆录，这样做对不住拜伦，起码应该打开读一读，不能像躲瘟疫一样避而不谈"。[45]摩尔恳求说，稿件至少应该先仔细过一遍，必要的话把一些文字删去即可。"那些无伤大雅的、给他增光的内容"应该保存下来。

但摩尔最终被霍布豪斯说服了，他要照顾奥古斯塔·利的感受。奥古斯塔也担心回忆录里有不该有的内容，也想将其销毁。虽然从短期看这本书印出来会非常畅销，对默里而言是一笔宝贵的财产，但他一向对拜伦忠心耿耿，况且他也担心出版公司声誉受损，因此为了保护"拜伦勋爵的声誉"[46]，他也坚定地赞成销毁。多伊尔和霍顿代表奥古斯塔和拜伦夫人的声音，他们自然支持销毁。据称，拜伦在回忆录里从他的视角讲述了分居的来龙去脉，不能指望他说安娜贝拉什么好话。最终，稿件和摩尔早先誊抄的一份同入火炉，房间里顿时响起了轻松的笑声，大家终于松了一口气。摩尔从口袋里掏出两千几尼放在桌上，欠默里的这笔钱最终还是摩尔自己还上了。霍布豪斯认为这是摩尔应尽的情义，他不能驳摩尔的面子。

最后一位在场的见证者是约翰·默里十六岁的儿子，他后来接替父亲的地位，成为约翰·默里三世。一八六四年，约翰·默里三世寄给斯塔尔夫人的孙女——女伯爵豪松维尔夫人一本包含拜伦日记的笔记手稿，还告诫她："这份拜伦的手稿里有部分段落摩尔和我的父亲都不同意发表，否则有损拜伦的形象。现在也不宜发表。"[47]八年后，豪松维尔

540　的《拜伦勋爵的青春岁月》在巴黎出版——一部岁月静好、无伤大雅的传记。一八九二年,约翰·默里三世从加里克街的伦敦商人弗兰克·T.萨宾那里获得一些拜伦诗稿,他随即下令将其焚毁。有一首诗是奥古斯塔·利誊抄的,叫《堕落之人》,商人萨宾看上了这首诗,认为它"写得不错,但不能发表"。[48]默里说他自愿出五十英镑请萨宾不要公之于众。看来保护性销毁可谓是默里家族的传家宝。

回忆录的销毁让后人损失了什么? 多年来,至少有二十人读过回忆录。拜伦允许摩尔把回忆录给"精挑细选的人"[49]看,摩尔似懂非懂地就让泽西夫人、戴维夫人、伯格什夫人、霍兰勋爵夫妇、道格拉斯·金奈尔德勋爵和他的兄弟金奈尔勋爵看了。约翰·默里和卡罗琳·兰姆的关系好,就大方地让她誊抄了一份。因此,手稿已被反复摘抄或誊抄过,不论是经业余之手还是专业之手。

少数人读完后勃然大怒。威廉·吉福德应默里的要求读了回忆录,他气愤地说:"整本回忆录只适合摆在妓院,这种污秽不堪的东西一旦出版的话,定会损坏拜伦勋爵的名声。"约翰·罗素勋爵发现里面有三四页的内容"粗鄙不堪,不适合公开发表"。[50]但读过的人一致认为回忆录写得不算成功,多少算是拜伦的败笔。稿件烧毁两个星期后,玛丽·雪莱写信给特里劳尼:"我几年前在威尼斯有幸读过回忆录,我知道里面倒也没写什么,但全世界都以为它是拜伦的忏悔录,大家都想一瞥他的内心,看看它和他们关注的人有何种联系。"[51]现在到了谣言四起的时候。有的说一位密探强行闯入汤姆·摩尔的住所,抢走了手稿;还有的说霍布豪斯动手制服了摩尔,让他眼睁睁地看着手稿被焚毁。

为什么莱斯特·斯坦霍普跳出来说烧毁回忆录"让国家免于蒙羞"?[52]斯坦霍普一直含沙射影地暗示拜伦在希腊对卢卡斯有企图,但结合读过的人的评论,我们很难相信里面有直接涉及同性恋的内容。毕竟,拜伦自己不无遗憾地承认,"他没能把各种情史写进去,只是轻描淡写地一带而过"。[53]如果霍布豪斯鼓起勇气把手稿借来读上一读，想必他也不会做出如此过火的事。

在围绕回忆录的论战中，摩尔毛遂自荐要做为拜伦立传的第一人。这当然是拜伦最初托付他的事。但他现在拿这个托付当令箭，要求拜伦的亲朋好友乖乖和他配合，他要什么，大家就得给什么。金奈尔德倒是能理解，但霍布豪斯就大发雷霆。他在日记里咆哮道："看，这就是诗人交的朋友！就好像卢梭在《忏悔录》里一面为情敌克洛德·阿内的死表示哀悼，一面又要向他的贵妇情人华伦夫人索要阿内的旧大衣。"[54]

摩尔花了将近四年时间才和约翰·默里就拜伦传记的事达成共识，这时已是一八二八年二月。其间，摩尔联系过朗文公司，与默里和解，后来又和他闹翻，霍布豪斯还在一旁不停地阻挠。霍布豪斯认为没有必要为拜伦立传，就算立也轮不到汤姆·摩尔。一八二四至一八二八年间出现了大量关于拜伦生平的材料，有些琐碎，有些重要。最早的是科斯莫·戈登爵士的大杂烩式传记《拜伦勋爵的生平和天才》，拜伦去世的消息传到英国的几周后就出版了。拜伦生前的狂热追随者罗伯特·查尔斯·达拉斯匆忙收集到拜伦的一卷私人信件，霍布豪斯马上对此发出禁止出版的禁令。托马斯·梅德温在比萨和拜伦只见了几日，就把谈话记录拿出来以《拜伦勋爵比萨谈话录》的名字发表，让很多比他更熟悉拜伦的人不服。这股风气来势汹汹，势不可当。没过多久，斯坦霍普、甘巴、帕里甚至爱德华·布拉基埃都发表了拜伦在希腊的回忆录。

一八二八年，利·亨特的《拜伦及其同代人》问世，亨特在传记中对拜伦不怀好意，但写得不乏见地。这部传记从反面帮了摩尔一把。默里认识到只有让摩尔写一部传记，才能溯本清源，以正视听，他因此又联系上了摩尔。摩尔在日记中带着胜利的喜悦写道："最近利·亨特那本传记给拜伦勋爵抹了黑，让默里改变了主意，他现在同意我出版拜伦的传记了。"[55]于是，摩尔第二次从朗文那里把稿子撤了回来，又一次投向默里。

　　在准备撰写传记的过程中,托马斯·摩尔做了大多数现代传记作家都会做的事情——重游拜伦去过的地方。他把拜伦曾去过的地方都认认真真地转了一遍:纽斯特德庄园,南井镇,拜伦在哈罗公学的住所。他在日记中闷闷不乐地写道:"不得不去一趟哈罗公学的德鲁里餐厅吃一顿冷餐,周围都是叽叽喳喳的丑陋妇人。"[56]可见为拜伦立传不是一件容易事。

　　他访问了和拜伦很熟的人,还做了谈话方案。他和年事已高的霍兰勋爵夫妇共进早餐:"霍兰勋爵坐在痛风轮椅上被推了出来,但他神清气爽,喜气洋洋,像一个小男孩。"[57]他和泽西夫人在米德尔顿公馆的院子里散步,小心翼翼地避开政治话题,后来夫人拿出拜伦勋爵的两封信。谁许诺给他提供素材,他都开心地记在日记里,例如,特蕾莎·圭乔利将自己与拜伦之间那段时光写下来寄给了摩尔,并承诺给他寄续集;拜伦在凯法利尼亚岛的账房查尔斯·汉考克同意从凯法利尼亚岛提供力所能及的一切;玛丽·雪莱是汤姆·摩尔最有价值的联络人之一,他写道:"我去了肯特什镇,和玛丽·雪莱共进早餐。她说,与拜伦相关的事我尽管问,她会尽力帮助我。"[58]摩尔觉得她对拜伦了如指掌,她为人坦率,提供的素材具有可贵的真实性,虽然列举了一长串拜伦的坏,最后却总结道:"他人很不错的。"[59]

　　有成功,必有失败相随。在收集素材的过程中,摩尔也遭遇了不少挫折:格伦尼大夫联系不上;弗朗西斯·霍奇森的话不能全信;身材矮小的摩尔拜访了德文希尔公爵,他就是拜伦在哈罗公学的好友"哈特","他个子太高,我耳朵不好"[60],所以没有听到有用的信息。他从罗杰斯那里什么也没问到,他只会围绕自己夸夸其谈。问到威廉·弗莱彻,他一听到主子的名字,就哽咽得说不出话。和马斯特斯夫人的约会一拖再拖,但最终还是见到了这位拜伦的初恋玛丽·查沃斯,但绝对谈不上一帆风顺。摩尔写道："前一天晚上谈的话题很沉重,第二天早上的谈话又十分感性。"[61]拜伦过去的男性密友特别谨慎,德拉瓦尔勋爵"没有什么可以和我交流的"。[62]克莱尔伯爵"不幸损毁了拜伦写给他的所有信件,只留下一两封无关紧要的"。[63]拜访威廉·班克斯后,摩尔写道:"他说他是有拜伦寄来的信,但不涉及隐私的屈指可数,这些我可以自由取用,但公不公开还需要斟酌。"[64]

摩尔的资料收集过程可谓困难重重。虽然他拥有默里能提供的所有材料,但奥古斯塔·利不愿配合。她讨厌摩尔甚至超过了讨厌霍布豪斯。不出所料,拜伦夫人也不能指望。霍布豪斯的脸色也反复无常,今天支持,明天变脸。家里的事还要摩尔自己处理。他写传记时,女儿阿纳斯塔西亚一条腿不知怎么就跛了,开始危及生命。要是拜伦在,他肯定要说这是为他立传惹来的霉运。

突破重重困难,摩尔的《拜伦传》终于在一八三〇年出版发行。这是一部杰出的作品,就连霍布豪斯都很难不动容。这部作品用温情且同情的笔调描绘了作为一名作家的拜伦,相当于一位诗人给另一位诗人画的肖像。该书另一个出彩之处是将拜伦的反对派政治取向置于一个更具说服力的历史背景下,将他描绘成一个对现实失望的、不满现状的革命之子。

543

有几处,摩尔差一点就要为拜伦是男是女的问题定性,比如他说拜伦的"性情多变、哭哭啼啼、喜怒无常"是女性化的体现。[65]尽管摩尔敏锐地捕捉到了拜伦举止中细腻的特征,但传记总体上还是把住了口风。书中没有提拜伦善变且顽皮的品性,他的小把戏和恶作剧,还有那涉猎广泛的性口味,真叫人捉摸不透。毕竟,别忘了那是一个什么样的时代。摩尔将拜伦与埃德斯顿、那个乡下穷小子吉罗的关系说成是"浪漫的友谊",对"'热娜'到底是谁"他一笔带过。他压根没提卢卡斯·查兰德里萨诺斯,只赞扬《今日我满三十六岁》一诗是"多情灵魂最后一次温柔的叹息"。摩尔倒是很关注拜伦的异性恋情,尤其是他在威尼斯的多个情妇,这无疑让这本传记显得对女性偏心。

摩尔的传记很快成为一把标尺,为将来多部拜伦的传记和传奇奠定了基础,并在十九世纪和二十世纪进入英国主流文化。一九四八年,丹尼斯·普莱斯在英国电影《坏坏的拜伦勋爵》中饰演那个万人迷,我们看到那基本上还是摩尔的拜伦。

注释

［1］乔治·芬利,《希腊史》,第六卷。

［2］《希腊邮报》,1824 年 4 月 24 日。

［3］彼得罗伯爵,《拜伦勋爵最后的希腊之行》。

［4］M.斯皮里迪翁·特里库皮,"在拜伦葬礼上的演讲",1824 年 5 月 22 日。

［5］彼得罗伯爵,《拜伦勋爵最后的希腊之行》。

［6］理查德·埃奇库姆,《迈索隆吉翁城回忆》('More Recollections of Missolonghi'),载《按语与征询》,1881 年 6 月 11 日。

［7］尤里乌斯·米林根,《希腊回忆录》。

［8］威廉·帕里,由托马斯·霍奇金森协作,《拜伦最后的日子》。

［9］彼得罗伯爵,《拜伦勋爵最后的希腊之行》。

［10］爱德华·布拉基埃致约翰·鲍林的信,1824 年 5 月 15 日。(希腊国家图书馆)

［11］爱德华·布拉基埃致约翰·卡姆·霍布豪斯的信,1824 年 5 月 4 日。(希腊国家图书馆)

［12］彼得罗伯爵,《拜伦勋爵最后的希腊之行》。

［13］《希腊邮报》,1824 年 5 月 2 日。

［14］爱德华·布拉基埃致约翰·卡姆·霍布豪斯的信,1824 年 5 月 4 日。(希腊国家图书馆)

［15］彼得罗·甘巴致约翰·卡姆·霍布豪斯的信,1824 年 5 月 24 日。

［16］彼得罗伯爵,《拜伦勋爵最后的希腊之行》。

［17］约翰·鲍林致拜伦的信,1823 年 6 月 2 日。

［18］《泰晤士报》,1824 年 5 月 15 日。

［19］转引自《检查者》对拜伦之死的多篇报道,1824 年 5 月。

［20］埃德蒙·高斯(Edmund Gosse),转引自哈罗德·尼科尔森,《旁注》('Marginal Comment'),载《检查者》,1943 年 5 月 14 日。

［21］道格拉斯·金奈尔德致约翰·卡姆·霍布豪斯的信,1824 年 5 月 13 日或 14 日。

［22］威廉·弗莱彻致奥古斯塔·利的信,1824 年 4 月 20 日。

［23］约翰·卡姆·霍布豪斯(布劳顿勋爵),“日记手稿”,1824 年 5 月 14 日。

［24］同上,1824 年 5 月 15 日。

［25］同上,1824 年 5 月 14 日。

［26］同上,1824 年 5 月 16 日。

［27］同上,1824 年 7 月 2 日。

［28］同上,1824 年 7 月 5 日。

［29］莱斯特·斯坦霍普上校致约翰·鲍林的信,1824 年 6 月 29 日。

［30］《约翰·布尔》(John Bull),1824 年 5 月 16 日。

［31］主任牧师爱尔兰致约翰·卡姆·霍布豪斯的信,1824 年 7 月 8 日。

［32］同上,1824 年 7 月 6 日。

［33］《星期日观察》,1824 年 7 月 11 日。

［34］约翰·卡姆·霍布豪斯(布劳顿勋爵),“日记手稿”,1824 年 7 月 11 日。

［35］《托马斯·摩尔日记》,1824 年 7 月 12 日。

［36］约翰·克莱尔,《自传片段》('Autobiographical Fragments'),见《约翰·克莱尔的自画像》(John Clare by Himself),埃里克·罗宾逊(Eric

Robinson)和大卫·鲍威尔(David Powell)编辑(1996)。

[37] 玛丽·雪莱致爱德华·约翰·特里劳尼的信,1824 年 7 月 28 日。(济慈-雪莱纪念馆,罗马)

[38] 卡罗琳·兰姆夫人致约翰·默里的信,1824 年 7 月 13 日。

[39]《泰晤士报》,1824 年 7 月 19 日。

[40] 约翰·卡姆·霍布豪斯(布劳顿勋爵),"日记手稿",1824 年 7 月 15 日。

[41]《泰晤士报》,1824 年 7 月 19 日。

[42] 约翰·卡姆·霍布豪斯,霍布豪斯在托马斯·摩尔的《拜伦的书信和日记》(1830)中的批注。

[43] 约翰·卡姆·霍布豪斯(布劳顿勋爵),"日记手稿",1824 年 5 月 14 日。

[44]《托马斯·摩尔日记》,1824 年 5 月 14 日。

[45] 同上,1824 年 5 月 16 日。

[46] 约翰·卡姆·霍布豪斯(布劳顿勋爵),"日记手稿",1824 年 5 月 17 日。

[47] 约翰·默里致豪松维尔伯爵的信,1864 年 10 月 19 日。

[48] 弗兰克·T.萨宾致约翰·默里的信,1886 年 5 月 18 日。

[49] 约翰·卡姆·霍布豪斯(布劳顿勋爵),"日记手稿",1824 年 5 月 15 日。

[50] 约翰·罗素勋爵,约翰·默里公司的会议纪要,1824 年 5 月 17 日。见《托马斯·摩尔日记》,第二卷。

[51] 玛丽·雪莱致爱德华·约翰·特里劳尼的信,1824 年 7 月 28 日。(济慈-雪莱纪念馆,罗马)

[52]《托马斯·摩尔日记》,1824 年 5 月 20 日。

[53] 拜伦致约翰·默里的信,1819 年 10 月 29 日。

[54] 约翰·卡姆·霍布豪斯(布劳顿勋爵),"日记手稿",1824 年 5 月

15 日。

[55]《托马斯·摩尔日记》,1828 年 2 月 29 日。

[56] 同上,1828 年 6 月 5 日。

[57] 同上,1828 年 5 月 25 日。

[58] 同上,1827 年 6 月 21 日。

[59] 同上,1827 年 6 月 25 日。

[60] 同上,1828 年 1 月 27 日。

[61] 同上,1828 年 2 月 3 日。

[62] 同上,1828 年 6 月 5 日。

[63] 同上,1828 年 6 月 7 日。

[64] 同上,1829 年 2 月 19 日。

[65] 托马斯·摩尔,《拜伦传》,第二卷。

第二十九章　追随拜伦的欧洲人

　　一八二六年,拜伦去世已有两年,一位来自比利时的画家约瑟夫-丹尼斯·冯·奥德韦尔绘制了一幅油画——《拜伦之死》,现存放在鲁日的格罗宁吉博物馆。油画属于新古典主义风格,我们可以看到拜伦洁白无瑕的遗体平躺在病榻上,那病榻就像祭坛,整幅画冲击力强,令人难忘。拜伦头戴月桂冠,一只冰冷的手垂搭在破旧的里拉琴上,旁边是一卷羊皮纸,无人问津。拜伦生前知道自己是众人追捧的偶像,他早期留下的偶像画竟成为烈士的遗像,好像他时刻都准备好要为自由献身。画家奥德韦尔曾在巴黎雅克-路易·大卫的画室工作过,他的《拜伦之死》很容易让人想到大卫的名作《马拉之死》,由此也能让人联想到拜伦与革命运动的联系。

　　人们认为拜伦荒废了青春,为革命事业献出了生命,在他去世后几年,这种观点频频出现在许多流行版画和哀悼纪念章上。其中一些几乎将他描绘成了基督,就像圣母怜子画像中的圣体,被哭泣的妇女和前来迎接的一队天使包围。拜伦生前的画像具有相当大的影响力,但死后的遗像影响力更大。实际上,他是第一位用遗照触动西方的人,唯一能与其媲美的是格瓦拉的死亡照片。一九六七年,古巴革命领导人格瓦拉遇刺的照片被传回欧洲。那张照片拍摄于玻利维亚瓦列格兰德医院的洗衣房,照片中他躺在破烂的担架上,那种冲击感不亚于拜伦的遗照。

在法国,评价拜伦倒没有那么多道德包袱,他在法国要比在英国更容易称雄。法国文化局的亲希腊成员夏尔·杜邦在讣告中写道,"没有人能像拜伦勋爵一样出类拔萃"。[1]

> 谁能与他相提并论?我们先不说拜伦在诗歌、散文或演讲方面的成就;仅仅就他的牺牲而言,谁能像他一样,在意气风发、年富力强的时候,在纵情享乐、享受奢华的时候,在他能功成名就的时候,一下把自己从美好生活中剥离开来,从一个奢华的国度,前往一个因专制而贫瘠、因内战而荒芜的地域。他来到希腊,鼓励懦弱的人,激励勇敢的人,把自己的财富献给抱负不凡的人,把自己的才华献给艰苦奋斗的人;最重要的是,他要平息争执,团结一个岌岌可危的民族,这让他更强大。这就是拜伦勋爵的贡献。这种伟人前无古人,后无来者。

545

一八二六开始,法国掀起了新一轮希腊文化热,这一轮主要以祭奠拜伦的牺牲为核心。迈索隆吉翁沦陷,大批的难民逃离迈城,剩下的人在火药库中自爆身亡,这座小镇最终在炮火中化为废墟,从此以后,法国人对希腊人民的同情延续了世世代代。后来这一事件经过了戏剧改编,迈城成了许多绘画和流行版画的主题。奥德韦尔画了一组人物形象清晰如雕塑的油画,名为《迈索隆吉翁最后的捍卫者》。德拉克罗瓦的《迈索隆吉翁废墟上的希腊》在所有有关画作中最有影响力。画中一位象征希腊的女性站在小镇乱石嶙峋的废墟上,她伸出双手,恳求欧洲帮助他们对抗土耳其。

随着迈城城池的覆灭,"迈索隆吉翁"成为一个英雄的代名字,引发一连串的联想,人们开始挖掘拜伦生前在迈城的事迹。一八二六年,斯格里奇的戏剧《迈索隆吉翁》上演,演出的舞台布景包含拜伦真实的坟墓,公众的情绪随即被点燃。法国十八至十九世纪的作家、政治家夏多布里昂的一番话道出欧洲人的肺腑之言:"我们要眼睁睁看着成群的蛮族踏着为世界带来文明的民族的坟墓将文明复燃的火种掐灭吗?看到土耳其人扼杀基督徒,基督教世界会无动于衷吗?欧洲那些合法继位的君主会愿意当僭主,将他们神圣的名字和血染的台伯河水扯上关系吗?"[2]迈城的沦陷警醒了欧洲大国,他们纷纷加入了希腊独立战争。一八二七年十月二十日,法、俄、英三国联合舰队在伯罗奔尼撒半岛的纳瓦里诺湾击败了奥斯曼帝国舰队,这场战争虽然有些混乱,但最终取得了胜利,对希腊的独立建国起到了决定性的作用。哈罗德·尼科尔森认为,"没有拜伦就没有纳瓦里诺战的胜利"这句话有些过誉,但不可否认的是,拜伦的身影在这场宣传战中扮演了重要角色。

帕纳约蒂斯·卡内洛普洛斯最近出版了十卷本《欧洲精神史》,拜伦独成一章,十分罕见。他说,"世上没有哪个诗人能像拜伦那样对他所在的时代、对欧洲产生如此巨大的影响"。[3]拜伦丰富多彩的一生为其他作家和艺术家涉足政坛提供了一条路子:意大利革命领袖朱塞佩·马志尼在《拜伦与歌德》一文中写道:"据我所知,没有什么能比拜伦死在希腊更能完美地象征艺术家的未来和使命了。诗歌和民族事业的神圣联盟;思想与行动的罕见结合,只有这样才能实现人类语言的全部潜力。"[4]他不仅打破了艺术家和政治活动家之间长久的隔阂,还克服了跨国籍的障碍:拜伦成为异国他乡的民族英雄。他把欧洲故事讲给英国人听,反过来把英国故事讲给欧洲人听,这是个双向过程,至今仍在进行。

对于维克多·雨果来说,拜伦的死可以说是一场"家庭变故"。[5]他失去了诗歌大家庭中的一位密友。无论是在法国还是英国,拜伦的死对仰慕者来说都是一种对于个人的打击。雨果在《法兰西缪斯》杂志上发表了一篇动人的讣告,题为《乔治·戈登——拜伦勋爵》,为这位同行哀悼。雨果还将拜伦对自由主义和怀疑主义的态度与夏多布里昂的君主制和传统宗教观点做了对比。雨果先前创作过一部名叫欧纳尼的戏剧,这部戏剧备受争议,尤其遭到了当权者的严厉抨击。一八三〇年,作为回应,他写了一首讽刺诗《明日佛晓》,并附上题献"致一八一一年的拜伦勋爵"。诗中,雨果把自己与年轻的英雄拜伦相比,因为拜伦曾遭到《爱丁堡评论》的批评,而且他挺住了。

　　法国浪漫派诗人阿尔弗雷德·德·维尼也来为拜伦"哭坟"。《法兰西缪斯》宣布他要发表一首悼亡诗,但最终并没有发出来。以下是其中一个片段:

> 诗人的征服者,我向你道别!
> 看到你离世,我羡慕你;
> 你虽英年早逝,但会永远年轻,
> 因为诗作是你的宝藏。
> 在水手眼里,你就是热带地域的骄阳,
> 纵身跃入温柔的海浪,
> 降落到新的居所,依然强壮如正午,
> 从不让世人失望。[6]

看来法国的拜伦主义者真正学到了拜伦本人的共情力。

　　在法国作家中,阿尔方斯·德·拉马丁和拜伦基本上是同辈人,有最为相似的经历。拉马丁在拜伦去世之前就已关注他多年。一八一九年他到英格兰时,一位老朋友向他介绍了拜伦的诗歌。他在日内瓦读到了法文版的《海盗》《劳拉》《曼弗雷德》。拉马丁说拜伦的诗歌道出他内心的声音,让他"陶醉"。一八二〇年发表的《诗学沉思集》确立了拉马丁欧洲最伟大的浪漫派诗人之一的称号,他用很长一节描写拜伦阴暗和善恶难辨的一面——《你,全世界都不知道你的真名》。一八二五年,拉马丁为《恰尔德·哈洛尔德游记》写的续集《哈洛尔德游记的最后一支歌》出版。他不一定真见过拜伦本人,只是幻想见过他。他回忆说在日内瓦附近海域隐约见到过一个着装古怪、脸色苍白的人,他顶着狂风暴雨只身站在小船的甲板上,似乎在盼望着一场海难。拉马丁视他为精神上的亲兄弟,是激荡的灵魂在冥冥之中让二人相联。

回头看来,两人之间的联系远不止如此。一八二七年新年前夕,在罗马举办了一次舞会,气宇轩昂、完美无瑕的拉马丁见到了特蕾莎·圭乔利。拜伦生前的情妇与拜伦的仰慕者之间发生恋爱关系已成为一种常见模式,拉马丁自然追求起了特蕾莎。二人一起在杜利亚-帕姆菲利宫殿的花园漫步。期间,特蕾莎给他讲述了她所知道的拜伦的生平,拉马丁根据她的讲述创作了《拜伦传》,最终发表在《立宪报》上。拉马丁和布莱辛顿夫人也有一段恋情,两人于一八二八年在佛罗伦萨相见。布莱辛顿夫人觉得拉马丁"相貌英俊,仪表堂堂,穿衣打扮完美得像一个绅士,看一眼就知道是一个诗人"。[7]虽然拉马丁缺少拜伦特有的那种不修边幅的浪漫派风格,但布莱辛顿夫人仍渴望和他分享她记忆中的拜伦。

拜伦的一生证明诗人也可以是实干家,这对他那一代的作家产生了非同寻常的影响。拜伦为人有一种莫名的霸气,对异性具有独特的魅力,成为各国作家的榜样。海涅出生于一七九七年,比拜伦晚十年出生,他在二十出头的时候被拜伦著作的译者伊丽莎·冯·霍恩豪森誉为"德国的拜伦"。歌德推崇拜伦,这对他产生了深远的影响。海涅早期的悲剧《阿曼索》(1820)和《拉特克利夫》(1822)明显有拜伦的影子。

海涅自己翻译的拜伦诗歌于一八二一年出版,《再见》实际上就是《告别》,接着他翻译了《曼弗雷德》的第一幕第一场。不仅如此,海涅在作品、信件和论述中经常提及拜伦,称他为堂哥。一八二四年,他写道:"拜伦的死深深影响了我。他是唯一一个给我亲近感的人。"[8]

和拜伦一样,海涅也常年流亡他乡,和母国格格不入。他身为犹太人,性格却像一个激进的世界主义者。一八三〇年,他离开德国前往巴黎,披上浪漫派的衣钵。在他的几幅肖像里,他像拜伦那样敞开衬衣的领口,斗篷在身后飘荡,这一造型后来成为欧洲浪漫派的标志性形象。不仅如此,海涅也和拜伦一样,身为浪漫派,却还要嘲讽浪漫派,以示自己的孑然一身。海涅成名于他的抒情诗,但他一八三三年的评论《论浪漫派》口吻犀利,不亚于拜伦。他理解拜伦为何要嘲弄、毁掉他所爱的一切,他会天马行空地把拜伦比作一个疯狂的小丑,想象他将匕首插进自己的心脏,用自己黑色的血液溅污观众。"如果要为拜伦破碎的灵魂而悲痛,我们还不如为世界之心的破碎而悲痛;诗人的心就是世界的心,如今的它已四分五裂,可怜啊。"[9]对海涅来说,自身的矛盾是拜伦的精髓,而这也是他扬言要在诗中殉道的根本所在。

拜伦在波兰的崇拜者和模仿者是亚当·密茨凯维奇,他一七九八年出生在立陶宛大公国。由于历史原因,当时的波兰联邦刚被俄罗斯、奥地利和普鲁士瓜分,所以严格来说密茨凯维奇是立陶宛裔的俄罗斯人。但他毕生致力于波兰的独立运动,想让它再次成为一个独立的政治实体,他后来成了弘扬波兰民族主义的伟大诗人。年轻时的密茨凯维奇刚开始接触浪漫派诗歌就向拜伦看齐,他先读到的是德语版的作品,后来是英语版的。这时的他正好情场失意,一八二二年和一八二三年发表的前两部诗集凄美而忧伤,很像拜伦。

拜伦去世后的几年,密茨凯维奇被流放到俄罗斯。一八二八年,他出版了宣扬波兰民族主义的长诗《康拉德·华伦洛德》,可谓战争号角。

548

他在诗中大方地崇拜拜伦,称他是实干的诗人、革命的催化剂。次年,他离开俄罗斯前往德国旅行,拜访了歌德,随后在罗马生活了一年。一八三〇年底,波俄战争爆发,抵抗俄罗斯的波兰爱国者尊密茨凯维奇为起义者的精神领袖,他像拜伦一样既是鼓舞人心的诗人,又是一股政治力量。一八三二至一八三三年,起义渐露预势,密茨凯维奇怀着满腔愤懑转而翻译拜伦的《异教徒》。一八三四年,他创作的伟大的波兰史诗《塔杜施先生》出版。

549 　密茨凯维奇还是模仿拜伦穿衣打扮模仿得最好的。他非常欣赏拜伦的模样,甚至学他把自己打扮成公子哥。他把头发梳得和拜伦一样油光发亮,让卷发随意披散。如果普希金画的真是密茨凯维奇的样子,那他甚至模仿起拜伦那种既要勾引你又要拒你于千里之外的神情。万科维茨创作的著名肖像《阿尤达石上的密茨凯维奇》现珍藏于华沙国家美术馆。画中的密茨凯维奇深情凝望着远方,与亚当·弗里德尔笔下的拜伦有着太多相似之处,这种相似绝非偶然。在这幅广为流传的平版画中,拜伦坐在希腊海角的岩石上,手托着下巴,脚下是他那在荷马史诗中才能见到的头盔。

在一八七二年,瓦西里·特罗皮宁和奥列斯特·基普连斯基为普希金作了最著名的两幅画,画中的普希金也在模仿拜伦。拜伦风的影响从欧陆中心向四周延伸至远方。普希金于一七九九年出生于莫斯科,是拜伦的崇拜者中最有趣的一位,集多种矛盾于一身。普希金从小在一个古老的俄罗斯贵族家庭中长大,但他接受的是颠覆性的教育;他早期在宫里做事,后被解职放逐;最后在一八三七年的一次决斗中去世——普希金的生活和拜伦的一样,本身就是一部戏。弗拉基米尔·纳博科夫评论道,普希金活得像他笔下的人物。

普希金很欣赏拜伦早期的诗歌。一位朋友请他推荐一位优秀诗人供效仿,普希金建议他"读一读拜伦的《帕里西纳》"。[10]一八二〇至

一八二一年，普希金创作了《高加索的俘虏》，一八二二年又创作了
《巴赫奇萨赖的泪泉》，后者讲述了鞑靼可汗爱上一个被俘的波兰女孩，
两首诗都明显受到了拜伦东方叙事诗的影响。普希金一八二九年写的
叙事诗《波尔塔瓦》是对拜伦《马泽帕》的再演绎。一八三一年的
《叶甫根尼·奥涅金》讲述的是一个当代的故事，其题词是从《恰尔德·
哈洛尔德游记》中选取的。朋友们一眼就看出《叶甫根尼·奥涅金》和
《唐璜》的相似之处，尽管普希金不承认。

　　两位作家在个人轶事上也有太多相似之处。普希金和拜伦一样酷
爱游泳，大冬天也会跳进河里，在莫斯科宏伟的大理石公共游泳池里尽
情嬉戏。他学拜伦耍风流。他在一个情人的妹妹的纪念册上不无夸耀
地列出一个"唐璜式的女人名单"，把他昔日恋人的名字全部写了出来，
就像拜伦对自己在威尼斯玩过的女人如数家珍。同样，他有时也会粗
俗。普希金收纳了一个名叫卡里普索·波利克罗尼的希腊女孩，是一个
算命先生的女儿。她自称一八一〇年拜伦去君士但丁堡时和她有过一
段关系，普希金想象自己也拜倒在拜伦女人的石榴裙下，吻过拜伦吻过
的女人。他对一位俄国朋友说："我心怀敬重地抚摸着她的身体，仿佛
在与那位英国诗人交流。"[11]

　　普希金得知拜伦去世的消息时，正在米哈伊洛夫庄园，这是一块疏
于管理的家产，位于俄罗斯南部普斯科夫州，他在这里受人监视。他请
村里的牧师为"伟人乔治"[12]举办一场纪念仪式。他给朋友彼得·维亚
泽姆斯基公爵写信说："你为拜伦难过，我却为他的死而高兴，死亡可是
一个崇高的诗歌主题啊。"[13]一八二五年十二月，十二月党人发起了一
场反对沙皇政权的起义，要是普希金还在圣彼得堡，他定会勇敢地投身
其中。诗人孔德拉季·费奥多罗维奇·雷列耶夫是其中一位年轻的领
导人，他因参与起义而被判处死刑。在行刑途中，他还带着一本拜伦的
诗集。

550

拜伦的崇拜者不限于文学界,在音乐界和艺术界也有。拜伦风影响了十九世纪的肖像画风、着装风格以及对自然、风景、旅行的看法,还有那个时代的道德观和人际关系学——拜伦风几乎成了一种生活方式。一八四〇年,画家约瑟夫·丹豪瑟绘制了一幅画《钢琴旁的李斯特》,可见大家是多么崇拜拜伦:七位欧洲浪漫派艺术家站在贝多芬和拜伦的肖像前,拜伦的这幅肖像是他和安娜贝拉·米尔班克订婚时请乔治·哈洛创作的。画里除了有作家亚历山大·大仲马和乔治·桑之外,还有著名小提琴家帕格尼尼、作曲家罗西尼、柏辽兹、李斯特,以及依偎在李斯特脚下的情妇玛丽·达古。

这三位作曲家都与拜伦有特殊的联系。一八一九年拜伦在威尼斯狂欢的时候见过罗西尼,其他两人他没有见过。拜伦去世后,罗西尼创作了《缪斯女神的哀歌》。一八二〇年,他的歌剧《穆罕默德二世》原本要在那不勒斯上演,未果。六年后,这部歌剧改名为《科林斯之围》,在巴黎歌剧院重演。歌剧的历史背景也做了修改:原背景为土耳其和威尼斯之间的战争,威尼斯痛失内格罗蓬特堡垒;修改后为土耳其和希腊之间的战争。可见,这是在致敬拜伦的《科林斯之围》,尽管他对这首诗有自己的见解。而且,一八二六年巴黎沉浸在希腊热中,这一改也是商业妙招。

作曲家埃克托·柏辽兹在自传中说,自己年轻的时候陷入"孤独之苦"[14]中,这实际上是创作欲的另外一面,难以压抑,令他十分痛苦,因此他觉得自己的脾性很像拜伦。十九世纪三十年代初,柏辽兹去意大利旅行,就像其他同代浪漫派艺术家那样,他似乎有意识地追寻拜伦的足迹。他见到一位自称曾载着拜伦航行到亚得里亚海和希腊群岛的威尼斯船长,和他聊了一聊。在夏日炎炎的罗马,他手握一本拜伦诗集来到圣彼得大教堂,安静地坐在忏悔室里,"沉浸在滚烫的诗句中"。[15]柏辽兹"很欣赏他铁汉柔情的一面：时而冷血无情,时而温柔至极,时而心地宽厚,时而毫无怜悯之心"。他从拜伦身上看到了自己的影子,看到了自己跌宕如暴风骤雨般的一生,是拜伦启发他创作了两部最成功的作品。一八三一年,柏辽兹忍着剧痛结束了与年轻钢琴家凯枚莉·玛丽·莫克的恋情,为此他在热那亚自杀未遂,这一经历也像拜伦。之后,他创作了管弦乐作品《尼斯之塔》的初稿,后来将它扩展成了序曲《海盗》,与拜伦的一首长诗同名。

一八三四年,柏辽兹直接借鉴了拜伦的长诗《恰尔德·哈洛尔德游记》,创作了他自己的"哈洛尔德",后来改名为《哈洛尔德在意大利》。起初,小提琴家帕格尼尼请他创作一首管弦乐作品以展现他新获得的一把名琴——意大利提琴制作师安东尼奥·斯特拉迪瓦里制作的中提琴。而柏辽兹却交出了一份交响乐作品,称启发这部作品的是"我在阿布鲁齐山漫步后印在我脑海里的美景"。中提琴独奏在其中担任着旁白诗人的角色,负责评论一幅幅画面,"他是一个忧郁的梦想家,类似拜伦的哈洛尔德"。"哈洛尔德"的主题在四章交响乐中反复出现：山中的哈洛尔德;朝圣者的路途;阿布鲁兹山民献给情妇的小夜曲;以及山匪的狂欢。在最后一章,柏辽兹运用了拜伦喜欢的原始色彩和律动。

丹豪瑟所画的这群人最欣赏拜伦漂泊的人生。他们眼中的拜伦是一个风流倜傥、随心所欲的人,谁要是待在家里就会被他鄙视。对他们来说,拜伦是漂泊不定、无牵无挂的最佳典范。乔治·桑原名奥罗尔·杜邦,贵族头衔为女男爵杜德万夫人,一八三一年她离开丈夫前往巴黎独居,开始写小说。她把生活经历都写进小说里：与阿尔弗雷德·德·缪塞和肖邦的恋情,她的欧洲之旅,情感历程。一八三五年,另一位已婚女伯爵玛丽·德·达古夫人离家出走,到瑞士和二十四岁的弗朗兹·李斯特住到了一起。李斯特最具拜伦风格的作品是钢琴组曲《巡礼之年》中的前两组,记录了他与玛丽在接下来的四年里一段共处时光。

他们在瑞士瓦伦城湖边住了一段时间。在这里,李斯特为玛丽谱写了一首忧伤的小品——《在瓦伦城湖上》,乐曲模仿湖浪的叹息声和船桨拍打湖水的节奏。玛丽在回忆录中说,每次听到这支曲子,她都会落泪。李斯特引用《恰尔德·哈洛尔德游记》中的一段作为这支小品的题记:

552
镜面似的湖水!

你同我曾居住的茫茫人世相异迥然,

你似乎在静静地告诫我,向我叮嘱:

应抛弃尘世的烦恼水,寻求纯洁的泉。[16]

第七首《牧歌》和最后的第九首《日内瓦之钟》也与《恰尔德·哈洛尔德游记》有直接的联系。在湖上之城的钟声里,我们听到的不仅是李斯特的日内瓦印象,还有拜伦的。

欧仁·德拉克罗瓦是第一位受拜伦影响的画家。评论家查尔斯·布兰克称他为"绘画界的拜伦"。德拉克罗瓦年轻时就疯狂地阅读拜伦的著作。一八二四年,他把拜伦、但丁和拉马丁三位列为最能启发他创作的作家,"有些书时读时新"。[17]德拉克罗瓦借鉴过拜伦的《海盗》《莱拉》《马泽帕》以及《锡雍的囚徒》;他反复回到《阿比多斯的新娘》中,从拜伦本已非常清晰的描述中摘取戏剧性的画面作素材。他在日记中写道:

诗中自有黄金屋,诗中自有颜如玉;应该记住拜伦的一些段落,它们可以启发你,从不会让你失望;它们符合你的风格。比如,《阿比多斯的新娘》的结局处,"塞利姆之死"的那段情节,他被抛尸于翻滚的海浪，那只手——就是那只手——浪花拍打海岸，将这只手卷带着托举到海面之上。这就是崇高，为拜伦独有。[18]

　　作为一名画家，德拉克罗瓦喜欢那些恐怖、暴力的主题和场面宏大的对抗。由于拜伦善用东方格调，德拉克罗瓦也喜欢异国情调。他喜欢给反派加戏，这一点也是从拜伦那里学来的。他根据拜伦的历史诗剧绘制了三幅大型油画：一八二六年的《威尼斯总督马里诺·法列罗的处决》，一八二七年的《萨达那帕勒斯之死》，一八五五年的《福斯卡里父子》。德拉克罗瓦对《萨达那帕勒斯之死》最后一幕的诠释超越了拜伦：古亚述的首都尼尼微，最后一任国王端坐在王座上，喧闹的宫女、赤裸的奴隶、前蹄扬起的骏马围绕在他身旁，他冷眼观看这声色犬马的一幕。一八二八年，这幅画在巴黎画展上展出，让不少观众怅然失色。

　　最让德拉克罗瓦心动的是拜伦身上那种无畏的精神气："没有气魄，没有撼天动地的气魄，就没有美。"[19]与其他仰慕拜伦的欧洲人一样，德拉克罗瓦着迷于拜伦这个人，他的外表，他的习惯。德拉克罗瓦觉得拜伦之所以气宇轩昂是因为他常喝杜松子酒。他还把自己画成了拜伦的模样。在早期的《身着旅行装的自画像》中，得意扬扬的德拉克罗瓦头戴一顶尖顶帽子，类似拜伦在热那亚和希腊画的肖像中戴的侦察骑兵帽；而在一八三七年卢浮宫展出的自画像中，他凝视观众，学拜伦那样面带轻蔑。

553

　　意大利复兴运动的领袖朱塞佩·马志尼比拜伦小十六岁，对他来说，拜伦的诗歌已经成为他日常生活的一部分。"无论我走到哪里，拜伦的点点滴滴都贯穿了我的一生。"[20]在拜伦所有的欧洲崇拜者中，马志尼把拜伦如何影响那个时代的政治生活表达得最具说服力。他借用《锡雍的囚徒》的话说道：

那"永远自由的灵魂、永远无束的心灵"为我们照亮了前程。他就是普罗米修斯的化身,他自己为这位永恒的神话人物创作了不少作品。他的呐喊听来痛苦,但昭示未来,他的声音回荡在欧洲文明的摇篮之上;他那宏伟而神秘的身形,从一个时代的埋葬,到另一个时代的继位,随时变化,不停复现;他为天才的离世哭泣,为尚未实现的愿景受苦。拜伦自己也有"坚定的意志"和"深邃的感知力",他也能"视死亡如凯旋"。[21]

在马志尼看来,拜伦作为一个个性十足的伟大艺术家,却为大家开辟了一条通向解放的道路。威尔第继承了这种精神,根据拜伦创造的悲剧谱写了歌剧《福斯卡里父子》,于一八四四年在罗马首演。到了一八四八年,欧洲各国爆发了一系列武装革命,街垒和牢狱仍保留着人们对拜伦鲜活的记忆。

欧洲人崇拜的拜伦肯定和英格兰人所知的拜伦不是一个人。相比欧洲人眼中那个更纯粹、更抽象的拜伦,英格兰的拜伦则是咖啡馆里妙语连珠的贵族,是热爱体育运动、在曼顿商行买枪、跟外号叫"绅士"的拳师杰克逊练拳的年轻人,他可以和斯克罗普·戴维斯讲一整晚上神鬼故事,也常出没于德鲁里巷剧院的演员休息室。他的欧洲崇拜者看不到拜伦那花花公子的一面。他们读不到他的书信,接触的诗歌通常是翻译版。他们容易和严肃宏大的《曼弗雷德》、壮怀激烈的《锡雍的囚徒》产生共鸣,却欣赏不来拜伦犀利的英式风趣。

554　　一八二〇年,拉马丁发表诗歌《致敬拜伦勋爵》,在诗中他称拜伦是"地狱诗人",拜伦当时非常生气。布莱辛顿夫人记得他当时说:"我太讨厌法语诗了,哪怕是那首非要把我拉到公众视野下的诗,我也就只读了几行。他称我'神秘而平凡,既是天使,也是恶魔';我认为一个有教养的法国人说出这样的话非常不礼貌。"[22]托马斯·摩尔在他一八三〇年发表的传记中批评了一种"普遍存在于欧洲的现象,即他们把生活中的拜伦和诗歌中的拜伦想象成了一个奇人,一个神秘的人"。他担心,他笔下的"'有血有肉'的英雄"可能会让他的欧洲读者失望;他根据和拜伦的日常交往,呈现出一个"合群、务实、有缺点、有怪癖的英国男爵"。

但摩尔的传记很难改变欧洲读者把拜伦看成"恰尔德·哈洛尔德"的决心。给大仲马、缪塞、戈蒂埃和波德莱尔启发的是那个郁郁寡欢的、作为旁观者、流浪者的拜伦。居斯塔夫·福楼拜一八四五年亲自前往锡庸古堡朝圣。参拜过程非常神圣,他时刻提醒自己:

> 这里曾来过那个脸色苍白的人,他在这里踱步徘徊,把名字刻在石头上,然后走了……拜伦的名字是斜着写的,现在字迹非常黑,好像有人为了让字迹看得清楚,在上面描了墨水;的确,他的名字在灰色的柱子上发光,进来的人一眼就能看到。石柱的表面略显斑驳,仿佛有一只强有力的大手贴在上面摩擦,将它磨了下去。[23]

整个十九世纪到二十世纪初,欧洲人一直将拜伦看成"地狱诗人"。意大利评论家马里奥·普拉兹在一九三三年出版的英文版《浪漫的痛苦》中将拜伦说成是"宿命之子"的典型。他写道,"拜伦的一生是一部阴森的悲剧,整场戏都发生在一间道德行刑室"。[24]法国文学家安德烈·莫洛亚在一九三〇年也完成了一部拜伦传,他将拜伦写成了一个恋爱高手,一部华丽的悲剧的主人公:像他这样的男性传记家为数不少,都一厢情愿地将拜伦描绘成他们想成为的那个模样。

注释

[1] 夏尔·杜邦,1824 年,收录在法国新闻媒体对拜伦之死的报道文集里。

［2］夏多布里昂子爵弗朗索瓦－雷内，《希腊笔记》（'Note on Greece'），1825 年。

［3］帕纳约蒂斯·卡内洛普洛斯，《欧洲精神史》，C. M. 伍德豪斯（C. M. Woodhouse，特灵顿勋爵〔Lord Terrington〕）译，印制中。

［4］朱塞佩·马志尼，《拜伦和歌德》（'Byron and Goethe'），《纪事月报》（Monthly Chronicle），1839 年。

［5］维克多·雨果在《法兰西缪斯》发表的纪念拜伦的悼词，收录在《文学与哲学杂论》（Littérature et philosophie mêlées），《雨果作品全集》，第十二卷，拉丰（Laffont）编辑（1985–1990）。

［6］阿尔弗雷德·德·维尼，《拜伦之死》（'Sur la mort de Byron'），转引自《拜伦勋爵：浪漫的一生》（Lord Byron, une vie romantique，勒南－谢佛出版社〔Maison Renan-Scheffer〕，巴黎，1988）。

［7］布莱辛顿夫人，《意大利的闲游者》（The Idler in Italy, 1839–1840）。

［8］海因里希·海涅致摩西·墨瑟（Moses Moser）的信，1824 年。见路易斯·昂特迈耶，《海因里希·海涅》（Heinrich Heine, 1938）。

［9］尼娜·迪亚克诺娃（Nina Diakonova），《海涅：拜伦的诠释者》（'Heine as an Interpreter of Byron'），载《拜伦研究》，1994 年。

［10］约翰·贝利（John Bayley），《普希金和拜伦：复杂的关系》（'Puskin and Byron: A Complex Relationship'），载《拜伦研究》，1988 年。

［11］亚历山大·普希金，转引自查尔斯·斯布罗森（Charles Sprawson），《黑色按摩师的身影：英雄的泳者》（Haunts of the Black Masseur: The Swimmer as Hero, 1992）。

［12］哈罗德·尼科尔森，《旁注》，载《观察者》，1943 年 5 月 14 日。

［13］亚历山大·普希金致彼得·维亚泽姆斯基的信，1824 年 6 月。见《亚历山大·普希金书信集》（The Letters of Alexander Pushkin），J. T. 肖（J. T. Shaw）编辑，第一卷（1963）。

［14］《埃克托·柏辽兹自传》（Autobiography of Hector Berlioz），第一卷

（1884）。

［15］关于拜伦和柏辽兹的关系，参见大卫·凯恩斯（David Cairns），《柏辽兹：一位艺术家的养成》（*Berlioz: The Making of an Artist*），第一卷（1989）。

［16］《恰尔德·哈洛尔德游记》，第二章，第 85 节，第 797 行。

［17］《欧仁·德拉克罗瓦日记》（*The Journal of Eugène Delacroix*），休伯特·惠灵顿（Hubert Wellington）编辑（1951），1824 年 4 月 11 日。

［18］同上，1824 年 5 月 11 日。

［19］同上，1850 年 7 月 21 日。

［20］朱塞佩·马志尼，转引自伊恩·布鲁玛（Ian Buruma），《伏尔泰的椰子和欧洲的恋英癖》（*Voltaire's Coconuts or Anglomania in Europe*，1999）。

［21］朱塞佩·马志尼，《拜伦和歌德》，载《纪事月刊》，1839 年。

［22］M. 加德纳（布莱辛顿伯爵夫人），《拜伦勋爵对谈录》。

［23］居斯塔夫·福楼拜，转引自安德烈·莫洛亚，《拜伦传》（1930）。

［24］马里奥·普拉兹，《浪漫的痛苦》（1933）。

第三十章　追随拜伦的英国人

　维多利亚时代许多赫赫有名的人物在年轻时都迷恋拜伦。一八二四年,十四岁的桂冠诗人阿尔弗雷德·丁尼生将"拜伦已故"刻在一块软砂岩上。这块石头就在林肯郡萨默斯比村,他父亲的住所附近。在他记忆中的那一天,"对我来说,整个世界似乎都暗淡无光"。[1]读书时,丁尼生不喜贺拉斯,极爱拜伦,"拜伦才能表达我的感情"。

拜伦的死讯传到苏格兰历史学家和散文作家托马斯·卡莱尔那里,他向未婚妻简·威尔士女士哀叹道:"呜呼哉! 可怜的拜伦! 可怜的拜伦! 他的死像一块巨石压在我的心头。一想到拜伦已不在,我就心如刀绞,犹如丧兄之痛!"[2]未婚妻简后来和卡莱尔于一八二六年成婚,她饱读诗书,也崇拜拜伦,作品中那些出格的内容惊得她目瞪口呆。两个人谈恋爱的过程并非一帆风顺,拜伦自然成了他们共同的话题。一八二二年,卡莱尔给简·威尔士寄去拜伦的叙事长诗《沃尔纳》,告诉她一定不要放弃这段感情。卡莱尔写信告诉她,他们的共同话题人物溘然离世了。信还没到简手里,她也写好了给卡莱尔的信:

> 拜伦死了! 我在喧闹的房间里听到了这个消息。老天啊,哪怕他们告诉我太阳或月亮消失了,都没有"拜伦死了"这句话更令人

窒息。从那以后，我一直萎靡不振，情绪低迷，大脑空白。真希望你
能来陪我。[3]

有趣的是，简竟然关注听到消息的地点，这是对名人溘然离世的正常反
应，一个世纪后美国第三十五任总统肯尼迪遇刺身亡、英国威尔士王妃
戴安娜香消玉殒时也出现了这种现象。

胸怀大志的年轻诗人马修·阿诺德是拉格比公学改革派校长的长
子。他在拉格比公学和温彻斯特公学读书时曾读过拜伦的诗，并且凭借
演讲《威尼斯总督马里诺·法列罗》中的一段讲话而获得温彻斯特诗歌
朗诵奖。他自己早期的诗句深受《恰尔德·哈洛尔德游记》影响，尤其 556
是一八三八年十六岁时写的忧郁的东方作品《君士坦丁堡》和一八四〇
年的《罗马的阿拉里克》。诗中，来自西哥特的征服者对自己的胜利表
现出的不屑和拜伦一模一样：

> 也许他漂泊的心早已远去，
> 迷失在他对家乡最初的斑驳记忆中。[4]

虽然阿诺德在后来将意大利诗人贾科莫·莱奥帕尔迪排在拜伦之上，但
他承认，为了反抗"乌泱乌泱的中产阶级"的庸俗主义，他对那些诗人的
道德品质都过誉了。[5]阿诺德的《文化与无政府状态》于一八六九年出
版，其中表达出他对英国人精神生活贫瘠化的担忧。在一八八一年出版
的《拜伦诗集》序言中，马修·阿诺德言辞生动地总结出自己对拜伦的
看法。他视这位摄政时期的贵族为盟友，和他携手大胆对抗整个维多利
亚时代：

> 旧秩序已瓦解，英国中产阶级从漫长的两个世纪的昏睡中慢慢

苏醒,它的思想让我们把这个世界看得如此清晰——这是一个贵族阶级贪恋物质、丧失志向的世界,一个中产阶级变得无知、丑恶的世界,一个下层阶级变得粗鲁、野蛮的世界。我们要面向远大的目标,将目光转到这个热血、无畏、孤独的战士身上。

十九世纪三十年代初,在约克郡哈沃斯村的牧师家里,勃朗特家的后人夏洛蒂、布兰威尔、安妮和艾米莉阅读拜伦的诗歌,并从摩尔为他立的传中捕捉诗人生活的点滴。他们受《东方叙事诗》中异域风情的影响,在作品中创造了安格利亚王国和冈德尔王国。前一个王国是夏洛蒂和布兰威尔创造的,其中主要人物亚历山大·珀西是北安哥兰伯爵,亚瑟·韦尔斯利先是杜罗侯爵,后来成为扎莫纳公爵。在这些相互联系的诗歌、戏剧和故事中,年轻的勃朗特家的儿女们创造了一幅"不守规矩却魅惑力极强的"拜伦模样的贵族群像。

是马修·阿诺德在一八五五年的诗歌《哈沃斯墓园》中最终挑明了拜伦和勃朗特家族的渊源关系。[6]他在诗中这样评价艾米莉:

> 她
> (我该如何歌颂她?)对她而言,
> 自从那个举世闻名的
> 烈焰之子拜伦死后,
> 无人再有他那样的
> 气力、热情、迅猛、悲情、胆量。
> 她困惑,消沉,郁郁而终。

在勃朗特姐妹的小说中,拜伦式的英雄是美玉微瑕的天使,是诱惑力十足的恶魔,常以超凡的想象力出现。在艾米莉·勃朗特的《呼啸山庄》

中,希斯克利夫是这样一个人物:"高大,健壮,身材匀称",在阴郁的眉宇间,在那"邪恶的眼神"里,隐藏着拜伦的凶蛮。像兄妹一样一起长大的希斯克利夫和凯瑟琳之间的爱情暗示拜伦的乱伦。[7]自负的凯西拒绝嫁给希斯克利夫,认为这样有失身份,这一情节正好呼应玛丽·查沃斯对拜伦的轻蔑:"什么! 我怎么可能喜欢那个瘸子?"这个情节被托马斯·摩尔记录在《拜伦传》中。

在夏洛蒂·勃朗特的《简爱》中,阴郁的男主人公罗切斯特在很多方面显现出拜伦的影子:他过去在男女之事上有过不检点,他明知婚姻要失败但还是要结,他把妻子藏在阁楼里,他斗胆诱骗简结婚,私下为她举办非法婚礼。他虽然道德败坏,但特别招人喜爱,可爱又让你爱得不踏实。罗切斯特可以得到救赎吗? 在塑造人物时,夏洛蒂借鉴了拜伦笔下的《恰尔德·哈洛尔德游记》和《土耳其叙事诗》中亦正亦邪的浓眉大侠,她显然也认真阅读过汤姆·摩尔的传记,罗切斯特因此具有摩尔笔下拜伦本人的特质。

在威尼斯漫步的罗斯金缅怀着拜伦。一八三五年,他随父母第一次来到这里,当时的他就已经感到自己与诗人拜伦和拜伦本人有着密切联系。他的父亲约翰·詹姆斯·罗斯金是一个"朗诵高手"。[8]傍晚茶余饭后,父亲总会在客厅为他朗读拜伦的诗。罗斯金十二岁生日时,父亲允许他喝葡萄酒,带他去看戏,还给他念《唐璜》中描述海船失事的段落。罗斯金年幼时,遇到一位中年苏格兰女士,也就是那时的考科伯恩夫人,她可是和拜伦两小无猜的小青梅玛丽·达夫,她的丈夫是考科伯恩波特酒家族的一员;而罗斯金的父亲做的是雪莉酒的生意。罗斯金很高兴结识这些新朋友。

在威尼斯,十六岁的游客罗斯金模仿拜伦的风格写下对威尼斯的印象:

　　　　我伴着午夜的月光去过圣马可教堂，

　　　　漫步在里亚托一个众人皆知的阴森之地，

　　　　贡多拉船带我到拜伦寻欢作乐的大宅，

　　　　福斯卡里别墅就在斜对岸。[9]

558　在他的自传《往昔》中，他说："我印象中的威尼斯，就像画家的威尼斯一样，说到底，都是拜伦创造的。"[10]在维多利亚时代一众评论家中，只有罗斯金发现，拜伦可以将特定地方融入诗歌，他也跟着模仿，通过追溯曾居于此地的名人的旧事，让一处风景或一座城市焕发新的生机。"拜伦的故事诗《锡雍的囚徒》、悲剧《曼弗雷德》，让我领悟到锡雍城堡和湖畔小村梅勒里的价值，让我一到威尼斯就去寻找福斯卡里和法利埃罗的旧宅。"

　　有一段时间，拜伦和透纳成了罗斯金心中并驾齐驱的神——拜伦是诗歌之神，透纳是色彩之神。罗斯金欣赏拜伦娴熟的文字运用能力，将其与能工巧匠的技艺相提并论，说他写文章就像工匠心无旁骛地做事，"就像铁匠锤打热铁，冷静，迅捷"。最重要的是，罗斯金欣赏拜伦的坦率，说他"毫不夸大其词，不故弄玄虚，不言辞激烈，也不心慈手软"。罗斯金和马修·阿诺德一样，把拜伦的坦诚看作对维多利亚时代的伪善的反击。他谴责诽谤拜伦的人，称"这些下贱的蝼蚁，是狂狗吠月，是卑贱的蜗牛，居心不良，在文学中最美丽的花朵上留下了肮脏的泡沫和污物"。[11]罗斯金甚至产生了一种不切实际的幻想，他觉得可能在威尼斯见过拜伦。他们应该很难融洽相处。

　　拜伦去世后不久，大家都在模仿拜伦。十九世纪的崇拜者模仿他的着装和贵族特有的慵懒神态，见他见过的人，去他去过的地方，模仿他的写作风格,把他写入自己的小说,培养个人魅力,学做采花大盗。大家模仿他的风格,一方面是为了补短,另一方面是为了争优,提高一众模仿者的名声。在维多利亚时期,以拜伦为榜样的人主要有本杰明·迪斯雷利、爱德华·布尔沃-利顿和拜伦的姻亲威尔弗里德·斯考恩·布伦特。[12]

　　年轻的迪斯雷利,即那个后来当了保守党首相的,与拜伦有着惊人的相似之处:他有强烈、早熟的雄心壮志,却被传统社会排斥。和拜伦相比,社会更加排斥迪斯雷利:他来自黎凡特地区的犹太人家庭,生活于十九世纪初反犹太主义盛行的英国。在他的半自传体小说《康宁斯比》(《〈年轻的一代〉》)中,那种想要被接受的感觉的确是拜伦的回声:"同学之间的友谊是深厚的,它深入灵魂,让每个人难忘。此后所有的情都不能让你如此快乐,不能让你如此煎熬。没有哪一种幸福能如此令人着迷,也没有哪一种嫉妒或绝望能如此痛彻心扉。"[13]迪斯雷利也怀念过往,"偶尔读到年轻时候写下的文字,虽然已忘记当时的心境,却足以让白发苍苍的男人怀念学生时代,为之神伤"。

　　迪斯雷利的父亲伊萨克·迪斯雷利第一次见到年轻时的拜伦时,他只是约翰·默里出版社的一位签约作家。拜伦对伊萨克的《文苑搜奇》评价很高。一八一三年,拜伦告诉默里,一生中从未读过一本让自己如此愉悦的书。伊萨克·迪斯雷利发现那时的拜伦就很懂人情世故,他的描述把拜伦张扬的一面展现得淋漓尽致:

　　　　我曾经见过拜伦勋爵,当时他还不算出名,还没出过国。我从没见过这么娘娘腔的男人,还挺有趣。一眼看过去,手上戴满了戒指,满头卷发,脖子上挂着几副项链。我不好意思跟他说话,他看起来像个女孩。我记得原本系在脖子上的领子都散了下来。我观察到他在和别人说话时,非常做作地挂着一根手杖。[14]

559

而本杰明·迪斯雷利为了融入伦敦社会而模仿拜伦,戴起了花花公子的面具。

一八二六年,拜伦离世两年,迪斯雷利开始了欧洲大陆之旅,他的身体和精神日渐衰弱。在日内瓦他雇了莫里斯,就是那个曾经在莱芒湖上为拜伦和雪莱划桨的船夫。莫里斯显然靠与拜伦的渊源过上了不错的生活,讲的故事越来越像传奇。布莱辛顿夫人去日内瓦追寻拜伦的足迹时也雇了他。迪斯雷利告诉父亲:

> 每天晚上,莫里斯会划船带我到湖上,就是拜伦勋爵那个有名的船夫。莫里斯长相英俊,但也很虚荣,他成了英国人的宠儿,所以是英国人把他惯成这样的。他一开口就是拜伦长、拜伦短,尤其当你对这个话题感兴趣的时候,哪怕是一丁点儿。他告诉我,《恰尔德·哈洛尔德游记》第三章描述的那场风暴之夜,实际情况是,如果他们再晚五分钟返航,船肯定要沉。[15]

在日内瓦的最后一个晚上,迪斯雷利用完晚餐后不久,湖面上又刮起一阵巨大的风暴。莫里斯急忙去请迪斯雷利来,带他去亲身体验一下拜伦笔下的壮观景象。

迪斯雷利崇拜拜伦,以至于雇佣了拜伦的前仆人蒂塔·法尔切里。蒂塔·法尔切里可谓是拜伦的一个活生生的"纪念品",拜伦死在迈索隆吉翁城时,手里握着的就是他的手。后来,迪斯雷利的父亲也死在蒂塔的怀里。蒂塔跟随本杰明·迪斯雷利去了希腊、土耳其和埃及,一八三二年回到英格兰,成了迪斯雷利家族的管家,住在白金汉郡布拉登哈姆公馆。拜伦的前雇员过得都不算好。莱加·赞贝利曾和威廉·弗莱彻一起在伦敦开了一家通心粉工厂,不久就破产了。蒂塔受雇于本杰明·迪斯雷利,相比起来还算幸运。

迪斯雷利称他的作品源于生活。他对拜伦毕生的迷恋贯穿着他的小说,这一点不仅体现在他对上流社会和政界之间明争暗斗的情节的刻画上,也体现在他的人物塑造上:《年轻的公爵》中的花花公子主人公、《威尼斯》中内心矛盾的普兰塔格内·卡杜瓦既像拜伦,又像雪莱。迪斯雷利对拜伦的态度当然与他自己神神秘秘的性癖好不无关系。

爱德华·布尔沃-利顿,原名爱德华·鲍尔,英国著名小说家、剧作家、散文家和诗人,是维多利亚中期最高产的作家。布尔沃-利顿是狄更斯和迪斯雷利的朋友,在某种程度上和花花公子迪斯雷利是"双胞胎"。在同时代的漫画中,他们穿着"扎眼、浮夸"[16],系丝巾,穿刺绣马甲,蹬高跟鞋,披飘逸的斗篷。汤姆·摩尔在一八三九年的日记中描述了陪布尔沃-利顿去看歌剧时的情形:"他看起来哪里是诗人,而是诗仙啊;不是崇拜阿波罗神的诗人,而是歌剧里的阿波罗本尊。他浑身上下能戴的地方都戴着大大小小的环:耳环、戒指、项链,令人眼花缭乱。虽说如此,但这个人还是挺招人喜欢的。"[17]

拜伦让布尔沃-利顿和迪斯雷利成了好朋友。拜伦一死,布尔沃-利顿的心都要碎了:"我们不愿相信通向光明的前程就这样戛然而止了。他这一死,我们活着也没有意义了。他的死本身就是一个不自然、不可能的概念,好像让这个世界停止了运转。"[18]一八二四年,拜伦去世后不久,布尔沃-利顿与痴恋拜伦的卡罗琳·兰姆夫人发生了一段诡异的风流韵事,布尔沃-利顿引以为豪。他从小就认识她、崇拜她,但这种青涩的爱被拜伦的死放大了。要知道,拜伦的朋友亨利·福克斯与特蕾莎·圭乔利之间也有一段恋情。为了崇拜死人而和"遗孀"媾和,这种哥特式的关系有些恋尸癖的嫌疑。

布尔沃-利顿当时才二十出头,拜伦的"小火山"卡罗琳虽然年近四十,但还是一个精明的疯婆子,和丈夫聚少离多。他接触卡罗琳就是为了多了解拜伦。布尔沃-利顿在自传的一段话中写道:"我对她感兴趣主要是因为她还保存着拜伦鲜活的记忆,拜伦在英格兰最辉煌的三年里一直与她保持着某种关系。"[19]布尔沃-利顿曾说,"她谈到拜伦的时候,没有一丝怨恨。但凡她发现他性格里有什么缺陷,要是有人抓住不放,她会立即跳起来为他辩护"。在谈到拜伦和奥古斯塔时,她显然已经学会谨言慎行:"在谈到那些对勋爵和利夫人的诽谤时,那些对他们的指控时,兰姆夫人矢口否认他们做过那些事。"言外之意是,卡罗琳和布尔沃-利顿至少讨论过鸡奸罪。

为了追随拜伦,布尔沃-利顿可谓身体力行。他戴着拜伦的戒指,那是卡罗琳夫人暂时允许她的小情人戴的。他自一八三五年起住的奥尔巴尼公寓里的那套房是拜伦在二十年前住过的。迪斯雷利一度还想和他抢。这种单身汉公寓方便他逃避他那灾难般的婚姻。在某种程度上,他的婚姻像裹脚布,比拜伦的更长、更臭。利顿的妻子叫罗西娜·惠勒,她漂亮、精神、有个性,岳母是爱尔兰的激进女权主义者。话说这场婚事是卡罗琳·兰姆夫人撮合的。最严重的一次,妻子怒气冲冲地来到奥尔巴尼公寓,呵斥布尔沃-利顿不忠,结果被丈夫赶了出去,一路上骂骂咧咧。后来,这位"复仇女神"追着他骂过了整条皮卡迪利大街,要知道拜伦也享受过这种待遇。罗西娜后来写了一部讽刺小说《切弗利;或一个正人君子的故事》,用尖刻的语言咒骂丈夫,就像卡罗琳·兰姆专门写出《格伦纳冯》来骂拜伦。罗西娜后来被布尔沃-利顿扭送到精神病院,后因公众强烈抗议而获释。她最后的报复行动是撰写回忆录《饱受摧残的生活》。

一八三一年,布尔沃-利顿作为改革派议员进入议会。但后来,他在一些问题上与自由党人决裂,比如引入民主选举权和殖民帝国的重要性,以及最根本的问题,也是和拜伦最相关的问题,即摧毁贵族制度以促进人民的自由。最终在一八五八年,他在德比勋爵执政期间成为殖民地国务大臣,并于一八六六年被赐予贵族头衔,擢升为克内布沃斯的利顿勋爵。他的写作生涯和仕途一样蒸蒸日上。他的小说和迪斯雷利的一样,拜伦式人物穿梭于他惯用的小说情节中,如《佩勒姆》中的雷金奈尔德·格兰维尔,《尤金·艾拉姆》中忏悔的杀人犯。他最后一部小说《未来人》最为有趣,这是一部未来主义奇幻小说,探讨了拜伦在《海岛》中提出的一些问题,即社会应该遵循什么样的价值观。

　　一八四三年,母亲去世后,布尔沃-利顿继承了赫特福德郡的内布沃思官邸,并按照十九世纪中期的哥特式风格对其进行了修复和扩建。拜伦偏好忧郁、宏伟的风格,因此也在很大程度上促进了这种风格的流行。内布沃思官邸有穹顶、塔楼、怪兽雕像和彩色玻璃,是纽斯特德庄园在维多利亚时代的翻版。利顿的孙子内维尔成为第三代利顿伯爵,他娶了拜伦的曾孙女朱迪思·布伦特,布伦特成为第十六代温特沃斯男爵夫人。布尔沃-利顿若在世,定会对这段姻缘满意。

562

　　下一辈的拜伦追随者中,拔得头筹的要数一八四〇年出生的威尔弗里德·斯考恩·布伦特。[20] 布伦特是诗人、外交官和旅行家、特立独行的政治家、花心大萝卜。一八六九年,他与拜伦的孙女(艾达之女)安妮·伊莎贝拉·诺埃尔结婚,以此加深对拜伦的认同感。在他人生的某些阶段,高大、英俊、做作的布伦特声称他的父亲是拜伦在哈罗公学的同性恋人,他简直把自己看作是拜伦再世。

　　身为一名年轻的外交官,布伦特第一个派驻地是雅典。一八五九年,拜伦让人记忆犹新。曾经的那个"雅典少女"嫁给了英国驻迈索隆吉翁的副领事,成为备受尊敬的詹姆斯·布莱克夫人。雅典的街道上,布伦特常遇到有人穿有金色刺绣的齐膝褶皱白裙,这是希腊和阿尔巴尼亚的传统服装,他们可能是拜伦手下苏利奥特兵的后人。他和外交使团常常骑马出城,"每周两次,大家有说有笑。我们让一个人跑在前面放记号,我们在后面骑马找记号追他,我骑的是一匹在前面带队的老白马,为了致敬雪莱,我叫那匹马'启示录'"。[21] 他学着拜伦去了一趟雅典的苏尼姆海角探索古迹。他和乔治·芬利攀谈,问到了大量拜伦在希腊独立战争时期的事。他参观了植被繁茂的埃维亚岛。一八三〇年,拜伦夫人的亲戚和门生——爱德华·诺埃尔买下这块浪漫的小岛。在短暂的参观中,他还与诺埃尔的女儿艾丽丝有了一段露水情缘。布伦特写有许多拜伦风格的抒情诗,吸收了拜伦的民族自由思想,为自己备受争议的政治信仰奠定了基础。

布伦特怀着同样的虔诚,追随拜伦的脚步参观圣地。他住在辛特拉城的旅馆里,后来去了拜伦驻足过的莱芒湖,甚至有记录说他要求住进拜伦之前住过的房间。他去了纽斯特德庄园,在日记中写道,拜伦小时候种的那棵"著名"的橡树要死了:"我曾建议修剪一下树梢,让它继续活下去,但土壤里都是石子和沙粒。"[22]布伦特遗憾地说,怀尔德曼翻修了宅邸,原外墙遭到严重破坏,"很难分辨出哪些是旧的,哪些是新的,窗户安上了玻璃,其他地方也未能幸免,但整体上看起来依旧壮观,宅邸比我想象的要宏伟得多"。布伦特几乎把纽斯特德庄园看成自己的了。

563　　与拜伦的孙女安妮·诺埃尔结婚后,布伦特开始研究拜伦的性行为,他称之为"拜伦之争"。拜伦写给墨尔本夫人的信,其中一半是对乱伦的忏悔,现在已落入霍布豪斯的女儿达德利·卡尔顿夫人(后来的多切斯特夫人)手中。布伦特和他的妻子一头扎进了这些信中。当时,安妮的兄弟,即洛夫莱斯伯爵的第二位继任者,正准备写《阿斯塔特》一书,试图证明拜伦的乱伦行为,布伦特极力劝阻。布伦特心想:"拜伦的确是一个天才,谈论他的时候应避免带有敌意和轻蔑的言辞。"[23]读了这些信之后,他更确信自己对拜伦的认同感,因为他发现"拜伦对爱情和女人的看法和自己如出一辙"。

布伦特认为自己是当代最厉害的采花大盗。他在情妇的数量和类型上都效仿拜伦,有艳名远播的交际花"小糖豆",还有威廉·莫里斯的妻子珍妮。布伦特享受征服的过程,他窃人妻子,勾人情妇,引诱少女,还把这些细节全都记录在日记中，日记直到一九七二年才公布，也就是他去世后的五十年。精彩程度不亚于拜伦泰然自若地讲述他诱惑弗朗西丝·韦德伯恩·韦伯斯特夫人的过程。这说明布伦特拥有拜伦瞬间走入他人内心的天赋。他甚至模范拜伦示爱的方式。据布伦特说，他所有的婚外情都是和女人。没有证据能表明布伦特学拜伦玩双性恋。

从十九世纪七十年代起，布伦特和安夫人成为勇敢的航海家，他们和拜伦一样，跨越传统欧洲人旅行的界限，前往遥远的东方、北非、叙利亚和埃及，进入阿拉伯半岛的沙漠。布伦特继承拜伦的斗争精神，拥护印度、埃及和爱尔兰的民族主义事业。一八八八年，布伦特因亲民族主义活动而入狱，关押在爱尔兰的戈尔韦监狱。监禁给了他灵感，激发他创造拜伦那样的系列作品：十四行诗组诗《镣铐》。其中一首题为《自由、平等、博爱》：

> 我在地球上寻找自由已经很久了；
>
> 　为了它，我远赴他乡的沙漠，
>
> 那里连国王和警察都没有，
>
> 　没有人的法规，更别谈神的了。
>
> 　自由、平等和博爱
>
> 是我永恒的猎物，
>
> 　我怎么也追不上，
>
> 但欲望的幻影却越过大地和海洋召唤我。
>
> 看，一切都结束了。敌人和傻瓜逮捕了我，
>
> 　我在漫长的追逐中病倒了。
>
> 灵魂被驱赶到这高墙里，它们
>
> 　陪我等待——耳边突然响起：
>
> "啊，可怜的兄弟们，你们虽然被凡人蔑视，

564

却享受着神赐的死的自由。"[24]

布伦特因反对帝国主义,和英国政府发生直接冲突,成了英国"不受欢迎的人物",遭到公众唾弃,此时的布伦特和一八一六年之后的拜伦有着相似的遭遇。

对布伦特来说,阿拉伯半岛成了他的第二故乡,他学习阿拉伯语。布伦特在埃及赫里奥波里斯(今埃及开罗)附近一个叫谢赫奥贝德的地方买了一块地,建了一座房子,这里因为他成了知名的阿拉伯种马繁育基地。布伦特和妻子穿阿拉伯服装,既表示他们与阿拉伯人团结一致,也是伪装自己的好办法。拜伦曾身着阿尔巴尼亚服装,请马斯·菲利普斯为自己画像。当时拜伦是为了声明自己的政治立场,表明自己不会愚忠于母国,会重新诠释自由的界限。布伦特明显是在向拜伦致敬。

在整个十九世纪,很少有人关心拜伦的同性恋身份。一八六六年,《唐·里昂》出版了,这是一首欢快而粗俗的诗,韵脚压得蹦蹦跳跳,把拜伦那些同性恋行为都抖了出来,最后不忘提拜伦和夫人肛交的龌龊事。好在这首诗传播不广,其作者是谁到现在仍是未解之谜。一八六九年,哈丽特·比彻·斯托在杂志上发表了一篇题为《拜伦夫人一生的真实故事》的文章,并加以补充后以书的形式出版了《为拜伦夫人辩护》。书中说拜伦夫人怀疑奥古斯塔和拜伦是恋人关系,关注点仍是乱伦。提及拜伦同性恋的文献仅限于法国和德国一些晦涩难懂的学术论文和科学出版物。其中一位作者是写同性文学的诗人、作家安德烈·拉法洛维奇,他生活优渥,是王尔德那个圈子里的外国人,本人是同性恋。一八九六年,拉法洛维奇在出版于里昂的《犯罪学博览》杂志上发表一篇题为《同性恋与单性生活》的文章,文中将拜伦列为双性恋作家。

王尔德早已是拜伦的信徒了。在牛津大学读本科期间,他创作了诗歌《拉文纳》,斩获一八七八年纽迪盖特奖。这首诗歌雄心勃勃,展示了他对《恰尔德·哈洛尔德游记》及其作者的钦佩。他视拜伦为:

> 拜伦是第二个安东尼,
>
> 世上有谁能发动第二次"亚克兴海战"击败他?

年轻的奥斯卡从穿衣打扮上模仿拜伦。一八八二年,他在美国巡回演讲,拿破仑·萨罗尼在纽约为他拍摄了一组照片。照片里,这位诗人穿着及膝马裤和黑色天鹅绒夹克,惬意地斜躺在一块东方地毯上的毛垫上。王尔德很清楚如何经营自己的公众形象。他带着拜伦式的戏剧感向观众表演,在谈到他在美国的成功时,他写道:"社会都要把我分成几瓣了。盛大的接待会,丰盛的大餐,拥挤的人群,都在等着我的马车来。我戴着手套,举着象牙手杖向他们挥舞,人群欢呼起来……房间里,到处都挂着欢迎我的百合花。"[25]他也有一个黑人侍从,"是我的奴隶"。他知道如何夸大一个人的坏来帮他扬名:"我常和艺术家们一起坐一坐,这时候就得拿出一如既往的乖张作派。"王尔德和拜伦都品尝过一夜成名的待遇,不论代价如何。

　　王尔德和拜伦一样虚荣,好伪装。我们从备受争议的小说《道林·格雷的画像》中看到他对身体日渐衰老的恐惧。一八九五年,王尔德因同性恋罪被判入狱。在经受一系列羞辱后,他开始在公开场合宣扬自己和拜伦都是"天涯沦落人"。遭到社会误解是一件残忍的事。一九〇五年,王尔德的《来自深渊》出版,这是一封写给阿尔弗雷德·道格拉斯勋爵的长篇书信,信中他将拜伦写成了一个和他一样的殉道者,尽管他认为拜伦在某些方面不如他:"当今时代,我是艺术和文化圈中的佼佼者……拜伦也是如此,但他的影响力和那个时代的激情、对激情的疲劳有关。我则不一样,我的思想比他的更高尚、持久、重要、宽广。"[26]

拜伦有一种千人千面的能力，这让他能在政治谱系和性取向谱系上做到两头通吃。二十世纪，拜伦的迷恋者们既有同性恋，又有采花大盗；既有政治左翼分子，也有极右翼分子。哈罗德·尼科尔森爵士是名外交官兼作家，后专心从政。他曾是奥斯瓦尔德·莫斯里爵士的新党成员，后来加入了拉姆齐·麦克唐纳的国民工党，最后又加入了工党，可谓从右跳到左。一九二四年，尼科尔森凭借《拜伦：最后的旅程》一书奠定了自己在拜伦研究领域的权威地位，该书为半传记体裁，讲述了拜伦在希腊时期的经历。

在选择传记题材时，作者总有私心。尼科尔森为何选择拜伦？也许仅是因为一九二四年是拜伦的百年诞辰，钱总是不够花的尼科尔森在《拜伦：最后的旅程》中瞅准了时机。但还有其他原因，即他本人与拜伦千丝万缕的联系。尼科尔森出生时，父亲亚瑟·尼科尔森爵士，也就是后来的卡诺克勋爵一世，当时任英国驻德黑兰大使馆代办。

566　　　尼科尔森出生在一个英国外交官家庭，四处漂泊的童年使他对中东产生了感情。一九一二年，时任外交官的他被派往君士坦丁堡，进而与拜伦又有了更多的共鸣。身为地道英格兰人的尼科尔森却也有些漂泊无根的气质。

尼科尔森像拜伦一样，将作家的生活与凡人的生活交织起来，这种平衡度并不容易把握。他的某些作品中带有拜伦式的轻蔑，例如文采飞扬的随笔集《某些人》就引发了官方的不满。尼科尔森偏爱拜伦"一棒子打死一大片"的口气，比如他曾说他"讨厌女人，尤其是处女"。[27] 他和妻子维塔·萨克维尔韦斯特的婚姻也和常人不一样，儿子奈吉尔·尼科尔森在《婚姻的肖像》中有详述。维塔也有些同性恋的特征。尼科尔森小心翼翼地隐藏了同性恋身份，他因此处处为拜伦说话，他在一九二三年写道："当然，我一直都知道拜伦这个人的另一面，只不过嘴上不说罢了。"[28] 他认为,大家对拜伦的同性恋行为知而不宣才能保全他的声誉。

正是出于这个原因,尼科尔森在传记里重点描述拜伦在一八二三年和一八二四年这两年的事,而非早期的希腊和土耳其之行。他对约翰·默里四世说:"我讨厌传记中那些真假参半和故弄玄虚的内容,所以我特地选择了拜伦生命的最后两年,因为我想,我可以道出这段时间内发生的全部真相。"然而,事态却向相反的方向发展。拜伦在希腊包养侍童卢卡斯·查兰德里萨诺斯的传闻又甚嚣尘上,有人说他和这个男孩同过床。

在研究过程中,尼科尔森一直在研读多切斯特夫人提供的拜伦书稿,其中包括拜伦在希腊时约翰·卡姆·霍布豪斯写给他的信,前者可是他的遗嘱执行人。一九〇五年,多切斯特夫人与洛夫莱斯家族就出版《阿斯塔特》一事发生激烈争执,之后夫人就把这些资料交给了约翰·默里,现在保存在阿尔贝马尔街的默里档案馆里,夫人于一九一四年去世。在一个标注为"S. 奥斯本勋爵和甘巴的来信"的包裹里,尼科尔森发现甘巴知道拜伦对卢卡斯有"情意",他听说有关同床的传言后非常紧张。读到这儿,尼科尔森也吓坏了:"我承认,我还挺吃惊的。"

尼科尔森担心,他如果在书中用了这些材料,眼尖的读者会将甘巴的叙述与拜伦晚期在希腊写的诗《爱与死》中有关海难、地震、病痛的元素联系起来。尼科尔森在一封日期为一九二三年六月二十一日的信中告诉默里:"无论是我最初提到的那首诗,还是我上面分析过的那封信,如果**单独拿出来看**的话,都不会让人往那方面想。但如果放在一起,大家就会发现这首诗是写给这个卢卡斯的;不论诗句多么含蓄内敛、多么天马行空,我担心对照起来看会有不好的联想。"

默里在一封标有"隐私、绝密"字样的信中回复道:"把你提到的所有点连起来看,的确会让人往歪处想。万幸是你发现的,要我我也会像

567

你一样谨慎。但这些材料要是落到洛夫莱斯勋爵手中，天知道他会怎么处理。"[29]洛夫莱斯勋爵在《阿斯塔特》中控诉拜伦乱伦，对此默里一直怀恨在心。他向尼科尔森解释道：

> 拜伦的后代一直在诋毁他的名誉，但我和我父亲的一贯的做法是：尽可能地避开拜伦的私生活，只专注于他的诗人和作家身份。我一直小心翼翼地不去评论《阿斯塔特》，毕竟它的指控无凭无据。我一直都在说："他这毕竟是浪子回头：威尼斯的声色犬马他都能放下，后期（在希腊）还是做了一些好事、正事的。"

但现在，和卢卡斯的事浮出了水面，"浪子回头"的说法也不合适了，毕竟他旧习未改。默里告诉尼科尔森，彼得罗·甘巴的信"我认为我们最好也不要公开，反正不公开也不算欺骗"。

现在看来，尼科尔森和默里之间的对话会让今天的读者吃惊。但那是一九二三年，距同性恋在英国合法还有四十年。尼科尔森和默里认为同性恋在体面的社会是一个禁忌话题。说拜伦同性恋，既不会提升尼科尔森的职业声誉，也不会提升默里公司的生意，毕竟默里可是靠着拜伦发家的。他们很快就达成了一项君子协定：尼科尔森写拜伦在迈城的那一段里几乎没有提卢卡斯。这本书完成后，在他给默里的一封信中，他得意地说："我认为我做的唯一一件事就是没有对拜伦做任何粉饰洗白，我讲的是一个真实的拜伦，除了那个事。"[30]最后没忘提一嘴，点到为止，说来还是颇有风度的。

两次世界大战期间，争着为拜伦立传的另外一位传记家是彼得·昆内尔。他在一九三五年出版的传记《拜伦：成名那些年》很受欢迎，紧跟着又在一九四一年出版了《拜伦在意大利》。从某些方面看，他和尼科尔森是截然相反的两种人。昆内尔出身于中产阶级家庭，父亲是建筑师,长于赫特福德郡的伯克翰斯德镇,就读于当地的文法学校,格雷厄姆·格林的父亲当时担任校长。昆内尔觉得小镇生活乏味得无可救药,他选择拜伦作研究对象其实是为逃避现实。他这个人很有野心,力争要在文坛上获得一席之地,取得社会地位,拜伦只是跳板之一。苍天不负有心人,昆内尔于一九九二年受封爵士头衔。

《拜伦:成名那些年》是第一部注意到拜伦双性恋倾向的传记,但相比之下,昆内尔最感兴趣的是拜伦备受女性崇拜者追捧的这段历史。要知道,昆内尔本人就是一个恋爱狂,结过五次婚,期间还管不住自己包养情妇,所以他自然关注拜伦的女人缘。昆内尔兴奋地编辑十三位爱慕者写给拜伦的信,出版时命名为《致拜伦》,读着读着,他就感觉这些信是写给他自己的。当时参加伦敦文学圈聚会的人记得昆内尔勾引起女人来非常自信,可谓拜伦再世:他也成了一个善于洞察细节的大师。受到拜伦的感染,昆内尔才能把他写得这么好:"拜伦曾说,任何凡人的快乐都逃不过兴奋与忧虑交织,'夹杂着怀疑和悲伤:对未来的恐惧,对现实的怀疑'。"[31]昆内尔说得没错,他可是一辈子都在换情妇。

昆内尔也让我们第一次看到默里家族对待拜伦的态度越来越包容。昆内尔在回忆录《大理石足》中讲述了在二十世纪三十年代他第一次来到阿尔贝马尔街 50 号去查看拜伦档案的经历。在那里,他遇到了一九二八年接替父亲工作的约翰·默里五世:

　　已故的约翰·默里爵士接待我时很友好,甚至友好得有些谨慎——默里家族一向认为拜伦和奥古斯塔之间的关系没有过错,这种信仰成了一种传统,这位爵士也不例外。他的侄子兼继承人约翰·默里待我极为热情。办公室关门后,我们会坐下来喝陈年波特酒,翻阅桌子上的那堆特别的手稿。

当时房间里的气氛轻松愉快,个子高挑、一头金发的昆内尔的第二任妻子伊莎贝尔张开双臂搂住立在楼梯上的托尔瓦德森为拜伦塑的半身像,热情地吻了一下,将一抹深深的口红印留在了雕像的嘴和下巴上。

569　　昆内尔提到的"侄子兼继承人"是约翰·默里六世,人称"乔克",和他交好的包括奥斯伯特·兰开斯特、约翰·贝杰曼、芙蕾雅·斯塔克、研究拜伦的多丽丝·兰利·摩尔和伊丽丝·奥里戈等。艾丽斯·奥里戈写了一本关于拜伦和特蕾莎·圭乔利的书,叫《最后的依恋》,于一九四九年出版。在好交朋友、好热闹的"乔克"的邀请下,一群拜伦追随者开始在默里六世的办公室聚集,此情此景恰似一个半世纪以前朋友们聚在默里二世的会客厅读流亡在威尼斯的拜伦寄回来的短笺,让人感慨。尼科尔森一九四五年十一月十五日的日记描述了这种昨日重现的情景,很神奇:

> 我去阿尔贝马尔街看昆内尔和乔克两人校对普罗瑟罗版的拜伦书信集,这一版是一九○四年出的。他们希望出一版比较全面的书信集,普罗瑟罗版遗漏了许多重要的篇目,也没有标记遗漏,他们要找出来。我手里拿着葡萄酒和蜡烛,听着默里的孙子或曾孙大声读着拜伦的信件,此前,老默里也曾在那间房里给沃尔特·司各特等人读过这些信,这一幕太神奇了。[32]

拜伦研究者的集会也有不能公开的成分。昆内尔试探性地提出了关于拜伦的同性恋的话题,发现也不是所有人都知道这件事。詹姆斯·利斯-米尔恩描述了一九四二年在伦敦历史最悠久的英国菜餐厅"规则餐厅"举行的一场晚宴,听起来像是艺术家的秘密社团聚会。桌上有三个人:双性恋尼科尔森;利斯-米尔恩,他在《另一个我》中承认,"爱上一个又一个人,不在乎对方是男是女"[33];还有作家兼同性恋詹姆斯·蒲柏-轩尼诗,一九七四年被一群不良青年杀害。聊天话题不出所料:"我们当然讨论了拜伦的性生活。"[34]

对于我这一代拜伦研究者来说,关注点除了双性恋之外,还有他地道的贵族身份,那种机灵、幽默、刻薄的语气。这其中有专业舞文弄墨的人,他们能流利、准确地引用拜伦的诗歌;有建筑专家和旅行家,无论是圣詹姆斯大教堂还是拉文纳,他们一张口就可以在专业领域中找到拜伦的一席之地,并侃侃而谈;有文学史专家,他们对拜伦一生的重要时间节点了如指掌,对答如流,相当专业。但是,当代英格兰仍对同性恋有一些排斥,所以他们仍是一个相当孤立的团体。"拜伦"为他们提供了一套内部交流暗号,他留下的遗物被他们当作圣物供了起来。一九九七年,我去拜访利斯-米尔恩讨教有关拜伦的问题,他拿出拜伦写的一封信的一小块碎片,信没有签名,这是他一九七二年从索斯比拍卖行花了四十五英镑买来的。他还带我上楼去藏书库看拜伦夫人的名片盒,里面有一个透明的小袋子,袋里装着拜伦的一绺头发,深褐色。有白头发吗? 当然有。

570

二十世纪,即使不喜欢拜伦的人也感觉他的形象无处不在。诗人T. S.艾略特抱怨总是能看到托尔瓦森塑的拜伦像:"那性感、单薄的嘴唇,那些躁动的小表情,那张自己知道自己美的脸。"[35]在弗吉尼亚·伍尔夫写给利顿·斯特雷奇的信中,拜伦"俗气、做作。还有克莱尔、特里劳尼等等——我把他们想象成某个伯爵的府上展览的一个洞穴——洞里摆了一排哈哈镜,墙上贴的都是牡蛎壳"。[36]除了他的诗歌外,拜伦本人也引发了部分人的生理厌恶。

与此不同的是,喜爱拜伦的人很容易就会因为他的某个独特的闪光点拿他做文章。例如,W. H.奥登看待拜伦就好像他还活着。一九三六年六月,他预订了从赫尔港到冰岛的船票,在为期五天的航行中通读了《唐璜》。之所以这么做,是因为此前他和费伯与费伯出版社签署了一

份合同,答应写一部关于冰岛旅行的书。他灵光一现,觉得用拜伦做全书的焦点应该是一个好主意:

> 我突然想到,我可以给他写一封絮絮叨叨的信,告诉他我想到的所有,欧洲、文学、我自己。我觉得拜伦是合适的人选,因为他是我的老乡,是欧洲人,他不喜欢华兹华斯,不喜欢接近自然,我也不喜欢。这封信和冰岛关系不大,它描述的是远游的影响,因为远游可以让人从域外思考自己的过往和他所处的那个文化。[37]

为了灵感,一九三六年的奥登竟然找到了一个世纪前的拜伦,这似乎有些让人惊讶,但我们不要忘记他们二人的相似之处:奥登也喜欢生活在国际大都市;他也喜欢男性;他信仰自由,并在别的国家也能一以贯之。第二年,他去了西班牙,自愿为共和政府军驾驶救护车。后来,和拜伦一样,沉闷的英格兰逼得他自我流放。一九三九年,奥登和男友克里斯托弗·依修伍德离开英格兰前往美国,他留下了一声呐喊:

> 拜伦,此刻你要是还活着该有多好!
>   我想知道换作是你,你会怎么做?
> 大不列颠失掉了声望、金钱和权力,
>   中产阶级开始颓败,
>   我们已学会了从空中轰炸对方;
> 我无法想象惠灵顿公爵
> 会对杜克·艾灵顿的爵士乐发表什么评论。
>
> 有人认为你若在世
>   可能会喜欢纳粹的"元首原则"

> 它和你一样众人皆知
>
> 它才是你的精神表述
>
> （也有英国人信它，不多，挺好），
>
> 他们认为，听到极右翼政客奥斯瓦德真挚的呼唤
>
> 你会在英国政坛里跟着大搞法西斯政治。[38]

奥登这是在拿拜伦的脾性和法西斯主义作比，他的口吻像是在谈话，时而犀利地质问，时而亲切地攀谈，时而善意地嘲笑：奥登的《致拜伦勋爵的信》清楚地表现出拜伦那长达两个世纪的影响力，令人惊叹。

拜伦生前对尸体的腐败过程很感兴趣。一八一九年六月，他在博洛尼亚公墓的一座雕塑前沉思，这是一尊年轻罗马女子的半身像，由意大利雕塑家乔凡尼·洛伦佐·贝尼尼制作，该女子去世时年仅二十岁。"她可是贝尼尼塑的公主，死了有两百年了。"[39]拜伦还告诉默里，守墓人告诉他："坟墓打开时，头发完好无损，还黄灿灿的，像金子一样。"次年十一月，拜伦惊闻牙医韦特和理发师布莱克突然离世："我见过上千座掘开的坟墓，总是发现，其他部分都腐化掉了，但牙齿和头发却能留下来，真奇怪。"[40]

一九三八年六月十五日，星期三，奥登的《致拜伦勋爵的信》发表已有两年，拜伦在迈索隆吉翁城去世已有一百一十四年，位于哈克纳尔·托尔卡德村教堂地下的拜伦家族墓穴被再次打开。牧师托马斯·杰拉德·巴伯从当地召集了胆大、可靠的人前来观摩，他们要借机好好看看拜伦勋爵他自己的遗体还留下多少。一八五二年，按照女儿艾达自己的要求，大家把这位洛夫莱斯伯爵夫人葬在父亲身边，此后墓室就一直封着。很不幸，艾达也是三十七岁死的。

此项目的负责人巴伯牧师获得了内政部和十世拜伦勋爵的许可，这

位十世拜伦是特伦特河畔的桑普顿镇的牧师。巴伯反复强调：重新开

572　放墓穴"不是为了满足有些人对死人的好奇心，而是为了考古研究，为解答大家感兴趣的疑点，例如这教堂下到底有没有一个墓穴"。[41]一九〇四年，巴伯刚来到村子时还是一个助理牧师，当时他正为次年出版的书《拜伦和他的墓葬》收集素材。他曾对研究拜伦的作家塞西尔·罗伯茨说，他急于想知道拜伦是否真的葬在墓穴中，因为当地曾谣传说尸体早就被偷走了。

　　起初，牧师请一些人来家里吃午饭，包括当地议员 F. 西摩·科克斯、当地考古学家 J. 霍兰·沃克、教区测量员纳撒尼尔·莱恩，还有一个医生和一个摄影师。牧师在席间才把他的意图告诉大家，他请各位保守秘密。他解释说，要是公众知道要打开墓穴的消息，那"教堂的门槛可能要被踏破了"。

　　两点，一辆卡车趁大家不注意停在教堂大厅后面。车上卸下一些木板、撬棍和工匠用的工具，大家把它们搬进教堂墓地，放在北侧靠近小礼拜门的地方。四点，他们驱逐了所有的参观者，封锁了教堂。不久又来了几个人：两位教堂执事及其妻子，几位教区议会成员，以及教堂管理员兼消防队员詹姆斯·贝特里奇。泥瓦匠开始安静地工作，大家在一旁观望。六点半，他们已经移开了圣坛台阶右边两块沉重的石板。下面是通往拜伦墓室的十一级台阶。医生将一盏矿灯悬挂到墓室上方，以观察空气是否安全。牧师第一个下去，紧随其后的是验尸官莱恩、古物收藏家沃克和一名医生。他们没想到墓室非常小，压根儿谈不上肃穆，仅六英尺长，仅七英宽尺，仅六英尺高，简直是对拜伦生前所谓的"尊敬"和"体面"两个词的侮辱。莱恩说，墓穴"小得可怜"，是自己验尸生涯中见过的最穷酸的墓地。[42]

　　地板深处满是碎石和枯骨，这些枯骨都是棺材腐朽后掉出来的。在摄影师超强的闪光灯下，可以看到拜伦家族的三口棺材层层叠放在一

起。顶部棺材重重地压在了下面的棺材上,把底部的棺材压扁了。装有拜伦心脏、大脑、骨灰盒的箱子放在一具小棺材上,箱子很重,感觉随时都会垮塌下来。小棺材里装着一具婴儿的尸体,那可能是拜伦三世勋爵的一个孩子,名叫欧内斯特。唯一损坏不那么严重的是最近的两口:拜伦和女儿艾达的。拜伦的棺材放在拜伦四世勋爵威廉和他的叔公"恶霸"五世勋爵的棺材上,艾达的棺材则放在拜伦母亲的棺材上。很明显,棺材遭到了破坏,很可能是在一八八八年最后一次打开墓穴埋葬艾达的时候,也是后来教堂改建、圣坛加长的时候。拜伦的棺材上仍放着他的冠冕,但上面的珍珠和银球不见了,象征身份的深红色天鹅绒冠冕不见了。棺材上没有铭牌,其中一个饰有银制小天使的把手不在了。原来盖在棺材上的天鹅绒被剥去了好多,估计是被拿去当纪念品了。

　　验尸官莱恩在仔细检查墓穴时,注意到拜伦的棺材盖松动了。他在后来的一次电台采访中回忆说:"我把手越过棺材上方,想把杆子伸到墓穴最远拐角处时,棺材盖动了一下,而且还很明显。"当晚十点半,由于没有授权,他们不知道该不该看一看拜伦的尸体。经过一番热烈的讨论,他们最终决定:"真相胜过一切",拜伦六世勋爵的现状应在牧师正要写的书中公之于众。在莱恩、摄影师和消防员等五六个人的见证下,外棺被打开,他们看到一口铅制棺材;铅盖已被破坏,头部有一个很大的口子;再往里才是装着遗体的木棺。接近午夜,听到消息的牧师亲自下墓室查看。他后来写道:"我非常非常虔诚地打开棺盖,眼前摆着经过防腐处理的尸体,完好无损,就和一百一十四年前拜伦刚入殓的样子一样。"[43]

　　其他目击者的描述更加细致。拜伦的尸体保存完好,没有腐烂的迹象,并没有像霍布豪斯在一八二四年发表的评论中说的那样,尸体已经面目全非。根据验尸官奈特·莱恩的鉴定,死者大约三十五岁,"相貌年轻",要不是暗黄色的肤色,遗体的面容与广为流传的拜伦肖像画一样。[44]教堂管理员吉姆·贝特里奇说,死者"下唇略微突出,头发卷曲……头部微微抬起,肤色为深灰色,很容易认出是拜伦"。[45]

574　　拜伦的头、四肢和躯干仍然牢固,但前臂、双手和小腿已干瘪成皮包骨头。头部、身体和四肢上的毛发完好无损,只是已完全花白了。大家注意到了胸部和后脑勺上有洞,这是解剖时为取出心脏和大脑而留下的。绑在拜伦头骨上的绷带还在,莱恩注意到拜伦的额头上有一滴血的痕迹。据人民教会委员 A. E. 霍兹沃思说,拜伦的性器官"发育极为不正常"。[46]拜伦的右脚已从脚踝处脱落,落在棺材底部。这只脚可能在尸检的时候被切除了,但奇怪的是,若真是这样,此前医生给的尸检报告和霍布豪斯的日记都应该注意到这一点,却都没有提。

　　第二天清晨,一九三八年六月十六日,牧师叫来作家塞西尔·罗伯茨再次进入墓穴。两人的友谊可以追溯到罗伯茨编辑《诺丁汉日报》的时候。罗伯茨在这个村子有亲戚。他在回忆录《阳光与阴霾》中描述了站在"一个年轻、英俊、当年名冠全欧的天才"面前的感觉。[47]两位拜伦的追随者默默地站了几分钟,内心百感交集:

　　　　调查结束了,牧师轻轻地把棺材盖推回原处,做了个简短的祈祷。从墓穴出来,走上圣坛,迎接我们的是夏日的晨光。工人们关闭了地下墓室,这里也许再也不会打开了。我问"拜伦"头衔家族继承人,也就是那个和蔼的桑普顿镇牧师,他是否愿意埋葬在这个家族墓穴,他意味深长地说道:"不! 不! 这墓穴现在是传奇的一部分,话说拜伦的故事传了这么久,现在亦该休矣。"

注释

　　[1] 哈勒姆·丁尼生(Hallam Tennyson),《儿子追忆父亲阿尔弗雷德·丁尼生勋爵》(*Alfred Lord Tennyson, a Memoir by his Son*),第一卷(1897)。

　　[2] 托马斯·卡莱尔致简·威尔士的信,1824 年 5 月 19 日。见《托马斯·

卡莱尔致简·威尔士的情书》(*The Love Letters of Thomas Carlyle and Jane Welsh*)，亚历山大·卡莱尔(Alexander Carlyle)编辑(1909)。

[3] 简·威尔士致托马斯·卡莱尔的信，1824 年 5 月 20 日。(同上)

[4] 马修·阿诺德，《罗马的阿拉里克》('Alaric at Rome')，1840 年 5 月。

[5] 马修·阿诺德，《拜伦诗集》(*Poetry of Byron*, 1881)前言。

[6] 关于拜伦和勃朗特一家的关系，参见维妮弗雷德·热兰(Winifred Gérin)，《拜伦对勃朗特一家的影响》('Byron's Influence on the Brontës')，载《济慈-雪莱通讯》(*Keats-Shelley Bulletin*)，第 17 期，1966 年；卢卡丝塔·米勒(Lucasta Miller)，《勃朗特迷思》(*The Brontë Myth*, 2001)。

[7] 艾米莉·勃朗特，《呼啸山庄》(1847)。

[8] 约翰·罗斯金，《往昔》(*Praterita*, 1885-1889)。

[9] 约翰·罗斯金，转引自罗伯特·休伊森(Robert Hewison)，《罗斯金笔下的威尼斯》(*Ruskin's Venice*, 1978)。

[10] 约翰·罗斯金，《往昔》。

[11] 约翰·罗斯金，《论文学》('Essay on Literature')，1836 年。

[12] 有关拜伦、迪斯雷利、布尔沃-利顿的关系，参见安德鲁·埃尔芬拜因，《拜伦和维多利亚时代的人》(*Byron and the Victorians*, 1995)。

[13] 本杰明·迪斯雷利，《康宁斯比》(1844)。

[14] C. L. 克莱恩(C. L. Cline)，《伊萨克·迪斯雷利评浪漫派诗人》('Unpublished Notes on the Romantic')，载《英语研究》(*Studies in English*)，第 21 期，得克萨斯大学，1941 年。

[15] 本杰明·迪斯雷利致伊萨克·迪斯雷利的信，1826 年 8 月 21 日。(牛津大学博德利图书馆，休伊登文献，12／1，第 79 号文件背面)

[16] 查尔斯·萨姆纳(Charles Sumner)，转引自《查尔斯·萨姆纳回忆录和书信集》(*Memoir and Letters of Charles Sumner*)，爱德华·C. 皮尔斯(Edward C. Pierce)编辑，第二卷(1877)。

[17] 《托马斯·摩尔日记》，1839 年 6 月 11 日。

[18] 爱德华·布尔沃-利顿,1833 年,转引自《拜伦：批评遗产》(*Byron: The Critical Heritage*),安德鲁·卢瑟福编辑(1970)。

[19] 利顿伯爵,《利顿勋爵一世爱德华·布尔沃生平》(*Life of Edward Bulwer, First Lord Lytton*),第一卷(1913)。

[20] 关于拜伦和布伦特的关系,参见詹姆斯·特雷奥特(James Tetreault),《风格的继承者：拜伦、戈比诺、布伦特》('Heirs to his Virtues: Byron, Gobineau, Blunt'),载《第十四届国际拜伦研讨会论文集》(*Procedings of the 14th International Byron Symposium*),雅典,1987 年 7 月。

[21] 威尔弗里德·斯考恩·布伦特,《我的日记》(*My Diaries*, 1919-1920),1888 年 11 月 20 日。

[22] 同上,1909 年 6 月 2 日。

[23] 威尔弗里德·斯考恩·布伦特,转引自伊丽莎白·朗福德(Elizabeth Longford),《激情之旅：威尔弗里德·斯考恩·布伦特传》(*A Pilgrimage of Passion: The Life of Wilfrid Scawen Blunt*, 1980)。

[24] 威尔弗里德·斯考恩·布伦特,《在押：写在爱尔兰牢狱中的十四行诗,一八八八年》(*In Vinculis: Sonnets written in an Irish Prison 1888*, 1889)。

[25] 奥斯卡·王尔德致诺曼·福布斯-罗伯特森(Norman Forbes-Robertson)的信,1882 年 1 月 15 日。见《奥斯卡·王尔德书信全集》(*The Complete Letters of Oscar Wilde*),莫林·霍兰(Merlin Holland)、鲁伯特·哈特-戴维斯(Rupert Hart-Davis)编辑(2000)。

[26] 奥斯卡·王尔德,《来自深渊》(1905)。

[27] 哈罗德·尼科尔森,转引自詹姆斯·利斯-米尔恩,《哈罗德·尼科尔森传,1886-1929》(*Harold Nicolson: A Biography 1886-1929*),第一卷(1980)。

[28] 哈罗德·尼科尔森致约翰·默里爵士的信,1823 年 6 月 21 日。

[29] 约翰·默里爵士致哈罗德·尼科尔森的信,1923 年 6 月 22 日。

[30] 哈罗德·尼科尔森致约翰·默里爵士的信,1923 年 11 月 13 日。

[31] 彼得·昆内尔,《大理石足：自传,1905-1938》(1976)。

［32］哈罗德·尼科尔森，《日记与书信，1930-1964》（*Diaries and Letters 1930-1964*），斯坦利·奥尔森（Stanley Olson）编辑（1980）。

［33］詹姆斯·利斯-米尔恩，《另一个我》（1970）。

［34］詹姆斯·利斯-米尔恩日记，1942 年 2 月 17 日。见《远古的声音》（*Ancestral Voices*，1975）。

［35］T. S. 艾略特，转引自安妮·巴顿，《拜伦勋爵与三一学院：百年肖像》，载《三一学院评论》，1988 年。

［36］弗吉尼亚·伍尔夫致利顿·斯特雷奇，1924 年 3 月 21 日。见《弗吉尼亚·伍尔夫书信集》（*The Leters of Virginia Woolf*），奈杰尔·尼科尔森编辑（1977）。

［37］W. H. 奥登，转引自汉弗莱·卡朋特（Humphrey Carpenter），《W. H. 奥登》（*W. H. Auder*，1981）。

［38］W. H. 奥登，《致拜伦勋爵的信》，1936 年。

［39］拜伦致约翰·默里的信，1819 年 6 月 7 日。（大英图书馆）

［40］同上，1820 年 11 月 18 日。（大英图书馆）

［41］托马斯·杰拉德·巴伯牧师，《拜伦和他的墓葬》（1939）。

［42］N. M. 莱恩，记录拜伦开棺实况的录像带。

［43］托马斯·杰拉德·巴伯牧师，《拜伦和他的墓葬》。

［44］N. M. 莱恩，记录拜伦开棺实况的录像带。

［45］塞西尔·罗伯茨，《阳光与阴霾：我的第四本自传，1930-1946》（1972）。

［46］A. E. 霍尔兹沃斯（A. E. Houldsworth），转引自伊丽莎白·朗福德，《拜伦》（*Byron*，1976）。

［47］塞西尔·罗伯茨，《阳光与阴霾：我的第四本自传，1930-1946》。

拜伦勋爵发表的主要作品

Hours of Idleness: a Series of Poems, Original and Translated. S. and J. Ridge of Newark, 1807

English Bards and Scotch Reviewers: a Satire. James Cawthorn, 1809

Childe Harold's Pilgrimage: a Romaunt, Cantos Ⅰ and Ⅱ. John Murray, 1812

The Giaour: a Fragment of a Turkish Tale. John Murray, 1813

The Bride of Abydos: a Turkish Tale. John Murray, 1813

The Corsair: a Tale. John Murray, 1814

Lara: a Tale. John Murray, 1814

Hebrew Melodies. Byron's words for music by J. Braham and I. Nathan. John Murray, 1815

The Siege of Corinth: a Poem and *Parisina: a Poem.* John Murray, 1816

Childe Harold's Pilgrimage, Canto Ⅲ. John Murray, 1816

The Prisoner of Chillon. John Murray, 1816

Manfred: a Dramatic Poem. John Murray, 1817

Beppo: a Venetian Story. John Murray, 1818

Childe Harold's Pilgrimage, Canto Ⅳ. John Murray, 1818

Mazeppa: a Poem. John Murray, 1819

Don Juan, Cantos I and II. John Murray, 1819

Don Juan, Cantos III, IV and V. John Murray, 1820

Marino Faliero, Doge of Venice: an Historical Tragedy in five acts. John Murray, 1821

Sardanapalus: a Tragedy; *The Two Foscari: a Tragedy*; *Cain: a Mystery*. John Murray, 1821

Werner: a Tragedy. John Murray, 1822

The Vision of Judgement. The Liberal, No. 1, 15 October 1822

Heaven and Earth. The Liberal, No. 2, 1 January 1823

The Blues. The Liberal, No. 3, 23-26 April 1823

The Age of Bronze. John Hunt, 1823

The Island: or Christian and his Comrades. John Hunt, 1823

Don Juan, Cantos VI, VII and VIII. John Hunt, July 1823

Don Juan, Cantos IX, X and XI. John Hunt, August 1823

Don Juan, Cantos XII, XIII and XIV. John Hunt, December 1823

Don Juan, Cantos XV and XVI. John Hunt, March 1824

The Deformed Transformed: a Drama. John Hunt, 1824

来源和参考文献

在准备这本书时，我的主要资料来源是伦敦阿尔贝马尔街 50 号约翰·默里的拜伦档案馆。

我还查阅了以下馆藏中与拜伦相关的资料：

Aberdeen Grammar School

Aberdeen Public Library

Bodleian Library，Oxford

　　Abinger Papers

　　Bruce Family Papers

　　Hughenden Papers

　　Lovelace-Byron Archive

　　Shelley Papers

　　Captain Daniel Roberts Reminiscence

British Library

　　Ashley Papers

　　Broughton（J. C. Hobhouse）Papers

　　Byron-Leigh Papers

Claire Clairmont Journal

Scrope Davies Papers

Egerton Papers

Holland House Papers

Lady Caroline Lamb Correspondence

Napier Family Papers

Trelawny Correspondence

E. E. Williams Journal

Zambelli Papers

British School at Athens

George Finlay Papers

Frank Hastings Letters and Journal

Brotherton Library, University of Leeds

Lady Caroline Lamb Correspondence

Chatsworth House, Derbyshire

Devonshire Collections

Classense Library, Ravenna

Gamba Collection

Fitzwilliam Museum, Cambridge

Blunt Papers

Greater London Record Office

Lady Jersey diaries

Greek National Archive, Athens

Stanhope Papers and documents relating to Greek War of Independence

Greek National Historical Museum, Athens

Greek National Library, Athens

London Greek Committee Papers

Harrow School, Middlesex

Hertfordshire Archives, Hertford

Cowper and Lamb Family Papers

Keats-Shelley Memorial House, Rome

Byron Collection

Nelson Gay Papers, including his transcripts of Italian Secret Police Archives

Irish Origo Papers

Captain Daniel Roberts Journal

National Art Library

    Forster Collection

National Portrait Gallery

Newstead Abbey, City of Nottingham Museums

    Roe-Byron Collection and later acquisitions

New York Public Library

    Berg Collection

Nottingham Public Libraries

Carl H. Pforzheimer Library, New York

    Shelley and His Circle MSS

Henry Ransom Humanities Research Center, University of Texas at Austin

    Byron M S and Pigot Family Collection

Scottish National Portrait Gallery, Edinburgh

Trinity College Library, Cambridge

参考文献

拜伦的信件和他零散的日记,包括他的《一些不切实际的思考》,引自莱斯利·马钱德编辑的《拜伦书信与日记》(十三卷;约翰·默里出版公司,1973-1994);引自杰罗姆·麦甘编辑的《拜伦诗歌全集》(七卷;牛津大学出版社,1980-1993);引自安德鲁·尼科尔森编辑的《拜伦散文全集》(牛津大学出版社,1991)。其他引文取自约翰·默里的档案,除非另有说明。该档案中的希腊信件由迈克尔·沃德新近翻译。

通过波林格公司的联系,利顿伯爵允许我引用牛津大学博德利图书馆的洛夫莱斯文献;通过牛津博德利图书馆的联系,阿宾格勋爵允许我引用阿宾格文献;通过牛津博德利图书馆的联系,国民托管组织允许我引用休恩登文献;哈罗公学管理委员会允许我引用哈罗公学档案馆文献;纽约公共图书馆的阿斯特、莱诺克斯和蒂尔登基金会允许我引用卡尔·普福尔茨海默收集的雪莱和他的朋友们的文献,以及伯格英美文学资料库文献。

其他经常引用的资料在资料说明中缩略如下：

M. Gardiner（Countess of Blessington），Conversations of Lord Byron，1834

James Hamilton Browne，'Narrative of a Visit to Greece'：*Blackwood's Edinburgh Magazine*，September 1834

James Hamilton Browne，'Voyage from Leghorn to Cephalonia with Lord Byron in 1823'，*Blackwood's Edinburgh Magazine*，January 1834

Marion Kingston Stocking，ed. *The Clairmont Correspondence*，*1808-1879*，2 vols，1995

Claire Clairmont M S journal. British Library

Robert Charles Dallas，*Recollections of the life of Lord Byron from the Year 1808 to the End of 1814*，*1824*

Malcolm Elwin，*Lord Byron's Wife*，1962

John Galt，*The Life of Lord Byron*，1830

Count Pietro，*A Narrative of Lord Byron's Last Journey to Greece*，1825

Countess Teresa Guiccioli，*My Recollections of Lord Byron*，2 vols，French edn 1868，English 1869

Peter Cochran，ed. Michael Rees，trans. *Lord Byron's Life in Italy*，new English translation of Countess Teresa Guiccioli's MS *Vie de Lord Byron en Italie*，University of Delaware Press，in preparation

Newton Hanson，MS record of Byron's early life as recalled by his father John Hanson，Byron's solicitor

John Cam Hobhouse（Lord Broughton），MS diaries. British Library，unless otherwise specified

John Cam Hobhouse，*A Journey through Albania and other Provinces of Turkey during the years 1809 and 1810*，2 vols，1813

Annotations by J. C. Hobhouse in his own copy of Thomas Moore，*Letters and Journals of Lord Byron*，*with notices of his Life*，1830. This copy，formerly belonging to Sir Harold Nicolson，is now in the Byron collection of the late Harry Oppenheimer，in the care of the Brenthurst Library，Johannesburg

Lady Dorchester，ed. John Cam Hobhouse（Lord Broughton），*Recollections of a Long Life*，6 vols，1909-11

John Cam Hobhouse（Lord Broughton），*Contemporary account of the separation of*

Lord and Lady Byron, also of the destruction of Lord Byron's memoirs, privately printed, 1870

John Cam Hobhouse, *Travels in Albania and Other Provinces of Turkey in 1808 and 1810*, 2 vols, 1855

James T. Hodgson, *Memoir of the Rev. Francis Hodgson*, 2 vols, 1878

Leigh Hunt, *Lord Byron and Some of His Contemporaries*. 2 vols, 1828

James Kennedy, *Conversations on Religion with Lord Byron and others*, held in *Cephalonia a short time previous to his Lordships deaths* 1830

Ralph, Earl of Lovelace, *Astarte: a Fragment of Truth Concerning: Lord Byron*, privately printed, 1905, enlarged edition, ed. Mary, Countess of Lovelace, 1921

Leslie A. Marchand, ed. *Byron's Letters and Journals*, 13 vols, 1973-94

Thomas Medwin, *The Angler in Wales*, 2 vols, 1834

Thomas Medwin, *Journal of the Conversations of Lord Byron at Pisa*, 1824

Julius Millingen, *Memoirs of the affairs of Greece with various anecdotes of*

Wilfred S. Dowden, ed. *The Journal of Thomas Moore*, 6 vols, 1983-91

Thomas Moore, *Letters and Journals of Lord Byron*, *with notices of his Life*, 2 vols, 1830

Richard Heme Shepherd, ed. *Thomas Moore: Prose and Verse*, *Humorous*, *Satirical and Sentimental*, *with Suppressed Passages from the Memoirs of Lord Byron*, 1878

Isaac Nathan, *Fugitive Pieces and Recollections of Lord Byron* 1829

William Parry, assisted Thomas Hodgkinson, *The Last Days of Lord Byron*, 1825

William Michael Rossetti, ed. *The Diary of Dr John William Polidori*, 1911

Rowland E. Prothero, ed. *The Works of Lord Byron with Letters and Journals*, 6 vols, 1904

Alexander Dyce, *Recollections of the Table-Talk of Samuel Rogers*, 1856

Frederick L. Jones, ed. *The Letters of Percy Bysshe Shelley*, 2 vols, 1964

Donald H. Reiman and Doucet Devin Fischer, ed. *Shelley and his Circle* 1773-1822, edition of MSS in Carl H. Pforzheimer Library New York, 8 vols to date

Samuel Smiles, *Memoir and Correspondence of the late John Murray*, 2 vols, 1891

Leicester Stanhope, *Greece in 1823 and 1824*, *to which are added Reminiscences of Lord Byron*, 1824

H. Buxton Foreman, ed. *Letters of Edward John Trelawny*, 1910

Edward John Trelawny, *Records of Shelley*, *Byron and the Author*, 1878

Edward John Trelawny, *Recollections of the Last Days of Shelley and Byron*, 1858

Edward Ellerker Williams, MS diary. British Library

致　谢

　　我最要感谢的是约翰·默里,他授权我撰写这本传记;还要感谢他的妻子弗吉尼亚·默里,她专业、耐心,教会我使用阿尔贝马尔街50号的拜伦档案馆的大量资料。已故六世约翰·默里的妻子戴安娜·默里为我讲述了阿尔贝马尔街50号过去的故事,非常精彩。

　　从一开始,费伯书局就计划为我出版这本书的平装版,我要感谢马修·埃文斯(Matthew Evans)对本课题的兴趣和支持。同样,美国法勒、斯特劳斯和吉鲁出版社(FSG)的伊丽莎白·西夫顿(Elisabeth Sifton)也一直在鼓励我。

　　没有一本传记是凭空杜撰的,尤其是这本关于备受争议的六世拜伦勋爵的传记。我得到了许多前辈的支持,首当其冲的要数莱斯利·马钱德教授,他的三卷本传记和宏伟的拜伦书信集是无价的宝藏。其他对拜伦生平或历史片段的介绍也深深影响了我,如安德烈·莫洛亚的《拜伦传》(*Byron*, 1930);艾丽斯·奥里戈的《最后的依恋》(1949);理查德·霍姆斯(Richard Holmes)的《雪莱传：追求》(*Shelley*, *The Pursuit*, 1974);迈克尔·福特(Michacel Foot)的《天堂的政治》(*The Politics of Paradise*,1988 年 1 月);路易斯·克伦普顿(Louis Crompton)的《拜伦和希腊之爱》(*Byron and Greek Love*, 1985);尤其是托马斯·摩尔的《拜伦传》(1830),尽管对拜伦的原话有删减,对有些敏感话题避而不谈,仍是十九世纪最感人的传记之一。

我对拜伦诗歌的理解全程仰仗杰罗姆·J. 麦甘教授的牛津版拜伦诗歌全集,他的注释非常具有启发性。在创作过程中,我的脑海里一直萦绕着麦甘的一句话,即拜伦的伟大之处在于他伟大的**个人生活**:"他这一辈子过得满满当当——虽然他小心眼,不善良,不停地犯蠢,蠢到让人难以置信,但这样的一生,他却过得充实,该经历的都经历了,就像一首庞杂的长诗。"

我还要感谢几位拜伦专家的慷慨帮助,他们给我提供还未完成的著作,如迈克尔·里斯正在翻译的特蕾莎·圭乔利的《拜伦在意大利》,这部分内容不久将由彼得·考克伦编辑,由特拉华大学出版社出版;约翰·贝克特教授的《拜伦和纽斯特德庄园:那个贵族和他的庄园》(*Byron and Newstead: The Aristocrat and the Abbey*),这是一本研究拜伦家产和财务的著作,将由联合大学出版社(Associated University Press)于 2002 年出版;安妮特·皮奇博士允许我预览她的《拜伦的肖像》('Portraits of Byron'),它将由沃波尔学会(Walpole Society)于 2000 年出版;感谢雷蒙德·米尔斯(Raymond Mills)博士给我寄来了他关于拜伦最后的重病的论文;感谢戈登·C. 格雷格(Gordon C. Glegg),他对牛津夫人很有研究,我受益匪浅;乔纳森·雷(Jonathan Ray)允许我阅读他关于奥尔巴尼公寓的博士论文的摘要;彼得·科克伦(Peter Cochran)博士向我提供了一份他最新识别转录的霍布豪斯日记,以及一份研究拜伦时不可或缺的书单。

在研究过程中,我走访了多地,得到了各界人士的帮助和鼓励。当我还是谢菲尔德大学英国文学系的助理研究员的时候,我就开始了研究工作。我特别感谢以下几位:皇家艺术学会档案馆馆长苏珊·班尼特(Susan Bennett);伯格庄园的杰弗里·C.邦德(Geoffrey C. Bond);杰拉尔德·伯登(Gerald Burdon);大卫·克兰(David Crane);查茨沃斯庄园的彼得·戴(Peter Day);拜伦在奥尔巴尼公寓租住过的那间公寓现在的租客达蒙·德·拉兹洛(Damon de Laszlo),他允许我参观了那套房子;帕特里克·利·费莫(Patrick Leigh Fermor);大英图书馆的克里斯·弗莱彻(Chris Fletcher)博士;克里斯托弗·弗雷林(Christopher Frayling)教授提醒我注意日内瓦档案馆的警方报告;安·霍姆斯(Anne Holmes);菲利普·霍华德(Philip Howard)帮我解决了一些翻译难题;哈罗公学沃恩图书馆的管理员彼得·亨特(Peter Hunter)和档案员丽塔·M.吉布斯(Rita M. Gibbs);纽斯特德庄园的海蒂·杰克逊(Haidée Jackson);已故的詹姆斯·利斯-米尔恩,苏格兰国家肖像美术馆的斯蒂芬·劳埃德(Stephen Lloyd);查尔斯·马斯登-斯梅德利(Charles Marsden-Smedley);亚瑟·L.麦康比(Arthur L. McCombie)带我参观了阿伯丁的拜伦住所;剑桥三一学院图书馆的大卫·麦基特里克(David McKitterick)博士;埃里克·米勒(Eric Miller)带我参观了苏格兰事务部(前墨尔本公馆);苏珊·诺明顿(Susan Normington);诺维奇(Norwich)子爵;牛津博德利图书馆的蒂莫西·罗杰斯(Timothy Rogers)、布鲁斯·巴克-本菲尔德(Bruce Barker-Benfield)博士和科林·哈里斯(Colin Harris);威廉·圣克莱尔;克莱尔·托马林(Claire Tomalin);克里斯托弗·沃克(Christopher Walker);高级骑士伍德(Wood)夫人在金沙姆宫别墅接待了我。

　　我要感谢雅典的大卫·布莱克曼(David Blackman)和英国雅典学院的其他工作人员;感谢时任英国驻雅典大使迈克尔·卢埃林·史密斯(Michael Llewellyn Smith)爵士;感谢希腊国家图书馆的尤金妮亚·凯法

利诺(Eugenia Kefallineou)博士;感谢时任英国文化协会主任彼得·切纳里(Peter Chenery)和他的女儿莉齐(Lizzie),他们带我去迈索隆吉翁城,那是一次难忘的旅行;感谢我的朋友帕里斯和玛丽娜·托科普洛斯(Paris and Marina Tokopoulos);感谢阿戈斯托利小镇的考佳莱尼奥斯博物馆的地西奥·加斯帕拉托斯(Theo Gasparatos);感谢意大利拉文纳市的克拉赛森图书馆的负责人多托雷·多纳蒂诺·多米尼(Dottore Donatino Domini);感谢巴尼亚卡瓦洛镇的圣乔瓦尼·巴蒂斯塔修道院的院长;多托雷·玛丽亚·格拉齐亚(Dottore Maria Grazia)安排我参观圭乔利公馆;多托雷·保罗(Dottore Paolo)和多纳泰拉·阿斯塔(Donatella Asta)夫人带我参观了拜伦在威尼斯莫西尼戈公馆的房间;凯瑟琳·佩林(Catherine Payling)和西尔维娅·马罗尼尼(Silvia Maronini)带我参观了罗马的济慈-雪莱纪念馆;感谢安德鲁·华莱士-哈德里尔(Andrew Wallace-Hadrill)教授和英国罗马学院的其他工作人员;朋友萨利和格雷厄姆·格林(Sally and Graham Greene),帕蒂和迈克尔·霍普金斯(Patty and Michael Hopkins)多年来一直不厌其烦地在意大利接待我。

很高兴再次与本书的设计者罗恩·科斯特利(Ron Costley)合作,我要感谢霍华德·戴维斯(Howard Davies)细心的文案编辑,以及道格拉斯·马修斯(Douglas Mattews)**完美的**(*tour de force*)索引制作。特别感谢我的助手道恩·莫里斯(Dawn Morris),感谢她在研究方面的帮助和极富建设性的建议。

莱斯利·马钱德教授在世时给予了我极大的鼓励,很遗憾他看不到本书问世了。

插图一览表

13 Trinity College, Cambridge, photograph David Mehor.

14 Staircase in Trinity College, Cambridge, photograph David Mellor.

15 John Cam Hobhouse, portrait miniature by W. J. Newton. Sir Charles Hobhouse.

16 The Torre de Belem, Lisbon, photograph David Mellor.

17 The Monastery of the Capuchos at Cintra, photograph David Mellor.

18 *The Franciscan Convent, Athens*, engraving by Edward Finden after C. Stanfield. John Murray.

19 First page of *Childe Harold's Pilgrimage*, MS . John Murray.

20 *Childe Harold's Pilgrimage*, M S with corrections. John Murray.

21 Ali Pasha, engraving by W. Finden after F. Stone. John Murray.

22 Teresa, Maid of Athens, engraving by W. Finden after F. Stone. John Murray.

23 Byron by G. H. Harlow, pencil sketch. Private Collection.

24 *Breakfast at Samuel Rogers's Residence*, engraving and mezzotint by C. Mottram after J. Doyle. Victoria and Albert Museum.

25 *Drawing Room at Fifty Albemarle Street*, watercolour by L. Werner.

26 Melbourne House in Whitehall, photograph David Mellor.

27 Lady Melbourne, oil portrait by Thomas Lawrence. With kind permission of Lord Ralph Kerr.

28 Lady Caroline Lamb in page's costume, portrait miniature by Thomas Phillips. John Murray.

29 Lady Frances Wedderburn Webster, engraving. John Murray.

30 Byron by Thomas Phillips, oil portrait. John Murray.

31 The Countess of Oxford, oil portrait by John Hoppner. Tate Gallery.

32 'Ianthe', Charlotte Harley, engraving by W. Finden after R. Westall. John Murray.

33 Byron Screen, showing theatre scenes. John Murray.

34 The Hon. Douglas Kinnaird, anon, pastel portrait. The Hon. Mrs Caroline Best Collection.

35 John Murray, oil portrait by W. H. Pickersgill. John Murray.

36 Annabella Milbanke, portrait miniature by Charles Hayter. The Earl of Lytton.

37 The Hon. Augusta Leigh, portrait miniature byJames Holmes. The Earl of Lytton.

38 Byron, hand-coloured engraving after miniature by James Holmes. Biblioteca Classense, Ravenna.

39 Seaham Hall drawing room, photograph David Mellor.

40 The shore at Seaham, photograph David Mellor.

Illustrations in text

索 引[*]

（索引页码为原书页码，即本书边码）

---

*　拜伦的作品归在"拜伦"条目下；其他人的作品归在该作者名下。

和艾米莉,556-557;《呼啸山庄》(*Wuthering Heights*),557

Brougham, Henry (later Baron Brougham and Vaux) 布劳厄姆,亨利(后来被封为布劳厄姆和沃克斯男爵),63,75,295-296,302,377,452

Browne, James Hamilton 布朗,詹姆斯·汉密尔顿:有关拜伦的外表,35;和拜伦一起参加希腊独立战争,461-462,465;和拜伦一起去了凯法利尼亚岛,469-470;和拜伦一起访问伊萨卡岛,471-472;见证拜伦狂怒的样子,473;奔赴伯罗奔尼撒半岛,475;有关特里劳尼的装扮,476;回凯法利尼亚岛向拜伦贷款,481-482

Bruce, Michael 布鲁斯,迈克尔,128-131

Bruen, George H. 布鲁恩,乔治·H.,423

Brummell, George ('Beau') 布鲁梅尔,乔治("花花公子"):流亡海外,x,305-306

Bruno, Dr Francesco 布鲁诺,弗朗西斯科,医生:离开热那亚,前往凯法利尼亚岛,459,470;和拜伦一起去伊萨卡岛,470;见证拜伦在修道院发疯,473;跟去米达萨达村,478-479;起身前往迈索隆吉翁城,485;拜伦在迈索隆吉翁城第一次犯病,502;在拜伦临终的病床旁照顾他,513-516,518;对拜伦做尸检,519;护送拜伦的遗体回英格兰,530,533

Brunton, Mary: *Self-Control* 布伦顿,玛丽:《自控》,144

Brussels 布鲁塞尔,286-288

Bryant, Jacob: *Dissertation concerning the War of Troy* 布莱恩特,雅各布:《特洛伊战争:荷马笔下的希腊人远征》,118

Bulwell Wood, Nottinghamshire 布尔韦尔森林,诺丁汉郡,16

Bulwer-Lytton, Edward 布尔沃-利顿,爱德华,见 Lytton, Edward Bulwer-, 1st Baron

Burdett, Sir Francis 伯德特,弗朗西斯,爵士,189,195,255,452,532

Burgage Manor, Southwell 伯吉奇庄园,南井镇,45-46,52

Burghersh, Priscilla Anne, Lady 伯格什,普里西拉·安,夫人,540

Byron, George Gordon, 6th Baron　拜伦,乔治·戈登,六世男爵

特点：认同拿破仑,vii-x,221,244,279;感情用事,11-12;女性特征,35-36;体貌,35,47,53,62,104,120,144,270-271,286,346-347,368,425,435,444,449,493,559;害羞,47;饮食、吃素,53,141,151-152,363,368,408-409,444,461,479;诗意的悲观主义,64;对待佣人,78,337;微表情,97,151,286;情绪多变,116,122;胡须,116,368,493;个人形象("拜伦热"),139,160-161;在心理上虐待女性,161-163,169;对女性的影响,220;情绪冷漠,221-222;颅相学家检查他的颅骨,223;流传在国外的坏名声,295,326,342,367;暴脾气,331,473;精打细算,347,444;命定要给他人带来厄运,359;传别人的丑闻,400;在热那亚发生的性格变化,435;在凯法利尼亚岛病倒,473-474;害怕发胖、变疯,479;对仆人的搞恶作剧,506-507

教育：早期教育,9,25-26;就读哈罗公学,29-32,37-44;剑桥三一学院,56-59,61-62,64-70;获得学位,68

财务：家里给的生活费,57;债务,59,81,89,122,193,200,235,247,259,335;财产纠纷,82;出售纽斯特德庄园,182,186,190,193,209,223,234-235,255,334-336,346,537;婚姻协议,230;财务改善,335;丈母娘去世后留给他财产,411;资助希腊战争,481-482,497

健康：足部畸形,3-4,8,22,25-26,30-31,248,519;抑郁,61,193,259,304,390,403,444,460,479;在希腊经常发烧,129,134,266,323,371;淋病,134,335;134;肾结石,183,194;安娜贝拉担心他精神不正常,262;服用鸦片酊,266;风湿,315;在博洛尼亚抽风,359-360;雪莱葬礼后游泳,此后健康一蹶不振,431;莱里奇患病,436;面部肿胀,448;在迈索隆吉翁城犯病,502-503;在迈索隆吉翁城病亡,512-518,520-521;尸检、死因,518-520

兴趣爱好、观点：游泳,9,74,92,94,118,342-343,431;狗,16,68,76,78-79,311,459,493,512,519,533;板球,44;戏剧、女演员,48-49,

译后记

在英国浪漫派诗人中,拜伦的社会地位是最高的,他出手阔绰,资助过柯尔律治、雪莱。作者麦卡锡女士说得没错,当代人对拜伦的兴趣主要来自他的贵族身份,我想中文读者也不例外。

贵族在当代英国人眼中是一个尴尬的角色:英国传统文化的传承离不开他们这个阶级,但他们在历史上干过的那些事在现在重提都会让人侧目、脸红。在语言风格上,拜伦喜欢高高在上的蒲柏,不喜欢华兹华斯这种挑明要拿下层语言做文章的主张,鄙视济慈这种从下层巴望上层的努力;他非常珍视贵族身份,在意大利和路人吵架都要拿自己的身份压人一头;下层男女,是他使唤、玩弄、抛弃的玩物,不论国籍,不论场合;拜伦要是听到今天的人说他是同性恋定会觉得是一种侮辱,因为贵族的性取向是自由的,这是贵族的特权,也只有贵族才能玩得起、买得起;同理,贵族不属于任何党派,不站队,和不同阶级的人打成一片是贵族的特权;他当然也不喜欢民族主义,同情拿破仑、喜欢土耳其人是因为他们是英国民族主义的敌人;他在思想上也没有鲜明、宏大的理论观点。贵族怎么会认死理呢?道理怎么能约束贵族呢?何必要为自己说的话负责?他不屑于提出自己独特的诗学理论,因为他始终没把自己当成湖畔诗人那样的、需要讨好读者的职业诗人,他认为贵族不应该有职业,不应该有专业,也没必要置办产业。一个贵族怎能到死才混得一个诗人的身份?贵族应该搞政治、玩军事,应该带兵打仗,舞文弄墨怎么能建功立业?他写鸿篇巨著《唐璜》为的就是在他去希腊赴死前把所有人都嫌弃一遍。

麦卡锡女士为什么要写他?麦卡锡也有贵族血统,她本专业是美术评论,不是专业的传记家。不知是因为她的贵族血统,还是读了太多拜伦的文字受到了影响,这部传记写得就像《唐璜》。她的语言干练、潇洒,避免使用抽象的概念;但这并不是说她的文字没有深度:就像贵族说话一样,在嬉笑怒骂之余,偶尔扔出一句含义隽永的话让读者去品;她感情克制,基本不抒情,时而讽刺,时而赞扬,文风左右摆荡剧烈,对这个"家丑"式的宝贝诗人又爱又恨;为了突出自己传记的真实度,她嫌弃除摩尔之外的所有立传者,而摩尔是拜伦生前钦定的立传人。在结构上,就像《唐璜》每一节的最后一行都有一个包袱惹你一笑,麦卡锡的每一段结尾也有一个包袱,这一点非常了不起。

因此,我的翻译特点是:再现这种《唐璜》式的"蹦蹦跳跳"的闹剧气氛,透过麦卡锡的眼光、拜伦的眼光看拜伦。例如,东方叙事诗中有许多拜伦给自己加的注释;这些注释读来很有趣,拜伦会在里面埋包袱、显见识、表态度。但到了《唐璜》,他将这种"自注"改成了插笔、跑题,这样增加了阅读的流畅感,体现了贵族的潇洒,读者不必停下来翻注释。麦卡锡类似的做法是:出处不以夹注的形式给出,而是在书末对应页码后用该句的头几个词来定位,这样做想必也是为了不打断流畅感。必要的相关知识我放到了脚注中,地理位置我尽量融到行文中。我在地名汉译的后面加上单位词,在前面加上地理限定词,这样可以避免读者查地图的麻烦,毕竟拜伦去的地方太多。比较特殊的几个是:英国的教区和村基本是重合的,我都译成了"村";意大利的"大区"译成"区";常见的城市不加"市";欧洲的小洋楼大都是石头建的,动辄几百年的历史,且产权可以交易,译成"府"不合适,在城里的,我译成"公馆",城外的,我译成"别墅"或"庄园宅邸"。土耳其、希腊处于前现代社会,且这是希腊独立战争的初期,镇和市的单位我译成"城""堡垒""港";奥斯曼帝国治下的阿尔巴尼亚等译成"省";当时的希腊还没有独立,今天的"凯法利尼亚"州等我译成"岛","中西腊""西希腊""伯罗奔尼撒""摩里亚"等译成"地区";实在弄不清面积大小和隶属关系的,我译成"地区"。谈及拜伦的家乡时,涉及国籍的,译成"英国",涉及人文、地理的,译成"英格兰",毕竟贵族不怎么认国籍;当时从意大利北部到瑞士邦国林立,我按照原文译成"公国""王国""共和国"等。

　　拜伦的天赋在于他善于用韵文讽刺他人,但到了情真意切的时候,他反倒觉得散文比诗歌更适合,例如他和好同学的妻子弗朗西丝夫人暧昧的时候。对当代读者而言,押韵能营造一种喜气,但到了悲情的时候,韵脚反倒会让人出戏。因此,我只在翻译讽刺诗的时候才照顾韵脚和音步。其他照顾或没照顾到韵和音部的诗歌译文,《恰尔德·哈洛尔德游记》出自杨熙龄译本,《唐璜》出自宋柯译本,东方叙事诗出自李锦秀译本,《曼弗莱德》《该隐》出自曹元勇译本,《锡雍的囚徒》和部分短诗出自查良铮译本,其他短诗为自译。

　　麦卡锡女士的《拜伦传》像一部成长小说,主人公在我脑海里从小长到大,从大退回到小,和我朝夕相处了三年有余,译稿完成的一刻还有些舍不得。校稿的时候,我发现从后往前读更有趣,就好像目睹了金子炼就于青春之炉的过程:从超新星爆炸,到恒星一次次的坍缩、膨胀,到氢元素和氦元素聚变、聚集;伴着那首熟知的《哀希腊》,你可以看到浪子回头的他去迈索隆吉翁赴死,看到他在威尼斯花天酒地,看到他在瑞士嫌弃英国同胞,看到他在土耳其的酒馆里津津有味地欣赏希腊裔的男孩子跳女人舞,他心里定是在问:他们"为何忘记了那更高雅、更具男性气概的技艺"?

往后看,这个生不逢时的英国老派贵族在超新星爆发后给今天的我们留下了什么文化痕迹?他创造了一种"帅":且看衬衣风系扣下那解开的第二粒扣子、秋冬被风吹起的风衣或围巾、凌乱却有型的发型、坚毅中带着秀气的微表情、偶像包袱下的举手投足、那种"不坏不帅"的吸引力……拜伦是我听说的第一个英国浪漫派诗人,我那时初二,喜欢迈克尔·杰克逊的歌。有一次,我拿着译好的歌词给家教姐姐看,这个来自小县城的大专二年级学生惊呼道:这歌词中塑造的人物让她想起了拜伦。我追问拜伦是谁,她带着一丝羞涩告诉我,他是一个又坏又帅的人,我长大后就知道了。今天译完他的传记,我意识到她说得不全对。在这种风格、做派、人品的背后,还藏着一种为荣誉而死的贵族气质。这才是Byronic 完整的意涵。

Byron: Life and Legend, by Fiona MacCarthy

Copyright © Fiona MacCarthy 2002, 2014

First published in Great Britain in 2002 by John Murray(Publishers)

Simplified Chinese translation copyright © 2024 by Guangxi Normal University Press Group Co. , Ltd.

All rights reserved

著作权合同登记号桂图登字:20 – 2023 – 224 号

图书在版编目(CIP)数据

拜伦传:传记与传奇/(英)菲奥娜·麦卡锡著;董伊译. —桂林:广西师范大学出版社,2024.5

(文学纪念碑)

书名原文: Byron

ISBN 978 – 7 – 5598 – 6732 – 2

Ⅰ. ①拜… Ⅱ. ①菲… ②董… Ⅲ. ①拜伦(Byron, George Gordon 1788 – 1824) –传记 Ⅳ. ①K835.615.6

中国国家版本馆 CIP 数据核字(2024)第 022371 号

拜伦传:传记与传奇

BAILUN ZHUAN:ZHUANJI YU CHUANQI

出 品 人:刘广汉　　　策　划:魏　东

责任编辑:魏　东　　　装帧设计:赵　瑾

广西师范大学出版社出版发行

(广西桂林市五里店路9号　　邮政编码:541004)

(网址:http://www.bbtpress.com)

出版人:黄轩庄

全国新华书店经销

销售热线:021 –65200318　021 –31260822 –898

山东新华印务有限公司印刷

(济南市高新区世纪大道2366 号　邮政编码:250104)

开本:690 mm ×960 mm　1/16

印张:59.5　　插页:16　　字数:650 千

2024 年 5 月第 1 版　　2024 年 5 月第 1 次印刷

定价:198.00 元